Dictionary of Proven Business E-mails

Edited by Kurdyla and Associates

最新ビジネス英文Eメール辞典

クデイラ アンド・アソシエイト=編

朝日出版社

電子書籍版(PDF)の入手方法

本書のご購入者は、下記URLから申請していただければ、本書の電子書籍版(PDF)を無料でダウンロードすることができるようになります。PDFファイルが開けるタイプのスマートフォンやタブレットに入れておけば、どこにでも持ち運び自由で、検索もできて便利です。

申請サイト URL(ブラウザの検索窓ではなく、URL 入力窓に入力してください)

http://www.asahipress.com/eng/dpbekurass/

【注意】
- PDFは本書の紙面を画像化したものです。
- 機種や環境によっては検索などの機能がご使用になれない場合もあります。
- 本書初版第1刷の刊行日(2017年2月1日)より3年を経過した後は、告知なしに上記申請サイトを削除したり電子書籍版(PDF)の配布をとりやめたりする場合があります。あらかじめご了承ください。

本電子書籍の複製、他人への配布、貸与などは、法令に特に定められた範囲を除き、禁じます。

まえがき

　以前に刊行した『最新ビジネス英文手紙辞典』はおかげさまで大好評を博し、多くの企業の方から、人事部や秘書室にはなくてはならないものとして常備されているとのご報告もいただきました。しかし、時代が進む中、ご愛用の方々からＥメール版を望む声が日に日に大きく聞こえるようになりました。

　そこで、ご要望にお応えし、ここにＥメール版に大幅改訂した辞典を出版する運びとなりました。

　この『最新ビジネス英文Ｅメール辞典』には、手紙辞典のよさが引き継がれているのはもちろんのこと、電子書籍版（PDF）の無料ダウンロードサービスが付くなど、新たなよさも満載されています。きっと、手紙辞典以上にビジネスパーソンのお役に立てるはずです。

　日常生活の中でもインターネット上での検索機能が自然に使われる今日、自動翻訳ソフトで瞬時に訳文を得ることもできるようになりました。しかし、単語レベルで辞書代わりに使うことはできても、「生きた言葉を伝える」という意味では自動翻訳はまだ実用化レベルにはありません。

　いつかはAI（人工知能）で言葉の壁がなくなる時代がくるでしょうが、その日が訪れるまで、ビジネス環境の変化やトレンドに合わせてコンテンツを増やしつつ、「これを見れば求めるビジネス文例が必ず見つかる！」という辞典作りを目指し続けていきたいと思います。

クデイラ　アンド・アソシエイト株式会社
代表取締役　服部　孝大

Eメールの重要性と利点

　海外とのコミュニケーションは、いまやそのほとんどがEメールで行われており、ビジネスにおいてもEメールはきわめて重要なツールとなっています。電話やテレビ会議で海外拠点や海外の顧客とコミュニケーションを取ることはあっても、その後には必ず議事録などの文書にし、Eメールで送信するのが通例です。そして、Eメールは各人が自分の責任で執筆し、社内で確認するステップを踏まないまま送信されていることが多いのではないでしょうか。
　簡潔・明瞭な英文で書かれたEメールは、海外のビジネスパートナーと効率よく仕事を進展させるのに不可欠であり、グローバルビジネスを成功に導くキーツールともなりえます。反対に、何を言おうとしているのかが明確に読み取れないEメールは、受信者を混乱させるだけでなく、ビジネス関係を望まない方向へ導いたり、訴訟や大損害などといった最悪の事態に至らせたりする危険なツールにもなりえます。どんなツールも使い方次第で正反対の結果を生みますが、Eメールもその例に漏れません。
　ツールを正しく駆使し、それを武器とすることができれば、グローバルなビジネス環境で有利に戦えるスキルのひとつとなるでしょう。

◆ E-mails Are Manageable
［Eメールはいつでも使える］

　電話やテレビ会議などのリアルタイムでのコミュニケーションとは異なり、Eメールはいつでも、どこからでも、受発信できる便利なツールです。

◆ E-mails Minimize Misunderstanding
［Eメールは誤解を防ぐ］

　口頭のコミュニケーションはリアルタイムに進行するため、聞き違いがあったまま、あるいは正確に理解できていないまま、話が進んでしまう可能性があります。一方、文字でのコミュニケーションは、内容をしっかりと吟味し、きちんと理解する時間的ゆとりがあるため、誤解が生じる可能性を最小限に抑えることができます。さらに、EメールのCc機能などを使えば、先方と合意した内容を手間なく社内で共有することができ、それ自体が記録となることも大きなメリットです。

◆ E-mails Are Free
［Eメールは無料］

　郵送物とは異なり、基本的に通信コストがかかりません。

本書の特徴

　この辞典のねらいは、手本となる上手なEメールのデータバンクを読者に提供することです。ここには、ビジネスで直面する広範な場面を網羅した278通のEメールが収録されています。このデータバンクの特徴は、次のようなものです。

●**実録性**

　これらはすべて、ビジネスの過程で所定の目的を達成するために実際に使われた"生の"Eメールや英文手紙が基になっています。プライバシーや企業秘密の保護のため、氏名、日付、価格などをはじめとして変更されている部分はありますが、単に頭の中で作られただけの、使われたことのないEメールは1通としてありません。ただし、文例中の固有名詞などは実在の人、物、組織などとは無関係であることをあらかじめご了承ください。

●**目的の多様性**

　収録したEメールは、きわめて日常的な事務処理に関するものから、非常に特殊な目的で書かれたものまで広範にわたっています。

●**職務レベルの多様性**

　Eメールは、組織の"担当者"レベルの仕事に関するものから、最高級ランクの人々の仕事に関するものまで収録されています（もっとも、高い地位にある人々が自らEメールを書くことは少ないようですが）。

●**業種の多様性**

　基になる文例は、建設、自動車、精密機械、コンピューター、遠距離通信、貿易、教育、出版、銀行、ホテル・レストランなどのサービス業など、さまざまな産業に従事する企業から幅広く集められています。

●**業務の多様性**

　Eメールのかかわる業務の範囲も、実にさまざまです。経理、人事、広報、営業、輸出、流通、研究開発をはじめとする広範な業務が扱われています。

本書の構成

　本辞典は「お礼」「アレンジ」「督促とその返事」「人事採用」など20章から構成されています。各章は、さらに個々の目的に沿って書かれたEメールからなっており、Eメール総数は278にのぼります。これらの文例は、内容、調子、アプローチのしかた、語法、レイアウトなど、すべての観点から精選されたモデルEメールです。言い換えれば、どれをとっても真似るに値する、まさに模範的なEメールだということです。

　それぞれのEメールにはすべて、アプローチのしかたや構成・語句などの理論的な側面に関する解説、Eメール本文の全訳、応用のための入れ換え例文がついています。その構成は次の通りです。

　まず、最上段の枠内（文例番号の横）に、そのEメールの目的と、書くにあたっての心構えが示されます。枠のすぐ下には、アプローチのしかたが続きます。Eメールの内容が複雑な場合には、詳しい状況や背景、Eメールの調子などの説明も加えました。ここでは主に、語学的な問題以前にどういう点に配慮すべきかに焦点をあてたので、Eメールを書く上での攻め方の参考にしてください。

　アプローチのしかたの次には、Eメール本文の日本語訳が続きます。翻訳にあたっては、時として英語の内容をそのまま日本語に移し換えるのが難しかったり、日本語に決まった表現があったりするため、ひとつひとつの語句にこだわらずに、ある程度自由に翻訳させていただきました。

　日本語訳の次にくるのは、Eメールの「構成」と「語句」に関する詳細な解説と「ポイント」です。ポイントは、ビジネス英文Eメールを書く上で、日本人が特に困難を覚えるような点を指摘しました。また、暇をみてポイントだけを拾い読みしても、英文Eメールの一応の基礎知識やコツがつかめるでしょう。

　最後はEメールの「応用」です。1通につき2種類の入れ換え例文を、翻訳も添えてつけました。これをモデルEメールの指定の位置（英文にグレーのアミを敷いた部分）に用いれば、元のEメールとはまったく異なる（もしくは多少異なる）効果を発揮したり、別の要素を付け加えた効果を発揮することになります。ある意味では、この入れ換え例文によって、全834のEメールを選べることになるのです。

本書の活用法

　実際に英文Ｅメールを書くにあたっては、以下のような手順に従うとよいでしょう。

1. 目次から、書こうとするＥメールがどの章に該当するかを調べる。
2. さらに目次を使って、その章の中で書こうとする目的に最も近いＥメールに焦点を絞る。
3. Ｅメールを注意深く読み、所期の目的に沿ってどの程度利用できるか見定める。
4. 修正を加える前に、アプローチのしかた、構成、語句、ポイントなどの解説を読む。
5. さらに内容的な修正が必要な際の手引として、応用の入れ換え例文を利用する。

　なお、巻末に「INDEX──［和英］ビジネスＥメール表現集」を載せたので、併せてご利用ください。これは、ビジネスＥメールでよく使われる日本語表現をどう英語に置き換えればよいのかが、すぐに見て取れるようになっています。また、その英語表現が実際に用いられているＥメールの文例番号がわかるようにもなっています。これにより、その表現の使い方を実例から知ることができるだけでなく、自分が書きたい内容に近いＥメールのモデルを探すことも可能です。さらには、日頃から時間のあるときに「表現集」として読んでいくと、英語のライティング力が着実にアップすることでしょう。

目次

電子書籍版（PDF）の入手方法 ………………………………………………… 2

まえがき …………………………………………………………………………… 3
Ｅメールの重要性と利点 ………………………………………………………… 4
本書の特徴 ………………………………………………………………………… 5
本書の構成 ………………………………………………………………………… 6
本書の活用法 ……………………………………………………………………… 7

ビジネス英文Ｅメールの構成とレイアウト ………………………………… 27

文例集──ビジネス英文Ｅメール・データバンク ……………………… 33

お礼

出張後のお礼メール

文例 001 出張先で世話になったことに対するお礼 ……………………… 34
☞ 漠然としたお礼ではなく、印象に残ったことを具体的に入れる

文例 002 招待と贈り物に対するお礼 ………………………………………… 36
☞ ビジネス上の社交は、officialな中に温かい要素を入れる

文例 003 出張先での昼食会に対するお礼 (1) ……………………………… 38
☞ 仲間意識を盛り上げる

文例 004 出張先での昼食会に対するお礼 (2) ……………………………… 40
☞ ついでに取引全般にわたる助力に対するお礼を述べて今後につなぐ

文例 005 共同事業の話し合いに対するお礼 ………………………………… 43
☞ 話し合いが実り多いものであったことを伝える

文例 006 新代理店候補との話し合いに対するお礼 ………………………… 45
☞ 契約に持ち込むためにはフォローアップを欠かさない

文例 007 会議出張後のお礼 …………………………………………………… 47
☞ 会社の代表として前向きな姿勢を示す

文例 008 自宅への招待に対するお礼 (personal) …………………………… 50
☞ 受けたもてなしにふさわしいお礼メールにする

文例 009 近況報告を兼ねたお礼 (friendly) ………………………………… 53
☞ 遅くなっても必ず出す

文例 010 契約調印記念式でもらった記念品に対するお礼 ………………… 56
☞ 記念品そのものをほめるのではなく、意義に触れる

お礼

- **文例 011** 研究所見学に対するお礼 …… 58
  - ☞ プラスアルファの参考資料を送って感謝の気持ちを表す
- **文例 012** みやげ物選びの助力に対するお礼 (personal) …… 61
  - ☞ 帰国前に送って印象づける
- **文例 013** 贈り物に対するお礼 …… 63
  - ☞ お礼メールは贈り物自体と同じくらい人間関係をよくする
- **文例 014** 資料送付に対するお礼 …… 65
  - ☞ 検討結果が出ても出なくてもとりあえずお礼メールを出す
- **文例 015** 役員就任祝いに対するお礼 …… 67
  - ☞ 相手の言葉を引用して感謝の気持ちを表す
- **文例 016** 売上達成祝いに対するお礼 …… 69
  - ☞ 感謝の気持ちを表すことで関係の持続を願う
- **文例 017** 祝典出席に対するお礼 …… 71
  - 出席してよかったと思わせるのが目的
- **文例 018** 全快の知らせと見舞いに対するお礼 (friendly) …… 73
  - ☞ 通常の生活に戻ったことを知らせて安心させる
- **文例 019** お悔やみに対するお礼 …… 76
  - ☞ 悲しみに負けず前向きな姿勢を示すのが何よりのお礼
- **文例 020** 読者からの提言に対する感謝のメール──出版社から …… 79
  - ☞ プラスアルファの情報で仲間意識を抱かせる
- **文例 021** アンケート記入に対するお礼──ホテルから …… 82
  - ☞ お礼メールを売り込みにつなげる
- **文例 022** 資料送付と紹介に対するお礼および提案に対する経過報告 …… 84
  - ☞ 相手にとって受け入れやすいことから述べる

フォローアップ

- **文例 023** ビジネス提携に向けた最初の会議のあと、もう一押しする …… 86
  - ☞ 重々しい表現で当方の存在に重みをつける
- **文例 024** 最初の会議出張のあと、次の出張の段取りをつける …… 90
  - ☞ 弾力性のある提案で相手の協力をとりつける
- **文例 025** 知り合った機会を利用しソフトな売り込みをかける──企業のトップ同士 …… 93
  - ☞ 直接ビジネスの話に入らず、まずは関係作りから
- **文例 026** 提携話を断られた相手とつながりを保つために …… 95
  - ☞ 当方の面子・立場を保つ書き方をする
- **文例 027** 招待状のフォローアップ──忙しい有名人宛て …… 98
  - ☞ 多忙な人のスケジュールに配慮し、変更可能なニュアンスで

アレンジ

出張のアレンジ

文例 028 本社から代理店に専門家の派遣を伝える ················ 101
　☞ 相手のためであることを伝えて協力を呼びかける

文例 029 子会社から本社に見学・話し合いの希望を伝える ················ 104
　☞ 出張から最大の成果を得るために先方の態勢を整えさせる

文例 030 代理店の人を本社に招待する ················ 107
　☞ 「お互いのプラスになる」という論で進める

文例 031 代理店からの訪問を受け入れる ················ 109
　☞ 受け入れるなら喜んで迎えよ

文例 032 空港まで出迎えることを伝える ················ 112
　☞ 最終的な詰めは情報を抜かりなく

文例 033 会議の議題提案書を送る ················ 114
　☞ 事前の準備で効率的な話し合いを

見学のアレンジ

文例 034 研究所に見学を申し入れる ················ 116
　☞ 国際会議で当方の予定に重みをつける

文例 035 見学を受け入れる (1)──簡潔 ················ 119
　☞ 受諾するからには気持ちよく受け入れよ

文例 036 見学を受け入れる (2)──歓迎する ················ 121
　☞ 協力的な姿勢を見せて快諾を示す

文例 037 見学を受け入れる (3)──偉い人を歓迎する ················ 123
　☞ 最大限に歓待して最大限の益を得る

文例 038 見学を受け入れる (4)──話し合いのポイントを絞る ················ 126
　☞ 効果的な意見交換は事前準備から

文例 039 見学日程の変更を求める ················ 129
　☞ よい知らせをまず伝え、次に問題点を説明する

文例 040 見学を断る (1)──希望の研究を行っていないので ················ 131
　☞ お互いに実りがない訪問ならば断ってしまう

文例 041 見学を断る (2)──政府がらみという立場上 ················ 134
　☞ はっきりした理由があるときでも誠意を見せて

面談のアレンジ

文例 042 面談を申し入れる (1)──海外出張のついでに ················ 137
　☞ 海外出張を機に取引を再開する

文例 043 面談を申し入れる (2)──歓迎会に欠席する代わりに (friendly) ················ 140
　☞ 欠席のフォローはビジネスランチで

| 文例 044 | 面談日程の変更を求める ……………………………………… 143
☞ 商談のチャンスを逃さない

| 文例 045 | 面談に代理人を立てる ………………………………………… 146
☞ 代理人でもきちんと用が足りることを伝え安心させる

講演のアレンジ

| 文例 046 | 講演を依頼し、段取りをつける ……………………………… 149
☞ 提案の形をとり、依頼に弾力性をもたせる

| 文例 047 | 講演を正式に依頼し、段取りを確認する …………………… 152
☞ 口頭の約束は必ず文書で確認

| 文例 048 | 講演を引き受け、内容を知らせる …………………………… 155
☞ 講演を売り込みにつなげる

宿泊のアレンジ

| 文例 049 | ホテルの予約をする (1) ……………………………………… 159
☞ 過去の実績を資本にして依頼する

| 文例 050 | ホテルの予約をする (2)──自分と友人のために ………… 161
☞ 希望をすべて伝え、二度手間を避ける

| 文例 051 | ホテルの手配を依頼する ……………………………………… 164
☞ 必要な情報を漏れなく伝える

| 文例 052 | 予約引き受けを知らせ、決済情報を求める──ホテルから … 167
☞ できること、できないことを明確に知らせる

| 文例 053 | 送金を受け取り、予約が完了したことを知らせる──ホテルから … 170
☞ サービス業のメールにはサービス精神を盛りこむ

| 文例 054 | ホテルの手配をしたことを伝える …………………………… 172
☞ 金銭的なことをはっきり伝えて、あとのトラブルを避ける

| 文例 055 | ホテルの予約がとれないので日程の変更を勧める ………… 175
☞ 断りっぱなしにしないで代案を提示する

紹介・推薦

紹介

| 文例 056 | 海外進出のための紹介メール (1)──友人を紹介する ……… 178
☞ 紹介者としてはあくまでも soft sell で行く

| 文例 057 | 海外進出のための紹介メール (2)──取引先を紹介する …… 181
☞ official な調子を守る

| 文例 058 | 代理店申し入れのための紹介メール──得意先を紹介する …… 184
☞ 「とびこみの紹介状」は一流企業からのものでないと威力がない

文例 059	就職のための紹介メール──個人的に友人へ ……… 187
	☞ 友人へのメールは個人的な挨拶で用件をはさむサンドイッチ方式で
文例 060	電話で就職を依頼した人物の履歴書を送る ……… 190
	☞ 親しい間柄なので簡単にフォローする
文例 061	研究所訪問のための紹介メール（1）──友人を紹介する ……… 192
	☞ 付き合いの深さと長さが紹介メールのポイント
文例 062	研究所訪問のための紹介メール（2）──上司の知人を紹介する ……… 194
	☞ 直接の知人でない人の紹介メールは、仲介者がポイントになる

推薦

文例 063	就職活動のための一般的な推薦メール ……… 196
	☞ 具体的で客観的な事実を述べたあとで推薦する
文例 064	就職活動のための強力な推薦メール ……… 199
	☞ 具体例を豊富にして説得力を出す
文例 065	留学希望者のための強力な推薦メール ……… 202
	☞ 推薦者がどういう人物であるのかがカギ
文例 066	留学希望者のための一般的な英語力証明 ……… 205
	☞ 語学力のハンデは人柄で補う
文例 067	留学希望者のための詳しい英語力証明 ……… 208
	☞ 評価には客観性と権威を持たせること
文例 068	海外取引開始のための銀行信用状 ……… 211
	☞ 欧米での取引には bank reference がものを言う

売り込みとその返事

売り込み

文例 069	提案中の企画に関連のある新聞記事を送る ……… 213
	☞ 自分たちと組めば先方のプラスになることを強調
文例 070	提案中の企画の補足資料と自社営業案内を送る ……… 215
	☞ 話し合いのあとのフォローアップが効果を上げる
文例 071	お礼を兼ねて、提案中の企画の補足資料を送る ……… 218
	☞ ひとつの取引を次の取引につなげる
文例 072	派遣スタッフを売り込む ……… 221
	☞ 相手の希望を満たす形で売り込む
文例 073	投資セミナーに招待する ……… 224
	☞ 忙しい人にアピールするには情報の出し方が決め手
文例 074	出版社より雑誌の定期購読更新の勧め ……… 227
	☞ 簡潔に、なおかつ相手を大事な顧客だと思っていることが伝わるように

| 文例 075 | レストランからお客へ、お礼を兼ねて売り込む ……………… 230
☞ 用件を利用してsoft sellを行う

| 文例 076 | 抗議を込めて再度の売り込みをする ……………………… 232
☞ 抗議の気持ちと売り込みのバランスをとる

| 文例 077 | 共同開発に参加する気があるか仲介者として打診する ……… 235
☞ 基本的な情報を客観的に伝えて仲介する

| 文例 078 | 海外販路を求めている友人を紹介する …………………… 238
☞ 挨拶と結びは友情のつなぎにする

| 文例 079 | 紹介者を通して代理店を依頼する ………………………… 241
☞ 紹介者を通したほうが先方へのアピールが強い

| 文例 080 | 同業者の口コミにより、代理店を依頼する ……………… 244
☞ 社交辞令なしのビジネスライクな売り込み

| 文例 081 | 先の話し合いで興味を示した人に取引条件を伝える ……… 247
☞ ストレートで具体的に情報を提供する

売り込みの返事

| 文例 082 | 乗り気なので話を進めたい ………………………………… 250
☞ 具体的なことは話し合いに残す

| 文例 083 | 代理店依頼に乗り気だが、まず実物を見たい …………… 253
☞ 紹介者がいる場合は、仲介の労に触れること

| 文例 084 | 代理店依頼を断った上で、市場進出のアドバイスをする … 256
☞ 誠意をもって率直にアドバイスするのが先方のため

| 文例 085 | 資料送付による売り込みを断る (1)──活動分野ではないので … 259
☞ 保留の旨を伝えながらも事実上は断る

| 文例 086 | 資料送付による売り込みを断る (2)──現在必要ないので … 262
☞ 事実をそのまま伝えてあっさり断る

| 文例 087 | 契約していないのに送られてきた品物を断る ……………… 264
☞ 相手の面子をつぶさないように配慮する

| 文例 088 | 強力な推薦のある企画持ち込みを断る …………………… 267
☞ 企画そのものをけなさずに断る

| 文例 089 | しつこい売り込みを最終的に打ち切る …………………… 270
☞ 社交の語句は何も入れずに用件のみを端的に伝えて断る

引き合いとその返事

引き合い

| 文例 090 | 簡単な引き合いをする ……………………………………… 272
☞ 今後の交渉に残したいことは、こちらから切り出さない

文例 091	製品について詳しい情報を求める	274
	☞ 返事を早くもらえれば早く決定できるという「魚釣り作戦」	
文例 092	見本送付を依頼する	276
	☞ 自社紹介と今後の取引の見通しを入れる	
文例 093	見積もりを依頼する (1)	279
	☞ 見積もりに必要な情報や条件をもらさず入れる	
文例 094	見積もりを依頼する (2)	282
	☞ 大まかな情報をまず伝えて、詳しくはあとでという2段構え	
文例 095	販売代理店の申し込み──以前会ったことのある人に	285
	☞ 過去の出会いを利用し、「とびこみ」ではないことを示す	
文例 096	翻訳権を申し入れる	288
	☞ 成功の見込みがあることを印象づける	
文例 097	保留になっていた販売権申し入れの再検討を求める	291
	☞ 保留の原因を取り除くことが第一	

引き合いの返事

文例 098	引き合いに答える	294
	☞ 先方にとって有利なこと、ぜひ勧めたいことがあれば盛り込む	
文例 099	見積もり依頼に対し一部のみ見積もることを伝える	297
	☞ 応じる範囲を伝えて暗黙のうちに残りの部分を断る	
文例 100	見積もり承諾に対して確認し、了解を示す	299
	☞ 先方からの一部分のみの承諾返事には、こちら側からも了解を示す	
文例 101	販売代理店の申し込みに対して	301
	☞ 基本的な条件について相手の考えや態勢を問いただす	
文例 102	販売権申し入れの再検討に乗り気であることを伝える	303
	☞ 手放しで受け入れず、逃げ道を残す	
文例 103	引き合いを断る──生産が追いつかないので	306
	☞ 品不足や人手不足は最も当たり障りのない断りの理由	
文例 104	翻訳権申し入れを断る──他社と契約済なので	309
	☞ 「同じ気持ちである」ことを示してから断りを切り出す	
文例 105	販売権申し入れを断る (1)──すでに独占代理店かあるので	312
	☞ "No"と言わずに現状に断らせる	
文例 106	販売権申し入れを断る (2)──経済情勢が不安定なので	315
	☞ 情勢が変わったらまた検討するという保留の姿勢を示す	
文例 107	引き合いのメールを最寄りの営業所へ転送したことを伝える	318
	☞ 簡潔ながらも、感謝の気持ちと協力的な姿勢を入れる	

注文とその返事

注文

文例 108	注文と同時に支払方法をたずねる 320
	☞ 社交辞令の挨拶は入れずに事務的でよい

文例 109	銀行振り込みで品物を注文する 322
	☞ 支払いの金額と内訳を必ず明記すること

文例 110	期日を示して急ぎの注文をする 324
	☞ 特別な要望がある場合は、強調のために段落構成を変える

文例 111	見積もりを受け取ったのち注文する 326
	☞ 詳細にわたる確認をとる

注文の返事

文例 112	代金先払いで注文を受ける 328
	☞ 「〜できない」から「〜すればできる」という発想転換を

文例 113	注文に応じられない──希望に合う規格品がないので 330
	☞ 注文を断っても取引を今後につなぐようなメールにする

文例 114	価格の変更を伝えて意向をたずねる 333
	☞ 注文を受け取った日付を必ず入れる

文例 115	製造中止を伝えて代品を勧める 335
	☞ 品物がないときは機会をのがさず代わりのものを売り込む

文例 116	所轄の代理店に注文を回すことを伝える 338
	☞ 規則を説明し、それに従った処置であることを述べる

交渉

価格交渉

文例 117	値上げを伝える 340
	☞ 負担を一方的に押しつけるのではないことを強調する

文例 118	値上げ要求を受け入れる 343
	☞ 結論を先に、文句はあとで

文例 119	値上げ通達に対して延期を求める 345
	☞ 互いのプラスにならないことを冷静に主張する

文例 120	値上げ延期願いを断る 348
	☞ できるだけ話を具体的にして説得する

文例 121	特例として価格を据え置くことを伝える 351
	☞ 特例的な措置であることを納得させる

文例 122	値引き交渉の第一歩 354
	☞ 手強い相手には、しっかり交渉するという構えをまず示す

| 文例 123 | 高すぎる講演料請求を値切る ……………………………………… 356
☞ 根拠を示して、考え直しの材料を与える

| 文例 124 | 値下げを求める (1)──得意先からの圧力で ………………… 359
☞ 具体的な交渉はあとにして、まず「ゆさぶり」をかける

| 文例 125 | 値下げを求める (2)──入手資料を根拠に ………………… 362
☞ 証拠を添えて実証的に

| 文例 126 | 値下げ要請を部分的に受け入れる ………………………………… 365
☞ 断固とした態度で交渉の余地を残さない

| 文例 127 | 値下げ要請を再び断り、出荷延期要求の再考を求める ……… 368
☞ 要求をはねつけるのではなく、マイナス面を指摘して説得する

| 文例 128 | わずかな額の値下げ要求の理不尽をさとす ……………………… 371
☞ あきれかえっているという態度を率直にぶつける

| 文例 129 | 値下げ要求に対し、受け入れるという返事 ……………………… 374
☞ わずかの差額ならのんで丸く収める

| 文例 130 | 値引き要求を断る (1)──方針により ………………………… 377
☞ まず応じられる条件を先に述べる

| 文例 131 | 値引き要求を断る (2)──競争力はあるはず ……………… 380
☞ このままの価格で十分売れることを主張する

| 文例 132 | 値引きを断るが、代品を提案する ………………………………… 383
☞ 特徴を正確に伝えて先方の判断に任せる

| 文例 133 | 値引きを断るが、宣伝補助金を申し出る ……………………… 386
☞ 売り上げを伸ばしたいという共通基盤から出発する

条件交渉

| 文例 134 | 契約条件の変更要求を相手方本社に念押しする ……………… 389
☞ くら替えの目当てがあるときは、断固とした強い態度に出る

| 文例 135 | 契約条件の変更要求に対する断り ………………………………… 392
☞ 譲れないというこちらの姿勢を示して、結論は相手に委ねる

支払い交渉

| 文例 136 | 支払い延期を願う ……………………………………………………… 396
☞ リスクがないことと例外的な措置であることを強調

| 文例 137 | 支払い延期を認める ……………………………………………… 399
☞ 同情の余地のある場合は協力的な姿勢で

| 文例 138 | 支払い延期願いを断る ……………………………………………… 402
☞ 認めることは法の権利を捨てるという発想

| 文例 139 | 支払方法の変更願いを条件付きで承諾する ……………………… 405
☞ 条件付きでも承諾するからには気持ちよく

| 文例140 | 輸送費請求却下の再考を求める | 408 |
☞ 認めてくれれば今後売りやすくなるという「奥の手」も使う

| 文例141 | 特例として輸送費支払いを認める | 411 |
☞ 結論を先に、お説教はあとで

督促とその返事

督促

| 文例142 | 支払いの督促(1)——未払いの売掛金を督促する | 414 |
☞ 信用ある相手なら控えめな督促で効果十分

| 文例143 | 支払いの督促(2)——マンションの管理維持費を督促する | 416 |
☞ 内訳を細かく記して、相手にもきちんとした対応を促す

| 文例144 | 支払いの督促(3)——売上報告と印税支払いを督促する | 419 |
☞ 強く督促するときは契約を盾に

| 文例145 | 支払いの再督促——売上報告と印税支払いを再督促する | 421 |
☞ 再督促は前回の督促状のコピーに多くを語らせる

| 文例146 | 定期報告書を督促する——親しい仕事相手に | 423 |
☞ 親しい雰囲気の中にさりげなく苦情をつつむ

| 文例147 | 電話での引き合いに対する返答を催促する | 425 |
☞ 急ぎの用件なら完全な情報を求める

督促への返事

| 文例148 | 重複した督促に対し、支払い済みであることを伝える | 427 |
☞ 催促への返事は、できるだけ詳細に情報を提供する

| 文例149 | 督促された金額を送るとともに、督促の仕方に苦情を呈する | 430 |
☞ 相手の好意を前提にした上で文句をつける

苦情とその処理

苦情

| 文例150 | 品物の不足を知らせる | 432 |
☞ 感情的にならず状況と問題点を正確に伝える

| 文例151 | 品質に不満なので返品したい | 434 |
☞ 論理的な主張で反論を退ける

| 文例152 | 一方的な通達に対して——代理店からメーカーへ | 437 |
☞ 抗議を上のレベルに持っていくという脅しの構えで

| 文例153 | ホテルの顧客サービス縮小に対して | 440 |
☞ 相手が考え直さない限り利用をやめるぞという「縁切り作戦」

文例 154	飛行機の遅延により受けた被害に対する抗議 ……………………… 443
	☞ 個条書きにして当方の受けた被害を逐一伝える

苦情処理

文例 155	返品および代金払戻し要求を退ける …………………………………… 446
	☞ 正当な主張であると権威付けるには「契約」が役立つ
文例 156	所轄の代理店が扱うべきだという見解を示す ……………………… 448
	☞ 先方の言い分に理解を示しながらも中立的な立場をとる
文例 157	原則を述べ、代理店から実情を説明させることを伝える ………… 450
	☞ あくまでも責任ある態度を示して信用を失わないようにする
文例 158	早速調査を命じたことを伝える──大切な得意客へ ……………… 453
	☞ 先方が地位の高い人ならそれに訴えて困難な事情を理解してもらう
文例 159	顧客サービス廃止に抗議してきた上得意客へ ……………………… 456
	☞ 得意客からの強い抗議へはていねいな説明と代替サービスを
文例 160	複数の苦情に対する弁明とお詫び ……………………………………… 459
	☞ 弁明すべき点、詫びるべき点をはっきり分けて進める
文例 161	調査後の対策を伝える …………………………………………………… 462
	☞ しかるべき手を打っていたことを理解してもらう
文例 162	再検討の要求を却下する ………………………………………………… 466
	☞ しこりの残らないように、「慰め」を入れる

お詫び

文例 163	未払いを詫び、直ちに送金したことを伝える ……………………… 469
	☞ 速やかな送金が一番のお詫び
文例 164	請求書の重複発行を詫び、支払いの指示をする …………………… 471
	☞ 今後の混乱が起こらないような解決策を入れる
文例 165	不必要な支払い催促を詫びる …………………………………………… 473
	☞ お礼とお礼の間にお詫びをはさみ込む
文例 166	船積みの手違いを詫びる ………………………………………………… 475
	☞ 先方から指摘を受ける前に詫びてしまう

報告・通知

報告

文例 167	紹介者への報告──取引関係が不成立だったことを知らせる …… 477
	☞ 被紹介者へのメールを転送して細かい説明の労を省く
文例 168	要請に対し関係部署に手配したことを伝える ……………………… 479
	☞ 前任者へのメールに対する返事は、絶好の挨拶の機会

| 文例 169 | 依頼に応えて就職の世話をしたことを伝える | 482 |
☞ 紹介したあとは当事者同士の交渉に任せる

| 文例 170 | 応募者に保留を伝え、書類の追加提出を求める──大学から | 484 |
☞ 決定に迷う場合は判断材料を追加する

中間報告

| 文例 171 | 紹介者への中間報告（1）──被紹介者から連絡を受けて | 487 |
☞ 簡潔な分、言葉の調子を柔らかく

| 文例 172 | 紹介者への中間報告（2）──取引相手を紹介してもらって | 489 |
☞ 相手の言葉を引用して紹介の意図が当たったことを知らせる

| 文例 173 | 取引先紹介依頼に応えて話を通したことを伝える | 491 |
☞ 遅れた理由も含めて状況をできるだけ詳しく報告する

| 文例 174 | 職探しの協力依頼を受けたあとの中間報告 | 493 |
☞ 具体的な情報を示してちゃんと動いていることを伝える

通知

| 文例 175 | 問い合わせに対する決定事項を伝える | 496 |
☞ 威厳を持たせるが、押しつけがましさを出さない

確認

| 文例 176 | 会議のあと議事録を送付し、確認を求める | 499 |
☞ 重要決定事項は連署した覚え書で法的効力を持たせる

| 文例 177 | 話し合いに関連して確認を求める | 501 |
☞ 調停人は双方に確認する

| 文例 178 | 添付の売約書について確認を求める | 504 |
☞ たずねられる前に先手を打って確認

| 文例 179 | 電話での約束を文書で確認する | 508 |
☞ 重要な案件については必ず文書で確認

| 文例 180 | 当方の意図に対する誤解を正す | 511 |
☞ 「振り向き作戦」で要求をのませる

| 文例 181 | 相手のメールの不明な点の説明を求める | 514 |
☞ わかりにくいところは具体例や具体的な数値を提示させる

| 文例 182 | 合同事業参加の確約を求める | 516 |
☞ 言葉ではなく、状況でさらりと確約を迫る

| 文例 183 | 取引の最終確約を求める | 519 |
☞ 相手のためであることを理由にこちらの要求を通す

| 文例 184 | 取引の最終確約をする | 522 |
☞ 条件をつけて逃げ道を残す

文例 185	マンション賃貸時の居住制限 524
	☞ 人間味をすべて排除する

送付・送金

送付

文例 186	依頼に応えて資料を送る (1)——簡潔 527
	☞ カタログ請求の返事は売り込みの第一歩

文例 187	依頼に応えて資料を送る (2)——無料であることを知らせる 529
	☞ 短く簡潔で協力的であること

文例 188	依頼に応えて資料を送る (3)——同様の要求をする 531
	☞ 先方の依頼に快く応じて、こちらからも要求を切り出す

文例 189	依頼された資料がないので代品を送る (1) 533
	☞ できるだけ先方の希望に応じる姿勢で

文例 190	依頼された資料かないので代品を送る (2) 535
	☞ 代品の適用範囲にくぎをさす

文例 191	依頼された資料がないので代品を送る (3) 538
	☞ 応じられる範囲の限り協力する

文例 192	電話で話した内容の確認をしながら 540
	☞ 相手の要望にきちんと応え、当方の要望にも同様の対応を求める

文例 193	資料の送付予定と一部有料であることを伝える 542
	☞ 有料の場合は必ず再確認を求める

文例 194	頼まれた資料を郵送したことを知らせる (friendly) 545
	☞ 簡単な文面でよいので、発送したらすぐにメールで知らせる

文例 195	約束の資料を送る (1) (friendly) 547
	☞ 酒の席をビジネスに活用する

文例 196	約束の資料を送る (2) 549
	☞ 相手の知りたいことをまず述べてから遅れたことを軽く詫びる

文例 197	子どもにステッカーを送る 551
	☞ 売り込まないPRのメール

文例 198	依頼された原稿(講演内容の要約)を送る 553
	☞ 依頼されたものを送るのが承諾の返事

文例 199	記入した書式を追加書類とともに送る 555
	☞ 事務の簡略化と促進のためには完全情報を

文例 200	急ぎの必要書類を送る (friendly) 557
	☞ 短いメールで催促する

文例 201	不足書類を送る (1)——一般的 559
	☞ 一言でもお詫びを添えて

文例 202	不足書類を送る（2）──親しい相手に	561
	☞ よく事情のわかっている人には簡潔できびきびとした文面で	
文例 203	請求書の間違いを訂正して送る	563
	☞ くどくどと弁明せず事務的に	
文例 204	再発行した請求書を送り、支払いを催促する	565
	☞ 速やかに支払ってもらうため事務的に話を進める	
文例 205	請求書の明細を送る	567
	☞ 一言前向きの言葉を添える	
文例 206	新しい報告用紙の送付を知らせ、活用を望む	569
	☞ 別便で送るのは根回しのひとつ	
文例 207	苦情のメールを担当者に転送し、迅速な処理を要請する	571
	☞ 責任をもって結果までフォローする	
文例 208	キャンペーン資料の送付を伝え、活用法を指示する	573
	☞ 勢いのある言葉を用いて雰囲気を盛り上げる	
文例 209	契約書を郵送し、しかるべき処理をメールで依頼する	576
	☞ さりげなく請求書を添付する	
文例 210	署名した契約書を返送する	578
	☞ 好ましいことも好ましくないことも迅速に処理する	

送金

文例 211	小切手を送付する──ホテルの予約金として	580
	☞ 遅れた場合は言葉を尽くしてていねいに	
文例 212	送金を知らせる──ホテルの予約金として	582
	☞ 簡単な社交辞令を入れて柔らかい調子に	
文例 213	不足料金の送金を知らせる──部品の代金として	584
	☞ 送金の情報を細かく伝える	
文例 214	催促を受けたあと送金を知らせる──ホテルに	586
	☞ プラスアルファの資料添付で協力的態度を示す	

依頼・承諾・断り

依頼

文例 215	送付依頼（1）──使用説明書の送付を依頼する	588
	☞ 急ぎのときは完全な情報を入れて一度のメールで済ませる	
文例 216	送付依頼（2）──論文応募要項の送付を依頼する	590
	☞ 相手方とのかかわりを強調する	
文例 217	資料転載の許諾を得るための手続き方法をたずねる（1）	592
	☞ あまり厚かましい依頼にならないように	

| 文例218 | 資料転載の許諾を得るための手続き方法をたずねる (2) | 594 |

☞ 相手方関係者の指示通りに行っていることを示す

| 文例219 | 以前会った有力者に就職の相談をする | 597 |

☞ 自分をきちんと思い出してもらうような書き方をする

| 文例220 | 紹介状を依頼する──研究所見学のため | 600 |

☞ 社交辞令の間に用件をはさみ込む「サンドイッチ形式」

| 文例221 | 本の推薦文を依頼する (friendly) | 602 |

☞ 相手に考えさせずこちらで雛形を用意する

| 文例222 | 原稿(講演内容の要約)を依頼する | 604 |

☞ 目的を理解させてから依頼する「呼び水作戦」

| 文例223 | 論文チェックを依頼する (1)──先生へ | 607 |

☞ 目上の人への依頼は自尊心と義侠心に訴える

| 文例224 | 論文チェックを依頼する (2)──友人へ | 610 |

☞ 頼る気持ちは強く、言葉はソフトに

| 文例225 | ホテルに特別の手配を依頼する | 613 |

☞ 無理を承知の依頼は根回しを十分に

承諾

| 文例226 | 特別の手配を引き受ける──ホテルから得意客へ | 616 |

☞ 依頼事項を逐一確認して相手を安心させる

断り

| 文例227 | 報告書の提出延期願いを断る──契約を盾に | 619 |

☞ weを主語にせず、契約書に話をさせる

| 文例228 | 設備購入を断る──相手国の政変のため | 622 |

☞ 先方の攻撃をかわすには、断らずにまず保留を求める

| 文例229 | 寄付を断る──財政的理由で | 625 |

☞ いつまでも気を持たせず、はっきり断るのが誠実なやり方

| 文例230 | 協力を断る──方針により | 628 |

☞ 2段構えで断り、再依頼のすきを与えない

| 文例231 | 紹介を断る──紹介先とつながりが薄いので | 630 |

☞ さらりと断るのもしこりを残さないためのテクニック

| 文例232 | 原稿提出を断る──忙しいので | 632 |

☞ 代わりのものを送り、少しでも要求に応える

| 文例233 | 論文チェックを断る (1)──忙しいので | 634 |

☞ 直接断らず状況に断らせる

| 文例234 | 論文チェックを断る (2)──専門外なので | 637 |

☞ 謙遜の言葉で断りに代える

| 文例235 | 講演を断る──先約があるので | 640 |

☞ 断りっぱなしにしないで次回につなぐ

人事採用

文例 236 新聞広告への応募者を断る ……………………………………… 642
☞ 事務的にさらりと断る

文例 237 面接者を断る ……………………………………………………… 644
☞ はっきり断るが、礼儀を忘れずに

文例 238 推薦を伴った求職者を断る ……………………………………… 646
☞ 推薦者の顔を立てる配慮をする

文例 239 保留にしてあった採用の話を別のポストで再開する ………… 649
☞ 一度断っても糸をつないでおいて、活用する

文例 240 次回の空席の候補として考えたいので面接に来てほしい …… 651
☞ 時すでに遅くても、今後の別の可能性を考える

文例 241 先方から断られたが、今後に可能性をつなぎたい …………… 653
☞ 心の広さを示しからも採用者としての威厳を保つ

挨拶

文例 242 会社合併の挨拶 …………………………………………………… 655
☞ 相手にとっても利益になるという安心感を与える

文例 243 社長退任の挨拶 …………………………………………………… 658
☞ 引退の挨拶は暗くならないように心がける

文例 244 転任の挨拶 ………………………………………………………… 661
☞ 転任しても付き合いを残すようにしておく

文例 245 病気のため帰国する挨拶 ………………………………………… 664
☞ 後任への橋渡しをしっかり

文例 246 担当者の変更を伝える …………………………………………… 666
☞ 担当者の変更は上司名で出す

招待・案内とその返事

招待

文例 247 創業15周年記念パーティーへの招待 ………………………… 669
☞ 状況次第では郵送のほうが好ましい

文例 248 自宅でのパーティーへの招待 …………………………………… 672
☞ 楽しそうなテーマを掲げて雰囲気を盛り上げる

案内

文例 249 お別れゴルフコンペの案内メール ……………………………… 674
☞ 楽しい集まりになることを知らせるのがポイント

文例 250	**会議の案内メール（1）** ··· 677
	☞ 会議の目的と意義を強調する

文例 251	**会議の案内メール（2）** ··· 679
	☞ 命令形を使わずに強く要請する

出席

文例 252	**開所式に出席する** ··· 682
	☞ お礼と期待の言葉を添えて招待を受諾する

文例 253	**友人宅のパーティーに出席する** ···································· 684
	☞ 個人的な社交の集まりには、「喜んで出席し楽しみにしている」気持ちが大切

欠席

文例 254	**開所式に欠席する** ··· 686
	☞ 漠然とした理由で断れるのは地位の高い人だけ

文例 255	**祝賀会に欠席する** ··· 688
	☞ 短い断りメールは誠意のない印象を与えてしまう

文例 256	**結婚式に欠席する** ··· 690
	☞ 先約を理由に断るのは最も当たり障りのない断り方

文例 257	**晩餐会に欠席する** ··· 692
	☞ 招いてくれたという気持ちに感謝して人間関係をつなぐ

文例 258	**再度の招待にもかかわらず会議に欠席する** ················· 694
	☞ 理由を具体的に示すと都合を合わせてくるので、その逆手をいく

文例 259	**送別会欠席通知を受け取っての返事** ···························· 697
	☞ 気を悪くしていないということを伝える

お祝い

文例 260	**昇進祝い（1）──取引先社長就任を祝う** ······················ 699
	☞ 就任前でも、ニュースを知ったらすぐに出す

文例 261	**昇進祝い（2）──取引先の社長就任を祝う** ··················· 701
	☞ ともに繁栄するためにお祝いメールを出す

文例 262	**昇進祝い（3）──親しい友人の社長就任を祝う** ············ 703
	☞ 共通の友人や趣味で喜びと仲間意識を盛り上げる

文例 263	**昇進祝い（4）──困難な状況の中で社長に就任した人を祝い励ます** ··· 705
	☞ 不幸な事情は暗黙の了解にして話を進める

文例 264	**昇進祝い（5）──親しい取引相手の昇進を祝う** ············ 707
	☞ ストレートに喜びを表す

文例 265	**大臣就任祝い** ·· 709
	☞ 知り合ったときのことに触れ、自分の存在をさりげなく主張する

文例266	支店開業祝い	711
	☞ お祝いメールでビジネスの種まきをする	
文例267	売上目標を達成した代理店へ	713
	☞ 勢いのある言葉遣いで販売の志気を高める	
文例268	売り上げ第1位の座を獲得した代理店へ	715
	☞ 業績達成の意義をあげて今後の励みとする	
文例269	優勝したレーサーへ──メーカー宣伝部から	717
	☞ 快挙に対するお祝いはオーバーなくらいに	
文例270	称号を授与された人へ	720
	☞ お祝いの言葉を最後にもってきて重々しさを出す	

励まし・お悔やみ

励まし

文例271	要職を辞任する人を励ます	722
	☞ 退任者への励ましは後任者へのつなぎ	
文例272	第一線から退く人を励ます	725
	☞ 完全な引退でないことを喜ぶ	
文例273	大きな困難に直面した人を励ます	728
	☞ 差し出がましくならないよう控えめに	
文例274	病気のため帰国する人を励ます	730
	☞ 将来に希望を抱かせる	
文例275	病気の人を見舞い励ます	732
	☞ 取引先の人などが入院中の場合はまずカードを送り、退院後にメールする	

お悔やみ

文例276	取引先役員の訃報に接して	735
	☞ 故人の存在意義をたたえる	
文例277	家族を亡くした仕事関係の人へ	737
	☞ 悲しみを乗り越えて早く通常に戻るよう祈る	
文例278	家族を亡くした友人へ	739
	☞ 自分の体験を綴って慰め励ます	

付録 ……………………………………………………………………………………………… 743

INDEX──[和英]ビジネスEメール表現集	744
[和英]役職名一覧	796
[和英]部署名一覧	797

ビジネス英文Eメールの構成とレイアウト

以下の手引は、ビジネス英文Eメールの基本的な書き方に関するほとんどの疑問に答えられるものと思います。もちろん、これ以外の方法もありますが、ここでは最も広く用いられ、最も標準的で望ましいと思われる方式を採用しました。皆さんが実際に英文Eメールを書くときは、下記の方式に従うことをお勧めします。

◆メッセージのしくみ

（以下に送信メールと受信メールの2例を示します。さらに、①から⑬までの要素の説明を行います。）

例1：送信メール

---

① From: hiroshi@hiscompany.com
② To: lisa@hercompany.com
③ Cc: tonyt@xyzmail.com
④ Bcc: kurdyla@hiscompany.com
⑤ Subject: Publishing my paper（論文発表の件）
⑥ Attachments:

---

⑦ Dear Lisa,（リサさん、）

⑧ I understand you're a member of the Physics Institute. Do you know whether I have to be a member of the Institute in order to publish a paper in its research journal? Nobody here even knows who to ask.
（あなたはフィジックス・インスティチュートの会員だそうですね。あそこの研究誌に論文を発表するには会員にならないといけないのかどうか、ご存じですか。こちらでは、だれに聞いたらいいかすらわからないもので。）

⑨ Sorry for any inconvenience.（お手数をおかけしてすみません。）

⑩ Regards,（よろしく。）

⑪ Hiroshi（弘志）

27

Header (ヘッダー)

① **From:** 差出人（送信者のアドレス）
② **To:** 宛先（受信者のアドレス）
③ **Cc:** (Carbon copy:) 第三者にもこのEメールを送りたいとき、そのアドレスをここに指定すると同時に送ることができます。どこに送ったかは、受信者の画面に表示されます。なお、アドレスは複数指定できます。
④ **Bcc:** (Blind carbon copy:) Ccと同様、第三者にこのEメールを送りたいとき、そのアドレスをここに指定しますが、受信者の画面には表示されません。これもアドレスは複数指定できます。
⑤ **Subject:** 件名
⑥ **Attachments:** 添付ファイル。単に添付するだけでなく、ファイルを添付した理由やファイル名、ファイル形式などについて、メッセージ本文に明記してください。

例2：受信メール

---

① From: lisa@hercompany.com
② To: hiroshi@hiscompany.com
③ Cc: tonyt@xyzmail.com
④ Bcc: kurdyla@hiscompany.com
⑤ Subject: Re: Publishing my paper（論文発表の件に関して）
⑥ Attachments: Instructions to Authors（執筆要項）

⑦ Dear Hiroshi,（弘志さん、）

⑫ I asked the membership director whether you would have to join the Institute to publish in its journal. He told me you would not. All you need to do is submit the paper.
（研究誌に発表するには会員にならなければならないのかどうか、会員担当の責任者に聞いてみました。その必要はないそうです。論文を提出するだけでいいとのこと。）

⑬ I've attached a copy of the journal's Instruction to Authors. It has all the information you need.
（研究誌の執筆要項を添付します。必要な事項はこれですべてわかるはずです。）

⑩ Regards,（では失礼します。）

⑪ Lisa（リサ）

Body (ボディー)

⑦ **Greeting**: 挨拶。親密さによって姓、名を使い分けますが、姓名両方は使わないでください。また、Gentlemen、Madame、Dear Sirなどは、かなりフォーマルな場合以外は避けてください。

⑧⑨⑫⑬ **Body**: 本文。トピックごとに改行し、さらに1行空けて読みやすくします。

⑩ **Closing**: 結辞。結辞は親しい相手などには入れなくても構いませんが、一般的には簡潔なThanks、Regardsなどを入れるとよいでしょう。Faithfully yoursなどの硬すぎる表現はあまり用いられません。

⑪ **Signature**: 差出人名。親密な相手には、肩書なしの名前だけで十分です。

● 挨拶と結辞／差出人名の表記について

親密度	挨拶	結辞／差出人名
ていねい	Dear Mr. Smith:	Regards, Taro Suzuki
ややていねい （ファーストネームが基本）	Dear Don, Don-san	Regards, Taro (Suzuki)
親密 （ファーストネームが基本）	Don, Hi, Don	Taro
団体・会社などに対して	記載不要	Taro Suzuki

注）自分のメールソフトの署名参照ファイルを使う場合、署名参照ファイル中にセットしてある名前と、相手との親密度が一致しているかどうか、確認してから使いたい。

◆本文を組み立てる

本文の構成

☞ 伝える内容の順序を組み立てる。
☞ 伝える内容相互間の関連を明示する。

キーとなるのはパラグラフ（段落）ですが、1つのパラグラフは同一のトピック（主題）で組み立てること。パラグラフの中の各センテンスが論理的につながって、はじめてパラグラフといえます。

また、各パラグラフはトピックの連鎖ですから、パラグラフをいかにつないでいくかで、メッセージ全体の論理の流れが決定されます。

パラグラフを決定する4要素

❶トピックは1つに絞ること。
❷トピックセンテンスで始めること。

欧米人は主たる問題から話し始めることが普通です。ですから、パラグラフの主題を扱ったトピックセンテンスがないと、センテンス間のつながりが見えにくくなり、言おうとすることが伝わらなくなります。p.28に示した受信メールの例は、**1) 会員であることの必要性の有無**、**2) 執筆要項**（添付ファイル）の２つのパラグラフから成り立っています。

Exercise

次の**a〜d**の文を、トピックセンテンスから順に論理が流れるように並び変えなさい。

a. We already have a network manager.

b. We do not need outside assistance.

c. We will not hire ABS consulting.

d. He is doing an excellent job.

（　）→（　）→（　）→（　）

解説

bと**c**は内容的に似ていますが、**c**の方が具体的かつ明確であるので、これがトピックセンテンスです。なお、パラグラフの最終センテンスは結論になることが多いので、トピックセンテンスに似たものになりがちです。

主題：ABCコンサルティングを雇うつもりはない。
裏付：すでにネットワークマネージャーを雇っている。
裏付：そのマネージャーは優秀である。
結論：外部のアシストは不要である。

解答 (c) ➡ (a) ➡ (d) ➡ (b)

❸ 5〜10センテンスを超えないこと

5センテンス以上のパラグラフは、トピックが複数になるおそれが増すので注意が必要です。

❹ 各センテンスを論理的につなぐこと

パラグラフ内のセンテンスを的確につなぐと、前文との関係が明確になります。各センテンスを論理的につなぐには、以下のようなスキルを活用するとよいでしょう。

1. センテンスを、すでに述べた旧情報から始める。

（例）Be sure to clean the filters every month. Keeping them clean will extend the life of the equipment.（毎月フィルターを掃除することを忘れないようにしてください。掃除することにより設備の寿命が延びます。）

2. くりかえしのスキルを使う。

☞ a から the へ。

(例)...will establish a joint venture. The (joint) venture will... (...合弁会社を設立します。その合弁会社は...)

☞ 名詞から代名詞へ／形容詞＋名詞から指示形容詞＋名詞へ。

(例) Mistakes are costly. They hurt our image. (ミスは高くつきます。それは会社のイメージを損ねます。)

(例) They offer several upgrades. These upgrades are free. (先方はアップグレードをいくつか用意しています。それらは無料です。)

☞ 具体的な事物を一般化する。

(例) The package included everything except invoices and packing lists. These documents were sent separately. (パッケージの中には請求書と出荷リスト以外すべて入っております。これらの書類は別送しました。)

☞ 動詞から名詞へ。

(例) We analyzed the material clogging the filter. The analysis found a high percentage of rust. (フィルターを詰まらせている物質を分析しました。その結果、サビが高い割合で入っていることがわかりました。)

3. 接続語を効果的に使う。

moreover (そのうえ)、however (しかし)、consequently (それゆえ) は文をつなぐ語として使われることが多く、通例、フォーマルな文書で用いられます。一方、and、but、so はもっと略式な語で、同一文内で接続語として使われたり、フォーマルでない E メールの文頭で接続語として使われたりします。E メールの文書は略式化される傾向にあるといえます。

文例集──ビジネス英文Eメール・データバンク

文例	出張後のお礼メール
001	**出張先で世話になったことに対するお礼**
	☞ 漠然としたお礼ではなく、印象に残ったことを具体的に入れる

お礼

出張先でどんな形にせよ、世話になったらお礼のメールを出す。会社からの出張であるから、個人的なお礼というよりは、お礼を兼ねて今後の取引関係の発展を望むというもの。数多くお礼のメールを書かなければならない人向けの文面である。

> 先日の貴国訪問の際は温かいおもてなしをありがとうございました。そちらの本社での楽しく心に残る昼食ののち、お互いの会社が親密な関係にあることを改めて感じました。この友好関係が両社の共通の利益に発展する日を楽しみにしております。

構成 まず世話になったことに対する❶感謝の気持ちを伝え、次に、心に残った❷具体的な出来事に触れる。最後に❸今後の両社の関係の発展を祈って締めくくる。このメールは1段構成。

語句 ❶**感謝の気持ち** I am writing to メールの目的を示す。thank you for お礼を述べる決まり文句。hospitality you extended「いただいたおもてなし」硬い言い方。
❷**具体的な出来事** The delightful and memorable lunch「楽しく心に残る昼食」brought to mind again「思い出させた」この again により強調されている。close relationship between「〜間の緊密な関係」
❸**今後の発展を祈る** I look forward to「前向きに望む」mutual benefit「互いの利益」our organizations「両社」この our は先方と自分ということ。

ポイント 英文を書く場合、何度も同じ語をくりかえし用いるのは好ましくない。たとえば「会社」なら、company 一本槍でなく、organization とか firm と言い換えて変化をつける。相手の国名や会社名などの固有名詞も、your country や your headquarters（本社、本部）などと言い換えられる。

応用 両社の関係の発展を祈る

お互いの会社の良好な関係が今まで通り続くことを期待しております。

I look forward to continuing the fine relationship we have enjoyed to date.

これから一層親しくお付き合いいただけることを楽しみにしております。

We look forward to an even closer relationship from now on.

TEXT

From: Yasuo Otake [yasuo.otake@hiscompany.com]
To: Michael Schultz
Cc:
Subject: Thank you

Dear Mr. Shultz:

I am writing to thank you for the hospitality you extended on my recent visit to your country. The delightful and memorable lunch at your headquarters brought to mind again the close relationship between our two companies. I look forward to developing that relationship to the mutual benefit of our organizations.

Best regards,

Yasuo Otake
Department Manager

文例	出張後のお礼メール
002	**招待と贈り物に対するお礼**
	☞ ビジネス上の社交は、officialな中に温かい要素を入れる

お礼

出張先でパーティーに招待され、贈り物をもらったときのお礼。このメールの目的は、ビジネスと人間関係を深めることにあるので、短くて、温かく軽い感じにする。温かい感じとofficialな要素の入ったメール。

> 大変遅ればせながら、先月のカクテルパーティーで高級チョコレートをおみやげに頂戴したことについて、改めてお礼申し上げたく、メールさせていただきました。また、野口までご招待いただき、誠にありがとうございました。2人とも大変楽しく過ごさせていただきました。
> 次回東京にお越しの折にお会いできますことを皆で楽しみにしております。それまで弊社[JATEL]一同、ドルフさまのご多幸を心よりお祈りいたしております。

構成 いつ、どこで、何に対してかを具体的に示して❶**招待と贈り物に対するお礼**を述べる。❷**再会を望み、「皆からよろしく」で結ぶ**。

語句 ❶**招待と贈り物へのお礼** Very, very belatedly「大変遅ればせながら」We apologizeと改まった書き出しにしなくても、お詫びの気持ちが同時に伝わる。大げさにせず「軽く」いく。I am writing to「〜したく書いています」メールの目的を示す。thank you again forこのagainは、口頭でのお礼に加えてメールでまた、ということ。口頭だけで済ませずメールを出すのが礼儀。We both enjoyed the occasion thoroughly「十分楽しんだ」短いが効果的な文で招待に対するお礼を述べる。
❷**再会を望み、「皆からよろしく」で結ぶ** We all hope/from your friends at JATEL「社員一同」という発想があり、会社対会社の付き合いを基調にしている。best wishes and warmest regards「ご多幸を祈る、よろしく」親しみをこめた挨拶。

ポイント weは会社、Iは個人という立場から、しばしばweの主語は冷たくよそよそしい印象を与えることがあるが、このメールでは、「社員一同」という社員ぐるみの付き合いを意味し、会社としての分をわきまえた上にも温かい感じがする使い方がなされている。

応用 招待と贈り物の内容を変えて

出張から帰り、まずは改めてお礼申し上げたく、メールを差し上げました。訪問の際には心に残るレセプションを開いていただいた上に、すばらしい絵画まで頂戴いたしまして、本当にありがとうございました。

今月初めの記念式典では、銘の入ったすばらしい時計をいただき、改めてお礼申し上げます。

As one of the first things I do upon returning from my trip, I would like to again thank you for the beautiful painting you presented me with at the memorable reception you arranged for me during my visit.

This is to again voice my appreciation for the fine engraved watch I received from you at your commemoration party early this month.

TEXT

From: Masako Koyanagi [masako.koyanagi@hercompany.com]
To: Mary Dolf
Cc:
Subject: Belated thanks

Dear Ms. Dolf:

Very, very belatedly I am writing to thank you again for the delicious chocolate you gave me at the cocktail party last month. Thank you for inviting Ms. Noguchi as well. We both enjoyed the occasion thoroughly.

We all hope to see you the next time you are in Tokyo. Meanwhile, from your friends at JATEL best wishes and warmest regards.

Yours sincerely,

Masako Koyanagi

文例	出張後のお礼メール
003	**出張先での昼食会に対するお礼 (1)**
	☞ 仲間意識を盛り上げる

お礼

出張先で歓迎の昼食会を開いてもらったことに対するお礼メールでは、出席者の人々との語らいを楽しんだことを伝えるのもよい発想。招待してくれた人だけでなく、先方の仕事仲間に敬意を払うことにより、仲間意識を強調する。

先週の金曜日には、すばらしい昼食会をありがとうございました。私ども一同、お招きをいただき、久しぶりに貴殿にお目にかかれた上、大変立派な方々とご一緒させていただけたことを感謝いたしております。
ぜひ、近いうちに日本にお越しください。あるいは、私が次回シカゴに参りました折にでもお会いできたらと存じます。

構成 ❶昼食会に対するお礼を述べる。具体的な感想を入れて２段構えにする。❷再会を望んで結ぶ。

語句 ❶**昼食会へのお礼** Thank you very much forお礼から入る。the splendid lunch「すばらしい昼食」splendidのほかにsuperbでも可。どちらも豪華な昼食に対する最大級のお礼。after such a long time「久しぶりに」be in such fine company「すばらしい方々とご一緒する」先方の仲間に敬意を払う。
❷**再会を望む結び** I hope今後の希望を述べる。you will be coming to「〜を訪れる」you will comeより進行形のほうがdynamismがあり、生き生きした感じ。get together with「会う」 seeよりも、会って一緒に何かする、付き合うという積極的なニュアンスがある。the next time I am in「次回私が〜へ行きましたときに」soonより具体性があり、社交辞令のみでないというよい印象を与える。

ポイント companyは「会社」という意味だけではない。次のような使い方もある。①I'll keep you company.「お供します」②to be in fine company「すばらしい仲間に恵まれて」③We had company.「お客さまがみえた」

応用 感想を一言添える

場所といい、お酒、メニューといい、申し分のないものでした。

The choice of venue, wine and menu were impeccable.

食事もさることながら、お互いの近況を知る機会が持てたことを大変うれしく思いました。

Even more than the food, it was great to have the chance to bring ourselves up to date on what we both are into lately.

TEXT

From: Kuni Tateiri [kuni.tateiri@hiscompany.com]
To: Larson Scott
Cc:
Subject: Many thanks

Dear Mr. Scott:

Thank you very much for the splendid lunch last Friday. It was very kind of you to invite us all to see you again after such a long time and also to be in such fine company.

I hope you will be coming to Japan soon, but if not, I hope to get together with you the next time I am in Chicago.

Warm regards,

Kuni Tateiri
Manager

文例	出張後のお礼メール
004	**出張先での昼食会に対するお礼 (2)**
	☞ ついでに取引全般にわたる助力に対するお礼を述べて今後につなぐ

お礼

昼食会での話し合いが参考になったことを述べ、今後一層の協力を願うメール。出張中のもてなしに対するお礼を兼ねて、今までの関係全般にわたるお礼を述べ、さらに今後も引き続き協力を願うという作戦である。

去る10月1日には私と鈴木を立派な昼食会にご招待いただき、ありがとうございました。貴殿のお話をうかがい、テキサスにおける弊社のビジネスは近い将来一層拡大するものと確信いたしました。 このような状況において、我々の取引関係も拡大し、お互いにとって実り多いものになることを願っております。

この機会に、貴社の温かいご後援に対し、今一度お礼申し上げます。 タンガーさま、ミルナーさまのような有能な方々のご支援を受け、弊社のテキサスでの事業はさらに発展、多様化するものと信じております。

またお会いできる日を楽しみにしております。

構成 ❶昼食会に対するお礼から入る。 次に先方との話の中で、❷印象に残ったことと今後への期待を述べる。 ❸取引上の助力に対してお礼を述べ、❹再会を望んで結ぶ。

語句 ❶**昼食会へのお礼** I thank you for お礼を述べる書き出し。your kind invitation 先方の招待を指す決まり文句。
❷**印象に残った話と今後への期待** From your explanation「あなたの説明から」先方の話が有意義であったことを伝える。will further expand「一層拡大するでしょう」I hope that 今後の希望を述べる。our business relationship/our mutual benefit このourは、先方と自社を含めたもの。 一方、前出の our business activitiesは自社のことのみ。
❸**取引の助力へのお礼** Taking this opportunity「この機会に」I wish to again convey my personal thanks「くりかえしお礼申し上げたい」your kind patronage「ご後援」such capable people as「～のような有能な方々」enjoy further growth and diversification「さらに拡大し多様化していく」enjoyは「楽しむ」ではなく利益などを「享受する」の意で、積極的な感じがある。

❹**再会を望む結び** I look forward to 決まり文句。

ポイント 「くりかえしお礼申し上げたい」の意で、I wish to repeat my thanks. とするのは好ましくない。repeatという語は、単なる反復を意味するため、感謝の気持ちがこもっていないように感じられるので。

応用 もてなしに対するお礼を変えて

私と同僚がお邪魔したときには心のこもった昼食会を開いていただき、ありがとうございました。

Thank you for arranging the warm luncheon for my colleagues and me during our visit with you.

6月5日には私どものためにわざわざすばらしいカクテルパーティーを催してくださり、ありがとうございました。

Thank you for going to the trouble of arranging that memorable cocktail party on June 5 for us.

TEXT

From: Haruo Fukui [haruo.fukui@hiscompany.com]
To: Daniel Dolty
Cc:
Subject: Thank you

Dear Mr. Dolty:

I thank you for your kind invitation to the luncheon party on October 1 which Mr. Suzuki and I enjoyed very much.

From your explanation of the situation, I am confident that our business activities in Texas will further expand in the near future. In this context, I hope that our business relationship will also expand to our mutual benefit.

Taking this opportunity I wish to again convey my personal thanks for your kind patronage. With the help of such capable people as Mr. Tanger and Mr. Milner, I am sure that our business activities in Texas will enjoy further growth and diversification.

I look forward to seeing you again.

Regards,

Haruo Fukui
Vice President

出張後のお礼メール	文例
共同事業の話し合いに対するお礼	**005**
☞ 話し合いが実り多いものであったことを伝える	

共同事業を進めている会社への訪問後に出す、課長レベルから社長レベルまで広く使えるお礼メール。話し合いの成果に触れ今後の期待を述べるところがメインとなる。さらに今までの関係全般にわたる助力へのお礼を述べて今後につなぐという、そつのないメールである。

ウェイコー訪問の際には、貴重なお時間を割いていただき、ありがとうございました。
誠に実り多く、楽しいミーティングでした。海外市場、とくに中国市場における共同事業の成功を願っております。
ここに改めて今までのご助力にお礼申し上げるとともに、今後も引き続きご支援を下さいますようお願い申し上げます。
またお目にかかるのを楽しみにいたしております。

構成 ❶時間を割いてくれたことに対するお礼から入る。次に先方との❷話し合いに触れ、今後への期待を述べる。❸取引上の助力に対するお礼を述べて❹再会を望んで結ぶ。

語句 ❶**時間を割いてくれたことへのお礼** I appreciate your kindness in お礼から入る。sparing your valuable time「貴重な時間を割く」
❷**話し合いの成果と今後への期待** 共同事業の成功を望む。rewarding「実りある」I hope 今後の希望を述べる。bring about「もたらす」the desired results「望み通りの成果・成功」代わりに successful results（すばらしい成果）でもよいが、その場合、未来のことなので the はつけない。
❸**取引上の助力に対するお礼** Taking this opportunity「この機会に」I would again like to thank you「もう一度お礼申し上げたい」what you have done「今までのご助力」hope that you will continue to「引き続き～していただくようお願いします」favor「支持する、目をかける」
❹**再会を望む結び** I look forward to 決まり文句。

ポイント 主語に we を使うのは法人的で、時として冷たい印象を与えることもある。I は

文例
005

personalな印象を与え、地位の高い人や、相手との人間関係を築いていきたい気持ちを表したいときに用いると効果的。

お礼

応用 今後への期待を変えて

光ファイバー機器分野における両社の最近の努力を早く実らせたいと願っております。

I hope to see our recent efforts in the fiber optic device area bear fruit soon.

問題の製品ラインについて、今年度中にも何らかの具体的な進展が見られることを願っております。

I would like to see some tangible results with regard to the product lines discussed within this fiscal year.

TEXT

From: Kazu Takemura [kazu.takemura@hiscompany.com]
To: Jean Whitman
Cc:
Subject: Thank you for your time

Dear Ms. Whitman:

I appreciate your kindness in sparing your valuable time for me during my recent visit to Waco.

It was indeed a rewarding and enjoyable meeting. I hope our cooperation in overseas markets, particularly China, will bring about the desired results.

Taking this opportunity, I would again like to thank you for what you have done for our organization and hope that you will continue to favor us with your generous support.

I look forward to seeing you again soon.

Warmest regards,

Kazu Takemura
President

出張後のお礼メール	文例
新代理店候補との話し合いに対するお礼	**006**
☞ 契約に持ち込むためにはフォローアップを欠かさない	

今まで独占代理店を置いていた市場にもう1つ代理店を増やそうという話し合いのあとのお礼メール。新しい取引に対する真剣さと前向きの姿勢がうかがえるメールである。メール中のDrexelは今までの独占代理店のことで、Mr. Howardは新代理店候補。

ヨハネスブルク訪問の折は私と同僚のためにお時間を割いていただき、ありがとうございました。ドレクセル社とは長く大事な関係を保っているわけですが、それでもやはり、それぞれのマーケットが変化するのに伴い、双方とも取引の新しい分野や手段を創造的に開発していくべきであるという考えに、私もまったく同感です。これから先は、資本財などの取引に力を入れることによって、我々の関係が成長を続けていけるような新しい状況を生み出すことができると考えます。

おもてなし本当にありがとうございました。近いうちにまたお会いできるのを楽しみにしております。

構成 ❶時間を割いてくれたことに対するお礼から入る。次に先方との❷話し合いに触れ、こちらの見解を示す。もてなしに対して❸再びお礼を述べ、再会を望んで結ぶ。メールは2段構成で❶と❷が1段落にまとめられている。

語句 ❶**時間を割いてくれたことへのお礼** Thank you forお礼から入る。the time you spent with「割いていただいた時間」

❷**話し合いの成果と今後への期待** Despite「～にもかかわらず」whileやeven thoughより硬い表現。I fully agree「まったく同感です」I thinkや単なるI agreeに比べて、この仕事に対して前向きな姿勢を持っていることが示されている。finding new areas and ways to do business「取引の新しい分野や手段を開発すること」respective markets「それぞれの市場」respectiveは複数名詞をとる。open new opportunities「新しい機会を生み出す」continue the growth of our relationship「我々の関係が発展し続ける」

❸**再びお礼** Again, thank you for最後の締めくくりとしてのお礼の決まり文句。I look forward to再会を望む決まり文句。

文例 006

ポイント 一般的で形式的なSincerely yoursを用いずにBest regardsで親しみを表すことにより、新しい契約に対する前向きな姿勢を示している。

応用 お礼の伝え方のバリエーション

おもてなし、本当にありがとうございました。近々またお会いできることを楽しみにいたしております。	Again, I thank you for the hospitality and look forward to meeting you soon.
私どもの出張を有意義なものにしてくださいまして本当にありがとうございました。	Thanks again for all you did to make our trip worthwhile.

TEXT

From: Steven Howard [steven.howard@hiscomapny.com]
To: Ken Nishida
Cc:
Subject: Thank you for your hospitality

Dear Mr. Howard:

Thank you for the time you spent with my associates and me during my visit to Johannesburg. Despite our long and valued relationship with Drexel, I fully agree we both need to be creative in finding new areas and ways to do business as our respective markets change. In the future, I think emphasis on capital goods and other types of trading activity will open new opportunities to continue the growth of our relationship.

Again, thank you for your hospitality, and I look forward to meeting you soon.

Best regards,

Ken Nishida
Managing Director

出張後のお礼メール

会議出張後のお礼

文例 007

☞ 会社の代表として前向きな姿勢を示す

経済会議に出席したあとの、お礼を兼ねたつなぎのメール。先方の心遣いに感謝するばかりでなく、出張のメインであった会議から何を得たか、さらに今後への展望を述べて、前向きな姿勢を示す。とくに会社の代表として出張している場合、この姿勢は大切。

ヒューストン滞在中は部屋まで美しい花束をお届けいただき、お心遣いに改めてお礼申し上げます。
第11回日本・テキサス連盟会議に参加いたしまして、テキサス州の経済動向、ならびに貴州の持つ多大な可能性を知ることができました。テキサス州における私どもの事業は近いうちにさらに拡大するものと存じます。あわせて、私たちの関係も一層発展することを願っております。
近々、東京にてお目にかかれるのを楽しみにしております。

構成 ❶先方の心遣いに対するお礼から入る。具体的に。次に、❷会議参加の成果と今後への期待を述べる。最後は❸再会を望んで結ぶ。

語句 ❶**先方の心遣いへのお礼** Thank you again for お礼から入る。againは、その場での口頭のお礼に加えてという意味で、これを抜かすとそのときのことを覚えていないような冷たい印象を与える。**you so thoughtfully**「ご親切にも」**during my stay in**「〜滞在中」
❷**会議の成果と今後への期待** Participating in (会議) served to「(会議) に参加して〜という成果を得た」**huge potential your fine 〜 offers**「そちらの〜が持つ大きな可能性」これからの取引への前向きな姿勢が示されている。fineは先方への賛辞で、うしろの〜の部分はcityやcompanyなど状況により入れ換えることができる。**I am confident**「〜と思います」**At the same time**「とともに」**I hope to see**「〜になりますように」
❸**再会を望む結び** I look forward to 決まり文句。

ポイント 地位の高い人同士の付き合いには、企業ベースではなく個人的な人と人との付き合いが要求される。そのため、このメールは①Thank you againのagain、②具体的に印象

文例 007

に残ったことを伝える、③主語にweでなくIを用いている（weは会社としての立場で書くことになる）、などの点でpersonal touchを出そうとしている。

応用 書き出しのお礼の内容を変えて（内容に合わせて件名も変える）

お礼

ヒューストン滞在中は、部屋まで豪華な果物かごをお届けくださり、お心遣いに改めてお礼申し上げます。	Let me begin by again thanking you for the luxurious basket of fruit you so thoughtfully had brought to my room during my stay in Houston.
ヒューストン到着の際には、よく冷えた美味しいシャンパンを部屋にご用意くださり、本当にありがとうございました。	Thank you again for the fine bottle of champagne which you had cooled and waiting in my room on my arrival in Houston.

TEXT

From: Yasuyo Arimitsu [yasuyo.arimitsu@hercompany.com]
To: John L. James
Cc:
Subject: Thank you for the flowers

Dear Mr. James:

Thank you again for the lovely bouquet which you so thoughtfully had delivered to my room during my stay in Houston.

Participating in the 11th Japan-Texas Association Conference served to make me aware of the changing economic patterns of Texas and the huge potential your fine state offers. I am confident our activities in Texas will further expand in the near future. At the same time, I sincerely hope to see our relationship expand as well.

I look forward to meeting you again soon, possibly in Tokyo.

Sincerely,

Yasuyo Arimitsu
Senior Managing Director

文例	出張後のお礼メール
008	**自宅への招待に対するお礼 (personal)**
	☞ 受けたもてなしにふさわしいお礼メールにする

簡単なもてなしに対してあまりにも恐縮したお礼メールでは不自然であるのと同様、最大級の心温まるもてなしに対して簡単なお礼メールでは失礼になる。その状況にふさわしいものにすること。先方の家族に会っていることから、お礼メールに自分の妻のことを入れ、家族ぐるみの温かい文面にしている。

カナダへの旅は原田にとっても私にとっても楽しいものでした。ワイスさんのご配慮とおもてなし、そしてホテル・ニューパリスでの実に心温まるレセプションのおかげで、一層よい旅になりました。ホイストさんやゴンパーズさんとの昼食会を開いていただいたことにも感謝しております。

加えて、ご自宅にお招きいただき、すてきな奥さまのグレッチェンさんにもお目にかかれ、そのすばらしいピアノ演奏をご披露いただいたことも、大変光栄に感じております。

私の妻も当然ながらお宅に招かれたときの話を聞きたがり、ご夫妻やご家族のことを知りたがりました。頂戴した美しい絵画には妻も大喜びし、お礼を申し上げております。カナダの親愛なる友人たちをいつも思い出させる品として、自宅のよく見えるところに掛けてあります。

それから、美味しいお料理とおもてなしに対する心よりの感謝を奥さまにお伝えください。カナダ滞在中に撮ったつたない写真ですが、添付いたします。気に入っていただければ幸いです。

また近いうちにお目にかかれることを楽しみにしております。

構成 ❶出張中のもてなし全般に対するお礼から入る。次に❷自宅への招待に対するお礼を述べ、帰国後の家族の反応を知らせて❸具体的な形で喜びを伝える。❹先方の家族に一言お礼を述べて、写真を添付するという❺こちらからの心づくしを示し、❻再会を望んで結ぶ。

語句 ❶もてなし全般へのお礼　was very much enhanced by「一段と楽しくなった」
❷自宅招待へのお礼　It was also a great honor 先に昼食会のお礼を述べているので

also となる。and, of course, あとに来るものが重要でないという印象を与えないための表現。

❸**具体的な形での喜び**　was delighted with 最大級の喜び。joins me in thanking you「一緒にお礼を述べる」

❹**先方の家族に一言**　And, also be sure to thank 突然思い出したかのようにタイミングよくお礼を述べて personal な感じを出す。making us feel so welcome「大歓迎していただいて」

❺**こちらからの心づくし**　I have sent you pictures 写真添付を伝える。

❻**再会を望む結び**　I look forward to 決まり文句。

ポイント　贈り物に対しては、まずその場でお礼を述べ、その後メールでもう一度感謝の気持ちを示す。その品物をどのようにしているのか具体的に知らせるほど気持ちが伝わる。本文中の It is now proudly ... は最大級のお礼。

応用　全般的なお礼のあとに具体的例を必ず入れる

カルガリーの貴社の見事な工場をじかに見られたことは、この旅の中でも最も印象深いことでした。	Being able to see your impressive Calgary operation firsthand was the highlight of our trip.
メールでしか存じ上げなかったたくさんの方々にようやくお目にかかれ、格別の喜びを感じております。	Finally being able to meet so many of the people we only knew through messages was especially gratifying.

TEXT

From: Takeo Kuroda [T.Kuroda@hiscompany.com]
To: Steven Wythe
Cc:
Subject: Many thanks

Dear Mr. Wythe:

Mr. Harada and I thoroughly enjoyed our visit to Canada. Our trip was very much enhanced by your kind arrangements and hospitality and the obvious warmth of our reception at Hotel New Paris. Thank you so much for arranging the lunch with Mr. Hoist and Mr. Gompers.

It was also a great honor to visit your home and meet your lovely wife Gretchen and, of course, to hear her play the piano so skillfully.

My wife was naturally eager to hear about my visit and to learn about you and Gretchen and your family. She was delighted with the beautiful painting you presented me with and joins me in thanking you. It is now proudly displayed in our house as a constant reminder of our dear friends in Canada.

And, also be sure to thank Gretchen for cooking that wonderful meal and for making us feel so welcome.

I have sent you pictures of my stay in Canada taken with my very simple camera. I hope you enjoy them.

I look forward to our next meeting and hope it is soon.

Best regards,

Takeo Kuroda
Deputy General Manager

出張後のお礼メール	文例
近況報告を兼ねたお礼 (friendly)	**009**
☞ 遅くなっても必ず出す	

以前日本に駐在していた人に出張先で再会し、温かいもてなしを受けたときのお礼メール。自分の近況を伝え、personalな感じを出す中にも、仕事に関する話し合いに触れて、きちんとポイントを押さえている。お礼のメールは遅くなっても必ず出す。better late than neverである。

7月7日に温かいおもてなしを受けながら、阿部も私もお礼を申し上げるのがすっかり遅くなって、誠に申し訳ありません。お目にかかれてとてもうれしかったし、近いうちにまたお会いしたいですね。

ご想像の通り、阿部と私はイングランドやスコットランドにある我が社の用地をあちこち回るのに忙殺されていました。もちろん、アイルランドのタナカ工場着工を記念した大変すばらしい定礎式にも参列しました。というわけで、長期間事務所を留守にしなければならなかったのです。

それから、サハリンの見通しに関する補足情報も本当にありがとうございました。大変助かりました。

ご家族の皆さまには、くれぐれもよろしくお伝えください。日本に長く滞在されたあとのご帰国にもかかわらず、すでに皆さまがロンドンに落ち着かれ、移転も滞りなくお済みになったとうかがい、我々も心から喜んでおります。

ますますのご健康とご発展、そしてご多幸をお祈りいたします。

構成 ❶お礼が遅くなったお詫びを述べる。次に遅くなったことへの❷弁明を兼ねた近況報告を入れ、出張中の❸有意義な話し合いにお礼を述べる。❹家族へ一言添えて、❺先方の多幸を祈って結ぶ。

語句 ❶お礼が遅れたお詫び　regret the delay in writing「メールが遅くなって申し訳ない」warm hospitality「温かいもてなし」We enjoyed 〜 and look forward to 友好的な人間関係を築き上げるための語句。

❷弁明を兼ねた近況報告　extremely busy 〜 ing「〜で忙しい」we have had to be

文例009
お礼

away「オフィスから離れて飛び回っていた」仕事にふりまわされていたというニュアンス。

❸**有意義な話し合いへのお礼** **We would also like to thank you for**「〜に対してもお礼申し上げます」**letting us have**「教えてくださって」ここは giving us とか providing us with でもよい。

❹**家族へ一言** 家族ぐるみの付き合いは親しみを増す。**send our best wishes to**「ご多幸を祈ります、よろしく」

❺**結び** **best wishes for your health, wealth and happiness** 頻繁に接触する機会のない人への温かい挨拶。

ポイント This was most useful. は簡潔でパンチのきいたライン。 コロンを使いこなせると、書き言葉が簡潔でわかりやすくなる。

応用 具体的に印象に残っていることをあげて感謝を伝える

あのようなすばらしい場所でお目にかかれた上に、両社の利益にかかわる事項を話し合うことができて、うれしく思っております。	It was good to be able to get together and discuss matters of mutual interest in such elegant surroundings.
あのゴルフは時差ボケを解消するのに絶好なものでしたね。	The round of golf was just what we needed to shake off the jet lag.

TEXT

From: Mitsuhiko Takayama [mitsuhiko.takayama@hiscompany.com]
To: Jennifer Witherland
Cc:
Subject: Belated thanks

Dear Ms. Witherland:

I regret the delay in writing to you on behalf of Mr. Abe and myself to thank you for your warm hospitality on July 7. We enjoyed having the chance to meet you and look forward to seeing you again soon.

As you can imagine, Mr. Abe and I have been extremely busy travelling around our various sites in England and Scotland, not to mention the most impressive cornerstone laying ceremony to commemorate the start of the TANAKA factory construction in Ireland. Consequently, we have had to be away from our office for long periods.

We would also like to thank you for letting us have the supplementary information on the Sakhalin prospects: This was most useful.

Mr. Abe and I send our best wishes to you and your family. We were delighted to learn that your family members have established themselves so well on their return to London after their long stay in Japan and that the transition went so smoothly.

Our very best wishes for your health, wealth and happiness.

Best regards,

Mitsuhiko Takayama

文例 010 出張後のお礼メール
契約調印記念式でもらった記念品に対するお礼

☞ 記念品そのものをほめるのではなく、意義に触れる

個人的な贈り物に対するお礼とは異なり、記念品に対するお礼は、品物そのものをほめるようなことはしない。何の記念なのか、その背景や意義について述べ、今後の関係のつなぎとなるように話を進めていくとよい。

マリオット・ホテルにて開催されました相互特許使用契約の調印記念晩餐会にて頂戴いたしました素敵な卓上時計に対し、改めてお礼申し上げます。
毎日この時計を目にするたびに、滞在中のおもてなしや、契約によって一層幅広くなった両グループの関係を思い起こすことでしょう。今回の出張を忘れ難いものにしてくださいましてありがとうございます。
今度東京にいらした際にこのお返しができることを楽しみにしております。

構成 いつ、どこで、何に対してかを具体的にして❶記念品に対するお礼を述べる。次に❷記念品の意義に触れ、❸返礼を望んで結ぶ。

語句 ❶**記念品へのお礼** Thank you again for お礼から入る。again は口頭ですでにお礼を言っているから。attractive desk-top clock もらった品物について何らかの形容をつけ加えると喜びの気持ちが出る。which you presented to me at いつ、どこでもらったものか具体的に述べる。
❷**記念品の意義** will serve as a reminder of 「(贈り物を)見ると〜を思い出すでしょう」贈答品に対するお礼によく使われる言い回し。X as well as Y 2つの意義を述べる。broader relationship the agreement facilitated 「協定により広がった関係」Thank you for 〜 memorable やはり贈答品に対するお礼としてよく使われる。
❸**返礼を望んで結ぶ** I look forward to 決まり文句。the chance to reciprocate 「お返しする機会」お世話になったお返しをしたいということ。

ポイント 先方から贈られた品物に対して、喜びの気持ちを伝えるために、品物の前に形容詞をつける。本書中には attractive desk-top clock のほかにも fine engraved watch、 beautiful painting、delicious chocolate などの例があるので参考にされたい。

応用 今後の関係へのつなぎを入れる

今回の出張を出発点として、末永く、相互に実り多い関係が築けるものと考えております。

I view this trip as the start of what should turn out to be a long, mutually rewarding relationship.

契約が結ばれたことにより、これまで以上に貴社の皆さまとご一緒できることを、とくにうれしく思っております。

I am particularly happy because the agreement means I will have many more occasions to enjoy your company.

TEXT

From: Masamichi Kitta [masa.kitta@hiscompany.com]
To: Mike Kindzerski
Cc:
Subject: Thank you for the gift

Dear Mr. Kindzerski:

Thank you again for the attractive desk-top clock which you presented to me at the dinner commemorating the signing of the cross-licensing agreement between our companies at the Marriot Hotel.

The clock will serve as a daily reminder of your hospitality during our stay, as well as of the broader relationship the agreement facilitated between our groups. Thank you for making our trip so memorable.

I look forward to the chance to reciprocate on the occasion of your next visit to Tokyo.

Sincerely,

Masamichi Kitta
Director

文例 011	お礼
	研究所見学に対するお礼
	☞ プラスアルファの参考資料を送って感謝の気持ちを表す

自分の仕事と関連した研究を行っている研究所の見学とその後の所員たちとの話し合いにより、大いに触発されたことについて感謝の気持ちを伝えるもの。全般的なお礼だけでなく、とくにうれしかったことをひとつ取り出して書き、また参考資料を送ることにより、感謝の気持ちを表している。

貴研究所訪問の際はいろいろとご配慮いただきまして、誠にありがとうございました。見学とそれに続く所員の皆さまとの議論は非常に有意義なものでした。おかげさまで自分の研究に対して新たな刺激と励ましを得ることができました。

また、夕食をご一緒させていただき、大変ありがとうございました。近いうちにぜひ、返礼の機会があればと願っております。

先日の議論に関する資料を添付いたします。参考にしていただければ幸いです。

末筆ながら、研究所の皆さまにくれぐれもよろしくお伝えください。

構成 まず❶もてなし全般へのお礼を述べ、次に❷特別の好意に対するお礼を具体的に書く。返礼を願う気持ちも入れる。それから、プラスアルファとして資料を❸添付することを伝え、❹「皆さんによろしく」と結ぶ。

語句 ❶もてなし全般へのお礼　有意義だったことを伝える。all the trouble「いろいろと世話をしてくれたこと」extremely informative「非常に参考になる」fresh incentive and encouragement「新たな刺激と励まし」

❷特別の好意に対するお礼と返礼を願う気持ち　It was especially nice of you to「とくに～してくださってありがとうございます」I only hope「～を願うのみです」onlyを入れることで意味がぐっと強まる。reciprocate「返礼する」some time soon「近いうちに」soonをつけないと「そのうちいつか」となり、誠意が感じられない。

❸添付ファイルの説明　material「資料」pertinent to「～に関する」informative「参考になる」

❹「皆さんによろしく」　In closing「結びとして、最後に」フォーマルな言い方。convey「伝

える」平たく言えばgiveであるが、In closingに呼応したフォーマルな言い方。

ポイント you-attitude（相手主体の立場）への変換例：I only hope I can reciprocate ... → I only hope you provide me with a chance to reciprocate ...

応用 特別の好意に対するお礼のバリエーション

また、他メーカーさまの設備をそちらで見学できるようお取り計らいくださいまして、誠にありがとうございました。	I especially appreciate the arrangements to see the facilities of other makers in your area.
わざわざ小生の出張準備にご助力いただきましたこと、とくにお礼申し上げます。	Your going out of your way to help with my travel arrangements was especially appreciated.

TEXT

From: Ryu Akagawa [ryu.akagawa@hiscompany.com]
To: Allen Ferger
Cc:
Subject: Thank you

Dear Mr. Ferger:

Thank you very much for all the trouble you and your staff went to during my visit to your research center. The tour and subsequent discussions with you and your staff were extremely informative. My visit has provided me with fresh incentive and encouragement in my work.

It was especially nice of you to take the time to have dinner with me. I only hope you provide me with a chance to reciprocate some time soon.

Attached is some material pertinent to our discussions. I hope you find it informative.

In closing, I would like to ask you to convey my appreciation to everyone on your fine staff.

Sincerely,

Ryu Akagawa
R&D Director

お礼	文例
みやげ物選びの助力に対するお礼 (personal) ☞ 帰国前に送って印象づける	**012**

海外での会議で知り合った人がみやげ物店に、当方の希望の品物や値段について口添えしてくれた。これはその親切に対する、帰国する前に書いた、感謝の気持ちにあふれたメールである。個人的な親切に対するお礼メールであるから、仕事関係で知り合った人でもパーソナルタッチになる。

メキシコを発つ前に、娘から頼まれた銀のブレスレットを選ぶお手伝いをしてくださったご親切に、心からお礼を申し上げたいと思います。ご高配のおかげで、土曜日には何とか娘の希望通りのものを買うことができました。本当にありがとうございました！
貴国政府後援の興味深い会議であなたのような方とお会いできたことは、まさに予想もなかった喜びでした。遠からず、またお会いできる日を待ち望んでおります。

構成 まっ先に❶お礼を述べ、おかげでうまく望みのものが買えたことを伝える。次に❷知り合いになれた喜びを伝え、また会いたいという社交的結びで締める。

語句 ❶**お礼** 何に対するお礼か具体的に書き、そのおかげでうまくいったことを伝え、再びお礼を述べる。**Before leaving**「〜を発つ前に」一刻も早くお礼を言いたかったという気持ち。**thank you most warmly**「厚くお礼申し上げます」**your kind assistance with**「親切にも〜を手伝ってくれたこと」**Thanks to your fine arrangement**「結構な手配のおかげで」**managed to buy**「どうにか買うことができた」容易なことではなかったというニュアンス。**exactly what she wants**「娘の要望にぴったり合ったもの」**on Saturday** 具体的に日を示すほうが誠意が伝わる。**I am most grateful!**「本当にありがとうございました」短くて効果的な感謝の表現。

❷**知り合いになれた喜び** **an unforeseen pleasure**「思いがけない喜び」**someone like you**「あなたのような（すばらしい）人」**in the not too distant future**「遠からず」

ポイント 感嘆符「!」は個人的なメールの中で気持ちを強調するときに使う。通常業務のメールには用いない。

応用 感謝の伝え方を変えて

日本へ発つ前に、息子のオーディオ製品を買うお手伝いをしてくださったことに、心からの感謝を述べたいと思います。	Before leaving for home, I would like to sincerely thank you for working out the purchase of the audio equipment for my son.
今日帰国しますが、家内へのみやげの真珠をこんなにも安く購入できる便宜をはかってくださったことに、もう一度感謝の気持ちを述べたいと思います。	I am leaving for home today and would like to tell you again how much I appreciate your setting up the purchase of some pearls for my wife at such a reasonable price.

TEXT

From: Takashi Shirai [takashi.shirai@hiscompany.com]
To: Maria Sanchez
Cc:
Subject: Thank you very much

Dear Ms. Sanchez,

Before leaving Mexico, I want to thank you most warmly for your kind assistance with my daughter's silver bracelet request. Thanks to your fine arrangement, I managed to buy exactly what she wants on Saturday. I am most grateful!

It was indeed an unforeseen pleasure to be able to meet someone like you at the interesting meeting sponsored by your government. I hope to be able to meet again in the not too distant future.

With warmest personal regards,

Takashi Shirai

お礼	文例
贈り物に対するお礼	**013**
☞ お礼メールは贈り物自体と同じくらい人間関係をよくする	

仕事関係の付き合いのある人からスーツケースをもらった。品物をもらったことに感謝すると同時にその贈り物を選んでくれた相手の思いやりや買い物の労などにも感謝する。また、品物自体については、必ず何か一言感想を付け加えると、おざなりでない心からの感謝の気持ちが伝わる。

心のこもった贈り物をいただき、厚くお礼申し上げます。私のような仕事に携わる者にとって、スーツケースは必需品です。きっとこの先何年も、私とともに世界中を巡ることになるでしょう。
デザインがとてもすてきなのは、ガーストさまのセンスの表れですね。
12月に皆さまが来日される折には、直接お目にかかってお礼を申し上げられることを楽しみにしております。

構成 まず❶お礼を述べる。次に❷品物に対し感想を一言述べる。最後に再び❸感謝の気持ちを示して締める。

語句 ❶**お礼** よく考えて役に立つものを贈ってくれたことに対し感謝する。**Please accept my sincerest appreciation for**「〜に対し心よりお礼申し上げます」決まり文句。**thoughtful**「思いやりのある、心のこもった」この場合、贈り物の機能性を考えるとwonderfulやfantasticより適切な形容。**for a man in my line of work**「私のような仕事に携わる者にとって」**absolutely essential**「必要欠くべからざるもの」**I assure you that**「きっと〜でしょう」**for years to come**「この先何年も」
❷**品物に対する感想** **The design is in excellent taste**「デザインがすばらしい」**reflects your personal interest**「あなたのセンスがうかがえる」直々に選んでくれたことに感謝している。
❸**感謝の気持ち** **thanking you personally**「直接お礼を言う」**when ... in December**いつ会うのか具体的に述べたほうが誠意が伝わる。具体性がないと、英語ではぞんざいに聞こえる。**your associates**「仕事仲間」

文例 013
お礼

ポイント personalやpersonally、in personに表される「直接に」という態度は誠意の表れである。したがって、これらの言葉はお礼やお祝いのメールによく用いられる。

応用 (上)贈り物が時計の場合　(下)アタッシェケースの場合

「世界時間」機能のついた時計は、私のように頻繁に旅をする者にとって、どんなに役立つかわかりません。

A watch with a "world time" function will be an extremely useful companion for someone who has to travel as much as I do.

私のように頻繁に出歩く者のためにすばらしいアタッシェケースをお選びくださったことは、物事を決める際のあなたの鋭い判断力を感じさせます。

An attractive attaché case for someone who is on the road as much as I am showed the keen insight that characterizes your decisions.

TEXT

From: Kumi Sekiguchi [kumi.sekiguchi@hercompany.com]
To: George Gerst
Cc:
Subject: Thank you

Dear Mr. Gerst:

Please accept my sincerest appreciation for the thoughtful gift. A suitcase for a woman in my line of work is absolutely essential. I assure you that it will be accompanying me around the world for years to come.

The design is in excellent taste and reflects your personal interest.

I look forward to thanking you personally when you visit Japan with your associates in December.

Sincerely,

Kumi Sekiguchi
Executive Vice President

お礼	文例
資料送付に対するお礼 ☞ 検討結果が出ても出なくてもとりあえずお礼メールを出す	**014**

酒の席などで知り合いになった人から取引の打診を受け、それでは検討してみましょうということでカタログなどの資料を送ってもらったわけである。取引の話に対しては積極的でも拒絶的でもない中立的な態度のメールで、結果は今後の話し合いの進展次第といったところ。

東京にご滞在の折にはお目にかかれて、うれしく存じました。
貴社の製品に関する資料を早速お送りくださりありがとうございます。貴社の日本市場進出に際して弊社にどのようなご協力ができるか、可能性の検討を開始したいと考えています。
何か進展があり次第、連絡させていただきます。

構成 まず❶知り合いになった喜びを伝え、❷資料に対するお礼と検討への意欲を述べる。最後は❸進展があれば伝える約束をして結ぶ。

語句 ❶知り合いになった喜び　It was good to「～できてうれしい」have the chance to「～する機会に恵まれる」謙遜した言い方。
❷資料に対するお礼と検討への意欲　promptly「早速」相手の迅速さへの感謝と同時に、こちらの関心の表れでもある。furnishing（人）with「（人）に～を送ること」資料を利用できるように相手に提供する、といったニュアンスで、sendより洗練された言い方。written information「資料」[比較] documentation「書類」look into「調べる、検討する」feasibility「実現の可能性」
❸進展があれば知らせる約束　keep you up to date「新しい情報を知らせる、何か変化があれば知らせる」subsequent developments「今後の進展」

ポイント written informationにはcatalogue、price list、publicizing brochure（宣伝用パンフレット）などがある。

文例 014

応用 (上)知り合いになった喜びを改まった言い方で　(下)柔らかい調子で

お礼

東京ご滞在中にお目にかかる機会に恵まれ、本当にうれしく存じました。

It was indeed a pleasure to have the opportunity to meet you while you were in Tokyo.

先日こちらへご旅行でおいでになった際はお会いできてうれしく思いました。

It was nice to have a chance to get together with you during your recent trip here.

TEXT

From: Masao Deguchi [masao.deguchi@hiscompany.com]
To: Bill Potter
Cc:
Subject: Thank you for the information

Dear Mr. Potter:

It was good to have the chance to meet you during your stay here in Tokyo.

Thank you for promptly furnishing us with some written information on your products. We would now like to begin to look into the feasibility of our cooperating in your marketing effort here.

We will keep you up to date on any subsequent developments.

Sincerely,

Masao Deguchi

お礼	文例
役員就任祝いに対するお礼 ☞ 相手の言葉を引用して感謝の気持ちを表す	**015**

役員に選出されたことに対してお祝いを受けた。祝われたままにしないで、わざわざ時間を割いて祝ってくれたことに対してお礼を述べる。お祝いに対するお礼のメールは感謝と謙遜の気持ちを込めて書き、文面はあまり長くしないで簡潔なほうが好ましい。

このたび役員に選任されたことにつきましては、わざわざお祝いの言葉を賜りありがとうございました。きわめて率直に申しまして、アダムズさまのような理解者から親身なご支援と励ましを得られなければ、私はここまで来られなかったと思っております。
メールにあった言葉通り「すぐれた指導力」を発揮できるよう、最善を尽くすつもりでおります。

構成 まず❶お祝いへのお礼と、これまでの支援への感謝を述べる。最後は❷就任にあたっての決意を述べて締めくくる。

語句 ❶お祝いへのお礼と支援への感謝の気持ち **taking the time to**「わざわざ〜すること」**congratulate (人) on**「(人)に〜に対するお祝いを述べる」電話でもメールでも、またわざわざ訪問してくれて祝ってくれた場合でもよい。**election to**「〜に選出されたこと」**the board of directors**「取締役会」**Quite frankly**「きわめて率直に言わせてもらえば」謙遜の言葉の前によくつける言い回し。**could not have come this far without**「〜がなければここまでやって来られなかった」**the close support and encouragement**「親身になって支援してくれたり励ましてくれたりしたこと」
❷就任にあたっての決意 **certainly**「きっと」決意の強さを表す。**try my best**「最善を尽くす」**provide**「示す」"**able leadership**"「すぐれた指導力」引用符でくくってあるのは、相手のメールにあった言葉をそのまま引いたため。**able**は「才能が十分発揮された」の意。**referred to**「言った」

ポイント 感謝の気持ちを述べるとき、直接youと言う代わりにsomeone like youとかfriends like youのように、likeを用いて表すと、あなたのような「すばらしい」人といったニ

ュアンスを出すことができる。

応用 支援への感謝の言葉を変えて

これもすべて、あなたのような有能な現場スタッフからの親身のご協力がなければ、ありえないことでした。

This would not have been possible without the close cooperation of able people in the field like you.

私が選任されましたのもひとえに、弊社を今日ある姿に育ててくださったあなたのような方々から惜しみないご支援をいただいたおかげであると、強く感じております。

I am aware that my election is primarily due to the unstinting support I have received from people like you who have made our company what it is today.

TEXT

From: Fujio Ishii [fujio.ishii@hiscompany.com]
To: Dave Adams
Cc:
Subject: Thank you

Dear Mr. Adams:

Thank you for taking the time to congratulate me on my recent election to the board of directors. Quite frankly, I know I could not have come this far without the close support and encouragement of friends like you.

I will certainly try my best to provide the "able leadership" you referred to in your e-mail.

Sincerely,

Fujio Ishii
Director

お礼	文例
売上達成祝いに対するお礼 ☞ 感謝の気持ちを表すことで関係の持続を願う	**016**

代理店から売上達成のお祝いメールをもらったその返礼。お祝い自体に対するお礼と、「おかげさまで」という感謝の気持ちをこめた、二重のお礼になる。お祝いに対するお礼は感謝と謙遜の気持ちをこめて書き、最後は新たな決意と引き続いての協力依頼で締めることになる。

昨年度の総売上高がアービング社を抜いたことに対し、わざわざお祝いの言葉をいただき、ありがとうございました。この業績も貴社をはじめとする販売各社の目覚ましいご活躍がなければ、とうてい達成できなかったでしょう。

今年度も、弊社と関連各社の皆さまにとってさらにすばらしい年になるよう努力する決意でおりますので、引き続きご支援とご協力を賜りますよう、重ねてお願い申し上げます。

構成 まず❶お祝いへのお礼と、相手の**貢献への感謝**を述べる。最後は❷**今後の抱負**を述べ、引き続いての協力を望んで結ぶ。

語句 ❶**お祝いへのお礼と貢献への感謝の気持ち** Thank you very much for ごく一般的なお礼の言葉。taking the time to「わざわざ〜すること」 congratulate(人)on「(人)に〜に対してお祝いを述べる」電話でもメールでも、あるいは直接会って祝ってくれた場合でもよい。 overtaking 〜 in total sales「総売上高で〜を抜く」販売競争に勝ったわけである。would not have been possible without「〜がなければ不可能だっただろう」 outstanding performance「抜群の功績」distributors like you「貴社のような販売代理店」

❷**今後の抱負と引き続いての協力依頼** We are determined to「〜する決意である」 even bigger one「さらにすばらしい年」for us all「お互い（双方）にとって」 我々の利益はあなた方の利益、あなた方の利益は我々の利益ということ。would like to again ask for「〜を重ねてお願いします」your continuing support and cooperation「引き続いての支持と協力」

文例 016

ポイント congratulate は for ではなく on を前置詞にとる。

応用 落成祝いに対するお礼に変えて

弊社の新港湾落成にあたり、温かいお祝いの言葉をいただき、心から感謝いたします。

I sincerely appreciate your warm congratulatory message on the completion of our new port facility.

九州の弊社新流通センターの落成にあたっては温かいお祝いの言葉をいただき、ここに厚くお礼申し上げます。

Your warm message congratulating us on the completion of our new logistics center in Kyushu was very much appreciated here.

TEXT

From: Kazuo Takashima [kazuo.takashima@hiscompany.com]
To: Robert Spillway
Cc:
Subject: Thank you for the kind words

Dear Mr. Spillway:

Thank you very much for taking the time to congratulate us on our overtaking IRVING in total sales last year. This achievement would not have been possible without the outstanding performance of distributors like you.

We are determined to make this year an even bigger one for us all and would like to again ask for your continuing support and cooperation.

Sincerely,

Kazuo Takashima
Director
North America Department

お礼	文例
祝典出席に対するお礼	**017**
☞ 出席してよかったと思わせるのが目的	

会社の15周年記念式典に出席してくれた人へのお礼メール。こちらが招待してやったという気持ちでなく、忙しい中を出席してくれたことに感謝すること。短くて簡単な文面でよいが、来てくれてうれしかったという気持ちが伝わることが大切。これにより一層親密な関係を結ぶことができる。

弊社の15周年記念式典には貴重なお時間を割いてご出席いただき、改めてお礼申し上げます。このめでたい日をメンドーサさまのような友人たちと一緒に祝うことができ、式典が一層意義深いものとなりました。いつかふさわしい折に、今回のご好意に報いることができれば幸いです。
それまでの間、メンドーサさまのご成功とご多幸をお祈りしております。

構成 まず、出席への❶お礼を言葉を尽くして述べ、最後は当たり障りなく❷幸せを祈る。

語句 ❶**お礼** 何に対してのお礼か具体的に述べ、それに対する気持ちと返礼したい旨を伝える。**Thank you again for**「〜に対し、改めてお礼申し上げます」again を挿入しているのは一度式典会場で口頭にてお礼を述べたのを忘れていないことを示すため。**taking the time and trouble to join us**「わざわざお越しいただいたこと」出席に対するお礼メールには必須の文句。us は会社を代表した立場で述べていることを示す。**share this day with**「このような(めでたい)日にご一緒する」**friends like you**「あなたのような友人たち」お礼メールに用いる like you は、あなたのような「すばらしい人」とか「立派な人」のニュアンス。**all the more meaningful**「一層意義深くなった」**being afforded** being given の意だが、より正式な言い方。**the chance to reciprocate**「返礼する機会」**courtesy**「礼儀」**at some appropriate time**「いつか適切な時期に」
❷**幸せを祈る** **In the meantime**「その間」**every personal success and happiness**「あなたのご成功とご多幸」個人的な親密感を出した言い方。

ポイント 結辞の With warmest personal regards は心からの親密感を表し、この場合、出

席してくれて本当にうれしく思っている気持ちが伝わる。

応用 返礼を望む文のバリエーション

遠からず今回のご好意に返礼できる日があれば、大変光栄に存じます。	I would be honored if I could reciprocate your courtesy at some early date.
近いうちに今回のご好意にお返しのできる機会があれば、大変うれしく存じます。	It would give me a great deal of pleasure if an occasion that would allow me to return the courtesy would arise soon.

TEXT

From: Masayuki Arai [masayuki.arai@hiscompany.com]
To: Frank Mendoza
Cc:
Subject: Thank you very much

Dear Mr. Mendoza:

Thank you again for taking the time and trouble to join us in celebrating our 15th anniversary. Being able to share this day with friends like you made the occasion all the more meaningful. I would very much appreciate being afforded the chance to reciprocate the courtesy at some appropriate time.

In the meantime, I wish you every personal success and happiness.

With warmest personal regards,

Masayuki Arai
President

お礼	文例
全快の知らせと見舞いに対するお礼 (friendly)	**018**
☞ 通常の生活に戻ったことを知らせて安心させる	

手術を受けて病気も完全に治り、もう昨日から職場に復帰した。そこで全快の知らせを兼ねてお見舞いへのお礼を述べるもの。お見舞いや励ましがどんなに支えとなり、回復への力となったかを感謝し、通常の生活に戻ったことを知らせて安心させる。温かく、感謝の気持ちと親しみのこもったメールである。

この前の手術から完全に回復し、昨日からは通常の仕事のスケジュールに戻ったことを、喜びとともにご報告します。

療養中はわざわざお見舞いを下さるなど、ご心配いただきありがとうございました。早く回復できたのも、あなたのような友人から力づけてもらったおかげです。お心遣いは、本当に大きな励みになりました。

近いうちにお会いして改めてお礼を言いたいと思っています。そのときには一緒にグラスを傾けましょう。

構成 まず❶快気の報告をし、それから病気療養中の❷お見舞いと励ましに対してお礼を述べる。最後は、お会いして直接お礼を言いたいという❸社交的結び。

語句 ❶**快気の報告** どのような病気から回復し、今どのような状態であるかを伝える。I am happy to report 喜ばしいことを報告する言い方。have fully recovered from「〜から完全に回復した」recent surgery「この前の手術」my normal work schedule「通常の仕事のスケジュール」

❷**お見舞いと励ましに対するお礼** そのおかげで早くよくなったことを伝える。Thank you for the concern you showed「ご心配いただきありがとうございました」concern は worry より洗練された言い方。taking the trouble to「わざわざ〜すること」wish me well while I was convalescing「療養中にお見舞いをいただく」It was the encouragement ... from friends like you that 〜「〜なのは、あなたのような友人が励ましてくれたおかげだ」強調構文。Your thoughts really meant a great deal to me.「あなたの思いやりは大きな励みとなりました」短くてパンチのある文。

文例 018

❸社交的結び　thanking you again personally「改めて直接お礼を言うこと」at an early date「近いうちに」

ポイント　このメール中のfriends like youは、あなたのような「親切な、思いやりのある」友人、のニュアンス。

応用　社交の結びを変えて

近いうちに一緒にゴルフでもして、すっかりよくなったことを証明できたらと思っています。	I am looking forward to a chance to demonstrate my full recovery during a round of golf sometime soon.
来月早々に昼食でもご一緒して、もう一度直接お礼を述べたいと思っています。お互いの都合のよい日を確認するため、お電話を差し上げます。	I hope to have the chance to thank you again personally, perhaps over lunch early next month. I will be calling you to fix a mutually convenient date.

TEXT

From: Teruo Ozaki [teruo.ozaki@hiscompany.com]
To: April Lamont
Cc:
Subject: Thank you for your kind words

Dear Ms. Lamont:

I am happy to report that I have fully recovered from my recent surgery and returned to my normal work schedule yesterday.

Thank you for the concern you showed by taking the trouble to wish me well while I was convalescing. It was the encouragement I received from friends like you that helped speed my recovery. Your thoughts really meant a great deal to me.

I look forward to thanking you again personally and maybe enjoying a few drinks together at an early date.

Best regards,

Teruo Ozaki
Manager
Marine Sales

文例	お礼
019	**お悔やみに対するお礼**
	☞ 悲しみに負けず前向きな姿勢を示すのが何よりのお礼

故人の親しい友人からお悔やみが伝えられたことに対して、妻から感謝の気持ちを述べたもの。葬儀の様子などを報告しながら故人の人生を振り返る。悲しみのあとであるが、温かく個人的な親密感の感じられるメールである。暗くならずに明るく肯定的な調子で相手を安心させる。

温かい思いやりと慰めのお言葉をいただき、心からお礼申し上げます。最愛の夫のお友だちからいただいた心のこもったお悔やみの言葉ほど、慰めとなったものはございませんでした。

東京で行われた4月2日の葬儀と5月8日の社葬には、日本人、外国人を問わず、多くの方々がご会葬くださいました。さまざまな国、会社、活動分野の方々から、主人が親しまれ、敬愛され、頼りともされていたことを知り、とてもうれしく誇らしく存じました。

主人にいただきました長年のご厚誼と計り知れないほどのご支援に、心よりお礼申し上げます。主人が、生前つながりのあった国々や人々や会社の発展に生涯をささげ、また同時にそれを楽しんだということは、私の誇りでございます。早すぎる死ではありましたが、大勢のすばらしいお友だちに恵まれ、主人は心から満足して人生を全うしたに違いないと存じます。

構成 まず❶お礼を述べ、相手のお悔やみで慰められたことを伝える。次に❷葬儀の様子を報告する。最後は、故人の人生を振り返りながら❸前向きな姿勢を示して結ぶ。

語句 ❶お礼 相手と故人の関係に言及して。Your warm thoughts and expression of condolence お悔やみに対するお礼の決まり文句。Nothing could console me more than「〜ほど慰めとなったものはありません」この表現もよく使われる。

❷葬儀の報告 日取りと参列者、そのときの気持ちを述べる。mourners「(葬儀の)参列者」paid him final tribute「会葬した」funeral service「葬儀」loved, respected and counted on 故人のほめ言葉としてよく使われる。

❸前向きな結び 生前の厚誼(こうぎ；心からの親しいつきあい)に対する感謝を述べ、故人の人

生を振り返る。**I would like to extend to you my sincere thanks**「心よりお礼申し上げます」extendを使った正式なお礼の言葉。**your longstanding friendship**「長年の友情」**the invaluable support**「計り知れないほどのご支援」**I am proud that**故人の人生を誇りに思う気持ち。**enjoyed and devoted his life to**「(苦労したのではなく)積極的に楽しんだ」**premature**「(死が)早すぎた」

ポイント Dear ～ and Staff は、official touchとpersonal touchを兼ね備えた呼びかけ。

応用 葬儀の様子のバリエーション

故人の遺志により、4月2日の葬儀には、限られた親しい友人の方々にご会葬いただきました。

As he would have liked it, a small number of close friends paid their last respects at a private funeral service on April 2.

5月11日に聖イグナチオ教会で行われた告別式には、大勢の方々がご会葬くださいました。

A large number of mourners offered him their last respects at a funeral service at St. Ignatius Church on May 11.

TEXT

From: Sadako Matsui [sadako.matsui@hercompany.com]
To: James Ilk
Cc:
Subject: Thank you for your kind words

Dear Mr. Ilk and Staff:

Your warm thoughts and expression of condolence are deeply appreciated. Nothing could console me more than the sincere sympathy of one of my beloved husband's friends.

A large number of Japanese and foreign mourners paid him final tribute at the private funeral service held on April 2 and at the company service on May 8 in Tokyo. It made me feel very happy and honored to know that my husband was loved, respected and counted on by so many people from different countries, firms and fields of endeavor.

I would like to extend to you my sincere thanks for your longstanding friendship and the invaluable support you afforded my husband. I am proud that he enjoyed and devoted his life to working for the prosperity of the countries, circles and firms with which he was related. Although his death was premature, I am confident that he completed his life with great satisfaction in being surrounded by so many fine friends.

Sincerely,

Sadako Matsui

お礼	文例
読者からの提言に対する感謝のメール──出版社から	020
☞ プラスアルファの情報で仲間意識を抱かせる	

出版物に対する読者からの提言に対して、編集者からの感謝のメールである。相手のコメントを素直に受け入れ、十分活用したい旨を伝える。また、感謝のしるしとして、こちら側からも、相手の関心のありそうな今後の出版物の情報を提供し、仲間意識を抱かせる。

弊社の出版物に対する励ましのメールを賜り、誠にありがとうございました。このようなコメントをいただくと、本書編集のために費やした時間と努力が報われた思いです。
フォーマットの改善に関するヤングさまのご提案を真摯に受け止め、私どものスタッフにも相談したいと存じます。ところで、弊社では近々、ビジネスコミュニケーションに関する新しい書籍を2冊刊行する予定ですが、ヤングさまもご関心をお持ちではないかと思いますので、それらの本が出版され次第、ご連絡させていただきます。
温かいお気持ちとお考えをわざわざお伝えいただいたことに対し、ここに改めて感謝申し上げます。

構成 まず、出版物に関する❶提言に対して素直にお礼を述べる。それから、相手の❷提言を活用したい旨を伝えるとともに、その人にとって**関心のありそうな情報を提供**する。最後に❸**改めて感謝の言葉を述べ**、結ぶ。

語句 ❶**提言に対するお礼** Thank you very much for 親切な提言に対するお礼から始める。encouraging e-mail「励みになるメール」encouraging は kind や warm などの形容詞に比べ迫力があり、相手の印象に残りやすい。Commentary like yours your commentary ではなく、commentary like yours「あなたのようなコメント」と強調する。makes ～ worthwhile「～を価値あるものにする」が文字通りの意味で、「～が報われる、～したかいがある」ということ。

❷**提言を活用する旨と情報の提供** I have taken note of your suggestion regarding「～に関するあなたのご提言を真摯に受け止めました」taken の代わりに made も使える。take ～ up with ...「～を…と相談する」Meanwhile「これとは別に、ところで」Aside from this の意味。ここでは、コメントをもらった代わりに、相手の関心のありそうな情報

の提供を約束している。put out「出版する」publish あるいは produce すること。

❸**改めてお礼を言って結ぶ**　Thank you 〜 for taking the trouble to「わざわざ〜してくださってありがとうございます」よく使われる表現。communicate your warm feelings「あなたの温かい気持ちを伝える」

[ポイント]　会社を代表したメールであるが、we の代わりに I を随所に使うことによって、個人と個人との関係を強調している。

[応用]　提言の具体的な活用法のバリエーション

ご指摘いただいた誤りは修正いたします。	The errors you pointed out will be corrected.
今後の出版物には、貴殿のご助言を取り入れるべく、あらゆる努力をするつもりです。	Every effort will be made to incorporate your recommendations in a subsequent issue.

TEXT

From: Akira Kawasaki [akira.kawasaki@hiscompany.com]
To: Douglas Young
Cc:
Subject: Thank you

Dear Mr. Young:

Thank you very much for your encouraging e-mail on one of our publications. Commentary like yours makes all the time and work it took to compile the material worthwhile.

I have taken note of your suggestion regarding an improved format and will take it up with our staff. Meanwhile, I think you would be interested to hear that we plan to put out two new publications related to business communications soon. I will let you know as soon as they become available.

Thank you again for taking the trouble to communicate your warm feelings and ideas to us.

Sincerely,

Akira Kawasaki
Editor

文例	お礼
021	**アンケート記入に対するお礼——ホテルから**
	☞ お礼メールを売り込みにつなげる

ホテルからお客さまアンケートに記入してくれた利用客に出すお礼メール。わざわざ時間を割いて記入してくれたことに感謝し、今後またお役に立てる機会があれば……と柔らかく売り込む。調査やアンケートへのお礼メールはビジネスライクではなく温かい調子のものにすることが大切。

私どものホテルにご満足いただき、大変うれしく存じます。また、お手数ながらお客さまアンケートにお答えくださいましたことに対し、個人的にお礼を述べさせていただきます。ご旅行の際はまたのご利用をお待ち申し上げております。ケルシーさまをはじめお知り合いの方などが東京にお越しの際には、お役に立てることがございましたら何なりとご遠慮なくメールでお申しつけください。

構成 ❶**お礼**から入る。まずホテル利用へのお礼、次にアンケート記入へのお礼という順。最後は「またのお越しをお待ちしています」という❷**ソフトな売り込み**。

語句 ❶**お礼** アンケートのお礼は、時間を割いてくれたことに対して述べる。**It is indeed gratifying to know that**「〜と知り、誠にうれしく存じます」ビジネスライクではない、ていねいな感謝表現。**I wish to express my personal thanks**「個人的にお礼を述べさせていただきたいと思います」personalで温かみが出る。**taking the time to**「〜するために時間を割くこと」**fill out our guest questionnaire**「私どものお客さまアンケートに記入する」❷**ソフトな売り込み** **We look forward to**「〜を楽しみにしています」**Needless to say**「言うまでもなく」ビジネスライクなメールなら用いない表現であるが、ここでは温かみを出している。**your associates**「仕事仲間、同僚」**please do not hesitate to**「どうぞご遠慮なく〜してください」

ポイント 「(アンケート)に記入する」にあたる動詞にはfill out、fill in、completeがある。このうち、fill outとfill inはより口語的な表現で、柔らかい雰囲気が出る。意味的にはfill inがfill in your name [address]のように個別的なのに対し、fill outとcompleteは全体的。

応用 (上)ホテルよりのお礼メールのバリエーション　(下)航空会社よりのお礼メール

お客さまアンケートにご協力くださいまして、スタッフ一同感謝いたしております。おかげをもちまして次回ご滞在の際には、さらに充実したサービスをご提供できるものと存じます。

Our entire staff joins me in thanking you for taking the trouble to fill out our guest questionnaire. Your cooperation will make it easier for us to serve you better during future stays with us.

弊社の空の旅をお楽しみいただけたことをお知らせくださり、ありがとうございます。とくに、お手数ながらアンケートにご記入いただき、感謝いたしております。これをもとに、次回のご利用の際にはよりご満足いただけるサービスを心がける所存でございます。

It was nice of you to let us know that you enjoyed flying with us. We especially appreciate your taking the time to fill out our questionnaire so that we can serve you better during your future travels.

TEXT

From: Akio Sato [akio.sato@hiscompany.com]
To: Alan Kelsey
Cc:
Subject: Thank you very much

Dear Mr. Kelsey:

It is indeed gratifying to know that you enjoyed your stay at our hotel and I wish to express my personal thanks to you for taking the time to fill out our guest questionnaire.

We look forward to many opportunities to serve you again during your future travels. Needless to say, if there is anything I can do for you or your associates coming to Tokyo, please do not hesitate to e-mail me.

Sincerely,

Akio Sato
Executive Assistant Manager

文例 022	お礼
	資料送付と紹介に対するお礼および提案に対する経過報告
	☞ 相手にとって受け入れやすいことから述べる

共同事業を計画している相手からの資料送付と紹介に対してお礼を述べ、事業に関する先方の提案へのこちらの対応を報告するもの。いくつかの用件を1つのメールの中に盛り込むときの話の進め方としては、簡単な内容から、あるいは先方にとって受け入れやすいものから入るとよい。

価格差別と独占禁止法に関する興味深い情報をお送りいただき、ありがとうございました。貴国での価格設定に大いに役立ちそうです。

また、マブリー氏をご紹介いただいたことにも、お礼を申し上げます。次のサンフランシスコ訪問の際には、お互いに都合のよいときにぜひお会いしたいと思います。そのときは、しかるべき手配をお願いできれば幸いです。

プラント設立計画の事業提携形態に関するご提案については、できるだけ早く返答させていただきます。

構成 まず、いちばん話が簡単な❶**資料送付に対するお礼**から入る。次に、❷**紹介に対するお礼**を述べる。ここでは将来のための布石として**面談手配の依頼を予告**する。最後に、話が不確定な❸**提案に対する経過報告**を持ってくる。

語句 ❶**資料送付へのお礼** どう役に立っているかを具体的に述べる。interesting information on「～についての興味深い情報」helpful in「～に役立っている」
❷**紹介に対するお礼と面談手配依頼の予告** I also 次の内容に移行するときの書き始め。appreciate your introducing「紹介を感謝します」やはりお礼から入るほうが論理的に流れる。mutually convenient time「互いに都合のよいとき」いつでもと言っていないことから、互いの立場のあり方が示されている。make the necessary arrangements「しかるべき手配をする」
❸**提案に対する経過報告** as soon as possible「できるだけ早く」

ポイント お礼を述べるときには2段購えにする。①まず何に対してのお礼かを述べる。②

次になぜ感謝しているのかを具体的に伝える。 どう役に立っているか、何が印象に残っているかなど、具体的に書くほうが、感謝の気持ちがこもる。 本文中では、It will be quite helpful in 〜という形でどう役立つかが示されている。

応用 紹介についてのコメントを変えて

マブリー氏にはぜひお目にかかりたいと思います。 しかるべき手配をよろしくお願いします。

I would definitely like to meet Mr. Mabry. Please make the necessary arrangements.

マブリー氏をご紹介いただき大変感謝しているのですが、まだお会いする時期ではないように思われます。

While I appreciate your introducing Mr. Mabry, I feel the time is not ripe for a meeting yet.

TEXT

From: Shunsuke Ohara [shunsuke.ohara@hiscompany.com]
To: John Herring
Cc:
Subject: Thank you for the information

Dear Mr. Herring:

Thank you for the interesting information on price discrimination and Anti-Trust Laws. It will be quite helpful to us in setting prices in your country.

I also appreciate your introducing Mr. Mabry and would like to meet him at some mutually convenient time during my next visit to San Francisco. Would you kindly make the necessary arrangements at that time?

I will reply to your proposal on the form of our working relationship on the plant establishment project as soon as possible.

Sincerely,

Shunsuke Ohara
Manager
Legal Department

文例 023　フォローアップ
ビジネス提携に向けた最初の会議のあと、もう一押しする
☞ 重々しい表現で当方の存在に重みをつける

第三者の紹介に基づき、ある会社と、ビジネス提携に向けて自社の活動紹介や先方のニーズについての基本的な話し合いをした。その最初の会議のあと、会議内容の確認をし、提携話を次の段階に進めるためのメール。重々しい表現の使用、形容詞の選択、紹介者への言及など、非常に気をつかって書かれた抜かりのないメール。

まず最初に、2月27日に私どもとの時間をおとりくださったことに対し、お礼申し上げます。この会議のおかげで、私どもは、貴社の業務体系と貴社独特のニーズがよくつかめました。それらのニーズは、日本の法人顧客とまったく同じではないにしても、非常に似通ったものです。

お渡しした情報・資料により、私どもの守備範囲についての概要がつかめることと思います。その資料により、私どもが以下の能力・活動を伴っていることがおわかりいただけると存じます。

1. コミュニケーション能力全般を向上させるための総合的な方針。
2. 明確化された目標を達成するための、実績のある複合的な基本カリキュラム。
3. 問題の適切な処理を確実にするためのソフト面での経験、および管理の専門知識。

貴社の特別なご注文に応じてプログラムを手直しできるということも、どうかお忘れにならないでください。

貴社の東京事務所のキムさまとパクさまに私たちがあなたとお会いしたことをお伝えしたところ、提示された情報に対してあなたがたが評価を下すまで少し時間的余裕を見たほうがよいだろう、また、次の会議ではもっと詳細で具体的な話し合いがなされなければならないだろう、とのご助言をいただきました。

近いうちにご連絡をいただければ幸いです。チャンさまとシンさまにどうぞよろしくお伝えください。

皆さまに再びお目にかかれるのを、そして我々の企画を次の段階に進められますことを、心待ちにいたしております。

構成　まず❶会議のお礼と会議の成果を述べる。次に❷提案した内容をくりかえして、相

手に確認させる。 提案の内容のうち❸売りの項目として、とくにアピールすることを1文で強調する。 それから、紹介者をからませた上で❹今後の進め方の提案をし、❺「早い返事を待つ」旨と、先方の周辺にいる人たちへ「よろしく」と述べる。 最後は❻次の段階への期待で結ぶ。

語句 ❶**会議のお礼と会議の成果** Allow me to begin by thanking you for「まず最初に〜に対してお礼申し上げます」Thank you forという簡単な言い方と比較して、大きな企画をぜひとも成功させたいという気持ちが念頭にあることがうかがえる、気をつかった、重みのあるお礼の言い方。The meeting gave us a better idea of「会議により〜がよくつかめました」会議の成果を述べる決まり文句。set-up「仕組み、体系、機構、組織」your particular corporate needs「貴社独特のニーズ」particular「独特な」をつけることによりyour needsを強調している。being very similar, if not identical「まったく同じとは言えないにしても、非常によく似ている」本当は「まったく同じ」とズバリ言いたいところを遠慮している。

❷**提案した内容の確認** 〜 we left with you「お手元に置いてきた〜」should give you / should show you shouldとwillの違いは、確実性の高いwill「〜はずだ」に対し、should「〜だろう」は遠慮の気持ちが感じられる。comprehensive「総括的な」philosophy「方針」proven「実践で証明された、実績のある」integrated「入り組んでいる、複合的な」designated「明示化された、明確な」comprehensive以下、考えて選ばれた形容詞が効果をあげている。expertise know-howということだが、もっと奥深いニュアンスで、より洗練された言い方。

❸**売りの項目** "tailor"「製品の仕様を顧客の個別のニーズに合わせる」 引用符の" "はその表現を特殊な意味を持たせて使っていることを表す。 tailorはもともと「洋服を仕立てる」という意味。

❹**今後の進め方の提案** In reporting on our meeting with you to 紹介者への報告について知らせる決まり文句。

❺**次の段階への期待** メールの目的を最後に。bringing 〜 to the next stage「(企画を)次の段階に進めること」

ポイント 第1段落の2文目の最後のyour particular corporate needsと3文目の冒頭のThese needsについて。 同じ言葉をくりかえして用いるのは、文から文へ論理的に話を続けるひとつの手法。 These needsは、そのあとのseeの目的語で、倒置されて前に出てきている。

文例 023 応用 売りの項目のバリエーション

丸1年間は、会議のときにお伝えした「特別」料金を保証するということを忘れないでください。

Please remember that we guarantee the "special" rates quoted during our meeting for one whole year.

貴社の特別なご要望に対する詳しい調査を無料で行わせていただく、という私どもの申し出をどうぞお忘れなく。

Please remember that we have offered to do an in-depth study of your particular requirements free of charge.

TEXT

From: Jiro Saito [jiro.saito@hiscompany.com]
To: Robert Lee
Cc:
Subject: Thank you for your time

Dear Mr. Lee:

Allow me to begin by thanking you for taking the time to meet with us on February 27. The meeting gave us a better idea of your present operational set-up and your particular corporate needs. These needs I see as being very similar, if not identical, to those of our Japanese corporate clients.

The information and material we left with you should give you a general idea of our capabilities. The materials should show you that we have:

1. A comprehensive philosophy in improving overall communications ability.
2. A proven base of integrated curricula to achieve designated goals.
3. The software experience and managerial expertise to assure proper execution of problems.

Please remember that we also have the ability to "tailor" programs to your specific corporate needs.

In reporting on our meeting with you to Mr. Kim and Mr. Park of your Tokyo office, it was suggested that you be given some time to evaluate the information provided and that more detailed and concrete discussions be taken up at the next meeting.

I would appreciate hearing from you soon. Please give our warmest regards to Mr. Chun and Mr. Shin.

We look forward to meeting with you all again and bringing our business to the next stage.

Sincerely,

Jiro Saito
President

文例 024	フォローアップ
	最初の会議出張のあと、次の出張の段取りをつける
	☞ 弾力性のある提案で相手の協力をとりつける

先方とすでに一度会って漠然とした話し合いをしている。次の出張についても話をしているが、その具体的な日程を決めるためにフォローのメールを書く。こちらの大まかな予定を伝えるとともに、相手の都合も考慮して弾力性を持たせている。送信相手のコーン氏はかなり高い職位にあって、本出張の受け入れについて手配を命じることができると見られる。

貴社の多くの方々と広範なビジネス案件や将来のニーズについて話し合う時間を得られましたことに感謝申し上げます。貴社の皆さま方の努力を最大限生かせるように、緊密な協力関係を持ちたいと願っております。

次回の米国出張につきましては、詳細は未定ながら、4月29日にニューヨーク到着となることは決定しております。帰国につきましては、一応今のところ、5月8日にサンフランシスコ経由でと考えておりまして、その間、米国各地で会合を持つ予定です。この帰国日程は必要に応じて延期することもできます。

本出張に関し、近々、貴社のバスドンさまにご紹介願えないでしょうか。そうしていただければ当方としては計画を一段と進めやすくなります。

構成 まず❶前回の会議のお礼を述べながら、次の出張の話に結びつける。❷出張の大まかな日程を示す。日程を確定するために❸依頼事項を伝える。

語句 ❶**お礼とフォロー** Thank you for 前回のお礼。the broad spectrum of「広範囲の」今後のビジネス発展の可能性のために、目的を特定していない。
❷**弾力性を持たせた日程** While the exact details ... are not yet fixed「詳細は未定ですが」I do know that 決まっていることは明確に伝える。I now plan to「今のところは以下のように計画している」変更可能なニュアンスを含める。until at least May 8「当面の予定として5月8日まで」at least「当面、一応」により日程に弾力性を持たせている。leaving through San Francisco「サンフランシスコ経由で帰国」if the need arises「必要に応じて」このフレーズも弾力性を含めている。
❸**婉曲な依頼** I wonder if it would be possible for you to「〜していただけないでし

ょうか」ていねいな依頼。**to put us in touch with**「〜とつなげて、〜を紹介して」**in respect to**=with respect to=regarding=concerning「〜に関して」**This would greatly facilitate**「そうしていただければ〜が非常にやりやすくなるのですが」最後の決め手の文句として使われる。

ポイント 第1段落の We look forward to working with them 以下の文で them や their を使っているのは you-attitude（相手主体の立場）の変形で、they-attitude（第三者主体の立場）ともいえる。 they つまり「貴社のスタッフ」と一緒に仕事を進めたいという点を強調するためである。

応用 相手の返事を促すために

この日程の中でご都合のよい日がございましたらお知らせください。	Please let me know if any date within this time frame would suit your convenience.
本件に関し、できるだけ早急にお返事いただければ幸いです。	I would very much appreciate hearing from you in this regard as soon as possible.

TEXT

From: Makoto Tanabe [makoto.tanabe@hiscompany.com]
To: Joan Coan
Cc:
Subject: Opportunity to meet

Dear Ms. Coan:

Thank you for offering us the time to discuss with so many of your people the broad spectrum of your business plans and future needs. We look forward to working with them closely to help them maximize the effectiveness of their efforts.

While the exact details of my next trip to the United States are not yet fixed, I do know that I will be arriving in New York on April 29. I now plan to be in the United States for business meetings at various locations until at least May 8, leaving through San Francisco. This departure may be extended if the need arises.

I wonder if it would be possible for you to put us in touch with your Mr. Basdon soon in respect to this trip. This would greatly facilitate planning on our side.

Sincerely,

Makoto Tanabe
President

フォローアップ	文例
知り合った機会を利用しソフトな売り込みをかける──企業のトップ同士	**025**
☞ 直接ビジネスの話に入らず、まずは関係作りから	

パーティーなどで知り合った機会を利用して、今後、相手との再会を提案していく。将来的にはビジネスにまでつなげたいということが念頭にあるが、露骨にそこまでは出さず、まずはソフトな売り込みで相手側との関係作りを期待するフォローアップのメールである。

先日、小田原にてお会いする機会が得られて、誠にうれしく思いました。私は、ナショナリズムについてのあなたの質問を覚えておりますと同時に、この点に関するあなたのご心配をよく理解できました。

私どもの会社の活動を紹介する会社概要のファイルを添付させていただきます。仕事のことはさておき、またあなたとお会いし、お話しする機会を楽しみにしております。

構成 ❶初対面の機会を得た喜びの文で切り出し、そのときの話題に触れて相手の記憶を呼び起こす。資料として❷会社概要を添付し、再会と何らかの関係作りを期待する。

語句 ❶**初対面の機会を得た喜び** It was a genuine pleasure to「〜できて大変うれしかった」これに続く have the chance to「〜する機会を得る」とともに、相手と会えた喜びを少し大げさなくらいに表現している。could very well understand「よく理解できた」very well で強調する。in this regard「この点に関して」
❷**会社概要の添付により、再会と関係作りを期待** Attached is「添付しましたのは」Aside from any business「仕事のことはさておき」直接にはビジネスの関係に触れない。I would enjoy「〜を楽しみにしている」仮定法の would を用い、婉曲に相手との再会を提案し、何らかの関係作りを期待している。

ポイント 企業のトップにメールを出すときは、柔らかいタッチの売り込みやアプローチが重要である。このメールでは、Aside from any business など、むしろビジネスに触れないようにしている。

文例 025 応用 もう少し今後のビジネスを意識して売り込む

貴社の海外事業につきまして、当方として何かお手伝いできることがありましたら、ご遠慮なくお知らせください。

If there is any way you feel we could assist your operations overseas, please do not hesitate to contact us.

ご都合がよろしければ、さらに詳細につき、お話を差し上げたいと考えています。

I would be happy to give you a more detailed presentation at your convenience.

TEXT

From: Toshihiro Suzuki [toshihiro.suzuki@hiscompany.com]
To: John Lestage
Cc:
Subject: Odawara meeting

Dear Mr. Lestage:

It was a genuine pleasure to have the chance to meet you in Odawara the other day. I remember your question about nationalism and could very well understand your anxieties in this regard.

Attached is a copy of our company brochure which generally outlines our activities. Aside from any business, I would enjoy meeting and talking with you again.

Sincerely,

Toshihiro Suzuki
President

フォローアップ
提携話を断られた相手とつながりを保つために
☞ 当方の面子・立場を保つ書き方をする

文例 026

こちらから持ちかけた業務提携の話を棚上げにするという返事をもらった相手に対する、別の路線でつながりを追求したいという趣旨のメール。断られたからと弱い立場に立つのではなく、当方の面子を保つ、毅然とした姿勢がうかがえる。

まず最初に、フィッシャーさまならびにAAA社［貴社］にとって、新しい年が幸多く実り豊かなものでありますようお祈り申し上げます。私どもが貴殿とニューヨークでお会いしてから6カ月近くも経ったとは信じがたいものです。11月にごていねいに貴殿よりお返事をいただいたことに対し、中村も私も感謝いたしております。

私どもの理解しますところ、お返事は、私どもからのご提案を保留にし、現時点ではこれ以上話を進展させるご用意はないとのことでした。このご決定は、法的な煩雑さを指摘したさまざまなアドバイスを受けてのものと存じます。こう申し上げるのは、アトランタを本拠地とする他のネットワークとの同時並行的な提携話の中で、私どもは同様の問題に直面し、それを克服したからです。したがって、そのネットワークの協力の下、私どもの提案書にお書きした概要の出版物が今年の4月に刊行される運びとなりました。

しかし、貴社に対する私どもの強い関心は変わっておらず、他の路線での将来的な協力の可能性を探りたいと思っています。日本へお越しの際は、夕食でもご一緒しながらアイデアを交換する時間をとっていただければ幸いです。もしそれがご無理なようでしたら、この夏、アメリカのどこかでお会いすることもできます。

この件に関し、お返事をお待ちしております。

構成 交渉の時点より半年経過しているので、❶**改まった挨拶**をし、**相手との関係について**触れる。次に❷**交渉のその後の成果**、つまり、他との話が進んでいることを示し、対等の立場を保つ。それから、今回の話にかかわらず、将来に向けて何らかの❸**「付き合いを保ちたい」**という希望を軽く述べる。最後に❹**「連絡を待つ」**という結び。

語句 ❶改まった挨拶と、相手との関係　thank you for the courtesy of your reply
thank you for your replyと比べcourtesyを入れることで感謝の念をより強く出している。

❷交渉のその後の成果　as we interpreted it「我々の解釈によると」相手の返事があいまいだったので、この表現が入っている。relegate 〜 to abeyance「〜を保留にしておく、棚上げする」were not prepared to「〜する用意がなかった」couldn'tの婉曲的な表現。We assume「〜と理解している、解釈している」We thinkより洗練された言い方。We imagine「推測している」などとともに使い分けたい。this decision was reached reach the decisionはmake a decisionと比べ、「あるプロセスを踏んで結論を出す」というニュアンス。complications「ややこしさ」直接的に言うとproblems「問題点」ということ。another network based in Atlanta 露骨さを避けて、提携先の名前を直接言わない。

❸「付き合いを保ちたい」という希望　retain a strong interest in「〜に対して引き続き強い興味を持っている」strong をつけているところがポイント。explore other avenues of ... collaboration「他の路線（企画）で協力することを追求する」avenue は「目標への道筋・方法」の意味で、少し凝った言い方。It would be optimal if you could「〜していただけたら都合がいい」（第1提案）If this does not seem feasible, maybe 〜 could be worked out.「もしそれが不都合なら、〜することもできる」（第2提案）選択肢を1つに絞らないで融通性を持たせている。

❹「連絡を待つ」という結び　in this regard「この件に関して」

ポイント　6カ月も経ってメールを出すバツの悪さを、そのことに自分から触れて、It is hard to believe that almost six months have passed sinceと書くことによりカバーすることができる。

応用　状況により省略する部分
A) 新年やクリスマスの時季には、英語のメールでもこのように季節の挨拶を冒頭にもってきてもよいが、それ以外の時季には挨拶なしで入る。

B) 同時並行的な話がある場合は、そのことに触れたほうが当方の立場が強くなる。そういう有利な話がない場合はこの部分がなくなる。

TEXT

From: Tadashi Matsushita [tadashi.matsushita@hiscompany.com]
To: Joey Fisher
Cc:
Subject: A happy New Year

Dear Mr. Fisher:

Allow me to begin by first wishing you personally, as well as AAA, a happy and prosperous New Year. It is hard to believe that almost six months have passed since our meeting with you in New York. Mr. Nakamura and I would like to thank you for the courtesy of your reply which we received in November.

The reply, as we interpreted it, indicated that you would like to relegate our proposal to abeyance and were not prepared to carry things further at this time. We assume this decision was reached after receiving various advice which pointed to legal complications. I say this because we faced and overcame such difficulties in parallel efforts with another network based in Atlanta. Thus, the publication outlined in our proposal will go on sale in April of this year with their support.

We, nevertheless, retain a strong interest in AAA and would like to explore other avenues of possible future collaboration. It would be optimal if you could spare some evening during one of your trips to Japan to perhaps exchange ideas over dinner. If this does not seem feasible, maybe getting together somewhere in the U.S. this summer could be worked out.

I look forward to hearing from you in this regard.

Sincerely,

Tadashi Matsushita
President

文例 027　フォローアップ

招待状のフォローアップ——忙しい有名人宛て

☞ **多忙な人のスケジュールに配慮し、変更可能なニュアンスで**

地位の高い人や有名人に出した夕食会やパーティーなどへの招待状の最終確認を行うためのメールである。相手に時間や参加予定者の詳細を知らせることが大きな目的であるが、多忙な有名人のスケジュールに配慮して、時間などは相手の都合に合わせてまだ変更可能であるというニュアンスをこめた書き方をする。

私どもとの夕食会とその後の「コパカバーナ」の閉店の式に参加していただける可能性がある旨、竹田さまよりうかがっております。
今のところのプランでは、ホテルニューオータニの「トレイダーヴィックス」で午後7時頃より夕食を、と思っております。ついては午後6時半あたりにお集まりいただき、カクテルを始めたいと考えております。当日は、東京出版社の橋本肇社長と弊社の佐々木久美子副社長も出席する予定です。
もしどなたかご同伴者をお考えでしたら、竹田さまよりご連絡をいただければと思います。
これまで何度かお会いするたびに約束しながら具体化せずにきましたが、ようやく実現できることを楽しみにしています。

構成　まず❶出席の最終的な確認を行う。次に❷日程の詳細（時間・場所）および参加者を伝え、❸同伴者の有無の確認を行う。最後に、初めて実現しそうな会合に対して❹楽しみにしていることを伝え、結ぶ。

語句　❶**出席の最終的な確認**　I understand from 〜 that ...「〜から…と聞いている」確認の決まり文句。there is a possibility「〜の可能性がある」may be able to とともに使うことにより、確固とした約束ではなく、変更になる可能性もまだあるということに対して理解を示している。
❷**日程の詳細および参加者**　My plan now is「私の予定としては今のところ」もし相手の都合がつかなくなればまだ計画を変更できる可能性があることを伝えている。getting together for「〜のために集まる」Joining us will be「他の参加者は〜である」決まり文句。

❸**同伴者の有無の確認**　If you should wish to「もし〜することをお望みであれば」最大の敬語を使う。

❹**楽しみにしている**　I look forward to「〜することを楽しみにしている」fulfill vague promises「あいまいな約束を実現できる」

ポイント　相手が多忙な人で、スケジュールに気をつかう必要のあるときは、possibility、may be able to、from around [about] などのぼかした表現を用いる。

応用　結びを変えて

| この日程について何か問題などありましたら、お知らせください。 | Please let me know if you have any problems with this schedule. |

| 当日の夜、お互いに新しい協力の機会があるかどうかについて話し合う時間が少しとれれば、と考えています。 | It would be nice if we could find a few minutes during the evening to talk over some new opportunities for cooperation. |

TEXT

From: Seiichiro Mitsuhashi [seiichiro.mitsuhashi@hiscompany.com]
To: Tim Leary
Cc:
Subject: Invitation to dinner

Dear Mr. Leary:

I understand from Mr. Takeda that there is a possibility you may be able to have dinner with us and later join us in the closing of the "Copacabana."

My plan now is to have dinner from around 7:00 P.M. at Trader Vic's in the Hotel New Otani. We will be getting together for cocktails from about 6:30 P.M. Joining us will be Mr. Hajime Hashimoto, President of Tokyo Publishing and Mrs. Kumiko Sasaki, our vice president.

If you should wish to bring an additional guest, simply have Mr. Takeda contact us.

I look forward to finally being able to fulfill vague promises made at several meetings.

Sincerely,

Seiichiro Mitsuhashi
President

出張のアレンジ

本社から代理店に専門家の派遣を伝える

☞ 相手のためであることを伝えて協力を呼びかける

文例 **028**

本社からの監察的な出張訪問はとかく煙たがられるものであるが、相手のためになる派遣であるということをきちんと説明し、日程なども含めてまだ準備や計画の段階であるという弾力性を示すことで、一方的な押しつけがましさを避ける。

全世界の顧客に対する部品供給業務の継続的改善の一環として、重要な販売代理店における部品管理を援助・改善すべく、専門家派遣の準備を進めています。これに伴い、本社スタッフの中の適任者である加藤宏が、1月10日から17日までの予定で貴社を訪問する準備を行っています。
下記は加藤が滞在中に扱う予定の具体的問題点です。
　部品在庫管理
　　・年間発注計画
　　・年間計画の月例調整
　部品発注手順の見直し
　　・注文の追跡情報
　市場の特殊事情
　　・模造部品
　　・輸入規則および関税構造
加藤滞在中はいつもながらの全面的なご支援、ご協力をいただければ幸いです。
この件に関し早急にご返信くださるようお願いいたします。

アレンジ

構成 まず❶専門家を派遣することを、目的・人名・期間を入れて伝える。次に❷具体的な目的を個条書きであげ、訪問中の❸協力を呼びかける。最後に❹返事を求める。

語句 ❶**専門家の派遣**　As part of our continuing effort to improve「〜をよくするたゆみない努力の一環として」are now preparing to 後出の be planning to と同様、まだ準備や計画の段階であるということを示す。specialists「専門家」refine「さらによくする」先方の感情を害さないための配慮で、「今の状態が悪いので改善したい」という印象を与え

101

ない。more important 比較級で、大事な相手にだけ派遣するという気持ちを伝える。
❷**具体的な目的**　Outlined below are「下記は〜」subjects to be covered「取り扱う課題、話し合う課題」
❸**協力の呼びかけ**　Your usual support「いつものご協力」今回もまたよろしくという気持ち。
❹**返事を求める**　an early reply「早急の返事」

ポイント　staff は集合名詞なので、2人以上を指すときでも複数形にはしない。ただし、こちらのスタッフと先方のスタッフの両方を指す場合には staffs になる。

応用 A) 具体的に宿泊の手配を頼む　B) 返事を求める簡潔な文

A) 加藤が滞在中の宿泊の手配をお願いいたします。　You are asked to make the necessary arrangements for accommodations during his stay with you.

B) 訪問が可能かどうか、確認のお返事をできるだけ早くお願いします。　Kindly confirm the feasibility ASAP.

TEXT

From: Erika Noro [erika.noro@hercompany.com]
To: Paul Holm
Cc:
Subject: Dispatching specialists

Dear Mr. Holm:

As part of our continuing effort to improve our worldwide parts supply service to our customers, we are now preparing to dispatch specialists to assist and refine parts management at our more important distributors. In line with this, Hiroshi Kato, a qualified member of our head office staff, is planning to visit your company from January 10 to 17.

Outlined below are concrete subjects to be covered during his stay:
Parts Inventory Control
  • Annual order planning
  • Monthly adjustment of annual plan
Review of Our Parts Ordering Procedures
  • Order follow-up information
Specifics on Your Market
  • Imitation parts
  • Import regulations and duty structure

Your usual full support and cooperation during his stay would be very much appreciated.

We look forward to an early reply regarding this matter.

Sincerely,

Erika Noro
Deputy Manager

文例 029	出張のアレンジ
	子会社から本社に見学・話し合いの希望を伝える
	☞ 出張から最大の成果を得るために先方の態勢を整えさせる

子会社あるいは関連会社から本社に派遣する部下のために上司が書いた、きわめて事務的な出張アレンジのメール。出張の成果をあげるために、どの部門を見学し、何について話し合いたいかを事前に通知し、受け入れ態勢を整えてもらうことが狙いである。

アレンジ

先にお伝えしました標記の件ですが、渡辺を10月にロンドンに派遣したいと存じます。正確な日程は追ってお知らせいたします。彼がこの出張中に訪問希望の部署および調査希望の部門は以下の通りです。

渡辺が関心を抱いているのは主としてサービス関係ですが、組立部門、とくに当方の完全ノックダウン（完全現地組立）輸入に関連した組立ラインも機会があれば見学したい意向です。できれば以下の事項も入れてください。

○技術的な問題に関する修理サービス部門のスタッフとの話し合い
○苦情処理の問題に関する保証部門のスタッフとの話し合い
○資料部門への表敬訪問
○販売・サービスセンターへの訪問
○A30とXA11の組立工場、および組立部門の仕入れから配送までの全工程の見学
○ノックダウン（現地組立）輸出の梱包・配送部門の調査
○品質管理の問題

上記の線に沿って日程を組んでいただけませんか。全部で10日以内にこれらの予定が消化できればと思っています。

ご回答、よろしくお願いいたします。

構成 まず、メールを書いている背景説明として❶**出張訪問の件**であることを伝える。次に❷**見学・話し合い希望の部門**を伝える。❸**日程を組んでもらうよう要請**する。❹**返事を求める**。

語句 ❶**出張訪問の用件であること** だれをいつ出張させるのかということを確認し、訪問に際して希望があることに触れる。**Further to our correspondence**「これまでのやりと

りに関連して」on this matter「この件に関して」件名欄にメールの用件が掲げてあるので、本文では簡単に済ます。have ～ visit「～を派遣する」The exact dates「正確な日程」confirm「確認する」Set out below are「～を下記にあげました」the departmentsを主語と考えるので、be動詞はareになる。should当方の希望を表す。look into「調べる」seeが表面的であるのに対し、look intoは「内容を見る」のニュアンスで、investigateに近い。

❷見学・話し合い希望の部門　While he is primarily concerned with「関心があるのは主に～だが」ほかにも関心のある分野があるという主節へと続く。will take the opportunity to「機会があれば～したい」relative to「～に関連した」Hopefully「できたら」低姿勢な希望の述べ方。as well「～もまた」さりげなく追加を表したいときはalsoよりas wellが適切。

❸日程を組んでもらうよう要請　Kindly Pleaseと同じ。confirm that a program can be accommodated「日程を組んでいただけるならその旨、確認の返事をください」覚えておきたい決まり文句。along the above lines「上記の線に沿った」could be covered「消化できる」in a total period of 10 days maximum「全部で10日以内に」

❹返事を求める　We look forward to ... you.ビジネスライクで簡潔な文。

ポイント 可能であれば、メールの冒頭で、先に伝えていた件とのつながりを述べる(Further to our correspondence on this matter, ...)。

応用 出張期間を変えて

あなたが必要と思われるだけの期間、彼を滞在させる用意がございます。	We are prepared to let him stay as long as you deem necessary.
この計画のうち、丸5日間の滞在でこなしきれない部分は削ってくださって結構です。	Please confine the program to whatever can be covered in five full days.

文例 029

アレンジ

TEXT

From: Koichi Suga [koichi.suga@hiscompany.com]
To: Luke Korch
Cc:
Subject: Visit of Jun Watanabe

Dear Mr. Korch:

Further to our correspondence on this matter, we would like to have Mr. Watanabe visit London sometime in October. The exact dates will be confirmed later. Set out below are the departments he should visit and the areas he should look into during this visit.

While he is primarily concerned with service and related matters, he will take the opportunity to look at assembly, particularly KD assembly relative to our own CKD imports. Hopefully, this could be included as well.

- Discussions with Service personnel on technical matters
- Discussions with Warranty Department on claims issues
- Service Literature Department familiarization visit
- Sales & Service Center visit
- Assembly plants where the A30 and XA11 are assembled visit; all stages including stocking and dispatch for assembly
- KD Packing and Dispatch Department for workflow
- Quality Control Matters

Kindly confirm that a program along the above lines can be accommodated. This could be covered in a total period of 10 days maximum.

We look forward to hearing from you.

Sincerely,

Koichi Suga
Manager
Technical Services

出張のアレンジ	文例
代理店の人を本社に招待する	**030**
☞「お互いのプラスになる」という論で進める	

招待というよりは召喚といった感じで傘下の会社や業者に出すメール。優位な立場で書かれてはいるが、相手の都合への配慮もうかがえる。一方的に呼びつけるのではなく、お互いの利益になることだからぜひ来てほしいというのがポイント。

> 私どもの本社にご招待し、当面の問題について話し合えることを大変うれしく存じます。
> おいでいただければ、私どもはルワンダ市場の現状について生の意見がうかがえますし、一方の貴社にとりましても新製品の導入について話し合う機会が得られることになるでしょう。
> 1週間ほど、できれば12月17日からの約1週間ということで、日程のご調整をいただければ幸いです。そうしていただけると私どもとしては最もありがたく存じます。
> この件に関し、できるだけ早くご返信くださるようお待ちいたしております。

構成 ❶招待とその目的を伝える。次に、いつからどのくらいの期間がよいのか❷詳細を知らせ、❸返事を求める。

語句 ❶**招待とその目的** It gives me great pleasure to「喜んで〜します」よい知らせの前置き。pertinent matters「当面の問題」permit us here to「(あなたの訪問の)おかげで我々は〜できる」firsthand views「生の意見」affording you a chance to「〜の機会を提供する」talk over「〜について話し合う」上にdiscussionがあるので、ここでdiscussを使うのは避けている。

❷**詳細** We hope you will be able to arrange to「都合をつけて〜してくれればうれしい」命令的な言い方を避けて、調子を和らげている。preferably「なるべく」if possibleよりツヤのある言い方。This would be当方の都合を述べているので、仮定法を使って表現を和らげている。

❸**返事を求める** We look forward to hearing from you「お返事をお待ちしております」at your earliest convenience「できるだけ早く」

文例 030

ポイント at your earliest convenience はまだ相手の都合を考えた言い方。as soon as possible になると「とにかく早く」といったニュアンスで、より緊迫感がある。

応用 費用についての情報を加える

宿泊の手はずと費用は私どものほうにお任せください。	Accommodations will be arranged and paid for by us.
往復の飛行機代および宿泊費は私どものほうで持たせていただきます。	The cost of round-trip airfare and your accommodations will be covered by us.

アレンジ

TEXT

From: Hideo Sawada [hideo.sawada@hiscompany.com]
To: James Walker
Cc:
Subject: Discussion at our head office

Dear Mr. Walker:

It gives me great pleasure to invite you to our head office for discussions on pertinent matters. Your visit will permit us here to get your firsthand views of the present market situation in Rwanda while also affording you a chance to talk over the introduction of new products.

We hope you will be able to arrange to spend about one week, preferably from December 17. This would be the most convenient time for us.

We look forward to hearing from you in this regard at your earliest convenience.

Sincerely,

Hideo Sawada
General Manager
Africa Department

出張のアレンジ
代理店からの訪問を受け入れる

☞ 受け入れるなら喜んで迎えよ

文例 **031**

訪問を承諾するのなら、喜んで迎えたい。その気持ちを文面に表そう。喜ばしい理由が具体的に見あたらないなら、3段落目に見られるような抽象的な意義をあげるだけでも友好的な雰囲気が出る。必要な確認情報と歓迎の気持ちをそつなく伝えた、一般的な訪問受け入れのメールである。

ハロッドさまが10月13日より約1週間ご来社くださる予定との8月21日付のメール、拝受いたしました。
ハロッドさまを私どもの本社にお迎えできることはこの上ない喜びです。きっとマーケティング関係の諸問題について突っ込んだ話し合いができる絶好の機会となることでしょう。
このような会合を定期的に持つことは、相互理解を深める上でも、我々の事業全体を強化する上でも有益なことであると思われます。
ご来社くださる日を、弊社一同とても楽しみにお待ち申し上げております。

構成 まず❶メールを受け取ったことを知らせる。❷歓迎の旨を伝え、訪問の意義を述べる。さらに大きな視野でとらえた❸抽象的な意義を付け加える。❹「楽しみに待つ」と結ぶ。

語句 ❶**メール受け取りの知らせ** だれがいつどのくらいの期間、という確認を兼ねて。informing us of ~ 's plans to visit「~が訪問する予定の旨の」informingでメールの内容を表す。
❷**歓迎の旨と訪問の意義** be most happy to welcome「~を大歓迎する」should「きっと~でしょう」期待を表す。provide an excellent chance「すばらしい機会を提供する」in-depth discussions「徹底的な話し合い」pertinent「関連する、当面の」
❸**抽象的意義** It is felt「~と思われる」We feelと同じだが、前の文がweで始まっているので、weが続くのを避けている。regular「定期的な」deepen mutual understanding「相互理解を深める」strengthen our entire operation「我々の事業全体を強化する」
❹**「楽しみに待つ」** are looking forward to ~ ing「~するのを楽しみにしている」having him with us「彼を迎える」

文例 031

ポイント 決まり文句に一工夫加えると誠意が出る。 looking forward to seeing him としないで、looking forward to having him with us としているのがその好例。

応用 受け取りの知らせを変えて

来日して「政策懇談」をしたいという強い希望をハロッドさまがお持ちとの9月10日のメール、拝受いたしました。

Thank you for your e-mail of September 10 informing of Mr. Harrod's strong desire to come to Japan for "policy consultation."

ハロッドさまが10月10日より日本で私どもと数日をともにされるとお聞きし、うれしく思います。

It was good to hear that Mr. Harrod will be able to spare the time to spend a few days with us here in Japan from October 10.

TEXT

From: Kanenobu Hirohata [kanenobu.hirohata@hiscompany.com]
To: June Valentine
Cc:
Subject: Mr. Harrod's visit

Dear Ms. Valentine:

Thank you for your e-mail of August 21 informing us of Mr. Harrod's plans to visit us for about one week from October 13.

We will be most happy to welcome him at our head office. The visit should provide an excellent chance for in-depth discussions on pertinent marketing matters with him.

It is felt that regular meetings between us of this sort will work to deepen mutual understanding and strengthen our entire operation.

We are very much looking forward to having him with us.

Sincerely,

Kanenobu Hirohata
General Manager

文例 032	出張のアレンジ
	空港まで出迎えることを伝える
	☞ 最終的な詰めは情報を抜かりなく

先方から到着日時や航空便名などの具体的なスケジュールが届いたので、空港まで迎えの者を差し向ける旨を伝えるメール。面識がない者同士なので、すぐに相手が認識できるような手配をする必要がある。出張アレンジの最終的な詰めともいえるメールであるから、正確な情報を抜かりなく伝える。

> ご来日の件ですが、弊社の田中龍が9月8日、成田にお出迎えに上がることになりました。ご予定では午後5時45分東京着のUA007便をご利用ということですね。田中はすぐわかるようにキョンさまのお名前を書いた小さな札を掲げるようにいたします。
> お会いできる日を心待ちにしております。
> スケジュールに変更が生じましたらお知らせください。

構成 空港まで❶出迎えることを伝える。 ❷スケジュールの確認をし、認識方法を伝える。❸歓迎の気持ちを伝える。 ❹予定変更の場合は連絡するよう求める。

語句 ❶出迎える旨　だれがいつどこで出迎えるかの情報を入れて。With regard to「～の件に関して」応用範囲の広い決まり文句。forthcoming visit「来るべき訪問」our Mr.「当社の～」to assist you「便宜をはかるために」
❷スケジュールの確認と認識方法　飛行機の便と到着時間などを確認し、認識のための目印を伝える。Your schedule indicates「スケジュールでは」confirmという語を用いずに確認しているところが洗練された印象を与える。To ensure quick identification「すぐわかるように」
❸歓迎の気持ち　We look forward to決まり文句。
❹変更の場合の連絡　Please be sure to inform us「お知らせください」should your schedule change=if your schedule changes　in the interim「その間」

ポイント 自社の社員を指す場合でもMr.をつける。何もつけないと荒っぽい印象を与えてしまう。「～という者」のつもりでa Mr.とするのは、この場合は誤り。

応用 認識方法を変えて

田中はすぐわかるように、小さな赤い旗を持って行きます。	Mr. Tanaka will be carrying a small red flag for your quick identification.
田中はすぐわかるように、赤いペナントを持って、税関の出口のすぐ外でお待ちしております。	Mr. Tanaka will be waiting right outside the customs clearance exit and will be carrying a red pennant to ensure quick identification.

TEXT

From: Masami Kayama [masami.kayama@hercompany.com]
To: Glenn Kyung
Cc:
Subject: Your upcoming visit

Dear Mr. Kyung:

With regard to your forthcoming visit, our Mr. Ryu Tanaka will be meeting you at Narita on September 8 to assist you.

Your schedule indicates you will be flying on UA007 scheduled to arrive at 5:45 P.M. Tokyo. To ensure quick identification, Mr. Tanaka will be displaying a small sign with your name on it.

We look forward to seeing you soon.

Please be sure to inform us should your schedule change in the interim.

Sincerely,

Masami Kayama
Manager

文例 033	出張のアレンジ
	会議の議題提案書を送る
	☞ 事前の準備で効率的な話し合いを

会議を効率的に進めるために、事前に議題提案書を回し、どういう問題があるのか相互に知らせておくわけである。自分の側の提案を一方的に押しつけずに、あくまでも「提案」の扱いで示し、また礼儀として先方からの提案も歓迎すること。

> 添付しましたのは、来る5月27日から6月2日まで貴本社において開かれる会議のための議題提案書です。私どもにとりまして、最終決定が行われる前に明確にしておく必要があると思われる点をすべてあげております。
> 貴社のほうでもご要望に基づいて議題にあげたい点があることと存じます。付け加えたい議題がありましたら早急にご提示ください。
> 準備の都合上、至急お返事いただけると大変助かります。

構成 ❶議題提案書を添付したことを伝え、礼儀として❷先方の提案も要請する。❸返答を求める。

語句 ❶**議題提案書添付の旨** いつどこで開かれる会議のためのものかを明確に。内容についても一言触れる。**Attached is**「〜を添付しました」**proposed agenda**「議題の提案」proposedをつけることで押しつけがましさを避ける。**meetings at**（場所）**from**（開始日）**to**（終了日）placeがtimeよりも先にくる。**It covers** 内容の範囲を示す。**before any final decision could be made**「最終的に決定する前に」
❷**先方の提案の要請** 礼儀として相手の立場も配慮する。**You may wish to**「そちらにも〜したいことがあるでしょう」**to meet requirements on your side**「あなた方の要望をかなえるため」**If so**「もしそうなら」Should this be the caseとするのはくどくて現代的でない。**proposed additions**「追加の提案」あくまでも提案である点を押さえる。
❸**返答を求める** A prompt reply ... side. 決まり文句として使える。**facilitate**「容易にする、促進する」

ポイント 同じことを表すのにも、否定的な文ではなく肯定的な文にすること。[例] We

cannot proceed unless you reply soon.（否定的） → A prompt reply will very much facilitate preparations on this side.（肯定的）

応用 当方の提案を強く押したいとき

提案書をご検討の上、内容が貴社の目的にもかなっているかどうか、お知らせください。

Please go over this draft and let us know if the contents suit your purposes.

時間的にも制約があり、可能な限りこの議題提案書に沿っていきたいと強く希望しております。

In view of the time constraints, we would very much like to go with this agenda if at all possible.

TEXT

From: Yutaka Saruwatari [yutaka.saruwatari@hiscompany.com]
To: Steve Winn
Cc:
Subject: Proposed agenda

Dear Mr. Winn:

Attached is our proposed agenda for our meetings at your head office from May 27 to June 2. It covers all areas we would need to clarify before any final decision could be made.

You may wish to include other areas to meet requirements on your side. If so, please submit your proposed additions as soon as possible.

A prompt reply will very much facilitate preparations on this side.

Sincerely,

Yutaka Saruwatari
General Manager

文例	見学のアレンジ
034	**研究所に見学を申し入れる**
	☞ 国際会議で当方の予定に重みをつける

国際会議に出席するついでに研究所を見学したいということになり、同僚研究者の紹介を得て見学と話し合いを申し入れるメール。研究者の間でのこういった交流はよくあることなので、とくに下手に出ることもなく、さらりとアレンジを依頼している。

アレンジ

> 当研究所の渡辺博士からの勧めにより、貴研究所の施設見学と、できれば私と同じ分野で研究しておられる貴研究所スタッフとの会合とをお願いしたいと思い、ご連絡を差し上げております。
> 私は6月の1日から5日までラスベガスで開かれるメディカルエレクトロニクス会議で研究発表を行います。したがって、6日か7日の午後に貴研究所訪問の段取りになりますと、最も都合がつけやすいかと存じます。私が最も関心を持っていますのは、超音波スキャニング装置および関連テクノロジーです。これは貴研究所が非常に力を入れておられる分野と聞いております。
> この訪問にご協力いただければ誠に幸いです。

構成 紹介されたことを述べながら❶**見学を申し入れる**。次に、日程やとくに希望する分野などの❷**詳細を伝え**、❸**協力を求める**。

語句 ❶**見学の申し入れ** 紹介されてメールを書いていることから入り、見学・話し合いの希望を述べる。**has advised me to**「〜するように口入れしてくれた、紹介してくれた」**contact you with regard to**「〜の件に関しあなたに連絡する」with regard toの目的語としてarranging以下とmeeting以下が並列されている。

❷**詳細** 具体的な日時の希望と見学・話し合いのテーマの希望を伝える。**I will be speaking** 会議を持ち出すことにより自分の都合に重みがつく。**It would therefore be optimal if**「したがって、〜していただければ幸いです」optimal=the most convenient (最も都合がいい) この文はwouldやcouldの仮定法を用いていることにより、ていねいでへりくだった調子になっている。**My main interest is** 見学・話し合いで希望する主要なテーマを伝える。**areas, in which your laboratory is very active**「貴研究所で研究が盛んな分野」

先方へのほめ言葉。I understand「～と聞いている」関接的情報を述べるときの言い方。
❸ **協力を求める** facilitate「容易にする、便宜をはかる」would be very much appreciated「～してくだされればとてもありがたい」

ポイント from June 1 to 5と書くところを通常業務のメールではfrom June 1-5と略して書いても失礼にはあたらない。

応用 A) 紹介者のバリエーション　B) 日程の都合を知らせるバリエーション

A) 貴研究所の立派な設備を見学する件に関し、貴殿に連絡をとってみるよう、私の古くからの友人でもある同僚の大賀豊博士が勧めてくれました。

My old friend and co-worker, Dr. Yutaka Oga, has urged me to approach you about arranging a visit to your fine facilities.

B) したがって、6日の午前か午後に訪問の段取りとなれば、私にとっては理想的です。

It would therefore be ideal if an arrangement could be made for either the morning or afternoon of the 6th.

文例 034

TEXT

From: Shunsuke Kihara [shunsuke.kihara@hiscompany.com]
To: William Rolf
Cc:
Subject: Facility visit

Dear Dr. Rolf:

Dr. Watanabe of our laboratories has advised me to contact you with regard to arranging to see your facilities and possibly meeting some of your researchers in my field.

I will be speaking at the Medical Erectronics Conference in Las Vegas from June 1-5. It would therefore be optimal if an arrangement could be made for the afternoon of the 6th or 7th. My main interest is in ultrasonic scanning devices and related technology, areas, in which I understand your laboratory is very active.

Anything you could do to facilitate my visit would be very much appreciated.

Sincerely,

Shunsuke Kihara, Ph.D.
Senior Researcher
Research Division

見学のアレンジ
見学を受け入れる (1)——簡潔

文例 035

☞ 受諾するからには気持ちよく受け入れよ

申し込みに対して研究所見学を受け入れる旨の、簡潔で事務的なメール。とくに訪問を歓迎しているわけではない場合でも、よけいなことは書かずに、このメールのように交通案内を添付するなど、少しでも相手に協力的姿勢を示す。受け入れるからには気持ちよく受け入れること。

9月3日付メールでお申し入れの、10月14日（月）の当中央研究所ご来訪を歓迎いたします。

「交通案内」を添付いたしますので、参考にしてください。

必要な準備がありますので、大体のご到着時刻をお知らせいただければ幸いです。

構成 まっ先に❶**承諾の意**を伝える。次に、先方のために❷**交通案内を添付**したことを伝え、❸**協力的な結び**で締める。

語句 ❶**承諾の意** よい知らせはまっ先に伝える。場所や日付を具体的に書き、事実の確認をしながら。**We are looking forward to**「歓迎します」**your visit to**（場所）**on**（日付）、**the date you proposed in your e-mail of**（日付）必要な情報を1文で網羅している。
❷**交通案内添付の旨** **Attached is**「～を添付します」**Attached herewith please find** ～と書くのは旧式。とくに herewith は契約文のような硬い感じを与える。
❸**協力的な結び** **let us know**「知らせてください」柔らかい言い回しで、もう少し硬い言い方としては **inform us** や **indicate**（us はつけない）などがある。**approximately**「大体」弾力性のあるたずね方。**necessary preparations**「必要な準備」複数形にする。単に preparations と言うより、necessary のような修飾語をつけることで、歓迎の気持ちや温かみが伝わる。

ポイント このメールは先方を主体とした you-attitude で書かれている。*your* visit、the date *you* proposed、*you* may find、time *you* will be arriving などがその表れで、単に you を多く用いるというだけでなく、発想が相手を中心にしている点に注意。

文例 035

応用 添付書類を変えて

添付いたしましたのは、当研究所の活動の概略と交通アクセスをご説明するパンフレットです。

Attached is a copy of a brochure which outlines our operation here and also provides travel information.

当地までの地図を添付いたしますので、参考にしてください。

For your convenience we have attached a map to our facility.

TEXT

From: Benji Morimoto [benji.morimoto@hiscompany.com]
To: Mark Simpson
Cc:
Subject: Laboratory visit

Dear Mr. Simpson:

We are looking forward to your visit to our Central Research Laboratory on Monday, October 14, the date you proposed in your e-mail of September 3.

Attached is a "transportation guide" which you may find helpful.

Please let us know approximately what time you will be arriving so that the necessary preparations can be made.

Sincerely,

Benji Morimoto
Manager

見学のアレンジ

見学を受け入れる (2)――歓迎する

文例 036

☞ 協力的な姿勢を見せて快諾を示す

文例035よりも大切な人物に宛てた訪問歓迎のメール。歓迎の気持ちを表す表現に違いがあること、交通案内を添付するのではなくこちらで手配すると申し出ていること、ほかにできることがあれば知らせてほしいなど、対応ぶりの変化に注目。

中央研究所へのご訪問を歓迎いたします。ご希望の10月14日（月）は当方にも支障ありません。
お車の手配をしたいと思いますので、ご滞在になるホテルをお知らせください。
ほかに何か私どもでできることがございましたら、どうかご遠慮なくお申し付けください。
喜んでできる限りのお手伝いをさせていただきます。

構成 まっ先に❶歓迎の意を伝え、❷車の手配を申し出る。そのほかにもお手伝いできることはないかという❸協力の申し出をして締める。

語句 ❶**歓迎の意** 時と場所を具体的に書き、事実の確認をしながら。**more than happy to accept**「喜んで受諾します」more thanは歓迎の気持ちを強める。**poses no problem**「まったく問題ない」**on our side**「当方としては」
❷**車の手配の申し出** **Please let us know**柔らかく単刀直入なたずね方。**transportation arrangements**「車の手配」複数形にする。**for you**は「わざわざあなたのために」という気持ちを伝えたいために入れている。
❸**協力の申し出** **If there is any other way**「何かほかにありましたら」**can be of service to you**「お役に立てる」**please do not hesitate to**「どうぞ遠慮なく～してください」**certainly**「きっと」強調の言葉。**do what we can**「できるだけする」何でもやりますとは言っていないことに注意。

ポイント 文面が単調にならないように、各パラグラフの書き出しに気をつける。このメールでは、①We are ... ②Please let us know ... ③If there ...と変化のある書き出しになっているが、これを①We are ... ②We would like to know ... ③We would appreciate your

文例 036

informing us ... とすると単調なメールになってしまう。

応用 車の手配申し出の表現を変えて

車の手配が必要でしたら、どうぞ私どもにお申し付けください。

Please let us know if you would like us to make transportation arrangements for you.

当研究所は場所的にやや離れたところに位置しておりますので、私どものほうで車を手配したいと思います。ご到着になり次第、ご滞在のホテル名をお知らせください。

Since our location is rather remote, we would like to arrange the necessary transportation for you. Please let us know what hotel you will be staying at as soon as you arrive.

アレンジ

TEXT

From: Osamu Sasagawa [osamu.sasagawa@hiscompany.com]
To: Ralph Jennings
Cc:
Subject: Laboratory visit

Dear Mr. Jennings:

We are more than happy to accept your request to visit our Central Research Laboratory. Monday, October 14, the date you suggested, poses no problem on our side.

Please let us know what hotel you will be staying at so that we can make the necessary transportation arrangements for you.

If there is any other way in which we can be of service to you, please do not hesitate to inform us. We will certainly be glad to do what we can.

Sincerely,

Osamu Sasagawa
Deputy Manager

見学のアレンジ | 文例 037

見学を受け入れる (3)——偉い人を歓迎する

☞ 最大限に歓待して最大限の益を得る

高名な研究者などの訪問を最大限に歓迎するメール。同じ分野の研究者としてディスカッションを待ち望んでいること、車で迎えにいくこと、夕食に招待したいことなど、先方への敬意が見られ、文例035や文例036のメールと比べるとかなり待遇の差がある。

京都での国際会議に引き続いて、私どもの研究所にお越しくださるとの6月3日付のメール、大変うれしく拝見しました。ご希望の7月14日（月）は、当方にもまったく支障ございません。ディスカッションにより最大の成果を上げるにはどうしたらよいか、今その方法を検討しているところです。当方の研究者たちは、ご提案の議題についての意見交換を心から願っております。

東京到着の日時およびご滞在になられるホテル名をお知らせください。都心より当研究所まで通常1時間半を要しますので、当日は午前8時半に車でお迎えに参ります。

また、ご都合がよろしければその晩、夕食にご招待したいと存じます。奥さまともどものご来日でしたら、この夕食会にご同伴いただければ光栄です。準備の都合上、勝手ながら早急のお返事をお待ちいたしております。

構成 まっ先に❶歓迎の意を伝え、❷迎えの車を回すことを申し出る。次に❸夕食会に招待したい旨を伝え、都合をたずねる。

語句 ❶**歓迎の意**　時と場所を確認しながら歓迎の意を伝える。I was very happy to learn「聞いてとてもうれしい」過去形なのは、来意を知ったのはすでに過去だから。poses no problem「まったく問題ない」derive maximum benefit「最大の成果を得る」are eager to「心から〜することを願う」前置詞がaboutの場合（心配する）と混同しないこと。

❷**迎えの車を回す旨**　pick you up「車で迎えに行く」文例036のメールの「車の手配をしたい」という漠然とした言い方に比べて、はっきり確約しており、丁重にもてなすという姿勢がうかがえる。

❸**夕食会への招待**　I would also like to「さらに〜したいと存じます」if it does not conflict with your schedule「ご都合がよろしければ」控えめに申し出る表現。be

文例 037

accompanied by your wife「奥さまご同伴」 feel honored「光栄である、歓迎する」
appreciate hearing from you「返事を待つ」

ポイント Your proposed date ... poses no problem on our side. には、相手主体の考え方 (you-attitude) がよく表れている。これと反対に、Your proposed date is equally convenient for us. とするのは自己主体的な考え方。

応用 A) 期待の表現を変えて　B) 夕食会を昼食会に変えて

A) スタッフ一同、貴殿の来日を心からお待ちしております。	Everyone here is looking forward to your visit with great anticipation.
B) 研究所見学のあと、私どもと昼食をご一緒いただければ光栄です。	We would be honored if you could spare the time to have lunch with us after your scheduled tour.

TEXT

From: Fujiko Nomura [fujiko.nomura@hercompany.com]
To: Ben Pauling
Cc:
Subject: Laboratory visit

Dear Dr. Pauling:

I was very happy to learn from your e-mail of June 3 that you will be visiting our laboratory following the International Conference in Kyoto. Your proposed date, Monday, July 14, poses no problem on our side. We are now considering how to derive maximum benefit from the discussions, since our researchers are very eager to exchange views on the proposed subject.

Please let me know when you will arrive in Tokyo and what hotel you will be staying at. I would like to pick you up at your hotel at 8:30 a.m. on that day, as it usually takes one hour and a half to reach our laboratory from the center of Tokyo.

I would also like to invite you to dinner on that evening, if it does not conflict with your schedule. If you are being accompanied by your wife, I would certainly feel honored if she could join us for dinner.

Since there are certain preparations that must be made, I would appreciate hearing from you soon.

Sincerely,

Fujiko Nomura
Director

文例 038	見学のアレンジ
	見学を受け入れる (4)——話し合いのポイントを絞る
	☞ 効果的な意見交換は事前準備から

見学受け入れ準備のために、訪問の意図を詳しくたずねるメール。希望する話し合いのテーマは先方から一応は伝えられているのだが、さらにポイントを絞り、事前に目的をはっきりさせておいて、お互いに実りあるものにしようという発想である。

アレンジ

中央研究所へのご訪問を歓迎いたします。5月3日付のメールにあるご訪問希望日6月14日は、当方にも好都合です。
ご提案のテーマは私どもにとりましても大変興味あるものです。しかし、互いに実り多い話し合いとするために、当地で話し合いを希望されるテーマが具体的に詳しくわかるとありがたいので、下記の点についてのご見解をお知らせください。
 1. GaAsの今後の用途。
 2. 実用的な立体構造装置の可能性。
 3. 次世代装置用の素材としてのニオブ。
また、この問題に関する先生の論文をいくつかお送りいただければ幸いです。

構成 まっ先に❶歓迎の意を伝え、より有益な話し合いにするために❷ポイントを絞る。さらに論文などの❸資料を求める。

語句 ❶歓迎の意 **We will be happy to have you visit**「〜への訪問を歓迎します」決まり文句。未来形になっていることに注意。**the date you proposed in your e-mail of**（日付）「〜（日付）のメールでの希望日」この2つの文に見学の場所、希望日、メールの日付を入れて確認をする。

❷ポイントを絞る **keen interest to us as well**「こちらにとっても大変興味がある」**to ensure that ... will be mutually rewarding**「互いに実り多いものになるように」見学させてやるという態度ではなく互いの利益を考えている。「実り多い」をfruitfulと訳すのは間違いではないが、いかにも日本人くさい。**in more detail**「もっと詳しく」**Please give us some idea of**「〜についてお知らせください」漠然とした形で意見を求める言い方。**views on the following**「次の点についての見解」

❸**資料を求める**　It would also be helpful if「〜もまた役立つでしょう」alsoの位置に注意。papers「論文」

ポイント　It would *help* usやIt would be *helpful*は相手に婉曲に協力を求めるときの表現で、強要している感じを与えない。

応用　(上)資料要求の文を変えて　(下)当方の論文を送る文に変えて

もしこれがご無理のようでしたら、この問題に関する貴研究所の論文をいくつかお送りください。	If this is impractical, please send us some of your recent papers on the subject.
添付いたしましたのは、関連した問題を論じた当方の研究者の論文です。参考にしてください。	Attached are some papers on related subjects written by our researchers which may be of help to you.

TEXT

From: Seiji Okamoto [seiji.okamoto@hiscompany.com]
To: Simon Spillman
Cc:
Subject: Laboratory visit

Dear Dr. Spillman:

We will be very happy to have you visit our Central Research Laboratory. Monday, June 14, the date you proposed in your e-mail of May 3, is convenient for us.

The subject of discussions you mentioned is one of keen interest to us as well. However, to ensure that the discussions will be mutually rewarding, it would help us to know in more detail what particular points you want to discuss here. Please give us some idea of your views on the following:

1. Future applications of GaAs
2. Feasibility of practical three-dimensional devices
3. Niobium as a material for next-generation devices

It would also be very helpful if you could send us some of your papers on the subject.

Sincerely,

Seiji Okamoto
Manager
Technical Information Dept.

見学のアレンジ
見学日程の変更を求める

文例 039

☞ よい知らせをまず伝え、次に問題点を説明する

見学は歓迎だが、先方の希望している日程の都合が悪いので、変更を求めるメール。歓迎の意向を冒頭で伝えて相手を安心させ、それから問題点の説明に入る。こちらの都合のよい日程に幅をもたせ、必要な交通手段の手配を申し出るなど、協力的な姿勢の表れているメール。

私どもの中央研究所へのご訪問を歓迎いたします。9月3日付のメールでご希望の10月14日（月）はあいにく私どもの都合が悪く、土井博士以下スタッフたちは別の会合の予定がすでに入っております。
つきましては、予定をご再考の上、ご訪問を10月の15日か16日、あるいは19日から始まる週のうちのいずれの日かにしていただければ幸いです。
ご訪問の日時が決まったらお知らせください。また、お車の手配をしたいと思いますので、ご滞在のホテル名もお知らせください。

構成 まっ先に❶歓迎の意向を伝え、それから日程の都合が悪いという**問題点**を持ち出す。❷代案を伝え、再検討を願う。❸返事を求める。

語句 ❶**歓迎の意向と問題点** 場所、時を具体的に明記し確認を兼ねること。**more than happy to accept**「喜んで受諾します」**Unfortunately**「あいにくながら」問題点を切り出す。**poses some problem**「ちょっと都合が悪い」**staff**「スタッフ」複数形にしない。**have already committed themselves to**「すでに～する予定が入っている」洗練された表現。
❷**代案を伝え再検討を願う** **We would appreciate your ～ ing**「～していただけるとありがたい」**reconsidering your schedule**「予定を考え直す」change を用いずに婉曲的な言い方をしている。**the week beginning from the 19th**「19日からの1週間」月名を省略したときは the と -th をつけることに注意。
❸**返事を求める** 車の手配も申し出る。**Please let us know**「知らせてください」単刀直入なたずね方。**decide upon**「選ぶ」**for you** こちらの協力的姿勢を強調する語句。

文例 039

ポイント 希望日の変更を求めて代案を提示する際には、選択の幅が広いほうが協力的で好意的と受け取られる。本文中の either A or B の表現、any day（または anytime）などは選択の幅の広い印象を与える言い回しである。

応用 不都合な理由のバリエーション

この日は社内の研究発表会を予定しております。	We are holding an internal presentation program on that day.
この日は政府要人を迎えての特別研究発表会を予定しております。	We are scheduled to receive important government dignitaries for a special presentation on that day.

TEXT

From: Seiko Takeuchi [seiko.takeuchi@hercompany.com]
To: Adam Yu
Cc:
Subject: Laboratory visit

Dear Dr. Yu:

We are more than happy to accept your request to visit our Central Research Laboratory. Unfortunately, Monday, October 14, the date you proposed in your e-mail of September 3, poses some problem on our side. Dr. Doi and his staff have already committed themselves to attend another meeting on that day.

We would appreciate your reconsidering your schedule and finding time to visit us either on October 15, 16 or any day in the week beginning from the 19th.

Please let us know what date you decide upon and also what hotel you will be staying at so that the necessary transportation arrangements can be made for you.

Sincerely,

Seiko Takeuchi
Manager

見学のアレンジ

見学を断る (1)――希望の研究を行っていないので

文例 040

☞ お互いに実りがない訪問ならば断ってしまう

先方が見学を希望する分野の研究が盛んではないという現状と、本部が今、代案を検討していることを知らせた上で、先方の意向をたずねるメール。ほかの可能性を検討するという誠意は見せているが、本音は申し込みを取り下げてほしいという、婉曲的な断りのメールである。

私どもの研究所をご訪問の上、コンピューターによるがん細胞検診法に関する話し合いをご希望との由、9月3日付のメールにて知りました。あいにく私どもでは、見学ご希望の分野の研究はほとんど行っていないのが現状です。
お申し出に関しては本部とも相談しておりまして、お互いにとってもっと実りある形の代案を出してもらうよう要請いたしました。本部ではご希望に沿える状況を作り出すよう努力しているところです。
本部からそのうち状況説明のご連絡を差し上げるものと思います。もっとよい形の提案があることでしょう。
それまでの間に、この件に関するお考えを改めてお知らせいただけたら幸いです。

構成 申し込みのメールを❶受け取ったことを知らせ、希望に沿えないと**婉曲に断る**。❷代案を検討していることを知らせる。追って❸結果を連絡することを伝える。相手の❹意向をたずねる。

語句 ❶**受け取りの知らせと婉曲的な断り** We understand from your e-mail「メールによりわかりました」there is very little activity「ほとんど活動していない」at present「現時点では」過去の事実や将来の可能性には触れない便利な語句。
❷**代案検討の知らせ** have talked to「相談している」come up with「提案する」alternatives「代案」rewarding to all concerned「関係する人すべてに実りある」一方的な利益でなく、「お互いに」という発想がある。suitable atmosphere「希望に沿える状況」具体的に述べずにあいまいにしている。
❸**結果を連絡する旨** will probably suggest「提案することと思います」あまり期待のできないニュアンス。

文例 040

❹**意向をたずねる** In the meantime「その間に」本部からの知らせが行くのを待たずにということ。appreciate hearing from you again「またのご連絡をお待ちする」in this regard「この件に関して」

ポイント 冒頭に先方からのメールの内容および日付を具体的に書き入れること。これは、先方の依頼の内容を正確に理解した上で、きちんと検討し断りを伝えていることを示すためであり、断りのメールではとくに大切な要素。具体的＝誠意という関係を忘れずに。

応用 A）希望に沿えない理由を変えて　B）代案検討の知らせを簡単に

A）あいにくこの分野の研究は今年の1月より別の研究所に移管されました。	Unfortunately, activity in this area was transferred to another laboratory from January of this year.
B）ご希望の件に関しては本部に問い合わせを行い、もっとよい手はずを整えるよう要請いたしました。	We discussed your problem with our head office and asked them to arrange something better for you.

アレンジ

TEXT

From: Eijiro Otani [eijiro.otani@hiscompany.com]
To: Benton Holt
Cc:
Subject: Laboratory visit

Dear Dr. Holt:

We understand from your e-mail of September 3 that you wish to visit our Research Laboratory to discuss computerized cancer-cell diagnostics. Unfortunately, there is very little activity in your field at our laboratory at present.

We have talked to our head office about your request and asked them to try to come up with some alternatives that would be more rewarding to all concerned. They are now trying hard to arrange a more suitable atmosphere for your proposed visit.

Our head office will write to you soon explaining the situation. They will probably suggest a better arrangement to you at that time.

In the meantime, we would very much appreciate hearing from you again in this regard.

Sincerely

Eijiro Otani
Manager

文例	見学のアレンジ
041	**見学を断る (2)——政府がらみという立場上**
	☞ はっきりした理由があるときでも誠意を見せて

見学申し入れに対し、政府からの依託研究という立場上、自由に公開できないことを伝えるメール。事務的に断るのではなく、こちらとしては受け入れたいのだがという残念な気持ちと、ほかの可能性を提案することで誠意を示している。

アレンジ

> 10月14日に私どもの研究所においてスーパーコンピューターのハードウェア技術に関する話し合いをご希望とのこと、9月3日付のメールにて知りました。通常の場合でしたらご提案を喜んでお受けするのですが、あいにく、政府とのスポンサー契約がこの研究にも適用されるため、ご希望に沿うことができません。
> こうした理由により、政府が公式に研究結果を発表するまで、このプロジェクトに関係する実験のいかなる部分も当方で公表することはできないのです。どうか事情をご理解ください。実のところ、私どものスタッフはこの研究プロジェクトに深くかかわっておりますから、通常の場合でしたら自由な意見交換を歓迎するに違いないのです。
> 経済産業省の係官に連絡をとられてはいかがでしょうか。何かほかに方法が見つかるかと思います。

構成 申し込みのメールを❶受け取ったことを知らせ、立場上の理由で**断る**。❷理解を求める。❸ほかの方法を提案する。

語句 ❶**受け取りの知らせと断り** 先方の依頼内容を具体的に明記し、確認を兼ねる。**We understand from your e-mail**「メールにより〜ということをうかがいました」**Under normal circumstances**「通常の場合でしたら」仮定法(would)で続けて「本当は〜したいのだが」という気持ちがこめられている。**does not permit it**「許されていない」自分たちの権限を越えてどうすることもできないという感じ。

❷**理解を求める** **not in a position to**「〜する立場ではない」**Please understand our situation.**「状況をお察しください」シンプルだが説得力のある文。**Actually**「実際のところ」現状を説明し、残念に思っていることを伝える。

❸**ほかの方法の提案** **May we suggest**「〜を提案いたします」**may be able to**「あるい

はなんとかできるかもしれない」

ポイント 何かを勧める場合に日本人はrecommendという語を用いることが多いが、この語には積極的に強く勧め、時には責任を持つというようなニュアンスがある。これに対し、suggestは控えめな提案であり、あくまでも先方の責任において、という気持ちがある。

応用 提案の表現を変えて

経済産業省に直接メールを書き、許可を求められることをお勧めいたします。	You are welcome to write directly to the Ministry of Economy, Trade and Industry and seek their permission.
私としましては、駐日大使館を通じて経済産業省に打診し、許可を求められることをお勧めします。	I would advise you to work through your embassy here in approaching the Ministry of Economy, Trade and Industry for permission.

TEXT

From: Nana Eto [nana.eto@hercompany.com]
To: Winston Koslof
Cc:
Subject: Discussion on high speed computers

Dear Dr. Koslof:

We understand from your e-mail of September 3 that you would like to discuss hardware techniques of super computers at our laboratory on October 14. Under normal circumstances, we would be delighted to accept your proposal. Unfortunately, the sponsorship agreement between the Japanese Government and us, covering this research, does not permit it.

Therefore, we are not in a position to publish or disclose any part of our experiments pertaining to this project until the Government officially publishes the research report. Please understand our situation. Actually our staff is deeply involved in this research project and would certainly welcome a free exchange of ideas under normal circumstances.

May we suggest, however, that you get in touch with officials of the Ministry of Economy, Trade and Industry. They may be able to give you some additional assistance.

Sincerely,

Nana Eto
Deputy Manager

面談のアレンジ
面談を申し入れる (1)――海外出張のついでに

文例 042

☞ 海外出張を機に取引を再開する

ほかの用事で相手国に行くことになったので、ついでに会ってお互いの協力関係を深めたいというわけである。 取引関係が断続的であるため、しばらくやりとりが途切れていたあとのメールなので、いわゆる挨拶の文句が最初に入る。 へりくだりもせず対等の立場で書いている。

貴社 [リージェンツ] におかれましては、先ごろ経営陣の交替が行われたとの由、お祝いを申し上げます。
このたび、7月末から8月初めにかけて2週間、米国を訪問する運びとなりました。 できましたら、この訪米中にビクスビーさまか代理の方にお会いして、今後のお互いの協力関係の上で重要だと思われる諸問題について話し合いたいと思います。
当方、予定が大変つまっておりますので、7月28日から31日までの間のどこかでビクスビーさまか代理の方にフロリダでお会いできれば大変ありがたく存じます。 フロリダでは仕事関係の仲間のところに滞在する予定で、彼は通訳の役目も果たしてくれます。 7月28日～31日のフロリダでの連絡先は下記の通りです。

（略）

この件に関するご意向を早めにお知らせくださいますようお願いいたします。

構成 まず、長い間ご無沙汰したので❶**挨拶**から入る。 それから相手国へ出向くという背景を伝えて❷**面談を申し入れる**。 次に希望の日時や場所、連絡先などの❸**詳細**を伝える。 最後に❹**返事を求める**。

語句 ❶**挨拶** ご無沙汰したあとなので、これまでのお互いの関係を思い起こさせるために何らかの挨拶を入れる。 このメールでは、新しく就任した社長に宛てて書いているので、お祝いを述べている。**a change in the administration**「経営陣の交替」婉曲的な言い方。**I would like to offer my best wishes.**「お祝い申し上げます」
❷**面談の申し入れ** 背景と目的を入れて。**As it happens**「たまたま、このたび」**will be in**「～に行く予定です」**If possible**「できれば」ていねいに申し入れている。**would like to**「～

文例 042

したい」**meet with**「〜と会う、面談する」meetにwithをつけると「会って話をする」といったニュアンスになる。**your representative**「あなたの代理」申し入れに弾力性を持たせている。**various matters which I consider of importance**「重要だと思われるさまざまな事柄」of importance=important　**concerning**「〜に関して」**future cooperation with your company**「貴社との今後の協力関係」具体的で緊急な案件はないが、今後の両社の協力関係を深めていくための話し合いを望んでいる、というわけである。

❸**詳細**　当方の予定と希望の日程、場所、連絡先を伝える。**my schedule is quite tight**「予定がつまっている」**I would be very grateful if**「〜していただければ大変助かる」ていねいな依頼の表現。　**any time between**「〜の間いつでも」any timeを入れることにより、短い期間でも幅のあるものに見せることができる。**a business associate**「仕事仲間」**Contact ... can be made through:**「連絡先は以下の通りです」

❹**返事を求める**　**I look forward to ... this matter.** 先方の意向をたずねる決まり文句。

ポイント　結びの言葉を Looking forward to のように分詞形にするのは旧式な書き方。古くさい印象を与える。

応用 A) 話し合いの目的のバリエーション　B) 出発までに面談の日が決まらない場合の連絡方法

A) できましたらこの訪問中に、貴社に関連するプロジェクトで、現在具体化している2件についてぜひとも話し合いを持ちたいと考えております。

If possible, I would very much like to arrange a meeting while I am there to discuss two concrete projects involving your company.

B) 7月18日には東京を発ちますので、それまでにお会いできる日が決まらなかった場合は、到着後にニューヨークのオフィスまでご連絡を差し上げたいと存じます。

I will leave Tokyo July 18, and if a suitable time to meet has not been determined by then, I will contact your New York office sometime after my arrival.

TEXT

From: Masahisa Hara [masahisa.hara@hiscompany.com]
To: Joy Bixby
Cc:
Subject: Proposed visit

Dear Ms. Bixby:

Having heard that there has been a change in the administration of Regents, I would like to offer my best wishes.

As it happens, I will be in the United States for two weeks at the end of July and beginning of August. If possible, I would like to meet with you or your representative while I am in the States to discuss various matters which I consider of importance concerning future cooperation with your company.

As my schedule is quite tight, I would be very grateful if you or your representative could meet with me in Florida any time between July 28 and 31. I will be there with a business associate who will also act as my interpreter.

Contact in Florida between July 28-31 can be made through:
Mr. Francis J. Taxter
The Village Spires
No. 102-S
5444 Ocean Drive
Vero Beach, FL 32960
Tel. (305) 231-0188
E-mail: francis.taxter@xyzmail.com

I look forward to an early reply regarding this matter.

Sincerely,

Masahisa Hara
President

文例	面談のアレンジ
043	**面談を申し入れる (2)――歓迎会に欠席する代わりに (friendly)**
	☞ 欠席のフォローはビジネスランチで

せっかく先方が来日するのに歓迎会には出席できない。進めている話もあることだし……。そこで滞在期間中の都合のよいときにと、昼食のお誘いをするメール。親しい仕事相手なので、欠席のお詫びにしても面談の希望にしても、単刀直入な言い回しとなっている。

> 東京にいらっしゃるとのこと、アンドルー・マカリフからうかがいました。あいにく、6月9日は政府高官も出席するディナーパーティーに出なければなりません。
> しかし、ぜひお目にかかりたいと思っています。殺虫剤や殺菌剤を含めた農薬に関してCZトレード社と協力するという案件について先日デイ氏とお話ししましたが、この件がその後どうなったかを調べていただければ幸いです。
> もちろん秘書の方と連絡をとりますが、5日の日曜日に昼食にご招待したいと思います。いろいろと仕事の話ができることを楽しみにしています。CZトレード社のほうにも参加できるかどうか連絡をとってみるつもりです。

構成 まず、訪問を知ったことを伝え、❶歓迎会に出席できない理由を述べる。❷会って話し合いたい希望を伝える。❸面談を申し入れる。

語句 ❶**歓迎会に出席できない理由** 何かの集まりに出席できないときは (Unfortunately, I have to attend a dinner on June 9 ...)、可能であれば欠席する理由に説得力をもたせる (... at which some government dignitaries will also be present.)。**have heard from**「～からうかがいました」**Unfortunately** 好ましくないことを切り出す言葉。**government dignitaries**「政府高官」欠席理由の権威付けに役立つ。
❷**会って話し合いたい希望** **am very eager to**「ぜひ～したい」**check out**「調べる」**what is happening with regard to**「～に関してどうなっているのか」**conversations I have had** 現在完了形なのは「ついこの間話したばかり」という気持ちの表れ。**potential link up**「協力の可能性」まだ成立していない話なので potential をつける。
❸**面談を申し入れる** **liaise with**「～と連絡をとる」イギリス口語っぽい言い方。**have a general chat about**「～について雑談を交わす」雑談といっても仕事の話で、親しい雰囲

気を出したもの。

ポイント 懸案中の話はまだ決定したわけではないので、potentialやpossibleをつける。一般的に言って、potentialをつけるのは話を進めたいとき。先方の提案に対してpossibleをつけるのは断りたいときが多い。

応用 (上)面談を夕食時に変えて　(下)午後に変えて

ともかく、4日の土曜日にでもお会いして夕食をご一緒しませんか。	However, I would like to propose getting together over dinner on Saturday the 4th.
ともかく、10日の午後にでも、当面の問題について話し合う時間を作っていただけないでしょうか。	However, I wonder if you could arrange some time on the afternoon of the 10th to discuss pertinent matters.

TEXT

From: Sayaka Tasaki [sayaka.tasaki@hercompany.com]
To: Jean Colter
Cc:
Subject: Tokyo visit

Dear Ms. Colter:

I have heard from Andrew McAliff that you will be coming to Tokyo. Unfortunately, I have to attend a dinner on June 9 at which some government dignitaries will also be present.

I am very eager to see you. It would be nice if you could check out what is happening with regard to the conversations I have had with Mr. Day about a potential link up with CZTRADE on Agrichemicals - including pesticides and fungicides.

I will, of course, liaise with your secretary. However, it would give me a great deal of pleasure to invite you for lunch on Sunday the 5th to have a general chat about business matters. In the meantime, I will talk to CZTRADE to see if they could join us.

With warmest regards,

Sayaka Tasaki
Director

面談のアレンジ
面談日程の変更を求める

☞ 商談のチャンスを逃さない

文例 **044**

海外から訪問の知らせを受けたが、その日は都合が悪い。しかし、重要な案件があるのでこの機にぜひ会って話したい。これはそのような場合の、日程の変更を求めるメール。どうしても外せない用件があることを納得してもらい、変更を申し訳なく思う気持ちを伝える。

10月17日から21日にかけて東京にいらっしゃるとうかがって、喜んでおります。
あいにく、お申し出の10月17日は大事な用件がございまして出かけております。翌日も同様の件で動きがとれない可能性が大きいのです。
しかし、今回のご滞在中にぜひともお会いしていくつかの重要な案件についてご相談したいと存じます。間近になって予定を変更するのが難しいことは承知の上ですが、19日か20日のいずれかの午後にお会いできるよう、何とか段取りをつけていただけないでしょうか。
お返事をお待ちいたしております。

構成 まず❶訪問の知らせを受けたことを喜びの気持ちをこめて伝える。次に先方の希望日は❷都合が悪いことを伝え、それでも会いたいので、❸日程の変更を求める。最後に❹返事を求める。

語句 ❶**訪問の知らせを受けたこと** 喜びの気持ちと訪問期間を入れて。**was glad to hear**「〜と聞いてうれしく思いました」
❷**都合が悪いこと** 理由を納得できるように伝える。**Unfortunately**「あいにく」**out of town**「(遠くに)出かけて」**attending to**「〜の世話をする、〜にかかりきりになる」**urgent business**「大事な用件」キャンセルできないという含み。**the day you proposed**「ご提案の日」**keep me tied up**「(忙しくて)身動きできない」口語表現で柔らかい調子を出している。**as well** さりげなく付け足すときの言い方。
❸**日程の変更を求める** 会う必要性と無理は承知であること、および都合のよい日を伝える。**get to see you** で「何とか会いたい」というニュアンス。**Although I realize**「〜ということは承知しているが」**adjust schedules**「日程を調整する」婉曲的な言い方。**on**

143

文例 044

short notice「急に」on the afternoon of「〜日の午後」夕方なら on the evening of となる。

❹**返事を求める**　Please let me know ... possible. 簡潔で単刀直入な言い方。

ポイント　都合の悪いことを重ねて述べる場合、alsoではなくas wellを用いてさりげなく付け足す。

応用　都合の悪い理由のバリエーション

あいにく、10月17日は私が台湾から帰国する当日になっています。その上、滞在を1日延ばすことになる可能性もあるのです。	Unfortunately, I will just be returning from Taiwan on October 17. There is also a chance that I will have to stay a day longer.
あいにく、その期間中は労組との交渉があって身動きできないのです。したがって、ご提案いただいた日はいずれもお会いできそうにありません。	Unfortunately, I will be tied up with union negotiations during that period. Consequently, it will be very difficult to meet you on either of the days you suggested.

TEXT

From: Toyokazu Kubota [toyokazu.kubota@hiscompany.com]
To: Francis Jordan
Cc:
Subject: Tokyo visit

Dear Mr. Jordan:

I was glad to hear that you will be here in Tokyo from October 17 to 21.

Unfortunately, I will be out of town attending to urgent business on October 17, the day you proposed. There is a strong possibility that the same matter will keep me tied up on the next day as well.

However, I would very much like to get to see you during this trip since there are several important matters to discuss. Although I realize how difficult it is to adjust schedules on short notice, I would appreciate it if you could somehow arrange to meet me on the afternoon of either the nineteenth or the twentieth.

Please let me know if this is possible.

Sincerely,

Toyokazu Kubota
General Manager

文例 045	面談のアレンジ

面談に代理人を立てる

☞ 代理人でもきちんと用が足りることを伝え安心させる

来日する人から会いたいという申し入れがあったが、あいにくと先方の希望する日は出張に出ていて留守である。今さら先方の予定を変更してもらうのも大変だろうし……。というわけで、代理人にきちんと事情を伝えて話がわかるようにしておくからその人と会ってほしいと伝えるメール。

アレンジ

6月10日から15日まで東京にお越しと聞き、うれしく思っています。
あいにく前々からの予定で6月8日から14日まで中国に滞在しなくてはならず、滞在が延びる可能性もあります。したがって、ご希望の6月13日にはお目にかかれないことになります。
この時点でのご予定の変更がいかに難しいかは重々承知いたしております。そこで、13日には私どもの専務の鈴木功がお会いするよう手配いたしました。ファーマンさまと協議させていただいた上で、しかるべき手を打つ手はずになっております。
私のほうも、また近いうちにお会いできることを願っております。

構成 まず❶訪問の知らせを受けたことを喜びの気持ちをこめて伝える。次に先方の希望日は❷都合が悪いので、❸代理人を立てることを伝える。最後は「また別の機会に会いたい」という❹社交的結びで締める。

語句 ❶**訪問の知らせを受けたこと** 喜びの気持ちと訪問期間を入れて。**It was good to hear**「〜と聞いてうれしい」
❷**都合が悪いこと** 理由を納得できるように伝える。**Unfortunately**「あいにく」**a long-standing commitment**「前々からの約束」**with some possibility that**「〜の可能性がある」**the day you proposed**「そちらの提案した日」
❸**代理人を立てること** 先方の都合を配慮し、代理人を指名する。**fully understand how difficult**「どんなに難しいかよくわかる」**adjust schedules**「予定を調整する」adjustはchangeの婉曲的な言い方。**at this date**「現時点で」**arranged for 〜 to ...**「〜が…するよう手配した」**be ready to**「用意が整っている」**engage in discussions**「話し合いを

する」take the necessary action「しかるべき手を打つ」
❹社交的結び　another chance to get together soon「近いうちにお会いできる別の機会」

ポイント 喜びの気持ちを表すとき、It was good ～ のほかにIt was nice ～ やI was pleased ～ も使える。一方、I was overjoyed ～ やI was elated ～ はお祝いのときに使うのにふさわしく、商談相手には大げさでかえって嫌味な感じがする。

応用 代理人でもきちんと用が足りると安心させる表現のバリエーション

事情をすべて把握しておりますから、必要な手はずは彼のほうで整えられるようになっています。	He is fully aware of your situation and is prepared to do whatever is necessary.
彼には貴殿の事情に関して、また今後いかに対処するべきかに関しても、十分に説明をしてあります。	He has been thoroughly briefed on your particular set of circumstances and on how to proceed.

TEXT

From: Saburo Matsushita [saburo.matsushita@hiscompany.com]
To: Ron Fuhrman
Cc:
Subject: Tokyo visit

Dear Mr. Fuhrman:

It was good to hear that you will be here in Tokyo from June 10 to 15.

Unfortunately, I have a long-standing commitment to be in China from June 8 to 14 with some possibility that my stay will be extended. Consequently, I will not be able to meet you on June 13, the day you proposed.

I fully understand how difficult it would be to adjust schedules at this date. I have therefore arranged for Mr. Isao Suzuki, our senior managing director, to meet with you on the thirteenth. He will be ready to engage in discussions with you and take the necessary action.

Meanwhile, I do hope we will have another chance to get together soon.

Sincerely,

Saburo Matsushita
Vice President

講演のアレンジ	文例
講演を依頼し、段取りをつける ☞ 提案の形をとり、依頼に弾力性をもたせる	**046**

根回しとして電話や人を介して依頼したあと、具体的な日時や内容などの要望を伝え、目的や出席者などについて知らせるメール。情報が盛りだくさんなのでそれぞれの段落に分けて述べ、キーワードをなるべく文頭にもってくるなど、読みやすくするための工夫がほどこされている。

5月22日より5月29日までの予定で弊社本社で開かれます「海外管理職研修会」におけるご講演をお願いでき、大変光栄に存じます。

お願いしたいタイトルは「日本理解につとめた30年」です。内容としましては、日本人の行動および思考様式といったことをお取り上げください。

先生のご講演は5月22日（火）の午後1時半から4時までを仮日程にしてありますが、ご承諾いただければそれで確定させたいと思っております。90分間お話しいただき、50分間は参加者からの質問をお受けいただければ幸いです。

このプログラムの目的は、私どもの海外管理職に日本の文化、社会および商慣習に対する深く、偏りのない理解を与えることにあります。また、日本の企業の構造や活動に対する理解を深めてもらうのも目的のひとつです。これにより、総合的な管理能力を向上させたいのです。

今回の参加者は、私どもの海外関連企業で仕事をしている5カ国、7名のマネージャーです。さらに詳しいことは、添付いたしました参加者名簿をご参照ください。

上記の日程で問題ないかどうか、ご多忙中のところ恐縮ですが、至急お知らせいただければ幸いです。

構成 ❶依頼。 ❷題と内容についての要望。 ❸日時と時間配分についての要望。 ❹目的の説明。 ❺出席者の説明。 ❻返事を求める。

語句 ❶依頼 会の名前、場所、日付を伝える。**It is indeed an honor for us to invite** 講演依頼の決まった言い回し。**lecture in**（会の名前）**at**（場所）**from**（開始日）**through**（終了日）情報を効果的に盛り込む。

文例 046

❷**題と内容についての要望**　The title we would like to propose「お願いしたいタイトル」should throw light on「～を取り上げてほしい」should は当方の希望を表す。such things as「～のような事柄」提案であるから弾力的な言い方にする。

❸**日時と時間配分についての要望**　have tentatively scheduled「暫定的に予定している」for（開始時刻）to（終了時刻）on（曜日・日付）日時を示す。pending your approval「承諾が得られるまでは」speak for 講演時間を表す。allow ～ for questions「質問に（～分の）時間をとる」

❹**目的の説明**　to help（人）get a ... grasp of「（人）の～に対する理解を深めるため」deeper, more balanced「詳しくて偏りのない」It also aims to もうひとつの目的を述べる。In so doing「そうすることによって」hope to enhance「～を高めたい」

❺**出席者の説明**　consist of「～により構成される」Please refer to「～をご覧ください」the attached list「添付の一覧表」このリストには、出席者の氏名、出身国、肩書、学歴などが書かれている。for further details「さらに詳しい情報を知るために」

❻**返事を求める**　Please indicate「知らせてください」at your earliest possible convenience「できるだけ早く」

ポイント　タイトル、内容、目的、出席者の説明をする場合、これらの名詞を主語にして文頭に置くと、その段落の内容がすぐつかめ、読む人に親切。本文中では、The title ... is ～、The content should ～、The objectives ... are ～、The group ... will ～ のように用いられている。

応用 質問の時間を変えて

できるだけ多くのやりとりを持っていただきたいと思いますので、最後の30分を参加者との質疑応答に充てていただくようお願いいたします。	To permit as much interaction as possible, we ask that you use the last 30 minutes for questions from the participants.
最後に10分だけ、参加者からの質問を受けてください。	Please allow 10 minutes for questions at the end.

TEXT

From: Rumiko Igarashi [rumiko.igarashi@hercompany.com]
To: Paul Samuelson
Cc:
Subject: Overseas Executive Program lecture

Dear Mr. Samuelson:

It is indeed an honor for us to invite you to lecture in our Overseas Executive Program at our head office from May 22 through May 29.

The title we would like to propose for your lecture is "Thirty years of trying to understand Japan." The content should throw light on such things as the behavior of Japanese people and their way of thinking.

We have tentatively scheduled your lecture for 13:30 to 16:00 on Tuesday, May 22, pending your approval, and would like to ask you to speak for 90 minutes and allow 50 minutes for questions from the participants.

The objectives of the program are to help our expatriate managers get a deeper, more balanced grasp of Japan's culture, its society and its business practices. It also aims to give them a better grasp of our corporate structure and activities. In so doing we hope to enhance their overall management skills.

The group this time will consist of seven managers from five countries who are working with our overseas affiliates. Please refer to the attached list of participants for further details.

Please indicate at your earliest possible convenience if the above schedule is acceptable.

Sincerely,

Rumiko Igarashi
General Manager
Human Resource Development

文例 047	講演のアレンジ
	講演を正式に依頼し、段取りを確認する
	☞ 口頭の約束は必ず文書で確認

電話で、または直接会って事前の打ち合わせを何度か行ったあとの、確認を兼ねた正式の依頼メール。伝えることがいくつかある場合は、わかりやすい個条書きにするとよい。アレンジする側ではあるが、個人的にも講演を楽しみにしていることを伝え、温かみを出す。

当研究所におけるご講演を、ここに正式にお願い申し上げます。下記のような予定でお願いいたします。

　日付：5月17日および5月24日
　場所：CCL講堂
　対象：約100名の大学新卒社員およびその他のCCLスタッフ
　目的：英語によるテクニカル・ライティングの基礎について理解を深めること
　内容：4月7日付の貴信にある通り

私個人といたしましても、ご講演を楽しみにお待ちいたしております。

構成 ❶**正式に依頼**する。確認のために具体的な❷**講演の詳細**を伝える。個人的にも講演を楽しみにしているという❸**期待**で結ぶ。

語句 ❶**正式依頼**　This is to formally invite you to「〜を正式にお願い申し上げます」The schedule we would like to propose is as shown below.「下記のような予定でお願いいたします」

❷**講演の詳細**　Dates（日付）、Place（場所）、Attendants（対象）、Objective（目的）、Contents（内容）の順で個条書きにする。内容の理解を助けるようなわかりやすいレイアウトにすること。To promote「〜を深めるため」As noted in「〜にある通り」

❸**期待**　I am looking forward to personally「私自身も楽しみにお待ちしております」パーソナルな感じを出して温かい結びにする。

ポイント　結辞（complimentary close）は日本語の「敬具」にあたる挨拶。米国式のビジネスメールは、ややかしこまってTruly yours、Very truly yours、最も一般的にはSincerely yours、親しみを表したい場合はCordially yours、敬意を表したい場合はRespectfully yoursを用いる。 また、一般にYours truly のようにYoursを前にもってくる方法はTruly yoursより形式ばっていて、しかもイギリスでよく用いられる。

応用 講演への期待の文を変えて

| 先生のご講演から多くを学ぼうと、皆が楽しみにいたしております。 | Everyone is looking forward to learning a great deal from your lectures. |

| 先生ほどの経験をお持ちの方にお越しいただき、私どもの新しい世代の研究者たちをご指導いただけるのは、誠に幸運なことと存じます。 | I think we are very fortunate to have someone of your experience preparing our next generation of researchers. |

TEXT

From: Manabu Onodera [manabu.onodera@hiscompany.com]
To: Randy Reilly
Cc:
Subject: Invitation to lecture

Dear Mr. Reilly:

This is to formally invite you to lecture at our laboratory. The schedule we would like to propose is as shown below.

Dates: May 17 and May 24
Place: CCL auditorium.
Attendants: About 100 newly hired university graduates and other CCL members.
Objective: To promote a better understanding of fundamentals of technical writing in English.
Contents: As noted in your e-mail of April 7.

I am looking forward to personally attending your lectures very much.

Sincerely,

Manabu Onodera
Education Coordinator

講演のアレンジ	文例
講演を引き受け、内容を知らせる	**048**
☞ 講演を売り込みにつなげる	

口頭で依頼された講演について、予定内容の概略を伝えるメール。同時に、本当の実力をつけるには講演よりもっと詳しい長期の教育プログラムが必要ですよと、ちゃっかり売り込んでもいる。必要な情報を効率よく盛り込んだビジネスライクなメールであるが、協力的で誠実な印象も与える。

4月1日にお会いした際には、講演にうかがうようお申し入れいただき、ありがとうございます。下記は、5月17日と5月24日に行われる2回の講演でお話ししたいと思っている内容のあらましです。

講演 I

目的：技術論文作成上の、構成に関する問題を扱う。

内容の要点：

・概説と前置き

・抄録を書く上での問題

・序論を書く上での問題

・本論を書く上での問題

・結論を書く上での問題

・段落を書く上での問題

・文章を書く上での問題

・論理展開に関する問題

　（ただし、時間の範囲内で）

講演 II

目的：日本人の技術論文作成者に特有な、文法と文体の問題を扱う。

内容の要点：

・複数形の問題

・aとanに関する問題

・ofの使い方の問題

・時制の一致に関する問題

・冠詞の使い方の問題

文例 048

・almostについての問題
・thenについての問題
・時制の表し方の難しさ
（時間が許せばほかにも何点か）

講演では、できる限り実例を用いて、効果を高めるよう最善を尽くすつもりです。出席者はこれらの問題について、少なくとも概要はつかめるようになるはずですが、もちろん、実際の応用にはもっと多くの時間と、よりきめ細かなカリキュラムが必要だと思われます。
この講演内容の概略が、事前準備を進める上でお役に立てば幸いです。

アレンジ

[構成] まず❶依頼への感謝の意を伝える。❷講演内容の概要を提示する。❸補足説明をする。❹温かい結び。

[語句] ❶**依頼への感謝**　場所・日程などの情報を確認のためにつける。**Thank you for your invitation to**「〜するようにとのお招き、ありがとうございます」**you extended during our meeting**「お会いしたときにお申し入れされた」メールで申し入れたのなら you extended in your e-mail of 〜 となる。

❷**講演内容**　わかりやすく段落に分け、個条書きにして示す。**Appearing below is**「下記にあげるのは〜です」**very roughly** ごく大まかなものであるという予防線を張っている。**what I hope to cover**「希望している講演内容」I hope は「できるかどうかわからないが希望としては」という含みで、やはり予防線を張るための語句。**during the course of the two lectures**「2回の講演の中で」**Objective**「目的」**Points to be covered**「予定内容」**General outline**「概説、総論」**If time permits / as time permits**「時間が許す限り」これらも予防線を張った言い方。

❸**補足説明**　今回の講演でできる範囲を述べ、それ以上についてはまた別のプログラムが必要であるというソフトな売り込みでもある。**I will do my best to**「できる限り〜するつもりです」**reinforce**「より効果的なものにする、説得力を持たせる」**with as many examples as possible**「できるだけ多くの実例をあげて」**give ... at least an idea of**「少なくとも大体の感じはつかめるようにする」**application would require a far more elaborate curriculum**「応用できるようになるためには、もっとずっときめ細かなプログラムが必要でしょう」講演はほんの触りにすぎないということ。

❹**温かい結び**　この内容予定が役立つことを祈る。**I hope**「〜すれば幸いです」**proceed with preliminary matters**「事前準備を進める」

ポイント 優先順位のつけられない項目を個条書きするときは数字でなく黒丸などでよい。

文例 048

応用 売り込みの言葉を変えて

この講演から、出席者はこれらの問題の大体のところがつかめるはずです。さらに充実した内容を求めるなら、時間とともに、もっとずっときめ細かなカリキュラムが必要だと思われます。

The lectures will give the people attending a general idea of the problems involved. A more thorough coverage would call for a far more elaborate curriculum as well as time.

この講演の目標は、出席者をこれらの問題に注目させることにある点をご理解ください。もっと綿密な部分までお話しするには、はるかに多くの時間を要します。

Please understand that the lectures are designed to make the people attending aware of the problems involved. They do not attempt in-depth coverage which would require much more time.

アレンジ

TEXT

From: Francis Kurdyla [francis.kurdyla@hiscompany.com]
To: Lee Tan
Cc:
Subject: Contents of lecture

Dear Mr. Tan:

Thank you for your invitation to lecture at your laboratory which you extended during our meeting of April 1. Appearing below is very roughly what I hope to cover during the course of the two lectures to be delivered on May 17 and May 24.

Lecture I

Objective: Dealing with problems involving the organizational aspects of technical report writing

Points to be covered:
- General outline and preparatory remarks
- Problems in writing an abstract

- Problems in writing an introduction
- Problems in writing a body
- Problems in writing conclusions
- Problems in writing paragraphs
- Problems in writing sentences
- Problems involving logic
    (If time permits)

Lecture II

Objective: Dealing with grammatical and style problems peculiar to Japanese technical writers

Points to be covered:
- Problems with plurals
- Problems involving A/AN
- Problems with "OF" usage
- Sequence related problems
- Problems with article usage
- Problems with "ALMOST"
- Problems with "THEN"
- Tense difficulties
    (Additional points as time permits)

I will do my best to reinforce the lecture with as many examples as possible. The lectures should give the people attending at least an idea of the problems concerned, though, of course, application would require a far more elaborate curriculum as well as time.

I hope this outline is enough for you to proceed with preliminary matters.

Sincerely,

Francis Kurdyla
President

宿泊のアレンジ	文例
ホテルの予約をする (1)	**049**
☞ 過去の実績を資本にして依頼する	

何度も利用しているホテルへ予約を頼むメール。過去によいサービスを受けてきて満足しているという今までの実績を資本にして、今回も同様によろしく取り計らってほしいという進め方。お礼を伝える中に、自分とホテルの今までの関係を入れて、自分がどういう人間であるか思い出させている。

昨年の8月には行き届いたお世話をいただき、ありがとうございました。私も同行者たちも、そちらのホテルでの滞在を存分に楽しむことができました。
この8月、もう一度ハワイへ行く予定があります。8月7日の朝到着しますので、その日のお昼から部屋をとっていただきたいと思います。8月12日の朝、そちらを発つ予定です。
1階の浜辺に面した部屋をとっていただけると非常にありがたいのですが。
前の旅行を心に残るものにしてくださって、本当に感謝しています。

構成 過去の実績に触れ❶**今までのサービスに対して満足**していることを述べる。次に滞在期間と部屋のタイプを知らせて、❷**予約願い**をする。最後は❸**再び今までのことに対するお礼**で結ぶ。

語句 ❶**今までのサービスに対するお礼** fine arrangements「すばらしい手配」thoroughly enjoyed「十分満足した」
❷**予約願い** I plan to「～の予定です」I will arrive on / I will leave on 午前か午後かを明記し、滞在期間を知らせる。hope that 要望を伝える語句。can be available from noon「お昼から使える」I would very much appreciate it if you could「～していただけると非常にありがたいです」無理を言うときの頼み方。arrange for「～を手配する」
❸**再びお礼** Thank you again 最後の締めくくりとしてのお礼を切り出す決まり文句。everything you have done「今までしてくださったすべてのこと」全面的に満足していることを伝え、今回もよろしくという気持ちをこめる。make ～ memorable「～を思い出深いものにしてくれて」過去のお礼を述べる中に、自分が得意客であることを伝える。

文例 049

ポイント 部屋のタイプを示す場合、single roomとかdouble roomというのが一般的だが、本文中では、ground-level oceanfrontとしか述べていない。これは、このホテルで決めている、ある格の部屋を指定することにより、タイプを示す必要がないからである。

応用 今までのサービスに対する満足を伝える

設備もサービスも、期待していたよりずっとすばらしいものでした。	The accommodations and the service were even better than I expected.
部屋へ案内される前に15分間待たされたことを除けば、すべてに申し分ありませんでした。	Outside of having to wait for 15 minutes for my room I thought everything I experienced was far more than satisfactory.

アレンジ

TEXT

From: Hidetake Hosoi [hidetake.hosoi@hiscompany.com]
To: Billie Heimer
Cc:
Subject: Hotel arrangements

Dear Ms. Heimer:

Thank you for the fine arrangements that were made for me last August. My associates and I thoroughly enjoyed our stay at your hotel.

I plan to visit Hawaii again this August. I will arrive on the morning of August 7 and hope that a room can be available from noon. I will leave on the morning of August 12. I would very much appreciate it if you could arrange for a ground-level oceanfront room.

Thank you again for everything you have done to make my previous stays memorable.

Sincerely,

Hidetake Hosoi
Managing Director

宿泊のアレンジ	文例
ホテルの予約をする (2)——自分と友人のために	**050**
☞ 希望をすべて伝え、二度手間を避ける	

何度も利用しているホテルへ、自分の予約と、友人の予約を依頼するメール。文例049と同様、過去の実績を資本にして依頼する。手配が一度のやりとりで済むように、希望することをすべて含めるように留意する。

まず、何年もの間、私たちのために行き届いた手配をしてくださっていることにお礼を述べさせてください。滞在するたびに、カハラ・ホテルを去りがたい思いがします。

今年も、アメリカへ向かう途中でハワイに立ち寄ろうと思います。昨年宿泊したときのような1階の浜辺に面した部屋か、あるいはベランダ付きの海の見える部屋を手配してください。7月1日に到着し、7月5日に発つ予定です。

これとは別に、3人の友人——親しい日本人の同僚の奥さんたち——が、7月9日にそちらに到着し、7月13日まで滞在します。この3人は、どうしても一緒の部屋に泊まりたいと言っています。そちらで対応策を考えて取り計らってくださればありがたく存じます。

もう一度、いつも変わらぬお世話をしてくださり、そちらでの滞在を忘れがたいものにしてくださっていることを感謝いたします。お返事をお待ちしております。

構成 過去の実績に触れ、❶今までのサービスに対して満足していることを述べる。次に期間と部屋のタイプを知らせて、❷第1の予約願い、❸第2の予約願いをする。最後は❹再び今までのことに対するお礼で結ぶ。

語句 ❶**今までのサービスに対するお礼** over the years 長年の利用客であるという含み。
❷**第1の依頼** This year I will again「今年もまた〜する」Thisとagainに威力。either X or Y 部屋のタイプの注文に幅を持たせた言い方。as I had last year「昨年同様」今年も頼むということ。will be arriving on ... and plan to leave 滞在期間を伝える。
❸**第2の依頼** Aside from this 第2の用件に移る。close business associates「親しい同僚」closeに威力。自分と同じように扱ってほしいという含み。I would appreciate any solution 対応策を全面的にまかせる言い方。
❹**再びお礼** Thank you again for all you have done. 今年も同様によろしくやってほし

文例 050

いという含み。

ポイント 用件が２つ以上あるときは、用件ごとに段落を別にし、わかりやすくする。

応用 友人のための予約内容を変えて

これとは別に、私の同僚３人が６月20日から24日まで、部屋をとろうと努力しているのですが、なかなか予約できないでいます。ちょうどその時期に、何かの会議が開催されるようです。

Aside from this, I have three business associates who have been trying to reserve rooms for June 20 through 24 without much success. It seems there is a convention being held at that time.

これとは別に、私の親しい同僚が２人、６月11日から15日までの宿泊先を探しています。日にちに余裕のない申し込みだということは承知しております。

Aside from this, I have two close business associates who need accommodations for June 11 through 15. I realize this is rather short notice.

TEXT

From: Hideki Soma [hideki.soma@hiscompany.com]
To: Richie Richfield
Cc:
Subject: Hotel arrangements

Dear Mr. Richfield:

Allow me to begin by thanking you for the fine arrangements you have made for us over the years. I can never seem to stay long enough at the Kahala.

This year I will again be stopping off in Hawaii on the way to the mainland. Please arrange for either a ground-level beachfront room, as I had last year, or an ocean-view room with a lanai. I will be arriving on July 1 and plan to leave on July 5.

Aside from this, three friends, who are wives of close business associates here in Japan, will be arriving on July 9 and will be staying through July 13. They would very much like to sleep in the same room. I would appreciate any solution you can come up with that would resolve this problem.

Thank you again for all you have done to make my previous stays memorable. I look forward to hearing from you soon.

Sincerely,

Hideki Soma
General Manager

文例	宿泊のアレンジ
051	**ホテルの手配を依頼する**
	☞ 必要な情報を漏れなく伝える

出張することになり、飛行機の便も決まったので、出張先の関連会社にホテルの予約を依頼するもの。肩書も含めた出張メンバー、滞在予定の場所と期日、飛行機の便名、出発・到着地と時間など、必要な情報を漏れなく織りこんだビジネスライクなメールである。

北米担当取締役・石井洋、マーケティング本部長デービッド・トン、流通部長代理・高橋俊介をメンバーとする派遣団は10月9日から13日までデトロイトに滞在の予定です。
飛行予定は以下の通りです。
・便名:UA22
・出発:東京　10月9日午後3時15分
・到着:デトロイト　10月9日午後4時20分
この予定に沿ってシングルを3部屋、4泊でホテルの手配をしていただけたら幸いです。
なるべく早くご手配の確認をお願いいたします。

構成 ❶訪問人員・場所・期間を知らせる。❷到着予定を、飛行機の便名と出発・到着時刻を明記して知らせる。❸ホテルの手配を依頼する。❹確認を求める。

語句 ❶**訪問人員・場所・期間**　人名だけでなく肩書も付け、人数が複数の場合は地位の高い順に書く。delegation consisting of「～からなる派遣団」訪問メンバー。will be staying in「～に滞在の予定である」場所。from ... to 期間。
❷**到着予定**　Their flight schedule is as follows:「飛行予定は次の通りです」飛行機のことだけではなくもっと詳しい旅程を入れたい場合はitineraryを用いる。Departure、Arrivalは場所を明記し、それぞれの現地時間で伝える。
❸**ホテルの手配を依頼**　部屋の種類と数、宿泊日数などの情報を正確に伝える。We would appreciate your arranging「～の手配をお願いします」先方が当然してくれる立場にある場合の頼み方。お願いの要素がもう少し強い場合はyourとarrangingの間にhelp inを挿入する。in line with this schedule「この予定に沿って」
❹**確認を求める**　Please以下の文は事務的な決まり文句。

ポイント 日付の10/9はアメリカ式なら10月9日、イギリス式なら9月10日を表す。国によって受け取り方が異なる場合があるので、紛らわしい場合は月名を綴ること。このメールの場合は、先に October 9 と示してあるので問題はない。

応用 (上)手配依頼のバリエーション　(下)手配不要を伝える文

ホテルの確保がうまくいかなかったので、この予定に沿ってシングルを3部屋、4泊のご手配をいただければ幸いです。	We have had trouble in arranging hotel space and would appreciate your help in securing accommodations for three singles for four nights in line with the program schedule.
ホテルの手配をとのお申し出、ありがたく存じますが、宿はすでに私どものほうで確保できております。	While we appreciate your offer of assistance, we have already succeeded in securing suitable accommodations.

TEXT

From: Tatsuo Shiina [tatsuo.shiina@hiscompany.com]
To: William Cecil
Cc:
Subject: Hotel arrangements

Dear Mr. Cecil:

Our delegation consisting of Hiroshi Ishii, Contact Director, North America; David Tong, General Manager, Marketing; and Shunsuke Takahashi, Deputy Manager, Logistics; will be staying in Detroit from October 9 to 13.

Their flight schedule is as follows:
- Flight: UA22
- Departure: Tokyo 10/9, 3:15 p.m.
- Arrival: Detroit 10/9, 4:20 p.m.

We would appreciate your arranging hotel accommodations for three singles for four nights in line with this schedule.

Please confirm these arrangements as soon as possible .

Sincerely,

Tatsuo Shiina
Assistant Manager

宿泊のアレンジ

予約引き受けを知らせ、決済情報を求める──ホテルから

文例 052

☞ できること、できないことを明確に知らせる

前任者宛てに届いた予約申し込みに対する返事。引き受けられることと引き受けられないことを具体的に伝え、到着後に不満を与えないようにすることが大切。サービス業なので、決済のためのクレジットカード情報の要求はていねいかつ低姿勢に。このメールでは「予約プラン」を送り、さりげなく予約規定を伝えている。

大竹ひかり宛てに6月14日付のメールをいただき、ありがとうございました。大竹はホテル・ニューパリスを退職いたしました。そのため、来る8月1日から8月8日までのご滞在につきましては、私のほうで喜んでご手配させていただきます。

「富士山」の見えるダブルルームを、1泊税抜き3万円にておとりいたしました。また、上階の部屋をご希望の旨も承りましたが、残念ながらこの点につきましては先の状況を予測することが不可能なため、ご到着前に保証はいたしかねます。しかし、特別にご希望がかなえられるよう、できる限りの努力をいたしますのでご安心ください。

ご予約の確定には、お電話にてクレジットカード情報をお知らせくださるようお願い申し上げます。ご参考までに、当ホテルの「5つのエグゼクティブ予約プラン」を添付いたします。お越しを心よりお待ち申し上げております。

構成 まず、❶予約申込みにお礼を述べ、担当が代わったことを伝える。次に❷こちらの対応を、引き受けたこと、引き受けられないことに分けて具体的に知らせる。❸決済情報の提供を依頼し、❹「お待ちします」で結ぶ。

語句 ❶**予約のお礼と担当交替の知らせ** 内容を具体的にして確認を兼ねる。**no longer associated with**「辞めた」の婉曲表現。**it is therefore my pleasure to**「そのため、私のほうで喜んで〜させていただきます」サービス業らしい表現。

❷**予約への対応** **We have +〈過去分詞〉**今までにやったことを表し、まず引き受けた内容を伝える。**have noted your request**「ご希望は承知しています」**unable to guarantee**「保証できない」次に引き受けられないことを伝える。**due to unforeseen circumstances which may develop**「やむをえない事情により」**you may be sure that**

「〜なのでご安心ください」協力的な姿勢の表れた言い方。 **if it is at all possible**「もしできるのなら、なるべく」

❸**クレジットカード情報の提供依頼**　To confirm your reservation 情報提供の目的をまず明確にする。please call to provide 電話で知らせてほしいことを低姿勢で伝える。

❹**歓迎の結び**　We look forward to ... with us. 予約客に対するメールの決まった結び。

[ポイント] 退職した人について触れるときは、〜 is no longer associated with us が、感情の入らないビジネスライクな言い方としてふさわしい。

[応用] A) 引き受けられないことを変えて　B) 送金依頼の伝え方を変えて

A) 何階にお泊まりいただくかをお約束することはできませんが、新館にお部屋がとれるよう、できる限りの努力をさせていただきます。

Although we cannot promise the floor you will be on, we will, nevertheless, try to get you into the new tower if at all possible.

B) ご予約の再確認のため、1泊分の予約金をお送りください。主要な国際クレジットカードはすべてご使用になれます。

Please send one night's room deposit to reconfirm your reservation. We honor all leading international cards.

TEXT

From: Sumio Yuhira [sumio.yuhira@hiscompany.com]
To: Andy Saemann
Cc:
Subject: Hotel accommodations

Dear Dr. Saemann:

Thank you for your e-mail of June 14 addressed to Ms. Hikari Otake. Ms. Otake is no longer associated with Hotel New Paris and it is therefore my pleasure to assist you in arranging accommodations for your forthcoming stay from August 1 to August 8.

We have reserved a double "Mt. Fuji" view room at ¥30,000 daily plus tax, and I have noted your request for a higher-level room. Unfortunately, we are unable to guarantee this prior to arrival due to unforeseen circumstances which may develop, but you may be sure that we will try to fulfill your special request if it is at all possible.

To confirm your reservation, please call to provide us with your credit card information. For your information and reference, I am also attaching our 5-Point Executive Reservation Plan.

We look forward to having you with us.

Sincerely,

Sumio Yuhira
Executive Assistant
Administration

文例 053 宿泊のアレンジ
送金を受け取り、予約が完了したことを知らせる──ホテルから
☞ サービス業のメールにはサービス精神を盛りこむ

ホテルやレストランからのメールは、あくまでも顧客へのサービスを大切にしていることを印象づける。先方からの指示がとくにない場合でも、先方にとってプラスとなるような配慮をするサービス精神が大切。

6月8日付のメールおよびペイパルでの500ドルのお支払い、ありがとうございます。早速、お客さまのお部屋代の一部に充てさせていただきました。

この前金の受領に伴い、皇居側のすばらしいお部屋を8月9日から8月12日まで確かにおとりできましたことを、謹んでご報告いたします。このお部屋の1泊の料金は、エグゼクティブプランにより、5万円プラス税金となります。

スタッフ一同、お迎えできる日をお待ち申し上げております。ほかに私どもで何かお役に立てることがございましたら、どうかご遠慮なくお申し付けください。

構成 ❶送金を受け取ったことを知らせる。次にその結果、❷予約が完了したことを伝え、最後は❸「お待ちします」という歓迎で結ぶ。

語句 ❶**受け取りの知らせ** お礼と、具体的な情報(日付、金額、小切手番号など)と、その適用を伝える。効率的に詳細を確認し、てきぱきとしたよい印象を与える。**Thank you for** この一文にすべてが盛りこまれている。**has been applied to your account**「部屋代の一部に充てられた」

❷**予約完了の報告** Based on「〜により」I am now very happy to advise that「喜んで〜という報告ができます」are holding on a confirmed basis「確かにおとりしました」The daily rate「1泊の料金」 executive plan このメールでは、出張などで滞在する人向けの割安プランのこと。つまり、このプランを利用してお得な料金で部屋をとりました、という誠意を表している。

❸**歓迎の結び** All of usで始まるこの結びは、いろいろ盛りこまれた華やかな結びになっている。ここにもビジネスライクではない温かいサービス精神が表れていて、メールをうまくまとめている。

ポイント 本文中「すばらしい部屋」という意味でfine roomと言っているが、このfineは品格のある適語。 また、女性客に対してなら、花などが咲き乱れているのが見えるようなlovely roomという表現もアピールになるだろう。

応用 ペイパルによる送金を変えて

6月10日付の500ドルのお振り込み、ありがとうございました。 早速、お客さまのお部屋代の一部に充てさせていただきました。

Thank you for your transfer of June 10 for $500 which has been applied to your account.

当ホテルご利用中はアメリカン・エキスプレス・カードをお使いとのご説明、ありがとうございました。

Thank you for clarifying that you will be using an American Express card during your stay with us.

TEXT

From: Michio Tagawa [michio.tagawa@hiscompany.com]
To: Victor Heijn
Cc:
Subject: Hotel confirmation

Dear Mr. Heijn:

Thank you for your e-mail of June 8 and your PayPal for $500 which has been applied to your account with us.

Based on the receipt of your deposit, I am now very happy to advise that we are holding on a confirmed basis one of our fine Palace-side rooms for you from August 9 until August 12. The daily rate for this room is ¥50,000 plus tax on the executive plan.

All of us are looking forward to welcoming you, and if I can be of any further assistance to you in the meantime, please do not hesitate to let me know.

Sincerely,

Michio Tagawa
Rooms Division Manager

文例	宿泊のアレンジ
054	**ホテルの手配をしたことを伝える**
	☞ 金銭的なことをはっきり伝えて、あとのトラブルを避ける

出張してくる人からホテルの予約を頼まれ、希望通り手配できたのでその旨を伝えるメール。確認のため相手の希望を逐一くりかえし、料金や予約金についてもはっきり伝える。日本人は金銭的なことをあいまいにしがちだが、あとで問題が起きないようにはっきり伝えておくこと。

アレンジ

> 2月6日付のメールでご依頼の通り、4月4日から9日まで1名さまでホテル・ニューパリスのエグゼクティブスイートをご利用ということで、確かに予約いたしましたことをご報告申し上げます。料金は税・サービス料込みで1泊8万5,000円（約840米ドル）になります。予約金として1泊分の料金が必要でしたので、私どものほうで立て替えておきました。清算はご来日の折で結構です。予約金は、当然、お会計のときに請求額から差し引かれることになります。
> ほかに何か私どもでできることがございましたら、どうかご遠慮なくお申し付けください。お迎えできる日を、一同、心待ちにいたしております。

構成 まず❶予約したことを、確認のために詳細な情報を入れて伝える。❷予約金についての処理を伝える。最後は❸協力的な結びで締めくくる。

語句 ❶**予約したこと** 確認のために部屋の種類、ホテル名、日程、料金などを入れて。**This is to assure you that**「～なのでご安心ください」**for single occupancy**「1人用の」［比較］**for double occupancy**「2人用の」**from ... through** 滞在期間を示す。**as you requested** 依頼の通りに手配したことを示す。**The rate, including tax and service charges**「税・サービス料込みの料金」**¥85,000 a day**「1泊8万5,000円」a dayの前には前置詞は不要。
❷**予約金について** **one day's charges in advance**「前金（予約金）として1泊分の料金」**paid on your behalf**「あなたの代わりに支払った」**This can be settled ... arrival.**「到着したあと清算してもらえばよい」協力的であると同時に、清算を忘れないようにくぎをさした、うまい言い方。**The deposit**「前金、予約金」**be credited to your account at**

settlement「会計のときに請求額から差し引かれる」
❸**協力的な結び**　Please do not hesitate to ask「遠慮なく言ってください」should there be = if there is

ポイント　相手国の通貨に換算した料金をつけると、大体の目安がわかって親切。

応用　予約金を立て替えずに相手の処理にゆだねる

予約金として1泊分の料金をホテルに銀行振り込みしなければならないことになっています。	The hotel requires one day's charges as a deposit which should be sent by bank transfer.
予約金として1泊分の料金を支払わないと予約が完了しないことになっています。	These reservations are not firm until one day's charges are paid as a deposit.

TEXT

From: Shinji Kotake [shinji.kotake@hiscompany.com]
To: Ronny Lardner
Cc:
Subject: Hotel accommodations

Dear Mr. Lardner:

This is to assure you that we have reserved an executive suite for single occupancy at the Hotel New Paris for you from April 4 through 9 as you requested in your e-mail of February 6. The rate, including tax and service charges, is ¥85,000 (about US$840) a day.

The hotel required one day's charges in advance which we paid on your behalf. This can be settled sometime after your arrival. The deposit will of course be credited to your account at settlement.

Please do not hesitate to ask should there be any other way in which we could be of assistance. We all look forward to having you with us soon.

Sincerely,

Shinji Kotake
Assistant Manager

宿泊のアレンジ
ホテルの予約がとれないので日程の変更を勧める

文例 055

☞ 断りっぱなしにしないで代案を提示する

ホテルの予約を頼まれ、相手の希望に沿うようにあらゆる努力を尽くしたが、あいにくとゴールデンウィークの期間であることと、大きな会議が開かれるということで、どこのホテルも部屋がとれない。そこで、来日予定を1週間先に延ばすことを勧めるメール。

3月10日付のメールによるご依頼に沿って、ご一行のために5月1日から7日までホテル・ニューパリスに予約するべく、あらゆる努力を払いました。
しかしながら、この時期には東京で大きな国際会議が開かれる上、国民の祝日とも重なるため、ホテル側からの連絡では、今のところ適切なお部屋の手配ができないとのことです。東京のそのほかの一流ホテルに問い合わせてみても、どこもこれと似たような回答でした。
そのため、来日のご予定を1週間ほど延期されることをお勧めいたします。ホテル・ニューパリスは、5月8日以降でしたら喜んでお部屋をおとりすると申しております。
この件をどう処置したらよいか、ご指示をお願いいたします。

構成 まず❶依頼事項を確認し、❷結果の報告をする。なぜだめだったかという理由と、ほかもあたってみたという当方の努力も伝える。❸日程の変更を勧める。❹指示を仰ぐ。

語句 ❶**依頼事項の確認** 必要な努力をしたことを伝えながら。**Every effort has been made**「あらゆる努力がなされた」Everyと完了形により、いろいろ努力したことを強調している。**secure reservations**「予約を確保する」**for your party**「あなた方ご一行のために」**as requested** 希望に沿うように働いたことを示す。
❷**結果報告** However 相手にとって都合の悪いことを切り出す枕詞。**due to** 理由を表す。**at that time**「その期間」**the period coincides with several national holidays**「この期間は国民の祝日と重なる」**as of the moment**「今の段階では」**suitable room arrangement**「適切な部屋の手配」**no 〜 can be worked out**「やりくりがつかない」**work out**は「やりくりの努力をしている」というニュアンス。
❸**日程の変更を勧める** **we suggest** 提案する言葉。**delaying 〜 by a week or so**「〜を1週間かそこら延期する」**any time after**「〜以降はいつでも」

文例 055

❹指示を仰ぐ　Please 以下は決まり文句。

ポイント 都合のよくない話は直接的に切り出さず、周辺的な事情から話を進める。

応用 ほかのホテルにあたってみた結果のバリエーション

ほかの一流ホテルにもあちこちあたってみましたが、この時期にはどこも予約の確保は無理でした。

In checking around we found that no other reputable hotel could offer firm reservations for that period.

アレンジ

ほかにいろいろあたってみた結果、予約がとれるのは成田空港の近くのホテルということになったのですが、これでは都心から余りに離れすぎています。

In checking around all we could come up with was rooms at a hotel near Narita airport, which is far removed from central Tokyo.

TEXT

From: Nahoko Sakai [nahoko.sakai@hercompany.com]
To: Ian Faeng
Cc:
Subject: Hotel accommodations

Dear Mr. Faeng:

Every effort has been made to secure reservations for your party at the Hotel New Paris from May 1 through 7 as requested in your e-mail of March 10.

However, due to a large international conference being held in Tokyo at that time and the fact that the period coincides with several national holidays, the hotel informed us that, as of the moment, no suitable room arrangement can be worked out. In checking with all other first class hotels in the Tokyo area we received a similar answer.

Therefore, we suggest you consider delaying your projected trip by a week or so. Hotel New Paris has indicated they would be happy to accommodate you any time after May 8.

Please let us know how you would like us to proceed.

Sincerely,

Nahoko Sakai
Deputy Manager

文例	紹介
056	海外進出のための紹介メール (1)——友人を紹介する
	☞ 紹介者としてはあくまでもsoft sellで行く

友人に別の友人を紹介するメールだが、仕事の紹介は利害がからむことなので慎重に行う。紹介者としての立場を守り、具体的な話は当人同士にまかせるのが筋。ビジネス紹介ではあるが、友人同士なのでpersonal touchを入れるとなごやかな感じになる。

長年の親しい友人であり仕事仲間である染野義治氏が、お目にかかりたいとのことです。染野氏は最近、日本の一流玩具メーカー、丸輪ノベルティーズ社の海外販売部長になりました。同社は海外販売の拡張を図ろうとしているようでして、染野氏はヨーロッパ市場への進出の手立てを探しているところです。そこで、あなたとあなたの事業の成功の話をしたところ、ぜひお話ししたいとのことでした。

染野氏は6月初めにちょうどそちら方面に行く予定ですので、そのうち彼から連絡があるものと思います。

彼のためにご協力をよろしくお願いします。

構成 被紹介者と自分との関係に触れながら❶**メールの目的**を明らかにする。次に被紹介者の略歴と希望を伝えて❷**具体的な紹介**を行い、❸**連絡法**を知らせる。最後は❹**「よろしく」**で結ぶ。

語句 ❶**メールの目的** close friend and business associate 公私にわたる付き合いがあることを示す。for many years 付き合いの長さを示す。
❷**具体的な紹介** It seems 被紹介者の意図を伝える。expand its overseas operations「海外へ進出する」moving into「～に入りこむ」I have told him about you 両者を結ぶ自分の役割に触れ、personal touchを出す。you and your successful operation 先方の人間性と仕事について触れる。appreciate a chance to「ぜひ～したい」被紹介者の希望を伝える。
❸**連絡法** 一方的な押しつけがましさを感じさせないようにする。is scheduled to be「～に行く予定である」in your area「そちら方面に」early June「6月初旬」日付をはっきり言わずに柔らかい調子にする。中旬はmid、下旬はlateを使う。will be writing you

shortly 具体的な連絡法を示す。
❹「よろしく」の締めくくり　Anything you could do 決まり文句。

ポイント「一流の」という意味の形容詞は、企業・会社に対しては leading、レストランやホテルには first-class を用いる。

応用 紹介者として personal touch を出すお互いに利益となる事項に関して話し合いが持てたら、彼も非常に感謝するでしょう。

He would very much appreciate a chance to discuss areas of mutual interest.

そちらへの進出法についてあなたのアドバイスがいただければ、彼も助かると思うのです。彼はあなたのアドバイスを有効に活用する人間です。

I think he could use some advice on how he should go about getting started there. I am sure you will find him very receptive to anything you have to say.

TEXT

From: Sadamasa Ueki [sadamasa.ueki@hiscompany.com]
To: Sidney Albert
Cc:
Subject: Proposed meeting

Dear Albert:

Mr. Yoshiharu Someno, a close friend and business associate for many years, would like to meet you.

Mr. Someno was recently appointed Director of International Sales at Maruwa Novelties, a leading toy maker here in Japan. It seems Maruwa is now trying to expand its overseas operations. Mr. Someno is looking for ways of moving into the European market. I have told him about you and your successful operation. He would very much appreciate a chance to talk to you.

He is scheduled to be in your area in early June and will be writing you shortly to arrange an appointment.

Anything you could do for him would be very much appreciated.

Best regards,

Sadamasa Ueki
General Manager
European Sales

紹介	文例
海外進出のための紹介メール (2)——取引先を紹介する	**057**
☞ officialな調子を守る	

自社の取引先同士を紹介するメール。先方と自社の関係がうまくいっているからこそ、もう1社加えてほしいという論理で紹介する。会社としての立場で紹介するのであるから、くだけた語句を使わないようにする。

私どもネクストインターコムでは、貴社との関係の円滑かつ安定した進展を見て、きわめて満足いたしております。今日までの実績は、我々2社が充実した取引を行っていることを、雄弁に物語っています。

今日メールを差し上げましたのは、仙台精機という会社をご紹介しようと思ったからです。仙台精機は周辺機器メーカーで、弊社のさまざまな種類の機器の主要な仕入れ先として、20年以上の取引がある会社です。同社は今、海外進出を図ろうとしているところで、確実な販売ルートを探しています。そこで、貴社に当たってご援助を求めるよう、私どものほうで勧めたわけなのです。

仙台精機の代表は5月中旬にちょうどそちらのほうに向かう予定ですので、その際、ぜひ貴社にご相談に応じてもらえたらと言っています。この件に関し、仙台精機のほうからそちらに直接連絡が行くはずです。

同社になんらかのご支援をいただければ幸いです。

構成 両社の❶**実績を振り返り**、うまくいっていることを強調する。次に本題に入り、社名・営業内容・自社との取引関係・目的を述べて❷**具体的な紹介**を行い、❸**連絡法**を知らせる。最後は❹**「よろしく」**で**締めくくる**。

語句 ❶**実績を振り返る** We at（社名）社名で始めるよりは温かい感じで、Iで始めるよりは改まった感じになる。**smooth and steady progress**「順調で安定した発展」
❷**具体的な紹介** I am writing todayこのメールの主題である紹介を切り出す。**has been our main supplier ... for more than 20 years**付き合いの深さと長さを示す。**dependable sales channels**「しっかりした販売ルート」**We have suggested they approach you**「そちらと連絡をとるように勧めた」仲介者として分を越えない役割を示す。

文例 057

❸ 連絡法　in your area「そちら方面に」mid-May「5月中旬」would ... like to be able to「できたら〜したい」婉曲的。consult with you「相談する」will be contacting you directly「直接そちらに連絡する」自分の役割は終わり。

❹「よろしく」の締めくくり　Anything you could do in support of 企業紹介の決まり文句。

ポイント　一方的に決定したという押しつけがましい印象を避けるには、直接的な表現を使わない。in your area や mid-May のようなあいまいな語句を用いて調子を和らげる。

応用　取引関係に満足を示す表現

今日までの実績は我々双方が当初見越していた楽観的な予想をも上回るものでした。	The results to date have exceeded even our highest expectations.
今後とも取引が着実に伸びていくことを期待しております。	We look forward to steady growth and expansion in our dealings.

TEXT

From: Iwao Isaki [iwao.isaki@hiscompany.com]
To: Holly Gerst
Cc:
Subject: Potential client

Dear Ms. Gerst:

We at NEXTINTERCOM are very satisfied with the smooth and steady progress in our business relationship. The results to date say a lot for the quality of work being done by both our firms.

I am writing today about another company, Sendai Seiki, Ltd. Sendai Seiki is a peripheral equipment maker and has been our main supplier for various lines of equipment for more than 20 years. They are now in the process of going international and are seeking dependable sales channels. We have suggested they approach you for assistance.

Their representatives will be in your area in mid-May and would very much like to be able to consult with you. They will be contacting you directly.

Anything you could do in support of their effort would be very much appreciated.

Sincerely,

Iwao Isaki
Vice President

文例 058

紹介

代理店申し入れのための紹介メール──得意先を紹介する

☞「とびこみの紹介状」は一流企業からのものでないと威力がない

直接知り合いではない相手に、会社の名前で得意先を紹介し、信用を裏づけるメール。 いわば「とびこみの紹介状」というところ。 先方にとってもよい話であるのだから、売り込みの言葉は入れずに、大手一流企業の存在感で紹介状に重みをつける。

弊社[クレジット・インターナショナル社]はアフリカを専門とする輸出融資の会社です。

私どもの大事なお得意先のひとつ、東丸コーポレーションさまが、スーダンで貴社の代理店になることに興味を示しておられます。

この件につきまして加藤さまにメールをお送りいただければ幸いです。 ご連絡先は次の通りです。

〒150-0001　東京都渋谷区神宮前7-31-4

東丸コーポレーション

社長　加藤照之さま

Eメール　teruyuki.kato@tohmarucorp.com

加藤さまはカナダに行かれることが多いので、カナダで貴社の代表とお会いし、お互いの利益となる事柄を話し合うことができると思います。

構成 ❶自社および取引先を紹介する。 次にだれと連絡をとればよいのか❷連絡先を知らせる。 役立ちそうな❸補足情報を伝え、折衝がうまく運ぶように配慮する。

語句 ❶紹介　Credit International is会社名で始めるとメールの調子が硬くなる。 specializing in「～を専門とする」valued clients「大事な得意先」has expressed an interest in「～に興味を示している」硬い言い方。representing「～の代理店になる」
❷連絡先　We would appreciate ... this matter. アレンジの決まり文句。
❸補足情報　frequently travels to「～へよく出かける」could meet with「～に会える」可能性を示す。 withが入ることにより、単に会うだけでなく、十分話し合いが行われるということが含まれている。discuss items of mutual interest「相互に有益な事柄を話し合う」話し合いの前であるから、具体的なことは言わず抽象的に締めくくる。

ポイント 新たに顧客になりそうな人にメールを出すときは、自分の会社の紹介から始める (Credit International is ...)。

応用 自社紹介を変えて

弊社は、太平洋間貿易を始めようとされている会社さまの支援を専門とするコンサルタント企業です。	We are a consulting company specializing in assisting organizations seeking to get started in transpacific trade.
弊社は、世界的規模でビジネスをなされている多数の日本企業さまの代理業務を行っております。	We represent a large number of Japanese firms doing business worldwide.

TEXT

From: Yutaka Izumi [yutaka.izumi@hiscompany.com]
To: Tim Calloway
Cc:
Subject: African finance specialists

Dear Mr. Calloway:

Credit International is an export finance company specializing in Africa. One of our valued clients, Tomaru Corporation, has expressed an interest in representing your organization in Sudan.

We would appreciate your emailing Mr. Kato regarding this matter. His contact information is:

Mr. Teruyuki Kato, President
Tomaru Corporation
7-31-4 Jingumae
Shibuya-ku, Tokyo 150-0001
JAPAN
E-mail: teruyuki.kato@tohmarucorp.com

Mr. Kato frequently travels to Canada and could meet with your representatives there to discuss items of mutual interest.

Best regards,

Yutaka Izumi
Assistant Vice President

紹介	文例
就職のための紹介メール——個人的に友人へ	059
☞ 友人へのメールは個人的な挨拶で用件をはさむサンドイッチ方式で	

海外にいる友人に知人を紹介し、勤め口がないかと打診する。簡潔で単刀直入だが、温かみがこめられているメール。紹介には、被紹介者と自分との関係、および簡単でもよいから人物所見を入れること。親しい仲でもきちんと要点を押さえたメールである。なお、これは海外から日本に出されたものである。

インフルエンザにかかりはしましたが、それ以外はジョーも私も元気でやっています。2人ともよく働き、よく旅をしています。15日にはシンガポール経由でオーストラリアに向かう予定です。ご家族の皆さんもお元気のことでしょう。

顧客のひとりが日本へ行きたがっています。輸送の分野で修士号を修めた人で、日本の工場のいろいろな問題を扱った論文を書いています。ジョン・ハンデルといい、24歳で、とても感じのよい青年です。

もしよろしければ、履歴書を送らせます。

皆さんによろしく。子供たちにはキスを。

構成 ❶個人的な近況報告から入り、次に本題の❷紹介を行う。最後はまた個人的な社交で、❸親しみをこめた結びで締めくくる。

語句 ❶近況報告 Just a line to let you know that「～ということをお知らせするため、ちょっとメールすることにしました」lineは「短信」。 Justの前にThis isが省略されている。 have been well「元気でやっている」現在完了形で「今までずっと」の意味合い。 working hard「忙しく働いている」Hope all your Hopeの前にIが省略されている。以上いずれも近況報告によく使われる言い回し。

❷紹介 quite personable「とても魅力のある」With your permission「許可いただければ、もしよければ」have him send「送らせる」使役のhaveに注目。 makeを使うと「無理に、命令的に」のニュアンスとなり、letを使うと「好きにさせる」のニュアンスになる。

❸親しみのこもった結び Regards to「～によろしく」Please give my (best)が省略されている。 youngsters「子供たち」

文例 059

ポイント 結び辞のLoveはごく親しい相手にのみ使う。とくに男性から男性へのメールの場合は家族ぐるみの付き合いがあるほどの間柄でなければ誤解の恐れがある。そのほか親しさの表れている点は、ファーストネームの使用、省略文の多用、kissやyoungstersなどの語があげられる。

応用 紹介の内容を変えて

私の親しい友人のひとりであるドワイト・ウェルシュが、日本で彼の会社の代理店となる人を探しています。この会社はエレクトロニクス関係のユニークな製品をいくつか扱っています。彼とは20年以上の付き合いで、その誠実な人柄は私が保証します。さしつかえなければ直接連絡させますが、いかがでしょう？

One of my close friends, Dwight Welsh, would like to find someone to represent his firm in Japan. His company handles a number of unique products in the electronics field. I have known Dwight for more than 20 years and can assure you he is a man of integrity. With your permission I will have him contact you directly.

紹介・推薦

TEXT

From: Dan Howard [dan.howard@hiscompany.com]
To: Frank Kurdyla
Cc:
Subject: Everyone fine

Dear Frank:

Just a line to let you know that, except for the flu, Joe and I have been well. We are both working hard and doing lots of traveling. We are leaving for Australia via Singapore on the 15th. Hope all your family is well.

One of my clients is interested in coming to Japan. He received his Masters in the field of transportation and wrote his thesis on problems in Japanese factories. John Handel is 24 years old and quite personable. With your permission I will have him send you a description of his background and capabilities.

Regards to all and kiss the youngsters for us.

Love,

Dan & Joe

文例 060	紹介
	電話で就職を依頼した人物の履歴書を送る
	☞ 親しい間柄なので簡単にフォローする

電話ですでに話した内容をフォローアップするとともに、これに関連する資料を送付する際のメールである。ここでは、ある知人の就職を親しい友人に世話してもらうことが狙いであり、その人の履歴書を添付する内容になっている。短いながら、かなり親しい間柄でやりとりするメールの例である。

> 電話で話した青年の履歴書を添付します。彼のことをくれぐれもよろしくお願いします。
> 追伸　旅行が首尾よく運びますように。

構成 電話で話した内容のものを添付していることを伝え、相手の**協力を求める**。

語句 **My dearest professor**「親愛なる教授」大げさではあるがユーモラスな表現で始める。普通はDear professorでよいが、My dearest 〜は、相手がユーモアを使えるだけの長い友人であることを示す。**This is the 〜 I talked to you about over the phone.**「これが電話でお話しした例の〜です」This isはAttached isと同様に、何かを添付するときの言い回し。Attachedの持つ改まった響きのない簡潔な言い方。**Anything you can do for 〜 would be very much appreciated.**「〜については何とぞよろしくお取り計らいをお願いします」willよりwouldのほうがていねいな表現である。**Warmest regards** 親しい間柄の結び文句。

ポイント BTW (= by the way), ...を使って、文末に個人的なメッセージを添える (BTW, I hope all goes well on your trip.)。

応用 追伸の内容を変えて

追伸　いつか近いうちに食事でも一緒にいかがですか。	BTW, how about getting together for dinner sometime soon.

紹介・推薦

追伸　（あなたに紹介された）久保田さんもちゃんとやっていますよ。

BTW, Ms. Kubota is working out just fine.

文例 060

TEXT

From: Yoji Fujimoto [yoji.fujimoto@hiscompany.com]
To: Charles Furth
Cc:
Subject: Resume

My dearest professor:

This is the resume of the young man I talked to you about over the phone. Anything you can do for him would be very much appreciated.

Warmest regards,

Yoji Fujimoto

BTW, I hope all goes well on your trip.

紹介・推薦

文例	紹介
061	研究所訪問のための紹介メール (1)――友人を紹介する

☞ 付き合いの深さと長さが紹介メールのポイント

海外での学会参加のついでに工場や研究所などの施設を訪問したいときに威力を発揮するメール。被紹介者と自分がどういう知り合いなのか、どのくらいの付き合いがあるのかが紹介メールとして威力を発揮するポイントとなる。

私の親友かつ同僚の鈴木竜之介博士が、お目にかかりたいと言っています。9年ほど前にこの研究所に彼が入所して以来、ともに研究できる機会に恵まれたことをうれしく思っておりました。

鈴木博士は、知能ロボット部の一員で、人工知能の分野では先駆者として知られています。彼の最近の業績は人工知能のロボットへの応用に関するもので、これは貴研究所でも多大な業績をあげておられる分野です。

そこで博士は、貴殿ならびに所員の方々と関連事項について意見交換の機会をぜひ持ちたいと望んでおります。

彼の訪問が実りあるものになりますよう、ご配慮願えれば幸いです。

構成 被紹介者と自分との関係に触れながら、❶**メールの目的**を明らかにする。次に、被紹介者の略歴、相手側との共通点、訪問希望の強い意思を伝えて❷**具体的な紹介**をする。最後は❸**「よろしく」**で締めくくる。

語句 ❶**メールの目的** My close friend and colleague「私の親しい友人であり同僚である〜」間柄を具体的に述べる。have had the good fortune of「〜に恵まれてうれしく思う」義理で書いているのではないという気持ちが伝わる。

❷**具体的な紹介** is known for his pioneering work「先駆者として知られている」略歴紹介のほめ言葉。would very much like「〜をとても望んでいる」pertinent matters「関連のある事柄」

❸**「よろしく」の締めくくり** would be very much appreciated「〜していただけたら幸いです」

紹介・推薦

ポイント　「実り多いもの」の英訳としてfruitfulがよく使われているようだが、ほかにバリエーションとしrewarding、meaningfulなどがある。

応用　付き合いの深さと長さを変えて

鈴木博士とは当研究所で12年以上も一緒に研究を続けてきました。

Dr. Suzuki and I have worked closely together here at our laboratory for more than 12 years.

彼とは18年前に大学で机を並べて以来、多方面にわたって親交を温めてきました。

I have been associated with him in various capacities since we studied together at the university 18 years ago.

TEXT

From: Ryosuke Yamada [ryosuke.yamada@hiscompany.com]
To: Richie Hunter
Cc:
Subject: Proposed meeting

Dear Mr. Hunter:

My close friend and colleague Dr. Ryunosuke Suzuki would like to meet you. I have had the good fortune of working with him since he joined our laboratory some nine years ago.

Dr. Suzuki is a member of our Intelligent Robot Division and is known for his pioneering work in the artificial intelligence field. He is currently working on the application of AI to robotics, a field in which your laboratory has done a great deal of work. Consequently, he would very much like a chance to discuss pertinent matters with you and your staff.

Anything you could do to make his visit more fruitful would be very much appreciated.

Sincerely,

Ryosuke Yamada
President

文例	紹介
062	**研究所訪問のための紹介メール (2)——上司の知人を紹介する**
	☞ 直接の知人でない人の紹介メールは、仲介者がポイントになる

自分が直接知らない人の紹介を頼まれた。威力のある紹介メールにするためには、だれを通して依頼されたのか、その仲介者を強調する。このメールでは、自分のいる研究所の所長を通じての依頼であり、所長とは公私ともに長年の付き合いのある人物であることを述べて威力を出そうとしている。

プリンストン大学のフェルディナンド・ビショップスキー博士が、お目にかかる機会を求めていらっしゃいます。ビショップスキー博士は、当研究所所長の大隅宏博士と、長年にわたり公私ともにお付き合いのある方です。

博士は現在、YAG（イットリウム・アルミニウム・ガーネット）レーザーについてご研究中とうかがっています。これは貴研究所が国際的に知られている分野ですから、博士は、貴殿ならびにスタッフの皆さまと関連事項について意見交換ができることを強く望んでいらっしゃいます。

博士のご訪問が実りあるものになりますよう、ご配慮願えれば幸いです。

構成 被紹介者と仲介者および自分との関係に触れながら❶**メールの目的**を明らかにする。次に、被紹介者の略歴、相手側との共通点、訪問希望の強い意思を伝えて❷**具体的な紹介**をする。最後は❸**「よろしく」で締めくくる**。

語句 ❶**メールの目的** socially as well as professionally「公私ともに」仕事だけでなく個人的に付き合いがあることを強調。for years「長年にわたって」
❷**具体的な紹介** I understand「～と聞いている、～だそうだ」直接知らない人についての言い方。internationally known「世界的に知られている」相手への賛辞。would very much value「～をとてもありがたがる」pertinent matters「関連のある事柄」
❸**「よろしく」の締めくくり** would be very much appreciated「～していただけたら幸いです」

ポイント メールを書くときは、3つのパラグラフにまとめる。最初のパラグラフで件名とそれ

に関わる人々を紹介し、次のパラグラフで本題に入り、最後は前向きなフレーズでメールを締めくくる。

応用 仲介者との関係を変えて

ビショップスキー博士は、私の上司である研究開発部長の江崎小太郎博士の親友であり、共同研究者でもあります。

Dr. Bishopski is a close friend and collaborator of Dr. Kotaro Ezaki, our R&D manager.

ビショップスキー博士は、当研究チームの桂雄三博士から紹介されました。桂博士は、プリンストン大学時代、彼のもとで研究したとのことです。

Dr. Bishopski has approached me through Dr. Yuzo Katsura of our research team, who studied under him at Princeton.

TEXT

From: Aya Nakamura [aya.nakamura@hercompany.com]
To: Joseph Walker
Cc:
Subject: Proposed meeting

Dear Mr. Walker:

Dr. Ferdinand Bishopski of Princeton University would like the opportunity to meet you. Dr. Bishopski has been associated socially as well as professionally with Dr. Hiroshi Osumi, the director of our laboratory, for years.

I understand he is now working with YAG Lasers, a field in which you and your staff are internationally known. Consequently, he would very much value the chance to exchange views on pertinent matters with you and your staff.

Anything you could do to make his visit more rewarding would be very much appreciated.

Sincerely,

Aya Nakamura
Director

文例	推薦
063	就職活動のための一般的な推薦メール
	☞ 具体的で客観的な事実を述べたあとで推薦する

元上司から被推薦者の就職希望先へ出すもの。以前の職場からの推薦メールは、仕事ぶりがわかることと、円満退職したということで効力がある。このメールの本文は「まあまあ」の人物に対しての一般的な推薦メールで、まずどんな仕事をしていたか客観的な情報を伝えてから、所見を述べる。

バーリー・オコンネル氏は、当コミュニケーション・アソシエイト社に２年にわたり在籍し、常勤講師として企業内教育に携わっておりました。当社の教育プログラムを、下記の日本企業にて直接担当しました。
青葉産業
丸コーポレーション
長谷自動車
オコンネル氏の当社での勤務態度は十分満足できるものでした。仕事ぶりは真面目で、教育分野でかなりの能力を発揮しました。
さらに情報が必要な場合には喜んでお送りします。

構成 被推薦者の氏名、元の勤め先、就業年月、地位などの❶客観的な情報を伝え、次に❷具体的な仕事内容を知らせる。それから❸勤務態度についての所見を述べて、❹質問があれば応じるという結びで締めくくる。

語句 ❶客観的な情報　was affiliated with「〜に属していた」held the position of「〜の地位にあった」　was engaged in「〜に携わった」
❷具体的な仕事内容　was directly involved with「〜に直接かかわっていた、担当した」
❸所見　more than satisfactory「十分満足のいく」　人物所見のほめ言葉としてはsatisfactory → more than satisfactory → outstandingの順によくなる。実際は、「普通」→「よい」→「すばらしい」といったところ。
❹結び　I would be glad to 協力的な印象を与える。additional information「さらに詳しい情報」

ポイント メール中で他社名を出せるのは、その会社から許可を得た場合のみである。

応用 勤務評価を変えて

その間のオコンネル氏の勤務態度は、全般的にすばらしいものでした。積極性もかなりあり、創造力にも富み、また人間関係においてもきわめて協調性が感じられました。

While in our employ, Mr. O'Connell's overall performance was outstanding. He was highly motivated, creative, and worked extremely well with people.

その間のオコンネル氏の勤務状況は上司の間でも評価されております。仕事の能力も十分でしたが、健康上の理由から、当社の多忙きわまる業務への適応が困難になった次第です。

While in our employ, Mr. O'Connell's performance was rated satisfactory by his superiors. He demonstrated a fairly high level of competence in his work, though health problems kept him from adjusting to the hectic pace of work here.

TEXT

From: Shinichi Abe [shinichi.abe@hiscompany.com]
To: Luke Connors
Cc:
Subject: Mr. Connor's recommendation

Dear Mr. Connors:

Mr. Barry O'Connell was affiliated with Communications Associates Company, Ltd, for over two years. During that time he held the position of full-time lecturer and was engaged in industrial education.

He was directly involved with our programs at the following Japanese corporations:
Aoba Industries
Maru Corporation
Hase Motors

While in our employment, Mr. O'Connell's performance was more than satisfactory. He was serious about his work and demonstrated a high degree of competence.

I would be glad to send you additional information if needed

Sincerely,

Shinichi Abe
Managing Director

推薦	文例
就職活動のための強力な推薦メール ☞ 具体例を豊富にして説得力を出す	**064**

元上司から被推薦者の就職希望先に宛てられた強力な推薦メールで、かなり好意的に書かれている。直接の上司からのもので、具体例に富んでいるので説得力がある。直属の上司として接したという事実が、このメールの威力になっている。

ロバート・バーガー氏のことでメールを差し上げます。私は彼の日本滞在中に同じ職場にいた者です。バーガー氏は直接私と仕事をしていたので、私は彼の能力について具体的なことをお伝えできると思います。

私どもの会社で働いていた間、バーガー氏はこちらの生活のペースにもよく適応して、人々にも実にうまく溶け込んでいました。これは、短期間の滞在にもかかわらず、彼がスタッフの多くと仲良くなれたことからもよくわかります。

バーガー氏の仕事の手腕は卓越していました。彼は、プラント輸出とサービス方針に関する業務でかなり重要な２つのパートを担い、改善したり完成させたりしました。これは、その成果が末長く残る、価値ある仕事です。この仕事に従事していたときの彼は義務付けられている以上の働きぶりをみせ、期限内にきちんと仕事を完成させたのでした。彼とともに仕事ができたのはいろいろな意味で刺激がありおもしろい経験でした。

ですから、私はバーガー氏を全面的にご推薦する次第です。

[構成] 被推薦者と筆者との関係に触れながら、冒頭で❶**メールの目的**を明らかにする。次に❷**人柄**についての評価、❸**仕事についての評価**を分けて述べ、最後は短くて強い❹**推薦の言葉**で締めくくる。

[語句] ❶**メールの目的** This e-mail concerns「このメールは〜についてです」目的を示す。had the pleasure of working with「一緒に働いていた」自分との関係を示す好意的な表現。offer some concrete information「具体的なことをお伝えする」
❷**人物所見** まず全体的なことを述べてから、具体例をあげる。adapted well「よく溶け込んだ」適応性について一言。got on extremely well with「〜と折り合いがよかった」協調性について一言。I know for a fact 具体例をあげる。

❸**仕事上の所見** lasting value「永続的な価値のある」かなりのほめ言葉。went the so-called "extra mile"「一層の努力をする」決められたよりも余分に行くというのが原義。Working with him was 総括的な評価を述べて締める。

❹**推薦** I can ... without reservation. 無条件の推薦。

ポイント 仕事の腕をほめる言葉としてoutstandingは一番上の評価を表す。続いてexcellent → very good → good → fairの順で下がる。

応用 最後の推薦の言葉を変えて

彼ならもう一度自分の部下にしたいほどです。	I would not hesitate to hire him again.
彼なら貴社の貴重な人材となること間違いなしです。	I am sure he would be an asset to your organization.

TEXT

From: Goro Matsuzaki [goro.matsuzaki@hiscompany.com]
To: George Claymore
Cc:
Subject: Recommendation for Mr. Burger

Dear Mr. Claymore:

This e-mail concerns Robert Burger who I had the pleasure of working with while he was here in Japan. Since he worked directly with me, I am in a position to offer some concrete information on his particular capabilities.

During his stay in Japan, Mr. Burger adapted well to the pace of life here and got on extremely well with the people he came in contact with. I know for a fact that he was able to establish close relations with many members of our staff in the short time he was here.

The caliber of his work was outstanding. He was responsible for improving and completing two rather substantial pieces of work related to plant export and servicing policies which will have lasting value. During the course of this work, he continually went the so-called "extra mile" and dutifully met time limits. Working with him was in many ways a refreshing experience.

I can therefore recommend him without reservation.

Sincerely,

Goro Matsuzaka
General Manager

文例	推薦
065	留学希望者のための強力な推薦メール

☞ 推薦者がどういう人物であるのかがカギ

合格決定が保留であると伝えられた志願者をもう一押しするための推薦メール。志願者について述べるだけでなく、大学への称賛、推薦者と大学との関係などに触れた、いろいろと駆け引きのあるメール。自己紹介をさりげなく入れて自分がどういう人物であるかを説明し、威力を持たせている。

貴校の大学院経営学修士課程に先ごろ入学を申し込んだ斎藤久光君の件でメールを差し上げます。彼の入学申し込みは、貴校の入学審査委員会で現在「審査中」とうかがっております。

私がご連絡を差し上げますのは、斎藤君に応募を勧めた本人だからです。それというのも、私の知り合いで貴校の同課程を修了した2名から、貴校に対する非常に高い評価を聞かされたからからです。このような事情ですので、貴校が彼の応募に対していかなる措置を取られましても、私はいささか責任を感じないわけにはいきません。

彼が提出した書類からすでにおわかりのことを再確認するものとして私の意見を述べさせていただきますと、斎藤君は有能で、誠実で、大変やる気があり、異文化間のコミュニケーションや国際ビジネスに対する鋭い洞察力を持っている、と言うことができます。これは、彼の所属する組織の顧問として私が直接彼とかかわり合う中で、また私たちが彼の会社で行っている教育プログラムに彼が参加した結果をつぶさに見る中で、わかったことです。斎藤君なら貴校のすばらしいプログラムにとっても貴重な学生となることと思います。大学レベルで講義を行い、22年以上にわたり日本で教育に携わった者として、私はこのように考えているのです。

斎藤君の入学申し込みの件、さらにご考慮くださるよう、よろしくお願い申し上げます。

構成 初めに❶メールの目的を明らかにする。次に推薦者の立場、志願者との関係も含めて❷なぜメールを書いているのかを説明し、その上で❸推薦の言葉を述べる。最後は❹「よろしく」で締めくくる。

語句 ❶メールの目的　This e-mail concerns「～の件でメールを差し上げます」

❷**メールを書いている理由**　I am writing because 理由を単刀直入に伝える。I had advised「私が勧めた」推薦者としての顔を立ててほしいという含み。the excellent feedback ... from two previous graduates「2人の修了者から優れていると聞いたこと」先方への称賛であるとともに、長年にわたり学生をそちらへ送り出している立場であることを伝える。

❸**推薦の言葉**　able「有能な」conscientious「真面目な」highly motivated「意欲にあふれた」keen insights「鋭い洞察力」I know this from direct dealings with「〜とじかに接しているので知っている」直接の情報であることを強調。in my advisory capacity「顧問の立場で」credit and asset 優秀なのでそちらの利益にもなるでしょうということ。from the perspective「〜の観点から、〜として」自分の経歴をさりげなく入れる。

❹**「よろしく」の結び**　I would very much appreciate 決まり文句。

ポイント　「〜と思います」の I think の多用を避けて、I feel や I know でバリエーションをつけたほうがよい。I feel より I know のほうが確信の度合いが強くなる。

応用 推薦者としての重みを示す

| 私がこのように申し上げるのは、4年以上にわたって彼の指導教官としてじかにかかわってきた見地からです。 | I say this from the perspective of having been his direct supervisor for more than 4 years. |

| 私は、過去10年間さまざまなプロジェクトで彼と一緒に仕事をしてきた経験に基づいて、こう申し上げているのです。 | I say this from the perspective of having worked with him on various projects for the past 10 years. |

TEXT

From: Shuji Hosokawa [shuji.hosokawa@hiscompany.com]
To: Al Arvin
Cc:
Subject: Mr. Saito's admission application

Dear Mr. Arvin:

This e-mail concerns Mr. Hisamitsu Saito, a young man who recently applied for admission to your MBA program, whose application I understand to be undergoing "further review" by your admissions committee.

I am writing because I had advised Mr. Saito to apply to your program. My advice was based on the excellent feedback I received from two previous graduates of your program associated with me. As such, I feel somewhat responsible for however you choose to handle his application.

By way of confirming what you have already learned from the documentation he has submitted, I would like to say that I know Mr. Saito to be an able, conscientious, highly motivated man with keen insights as well as a deep interest in intercultural communication and international business. I know this from direct dealings with him in my advisory capacity with his organization, as well as from observing the results of his participation in the education programs we offer at his company. I feel he would be both a credit and asset to your fine program. I say this from the perspective of having lectured at university level and being involved in education here in Japan for more than 22 years.

I would very much appreciate any further consideration you could give to his application.

Sincerely,

Shuji Hosokawa, Ph.D.
Professor
Department of Foreign Studies

推薦	文例 066

留学希望者のための一般的な英語力証明

☞ 語学力のハンデは人柄で補う

上役・恩師から被推薦者の留学希望先へ宛てたメール。基礎がしっかりしていて日常英会話には困らないが、高度な読解やリスニングにちょっと問題のある人の英語力を証明するもの。人物評価を加えて、留学先での生活に適応でき、語学のハンデは人柄で補えることを強調する。

貴校へ入学を申し込んだ檜坂ファクトリーの田中良典氏の語学力に関してご連絡を差し上げます。

田中氏は英語の文法の基礎がしっかりしていて、日常会話にはほとんど不自由しません。内容が高度になりますと、会話や読解に若干支障がありますが、これは特別な助けがなくてもすぐに克服できると思います。

田中氏はしっかりした人物で、理解力が鋭く、積極的な人間です。ですから、容易に貴校の課程に適応し、成果を上げることと思います。

氏の入学を円滑に進めていただくよう、よろしくお願い申し上げます。

構成 だれについての何のメールなのか、冒頭で❶**メールの目的**を伝える。次に、長所ばかりでなく短所を含めた客観的な❷**英語力についての所見**を伝え、さらに❸**人物評価**を行う。最後は❹**「よろしく」**で締めくくる。

語句 ❶**メールの目的** This is in regard to「〜に関して申し上げます」the linguistic aptitude of「〜氏の語学力」has applied for enrollment「入学を申し込んだ」
❷**英語力についての所見** 短所は克服できることを忘れずに入れる。has a very good structural foundation「基礎がしっかりしている」has little difficulty「ほとんど問題がない」retains some difficulty「いささか問題がある」has のくりかえしを避ける。should「〜はずである」断定的な言い方を避けている。be able to quickly overcome「すぐに克服できる」
❸**人物評価** mature「分別のある、しっかりした」perceptive「(洞察力・理解力の)鋭い」outgoing「積極的、外交的」have no trouble in「問題なく〜する」adapting to「〜に適

応する」benefiting from「知識を得る、習得する」

❹「よろしく」の結び　facilitate his smooth enrollment「入学を円滑に進める」

ポイント　メールの受け取り人の性別がはっきりしない場合、メールの書き出しにDear Sirは使わない。また、To whom it may concernの代わりにGreetingsやDear Sir or Madamを使うこともできる。

応用 結びを変えて

田中氏の入学審査へのご配慮を、なにとぞよろしくお願い申し上げます。	Your favorable decision on Mr. Tanaka's enrollment would be deeply appreciated.
彼の入学に関しましては、早急のご許可をよろしくお願いいたします。	We would appreciate anything you could do to expedite a favorable decision on his enrollment.

TEXT

From: Shinji Koguchi [shinji.koguchi@hiscompany.com]
To: Admissions
Cc:
Subject: Mr. Tanaka's linguistic aptitude

To whom it may concern:

This is in regard to the linguistic aptitude of Mr. Yoshinori Tanaka of Hinokizaka Factory who has applied for enrollment in your university.

Mr. Tanaka has a very good structural foundation in the English language and has little difficulty communicating in day-to-day situations. While he retains some difficulty in aural and reading comprehension of heavy subject matter, he should be able to quickly overcome this without additional assistance.

He is mature, perceptive, and outgoing. As such, he should have no trouble in adapting to and benefiting from the programs you offer.

Anything you could do to facilitate his smooth enrollment would be very much appreciated.

Sincerely,

Shinji Koguchi
Education Manager

文例
067 推薦
留学希望者のための詳しい英語力証明

☞ 評価には客観性と権威を持たせること

企業内の英語研修機関による試験の成績票を提出したところ、得点の解釈と評価法の説明を求められた。留学希望者の能力を評価するための客観的な基準を設けることにより、より評価に信憑性が出てくる。また、その基準が日本国内の企業の新入社員を評価するためのものであると述べることによって、新入社員の能力を測るためのものであるといえる。なお、英文中の（　）内は、得点の解釈を試験規定から引用する際、文の意味が通りやすくなるようにメールの筆者がつけ加えたもの。

小俣功一郎氏の入学申し込みの件に関しまして、ここに氏の英語力を伝える資料を添付し、簡単ながら説明を加えさせていただきます。

聴解力試験は日本の新入社員向け標準試験であり、85点という得点は次のような力を示します。「英語を非常に多く使う環境でやっていくに足る理解力がある。英語で困難も経験する」。

文法の試験における、氏の得点97点は次のようなことになります。「英語を意思伝達の手段とする環境でやっていくに足る文法理解力がある。高校教育を受けたネイティブスピーカーに匹敵する能力を持つ。ただし、これは紙の上での能力のことであり、必ずしも実際上の能力ということにはならない点に注意すべきである」

読解力試験に使われた文章は比較的難しく、『ニューズウィーク』誌から取られたものでした。氏の得点は奨学金応募者中、上位20％に入るものです。

ディクテーションと発話のスコアからは、文法上、発音上、語彙上の細かな間違いが多数ありはするが、英語を書く力も話す力も一応実際に役立つレベルにあるということが言えます。

私どもの推薦文は資料の最終項にあります。

構成 だれについて何のメールなのか、冒頭で❶メールの目的を伝える。次に、聴解力・文法力・読解力・発信力の各部門ごとに❷試験のスコアとその解釈を述べる。最後に❸推薦の言葉を述べて締めくくる。

語句 ❶**メールの目的**　In support of「～を支持して、～の助けとして」～'s application for admission「～氏の入学申し込み」we are attaching「～を添付します」proficiency in English「英語力」brief interpretation「簡単な解釈・評価」
❷**試験のスコアとその解釈**　段落を区切り、わかりやすくする。standard「標準となる」大規模な権威のあるテストであることを示す。functional「実際に使える」反対はa paper abilityである。in the top 20%「上位20%」topはプラスのイメージを与える。
❸**推薦の言葉**　この場合は添付の得点票に書かれている。Our recommendation is given「推薦の言葉は～をご覧ください」

ポイント　understand ... sufficiently well, have a sufficient grasp of ...のsufficient(ly)は、「必要に対して十分足りるほど」という意味で、「たっぷり余裕がある」というわけではない。日本語の「十分」というほどのほめ言葉ではないことに注意。

応用　(上)事務的　(下)重みがある

添付いたしましたのは、貴校で入学申し込みを審査中の小俣功一郎氏の英語力に関する情報の追加です。	Attached is additional information pertinent to the English proficiency of Mr. Koichiro Omata, whose application you are now reviewing.
入学申し込みの審査を受けている小俣功一郎氏の語学力に関する追加資料として、以下のデータをお送りさせていただきます。	To further substantiate the linguistic qualifications of Mr. Koichiro Omata, whose application you are in the process of evaluating, we offer the following data.

TEXT

From: Hajime Odagiri [hajime.odagiri@hiscompany.com]
To: Rosemary Hooper
Cc:
Subject: Mr. Omata's application for admission

Dear Ms. Hooper:

In support of Mr. Koichiro Omata's application for admission, we are attaching an earlier report on his proficiency in English, and our brief interpretation is given below.

The 'aural comprehension' examination given was the standard entrance test for new employees in Japan, and his score, 85, indicates that he "understands English sufficiently well to work in an environment which makes extensive use of the English language. (He will) have difficulty with English."

His score of 97 for the structure examination indicates that he "has a sufficient grasp of grammatical structure to allow (him) to work in an environment where English is the medium of communication. (His) ability is comparable to that of native speakers with high school education. It should be remembered, however, that this is a paper ability and does not necessarily mean that it is functional."

The reading (comprehension) examination selections were comparatively difficult and were taken from Newsweek magazine. His score was in the top 20% of scholarship applicants.

Both his dictation and production (ability) scores indicate that he is able to produce written and spoken English at a reasonably functional level but with a number of minor grammatical, phonological, or lexical errors.

Our recommendation is given in the final paragraph of the report.

Sincerely,

Hajime Odagiri
Manager
Human Resource Development

推薦	文例
海外取引開始のための銀行信用状 ☞ 欧米での取引には bank reference がものを言う	**068**

bank reference とは、取引を始めたり融資を受けたりする人のために、取引銀行の支店長が経済的な信頼性を保証するもの。日本ではあまりなじみはないが、欧米会社相手に取引をスムーズに始めたいときは、この bank reference を添えるとよい。

ジョージ・T・ウィルソン氏は、2008 年 11 月に氏が代表となるウィルソン・インダストリーズ社を設立以来、当 BKF 神奈川銀行と長年順調な取引を続けている顧客です。氏との取引関係にまったく問題はありません。
氏が経済的に安定していると私どもは確信しております。ウィルソン氏は財政面において信用のできる人物であるというのが、私どもの見解です。

構成 被保証者の氏名、取引期間と取引内容を具体的に明記して、まず❶客観的な情報を伝える。次に❷経済的に信用できる人物であるというコメントを加える。

語句 ❶**客観的な事実情報** どのような取引関係にあったかが重要な判断材料になるわけだが、内容が多岐にわたり期間が長いほど好材料となる。**has been a client ... at our bank ... since**「〜以来の当銀行の顧客である」現在完了形を用いて期間を表す。**in good standing**「順調な取引を長年続けている」 **the establishment of**「〜設立」設立当初からの取引であることを強調。**entirely satisfactory**「まったく問題のない」
❷**信用できるというコメント** **have every reason to believe that**「〜と確信する」**financially stable**「経済的に安定して」**It is our opinion that**「〜という見解です」結論づけてまとめる。**a man of financial responsibility**「経済的に信用のおける人間」

ポイント メールの中で同一人物の名前を何度もくりかえすときは、初回はフルネームを書き、あとは苗字だけにする。Mr. George T. Wilson → Mr. Wilson となる。

文例 068

応用 取引内容を変えて

長年にわたる当行との取引は、氏の自宅、車などへの融資を含み、ローン返済はすべて順調に行われています。

Our financial relationship over the years has included the financing of his home, several cars, as well as several other significant items. His loan history with us has been entirely satisfactory.

長年にわたる当行との取引は、事業面と個人面の両方に及びます。取引はすべて良好です。

Our dealings over the years have covered both his business and private finances. His record with us has been entirely satisfactory.

TEXT

From: Mari Watanabe [mari.watanabe@hercompany.com]
To: Ted Johnson
Cc:
Subject: Client's financial standing

Dear Mr. Johnson:

Mr. George T. Wilson has been a client in good standing at our bank, BKF Kanagawa Bank, Ltd., since the establishment of Wilson Industries, which he heads, in November 2008. Our financial relationship has been entirely satisfactory.

We have every reason to believe that Mr. Wilson is financially stable. It is our opinion that Mr. Wilson is a man of financial responsibility.

Sincerely,

Mari Watanabe
Branch Manager

売り込み	文例
提案中の企画に関連のある新聞記事を送る	069

☞ 自分たちと組めば先方のプラスになることを強調

代理店あるいは人材派遣の申し入れをしている最中に、日本市場に進出した外国企業の失敗話の記事が出たので送付し、自分たちと組めばこのようなことは避けられるということを伝えて、申し入れを受けるようにプッシュするメール。

添付しましたのは昨日の『ジャパンタイムズ』の特集記事です。ご参考になるのではと思いお送りしました。日本における市場取引の問題点を扱ったもので、典型的な失敗談もいくつか載っています。
また、私どもの提案を考慮していただく際の新しい検討材料となるのではないかと思った次第です。
ご連絡をお待ち申し上げております。

構成 添付記事の出典、内容など❶**添付ファイルについての説明**から入り、次にその記事を❷**提案中の企画に関連**づける。最後は❸**「返事を待つ」という結び**で締めくくる。

語句 ❶**添付ファイルの説明** Attached is「〜を添付しました」feature article「特集記事」yesterday's 〜「昨日の〜」記事を見てすぐにメールを書いていることを知らせる。週刊誌なら this week's 〜、月刊誌ならthis month's 〜となる。which I thought you might find interesting「参考になるのではないかと思って」決まり文句。It deals with「〜を扱っている」記事内容を表す。horror stories「失敗談」ビジネス上の危険性を知らせ、提案の必要性をにおわせる。
❷**提案との関連** I also felt it might「また〜ではないかとも思いました」additional food for thought「さらに考えるべき材料」
❸**「返事を待つ」という結び** We hope to be hearing 気持ちを抑えた、さりげない表現。be hearing と進行形にしているのは「近いうちに連絡がもらえるだろう」という含み。

ポイント 助動詞 might（あるいは〜かもしれない）を使うと柔らかい調子になり、押し付けがましさがなくなるので、soft sell に適している。

応用 添付ファイルの説明を変える

添付いたしましたのは、先日お出しした提案書に付けた資料への新たな追加です。この追加資料は既存資料の情報を新しくしたものですが、弊社の連続精製装置についてご理解いただく上でお役に立つと思います。

Attached are some new additions to the material provided with our recent proposal. These materials are updated versions of existing material and will serve to give you an idea of our continuous refining process.

弊社の最新の販促資料を添付いたします。この資料は、私どもの提案書とともにお届けした事例やデータを補足するものとなるはずです。

I am attaching some new promotional material on our company. The material should work to reinforce the examples and data provided with our proposal.

TEXT

From: Kazuhiko Saijo [kazuhiko.saijo@hiscompany.com]
To: Pete Abacrobie
Cc:
Subject: Interesting newspaper article

Dear Mr. Abacrobie:

Attached is a feature article from yesterday's Japan Times which I thought you might find interesting. It deals with the problems involved in marketing in Japan and gives some typical horror stories.

I also felt it might provide you with additional food for thought in considering our proposal.

We hope to be hearing from you soon.

Sincerely,

Kazuhiko Saijo
Deputy Manager

売り込み
提案中の企画の補足資料と自社営業案内を送る
☞ 話し合いのあとのフォローアップが効果を上げる

文例 070

社内教育についての話し合いのあとで、プログラム見本を送るとともに、自社の営業内容全般についての資料を送るsoft sell。現在進行中のビジネスを利用して、さらに別の方面でも取引を広げようという意欲的なメール。

添付いたしましたのは先日の社内教育についての話し合いに関連する資料数種です。これにより、私どもが行うプログラムについての概要がおわかりいただけることと存じます。しかし、これを作成した当時に比べて、現在の教育プログラムはかなり拡大されていることをご承知おきください。
ご参考までに弊社の会社概要も添付いたします。私どもの営業内容のあらましと、そのほかの必要な情報が記載されております。
この件につきまして、実際の教材を用いてさらに詳しいご説明をいたしたいと存じます。場所は、弊社でも貴社でもそちらのご都合のよろしいところで結構です。
これ以外にもお役に立てることがございましたら、ぜひご連絡ください。

構成 ❶関連資料を送ることを伝える。なぜ送るのか目的をはっきりさせ、送付物についても一言説明を添える。さらに、この機会を利用して❷そのほかの資料を送付する。❸次回の話し合いを提案し❹別の分野でも役に立ちたいと結ぶ。

語句 ❶関連資料の送付　Attached are some materials ここでsomeがついているのは、まだ資料はいろいろあるが、あとはお会いしてからという気持ちが含まれているため。relevant to「〜に関する」help you get a working knowledge「大体の感じがつかめるように」a working knowledgeは実際に必要程度の知識で、これもあとは会って説明したいというsoft sell。significantly expanded since「〜から比べてかなり拡大している」内容の奥行きを感じさせる。
❷そのほかの資料の送付　I have also attached「〜も添付します」for your reference「ご参考までに」outlines our full line of「私どもの営業内容のあらましがわかる」provides background information「背景がわかる」

文例 070

❸ **次回話し合いの提案** I would be happy to「喜んで〜する」more complete explanation「もっと完全な説明」This could be arranged either..., whichever is convenient for you. 先方の都合に全面的に合わせている。

❹ **協力的姿勢の結び** Please do not hesitate 協力的な決まり文句。if there are any other ways「ほかの方法で、ほかの形で」

ポイント either〜or ...やwhicheverは、先方に選択権を与え、mutuallyではなく、相手の都合に合わせるというこちらの柔軟な姿勢を表している。

応用 結びを変えて

早めのご連絡をお待ちしております。	We look forward to hearing from you soon.
会合の日程について、近々ご連絡申し上げるつもりです。	I will be contacting you shortly to set up such a meeting.

TEXT

From: Nozomi Wakabayashi [nozomi.wakabayashi@hercompany.com]
To: Ronald Williams
Cc:
Subject: Program materials

Dear Mr. Williams:

Attached are some materials relevant to the discussions we had regarding in-house education. These materials will help you get a working knowledge of the programs we are operating. However, please understand that our programs in this area have been significantly expanded since these articles were published.

I have also attached a copy of our company brochure for your reference. It outlines our full line of services and provides other background information.

Along this line, I would be happy to give a more complete explanation with actual materials. This could be arranged either for our office or yours, whichever is convenient for you.

Please do not hesitate to get in touch with us if there are any other ways in which we can be of service.

Sincerely,

Nozomi Wakabayashi
Program Coordinator

文例 071	売り込み
	お礼を兼ねて、提案中の企画の補足資料を送る
	☞ ひとつの取引を次の取引につなげる

講師として招かれた人から、講演依頼先へのメール。講演を行うだけでなく、今後のビジネスの可能性についての話し合いを行い、あとで資料を送るというsoft sellである。すでに行った取引をつなぎとして書き始めると、今までの実績を示すばかりでなくメールの流れがスムーズになる。

始めに、貴研究所で講演する機会を与えてくださったことに感謝いたします。また、まずまずの結果だったとご報告いただき、喜んでおります。

技術論文の修正の仕方、発表方法についての先日の話し合いに基づき、資料を添付させていただきました。この資料から、私の抱いていたアイデアの大体の輪郭がおわかりいただけると思います。いつか、お互いに都合のよい折に、この資料について補足説明できれば幸いです。

その間にも、私どものお役に立てることがございましたら、どんなことでもご遠慮なくご連絡ください。

構成 つなぎとして、講演の感想を兼ねた❶お礼から始める。次に話し合いの❷関連資料を送付し興味があれば説明に応じる旨を伝える。最後に❸協力的な姿勢を示して結ぶ。

語句 ❶お礼　Let me begin by「まず〜から述べさせていただきます」the opportunity to「〜する機会」謙遜の気持ちがこめられている。It was also gratifying to「また、〜できてうれしく思いました」お礼が2つ以上ある場合、省略せずに別々の文にする。ただし、表現に変化をもたせること。reasonably「まあまあ」謙遜である。

❷資料送付を伝え説明に応じる旨　Attached is「〜を添付いたしました」relevant to「〜に関連して」conversation on「〜に関する話し合い」give you a rough idea「大体の感じがつかめる」soft sellである。idea of what I had in mind「温めているアイデア」具体的なことは直接会って話そうという含み。I would be glad to「喜んで〜します」supplement「補足説明する」at some mutually convenient time「お互いの都合のよいときに」

❸協力的姿勢の結び　In the meantime「その間」please do not hesitate to「ご遠慮なく〜してください」be of assistance「役に立つ」

ポイント 相手を含む「あなたと私」のwe（このメールでは2段落目の最初の文中のwe）を多く使うと、一体感が出る。

応用 送付物を変えて

セミナー向けの補助教材についてお話しした際に触れました、教育ソフトウェア・サイトへのリンク一覧を添付いたします。	I have attached a list of links to the educational software sites I mentioned during our talk about suitable seminar support materials.
新しいCAI（コンピューター支援教育）アプローチの開発についてお話ししたときに私が抱いていた考えについて、おおまかなアウトラインを添付いたします。	Attached is a general outline of what I had in mind when I mentioned developing a new CAI approach.

TEXT

From: Kanenobu Sato [kanenobu.sato@hiscompany.com]
To: Ralph DeLord
Cc:
Subject: Editing materials

Dear Mr. DeLord:

Let me begin by thanking you for the opportunity to lecture at your laboratory. It was also gratifying to hear from you that things went reasonably well.

Attached is some material relevant to the conversation we had on correction of technical papers and their presentation. The material should give you a rough idea of what I had in mind. I would be glad to supplement this information at some mutually convenient time.

In the meantime, please do not hesitate to contact us if there is some other way in which we can be of assistance.

Sincerely,

Kanenobu Sato
Research Support Group

売り込み	文例
派遣スタッフを売り込む	**072**
☞ 相手の希望を満たす形で売り込む	

求人募集をしている会社へ、適切な人材が見つかるまでの派遣スタッフを売り込む。強引にこちらのスタッフを売り込むのではなく、あくまでも先方の希望から外れないような流れに沿って役に立ちたいと申し出るのがコツ。なかなかうまい発想の売り込みのメールである。

本日『ジャパンタイムズ』に掲載されました貴社の求人広告を拝見しました。適任者が早急に見つかりますことをお祈り申し上げます。

応募者の面接をなさる当面の間、現在抱えておられる仕事の処理には、熟練した人材の臨時雇用が必要でいらっしゃるのではないかと存じますが、弊社[会田スタッフ]は喜んで適格な人材の紹介に務めさせていただきます。

弊社の派遣スタッフは、厳格な試験と周到な面接により、お客さまのご要望にお応えできる技術と経験を持った者だけを選んであります。ご希望により長期、短期のいずれでも働ける態勢になっています。

何かのお役に立てれば幸いです。近々のご連絡をお待ちしております。

構成 求人募集広告を見たという❶**先方とのつながり**から入る。次にそこから発展して、派遣スタッフの❷**売り込み**をする。さらに自社紹介を兼ねて❸**自社の姿勢**を説明し、❹**「返事を待つ」**という結びで締めくくる。

語句 ❶**つながり** We saw ~ today「本日~を拝見しました」today は迅速な印象を与える。wish you every success in finding 先方の希望から外れないように売り込んでいくうまいテクニック。right person「適任者」

❷**売り込み** While you are「~している間」ここで売り込む。you may require the services of「~の力が必要かもしれない」a trained temporary「訓練された臨時雇いの人」to cope with「処理するために」be more than happy to「喜んで~する」someone qualified「適格な人」

❸**自社の姿勢** 有能な人材を希望に沿う形で供給すべく努めていることを強調。is carefully tested「厳しくテストされている」is given thorough interviews「十分面接さ

文例 072

れている」measure up to「(希望)に応える」高い水準に合わせていくという前向きな感じ。They are prepared to どんな形でも便宜をはかるという気持ちを伝える。

❹「返事を待つ」という結び　serving you in some capacity「何らかの形でお役に立てる」

ポイント　修飾語句を効果的に用いて、相手の心に強く迫るメールにする。このメールでは、*every* success、*right* person、*trained* temporary、someone *qualified*、*carefully* tested、*through* interview などがその例。

応用　先方の希望を満たす形の書き始め

貴社が現在、重要な管理職ポストに人材を探しておられるとうかがいましたが、適任者を見つけるのが必ずしも容易ではないことは私どもも存じております。	We understand that you are now looking for someone to fill a key administrative post and realize how difficult it is to find the right person at times.
人材派遣の筋から、貴社が重要なポストに管理職の人材を探しておいでだとうかがいましたが、貴社が本当にほしいと思われているような適任者が見つかればと願わずにはおられません。	We learned through recruiting sources that you are now looking for an administration specialist to fill an important position and certainly wish you luck in finding the type of person you are after.

TEXT

From: Haruo Kikuchi [haruo.kikuchi@hiscompany.com]
To: HR Department
Cc:
Subject: Recruiting

Dear Sir or Madam:

We saw your job posting in the Japan Times today and would like to wish you every success in quickly finding the right person.

While you are interviewing hopeful candidates, you may require the services of a trained temporary to cope with existing work. Aida Staff would be more than happy to provide you with someone qualified.

Our temporary staff is all carefully tested and given thorough interviews to ensure that their skills and experience measure up to our clients' needs. They are prepared to assist you on a long-term or short-term basis.

We look forward to hearing from you soon and hopefully serving you in some capacity.

Sincerely,

Haruo Kikuchi
Supervisor
Temporary Resources

文例
073

売り込み

投資セミナーに招待する

☞ 忙しい人にアピールするには情報の出し方が決め手

とびこみのメールであるから、まず第一にアピールするものでなければならない。忙しい人に読んでもらうためのテクニックとして、情報を段階的に出していき、雰囲気を徐々に盛り上げていって出席したいという気持ちを起こさせようと狙っている。

当海外投資グループ主催によります、貴重な海外投資セミナーにご招待できますことは、私どもの大いに喜びとするところです。
このセミナーは株式、不動産、確定利付債券の形で世界に広がっております4つの丸村ファンドについて詳しく知っていただくために企画されました。セミナーではまた、最適な海外投資法である香港の丸村グループ株式勘定についてもご説明いたします。
これらのファンドは、所得または資本の増加、もしくはその両方をもたらします。またシンガポールの株式勘定は、直接ご自分の金融資産の管理ができ、ご自分の投資残高を必要に応じて変えることが可能になります。株式の所有は4ファンドのうちの1つだけでも、すべてでも、あるいは任意のファンドの組み合わせでも可能です。
セミナーにおきましては、東京本社から投資専門家たちが来てお話をするだけでなく、シンガポール支店からは海外投資の専門家フー・フン・ドン博士が参ります。博士は、セミナー開始から1週間、コンサルタントとして皆さまのご相談に乗ります。ご相談のお申し込みはセミナー会場でもできますが、今でしたらお電話でのご予約が可能です。東京本店03-9213-3326にお申込みください。
セミナーとセミナー終了後のレセプションの両方に出席いただければ幸いです。

構成 セミナー開催を伝え❶招待する。次にその❷**セミナーの目的**、❸**さらに詳しい情報**を伝えて、だんだんと出席したい気にさせる。最後に❹**セミナーのハイライト**を伝え、❺**出席を呼びかけて締めくくる。**

語句 ❶**招待** I take great pleasure in「喜んで～させていただく」Iを主語にしてpersonalな感じを出す。
❷**目的** has been arranged to「～する予定になっています」give you a chance to「皆

さまに〜の機会がある」It will also present「〜についてもご紹介します」情報を細切れにして消化しやすくする。is ideal for「〜に最適である」

❸**さらに詳しい情報**　gives you / allowing you / You can hold すべて you-attitude で書かれている。

❹**ハイライト**　apart from「〜のほかに」there will also be an opportunity to「〜するチャンスもあります」

❺**結び**　I sincerely hope you can come to「〜に参加していただければ幸いです」

ポイント　be available for を使いこなすと英語らしい表現になる。

応用　選び抜いた人たちを対象にしていることを伝える

当方では海外のタックスシェルターに関する特別セミナーを、より抜きの顧客の方たちを対象に開催する運びとなりました。	We are giving a special seminar on overseas tax shelters for a select group of clients.
私どもの海外投資グループの主催により、貴社のような当社の最大の顧客を対象として、外国為替ヘッジについての特別セミナーを催すこととなりました。	Our overseas investment group is sponsoring a special seminar on foreign exchange hedges for a group of our biggest clients such as you.

TEXT

From: Ryu Takanawa [ryu.takanawa@hiscompany.com]
To: Jose Valdez
Cc:
Subject: Seminar invitation

Dear Mr. Valdez:

I take great pleasure in inviting you to attend an important seminar on expatriate investment given by our overseas investment group.

The seminar has been arranged to give you a chance to learn more about the four Marumura funds, spread worldwide in equities, property, and fixed interest securities. It will also present a method of investing that is ideal for the expatriate: the Marumura Group Share-holders Account in Singapore.

The funds between them provide income or capital growth, or a combination of the two. The Account gives you direct control over your portfolio, allowing you to alter the balance of your investments as your needs change. You can hold shares in one of the funds, in all of them or in any combination that you decide on.

At the seminar, apart from hearing investment experts from our Tokyo Head Office, there will also be an opportunity to meet Dr. Fu Hung Dong from our Singapore office, a specialist on expatriate investment. He will be available for consultation during the week that follows. Interviews can be arranged either at the meeting or now, by calling our Tokyo office number 03-9213-3326.

I sincerely hope you can come to both the seminar and the reception afterwards.

Sincerely,

Ryu Takanawa
General Manager

売り込み	文例
出版社より雑誌の定期購読更新の勧め	**074**
☞ 簡潔に、なおかつ相手を大事な顧客だと思っていることが伝わるように	

雑誌の定期購読契約が切れる前の、更新してもらうための根回し。この手の不特定多数に宛てられたメールはよく受け取るが、このメールは簡潔で抜け目なく、ちゃっかりとした追伸も付いている、なかなかうならせるメールである。

『ビジネス・ジャパン』の定期購読が更新の時期にきたことのお知らせです。
弊社の大切なお客さまでいらっしゃいますので、時機を逃さずにお知らせを差し上げたいと存じました。ご都合のつく限り、なるべく早くご更新ください。
ビジネス界は今後数カ月、エキサイティングなものになるでしょうが、『ビジネス・ジャパン』の誌面はひときわエキサイティングになります。この興奮を皆さまにお届けできることを楽しみにいたしております。
追伸　3年間基本定期購読特典をご利用になれば、毎年の更新ご案内がお受け取り不要になります。将来の値上げもご心配無用となります。

構成 まず、簡潔な文で❶注意を喚起する。次に❷相手への敬意を表し、更新を勧める。それから❸更新した際の楽しみを想像させる。❹追伸で、当方にとって虫のいい勧めを付け加える。

語句 ❶注意の喚起　Just a quick note 主語・述語 (This is) を省略した、簡潔できびきびとした文。is up for renewal「更新の時期がきている」be up for は「〜を検討すべきである、〜を問題とするべきである」という意味で、期限・時期がきていることを表す。
❷相手への敬意と更新の勧め　extend to (人) the courtesy of「〜に敬意を払って…を送る」改まった公式的な言い方であり、文のスタイル自体にも敬意が感じられる。
❸更新した際の楽しみ　The months ahead「今後の数カ月」更新するということを前提に論を進める「既成の事実作戦」。
❹追伸　you can avoid / You'll protect yourself against いずれも you-attitude を用いて、相手のためになる提案であるという印象を与えようとしている。

文例 074

ポイント 当方にとって虫のいい提案をさらに付け加えるときは、BTW（追伸）で入れると、相手の気持ちに与える負担を軽くすることができる。

応用 追伸を変えて

自動更新制度をご利用になれば、毎年この更新のご案内をお受け取りにならずにすみます。更新申し込みページの自動更新ボックスにチェックを入れるだけです。

you can avoid this annual reminder by opting for our automatic renewal plan. Simply check the automatic renewal box on the registration renewal page.

クレジットカードによる自動更新制度をご利用になれば、毎年この更新のお勧めを受け取らずにすみます。更新申し込みページの所定欄にクレジットカード情報を入力するだけです。

you can avoid this annual reminder by choosing to renew automatically by credit card. Simply enter your credit card information in the space provided on the registration renewal page.

TEXT

From: Misato Kuwabara [misato.kuwabara@hercompany.com]
To: John Lucas
Cc:
Subject: Business Japan subscription renewal

Dear Mr. Lucas:

Just a quick note to tell you that your BUSINESS JAPAN subscription is up for renewal.

Because you are a valued subscriber, I wanted to extend to you the courtesy of a timely notice. Please renew your subscription at your earliest convenience.

The months ahead will be exciting ones in the business world and especially here at BUSINESS JAPAN. We look forward to sharing them with you.

Sincerely,

Misato Kuwabara
Director, Circulation Sales

BTW, you can avoid this annual reminder by taking advantage of our special 3-year basic subscription offer. You'll protect yourself against future price increases.

文例 075	売り込み
	レストランからお客へ、お礼を兼ねて売り込む
	☞ 用件を利用してsoft sellを行う

請求書の送付に加えてクリスマス特別メニューを送るメール。先方からの依頼に応じるだけでなく、その機会を利用して今後の取引へと発展させたいという発想で、サービス業には欠かせない発想のメール。

昨日はすばらしいお客さま方と一緒に当店をご利用いただき、誠にありがとうございました。ご参加の皆さまがお楽しみになり、ご満足くださいましたことを強く願っております。ご依頼いただいたレセプションの飲食代の請求書を添付いたします。また、勝手ながら私どものクリスマス特別メニューも添付させていただきましたので、参考にしていただければ幸いです。
それでは、またのご利用をお待ち申し上げております。

構成　「毎度ありがとうございます」式の❶利用へのお礼から入り、請求書と特別メニューを送るという❷用件を伝えsoft sellを行う。最後に❸またの利用を望んで結ぶ。

語句　❶利用へのお礼　サービス業には欠かせない表現。Thank you for giving us the opportunity to serve you「ご利用ありがとうございます」fine guests「すばらしいお客さま方」yesterday　すぐにメールを出しているということで、てきぱきした感じを与える。sincerely hope that everyone「皆さまが〜であることを強く願っています」enjoyed himself「お楽しみいただけた」found〜satisfactory「お気に召した、ご満足いただけた」
❷用件とsoft sell　Attached is〜that you requested「ご依頼の〜を添付します」I have also taken the liberty of「勝手ながら〜させていただいた」この機会を利用してメニューを送り、soft sellを行う。
❸またの利用を望む結び　the pleasure of serving you againサービス業の決まり文句。

ポイント　partyは、「集まり」や「政党」という意味のほかに、次のような使われ方をする。your party「ご一行さま (=your group)」、the other party「先方」

応用 お礼を変えて

昨日は「果林」で夕食をご一緒させていただき、本当に楽しかったです。

It was indeed a pleasure to have dinner with you at the KARIN yesterday.

昨日は貴社毎年恒例の社員パーティーに当店をご利用いただき、誠にありがとうございました。

We very much appreciate being chosen as the venue for your annual staff party held yesterday.

TEXT

From: Kenji Fukunaga [kenji.fukunaga@hiscompany.com]
To: Ben Dientz
Cc:
Subject: Thank you for your patronage

Dear Mr. Dientz:

Thank you very much for giving us the opportunity to serve you and your fine guests yesterday. We sincerely hope that everyone in your party enjoyed himself and found everything satisfactory.

Attached is a copy of the invoice for food and beverages consumed during the reception that you requested. I have also taken the liberty of attaching our special Christmas menu for your reference.

We look forward to the pleasure of serving you again at some early date.

Sincerely,

Kenji Fukunaga
Assistant Manager

文例 076	売り込み
	抗議を込めて再度の売り込みをする
	☞ 抗議の気持ちと売り込みのバランスをとる

初回の売り込みに対し「期待の持てる返事」があった。ところが、別のところと話が進んでいるという情報が入ったので、いったいどうなっているのかとたずねるメール。遠回しに文句を言うわけだが、最終的な目的は一緒に仕事をしたいということなので、その加減が大事。

> まず、私どもが6月に差し上げ、丁重なお返事もいただいたメール（下にあります）をご参照くださるようお願いいたします。
> 私どもはあいにく招かれませんでしたが、数日前、日本の商社とそちらの大手企業の購買担当役員たちとの会議が、ロンドンで開かれました。このことを受けて、とくにアルミ製圧力ダイカストや重力ダイカストの部品供給に関し、再びメールを差し上げる次第です。弊社の製造能力に関して詳細をお知らせできる機会を賜れれば幸いですし、将来的には貴社の主要な仕入れ先となれることを願っております。
> お返事をいただき、貴社とお取引させていただく機会が得られることを楽しみにしております。

構成 ❶今までのいきさつを伝える。次にこちらが手に入れた情報に基づいた❷新しい動きを知らせて、❸再度の売り込みと仕事に対する今後の抱負を伝える。最後に❹返事を求めて結ぶ。

語句 ❶今までのいきさつ　We would like to ask that you refer to「～をご参照くださるようお願いします」背景の説明を切り出す。responded most courteously「丁重なお返事をいただいた」期待を持たせるような内容であったことを思い出させる。

❷新しい動き　A few days ago 具体的な日付を入れると、抗議の調子が強くなりすぎるのでぼかす。to which we were not invited 不服の意を示す。This has prompted us to write to you again「このために再び連絡を差し上げることになった」ここまでが本題に入る前の状況説明。with particular reference to「とくに～について」フォーマルでビジネスライクな表現。

❸売り込みと今後の抱負　We would welcome the opportunity 売り込みの決まり文

句。 provide you with further details on「〜に関して詳細を知らせる」hope ultimately to「将来的には〜を望んでいる」become a major supplier　majorがポイント。 なぐさめ的なわずかばかりの仕事では嫌だという気持ちを表す。
❹返事を求める結び　仕事に対する積極的な気持ちを伝えて押す。collaborate「一緒に仕事をする」

ポイント　このメールの shown below は主張を裏付けるためのもので、抗議の気持ちがこめられている。

応用 今までのいきさつを伝える

6月の貴社での会合を思い起こしてくださるようお願いいたします。この会合において、貴社は弊社との取引に強い関心を示してくださいました（議事録を添付いたしております）。	We would like you to recall the meeting we had at your office in June at which you indicated a strong interest in dealing with us. (Copy of minutes attached)
6月に貴社と暫定契約を交わした際の、なごやかな会合を思い起こしていただきたいと思います。	Please recall the cordial meetings held with you in June during which we signed a provisional contract.

TEXT

From: Yuto Tanazawa [yuto.tanazawa@hiscompany.com]
To: Liam Paterson
Cc:
Subject: Excellent manufacturing capabilities

Dear Mr. Paterson:

We would like to ask that you refer to the e-mail we sent to you in June to which you responded most courteously (shown below).

A few days ago a conference—to which we were not invited—was held in London between certain Japanese trading interests and purchasing executives from major-companies in your area. This has prompted us to write to you again with particular reference to supplying aluminum pressure and gravity die-cast components.

We would welcome the opportunity to provide you with further details on our manufacturing capability and capacity and would hope ultimately to become a major supplier to your organization.

We look forward to hearing from you and an opportunity to collaborate.

Sincerely,

Yuto Tanazawa
Sales Manager

[Reply]

[Original E-mail]

売り込み	文例
共同開発に参加する気があるか仲介者として打診する	**077**
☞ 基本的な情報を客観的に伝えて仲介する	

ある発明に関し、今後の研究・開発に参加する気があるかどうかを打診する。 ビジネスライクかつ客観的に基本的な情報を伝え、仲介者としての立場を守っているメールである。 仲介者としては両方の利益になるという観点から勧め、いきすぎたセールスを控える。

大阪のある会社から入手したシステムに関する研究報告をご評価いただきたく、ここに添付いたします。 英語の質がよくないことをお詫び申し上げますが、これは英語を母語としない人物によるものだからです。

他の企業、とくにヨーロッパから、かなりの問い合わせが来ているようです。 発明者は貴社株の保有という形を望んでいます。 そうすれば、研究面でも開発面でも継続性を確保できますし、システムをここまで持ってきた労力をもう一度くりかえさなくて済むようにもなります。 今のところ、まだこのシステムの市場性は調査しておりません。

さらに詳細をお知りになりたければ、喜んで資料を取り寄せます。

早めのご連絡をお待ちしております。

構成 まず、❶添付ファイルを説明し、次に❷具体的な詳細を伝える。 先方に興味があるか❸打診して、さらに補足調査をする気持ちのあることを述べる。 最後は❹返事を求める結びで締めくくる。

語句 ❶**添付ファイルの説明** 何を送るのか伝え、さらにそれについて一言添える。 Attached for your evaluation is「ご評価いただきたく〜を添付します」I apologize for the poor quality of「〜の質がよくないことをお詫びします」送るものに対し詫びることは普通しないが、こちらでもよくないことは認識しているということを示すため。

❷**具体的な詳細** It seems「〜だろう」断定的な言い方を避けている。 とくに直接情報でない場合など、自分の立場を越えない表現である。there is considerable interest「かなりの問い合わせがある」would be quite happy with「〜を喜ぶだろう」This would ensure「これにより〜が確保される」利点を示す。I have not, at this stage,「現段階ではまだ〜していない」調査したこと、していないことをはっきり区別する。

文例 077

❸打診と補足調査の申し出　Should you be interested in「〜にもし興味がありましたら」

❹返事を求める結び　hearing from you soon「早期に連絡を受ける」

ポイント　一般業務用のメールなら言葉をかざる必要はなく、単純で直接的な言い方が好ましい。しかし、このメールのように先方の気持ちを動かすことが目的であれば、それにふさわしい言葉を選ぶ必要がある。If you are interested in に比べ Should you be interested in は洗練された凝った表現であり、どちらを使うかは、どの段階での折衝なのか、どういう印象を与えたいのかなどの TPO により決まる。

応用　添付ファイルの説明を変えて

お話しした名古屋の会社が製作した装置に関し、目下入手可能な資料を添付してお届けいたします。

Attached is some existing material on the device from the Nagoya firm I mentioned.

添付いたしましたのは、日本にある私どもの系列会社のひとつが現在開発中の新システムに関する技術仕様です。

Attached is some technical data on a new system now being developed by one of our affiliates in Japan.

TEXT

From: Genjiro Tanabe [genjiro.tanabe@hiscompany.com]
To: Jeff Stillman
Cc:
Subject: Report on new system

Dear Mr. Stillman:

Attached for your evaluation is a report on the system from a company in Osaka. I apologize for the poor quality of the English, but it was prepared by a non-native speaker of English.

It seems there is considerable interest in the system from other organizations, especially in Europe. The inventor would be quite happy with a share in your company if it is offered. This would ensure continuity of thought and development as well as prevent reduplication of the effort made in getting the system this far. I have not, at this stage, made any investigation of the marketability of the system.

Should you be interested in further details, I will of course be only too happy to obtain them for you.

I look forward to hearing from you soon.

Sincerely,

Genjiro Tanabe
General Manager

文例 078	売り込み
	海外販路を求めている友人を紹介する
	☞ 挨拶と結びは友情のつなぎにする

友人と別の友人の間の橋渡しをするメール。紹介にとどまらず、友人の代わりにほとんど話を進めている。友人へのメールの特徴としては、①長い、②出だしと結びは友情のつなぎとなっている、といったことがあげられ、通常のビジネスライクなメールとは異なっている。

ずいぶん前の話になりますが、4月のメール、ありがとうございました。東京にもいよいよ秋が訪れ、夏の日差しも終わりを告げてほっとしているところです。いろいろ聞くところによると、ニューヨークも今年は酷暑の夏だったそうですね。

さて、今日連絡を差し上げるのは、あなたが関心のありそうな製品のメーカーである日本の会社のことを、少し紹介しておこうと思ったからです。社名を森園＆カンパニーといい、経営者は森園健という人です。宣伝用資料を今日、速達便で送ります。最初に森園氏を私に紹介してくれたのは、私が日本市場について記事を書いている『Tokyo半導体ニュースレター』の編集者です。

森園氏は、同社のテスト機器をアメリカ市場で販売したい意向を強く持っています。エレクデータ社としばらく交渉したのですが、話がほとんど進まないので今は別の可能性を求めているところです。

森園氏の会社とはお互い助け合えるところがあるのではと思って、あなたのことを教え、会社のカタログを差し上げた次第です。氏は大変興味を示しましたから、まだそちらに連絡が行っていなければそのうち多分ご本人から直接、あるいはジム・ノート氏を通して、連絡があるでしょう。お互いに協力していただけたらと思います。

東京にお越しの際はお電話ください。ぜひまたお会いしたいと思っています。

構成 直接用件から入らず、以前の便りや天候についての❶**挨拶**から始める。次に本題である❷**友人の紹介**をし、その❸**友人に代わっての売り込み**を行う。最後は、友達へのメールらしい❹**再会を願う結び**で締めくくる。

語句 ❶**挨拶** way back「ずっと以前の」wayに時の経過の実感が感じられる。finally「やっと」天候の話題によく用いられる。From all reports「いろいろ聞くところによると」相

手への関心が伝わる。

❷**紹介** 被紹介者との関係やその人の仕事について述べる。**I am writing today to** メールの目的を表す。**be of interest to you**「あなたにとって興味のある」**Press package**「宣伝用資料（一式）」**was first introduced to**「～に最初に紹介された」

❸**友人に代わっての売り込み** 相手に頼むようになったいきさつと、何を頼みたいのかを述べる。**line of**「～のたぐい（の製品）」**has been ～ ing ... for some time**「ずいぶん前から～している」some time の意味に留意。**little progres**「進展がほとんどない」**looking for other options**「ほかの話を探している」婉曲的依頼。option は「選択肢、可能性」**I hope ... each other.**「お互いの役に立つのなら、こんなにうれしいことはない」自分の友人相互の利益を願う。

❹**結び** 2文とも再会を望む決まり文句として使える。

ポイント get together は see に比べて「会って付き合う」という温かいニュアンスがこめられている。

応用 挨拶を変えて

ようやく返事を書く段となりました。4月にすごくたくさんのプロジェクトが始まってからというもの、とにかくてんてこまいの毎日でした。でも、あなたのところでも同じだろうとお察しします。

I am finally getting around to answering your last e-mail. Things have really been hectic here since so many new projects got under way in April. But I'm sure the same is true in your case.

東京で楽しい夕べをともに過ごしてからずいぶん長い時間が経ちました。相変わらずすべて順調に行っていることと思います。とくに照明器具が盛況ですからね。こちらも日本経済の安定のおかげでまあまあというところです。

A lot of time has passed since we were able to enjoy that evening in Tokyo together. I trust all continues to go well for you, especially with the boom in light devices. Things are also going reasonably well for us with our economy holding steady.

TEXT

From: Tatsuya Hayakawa [tatsuya.hayakawa@hiscompany.com]
To: Dennis Allan
Cc:
Subject: Product of interest

Dear Allan,

Thank you for your e-mail which I received way back in April. Fall has finally arrived in Tokyo giving us a welcome break from the hot summer sun. From all reports, you New Yorkers also suffered through a truly unbearable summer.

I am writing today to tell you briefly about a Japanese firm that manufactures a product that may be of interest to you. The name of the firm is Morizono & Co. operated by Ken Morizono. Press package with detailed information will be sent to you today by express mail. I was first introduced to Mr. Morizono by the editor of the "Tokyo Semiconductor Newsletter" for whom I am writing articles on the Japanese market.

Mr. Morizono is very interested in introducing his line of testing equipment to the American market. He has been negotiating with ElecData for some time; however, there has been little progress and he is now looking for other options. I gave him your name and a copy of your company brochure, thinking that you might have complementary resources. He was very interested and will probably contact you himself or through Jim Nort, if he has not done so already. I hope that you can be of some help to each other.

I also hope that you will call me if you come to Tokyo. I would very much like to get together again.

Sincerely,

Tatsuya Hayakawa
General Manager

売り込み	文例
紹介者を通して代理店を依頼する	**079**
☞ 紹介者を通したほうが先方へのアピールが強い	

現在先方と取引のある同業者からの紹介により、代理店にならないかという誘いのメール。紹介状があるわけでもなく、特別強力な紹介者でもないが、とびこみよりは確率が高い。低姿勢で頼み込むのではなく、対等の立場でよりよい代理店を探そうという態度で書かれている。

トランスワールド・インスティテュートのハーマン・ヨーク氏と話したばかりのところです。ヨーク氏は貴社を米国における弊社製品の販売代理店として推薦されました。貴社のことがもっとわかるよう、ヨーク氏が貴社に関する資料をさらに集めてくれているとのことですが、その間、弊社の情報も少し貴社にお伝えしたいと思います。

添付いたしましたのは弊社の販売契約書、パンフレット、「Thinking International」DVDシリーズの説明資料です。弊社の代理店となることに興味がおありでしたら、アメリカにおける「Thinking International」の市場についてのお考えと、貴社で可能な業務についてお知らせください。また、代理店契約を結ぶ前に提示していただきたい情報を示す「販売提案書作成のガイドライン」も添付いたします。

もちろん、DVDは6本ともご覧になっていただかなくてはなりませんので、その件の手配は喜んでいたします。早急にお返事いただければ幸いです。

構成 ❶**紹介者とのつながり**から入り、**メールの目的**をはっきりさせる。次に添付ファイルについて触れ、❷**具体的な情報を伝え、提案をする**。最後は❸**前向きな姿勢を示し、返事を求めて結ぶ**。

語句 ❶**紹介者とのつながりとメールの目的** 紹介者名と、どの程度の情報を得ているのかを伝える。**I have just spoken with**「〜と話したばかり」現在完了形により、仕事を進めたい意欲を伝える。**recommended ... as a possible 〜**「〜として…を推薦した」これから話し合いを進めていくわけだからpossibleがついている。**He tells me** どの程度の情報を得ているのか示す。**in the meantime**「その間」紹介者から詳しい資料が届くまでに、こちらについての情報を差し上げたいというのがこのメールの目的で、うまい進め方である。

❷**情報と提案**　添付資料について触れ、相手に興味があるかどうかたずねる。**Attached are** ビジネスライクな入り方。**would like to know your thoughts about**「〜についての考えを知らせてください」

❸**前向きな姿勢を示し返事を求める**　**happy to arrange**「喜んで手配する」協力的な雰囲気。

ポイント standard distribution contract の standard は威力のある語。規定になっているという権威を示すと同時に、何度もこのような取引を手がけているということを示している。

応用 紹介者からどのような情報を得たのか示す

貴社は私どもと同じ業種の取引が多く、弊社製品について情報を求めておいでだと、彼からうかがいました。	He tells me that you are active in our line of business and that you had voiced an interest in learning more about what we have to offer.
貴社が弊社のDVDを扱いたいとの意向を表明されたと彼からうかがいましたが、彼は私が直接貴社と連絡をとり、より具体的な情報をお送りするよう勧めてくれました。	He indicated that you had expressed an interest in handling our DVDs and that I should contact you directly with some more concrete information.

TEXT

From: Yuriko Mori [yuriko.mori@hercompany.com]
To: Joseph Phelps
Cc:
Subject: Representative for our product

Dear Mr. Phelps:

I have just spoken with Herman York of the Transworld Institute, and he recommended you to us as a possible representative for our product in the U.S. He tells me that he is gathering additional literature which will tell us more about your company, but in the meantime, you should have some information about us.

Attached are a copy of our standard distribution contract, a copy of our brochure, and other materials describing our Thinking International DVD series. If you are interested in representing us, we would like to know your thoughts about the market for Thinking International in the U.S. and what services you could provide. I also attached a copy of our "Distribution Proposal Guidelines" which indicates the information we need before entering into a distribution agreement.

Of course, you should see all six DVDs, and we will be happy to arrange that. I look forward to hearing from you soon.

Sincerely,

Yuriko Mori
Executive Director

文例 080　売り込み

同業者の口コミにより、代理店を依頼する

☞ 社交辞令なしのビジネスライクな売り込み

海外市場を開拓したいときの売り込みのメール。口コミで評判を聞きつけて、正式な紹介なしで話をとりつけようとするもの。強引に売りつけようというよりは、市場開拓のためのよりよい足場を求めようというのが狙いのメール。

サンフランシスコのヒルズ＆サンズ・プロダクションズから貴社のことをうかがいました。弊社は日本で各種旅行用・教育用ビデオを製作しています。たとえば京都や奈良を扱った30分もののビデオ、香港を扱った50分もののビデオなどがそうです。海外市場を考慮に入れて、ナレーションやパッケージがすべて英語のものも作っています。

これまでのところでは、日本や香港への旅行者によく売れているので、直接、米国での販売を希望しているところです。市場として可能性があるのではないかと弊社が考えているのは、旅行代理店、書店、学校、図書館などです。

米国における弊社の販売元となることに貴社が関心をお持ちかどうか、また、貴社以外にも興味を持っていそうなアメリカの会社でご推薦のところがありましたら、お知らせいただければ幸いです。

ご参考までに京都と奈良のビデオクリップを添付します。お返事をお待ち申し上げます。

[構成] なぜメールを書くに至ったか❶背景を説明する。次に具体的に❷自社製品の紹介を行い、❸今までの実績と❹今後の見込みを伝える。その上で興味があるか❺打診をして、❻添付ファイルに触れ、返事を求めて結ぶ。

[語句] ❶背景　We were referred to your company by「〜から貴社のことをうかがいました」

❷自社製品の紹介　Our company produces「当社では〜を製作しています」various「さまざまな」いろいろ手がけているというニュアンスがある。These include「これには〜が含まれている」ほかにもあるという含み。With 〜 in mind「〜を考慮に入れて」

❸今までの実績　So far「今までのところ」

❹今後の見込み　We feel that potential markets ... are「次のようなところではよく売

れると考えている」

❺**打診**　猛烈な作戦ではなく、控えめで気配りがみられる。**We would appreciate**「〜していただければ幸い」your advice on whether「〜かどうかに関してのご意見」

❻**添付ファイルに触れて返事を求める**　Attached are 〜 for your evaluation「ご検討のため〜を添付します」look forward to your reply soonを入れずに控えめにしてある。

ポイント　動詞sellについて。「よく売れている」というときThey have *sold* very *well*. または They have *been sold successfully*と言うが、この2文でwellとsuccessfullyを入れ換えることはできない。

応用　打診の仕方を変えて

| 貴社にしろ、ご存じのほかの会社にしろ、もしご興味をお持ちでしたら、どうぞお知らせください。 | Should your firm or some other organization you know be interested in representing us, please let us know. |

| 当社の代理店となることにご興味をお持ちでしたら、契約の具体的な内容を喜んでご提示いたします。 | We would be happy to provide concrete contractual details if you have an interest in representing us. |

TEXT

From: Kazuo Suetsugu [kazuo.suetsugu@hiscompany.com]
To: Marketing Department
Cc:
Subject: Distribution of educational videos

Dear Sir or Madam:

We were referred to your company by Hills & Son Productions in San Francisco.

Our company produces and distributes various travel and educational videos in Japan. These include two 30-minute videos on Kyoto and Nara and a 50-minute video on Hong Kong. With the overseas market in mind the disks have also been produced with complete narration and packaging in English.

So far, they have sold very well to tourists in Japan and Hong Kong. We would now like to market the videos directly in the United States. We feel that potential markets for these products are travel agencies, bookstores, schools, and libraries.

We would appreciate your advice on whether your company would be interested in acting as a distributor in the United States or if you have any recommendations on any other American associates who might also be interested.

Attached are clips of the Kyoto and Nara videos for your evaluation. We look forward to your reply.

Sincerely,

Kazuo Suetsugu
Manager
International Sales

売り込み	文例
先の話し合いで興味を示した人に取引条件を伝える	**081**
☞ ストレートで具体的に情報を提供する	

通常の売り込みは先方の気持ちへのアピールを第一目的として書くのを旨とし、具体的なことを入れると一方的で性急な印象を与えてしまうことがある。しかし、このメールの場合は先方がすでに興味を持っていることがわかっているので、ストレートに具体的な取引条件などを伝えている。

私どもの社長、萩原哲夫が春にリッチモンド訪問の折、貴殿は貴社が日本の消費財輸入に興味をお持ちだと言われました。
弊社は、日本で最も大きな急成長を遂げている割引商社のひとつアクミ・プロダクツ社の輸出代理店です。弊社の注文用紙、取引条件とともにアクミ・プロダクツ社のカタログを郵送いたします。
1万ドルを超える注文については2.5%の手数料を免除、7.5%の手数料の商品につきましては手数料を5%にさせていただきます。
お返事をお待ち申し上げます。

構成 社長が先般訪問し意思表示を受けたという❶**先方との接点を伝える**ことから入る。次に会社紹介、取引条件などの❷**具体的な情報を提供**し、❸**返事を求めて**締めくくる。

語句 ❶**先方との接点** When（人）was in（場所）だれがいつどこで会ったのかを示し思い出してもらうための表現。you mentioned you were interested in「～に興味があるとのことでした」

❷**具体的な情報** We are「弊社は～である」authorized「認可された」largest and fastest growing「大幅な急成長を遂げている」扱い商品を卸している会社についての強い売り込みの言葉。自社に対して最上級で売り込むのはやりすぎ。order blanks「注文用紙」On orders over（金額）「～（金額）を超える注文については」handling fee「手数料」is waived「免除される」

❸**返事を求める結び** look forward to hearing from you 単純明快な結びの決まり文句。

文例 081

ポイント カタログの送付方法をはっきりさせること。[例] by postal mail「普通郵便」、by express mail「速達」など。

応用 先方との接点を伝える

小売店向けとして日本から広範囲にわたる雑貨の輸入に興味がおありだと、私のよき友人であり、長年の仕事仲間である江藤千から最近うかがいました。

I recently learned from Sen Eto, my good friend and longtime business associate, that you are interested in importing from Japan a broad range of sundries for your retail outlets.

日本から輸入しておられるハードウェア製品の新しい仕入れ先をご検討中だと、ウエスト貿易からうかがいました。

WEST Trading has informed us that you are now considering establishing an alternate supply source for hardware items you now import from Japan.

TEXT

From: Saburo Majima [saburo.majima@hiscompany.com]
To: Alice Martin
Cc:
Subject: Importing consumer items

Dear Ms. Martin:

When our president, Mr. Tetsuo Hagiwara, was in Richmond last spring, you mentioned you were interested in importing consumer items from Japan.

We are authorized exporters for one of the largest and fastest growing discount houses in our country, Acme Products, Ltd. We are sending you by postal mail one of their catalogs with our order blanks as well as the terms and conditions of sale. On orders over $10,000 the 2.5% handling fee is waived and the 7.5% handling fee on certain other items becomes 5%.

We look forward to hearing from you.

Sincerely,

Saburo Majima
Director
International Sales

文例	売り込みの返事
082	乗り気なので話を進めたい
	☞ 具体的なことは話し合いに残す

会ってやるという態度ではなく、対等の立場で書いている構えのない自然なメール。とくに関心のある分野について知らせてはいるが、それ以上のことは話し合った上でのことになる。話し合いの前に資料を求め、効果的に進めようという態度が表れている。

9月8日付のメールで、お互いに関心のある分野について話し合いを持ちたいとのご意向をお知らせいただき、ありがとうございました。

弊社は、業務改善につながるお話には、常に意欲を持っております。研摩技術における貴社の専門知識には、とくに関心があります。

会合について、いつ頃の時期をお望みかお知らせください。また、貴社の一連の製品に関する情報をもう少しお送りいただければ幸いです。そのような情報があれば、話し合いが一層効果的になることでしょう。

お返事をお待ちしております。

構成 まず、❶メールを受け取ったことを知らせる。次に❷乗り気であることを伝え、話し合いをしたいという❸今後の具体的な進行について触れる。最後に❹返事を求めて締めくくる。

語句 ❶**受け取りの知らせ** メールの目的を示す。**Thank you for your e-mail of**（日付）**in which**（内容）よく用いられる書き出し。**mention an interest**「興味のあることを述べる」**areas of common concern**「お互いに関心のある分野」concernはinterestのバリエーション。

❷**乗り気** 全般的な姿勢と、とくに関心のある点を述べる。**are always open to**「常に〜に関心を持っている」openはinterestedのバリエーション。**Your expertise in**「〜の分野における貴社の専門知識」**is of particular interest**「とくに関心がある」話を絞っている。

❸**今後の具体的な進め方** **Let us know** Inform usでもよいが、より柔らかい言い方。**set up a meeting**「話し合いを持つ」set upは arrange より柔らかい言い方。**would also appreciate**「また、〜できれば幸いです」**information on your product lines**「貴社の

一連の製品についての情報」serve to「〜に役立つ」送付依頼の目的を述べる。make 〜 more effective「〜をより有益なものにする」

❹結び　look forward to hearing from　返事を望む決まり文句。

ポイント　まだ実現していない仮定の段階での話し合いは such a meeting、もっと具体的になると the を使う。

応用　A) 話し合いの日にちと場所の希望を伝える　B) 資料を求める

A) ご提案くださった日程の中では、10月15日の午前、弊社にて話し合いを持つことを希望いたします。	Within the time frames you proposed, we would prefer to meet you at our offices on the morning of October 15.
B) その間に、貴社の沿革についてもう少し情報をお送りいただければ幸いです。	Meanwhile, we would appreciate receiving more background information on your company.

TEXT

From: Hajime Nagasaki [hajime.nagasaki@hiscompany.com]
To: George Link
Cc:
Subject: Polishing technology

Dear Mr. Link:

Thank you for your e-mail of September 8 in which you mention an interest in discussing areas of common concern.

We are always open to hearing suggestions for improving our operations. Your expertise in polishing technology is of particular interest.

Let us know when you would like to set up a meeting. We would also appreciate receiving additional information on your product lines. This would serve to make such a meeting more effective.

We look forward to hearing from you.

Sincerely,

Hajime Nagasaki
Director

売り込みの返事	文例
代理店依頼に乗り気だが、まず実物を見たい ☞ 紹介者がいる場合は、仲介の労に触れること	**083**

紹介者を通じての売り込みに乗り気であるが、こちらのペースで進めたいときに出すメール。紹介者について触れるのは、先方との共通の話の糸口で話を進めやすいということのほかに、紹介者の顔を立てるという役割がある。なお、このメールは企業内教育ビデオの売り込みに対するものである。

5月22日のメールと添付資料をありがとうございました。ケアリー・クラークから、貴社のすばらしいビデオについての概略説明と、取引関係の構築に向けてどのような進め方ができるかについての彼の意見をうかがっております。デービッド・ジェンキンズも、最近のメールでこの件を持ち出し、貴社の宣伝用資料のひとつを送ってきました。

現時点では、貴社の日本における販売をお手伝いする方向で話を進めてみたいと思っています。貴社の「提案書作成のガイドライン」の趣旨はわかりますが、貴社のビデオが日本で売れるかどうかの確認と評価を弊社なりにやってみないことには、はっきりしたことは何も言えません。

「試写」が東京でできればベストです。そうすれば興味を示している会社の代表を一堂に集めることができます。これはほかの場所では不可能なことです。出席者は一流企業数社の代表や、販売面での提携ができそうな会社の代表となるでしょうが、この中には有名な制作・出版会社も含まれます。皆で見通しをじかに話し合うこともできそうです。このように、東京を会場にすれば一石三鳥にも四鳥にもなるわけです。

このような会合の予定が立てられるか、またできるとしたらいつかをお知らせください。今のところ、こちらで都合の悪い時期は、私が中国に出張いたします6月27日から7月2日の間だけです。

構成 まず、❶**これまでのいきさつ**から始める。メールと資料を受け取ったことと、仲介の労について触れる。次の段落で❷**乗り気**であることを伝える。興味があることをまっ先に伝え、現物を見たいと希望する。その上で話し合いの場などについての❸**こちらの提案**を述べ❹**先方の意向**をたずねて結ぶ。

語句 ❶**いきさつ**　a general rundown「大体の説明」possible business relationship 話はまだ仮定の段階なので漠然とした言い方をし、今後の流動的な話し合いを暗示している。had broached the matter「この件を持ち出した」
❷**乗り気**　As things stand now「現時点では」we are interested in pursuing「話を進めることに興味がある」while we appreciate the spirit of「～の趣旨はわかりますが」先方の提案を退けたという悪い印象を与えないための布石。evaluate the market-ability「売れるかどうか評価する」
❸**こちらからの提案**　こちらのペースで話を進めたいというのが心のうち。It would be best if「～してくだされればベスト」This would permit us「これにより～できる」説得の理由を述べる。a representative group of interested parties「興味を示している会社の代表者たち」leading / well-known 集まる人に箔をつける。possible collaborators まだ仮定段階だから possible がつく。discuss the prospects firsthand「見通しについてじかに話し合う」venue「場」kill three or four birds with one stone 一石二鳥のもじり。ユーモラスでくだけた感じがあり、ここでは自信と余裕の表れ。
❹**先方の意向をたずねる**　Please let us know if and when you could schedule「予定を立てられるか、またできるとしたらいつかを知らせてください」if は先方が乗り気かどうかをさりげなくたずね、when はもう予定を立ててくれることを前提にしたような進め方。

ポイント　売り込みの返事で、乗り気であることを示すとき、be interested in → be very interested in → be anxious for の順でその度合いが強くなる。こちらの強い気持ちを押し出して熱意を見せるか、足もとを見られないように抑えるかはそのときの状況による。

応用　A) 先方のメールに感謝する　B) 会見の希望時期を伝える

A) 5月22日のメールと、添付の資料をありがとうございました。おかげさまで貴社の商品の理解が深まりました。	Thank you for your e-mail of May 22 and the attachments which gave us a better idea of what you had to offer.
B) 今のところ、私どものほうといたしましては8月末か9月初めがベストです。	Right now, late August or early September would be best for us.

TEXT

From: Kinichi Tanabe [kinichi.tanabe@hiscompany.com]
To: Oscar Booth
Cc:
Subject: Marketing of videos

Dear Mr. Booth:

Thank you for your e-mail of May 22 and the attachments. Cary Clark had already given us a general rundown on your fine videos and his thoughts on how we might proceed in working toward a possible business relationship. David Jenkins had also broached the matter with us in a recent e-mail and even provided one of your press packages for us to study.

As things stand now, we are interested in pursuing the matter of helping you market here in Japan. And while we appreciate the spirit of your "proposal guidelines," it is felt that everything is now contingent upon our having a chance to see and evaluate the marketability of your videos here.

It would be best if the "viewing" could be done here in Tokyo. This would permit us to assemble a representative group of interested parties, which would be impractical at another location. This group would comprise representatives of several leading corporations and some possible collaborators in the distribution effort, including a well-known production firm and publisher. We would also have the chance to discuss the prospects firsthand. Thus, the Tokyo venue would permit us to kill three or four birds with one stone.

Please let me know if and when you could schedule such a meeting. Right now the only inconvenient times here would be from June 27 through July 2, when I will be away on business in China.

Sincerely,

Kinichi Tanabe
Managing Director

文例 084 売り込みの返事

代理店依頼を断った上で、市場進出のアドバイスをする

☞ 誠意をもって率直にアドバイスするのが先方のため

代理店になってくれないかという依頼を、あまり興味がないので断るメール。さらに、日本市場進出にあたってのアドバイスを求められて、ビジネスライクだが、誠意をもって率直に答えている。直接取り扱う気はないが、紹介ぐらいならできるという親切な申し出もついている。

お送りいただいた2本の教育用ビデオは、日本で商品として売れるかどうか、当方の出版社と一緒につぶさに検討いたしました。

残念ながら、内容がビジネス的とも異文化間の問題にかかわるものとも言えず、弊社といたしましては、私どもの専門には合わないもののように思います。出版社のほうの意見では、内容にもうひとつきめ細かさがなく、日本の高校や大学といった教育機関の関心を引くには至らないだろうとのことです。したがって、ビデオに長所がないというわけではないのですが、私どもでは直接お役に立てそうにありません。

画質につきましてもすっかり満足できるわけではありません。日本語のナレーションもいまひとつ物足りません。

しかし、出版社と私は、日本の旅行代理店なら貴社の製品に関心を持つかもしれないと考えています。ただし、その有用性を理解してもらうこと、たとえば米国で実際に使われている具体例などを示すことなどが、課題となるでしょう。

今のところ、私としてはこれくらいしか申し上げられません。こちらでできることとして、さる大手旅行代理店の意向を来年初めに打診してみようかと考えています。

今後どのような形でお進めになりたいのか、お知らせいただければ幸いです。

構成 見本の❶受け取りを知らせ、検討したことを伝える。次に自社の活動範囲と合わないという理由で、❷自社で扱うことを断る。❸ほかの問題点に触れながらも、別の形での可能性があることを示唆する。こちらでできることを❹まとめて、❺先方の意向をたずねて締めくくる。

語句 ❶受け取りと検討の知らせ　have been thoroughly reviewed 現在完了形で時間をかけて検討したことを表し、thoroughly であらゆる視点からつぶさに検討したことを表す。

determine their marketability「その商品が売れそうかどうかを決める」よいものかどうかでなく商品価値を検討しているわけである。

❷断り　Unfortunately断りの枕詞。from the standpoint of our company「弊社の立場としては」is not really suited to「〜にあまり向いていない」reallyを加えることにより少し調子を和らげている。our sphere of activity「我々の活動範囲」平たく言えば our business ということ。in that「〜の点で、というのは」具体的に説明している。 the coverage「内容範囲」was not detailed enough「大雑把すぎる」command interest from「〜の興味を引き起こす」although 〜 are not without merit「まったく商品としてだめだというわけではないが」救いの部分。 相手への心配りがうかがえる言い方。it does not appear that「〜しそうにない」断りを和らげるための婉曲的な言葉。not be of any direct help「直接お役に立てない」売り込みは断るが、ほかの会社の紹介ぐらいならできる、というわけである。

❸そのほかの問題点と別の可能性　were not completely satisfied with / left something to be desiredいずれも「いまひとつ物足りない」The problem would be「問題になるのは〜でしょう」仮定法で和らげている。concrete examples「具体例」

❹まとめ　This is all I have for you right now.現段階における状況報告。 For our part「我々としては」getting the reaction of「〜の反応を見る」

❺意向をたずねる結び　We would appreciate決まり文句。

ポイント　メール全体が長い場合はまとめの段落（このメールでは第5段落）を入れて、わかりやすくする。

応用　A) 自社で扱うことを断る　B) ほかの問題点を示す

A) したがって、お送りいただいた教育用ビデオには確かに長所も多々あるのですが、私どもで直接扱いたいと思うものではないのです。	Therefore, while the educational videos have many positive features, they are not something we are interested in handling directly.
B) 日本語のナレーションにもところどころ難点がありました。	There were also problems with the Japanese narration in places.

TEXT

From: Yusaburo Morita [yusaburo.morita@hiscompany.com]
To: Sidney Gompers
Cc:
Subject: Review of educational videos

Dear Mr. Gompers:

The two educational videos you sent us have been thoroughly reviewed by us and our publisher to determine their marketability in Japan.

Unfortunately, from the standpoint of our company, the content is not really suited to our sphere of activity in that it is neither business nor interculturally oriented. Our publisher felt that the coverage was also not detailed enough to command much interest from the high school or university education system here. Therefore, although the video clips are not without merit, it does not appear that we can be of any direct help.

I should also add that we were not completely satisfied with the sharpness of the pictures. The quality of the Japanese narration also left something to be desired.

However, the publisher and I both think that travel agencies here may be interested in your product. The problem would be demonstrating their usefulness, e.g., some concrete examples of the way they are used in the U.S.

This is all I have for you right now. For our part, we are thinking of getting the reaction of a large tourist agency sometime early next year.

We would appreciate some indication as to how you would like to proceed.

Sincerely,

Yusaburo Morita
Marketing Manager

売り込みの返事	文例
資料送付による売り込みを断る (1)——活動分野ではないので	085
☞ 保留の旨を伝えながらも事実上は断る	

新しく知り合いになった人から資料とともに売り込みがきた。今回の情報に関しては、自社の活動領域から離れているという理由で断る。調子を和らげるために保留を伝えているが、事実上は断りのメール。

そちらでお使いの複写機技術に関して興味深い資料をありがとうございます。
資料をもとに協業の可能性をこちらで十分検討させていただきましたが、最終的な結論に達することができませんでした。私どもが専門として活動している分野とは、あまりにもかけ離れているというのが最大の問題点です。そこで、このお申し入れは今後検討の必要性が生じるまで保留にさせていただきたいと存じます。
その間にも、いろいろとご連絡くだされば幸いです。引き続きのお申し入れやご意見など、お待ちいたしております。
会合のフォローアップを早々にいただき、お礼申し上げます。

構成 まず❶**資料送付に対するお礼**を述べる。次に、よく検討した結果、活動範囲から離れているという❷**断りとその理由**を伝える。しかし❸**今後も情報を歓迎する**旨を伝え、早々に資料を送ってくれたことへの❹**お礼で結ぶ**。

語句 ❶**送付に対するお礼** Thank you for 一般的な入り方。interesting information「興味深い情報」送ってくれた情報を評価している。related to「～についての」資料の内容を具体的に示す。
❷**保留ぎみの断り** have considered「～をよく検討した」were unable to reach a final decision「最終決定に達することができなかった」are too far removed from「～とかけ離れすぎている」hold ～ for possible later consideration「今後の検討課題として保留する」
❸**情報を歓迎** I would very much like to「ぜひ～したい」We will welcome「～を歓迎する」
❹**再びお礼の結び** Thank you again for 最後のお礼の決まり文句。

文例 085

ポイント have consideredという現在完了形は、「十分」考えたことを表す。have decidedも同様で、十分考えて決定したことを表す。

応用 資料送付へのお礼を述べる

3Dプリント技術の共同開発へのお誘いをいただき、ありがとうございました。

Thank you for the invitation to participate in joint development of the 3D printing technology.

貴研究所で開発された3Dプリント技術の購入に関してご提案をいただき、ありがとうございました。

Thank you for your proposal regarding the purchase of 3D printing technology developed by your laboratory.

TEXT

From: Aoi Miyashita [aoi.miyashita@hercompany.com]
To: Terry Dixon
Cc:
Subject: Information on copying machine technology

Dear Mr. Dixon:

Thank you for the interesting information related to copying machine technology used in your field.

Our people have considered the possibility of our collaboration based on the information you provided but were unable to reach a final decision. The main problem is that the products involved are too far removed from our field of activity and expertise. I would, therefore, like to hold the offer for possible later consideration.

In the meantime, I would very much like to keep our lines of communication open. We will welcome any subsequent offers or ideas you might have.

Thank you again for the prompt follow-up to our meeting.

Sincerely,

Aoi Miyashita
President

文例 086	売り込みの返事 資料送付による売り込みを断る (2)——現在必要ないので

☞ 事実をそのまま伝えてあっさり断る

売り込みのメールと資料が届いたが、現在のところ使う見込みがないという事実をありのままに伝えた、当たり障りのない断りのメール。現在必要のない情報でも送ってくれたことにまず感謝し、情報網を減らさないようにする。

フィラデルフィア港における新しいコンテナ施設に関し、7月13日にメールをお送りくださり、お礼申し上げます。

現在のところ、弊社が東海岸で利用しているのはボルチモアとニューアークの2港です。最近の販売傾向と、日本政府が設けた米国への輸出規制を考慮し、弊社が通関港の数を増やす予定は当面ありません。

いずれにせよ、お知らせいただき大変ありがとうございました。今回の情報は今後の参考にさせていただきます。

構成 ❶メールと資料に対するお礼を述べてから、現在は必要がないという❷断りとその理由を伝え、今後の参考にという❸将来に希望を残すような結びで締めくくる。

語句 ❶メールと資料へのお礼　Thank you for 一般的な入り方。regarding「〜に関して」メールの内容を導く一般的な語。ほかに pertaining to、informing us of も使える。
❷断りとその理由　we now use「今のところ〜を利用している」now が断りの調子を和らげる。Given「〜のもとでは」状況を表す。ほかに under や with でも同じ。we have no plan to「〜する予定はない」for the foreseeable future「当分の間」
❸結び　Nevertheless「しかし、いずれにせよ」your information is appreciated「お知らせに感謝します」迷惑ではないことを伝える。be kept on file「資料として保存しておく」for future reference「今後の参考のために」[比較] for future study「今後の検討のために」とすると、より積極性が感じられる。

ポイント keep it on file は「資料として保存しておく」だが、keep it in file とすると「しまい込んで使わない」ニュアンスが含まれるので注意。余談ながら、circular file はゴミ箱のこと。

応用 結びを変えて

しかしながら、現状に変化が生じたときに検討できるように、ご提案をファイルに残しておきます。

We will, however, have your proposal on file should the present situation change.

将来、状況の変化で業務拡張ができるようになったときに再検討するまで、貴社のご提案は保留にさせていただきます。

We will keep your proposal in mind and reconsider it if future circumstances permit such an expansion.

TEXT

From: Norio Komatsu [norio.komatsu@hiscompany.com]
To: Adam Roth
Cc:
Subject: New container facility

Dear Mr. Roth:

Thank you for your e-mail of July 13, regarding the new container facility available at the port of Philadelphia.

On the East Coast, we now use Baltimore and Newark. Given the current sales trends and the export restrictions on our products to the U.S. set by our government, we have no plan to expand the number of ports of entry for the foreseeable future.

Nevertheless, your information is very much appreciated and will be kept on file for future reference.

Sincerely,

Norio Komatsu
Logistics Department Manager

文例	売り込みの返事
087	**契約していないのに送られてきた品物を断る**
	☞ 相手の面子をつぶさないように配慮する

コンサルティング会社との話し合いのあと、会報と会費請求書が送られてきた。そこで品物を送り返して断るわけだが、今後も付き合いのある相手には、こちらの言い分を通しながらも先方の顔をつぶさないような配慮をする。

貴社のマーケティング情報の会報誌『ハイテクUSA』1部を、本日、思いがけなくお受け取りしました。「会費」として100ドルの請求書も同封してありました。

確かに、貴社の方が私どもの本社にお見えになった折、会員になる可能性について話し合った覚えはあります。しかし、私どもの存じ上げている限りでは、確約はいたしませんでした。明らかに何かの手違いだと思います。

そのため、勝手ながら会報誌と請求書を返送させていただきます。会員となる最終決定が出ましたら、こちらからご連絡差し上げます。

構成 ❶いつ、何を受け取ったのか具体的に知らせる。次に❷これまでのいきさつを振り返り、話し合いはしたが正式な契約をしていないことを伝える。そして、品物を送り返すという❸こちらの処置を述べ、契約を決めたら連絡すると先方を立てて結ぶ。

語句 ❶**受け取りの知らせ** unexpectedly「思いがけなく」today即日返事を出すことによって驚きの気持ちを強調する。Included was「〜が入っていた」your invoice for $〜「〜ドルの請求書」"membership fees"「会費」引用符がついているのは、納得していないことを示している。

❷**これまでのいきさつ** recall discussing「話した覚えはある」possible membership会員になるかならないかという話し合いで不確実だったことを伝える。Howeverこちらの論を申し立てる。to the best of our knowledge「こちらの知っている限りでは」no firm commitment was made「確約はなかった」Obviously「明らかに」

❸**こちらの処置** are taking the liberty of「勝手ながら〜させていただく」should we「〜ということになったら」ultimately decide「最終的に決定する」take out「申し込む」

ポイント 2段落目のto the best of our knowledgeやObviouslyは、なくても意味は通るが、加えることにより拒絶の調子を和らげる役割がある。今後も何らかの関係を保っておきたいという場合はとくに、簡潔を旨とする商業文でもこのような配慮が必要。

応用 A) 受け取って驚いたことを示す　B) 断固とした断りを示す

A) 貴社のマーケティング情報の会報誌『ハイテクUSA』1部を、会費100ドルの請求書とともに本日お受け取りし、大変驚いています。

We were very surprised to receive a copy of your marketing information bulletin "HI-TECH U.S.A." today along with your invoice for $100 for membership fees.

B) しかし、その際、私どものほうで確約はいたしておりません。

However, we made no firm commitment at the time.

TEXT

From: Kenjiro Suzuki [kenjiro.suzuki@hiscompany.com]
To: Sean Roberts
Cc:
Subject: Membership fees

Dear Mr. Roberts:

We unexpectedly received a copy of your marketing information bulletin "HIGH-TECH U.S.A." today. Included was your invoice for $100.00 for "membership fees."

We, of course, recall discussing the matter of a possible membership with you during your visit to our head office. However, to the best of our knowledge, no firm commitment was made. Obviously, there has been some misunderstanding.

Consequently, we are taking the liberty of returning the bulletin and your invoice. We will contact you should we ultimately decide to take out membership.

Sincerely,

Kenjiro Suzuki
Manager
Export Administration

売り込みの返事
強力な推薦のある企画持ち込みを断る

☞ 企画そのものをけなさずに断る

文例 088

強力な推薦があって、いったんは会うことに決めて約束を取りつけた。 しかし、その後送られてきた実物を見て、会うまでもないと断るメール。 企画そのものをけなさずに、こちらの要求や希望に沿わないことを伝える。 はっきりしているが、ていねいな断り。

弊社会長・吉井宛ての8月31日付のメールと教材が、検討して返信するようにと、私のところへ回されてきました。 社長の北がB・S・モリシタ議員に宛てて9月1日に返信をお出しする前に、そして私が9月3日に貴社への最初のメールをお出しする前に、この資料が届いていなかったのが残念です。 そうであれば、私どものお返事も異なったものになっていたと思われます。

私を含めたスタッフ一同で貴社の教材を入念に検討させていただいた結果、プログラム自体にはいたく感心させられたのですが、弊社が現在必要としているものとは合わないという結論に達しました。 したがって、せっかくのご来日ですが、ご面談いただくには及ばないと存じます。

国際コミュニケーションの向上に対する貴社の熱意に心よりの賛辞をお送りするとともに、今後のご健闘をお祈り申し上げます。

構成 断りの布石として❶いきさつを詳しく述べる。 次に❷断りとその理由を示す。 最後は、❸前向きな姿勢で結び、相手を元気づける。

語句 ❶今までのいきさつ　passed to me for study and reply「検討して返答すべく私のところへ回されてきた」部下に回されたということは断りの可能性が強いことをにおわす。 unfortunate「残念だ」Had we received = If we had received仮定法で断りの布石。
❷はっきりした断り　My staff and I 1人だけでなく多くの人が検討した、という含み。 very carefully十分検討したことを表す。 reached the conclusion「結論に達した」decideではなくこの表現を使うことにより、決定までの紆余曲折を感じさせる。 quite impressive「とても感心した」not meet our present needs or requirements「弊社の現在のニーズに合わない」

❸**前向きな結び** truly appreciate「心より称賛する」improving international communications / all possible success / your endeavors これらのビッグワードは、断りのあとで相手の気を奮い立たせるのに役に立つ。

ポイント the Honorable 〜 いう敬称は、政治家、貴族、大使、裁判官などに用い、企業人に対しては用いない。

応用 A) 断りの布石　B) こちらのニーズに合わないことを伝える

A) これらの教材を細かく検討する機会を先に頂戴できていたなら、もっとはっきりしたお返事を差し上げていたことでしょう。	Had we had a chance to review these materials, our response would have been clearer.
B) 内容をよく調べた結果、すばらしい教材だとは思いますが、こちらが現在必要としているものよりもレベルが高いということがわかりました。	We have thoroughly analyzed the contents and found that, while they are indeed impressive, they are too sophisticated for our present needs.

TEXT

From: Takumi Kaneko [takumi.kaneko@hiscompany.com]
To: Robert Richards
Cc:
Subject: Thank you for materials

Dear Mr. Richards:

The e-mail and materials that you sent to Mr. Yoshii, our Chairman, on August 31 have been passed to me for study and reply. It is unfortunate that these materials did not arrive prior to the response of Mr. Kita, our president, to the Honorable B. S. Morishita on September 1 and my initial e-mail to you on September 3. Had we received these materials at those times, our responses would have been different.

My staff and I have studied your materials very carefully and have reached the conclusion that, though your program is quite impressive, it does not meet our present needs or requirements. Consequently, we do not feel that it would serve any purpose to meet with you during your stay in Japan.

We truly appreciate your interest in improving international communications and wish you all possible success in your endeavors.

Sincerely,

Takumi Kaneko
Managing Director

文例
089 売り込みの返事
しつこい売り込みを最終的に打ち切る
☞ 社交の語句は何も入れずに用件のみを端的に伝えて断る

しつこくて迷惑している相手に出すメール。婉曲的な再三の断りも何の効果もなかったので、最終宣言することにした。はっきり断る場合は次の3点を心がける。①誤解を避けるために婉曲的な表現を用いないこと、②短くて断固としていること、③personalな感覚を出さない語句を選択すること。

弊社では、カリフォルニア州ナパ郡に施設を建設することは、一切計画しておりません。
また、いかなる形でもご助力をお願いしてはおりません。
よって、この件はこれで打ち切りと考えますので、今後のご連絡は無用と存じます。

構成 いきなり❶断りから始める。何に対する断りなのか明確にする。さらに❷今後の話し合いを打ち切る旨を伝える。結びは不要。

語句 ❶断り　Please understand「ご理解ください」迷惑してはっきり断る場合でも無礼な言い方はしないこと。no ～; nor ～ 2つのことに対する強い否定の気持ちを表す。普通の断りのメールではなるべくnoを使わずに状況を述べて断るようにしているが、この場合は、はっきりさせるために意図的に用いている。require your services「助けを必要とする」硬い言い回し。in any way「いかなる形でも」断固とした断り。
❷今後の話し合いの打ち切り　we consider this matter closed「この件は打ち切りと考える」pointless「無意味」話を打ち切るのなら無意味なのはあたりまえなので、普通ならit would be ～以下の文は不要。しかし、先方が再三の断りにも動じない人物なので、念を押すためにわざと入れている。

ポイント Ccはcarbon copy（カーボン・コピー）のことで、メールのコピーがCcリストの人にも送られていることが、送信相手にわかる。このメールの場合、第三者にもメールの内容が伝わることを送信相手にわからせ、相手が勝手にこちらの名前をかたって仕事をしないように牽制している。

応用 A) 話を断る　B) 今後の連絡を打ち切る

A) これ以上の誤解を避けるために、ここではっきり申し上げますが、弊社がカリフォルニア州ナパ郡に何かの施設を建設するという予定は一切ありません。つきましては、ご助力いただくことは無用と存じます。

To prevent any further misunderstanding, we would like to state that we have no plan whatsoever to establish any sort of facility in Napa County, California, and, as such, do not require your services.

B) よって、今後、この件に関するご連絡にはお応えいたしません。

Consequently, we will not respond to further correspondence on this matter.

TEXT

From: Rin Yamamoto [rin.yamamoto@hercompany.com]
To: Ted Turner
Cc: Lloyd Pearce [lloyd.pearce@xyzmail.com]
Bcc:
Subject: Napa facilities

Dear Mr. Turner:

Please understand that we have no plans to establish any facilities in Napa County, California; nor do we require your services in any way.

Consequently, since we consider this matter closed, it would be pointless for you to continue correspondence.

Sincerely,

Rin Yamamoto
Manager
Overseas Operations Dept.

文例
090 引き合い
簡単な引き合いをする
☞ 今後の交渉に残したいことは、こちらから切り出さない

買いたいと考えている商品名を伝えて、価格、納期、品質などの取引条件を知らせてもらうメール。先にこちらから細かな条件を指定してたずねれば早く事が運ぶかもしれないが、このメールの場合は、価格や数量などは今後の交渉に残したいので、こちらから切り出していない。

> 貴社のSL212型とSL212-X型スライサーについて、最も低い価格と最も早い出荷日をお知らせください。そのほかにも関連すると思われる情報があれば、お送りくださるようお願いいたします。

構成 商品名を伝え❶**価格と納期をたずねる**。その上でほかに必要と思われる❷**関連情報の提供**を求める。

語句 ❶**価格と納期をたずねる** Please quote「知らせてください」best prices and earliest delivery「いちばん安い価格といちばん早い出荷日（納期）」best＝lowest であるが、lowestはあまりにも露骨な感じがするので避けている。bestを入れることにより、価格についてうるさいという姿勢を示し、今後の牽制とする。
❷**関連情報を求める** このメールは、全体で2文しかない短いものなので段落を分けていない。**Kindly send**「〜もお送りください」通常業務に見られる簡潔な表現。**pertinent**「関連のある」たとえば、数量と割引率との関係などについて。先方の出方を見るのも交渉のテクニックである。

ポイント 引き合いをする場合、Please 〜 で書き始める書き方と、What 〜？のように単純でわかりやすい質問形式で始める書き方がある。先方が英語圏の大手企業であれば前者が好ましいが、英語圏以外の中小の会社なら後者のほうが誤解がなくて無難である。

応用 関連情報をもっと具体的にして
できれば詳細な仕様書と利用者一覧も添付してください。

If possible, attach detailed specifications and a list of users.

貴社で取り扱っているそのほかの生産関連機器についても、データを添付してくださるようお願いいたします。

Kindly attach data on other production-related equipment you handle.

TEXT

From: Yuma Okazaki [yuma.okazaki@hiscompany.com]
To: Sales Department
Cc:
Subject: Quotation request

Dear Sir or Madam:

Please quote best prices and earliest delivery for your SL212 and SL212-X slicers. Kindly send any other information you feel would be pertinent.

Sincerely,

Yuma Okazaki
Assistant Manager
Purchasing

文例 091	引き合い
	製品について詳しい情報を求める
	☞ 返事を早くもらえれば早く決定できるという「魚釣り作戦」

価格や形態などはカタログで、あるいは最初の引き合いでわかったが、今度はさらに詳しい情報がほしい、といった場合のメール。購入の決定がスムーズにいくというエサを出して、早急の返事を求めるこのテクニックは、名付けて「魚釣り作戦」。

弊社検査部門では、今、現在の抵抗テスターの交換機種として貴社の最新型テスターを考えております。以下の質問にお答えくだされば、購入決定が非常にしやすくなります。
1. 気候の影響を受けた場合、このテスターの精度はどれくらいか。
2. どの程度の保守整備を必要とするか。
3. 日本国内での保守整備の受けやすさはどうか。
4. どのような部品交換サービスがあるか。
早くお返事をいただければ、弊社の決定が大変はかどります。

[構成] 購入を考えていることを述べて❶**製品について詳しい情報がほしいことを伝える**。次に、わかりやすく整理して❷**具体的な質問をする**。最後は❸**早急な返事を求めて結ぶ**。

[語句] ❶**情報を求める旨とその理由** contemplating「～を意図している、～しようと考えている」簡単に言うと thinking about あるいは considering である。replacing X with Y「XをYと取り替える」Our decision making would be much easier if ... questions: 以下の情報を教えてくれれば(購入の)決定も早くできる、ということ。
❷**具体的な質問** affected by「～の影響を受けた」How much maintenance do they require?「どれくらい保守整備を必要とするか」How available is maintenance「保守整備の受けやすさはどうか」What sort of replacement part service「どのような部品交換サービス」
❸**早急な返答を求める** A prompt reply would 早い返答によって生み出される成果を再度におわせている。

[ポイント]「速やかな」をhastyとしてはならない。「早まった」の意になるからだ。quickある

いはspeedy、場合によってはtimelyを使うべきである。

応用 質問事項への移り方を変えて

つきましては、下記の質問にお答えいただ
ければありがたく存じます。

In line with this, we would appreciate answers to the following:

下記の質問事項は、貴社から頂戴した書類
では明らかにならなかった点です。

Listed below are questions that have come up which your documentation does not answer.

TEXT

From: Sakura Ieda [sakura.ieda@hercompany.com]
To: Sales Department
Cc:
Subject: Product information

Dear Sir or Madam:

Our testing division is now contemplating replacing its present resistance testers with your most advanced version. Our decision making would be much easier if you could answer the following questions:

1. How much is the accuracy of these testers affected by climate?
2. How much maintenance do they require?
3. How available is maintenance in our area?
4. What sort of replacement part service do you have?

A prompt reply would greatly facilitate a quick decision here.

Sincerely,

Sakura Ieda
Deputy Manager
Product Engineering

文例 092	引き合い
	見本送付を依頼する
	☞ 自社紹介と今後の取引の見通しを入れる

興味があるので審査用としてまず実物を手に入れたいという場合に出すメール。一種の注文状ではあるが、今後取引へと発展する可能性を考えて簡単な自社紹介と依頼品の使用目的の説明を入れる。先方が乗り気なら便宜をはかってくれたり、必要な情報を提供してくれるだろう。

私ども朝日出版社では英語、フランス語、ドイツ語を勉強する日本の高校生、大学生向けにさまざまな教科書や読本を出版しており、新しくて、興味深い教材を絶えず探しています。そこで、下記の本を検討したいと考えているのですが、見本として1部お送りいただけないでしょうか。

SLANGUAGE

もしふさわしいものであれば、これを日本における語学教育に採り入れたいと考えております。

支払いが前もって必要なら、金額をできるだけ早くお知らせください。

構成 ❶自社の営業活動を紹介して、先方と関連のある分野に言及する。次に、何をどういう目的でほしいのかを述べて❷見本送付を依頼し、今後の取引の可能性を伝える。最後は❸代金を支払う用意がある旨を伝えて結ぶ。

語句 ❶**自社の営業活動紹介** Here at（社名）we 会社の活動内容を表すときの決まった言い方。various「さまざまな」活動の幅の広さを表す。As such「そのような機能において、そういう次第で」searching for「〜を探す」

❷**送付の依頼と今後の取引の可能性について** In this connection「これに関して」説明から依頼へのつなぎ言葉。we would like to ask you to ていねいな依頼表現。a sample copy of「見本として〜を1部」印刷物でない場合は a sample of でよい。for examination「審査のために」If feasible「条件が合えば、ふさわしければ」for use in「〜に使用するため」

❸**代金を支払う用意がある旨** If payment is required in advance「代金先払いなら」

please let us know「知らせてください」 the amount「金額」

ポイント 「探す」という意味では look for、search for、seek がある。 このうち、search for は「苦労して探す」といったニュアンス。 seek はやや硬い言い方になる。

応用 結びを変えて

かかった費用はすべて当方から返済させていただきます。

We would be happy to reimburse you for any costs involved.

貴社の標準的な印税契約書を添付してお送りください。

Please attach a copy of your standard royalty contract.

TEXT

From: Naoya Murakami [naoya.murakami@hiscompany.com]
To: Marketing Department
Cc:
Subject: Slanguage

Dear Sir or Madam:

Here at Asahi Press we publish various textbooks and readers for Japanese high school and university students studying English, French, and German. As such, we are always searching for new and interesting teaching materials.

In this connection, we would like to ask you to send us a sample copy of the following title for examination.

SLANGUAGE

If feasible, we would like to introduce the material for use in language education classes.

If payment is required in advance, please let us know the amount as soon as possible.

Sincerely,

Naoya Murakami
Editor
English Language Texts

引き合い	文例
見積もりを依頼する (1)	**093**

☞ 見積もりに必要な情報や条件をもらさず入れる

品名や数量などをわかりやすく示すのはもちろんのこと、受け渡しの場所や期日、運送方法についても情報を入れる。別記にしてわかりやすく示すように心がけるが、それでも複雑になりそうなときは、別に文書ファイルに起こして添付する。

弊社 [サイイケン] は現在、ニューヨークのロイズ・インターナショナルが設計したスターライト王宮プロジェクトの建築見積もりを作成しているところですが、この建築には下記のものを必要としております。

・1万8,000平方メートル、25ミリ厚、K値 (熱貫流率) 0.25の押出ポリスチレンボード (XPS) 断熱材――貴社の4型スタイロフォーム IB
・2万2,000平方メートル、50ミリ厚のスタイロフォーム断熱材 RM

以上の品物に関して、ジェッダ港利用のCIF (運賃・保険料込み条件) での見積もりをいただければ幸いです。なにぶんかさばる品物ですので、輸送費を最小限に抑えるために、中東に工場や直販店を持つ貴社認可の製造業者か卸売業者から求めたいと思うのですが、私どもには情報がありません。もしそのような会社があれば、しかるべき照会ができるような連絡先情報を添えてご紹介いただけないでしょうか。
ご参考までに仕様書を添付いたします。見積もりは7月5日までに、貴社の東京営業所を通してお送りください。

構成 ❶見積もり依頼で書き始める。なぜ依頼するのか、何に対してかを明記する。次に❷さらに細かい条件や要望を加える。最後は❸添付資料に触れ、提出先と期限を知らせて結ぶ。

語句 ❶見積もり依頼　is presently preparing a quotation「現在、見積もりを作成しています」なぜ先方の見積もりが必要なのかを説明する。which requires: 必要なものを個条書きにして次に続ける。

❷細かい条件と要望　We would appreciate your quotation on the supply of the above, ...「上記の品物に関し〜で見積もりをお願いします」さらに詳しい条件を述べるとき

文例093

の書き出し。ここでは、CIF（運賃・保険料込み条件）や利用港など、運送についての条件を明示する。**To minimize transportation costs**「輸送費を最小限に抑えるため」**licensed manufacturer**「認可を受けている製造元」**outlet**「販路、直販店」**Please advise us**「お知らせください、紹介してください」

❸**提出先と期限**　**Attached are ... for your reference**「ご参考までに…を送ります」送付する資料について触れる決まり文句。**Your quotation should be**見積もりの提出方法について要望を述べる表現。

ポイント　「～までに」という期限を表す場合 by no later than は冗長な表現。by または no later than あるいは not later than のどれか1つで十分。

応用　提出手段と期日の指示を変えて

| 見積もりは7月5日までに届くようにお送りください。 | Your quotation must reach us by July 5. |
| 見積もりはメールで7月5日までにお送りください。 | E-mail your quotation no later than July 5. |

引き合いとその返事

TEXT

From: Toshiaki Kinjo [toshiaki.kinjo@hiscompany.com]
To: Sales Department
Cc:
Subject: Quotation request

Dear Sir or Madam:

SAIIKEN is presently preparing a quotation on the construction of the Starlight Royal Palaces Projects designed by Loyd's International, New York, which requires:

- 18,000 square meters of 25 mm thick 0.25 K value extruded polystyrene board insulation—your styrofoam IB, Type 4
- 22,000 square meters of 50 mm thick styrofoam insulation RM.

We would appreciate your quotation on the supply of the above, CIF Jeddah. To minimize transportation costs of this bulky material, we would prefer obtaining it from a licensed manufacturer or supplier with a plant or outlet in the Middle East, but we are unaware of any. Please advise us, if possible, about such companies, including contact information, so that we can make the necessary inquiries.

Attached are the specifications for your reference. Your quotation should be sent to us by your Tokyo office no later than July 5.

Sincerely,

Toshiaki Kinjo
Architect Department
International Division

文例	引き合い
094	**見積もりを依頼する (2)**
	☞ 大まかな情報をまず伝えて、詳しくはあとでという2段構え

直接参加を呼びかけるというよりは、その気があるかどうか打診しているメールである。まず、大まかなところを伝えてから、興味があるなら設計図・仕様書などを送るという2段構えでいく。また、なぜ先方に依頼したいのか、および自社の経歴を述べて、先方を乗り気にさせる。

弊社は目下、サンセット・クウェート王宮プロジェクトの見積もりを作成中ですが、その仕様書の「6G6 建築の木造部分」に認可製造業者として貴社名があがっております。ご興味がおありでしたら、見積もりをご提出いただけないでしょうか。関連する仕様書と図面が必要でしたら、その旨お知らせください（仕様書と図面につきましては、下のほうに連絡先を記したHICONインターナショナル・コンサルタントから直接、わずかな費用でご入手いただくこともできます）。
　私どもは、このプロジェクトの入札者の中では弊社が最もふさわしいものと自負いたしております。といいますのも、アブダビの石油鉱物大学（設計はヒューストンのCRS）や日本の東京にあるインペリアルパレス・ホテルなどを建設した実績を有しているからです。
　早めにお返事をいただければ誠に幸いです。

引き合いとその返事

構成 ❶見積もり依頼の旨を伝えて打診する。なぜ依頼するのか、その背景を説明すること。❷自社の経歴を紹介して資格を述べ、❸返事を待つという結びで締めくくる。

語句 ❶見積もり提出の打診と依頼に至った経緯　We are presently 〜 ing 現在かかわっていることについて述べるときの言い方で、先方の見積もりがなぜ必要なのかを説明する。quotation on「〜に関する見積もり」list your firm as an approved manufacturer「資格のあるメーカーとして貴社を載せている」if you are interested「興味があれば」意向を打診するときによく使われる。Please inform us if 必要ならその旨知らせるよう伝える。relevant「関連のある」The specifications and drawings are available from「〜から仕様書と図面を入手できる」for a nominal fee「わずかな費用で、ほぼ実費のみで」
❷自社の経歴と資格　We believe ourselves to be「〜であると自負している」This is because 理由付けの表現。we have already 過去の業績を述べる表現。

❸**「返事を待つ」旨**　Your early reply would be most appreciated.「早めにお返事をいただければ誠に幸いです」

ポイント　余分な情報はカッコ書きにして、メールの主題から逸れないようにする。

応用　「私宛てに」の表現のバリエーション

お返事は直接私宛てにお送りくださるようお願いいたします。	Kindly send your reply directly to me.
お返事とその後のご連絡はすべて、必ず直接私宛てに下さるようお願いいたします。	Be sure to direct your reply and all subsequent communications to me.

文例 094

引き合いとその返事

TEXT

From: Haruna Ube [haruna.ube@hercompany.com]
To: Sales Department
Cc:
Subject: Quotation request

Dear Sir or Madam:

We are presently preparing a quotation on the Sunset Kuwait Royal Palaces Project, the specifications for which list your firm as an approved manufacturer of 6G6 Architectural Woodwork. We would like to have a quotation from you if you are interested. Please inform us if you require the relevant specifications and drawings. (The specifications and drawings are available for a nominal fee directly from HICON International Consultants at the address below.)

We believe ourselves to be the most qualified bidder on this project. This is because we have already constructed the University of Petroleum and Minerals (designed by CRS, Houston) in Abu Dhabi, as well as Japan's Imperial Palace Hotel in Tokyo.

Your early reply would be most appreciated.

Sincerely,

Haruna Ube
Manager
Architect Department

HICON International Consultants, Inc.
1877 Westheimer, Suite A99
Houston, TX 77056, USA
Attn: Mr. Howard V. Lefz
Tel: (213) 362-4001
E-mail: howard.lefz@xyzmail.com

引き合い	文例
販売代理店の申し込み――以前会ったことのある人に	**095**

☞ 過去の出会いを利用し、「とびこみ」ではないことを示す

勤めていた会社から独立し、専門を生かして代理店を始めた人が、前の会社時代に知り合った人に代理店として製品を扱わせてくれないかと打診するメール。この場合、始めたばかりの会社なので、会社の実績よりも個人の実績・専門性を強調している。

私は、2015年の7月、日本の横浜にありました厚膜ハイブリッドICの製作会社、RTI社の副社長だったときに、ロビンソンさまとお会いしました。あのときは、たしか貴社のマーケティング部長とご一緒で、貴社の機械装置とその日本における市場性について話し合ったと思います。当時、私どもには機械装置を購入する意思がなかったにもかかわらず、私は貴社の製品に非常に感銘を受けました。

RTI社は6カ月ほど前に買収され、私は他の興味を追求するために社を離れることにしました。現在は、RTSテクニカル・サービスという会社を設立しようとしているところです。この会社は、ハイブリッドマイクロエレクトロニクス系の製作会社にさまざまな製品を販売する代理店となります。現在は、オートメーション装置や電子制御装置を製作しているスイスの会社、メトロターの販売を請け負っております。

このメールの目的は、貴社が電子試験装置を日本で販売する上で、ハイブリッドマイクロエレクトロニクスの経験を持つ代理店を必要となさっているかどうかを知ることにあります。この数年間にわたる私の経歴を書いた簡単な履歴書を添付いたしました。

お時間をとって私のご提案をご検討いただければ幸いです。遠からずご連絡いただけることを願っております。

構成 まず❶以前会ったときのこと（時期・状況）を相手に思い起こさせる。次に❷その後の自分の活動について述べ、それから、メールの目的である❸販売代理店の申し込みをする。❹添付の履歴書について触れ、❺お礼と「返事を待つ」という結びで終わる。

語句 ❶**会ったことを思い起こさせる** At that time「当時」以前会ったことを思い起こさせるときによく使う言葉。marketability「売れるか売れないか、市場性」not looking to purchase = not in the market to purchase「買おうという態勢ではなかった」

文例 095

❷**その後の自分の活動**　was absorbed「吸収合併された」to pursue other interests「他の興味を追求するために」つまり「他の事業をやるために」I am in the process of「〜の最中である」We are now representingこの場合、Iではなくweを使うことで会社の存在をさりげなく示している。

❸**販売代理店の申し込み**　The intent of this e-mail is「このメールの目的は」技術者らしい率直な書き方。

❹**添付の履歴書について**　my background 会社の歴史がまだほとんどないので、個人の履歴書を送る。

❺**お礼と「返事を待つ」という結び**　Thank you for taking the time to「〜する時間をとってくださりありがとうございます」

ポイント　社長から社長に出す場合など、地位の高い者同士の間でメールを書くときは、Iを多く用いて個人的な雰囲気を出し、親しみをわかせるようにするとよい。

応用　前の会社における自分の実績をよりアピールして

私は20年間RTI社に勤めたあと、6カ月前に同社を離れ、独立いたしました。	I left RTI Ltd. six months ago after 20 years to strike out on my own.
私は25年間RTI社に勤めたあと、1年前に同社から独立し、自分の経験を生かせる道を探っております。	I retired from RTI Ltd. a year ago after 25 years and am seeking to put my experience work.

TEXT

From: Hiroshi Yanagimoto [hiroshi.yanagimoto@hiscompany.com]
To: Bobbie Robinson
Cc:
Subject: Sales representative in Japan

Dear Ms. Robinson:

I met with you in July of 2015 when I was the vice president of RTI Ltd., a thick film hybrid IC manufacturing company in Yokohama, Japan. At that time, I believe you were with your marketing manager, and we discussed your line of equipment and the marketability of it in Japan. I was very impressed with your products even though we were not looking to purchase any equipment at the time.

RTI Ltd. was absorbed approximately six months ago, and I chose to leave to pursue other interests. I am in the process of establishing an organization, RTS Technical Service, which will be representing numerous product lines selling to hybrid microelectronic manufacturers. We are now representing Metro-Ter, a Swiss company which manufactures automation and electronic controls equipment.

The intent of this e-mail is to determine if you may be in need of a representative with a background in hybrid microelectronics to market and sell your electronic test equipment in Japan.

Attached is a short resume indicating my background over the past few years.

Thank you for taking the time to review my proposal. I hope to hear from you shortly.

Sincerely,

Hiroshi Yanagimoto
President

文例 096

引き合い

翻訳権を申し入れる

☞ 成功の見込みがあることを印象づける

紹介なしの「とびこみ」のメールであるから、魅力ある内容でなければならない。このメールは、よく売れるためにはどうしたらよいかをまず伝え、それを実行できるのは自社であるという論で進めている。成功の見込みがあると印象づけることが大切。

「アメリカのビジネスでやってはいけないこと」を扱った連載記事をずっと拝読してきましたが、この題材は日本においても市場性があると常々感じております。それには、もちろん、まず編集と日本語への翻訳が適切に行われなければなりません。また、しっかりした日本の出版社の後ろ楯も必要となります。
私どもは、ビジネス・技術分野における情報通信業務を専門とする日本の会社です。そこで、このシリーズの翻訳権と販売権を獲得したいと考えております。すでに、ある出版社から、適切な日本語版を出したい意向の確認も得ています。
このような計画に関心をお持ちでしょうか。

構成 まず❶何に興味があるのか伝える。次に❷自社紹介をして権利がほしいことを申し入れ、❸「返事を待つ」で結ぶ。

語句 ❶興味の対象　なぜ興味があるのか、また売れるためにはどのように手を加えたらよいかを述べる。I have followed「〜をずっと読んできた」dealing with「〜を扱った」have often had the feeling that「〜だとよく思う」思いつきではなくずっとそう考えていることを強調。marketable「市場性がある」sell wellやsalableよりビジネスライクな語。It would first have to be「まず〜でなければならない」後出のIt would also require「また〜も必要となる」とともに売れるための条件を示し、ここに自社の果たす役割の必要性をほのめかす。properly「適切に、うまく」backing「支持」reputable「きちんとした、立派な」

❷自社紹介　Our firm specializes in「当社は〜を専門としている」are interested in securing the 〜 rights「〜の権利を得たい」getやhaveよりsecureは洗練された語。We have already confirmed「すでに確認をとってある」

❸ 返事を待つ　such an arrangement「そのような計画」

ポイント 宛て先がEditorで明らかに単数だから、Dear Sir or Madamとなる。Dear Sirs or Madamsでは誤り。

応用 詳しい説明を申し出る

このアイデアについて直接お目にかかってご相談する機会をいただければ幸いです。	We would welcome a chance to meet and discuss this idea with you directly.
ご希望があれば、いつでも詳しい説明をいたします。	We are prepared to provide a more detailed description upon request.

TEXT

From: Toshikazu Takeuchi [toshikazu.takeuchi@hiscompany.com]
To: Marketing Department
Cc:
Subject: Business opportunities in Japan

Dear Sir or Madam:

I have followed a series of articles dealing with "What Not to Do in U.S. Business" and have often had the feeling that the material would be marketable here in Japan. It would, of course, first have to be properly edited and translated into Japanese. It would also require the backing of a reputable local publishing firm.

Our firm specializes in communications in the business/technological area here in Japan. Consequently, we are interested in securing the translation and marketing rights for the series. We have already confirmed that a publishing house is interested in a properly translated version.

Would you be interested in such an arrangement?

Sincerely,

Toshikazu Takeuchi
Publications Manager

引き合い	文例
保留になっていた販売権申し入れの再検討を求める	**097**
☞ 保留の原因を取り除くことが第一	

現地の貿易会社と組んで販売権を申し入れたが、情勢が不安定であるという理由で保留にされてしまった。これはその話の再開を求めるメールである。ビジネスライクでかつアピールのあるメールでなければならない。

> 2011年5月2日付で頂戴していたメールについてご連絡を差し上げます。その中にありましたように、弊社は、ブラジリアン・イースタン貿易投資会社と合同で、ネクストインターコム[貴社]さま製品のブラジルにおける販売権獲得についてご検討いただいておりました。
> その後、長い時の経過とともに、私どもの申し込みをご検討いただいたときの保留要因であった経済情勢および政治情勢が、かなり変化いたしました。
> ブラジリアン・イースタン貿易投資会社はもはや存在しておりません。しかし私どもは、ブラジルにおけるネクストインターコムさまの独占代理店になることに、今も強い興味を持っております。
> こうした変化をご考慮の上、私どもをブラジルにおけるネクストインターコムさまの代理店候補として再度ご検討くださいますよう、お願い申し上げます。種々の理由により「保留」となっていた交渉を再開するご意思がございましたら、ご連絡のほど、よろしくお願いいたします。

構成 いつ、だれと、何の交渉をしていたのか振り返り、❶記憶をよみがえらせる。保留の原因を取り除くような❷状況の変化を伝える。こちらも状況が変わったが❸引き続き興味を持っていることを伝える。最後は❹再検討を望んで結ぶ。

語句 ❶記憶をよみがえらせる　This is in reference to your e-mail of「〜日付の貴社からのメールについてご連絡を差し上げます」in which 何の交渉であったか内容に触れる。was being considered for「検討の対象になっていた」

❷状況の変化を伝える　since then「その後」much has changed「大きく変わった」climate「情勢・事情」which was such an important factor in「重要な要素であった」

文例 097

candidacy 公式な感じのする語。
❸引き続き興味を持っている旨を伝える　are still very interested in「今も強い興味がある」a sole distributor「独占代理店」
❹再検討を望む　In view of these changes「こうした変化を考慮して」we ask you to reconsider「再検討をお願いします」if you are willing to resume negotiations「交渉を再開してもいいという気があるなら」

ポイント　be left in "abeyance" は先方が使った言葉をそのまま引用符をつけて最後に用いることにより、パンチをきかせようとしている例。

応用　こちらの状況の変化を伝える

当初の共同事業者は、現在では別の事業に関係しており、もはや参画の意思はなくなっていること、ご了承ください。	Please understand that our original partner is now involved in a different venture and is no longer interested in taking part.
この間、当初の協力者の川崎開発社は南米市場から手を引き、その関心はヨーロッパにしぼられています。	In the interim, Kawasaki Development Ltd., our original collaborator, has withdrawn from the South American market and is focusing its attention on Europe.

引き合いとその返事

TEXT

From: Genki Yajima [genki.yajima@hiscompany.com]
To: Craig Skinner
Cc:
Subject: Distributorship in Brazil

Dear Mr. Skinner:

This is in reference to your e-mail of May 2, 2011, in which our company together with the Brazilian Eastern Trade & Investment Co. was being considered for the distributorship of NEXTINTERCOM products in Brazil.

A great deal of time has passed since then and much has changed in the economic and political climate, which was such an important factor in your consideration of our candidacy.

Please understand that the Brazilian Eastern Trade & Investment Co. no longer exists. However, we are still very interested in being the sole distributor for NEXTINTERCOM in Brazil.

In view of these changes, we ask you to reconsider our candidacy for the NEXTINTERCOM distributorship in Brazil and to inform us if you are willing to resume negotiations that for various reasons were left in "abeyance."

Sincerely,

Genki Yajima
General Manager

文例 098　引き合いの返事

引き合いに答える

☞ 先方にとって有利なこと、ぜひ勧めたいことがあれば盛り込む

価格、納品、支払いなどの条件について答えた、引き合いに対するごく一般的なメール。複数の点について回答する場合は、先方がたずねてきた順番で回答するのがわかりやすくてよい。その上で、先方のプラスになるような情報を加えて、買う気を起こさせる。もちろん大至急回答すること。

弊社の全自動プローバーについて、6月8日付のお問合わせをいただき、ありがとうございます。ご要望の情報は下記の通りです。

・価格：
　　IFP-140A型 ―― 横浜港でのFOB（本船渡し）　9,870ドル
　　IFP-900型 ―― 横浜港でのFOB（本船渡し）　8,990ドル
・納品：
　　正式受注の60日後
・お支払い：
　　出荷後90日以内

なお、5ユニット以上のご注文については、数量割引として10％の値引きが適用されます。プローバーの技術的な追加資料を添付いたしました。さらに情報が必要な場合は、ご遠慮なくお知らせください。

構成　まず❶引き合いに対してのお礼を述べる。日付とどの製品についてか具体的に入れて、相互の事実確認を兼ねる。次に❷問い合わせに対しての回答をする。その上でぜひ知らせたいことがあれば❸追加情報を伝え、❹詳しい資料を添付して協力的な姿勢で結ぶ。

語句　❶引き合いに対するお礼と確認　Thank you for your inquiry of（日付）regarding（内容）具体的に。

❷問い合わせに対する返事　The information you requested is as follows: 決まり文句。$9,870.00 FOB Yokokama「横浜よりの本船渡し価格」ドル建てか円建てか、その値段に何が含まれるかなど、はっきり示す。from receipt of firm order「正式な受注後」よ

く使われる言い回し。Within 〜 days of shipment「出荷後〜日以内」
❸**追加情報**　volume discount「まとまった量に対する値引き」is granted for「〜に対して認められる」five or more「5あるいはそれ以上の」more than fiveでは「5」が入るかどうかはっきりしない。
❹**添付資料について知らせ、協力的な姿勢で結ぶ**　additional information「追加資料」Please do not hesitate to 協力的な姿勢を示す決まり文句。

ポイント 個条書きにするとき、番号の代わりに「-」を使うこともある。優先順位がとくにない場合や、文中に数字が多く使われている場合に有効。

応用 先方のプラスになる情報を盛り込む

支払いが50日以内に行われる場合は、5%の値引きが適用されます。	A 5% discount is applied when payment is made within 50 days.
なお、追加費用にて、航空便による発送も可能です。	Please note that air delivery is also possible at additional cost.

TEXT

From: Hisako Tani [hisako.tani@hercompany.com]
To: Tom Welch
Cc:
Subject: Quotation and tech information

Dear Mr. Welch:

Thank you for your inquiry of June 8 regarding our line of fully automatic probers. The information you requested is as follows:

- Prices:
  Model 1FP-140A - $9,870.00 FOB Yokohama
  Model 1FP-900 - $8,990.00 FOB Yokohama
- Delivery:
  Sixty (60) days from receipt of firm order
- Payment:
  Within 90 days of shipment

Please note that a 10% volume discount is granted for orders of five or more units.

Attached is some additional technical information on the probers. Please do not hesitate to contact us if you require any further information.

Sincerely,

Hisako Tani
Manager

引き合いの返事	文例
見積もり依頼に対し一部のみ見積もることを伝える	**099**
☞ 応じる範囲を伝えて暗黙のうちに残りの部分を断る	

先方の依頼に対し「全部は引き受けない」と断るのではなく、興味のある部分、やりたい部分を前向きな気持ちで伝えて、暗黙のうちに残りを断っているメール。否定的な印象を与えずに、やる気があることを示すうまい方法である。

1月19日付のアブダビ王宮プロジェクトの入札に関するお問い合わせ、確かにお受け取りしました。
弊社[カンナ組]は仕様書の木工と木製建具の部分に指定されておりますが、現在、第30パッケージの迎賓館についてのみ、入札の見積もりを作成中です。
この入札に関して、弊社における進展状況を今後もお知らせしてまいります。

構成 ❶入札参加の依頼を受け取ったことを知らせる。 入札の見積もりを作成する部分を示して❷応じる範囲を伝える。 ❸今後の見通しに触れてやる気を示し、結ぶ。

語句 ❶受け取りの知らせ　acknowledge（内容）of（日付）具体的に示す。
❷応じる範囲　Although先方の要望に全面的に応じているわけではないということを暗示する書き始め。is specified under「～に指定されている」we are now bidding only「～のみについての見積もりを作成中である」すでに取りかかっていることを示してやる気を見せると同時に、残りの部分を断る。
❸今後の見通し　keep you informed of our progress「進展状況を知らせる」これもやる気の表れ。

ポイント 顧客に進展状況を継続的に伝えることで、問い合わせのメールを少なくするやり方。

応用 提出の見通しを変えて
2週間以内には、最終的な見積もりをお届けできると思います。　　You will receive our final quotation within two weeks.

プロジェクトの場所的な問題から、本パッケージに対する弊社のご提案は、完成までもうしばらく時間がかかると思われます。

Because of the location of the project, it will take some time to complete our proposal on the package.

TEXT

From: Norio Aragaki [norio.aragaki@hiscompany.com]
To: Shane Rosco
Cc:
Subject: Bid inquiry

Dear Mr. Rosco:

This is to acknowledge your bid inquiry of January 19 regarding the Abu Dhabi Royal Palaces Project.

Although KANNA-GUMI is specified under the carpentry and millwork specifications, we are now bidding only on Package 30, the VIP Guest Residences.

We will keep you informed of our progress on the bidding.

Sincerely,

Norio Aragaki
Director
International Sales

引き合いの返事
見積もり承諾に対して確認し、了解を示す

☞ 先方からの一部分のみの承諾返事には、こちら側からも了解を示す

文例 100

見積もり依頼に対し、一部のみ見積もりを出すというメールがきた。これはその返事で、お礼を兼ねて、先方が引き受けた内容を確認し、了解したことを伝えるもの。直接に了解するとは述べていないが、「完成次第受け取れることを期待する」はその印。

先日お送りした、サウジアラビア離宮プロジェクト（第43パッケージ――職員寮）の断熱工事に関する見積もり依頼に対し、1月24日付のお返事をいただき、ありがとうございました。第43パッケージの見積もりを、完成次第お受け取りできることを期待いたしております。月末までにご返信をいただければ誠に幸いです。

構成 先方から意思表明の❶メールを受け取ったことを知らせ、お礼を述べる。一部のみの引き受けに対し❷了承したことを示す。最後は❸「よろしく」で結ぶ。

語句 ❶受け取りの知らせ response to our earlier request for「当方の依頼へのお返事」quotation on「～の見積もり」

❷確認と了解　look forward to receiving「～の受け取りを楽しみに待つ」ほかに何も条件をつけず、そのまま進めてほしいことを伝える。bid on「～の見積もり」quotationのくりかえしを避ける。Package 43 わざわざ入れることで、先方が引き受けたものに対しての確認を示す。

❸「よろしく」の結び　Your response by month end ... appreciated. 月末までの返事を求める言い方。

ポイント 見積もりの期限は具体的に述べること。

応用 了解の伝え方を変えて

第43パッケージに関する正式な見積もりを、2月15日までに受け取れることを期待しています。　We look forward to receiving your firm bid on Package 43 by February 15.

難しい点もあるかとは存じますが、正式見積もりをいつごろいただけるか、はっきりした見通しをお知らせいただきたいと思います。

We realize the difficulties involved but would like you to give us a clearer idea of when we can expect to receive your firm bid.

TEXT

From: Masakichi Toda [masakichi.toda@hiscompany.com]
To: Celine Stone
Cc:
Subject: Bidding on Package 43

Dear Ms. Stone:

Thank you for your January 24 response to our earlier request for your quotation on insulation work for the Saudi Arabian Detached Palaces Project (Package 43 – Staff Dormitories).

We look forward to receiving your bid on Package 43 as soon as you have completed it.

Your response by month end would be very much appreciated.

Sincerely,

Masakichi Toda
Deputy Manager
Architect Department

引き合いの返事	文例
販売代理店の申し込みに対して	**101**
☞ 基本的な条件について相手の考えや態勢を問いただす	

販売代理店の申し込みを受けたが、相手の会社の力量に対して危惧の念を抱いているので、資格や体制を問いただし、相手のやる気を試すメール。 内容的に文例095に対応する返事のメールである。 相手の力量について不安に思っているからといって、頭から断ってしまうのではなく、チャンスを残す書き方をしている。

2月6日付のメールで、弊社製品を扱うことにご興味をお示しくださり、お礼申し上げます。 私どもは、基本的に、弊社の代理店になるという貴社のお考えを前向きに検討したいと思っております。 しかし、最近の外国為替状況を考慮いたしますと、我々の競争力に危惧の念を抱いてしまいます。 また、アフターサービス設備の問題もあります。 これらの問題に関するご意見と、今後の展開の仕方についてのお考えをお聞かせいただけないでしょうか。

構成 まず❶申し込みに対するお礼を述べ、次に❷「基本的には話を進めたい」という意向と、問題点(外国為替レートの状況とアフターサービスの設備)を提示する。 最後に、上記の❸問題に対する回答と今後の段取りについての考えを求める。

語句 ❶**申し込みに対するお礼** conveyed「伝わった、伝えられた」
❷**「基本的には話を進めたい」という意向と、問題点の提示** Basically / Howeverともに、つなぎの言葉で筋道立てて話を進めている。 pursue the idea of「〜を善処する、前向きに検討する」given「〜を考慮すると」the new foreign exchange situation「新しい外国為替状況」この場合はドル高が問題になる。 There is also the question of問題点の追加。
❸**問題についての回答と、今後の段取りについての考えを求める** It would be good if we could get your views on婉曲に相手の態勢を改めることを求める。ideas ... on how to proceed from here今後の段取りについての考えを求める。

ポイント Basically「基本的に(は)」が総論賛成(各論反対)の表明に使うのに便利な言葉で

文例 101

あるのは日本語と同じ。

応用 相手の体制を問いただす内容のバリエーション

ただし、貴社が輸入資金をどうやって調達するおつもりなのか、お知らせいただきたいと思います。また、適切な設備とメンテナンスサービスの問題もあります。	However, we would like to know how you intend to finance your imports. There is also the question of proper installation and maintenance support.
ただし、市場予測と貴社のマーケティングプランをお聞かせ願えないでしょうか。また、私どもが要求することになる最低買取条件の問題もあります。	However, we would appreciate receiving a forecast of the market and your marketing plan. There is also the question of minimum purchases which we will be requiring.

TEXT

From: Bobbie Robinson [bobbie.robinson@hercompany.com]
To: Hiroshi Yanagimoto
Cc:
Subject: Re: Sales representative in Japan

Dear Mr. Yanagimoto:

Thank you for the interest you expressed in handling our products conveyed in your e-mail of February 6.

Basically, we would like to pursue the idea of your representing us. However, we are anxious about our competitiveness given the new foreign exchange situation. There is also the question of servicing equipment after it is sold.

It would be good if we could get your views on these problems along with any ideas you might have on how to proceed from here.

Sincerely,

Bobbie Robinson
General Manager

引き合いの返事
販売権申し入れの再検討に乗り気であることを伝える

文例 102

☞ 手放しで受け入れず、逃げ道を残す

保留になっていた話の再開を求められての返事。前向きだが手放しで話に飛びつくのではなく、話し合いを慎重に行いたいという気持ちから、逃げ道を残している堅実な文面である。ゆっくり構えてから始めようという態度のメール。

2015年の初頭以降保留になっていた、アルゼンチンにおける弊社製品販売権のお申し入れについて、話し合いを再開したいとの6月6日付のメールをいただき、ありがとうございました。

私どもも、経済情勢をはじめとする諸状況がこの間にかなり好転していると考えます。今は、貴国への弊社進出を検討するのに、より適した状況になっているように思われます。そのための第一段階として、貴社の事業状況についての最新情報を頂戴したいと存じます。添付いたしましたのは、話し合い再開のために弊社が必要とする各種情報をお知らせいただくための質問表です。

早めのお返事をお待ちいたしております。

[構成] ❶先方からのメールの受け取りの知らせとお礼を述べる。次に❷話し合い再開に乗り気である旨とその理由を伝えて、まず手始めに❸検討に必要な資料を求める。❹「返事を待つ」で結ぶ。

[語句] ❶**受け取りの知らせとお礼** Thank you for your e-mail of ごく普通の返事の書き出し。suggesting あくまでも「提案」以上のものではないと逃げ道を残す。resume negotiations on 「～の話し合いを再開する」a possible distributorship 「代理店になる可能性」possibleを挿入することで「まだ決定したわけではない」ことを示し、逃げ道を残す。have been suspended since 「～以降保留になっていた」
❷**再開に乗り気** We agree that 先方の考えに沿っていることを示す。have improved significantly 「かなり好転した」といってもremarkablyよりは抑えた言い方。in the interim 「その間」be conducive to 「～する助けとなる」
❸**検討の資料を要求** As the first step 「(再開への)第一歩として、取りかかりに」update

文例 102

the information「最新の情報を知る」 **your operation** これは your business より洗練された言い方。 required to get started here「再開するのために当方が必要とする」
❹**結び** look forward to 簡潔で前向きな結び。

ポイント 先方に同意を示し、先方のあげた理由を引用したい場合、そのまま全部を引用する必要はない。 本文中の the economic environment and other circumstances のように、先方の使った言葉を1つだけ引用し、あとは省略してまとめて言えばよい。

応用 A) 乗り気である旨の表現を変えて　B) 情報がほしいという表現を変えて

A) 今は、貴国に販売代理店を置くことを考えるのに以前よりもはるかに適した状況になっていると、強く思われます。

Conditions now do indeed seem to be far more hospitable to considering a distributorship in your country.

B) その第一歩として、貴社の活動領域全般について、より詳細な情報を必要としております。

As a first step, we require extensive information on your overall capabilities.

TEXT

From: Kenichi Taga [kenichi.taga@hiscompany.com]
To: Shaw Andratti
Cc:
Subject: Distributorship in Argentina

Dear Mr. Andratti:

Thank you for your e-mail of June 6 suggesting that we resume negotiations on a possible distributorship for our products in Argentina, which have been suspended since early 2015.

We agree that the economic environment and other circumstances have improved significantly in the interim. The situation now would seem to be more conducive to considering expanding our business to your area.

As the first step in this direction, we would like to update the information we have on your operation. Attached is a questionnaire that would provide all the data required to get started.

We look forward to hearing from you soon.

Sincerely,

Kenichi Taga
General Manager
International Sales

文例 103

引き合いの返事

引き合いを断る——生産が追いつかないので

☞ 品不足や人手不足は最も当たり障りのない断りの理由

先方の信用状態が不安であるなど、取引を断りたいが本当の理由を伝えられないときに、建前として使われる理由のひとつ。ただし、現在は経営状態が悪くてもこの先好転する可能性を考えて、「当分は応じられないが将来は……」という今後に希望をつなぐような書き方にする。

そちらの市場で弊社製品をお取り扱いいただくことの可能性について、メールでおたずねをいただき、ありがとうございました。

貴社の安定性、専門性、市場での名声については当方も十分に了解いたしました。通常であれば、弊社も大変前向きに話を進めさせていただくところです。

しかし残念ながら、私どもの現在の生産能力は、すでに成約済みの供給量さえまかなえない状態です。この状態は、当分の間、改善の見込みがありません。したがって、今の弊社は責任を持って新規の販売契約を結べる立場にありません。なにとぞよろしくご了解ください。

生産高の問題が解消され次第、必ずご連絡させていただきます。

弊社製品に関心をお寄せいただいたことに、再度お礼申し上げます。

構成 まず、❶受け取りの知らせとお礼を述べる。次にお世辞と仮定法で❷断りの布石を打ってから、❸断りとその理由を述べる。それから❹今後に希望をつないで❺感謝の結びで締めくくる。

語句 ❶**受け取りの知らせとお礼** inquiring in to the possibility of「〜の可能性をおたずねの」断るつもりなのでpossibilityと言っている。

❷**断りの布石** Your 〜 were duly noted「そちらの〜は十分に了解しました」信用状など添付している場合に言及する。Under normal circumstances we would be very eager to 仮定法にすることで、実際は違うということを示す布石になる。proceed with discussions「話を進める」承諾するとは言っていないことに注目。

❸**断りとその理由** present production capacity「現在の」がカギ。foreseeable future「当分（の間）」具体的に示さない。**not in a position to** これは、cannotを使うよりも今後の先方との関係を配慮した断り方。**responsibly**「責任を持って」この状況で引き受けることこそ無責任だという論。

❹**今後に希望をつなぐ**　Rest assured「〜しますので安心してください」as soon as 〜 permits「〜次第」

❺**結び**　Again, thank you 決まり文句。

ポイント　commitmentは約束に伴う義務や責務を強く感じさせる語。fulfillのほかに、meetやsatisfyなどの動詞をとる。

応用　A）先方への賛辞を変えて　B）断りの表現を変えて

A）貴社の信用状は実にすばらしいものです。　Your credentials are indeed impressive.

B）ほかにも貴社と同じように信用のある会社数社からの申し出が棚上げになっています。　We have several other equally qualified requests also being held in abeyance.

TEXT

From: Seishiro Kawabata [seishiro.kawabata@hiscompany.com]
To: Kelly York
Cc:
Subject: Product distribution

Dear Ms. York:

Thank you for your e-mail inquiring into the possibility of handling our products in your market.

Your stability, expertise, and stature in your market were duly noted here. Under normal circumstances we would be very eager to proceed with discussions with you.

Unfortunately, our present production capacity is not even able to meet the supply commitments we have already made. This situation is not expected to improve in the foreseeable future. Consequently, we are not in a position to responsibly enter into any new distribution agreements at this time. We can only hope you will understand.

Rest assured we will be in touch with you as soon as our production permits.

Again, thank you for your interest in our products.

Sincerely,

Seishiro Kawabata
General Manager

引き合いの返事	文例
翻訳権申し入れを断る——他社と契約済みなので	**104**
☞「同じ気持ちである」ことを示してから断りを切り出す	

すでに他社と話が進みかけている企画に対しての申し入れがあった。事実をそのまま伝えて断ればよいが、他社と話が進まなかったときの可能性を考えて何らかの形でつないでおく。事前調査を行った先方の態度に一言触れて敬意を表し、「こちらも同じ気持ちでいる」ことを示してから断る。

毛利茂にお送りくださった3月27日付の出版権に関するメールが、私からお答えするようにと、転送されて参りました。

適切に翻案されれば私どもの雑誌が米国内でも通用するとのご見解には、私も同感です。このような企画にご関心を寄せていただいたことに大変感謝しております。

しかし残念ながら、その出版権については別のアメリカの出版社がすでに優先権を得ており、先月、私のニューヨーク滞在中に、米国版の発行について件の出版社との間で仮契約に至っております。

しかし、何らかの事情でこの出版の話が進まない事態が生じましたら、必ずそちらにご連絡差し上げたいと存じます。

構成 日付と内容を具体的に示して❶メールの受け取りを知らせる。次に❷先方の申し入れに対し賛同を示して感謝を伝える。その上で❸断りとその理由を説明する。最後は❹今後の可能性に触れて結ぶ。

語句 ❶ **受け取りの知らせ** regarding「～に関する」addressed to「～宛ての」forwarded to me for reply「返答をするようにと私のところへ転送されてきた」
❷ **申し入れに対する賛同と感謝** agree with your view「あなたのご見解に賛同いたします」suitable for「～に適する」properly adapted「うまく適合させる」most grateful for expressing interest「興味を示していただいて大変感謝している」
❸ **断りとその理由** はっきり理由を述べるが、具体名は避ける Unfortunately「残念ながら」first option「優先権」already「すでに」reached a preliminary understanding「仮契約に至っている」the option would be taken up「選択権は手にされた」company

in question「件（くだん）の会社」

❹**今後の可能性**　However「しかし」if for any reason「もし何らかの理由で」

ポイント　先方と同じ国の会社と話が進んでいる場合、その会社の名前は出さないのが礼儀。本文中ではanother American publisher、the company in questionなどの表現が使われている。

応用　A) 仮定法を用いて断りの布石　B) 今後に付き合いをつなぐ

A) 本来なら、喜んで細部のつめを進めるところです。

We would normally be more than happy to proceed with the details.

B) しかし、弊社のほかの出版物のどれかを貴社が発行されるということでしたら、喜んでお話を承ります。

However, we would welcome a chance to have you publish one of our many other publications.

TEXT

From: Miyuki Hayashi [miyuki.hayashi@hercompany.com]
To: Jerry Hagerty
Cc:
Subject: Publication rights

Dear Mr. Hagerty:

Your e-mail of March 27 regarding publication rights addressed to Mr. Shigeru Mouri has been forwarded to me for reply.

I agree with your preliminary view that our periodicals would be suitable for the U.S. market if properly adapted. I am most grateful to you for expressing interest in such a venture.

Unfortunately, the first option on the publication rights is already with another American publisher, and during my visit to New York last month we reached a preliminary understanding that the option would be taken up and the company in question would be publishing an edition in the United States.

However, if for any reason this edition does not proceed, I will certainly get in touch with you.

Sincerely,

Miyuki Hayashi
Managing Director

文例	引き合いの返事
105	販売権申し入れを断る (1)——すでに独占代理店かあるので

☞ "No" と言わずに現状に断らせる

すでに独占代理店があり、今の体制に満足しているという現状を伝えて、先方に結論をくみ取ってもらう断り方。 将来、代理店を増やしたい状況になるかもしれないという可能性を考えて、まったく縁を切ってしまうことのないようにする。

貴国にて弊社の製品を取り扱いたいとの10月16日付のメール、ありがとうございました。 貴社の概要につきましては、誠に結構なものと存じます。 通常の場合でしたら、喜んでこのお話を進めるところです。

ところが、あいにくながら、貴国には弊社の代理店がすでにあり、そこが弊社の全製品を独占的に取り扱う権利を有しております。 弊社としましては、現在のところ、この体制の成果に十分満足しています。

しかし、状況に何らかの変化があった際は、ぜひこのお話を再開させていただきたいと存じます。

弊社製品にご関心をお寄せくださいましたことに重ねてお礼申し上げます。

[構成] 日付と内容を具体的に入れて❶メールの受け取りを知らせて感謝する。 次に、お世辞と仮定法で❷断りの布石を打ち、その上で❸断りとその理由を述べる。 それから❹今後に希望をつないで❺再びお礼で結ぶ。 最後のお礼は省いてもよい。

[語句] ❶受け取りの知らせとお礼　your e-mail in which「〜という内容のメール」offer to「〜するという申し入れ」

❷断りの布石　仮定法を用いて婉曲的にする。general presentation「一通りの説明」qualifications「資格、経歴」indeed impressive「誠にすばらしい」Normally「通常の場合でしたら」would be more than happy「喜んで〜するところですが」pursue the subject「話を進める」必ず契約すると約束していないことに注目。

❸断りとその理由　Unfortunately 断りを切り出す。already have「すでにある」exclusive rights「独占権」entire product line「全製品」are very satisfied with the results of this arrangement「今の体制の成果に大変満足している」上記の語句は、先方

がこれ以上話を進めてこないための布石。 もう入りこむ余地はないということを婉曲に伝える。

❹**今後の可能性**　We do hope doは強調。permit us謙遜の気持ちの表れ。take up this matter「話を再開する」ここでも必ず契約するとは言っていない。should「もし〜ならば」

❺**再びお礼**　Again, thank you決まり文句。

ポイント　最近のアメリカでは、このような比較的長めの事務的な断りメールの結びとして、最後にお礼をくりかえさない傾向にある。

応用　受け取りの知らせ方を変えて

韓国における独占販売権を得たいとの10月16日付のメール、ありがとうございました。	Thank you for your e-mail of October 16 in which you request exclusive distribution rights for Korea.
貴国における販売権を貴社にも認めるよう、10月16日付のメールでお申し出くださり、ありがとうございました。	Thank you for your e-mail of October 16 in which you request a share in distribution rights for your country.

TEXT

From: Takeru Hirano [takeru.hirano@hiscompany.com]
To: Bryce Murphy
Cc:
Subject: Product distribution

Dear Mr. Murphy:

Thank you for your e-mail of October 16 in which you offer to distribute our products in your country.

The general presentation of your qualifications was indeed impressive. Normally, we would be more than happy to pursue the subject with you.

Unfortunately, we already have a distributor in your country who has exclusive rights to handle our entire product line. At present, we are very satisfied with the results of this arrangement.

However, we do hope you will permit us to take up this matter with you again should our situation change.

Again, thank you for your interest in our products.

Sincerely,

Takeru Hirano
Manager
North Asia

引き合いの返事	文例
販売権申し入れを断る (2)——経済情勢が不安定なので	**106**
☞ 情勢が変わったらまた検討するという保留の姿勢を示す	

販売権取得の申し入れを、先方の経済情勢が不安定であるという理由で断る。こちらに断りの原因があるのではなく、そちらにあるという論法。不安要素が改善され次第、検討を考えてもよいという保留を伝え、将来に可能性をつないでいる。

10月3日付のメールで、ナイジェリアにおける弊社製品の販売にご協力をお申し出くださり、ありがとうございました。

ご承知の通り、目下、貴国の市場情勢は非常に流動的であり、経済の先行きがつかめません。貴国政府内の政策決定者がますます保護主義的な傾向を強めている現状ではとくにそうです。このような状況のもとでは、貴国の市場で私どもの立場を強化するために何か新しい積極的行動を起こそうとしても、なかなかできません。今は静観の態度をとるのが賢明のように思えます。

しかし、弊社が長年抱いてきたナイジェリア市場への積極的熱意は変わるものではないことを、どうかご承知おきください。ですから、弊社の販売網を貴国で安心して広げることができる状況になりましたら、貴社にご連絡して販売代理店の可能性を前向きに検討したいと存じます。

情勢が近いうちに好転することを願っております。

[構成] 日付と内容を具体的に入れて❶メールの受け取りを知らせて感謝する。❷現状を述べ、今の段階では断らざるをえないことを伝える。❸理解を求め、今後に期待を持たせる。最後は❹状況の好転を願って結ぶ。

[語句] ❶**受け取りの知らせとお礼** Thank you for your e-mail of 「メールを受け取ったことの確認とお礼を表す決まり文句」 offered to assist 「協力を申し入れた」

❷**断りとその理由** too fluid 「あまりに流動的」 foresee the future direction of 「～の先行きをつかむ」 increasingly protectionist orientation 「ますます強まる保護主義的傾向」 undertake 「着手する」 new constructive action 「新しい積極的な行動」 Prudence 「賢明さ」 call for a wait-and-see posture 「静観の態度を求める」

❸理解を求めて今後の可能性に触れる　positive long-term aspirations「長い間の積極的な熱意」should the situation come = if the situation should come　pursue the possibility「可能性を前向きに検討する」契約するとは言っていない慎重な表現。

❹結び　favorable climate「好ましい情勢」climate は situation を言い換えたもので、より抽象的で洗練された言葉。

ポイント　difficult は文字通り「難しい、困難だ」の意で、「できない」の婉曲表現ではない。日本式の婉曲的な断りの含みはないので、区別すること。「できない」という意味なら impossible「望みなし」、almost impossible「望み薄」を用いる。

応用　現状説明を変えて

A) ご承知の通り、石油収入の急激な低下により、貴国の国内市場は今、かなりの不景気状態にあります。

As you know, your domestic market is now being severely depressed by sharp recent drops in oil revenues.

B) それゆえ、貴国市場に乗り出すことを弊社はためらっているのです。

We are, therefore, hesitant about expanding our presence in your market.

TEXT

From: Subaru Omiya [subaru.omiya@hiscompany.com]
To: Poula Bartman
Cc:
Subject: Product distribution

Dear Ms. Bartman:

Thank you for your e-mail of October 3 in which you offered to assist in distribution of our products in Nigeria.

As you know, your domestic market conditions are now too fluid to foresee the future direction of your economy. This is especially so given the increasingly protectionist orientation of your government's decision makers. This situation makes it difficult to undertake any new constructive action to strengthen our position in your market. Prudence now would seem to call for a wait-and-see posture.

However, please understand that our positive long-term aspirations with regard to the Nigerian market remain the same. Thus, should the situation come to warrant an expansion of our sales network in your country, we would like to contact you and pursue the possibility of your distributorship.

We look forward to a more favorable climate soon.

Sincerely,

Subaru Omiya
General Manager

文例 107　引き合いの返事
引き合いのメールを最寄りの営業所へ転送したことを伝える
☞ 簡潔ながらも、感謝の気持ちと協力的な姿勢を入れる

海外からの引き合いを先方に最も近い営業所へ回したことを伝えるメール。こちらの事務処理のためであるのはもちろんだが、先方の便宜をも考えた対応であるという協力的な感じにする。この種のメールは、簡潔かつポイントを押さえ、感謝の気持ちを入れること。

先日は引き合いをいただき、ありがとうございました。貴社に近い加藤インターナショナル・オスロ事務所に転送させていただきましたので、そちらで速やかに対処するものと存じます。弊社および弊社製品に関心をお寄せいただいたことに深く感謝いたします。またのご連絡をお待ち申し上げております。

構成 ❶引き合いを受けたという**確認**と、それを転送したという**処理を伝える**。❷**感謝の気持ち**を伝えて、**今後につないで結ぶ**。

語句 ❶**引き合いを受けたことの確認と、それに対する処理**　Thank you for your recent inquiry 引き合いに対する確認とお礼を兼ねた決まり文句。have been forwarded to「〜に転送しました」for immediate action「即対応するべく」近いほうが連絡も対応も早くできるというわけ。
❷**引き合いに対するお礼**　「毎度ありがとうございます。今後ともよろしく」に相当する部分。Your interest in 〜 is much appreciated「〜に関心を寄せていただき、誠にありがとうございました」we look forward to hearing from you again「またのご連絡をお待ちしております」いずれも引き合いに対するお礼の決まり文句。

ポイント　問い合わせ内容が海外支社に伝えられたことを相手に伝え、フォローアップしやすくする。

応用 結びを変えて
今回お役に立てる機会をいただき、大変うれしく存じます。　　We are happy to have had this opportunity to serve you.

この処置により不都合な点がございましたら、どうぞご遠慮なくもう一度当方へご連絡ください。

Should this arrangement prove to be inadequate, please do not hesitate to contact us again.

TEXT

From: Toshikazu Fujii [toshikazu.fujii@hiscompany.com]
To: Al Kittelson
Cc:
Subject: Product inquiry

Dear Mr. Kittelson:

Thank you for your recent inquiry, which has been forwarded to the Kato International Oslo Office for immediate action.

Your interest in Kato and Kato products is much appreciated, and we look forward to hearing from you again.

Sincerely,

Toshikazu Fujii
Manager
Inquiry Services
Marketing Communications

文例 108	注文
	注文と同時に支払方法をたずねる
	☞ 社交辞令の挨拶は入れずに事務的でよい

単品を海外に注文する簡単なメール。初めての注文の場合は支払金額・方法などが不明なので、同時に支払いについても問い合わせる。社交辞令の挨拶が一切入っていない事務的なメール。ポイントを押さえて要領よくまとめている。

次の書籍を1部、航空便にてお送りください。
　ウィリアム・フォークナー著：THE COFIELD COLLECTION
代金前払いの場合は、早急にお知らせください。

構成 品物名と数量、送付方法を明記して❶注文する。次に❷支払方法をたずねる。

語句 ❶**注文する** Please airmail us「航空便で送ってください」送付方法を動詞で示して簡潔にしている。one copy of「〜を1部」1部ずつなら one copy each of となり、語順に注意する。the following:「以下のもの」注文内容をわかりやすくレイアウトする。注文数が多いときは一覧表にするとよい。
❷**支払方法をたずねる** if payment is required in advance「代金先払いでしたら」ここは Let us know if 〜という形で if 節を後ろにおく。if 〜 での書き始めは、「もし〜なら」という気持ちが強く出すぎてビジネスライクな感じがなくなってしまう。

ポイント Please airmail us は、送付方法を簡潔に指示したビジネスライクな表現。このほか seamail「船便で送る」、airfreight「空輸する」なども同様に使える。

応用 A) 注文を伝える　B) 支払いを伝える

A) 下記の書籍の見本を1部お送りいただければ幸いです。
We would appreciate receiving a sample copy of the following:

B) 本の代金および送料の請求書を添付してください。
Attach a copy of the invoice for the book and postage.

TEXT

From: Teppei Higashiyama [teppei.higashiyama@hiscompany.com]
To: Alex Garcia
Cc:
Subject: Book order

Dear Mr. Garcia:

Please airmail us one copy of the following:

    William Faulkner: THE COFIELD COLLECTION

Let us know as soon as possible if payment is required in advance.

Sincerely,

Teppei Higashiyama
Foreign Editions Editor

文例	注文
109	**銀行振り込みで品物を注文する**
	☞ 支払いの金額と内訳を必ず明記すること

品物の代金と送料がすでにわかっている場合の注文方法。

貴社の教育ソフトウェアの最新バージョン一式をお送りください。 この一式にはトレーニングマニュアル5冊が含まれているのではないかと思います。
代金の2,500米ドルは銀行振り込みでお支払いいたします。
早急にご手配いただければ幸いです。

構成 品物名と数量を明記して❶**注文する**。 次に❷**支払いについての情報**を入れる。 ❸**早急の手配を願って結ぶ**。

語句 ❶**注文**　品物がセットから成る場合は必ずその中味について確認し、必要なものとそうでないものをはっきりさせる。**Please send us**「〜を送ってください」注文の決まり文句。**package**「一式、ひと組」**This package, we understand, includes**「この一式には〜が入っているものと思います」確認する。
❷**支払いについて**　支払金額を明記する。**be made by bank transfer**「銀行振り込みされる」
❸**結び**　**Your quick action ... appreciated.** 早急の手配を願う決まり文句。

ポイント このメールの第1文の終わりと第2文の始めに package という語がくりかえし用いられている。 英語では同じ単語の無意味なくりかえしは避けるのが原則だが、ここでは論理をつなげるという目的で意図的に反復している。

応用 セットの中の必要なものを変えて

基本ソフトウェアのみを単体でお送りください。 ソフトウェア・パッケージに含まれているほかの機能は必要ありません。

Please send us one unit of your basic software only. We have no use for the other features included in the software package.

ソフトウェア一式の全部をお送りください。貴社の取り扱い製品すべてのパンフと価格表を同封していただければ幸いです。

Please send us one complete software package. Kindly include prices and literature on your entire line.

TEXT

From: Mio Ishigaki [mio.ishigaki@hercompany.com]
To: Alvin Giles
Cc:
Subject: Software order

Dear Mr. Giles:

Please send us the latest version of your educational software package. This package, we understand, includes five training manuals.

Payment of US$2,500 will be made by bank transfer.

Your quick action would be very much appreciated.

Sincerely,

Mio Ishigaki
Systems Supervisor

文例	注文
110	期日を示して急ぎの注文をする

☞ 特別な要望がある場合は、強調のために段落構成を変える

文例109のメールでは、①注文、②支払い、③早急の手配を願うという順序で論を進めたが、このメールでは、とくに急いでいることを強調するため、第2段落と第3段落を入れ換えている。漠然と急いでいると伝えるよりも、具体的にこちらの事情を伝えたほうが効果がある。

そちらの英語学校で製作された、「English Sentence Structure」のCDを10セット、航空便でお送りください。

7月中旬からCDを使い始めたいと思っておりますので、迅速なご手配をお願いいたします。

10セット分の代金750米ドルは銀行振り込みでお支払いいたします。何らかの書類を発行していただける場合は、「西神田エレクトロニクス株式会社」名でお願いいたします。

構成 品物名、数量を明記して❶**注文する**。次にとくに急ぎの注文であるという❷**特別の要望**を伝え、最後に❸**支払いについての情報**を入れる。

語句 ❶**注文** 誤解が生じないようにその品物についての必要な情報を具体的に書く。Please airmail us「航空便で送ってください」このairmailという動詞でsend 〜 by airと同じ意味を簡潔に表す。注文と送付方法の指示が1語で済む。
❷**特別な要望** We hope to ... and would therefore「こちらは〜したいのでぜひとも」こちらの事情を伝えて協力を求める表現。appreciate your expediting this order「迅速な手配をお願いします」
❸**支払いについて** 金額、支払方法を説明し、さらに何か要望があれば加えて締めくくる。

ポイント 支払方法と領収書の宛名を明記すること。

応用 最後の要望を変えて

明細を記した領収書を添付してください。　　Please attach a copy of the itemized receipt.

補足教材として使えるものがほかにありましたら、資料を添付してください。

Please attach information on other materials you have that could be used as supplements.

TEXT

From: Yasuhiro Nonaka [yasuhiro.nonaka@hiscompany.com]
To: Seth Jackson
Cc:
Subject: CD order

Dear Mr. Jackson:

Please airmail us 10 sets of the English Sentence Structure CDs, prepared by your English language institute.

We hope to use the CDs from the middle of July and would therefore appreciate your expediting this order.

Payment of US$750 for the 10 sets will be made by bank transfer. Any documentation should be made out in the name of "Nishikanda Electronics Co. Ltd."

Sincerely,

Yasuhiro Nonaka
Training Coordinator

文例	注文
111	**見積もりを受け取ったのち注文する**
	☞ 詳細にわたる確認をとる

高額商品を単品で注文するメール。見積もりの日付から品物名、価格、そのほかの条件に至るまで詳細にわたって確認をとる。高額商品であるだけに、法的に効力がある注文は慎重に行うべきである。

貴社の新型省エネタイプのセンターレス研削盤に対する4月30日付のお見積もり、ありがとうございました。以下の注文をさせていただきたいと思います。
ニューアーク港でのFOB（本船渡し）価格が1台1万7,500米ドルのCG-101X型を2台
合計支払額：3万5,000米ドル
見積もりにありますように、この正式注文の受領後60日以内に納品され、納品後30日以内がお支払いの期限になるものと存じております。お支払いは銀行送金で行います。
追加情報が必要でしたら、ご連絡ください。

構成 ❶見積もりのお礼を述べてから注文する。次に❷納期や支払方法などの条件を確認する。

語句 ❶**見積りのお礼と注文** 見積もり内容と日付を確認した上で注文する。注文は、数量、型、価格、出荷条件、合計金額を明記すること。**Thank you for your quotation of**（日付）**on**（内容）確認とお礼を兼ねる。**We are pleased to place our order**「注文します」**at U.S.$ ～ each**「1台につき～米ドル」

❷**その他の条件の確認** 納期と支払方法を確かめる。**We understand delivery will** 納期を確認する。**within 60 days of**「～後60日以内に」**this firm order**「この正式注文」このメールが法的効力のある正式注文であることを知らせる。**payment is due** 支払いの期限を確認する。**as described in**「～に述べられているように」**by bank transfer**「銀行送金で」

ポイント 「～以内」を表すのはwithinだが、これとよく混同される前置詞にinがある。こちらは「～後、～経って」の意。

応用 納期・支払方法を変えて

納品は7月31日までにお願いしたいのですが、納品があり次第、送金為替にてお支払いをさせていただきます。

We expect delivery by July 31 and will effect payment by demand draft immediately upon receipt.

納品は貨物空輸にてお願いしたいのですが、運賃の差額はこちらでお支払いいたします。お支払いは銀行送金になります。

We request shipment by air freight and will pay any difference in shipping costs. Payment will be made by bank transfer.

TEXT

From: Shinji Ogata [shinji.ogata@hiscompany.com]
To: Samuel Simpson
Cc:
Subject: Grinder order

Dear Mr. Simpson:

Thank you for your quotation of April 30 on your new, energy-saving centerless grinders. We are pleased to place our order as follows:

2 Model CG-101X units at U.S.$17,500 each FOB Newark
Total Payable: U.S.$35,000

We understand delivery will be made within 60 days of your receipt of this firm order and that payment is due within 30 days of delivery as described in your quotation. Payment will be made by bank transfer.

Please let us know whether you need additional information.

Sincerely,

Shinji Ogata
Manager
Purchasing Department

文例	注文の返事
112	代金先払いで注文を受ける

☞「〜できない」から「〜すればできる」という発想転換を

不都合な問題点があっても前向きな調子にする。「〜できない」という否定的な発想を「〜すればできる」という発想に転換し、メールに積極的で協力的な印象を持たせる。「代金先払いでないと送れない」のではなく「代金を受け取り次第、送る」のである。

10月14日付でのご注文No. PBO211をありがとうございました。

添付いたしましたのは33万6,000円のご請求書F91-103です。月末までにお支払いいただくと、製品の発送が早くなります。

ご送金を受領次第、ご注文のソフトウェアを発送いたします。ただし、33X型および38XC型用のソフトウェアはまだ発売になっておらず、1月の航空便発送となることをご承知おきください。

ご用命くださいましたことに、再度お礼申し上げます。

構成 ❶注文受け取りの知らせとお礼　いつ何を受け取ったかを具体的に記入する。次に添付の請求書に触れて❷支払方法を説明する。❸実際の発送予定を知らせ、❹再びお礼で結ぶ。

語句 ❶受け取りの知らせとお礼　Thank you for your order「〜のご注文ありがとうございます」注文番号、日付などを入れてお礼と確認を兼ねる。

❷支払いについて　Attached is こちらの添付ファイルについて触れる。ensure quick delivery「早くお届けすることができます」先方の都合を考えて勧めているという協力的な感じを出す。

❸発送について　代金先払いでないと送れないとか、1月まで送れないという否定的な書き方をしない。will be sent immediately on receipt of「送金受領次第、発送します」However, please understand「ただし、〜をご理解ください」不都合なことを切り出す。will be airmailed in January「1月に航空便で送ります」

❹再びお礼　to be of service「お役に立てる」

ポイント スパムメールに間違われないために、メールの内容に即した件名をつけること。

応用 代金受領次第、発送することを伝える

ご送金を受領後10日以内にソフトウェアを発送いたします。

The software will be sent within 10 days of receipt of your payment.

お支払いが確認され次第、発送に取りかからせていただきます。

Preparations for shipment will begin as soon as payment is confirmed.

TEXT

From: Daichi Miyamoto [daichi.miyamoto@hiscompany.com]
To: Sam Keton
Cc:
Subject: Invoice for software (order No. PB0211)

Dear Mr. Keton:

Thank you for your order No. PB0211 received on October 14.

Attached is a copy of the invoice F91-103 for ¥336,000. Transferring the funds by the end of the month will ensure quick delivery.

The software will be sent immediately on receipt of your payment. However, please understand the software for Models 33X and 38XC is not yet available and will be airmailed in January.

Again, thank you for giving us this opportunity to be of service.

Sincerely,

Daichi Miyamoto
Manager
Inventory Control

文例 113	注文の返事
	注文に応じられない――希望に合う規格品がないので

☞ 注文を断っても取引を今後につなぐようなメールにする

先方の希望を満たすような規格品は現在のところ製造されていないことを伝えるメール。自社だけでなく他社での可能性にも触れた協力的なもの。この注文には応じられなくても、先方が希望を変更するか、特注なら可能性があるということを伝えて取引を今後につなぐようにする。

11月15日に頂戴したCNC（コンピューター数値制御）ダイシングマシーン2基のご注文、ありがとうございます。

残念ながら、ご希望の仕様と許容誤差を持つ機種は、まだ提供できる段階にはありません。現時点では、私どもの知る限り、貴社のご希望に沿える「規格」品を製造している会社はないようです。

弊社へのご注文を心から感謝いたしますとともに、十分お役に立てなかったことを残念に存じます。

もし別の形で話を進めるお気持ちがございましたら、ぜひご一報くださるようお願いいたします。

構成 ❶注文受け取りの知らせとお礼を述べる。次に希望に合う規格品がないため❷注文に応じられないことを伝える。再び❸注文に感謝し役に立てなかったことを詫びる。最後に❹別の形での協力を申し出て、取引への意欲を見せる。

語句 ❶**受け取りの知らせとお礼** いつの注文により何をいくつ受けたか具体的に述べる。Thank you for（内容）received on（日付）必要な情報がすべて入った決まり文句。

❷**注文に応じられない旨** Unfortunately断りを切り出す。not yet possible with「現段階ではまだ可能でない」there is no ～ we know of「知っている限りではない」あれば紹介するという誠意をこめる。standard「規格の」特注なら可能かもしれないというほのめかし。

❸**感謝とお詫び** we do appreciate doは強調。come to us他社ではなく当社に注文していただいて、という気持ちをこめて。

❹**別の形での協力の申し出**　Please contact us if「〜なら連絡ください」wish to pursue 〜 in a different way「ほかの形で話を進めたい」

ポイント　このメールの結びは、単なる社交辞礼的な結びとは異なり、ぜひ取引をしたいという意欲を示す重要な段落。メールの最後に置いて先方に強く印象づけようとしている。

応用　注文に応じられない理由を変えて

残念ながら、弊社の方針として、「試験的なご利用」での製品発送は行っておりません。すべてのお客さまに前払いをお願いいたしております。	Unfortunately, our policy does not allow "trial basis" delivery. Payment in advance is required of all customers.
残念ながら、現在かなりの件数の注文を抱えているため、ご希望の時期に製品を発送することができません。	Unfortunately, it is not possible for us to meet your delivery requirements due to a substantial backlog of orders.

TEXT

From: Minoru Sunagawa [minoru.sunagawa@hiscompany.com]
To: Stewart Goldwater
Cc:
Subject: Order for dicing machines

Dear Mr. Goldwater:

Thank you for your order of two CNC Dicing Machines received on November 15.

Unfortunately, the specifications and tolerances you require are not yet possible with the equipment we offer. Presently, there is no manufacturer that we know of who can meet your needs with "standard" equipment.

We do appreciate your coming to us and regret our inability to be more helpful.

Please contact us if you wish to pursue the matter with us in a different way.

Sincerely,

Minoru Sunagawa
General Manager
R&D

注文の返事
価格の変更を伝えて意向をたずねる
☞ 注文を受け取った日付を必ず入れる

文例 114

価格の変更を知らせ、旧価格では注文を引き受けられないことを伝える。注文を受け取った日付を示すことは、すぐに返事を出しているという迅速な処置を印象づけ、価格変更の場合にはとくに重要である。

8月8日に受け取りました9024B型ハイブリッドICテスター1台のご注文、ありがとうございました。
残念ながら、ストックホルム港利用のCIF（運賃・保険料込み価格）5,800ドルではご注文は受けられません。その理由は、そちらの市場への出荷に直接かかわってくる運送料ならびに保険料の引き上げが最近発表されたためです。このユニットは現在、ストックホルム港利用のCIF 5,910ドルとなっております。
この変更後の価格でご注文いただけるかどうかお知らせください。

構成 ❶注文受け取りの知らせとお礼を述べる。次に❷価格が変更になったことを伝え、❸先方に意向をたずねて結ぶ。

語句 ❶受け取りの知らせとお礼　いつの注文により何をいくつ受けたか具体的に述べて確認を兼ねる。Thank you for（内容）received on（日付）必要な情報が1文にすべて入っていて、むだがない。
❷価格変更の旨　Unfortunately不都合なことを切り出す。are unable to accept「受けられない」be no longer able toもよく使われ、両方とも柔らかい調子の断り。cannotは語調が強く冷たい。at $「〜ドルで」前置詞はatを使う。This is due to「〜のためである」理由を説明する。recently announced increases in「最近発表のあった〜の引き上げ」announcedにより「正式に決まった」という権威付けをしている。which affect「（そちらとの取引に）じかに関係している」ほかでのつけを回しているのではないという説得力を持たせる。We now offerこちらの希望価格を述べる。
❸意向をたずねる　Please let us know単刀直入なたずね方。

文例 114

ポイント we now offer は「現体制では〜である」つまり「ほしいのならこのくらいの値段で」という断固とした気持ちが含まれている。この態度は商談を進める上での大切なテクニックである。

応用 価格変更の理由を変えて

そちらへの輸送費が高騰したため、この価格は7月31日に改定されました。	This price was revised on July 31 because of increases in delivery costs to your area.
添付のパンフレットで説明してありますように、本モデルに改良が加えられたのに伴い、この価格は7月1日に改定となりました。	This price was revised on July 1 in line with improvements incorporated in this model which are explained in the attached copy of our brochure.

TEXT

From: Tetsuo Mase [tetsuo.mase@hiscompany.com]
To: Sean Glenn
Cc:
Subject: Order for hybrid IC tester

Dear Mr. Glenn:

Thank you for your order of one Model 9024B Hybrid IC Tester received on August 8.

Unfortunately, we are unable to accept your order at $5,800.00 CIF Stockholm. This is due to the recently announced increases in freight and insurance charges which affect shipments to your market. We now offer this unit at $5,910.00 CIF Stockholm.

Please let us know if this revised price is acceptable.

Sincerely,

Tetsuo Mase
Deputy Manager
Export Sales Department

注文の返事

製造中止を伝えて代品を勧める

☞ 品物がないときは機会をのがさず代わりのものを売り込む

文例 115

自社の製品が劣ったものだから製造中止になったという印象を与えないように配慮して中止の理由を説明する。相手が納得してもっとよい製品がほしくなったところで代替品を売り込む。まず、いろいろあることを伝えた上で、具体的にひとつを勧め、資料を添えて検討を願うという段取り。

1月14日にILP-800半導体レーザープローバー1台のご注文をいただき、ありがとうございました。
残念ながら、この機種は性能に対する市場の要求度が高くなっていることから生産中止に至りました。
しかし、現在、全自動の上に数多くのすぐれた特徴を持つ、より高度な型のものを数種売り出しております。弊社としてはIDF-1701A型をお勧めいたします。現在はもとより、将来の要求にも十分お応えできるはずです。この製品に関する詳細な資料を添付いたします。
ご意向をお聞かせいただきたく、お返事をお待ちいたしております。

構成 ❶注文受け取りの知らせとお礼を述べる。次に❷問題点を伝え、❸代品を売り込む。最後は❹先方の意向をたずねて結ぶ。

語句 ❶受け取りの知らせとお礼　Thank you for（内容）received on（日付）いつの注文により何をいくつ受けたか具体的に述べて確認を兼ねる。
❷問題点　理由を相手に納得させる。Unfortunately不都合な点を切り出す。production has been discontinued「生産中止になっている」the increasing sophistication of user needs「市場の要求度が高くなる」
❸代品の売り込み　However代案を切り出す。we now offer「現在は〜を提供できます」自信のある売り込み。advanced versions「もっと進んだ型」many other superior features「他のすぐれた特徴」すばらしさを強調し詳細は資料で見てもらう。Attached is「〜を添付します」カタログなどの資料を送る。
❹意向をたずねる　how you would like to proceed「どのように話を進めたいか」先方

を尊重した言い方。

ポイント meet your present, as well as future, needs は価格の高いものを勧めるときの売り込みの言葉。現在だけの間に合わせではなく、将来のことも考えてよりよい品を、ということ。

応用 代品の紹介の仕方を変えて

あいにく、この機種は、現在製造をとりやめ、より上位のモデルに切り替わっております。

Unfortunately, this particular model is no longer produced and has been superseded by upgraded models.

この機種はまだ在庫がございますが、現在は新型の製品が発売されていることをご承知おきください。

While we still have this model in stock, please understand that newer models are now available.

TEXT

From: Kiyotaka Asakura [kiyotaka.asakura@hiscompany.com]
To: John Hammond
Cc:
Subject: Product discontinued

Dear Mr. Hammond:

Thank you for your order of one Model ILP-800 Semiconductor Laser Prober received on January 14.

Unfortunately, production of that particular model has been discontinued due to the increasing sophistication of user needs.

However, we now offer several advanced versions which are fully automatic and have many other superior features. We recommend Model IDF-1701A which will meet your present, as well as future, needs. Attached is information on this product.

We look forward to hearing from you soon with regard to how you would like to proceed.

Sincerely,

Kiyotaka Asakura
Manager
Overseas Sales

文例 116	注文の返事
	所轄の代理店に注文を回すことを伝える
	☞ 規則を説明し、それに従った処置であることを述べる

取引を直接申し込んできた相手に、正規のルートで扱うことを知らせるメール。直接には扱えないと断りを入れずに、まず定められたしくみを伝えて、それに従ったことを示す。低価格を求めて故意に直接申し込んできた場合と、所轄代理店がわからず申し込んできた場合の、どちらにも使える。

9月17日のメールで弊社部品の購入に興味をお示しくださり、ありがとうございます。弊社は、貴国市場における私どもの部品販売総代理店である日本部品貿易社を通じて、ガーナでの部品販売を行っています。そのため、貴社からのメールはこの会社に転送し、早急に処置できるようにいたしました。すぐにご連絡が行くことと存じます。
ご用命に再度お礼申し上げます。

構成 日付と内容を入れて❶注文受け取りを知らせる。次に正規のルートに回したという❷こちらの処置を伝え、近いうちに連絡が行くはずだという一言を添える。最後は❸感謝で結ぶ。

語句 ❶**受け取りの知らせ** Thank you for your e-mail of (日付) in which (内容) 具体的に。voice an interest in purchasing「〜購入の興味を示す」ビジネスライクな言い回し。
❷**それに対する処置** 原則を説明し、それに従ったことを述べる。We supply parts through「〜を通じて部品を供給している」sole authorized distributor「独占代理店」さりげなくほかのルートでは扱わないことを示す。we cannot handle のような断りを直接言わずに済む。passed on to「〜に回した」処置を伝える。for immediate action「すぐ処理するよう」You should ... shortly「すぐ連絡が行くはず」無責任に回したのではなく、速やかな対処のためであることを強調する。
❸**感謝の結び** Again, thank you 注文に対する結びの決まり文句。

ポイント 断固とした気持ちで方針や原則を説明するときは we supply のように現在形を用いる。we have been supplying とすると、今のところはこうなっているが何かあれば変わ

るかもしれないというニュアンスになる。

応用 書き始めを変えて

貴社の地域では予備部品の購入が不可能との7月1日のメール、ありがとうございました。

Thank you for your e-mail of July 1 in which you mention the inability to purchase spare parts in your area.

欠陥のある予備部品の問題をお知らせくださった7月1日のメール、ありがとうございました。

Thank you for your e-mail of July 1 in which you bring our attention to the problem of faulty spare parts.

TEXT

From: Kotaro Sudo [kotaro.sudo@hiscompany.com]
To: Heather Lejune
Cc:
Subject: Parts purchase

Dear Ms. Lejune:

Thank you for your e-mail of September 17 in which you voice an interest in purchasing our spare parts.

We supply parts in Ghana through Japan Parts Trading Co. Ltd., our sole authorized distributor for parts in your market. Consequently, your e-mail has been passed on to them for immediate action. You should be hearing from them shortly.

Again, thank you for giving us this opportunity to serve you.

Sincerely,

Kotaro Sudo
Assistant Manager

文例	価格交渉
117	**値上げを伝える**
	☞ 負担を一方的に押しつけるのではないことを強調する

先方の同意を求めるというよりは、円満に承知してもらおうというメール。先方からの反論を見込んだ上で、論を進めていくこと。やり方としては、まず先方の立場へ理解を示した上で、こちらの立場を主張し、譲歩した形を最終的に提出して納得させる。

貴市場で弊社製品の地盤固めにご尽力くださり、ありがとうございます。取引上の悪材料にもかかわらず、売り上げ維持を可能にされている貴社の力量は、こちらでも高く評価いたしております。

こちらもいろいろ問題を抱えております。中でもいちばん大きいのが、私どものすべての価格に用いられている貨幣である米ドルの価値が急激に下落したことです。コスト削減を通して収入低下を抑えようと、できる限りの手は打ちました。しかし、下落幅が20％に達した今、当方だけで負担をまかなうことはできなくなってまいりました。そのため、私どもでは4月1日より輸出価格を一律10％値上げすることに決定いたしました。

かかる措置が貴社の状況を楽にするものでないことは承知しておりますが、私どもではもう3カ月も赤字続きであるという状況をどうかお察しください。また、10％のみの値上げですので、私どもの意図は負担の転嫁ではなく分担であるということも心に留めていただきたいと思います。

どうかご理解とご協力をよろしくお願い申し上げます。

構成 代理店としての❶日ごろの尽力に感謝する。次に❷現在の困難な状況を説明し、値上げを通告する。押しつけではなく分担であると❸弁明し、❹理解と協力を求めて結ぶ。

語句 ❶**日ごろの尽力への称賛と感謝** Allow us to begin by 気をつかった書き始め。all you have done all と have done により強調。secure a foothold「地盤を固める」despite the negative factors「悪材料にもかかわらず」is highly regarded「高く評価されている」

❷**困難な現状説明と値上げ通告** We have also 悪材料に対しての苦労という点で論理をつなげている。Every effort has been made「できる限りの手を打った」absorb this drop「低下を補う」it has become impossible to unilaterally absorb「こちら側だけで負担を背負うことはできなくなってきた」have decided 現在完了形で十分検討した結果であることを表す。across the board「全面的に、一律に」

❸ **弁明** We realize 先方の立場を尊重していることを伝える。However, please consider「しかし〜を考えてください」こちらの立場を主張する。have been running in the red for「〜の間ずっと赤字である」Also, bear in mind「さらにわかってほしいのは」to share and not shift「押しつけるのではなく分担する」

❹ **理解と協力を求める結び** Your understanding and cooperation ... would be very much appreciated. 決まり文句。

ポイント for three months now の now は長さを強調し、「これでもう3カ月も」というニュアンス。

応用 値上げの伝え方を変えて

その結果、4月出荷分より10%の値上げをお願いせざるをえなくなりました。	As a result, we have no choice but to ask you to accept a 10% increase in our prices starting from April shipment.
したがって、不本意ながら4月1日をもちましてCIF（運賃・保険料込み条件）の価格を一律10%値上げする旨、お知らせせざるをえなくなりました。	Therefore, we reluctantly have to announce a 10% increase in all CIF rates as of April 1.

341

TEXT

From: Motoaki Kinoshita [motoaki.kinosita@hiscompany.com]
To: Tony Carlson
Cc:
Subject: Market situation

Dear Mr. Carlson:

Allow us to begin by thanking you for all you have done to secure a foothold for our products in your market. Your ability to maintain sales despite the negative factors affecting our business is highly regarded here.

We have also had our troubles. The biggest of these has been the sharp depreciation in the value of the U.S. dollar on which all our prices are based. Every effort has been made to absorb this drop in revenue through cost reduction measures. However, with the depreciation now reaching 20%, it has become impossible to unilaterally absorb these losses. Consequently, we have decided to raise our export prices 10% across the board effective April 1.

We realize this will not make your situation easier. However, please consider the fact that we have been running in the red for three months now. Also, bear in mind that by asking for only 10% we are seeking to share and not shift the entire burden.

Your understanding and cooperation in this regard would be very much appreciated.

Sincerely,

Motoaki Kinoshita
General Manager

価格交渉	文例
値上げ要求を受け入れる	**118**
☞ 結論を先に、文句はあとで	

先方からの値上げ要求に対し、不本意ながらも承諾することを伝える。話の進め方としては、まず承諾するという結論を先に伝えてから、こちらの言い分を主張する。不平を述べながらも全体としては協力的なメールである。

AK-7CおよびAK-7CXマイクロプロセッサーの価格を6月1日から8%値上げしたいとのご提案、不本意ながら受け入れることにいたしました。
この時期の値上げが売り上げにかなりの悪影響を与えるということは避けられない旨、どうぞご理解ください。また、弊社に対するお客さまのイメージを損ねることになり、ほかの業者に乗り換えられるきっかけともなりかねません。
しかし、マイナスを最少限に抑えるために、なおもあらゆる努力をするつもりですので、ご安心ください。

構成 製品名と引き上げ率を明記して❶**値上げを承諾する**ことをまず伝える。次に予測される値上げの悪影響を述べて❷**不平の気持ち**を示す。最後は、それでもがんばるという❸**前向きな結び**で締めくくる。

語句 ❶**承諾** have reluctantly decided to「不本意ながら〜することに決定した」承諾にあたってのニュアンス(気持ち)を伝える。reluctantlyですんなり受け入れたのではないことを示す。現在完了形も決定までに時間がかかったというニュアンス。**accept your proposal**「そちらの提案を受け入れる」**by 〜 % effective**(日付)「(〜日)をもって〜%の(値上げをする)」なくてはならない情報。
❷**不平** Please understand that 理解を求める言い回し。怒っているニュアンスではない。**depress sales**「売り上げに悪影響を与える」**considerably**「かなり」=substantially **hurt our image with**「〜のイメージを損ねる」**may just choose to switch suppliers**「ほかの業者に移るきっかけになるかもしれない」justもswitchも簡単に移っていってしまうニュアンス。お客を盾に脅している形。
❸**前向きな結び** 力強い言葉で安心させる。**Nevertheless**「それでもなお」**rest assured**

文例 118

「安心してください」every effort 「あらゆる努力」minimize the damage 「(値上げによる)マイナスを最低限に抑える」

ポイント 先方が一方的に宣言・通告したことでも、your proposalとして、あくまでも提案として受け取ったという態度を示すことにより、こちらの立場を主張することができる。

応用 市場への悪影響を述べて不満を示す

市場が低迷傾向にある現状では、この値上げが売り上げをかなり減少させることは防ぎようもありません。	Given the current reductions seen on the market, this increase cannot help but severely curtail sales.
また、既存のお客さままでほかの業者に移らせることになります。	It will also force our existing customers to go with other suppliers.

TEXT

From: Akari Hirota [akari.hirota@hercompany.com]
To: Archie Stevens
Cc:
Subject: Price hike

Dear Mr. Stevens:

We have reluctantly decided to accept your proposal to raise the price of the AK-7C and AK-7CX microprocessors by 8% effective June 1.

Please understand that the increase at this time cannot help but depress sales considerably. It will also hurt our image with our customers, who may just choose to switch suppliers.

Nevertheless, rest assured that every effort will be made to minimize the damage.

Sincerely,

Akari Hirota
Manager
Device Sales

価格交渉
値上げ通達に対して延期を求める
☞ 互いのプラスにならないことを冷静に主張する

文例 119

値上げすること自体に反対するのではなく、時期が悪いことを強調して延期を求める、いわば譲歩した形での交渉。まっ向からぶつかっていくのではなく、利益を確保するという先方の立場を認めた上で、互いのプラスのためにという論で進める。

「コスト圧迫の増加」に対処するため、最近市場に出たばかりのモデルのFOB（本船渡し）価格を1月31日から11%値上げしたいという貴社のご要望には、失望いたしました。
利益確保のために時として値上げも必要なのは当方でも十分理解していますし、お気持ちもわかります。しかし、今回はこれらの製品がすべり出し好調となるよう販促や販促資料に巨額の資金が投じられていることを、ぜひとも思い起こしていただきたいのです。これらのコストはまだ採算がとれていません。小売店としても販売開始後こんなに早い時期の値上げは非常に受け入れがたく、問題になるでしょう。
そのため、私どもとしましては、少なくとも値上げの時期をご再考いただき、6カ月間値上げを延期してくださるようお願いする次第です。
弊社の立場も前向きに考慮していただけると、当地での販売努力が大変進めやすくなり、双方に利益をもたらすものと存じます。

構成 ❶値上げの知らせを受け取ったことを伝える。次に先方の立場に理解を示しながらも❷反論し、少なくとも延期を認めてほしいという❸要望を述べる。最後は、❹「よろしく」で結ぶ。

語句 ❶受け取りの知らせ　不服の気持ちを伝える。**Your request to raise** 通達ではなくrequestという語を用い、一方的な値上げをさせないようにしている。**recently introduced models**「最近市場に出た型」
❷反論　**fully understand and can sympathize with** まず先方の立場に理解と同情を示す。**at times**「時折」**ensure profits**「利益を確保する」**However** 反論を開始する。**are strongly encouraged** 先方のために勧める言い方。**to see that**「確実に〜するために」**got off to a good start**「幸先のよいスタートを切る」**have yet to be recovered**「まだ

採算がとれていない」**so soon after**「〜の直後」

❸**要望**　**In view of this**「したがって」**urge you to** 互いのために勧める言い方。**delay the increase for**「〜の間、値上げを延期する」〜まで、と言う場合は **by** にする。

❹**結び**　**positive**「前向きな」**our position as well**「こちらの立場も」**as well** により先方の立場を承知していることを伝える。**mutually rewarding**「互いのためになる」売り上げに触れる。

ポイント　unreceptive は第三者（こでは小売店）については使えるが、自分について使うと感情的な感じになるので用いない。

応用　延期を願う（上は強い要請）

ですから、少なくとも今年度は一切の値上げを見合わせてください。	Consequently, we insist that you put off any increase for at least this fiscal year.
このため、新モデルの販売が軌道に乗るまで、一切の値上げを延期してくださるようお願い申し上げる次第です。	Thus, you are asked to postpone any increases in price until sales of the new models get off the ground.

TEXT

From: Haruto Shimizu [haruto.shimizu@hiscompany.com]
To: Dan Wilson
Cc:
Subject: Reconsideration of price hike

Dear Mr. Wilson:

Your request to raise the FOB prices of recently introduced models by 11% effective January 31 to cover "increasing cost pressure" was demotivating.

We fully understand and can sympathize with the need to raise prices at times to ensure profits. However, you are strongly encouraged to recall that this time a great deal of money was spent on promotion and promotional materials to see that these products got off to a good start. These costs have yet to be recovered. There is also the problem of our retailers, who will be very unreceptive to a price increase so soon after introduction.

In view of this, we urge you to reconsider at least the timing and to delay the increase for six months.

Your positive consideration of our position as well would greatly facilitate mutually rewarding marketing efforts here.

Sincerely,

Haruto Shimizu
Director

文例 120	価格交渉
	値上げ延期願いを断る
	☞ できるだけ話を具体的にして説得する

価格を引き上げるという通知をしたところ、少し待ってほしいという返事がきた。このメールは、それに対する断りと説得。まず先方の言い分に理解を示した上でこちらの論を展開すること。また、先方を納得させるためには、できるだけ具体的に話を進める。

10月出荷分から実施予定のFOB (本船渡し) 価格3％引き上げに対して延期を求めた貴社の緊急要請は、十分検討いたしました。ご指摘の通り、現行のFOB価格を維持して最大限の市場占有率を確保することができれば、双方の利益につながるでしょう。

しかし、現行の価格体系を維持すると弊社は赤字になります。その大きな理由のひとつは、一連の新製品の質が大幅に向上しているという点にあります。

ぜひご認識いただきたいのですが、このことは他社に対する質的優位を貴社にもたらすものの、弊社にとってはコスト増を意味するのです。

弊社がご提示した価格に対しての十分なご理解とすみやかなご了承を賜れれば幸いです。

構成 まず❶先方の主張を確認し理解を示す。次に❷こちらの立場を伝え、その裏付けをする。具体的なプラスの要素を入れて❸説得する。最後は❹理解を求めて結ぶ。

語句 ❶**先方の主張を確認し理解を示す** 具体的に申し入れ内容をくりかえし、十分検討したことを伝える。**Your urgent request**「そちらの要請」urgentを入れることで、相手の必死の気持ちを察していることを示す。**has been given every consideration**「十分検討された」everyは強調。**Admittedly**「確かに、ご指摘の通り」先方の立場を認める。**being able to ... would** 仮定法を用いて認めている点に注目。

❷**こちらの立場を伝える** However反論に入る。**leave us in the red**「赤字になる」**One of the main reasons** たくさん理由はあるのだという気持ちを示す。**substantially upgraded**「かなり向上した」

❸**説得する** recognize「認める、承知する」qualitative advantage「品質がよいという利点」additional cost「(それに伴う)追加のコスト」ともに具体的な理由になっている。

❹**理解を求める** 相手が返事をしないことで延期に持ち込むことのないように先手を打つ。

full understanding「十分な理解」 **quick approval**「早期の承認」

ポイント 要請を表す3種類の英語について。requestはこちらからの一方的なお願い、urgeはお互いのため、encourageは相手のために勧める感じで、それぞれ立場や状況に応じて使い分ける。

応用 A) 先方の主張に理解を示す　B) コスト上昇の理由を示す

A) 現在のFOB価格を維持すれば確実に市場占有率の最大化が図れるという点では、私どもの考えも同じです。

We agree that continuing the current FOB price would ensure maximum market penetration.

B) 一連の新製品は従来のものよりもはるかに高品質になっているということも、どうぞ忘れないでください。

Please do not ignore the fact that our new line of products is far superior to existing lines.

TEXT

From: Shoichi Hasegawa [shoichi.hasegawa@hiscompany.com]
To: Doug Campbell
Cc:
Subject: Price increase

Dear Mr. Campbell:

Your urgent request for delaying the three percent FOB price increase effective from October shipment has been given every consideration. Admittedly, being able to maintain the current FOB price to ensure maximum market penetration would be to our mutual benefit.

However, maintaining the current price structure would leave us in the red. One of the main reasons for this is that our new line of products has been substantially upgraded.

You are encouraged to recognize the qualitative advantage this has given you over competitors and the additional cost this has meant to us.

Your full understanding and quick approval of our offering price would be most appreciated.

Sincerely,

Shoichi Hasegawa
Manager

価格交渉	文例
特例として価格を据え置くことを伝える ☞ 特例的な措置であることを納得させる	**121**

為替相場が不安定なため、価格を据え置くことを各代理店に伝えるメール。その目的と理由を十分説明し、例外的な今回のみの措置であることを納得させると同時に、この措置を活用して売り上げを伸ばすように指示する。

車両価格は、製造費と人件費の上昇分を吸収するために通常は9月と3月に改定されますが、3月まではすべてのモデルに対し現行価格を据え置くことに決定いたしました。

これは、あいにく外国為替相場の大きな変動と重なってしまった8月の新モデルの販売を、効果的に行っていただくためです。この外為の大変動のため、現在、市場に悪影響が見られます。私どもでは、市場が今後も相当悪化するものと予測しております。

したがって、この特例的な価格政策は、現在のような外国為替相場が不安定な時期にはお客さまに対して訴求力があるものと存じます。

どうかこのチャンスを最大限に生かしてください。

構成 価格を据え置くという❶特例的な決定事項を伝える。次に❷その目的と理由を説明する。説明を結論づけて、売り込んでほしいという❸先方への希望を述べる。最後は❹激励の言葉で結ぶ。

語句 ❶**決定事項の通達** to absorb increased ... costs「費用の増加を吸収するため」have decided to 完了形は十分検討をしたという含みがある。
❷**目的と理由の説明** This is to help「〜のためである」effectively marketing「〜を効果的に売る」coincided with big fluctuations「(外国為替相場の)大変動と時期が一致した」bringing disorder to the market「市場に悪影響を及ぼす」foresee further deterioration「今後さらに悪化すると考える」to a considerable extent「かなり」
❸**先方への希望** これを利用して売り込んでほしいことを伝える。we felt 〜 would be helpful「〜が役立つと考えた」during this period of ... instability「この不安定な時期に」この裏には、価格据え置きはこの期間だけであるという含みがある。
❹**激励の言葉** make the most of「〜を最大限に利用する」

文例 121

ポイント althoughで始まる従属節は、普通は主節のあとに置くが、このメールでは、これから伝える情報を先方に感謝してもらいたいため、前置きを長くしてもったいぶっている。

応用 決定事項を変えて

特別措置といたしまして、弊社では9月1日より3カ月、全モデルに対し現行の価格を5%値下げすることに決定いたしました。

As a special measure we have decided to reduce current prices of all models by 5% for three months from September 1.

貴社の窮状に鑑み、弊社は9月1日から全モデルのFOB（本船渡し）価格を8%値下げすることに同意いたします。

In recognition of your difficult situation we agree to reduce the FOB prices of all models by 8% effective September 1.

TEXT

From: Takeo Haruna [takeo.haruna@hiscompany.com]
To: Sandy Bell
Cc:
Subject: Current prices unchanged

Dear Mr. Bell:

Although vehicle prices are usually revised in September and March to absorb increased production and labor costs, we have decided to keep all models at the current prices until March.

This is to help you in effectively marketing the new models introduced in August, which unfortunately coincided with big fluctuations in foreign exchange rates. These fluctuations are now bringing disorder to the market. We foresee further deterioration in the market to a considerable extent.

Therefore, we felt this special pricing policy would be helpful in attracting customers during this period of foreign exchange instability.

Please make the most of this opportunity.

Sincerely,

Takeo Haruna
General Manager
East Asia Sales

文例	価格交渉
122	**値引き交渉の第一歩**
	☞ 手強い相手には、しっかり交渉するという構えをまず示す

国内のＡ社の社長（高橋氏）から頼まれて、Ａ社とアメリカのＢ社との事業提携話の口添えをする中で、当方と親しい在米弁護士（スタンリー）を通してＢ社とつながりのある弁護士（フロイド）にＢ社との交渉を依頼した。フロイド弁護士からその請求書が来たが、高すぎるのでＡ社が支払いを保留していたところ、督促が来た。それに対する最初の第一歩として、まだ具体的な交渉には入らず、請求額に問題があること、今後それについて当方で検討したのちまた連絡することのみを伝え、簡単なことでは引き下がらないぞという当方の構えを示すメール。

ジム・フロイドからの３月26日付の請求書に関して高橋氏と連絡をとっています。あなたも言っていたように、これらの請求額の妥当性については少々疑問があるようです。高橋氏から詳細をもれなく聞き次第、連絡します。

構成 まず❶**クライアントと連絡がとれたこと、請求額に問題があること**を簡潔に知らせ、次に❷**これからしっかり交渉するぞという当方の構え**を「詳細をつかみ次第、連絡する」という文で示す。

語句 ❶**クライアントと連絡がとれたことと請求額に問題があること**　have been in contact with「〜と連絡をとっている」完了形で何回かやりとりしていることを示す。It seems「どうも〜のようだ」断定しないでぼかして言う。as you indicated「おっしゃった通り」相手の言ったことが正しかったことをさりげなく伝える。there is some question as to the appropriateness of these charges「請求額の適正さについて少々問題がある」高すぎるじゃないか、という意味を上品に表す決まり文句。
❷**交渉するという構え**　as soon as I get the complete details「詳細がすべてわかり次第」思わせぶりな書き方。

ポイント 送信先のショーン・スタンリーは親しい弁護士なので、Dear Shawn とファーストネームで呼びかけたり、短い本文中にＩを３回も使ったりして、友人同士の付き合いというベースを保とうとしている。

応用 もう少し具体的に当方の姿勢を示す

彼は、もっと詳しい請求明細とその根拠を示していただきたいということです。

He would appreciate a more detailed breakdown of the charges along with some rationale.

手がけていただいた仕事内容を考慮すると、私も請求額は少々高めかと思います。

I also feel that the bill seems a little high considering the services rendered.

TEXT

From: Noboru Tashiro [noboru.tashiro@hiscompany.com]
To: Shawn Stanley
Cc:
Subject: Review of charges

Dear Shawn,

I have been in contact with Mr. Takahashi regarding the March 26 bill from Jim Floyd. It seems, as you indicated, that there is some question as to the appropriateness of these charges.

I will be in touch as soon as I get the complete details from Mr. Takahashi.

Best regards,

Noboru Tashiro
President

文例	価格交渉
123	**高すぎる講演料請求を値切る**
	☞ 根拠を示して、考え直しの材料を与える

4社合同で講演会を開いたところ、講師から各社に宛てて請求書が届いた。その合計金額が高すぎるということから、値下げを要求するメール。先方の顔を立てて丁重ではあるが、強い調子で書かれている。地位の高い人による裁定予算を伝えることは、今後交渉の余地が残されていないことを示す圧力。

タルミック社、タルミック・ディーゼル社、中田アクセサリー、青葉ラジエーターの各社に宛てられた3,000ドルの請求書4通を受領いたしました。

誠に遺憾ながら、合計金額1万2,000ドルはこの講演のために組んだ予算をかなり超えることになります。当初の予算は、去る6月16日にタルミック・アメリカ社がお願いした法律に関する丸1日の講演に対して1万ドルお支払いしたという、同社の情報に基づいて決定しております。また、細井宛ての6月14日のメールでは、料金はそれぞれの依頼主の条件に応じて配分されることになっておりました。このような状況を基にして寺田［副社長］は2,500ドルの予算を許可したわけです。

したがって、事情をおくみの上、請求額をご再考いただければ幸いです。新しい請求書は、タルミック・モーター社宛ての1通にまとめ、コピーを1部私にお送りください。

良識あるご配慮をよろしくお願いいたします。

構成 ❶請求書を受け取ったことを、具体的な金額などを入れて知らせる。次に❷こちらの見積もりとその根拠を具体的に述べる。その上で、考え直してほしいという❸先方への要望を伝え、❹協力を求めて結ぶ。

語句 ❶受け取りの知らせ　each made out to「それぞれ別に宛てられた」have been received「受け取りました」

❷こちらの見積もりとその根拠　Unfortunately不都合な点を切り出す。be considerably more than we had budgeted「考えていた予算よりかなり多い」was based on information from「～からの情報に基づいている」こちらの見積もりの根拠を示す。Against this background「このような事情なので」approved a budget of「～

の予算を許可した」地位の高い人を主語にして、この予算額はかなり最終的なものであることを伝える。

❸**先方への要望**　Consequently上で述べた論から当然、ということ。**it would be**ていねいな依頼で先方を立てている。**reflect upon**「よく考える」**adjust**「安くする」の婉曲表現。

❹**結び**　Thank you for「～していただけるようお願いします、～してくださると信じてお礼申し上げます」

ポイント　相手の協力を前提として先にお礼を述べるのは、このメールのように書き手が強い立場にあるときにとくに有効。

応用　(上)請求書の再発行を強く願う　(下)相手の同情をひく形で願う

このような事情から、上に述べた観点に沿って、請求書の再発行を強くお願いする次第です。	Consequently, you are strongly encouraged to reissue a bill along these lines.
そのため、私どもの苦しい立場をご配慮の上、今回は請求額を下げてくださるようお願いいたします。	Consequently, we hope you will be able to reduce your bill this time in consideration of our difficult circumstances.

TEXT

From: Naoki Urabe [naoki.urabe@hiscompany.com]
To: Aldwin Hoffman
Cc:
Subject: Review of charges

Dear Mr. Hoffman:

Your separate bills for $3,000 each made out to Talmic, Talmic Diesel, Nakata Accessories, and Aoba Radiator have been received.

Unfortunately, the total, i.e. $12,000, has turned out to be considerably more than we had budgeted for your seminar. Our original budget was based on information from Talmic America that your charge for the legal seminar at Talmic America last June 16 for one full day was $10,000. Also, your e-mail of July 14 to Mr. Hosoi indicated charges would be proportionately shared among all your clients. Against this background, Mr. Terada approved a budget of $2,500.

Consequently, it would be very much appreciated if you could reflect upon our circumstances and adjust your request accordingly. Your revised request should be consolidated in one bill made out to Talmic Motor and a copy of it should be sent to me.

Thank you for your thoughtful consideration.

Sincerely,

Naoki Urabe
Manager
Accounting Department

価格交渉

値下げを求める (1)——得意先からの圧力で

文例 124

☞ 具体的な交渉はあとにして、まず「ゆさぶり」をかける

得意先が安い船会社からアプローチを受け、現行の運賃込み条件（C&F）の価格から本船渡し（FOB）価格への変更を求めてきた。そこで、現在契約中の海運同盟に値下げを交渉する。自分は間に入って困っているという立場で攻める。これは、最初の一撃の「ゆさぶり作戦」で、具体的な交渉はこれから。

最近私どもの南アフリカ輸入代理店に、日本と南アフリカの間に貴同盟運賃よりかなり安い運賃でトラクターと予備部品の輸送を定期的に確保するという話が、盟外船から持ちかけられました。輸入代理店は、盟外船を指名できるよう、販売条件を現行のC&F（運賃込み条件）価格からFOB（本船渡し）価格へ変更するよう求めてきています。

運賃に関しては盟外船の利用にも明らかに利点がありますが、貴同盟と契約している荷主たる私どもとしましては、輸入代理店に盟外船の利用を認めたくはありません。しかし、盟外船がオファーしてきた運賃は貴同盟よりかなり安いのです。ですから、私どもが、南アフリカの輸入代理店に盟外船利用を思いとどまらせる唯一の道は、貴同盟がトラクターおよび予備部品の現行運賃を同程度にまで引き下げてくださることです。

このような次第ですので、日本と南アフリカ間のトラクターと予備部品の輸送に関しては特別価格を示していただければ幸いです。そうなれば、今後2年間、現行の販売条件のまま、弊社輸出品を引き続き貴同盟加盟者の所有・操業になる船で独占的に運送していただくことが確実になります。

具体的なお返事を早急に頂戴できれば、この大事な得意先との関係悪化を防ぐ上で非常に助かりますので、よろしくお願いいたします。

構成 まず、何があったのか❶事情を説明し、問題点にスポットをあてる。次に❷自分たちの置かれている立場を説明し、困っていることを伝える。その上で値下げしてほしいという❸先方への要望を伝え❹「返事を待つ」で結ぶ。

語句 ❶事情を説明し、問題点にスポットをあてる　has recently been approached by「〜に話を持ってこられた」with an offer for「〜という話で」constant space いつも場所

文例 124

を確保してくれるということで、不安定でたまに安いという申し出ではないということ。at considerably lower rates「かなり安い料金で」has requested that we change「変更を求めてきている」terms「条件」nominate「指名する」

❷**自分たちの立場を説明する** こちらとしては引き続き利用したいが、得意先を説得する材料がなくて困っていることを伝える。While 前置きを長くして遠回しに述べることで、引き続き利用したいという気持ちをもったいぶって伝えている。there is obviously some merit「明らかに利点がある」まんざらでもないという気持ち。we, being「〜である当社としては」立場の主張。dissuade「思いとどまらせる」a comparable level「たちうちできる価格、同程度の価格」

❸**先方への要望** Under the circumstances「このような事情で」we would ... if you could 仮定法によって要望を柔らかく伝える。quote a special rates「特別価格を示す」具体的な価格を言わずに今後の交渉に残す。This would enable us to「これにより〜できるでしょう」under our present sales terms「現行の販売条件のままで」

❹**早急の返事を求めて結ぶ** 返事が遅れると得意先との関係が悪くなるこちらの立場をわかってもらう。quick, concrete reply「早急の具体的な返事」

ポイント do not want to agree to ... using は、「…が使うことに同意したくない」。こちらの立場が強くて決定権がある場合には、do not want to let ... use「…に使わせたくない」となる。

応用 値下げを求める（下は強い要請）

このような事情から、日本と南アフリカ間のトラクターと予備部品の輸送に関しては、かなり大幅な引き下げ価格を新規に示していただくよう、強くお願いする次第です。	In view of this, you are strongly urged to offer new, substantially reduced rates for tractors and spare parts on the Japan/South Africa route.
そのため、日本と南アフリカ間の運賃については、少なくとも盟外船価格に匹敵するものにしていただくよう、強く要望する次第です。	Consequently, you are strongly requested to at least match the rates of the non-conference operator over the Japan/South Africa route.

TEXT

From: Hana Kawashima [hana.kawashima@hercompany.com]
To: William van Deer
Cc:
Subject: Review of sales terms

Dear Mr. van Deer:

Our South African importer has recently been approached by a non-conference operator with an offer for constant space for tractors and spare parts on the Japan/South Africa route at considerably lower rates than those of your conference. The importer has requested that we change the sales terms from the present C&F to FOB so that they may nominate the non-conference operator.

While there is obviously some merit in using the non-conference operator in terms of freight rates, we, being a contract shipper with your conference, do not want to agree to our importer using the non-conference operator. However, the rates offered by the outsider are considerably lower than the conference. Therefore, the only way in which we can dissuade our South African importer from using non-conference vessels is if your conference reduces the present rates on tractors and spare parts to a comparable level.

Under the circumstances, we would be grateful if you could quote special rates for tractors and spare parts on the Japan/South Africa route. This would enable us to ensure that our shipments will continue to go exclusively in vessels owned and operated by the members of your conference for two years under our present sales terms.

A quick, concrete reply would very much facilitate our maintaining good relations with this important customer.

Sincerely,

Hana Kawashima
General Manager
Export Administration

文例	価格交渉
125	**値下げを求める (2)——入手資料を根拠に**
	☞ 証拠を添えて実証的に

競合各社に比べて不利な状況にあることを伝えて値下げを求めるメール。入手情報を裏付けとして提出し実証的に行う。お願いするというよりは強い態度で説得し、いつまでにどうしてほしいかということを具体的に要求しているメールである。

我が国におけるBBW車の販売価格上昇についてはご存じでしょうし、ご心配くださっていることと思います。

我々[BBW]の定価が競合他社よりもはるかに高いのは、前にも書いた通りです。このため、競合各社は我々より有利なディスカウントができますし、我々がこれに対抗する価格を付けようとすれば、原価を割らざるをえなくなります。

これに関連して、実際の運賃に関する情報を最近入手することができましたので、添付いたします。驚いたことに、競合他社の運賃は我々よりはるかに安いことがわかります。運賃の比較表も添付しておきました。

どうかこの件をご検討の上、我々の運賃を適切なものに改定してください。新運賃は6月、7月に出荷予定の全モデルに適応していただきたいと思います。

迅速なご対応をなにとぞよろしくお願い申し上げます。

構成 まず❶現状を説明し問題点を述べる。こちらの❷入手情報による裏付けを添えてその原因を示す。その上で値下げしてほしいという❸先方への要望を伝え、❹迅速な対応を望んで結ぶ。

語句 ❶**現状説明と問題点** I am sure that you are aware of and concerned about 「〜を知りご心配のことと存じます」 increased prices 「値上がり」 had written ... earlier 前々から言っていることを強調。 tag prices 「定価」 far exceed 「はるかに上回る」 is enabling our competitors to 競争相手に有利な点を述べる。 is forcing us to 自分たちに不利な点。

❷**その原因と裏付け資料** Along this line 「これについて」 were able to obtain 「手に入れることができた」容易ではなかったというニュアンス。 which I am attaching 証拠と

して添える。**To our astonishment**「驚いたことに」**are shown to be far less**「はるかに安いことがわかる」**Attached is**「〜を添付します」

❸先方への要望　**Kindly study 〜 and amend**「〜を検討して改定してください」当然変更してほしいという断固とした態度を示すために命令形を用いている。

❹迅速な対応を望む結び　**Your quick attention** 決まり文句。

ポイント surprise → astonishment → amazement の順で驚きが強くなる。

応用 A) 入手資料について一言　B) 断固とした態度を示す

A) 競合他社の運賃が我々よりかなり安いことを知ってがっかりした次第です。

We were discouraged to find that competitors' freight charges are considerably lower than ours.

B) こうした格差は完全に正さなくてはなりません。

This disparity must be completely rectified.

TEXT

From: Shinzo Katori [shinzo.katori@hiscompany.com]
To: Wilhelm Bauer
Cc:
Subject: Competitive prices

Dear Mr. Bauer:

I am sure that you are aware of and concerned about the increased prices of BBW cars sold in our country. I had written to you earlier that our tag prices far exceed those of our competitors. This is enabling our competitors to give higher discounts and is forcing us to sell under cost if we match their prices.

Along this line, we recently were able to obtain information on actual freight charges which I am attaching. To our astonishment our competitors' freight charges are shown to be far less than ours. Attached is a comparison of freight rates.

Kindly study this matter and amend our freight rates accordingly. We would like the new freight rates applied for all models due to be shipped in June/July.

Your quick attention to this matter would be very much appreciated.

Sincerely,

Shinzo Katori
Vice President

価格交渉

値下げ要請を部分的に受け入れる

☞ 断固とした態度で交渉の余地を残さない

文例 126

先方の状況に同情し、半分は譲歩するが、それ以上は負けられないという断固とした姿勢のメール。納得するような論拠をあげ、一方的に負担を背負うのではなく互いに分担し、協力して対応していこうという姿勢でいく。

弊社の価格体系を再検討するようにとの6月15日付メールによるご依頼に、お返事を差し上げます。メールでは、競合他社の「最近の値引きに対抗する」ためには、弊社の全製品に対し一律10％の値引きをする必要があると、資料を添えて述べておられます。

ご要望の線に沿って、6月出荷分までさかのぼり、FOB（本船渡し）価格の5％を値引きいたします。これが現時点で私どものできる精一杯の線です。この5％の値引きでさえ弊社の収益のかなりの部分を犠牲にすることになるわけですから、同程度の犠牲は貴社にもご負担いただけるものと存じます。

私どもは、貴社の企業活動が競争力を強める一助となるようにと、常に前向きに検討してきております。輸入価格を下げることは、もちろんひとつの方法だと私どもも考えます。しかし、ご提出いただいた資料を分析してみると、少なくとも競合他社の値引きの中には、以前は含まれていた付属品を取り除くことによって実現されているものもあることに気づきました。このような工夫を加えた価格戦略は、もうひとつの方法として、すぐにでも考慮しないといけないものだと思います。

新しい価格戦略についての周到な計画書をお待ちしております。

構成 具体的に❶先方の要求を確認する。次に❷部分的に承諾することを伝え、協力的な姿勢を示して❸販売戦略上の提案をする。最後は❹販売戦略の計画提出を求めて結ぶ。

語句 ❶先方の要求の確認　This is in reference to 何についてのメールであるか示す。request 先方は要求のつもりであっても request（依頼）に格下げし、こちらの立場を主張する。

❷部分的承諾を伝える　retroactive to「～までさかのぼって」This is the maximum「これが限度です」くぎをさしている。a considerable sacrifice ... to match 損失はお互

いevenにしましょうということ。

❸**提案**　**Please understand that**こちらの協力的姿勢に対する理解を求める。**one way**値下げを要求する以外にも努力の方法があることを示し、段落最後の文のanother approachへとつなげる。**in analyzing the supporting data you provided**先方の提出した資料を逆手にとって反論している。

❹**計画提出を求める**　**We look forward to receiving ... soon.**決まり文句。

ポイント　expectは「当然のことと予期する」ニュアンスで、普通は使う際に注意を要するが、当然の権利を主張するのには効果的。

応用 先方の主張への反論を示す

しかし、私どもは日本の他のメーカーのFOB価格も存じております。	However, we are also aware of the FOB prices of other makers here.
しかし、こうした値下げは日本の他のメーカーがFOB価格を値引きしたことによるものではないと、弊社は存じています。	However, we know that these reductions are not due to reduced FOB price offerings by other Japanese makers.

TEXT

From: Kotaro Koizumi [kotaro.koizumi@hiscompany.com]
To: Stan Carlsson
Cc:
Subject: Review of price structure

Dear Mr. Carlsson:

This is in reference to your request for a review of our pricing structure as outlined in your e-mail of June 15. In the e-mail you mention a need for a straight 10% reduction across our full product range to "match recent reductions" carried out by your competitors which you documented.

In line with your request we are reducing our FOB prices to you 5% retroactive to June shipment. This is the maximum that we can do for you at this time. Even this 5% reduction represents a considerable sacrifice in our profits, a sacrifice which we expect you to match.

Please understand that we are always willing to consider ways to assist you in making your operation more competitive. We also recognize that an import price reduction is one way. However, in analyzing the supporting data you provided, we noticed that at least part of our competitor's reductions were being accomplished by deleting accessories previously included in the package. This sort of creative pricing strategy is another approach you should promptly consider.

We look forward to receiving a full report on your new pricing strategy soon.

Sincerely,

Kotaro Koizumi
Manager
Middle East Department

文例	価格交渉
127	**値下げ要請を再び断り、出荷延期要求の再考を求める**
	☞ 要求をはねつけるのではなく、マイナス面を指摘して説得する

円高のあおりを受けた先方が値下げを要求してきた。応じられないと断ったところ、それなら船積みを延期してほしいという報復的な返事がきた。このメールはそれに対する返事。

4月1日のメールで申し上げた通り、残念ながら、円の急騰に対処するための値下げ要求には応じられません。しかし、外国為替市場が不安定なため貴社がどんなに大変か、こちらでもよく承知していることをご理解ください。

それゆえ、5月分の出荷を6月まで延期し、値上りが需要に及ぼす影響を見極める時間を差し上げるという点ではご要望に応じてよいと考えています。しかし、そうしますと、値上りにもかかわらず需要に変化がなければ、貴社には在庫不足が生じることになります。アメリカ政府がドル安定化のためにとった最近の措置を考えますと、在庫不足が起きる可能性は高いと思われます。事実、ドルはすでに回復し始めています。忘れてならないのは、貴社の主要な競争相手も同じような苦境にあり、どこも有利な立場には立てないということです。

こうした観点から、5月分の出荷延期要求は再考されることをお勧めいたします。4月10日までに決定内容をお知らせください。

構成 先方の立場に理解を示しながらも❶**値引きの断りは固いことを伝える**。次に船積みを遅らせてほしいとの❷**先方の要求に応じてもよいことを伝える**が、それにより生じる**マイナス面を述べて**、❸**説得する**。最後は❹**再検討を求めて**結ぶ。

語句 ❶**断りは固いことを伝える** As informed in 「～で申し上げた通り」断固とした言い方。regret not being able to accommodate 「応じられなくて残念です」協力したいけれど、という気持ちを表す。lower prices これより下げられないという気持ちから意識的に better prices を用いていない。we do realize 先方への理解を示す。
❷**要求に応じてもよい旨とそれによる悪影響** are willing to accept 「応じてもよい」evaluate the impact of 「～の影響を考える」We do worry though 「しかし心配なのは」この though は調子を和らげる。

❸**説得**　There is a good chance「可能性が高い」You must also remember 強い調子。

❹**再検討を求める結び**　We suggest you reconsider 最終決定は先方にゆだねている。

ポイント be willing to は「喜んで」というよりは、「～してもよい」という気持ち。「喜んで～する」は more than willing to となる。

応用 値引きを断る表現のバリエーション

外国為替関係の問題に対処するための支払い延期のご要望に沿えず残念です。	we regret not being able to accommodate your request to extend payments to cope with your foreign exchange related problems.
「もっと他社に対抗できる価格」にするために値下げをとのことですが、あいにくその要求に沿うことはできません。	we regret not being able to accept your request for a price reduction to enable you to offer "more competitive prices."

TEXT

From: Yutaka Asada [youtaka.asada@hiscompany.com]
To: Stanley Simpson
Cc:
Subject: Deferment of May shipment

Dear Mr. Simpson:

As informed in our e-mail of April 1, we regret not being able to accommodate your request for lower prices to cope with the sharp yen appreciation. However, please understand that we do realize what a difficult situation you are facing due to the instability in the foreign exchange markets.

Consequently, we are willing to accept your request to defer your May shipment until June to give you time to evaluate the impact of higher prices on demand. We do worry though that this may leave you with an inadequate inventory should demand hold steady despite price increases.

There is a good chance this will happen if you consider the recent actions taken by the U.S. government to stabilize the dollar. In fact, the dollar has already begun to recover. You must also remember that your main competitors are facing the same pressures, which should mean no one will enjoy a distinct advantage.

We suggest you reconsider your request to defer May shipment in this light. Please let us know your decision by April 10.

Sincerely,

Yutaka Asada
General Manager

価格交渉	文例
わずかな額の値下げ要求の理不尽さをさとす ☞ あきれかえっているという態度を率直にぶつける	**128**

当方の通達した技術者派遣料のわずかな値上げ額に対して、先方からもっと安くしてほしいという交渉のメールが来た。それに対し、もともとサービスした値段であることを説明し、相手に良識ある額の提案を促すメール。文中のベネラックス社は、双方の会社を仲介した商社。

たかだか、ひと月20ドルのことでこれ以上メールを書き、議論する時間をとらなければならないとは、いささかばかばかしい気がしております。ベネラックス社を通じて伝えられた貴社からのメッセージには率直に言って驚きました。ひと月のアップ額がわずか50ドルというのは極めてお手ごろな金額で、交渉の余地などないと思っておりました。といいますのも、私どもは、貴社に以下のことをご理解いただけると思っていたからです。
1. そもそも、貴社の現行の料金は極めてお手ごろな額となっています。料金をこのように低く抑えている唯一の理由は、私どもができる限り協力的でありたいと願っているからです。
2. 平均的な月給のアップだけでもひと月に30ドルを超えます。
3. 航空運賃と福利厚生費はすべて私どもの負担です。

これ以上何を望むことがあるのでしょうか。
いずれにしても、私どもはこの問題についてこれ以上議論したくありません。貴社の決められた金額で結構だということ、私どもがその額でいくということをベネラックス社にお伝えください。私どもの誠意が貴社にご理解いただけることを願うばかりです。

構成 相手の❶値下げ要求に対してあきれている理由を単刀直入に述べる。次に❷現行の料金体系が先方に甘い理由を個条書きであげ、❸「それ以上何を望むことがあるのか」というパンチのきいた文を1センテンス1パラグラフで入れる。最後に、これ以上ごたごたしたくないので相手の決めた額でOKだという❹結論と「当方の気持ち・立場を理解してほしい」旨を述べて締めくくる。

語句 ❶**あきれている理由** We feel rather ridiculous having to「〜しなければならな

いとは少々ばかばかしい気がしている」ridiculousという強い調子の言葉を使っているが、ratherを入れることで少し気持ちを抑えている。quibble over「(くだらない、どうでもいいようなこと)について議論する」relayed to us through「～経由で伝えられた」nominal「たったの、ほんのわずかの」nominalの前のaは$50に付く不定冠詞。preclude「あらかじめ除外する、～しなくてもすむようにする」you would surely understand that「間違いなく、当然」で強調している。

❷現行の料金体系が甘い理由　desire to be as supportive as possible「できるだけ(あなた方の立場を)支持したいという気持ち」fringe benefit costs「付加給付、福利厚生費」being borne by us「こちらの負担である」

❸「それ以上何を望むことがあるのか」　What more could you possibly want? 1センテンス1パラグラフでパンチをきかす。

❹結論と「当方の気持ち・立場を理解してほしい」旨　Anyway「とにかく」do not want to take this any further「この件についてはこれ以上議論したくない」whatever it is you decide is affordable「どんな金額でもそちらの決めた額で結構だ」あきれて突き放した態度。go with that「それ(そちらの決めた金額)に同調する、それでいく」

ポイント 当方の主張を強調するひとつのコツは、行(段落)を変えて、1センテンス1パラグラフにすること(第3段落 What more could you possibly want?)。

応用 結論を変えて、値下げ要求をはねつける

私どもの要求額が妥当なものであることをわかっていただければ幸いです。	Your consideration of our request would be very much appreciated.
このような状況ですので、ひと月50ドルという提案額以下のアップは受け入れる用意がないことをご理解ください。	Given these circumstances, please understand that we are not prepared to accept less than the $50 per month increase proposed.

TEXT

From: Masamichi Kaji [masamichi.kaji@hiscompany.com]
To: Sharon Herpsberg
Cc:
Subject: Price increase

Dear Ms. Herpsberg:

We feel rather ridiculous having to take more time to write and quibble over $20 per month. Frankly, your message relayed to us through Benelux amazed us. We thought a nominal $50 a month more was so reasonable that it would preclude having to negotiate. We felt this because we thought you would surely understand that:

1. Your present fee is very reasonable to begin with. Our only reason for keeping the rate so low has been our desire to be as supportive as possible.
2. Just average monthly wage increases exceed $30 per month.
3. Air fares and fringe benefit costs are all being borne by us.

What more could you possibly want?

Anyway, we do not want to take this any further. Let Benelux know whatever it is you decide is affordable and we will go with that. We would hope you understand our good intentions.

Sincerely,

Masamichi Kaji
General Manager

文例	価格交渉
129	**値下げ要求に対し、受け入れるという返事**
	☞ わずかの差額ならのんで丸く収める

当方の値上げ通達に対して、先方が値下げ交渉をしてきた。わずかな金額のために時間と労力をかけたくないと思い、また、これ以上もめると長い付き合いに悪影響を与えると考えて、今後の円満な関係のために譲り、今までのごたごたは忘れようという姿勢のメール。文例128に続くメールである。

私どものメールが与えたかもしれない印象とは逆に、私どもは、我々の共同事業を成功させようとする貴社のご尽力に感謝しております。また、我々の関係も、今日までお互いに満足のいくものだと考えております。今、私どもが申し上げているのは、その状態を保つということなのです。料金の値上げを私どもの経費の増加の範囲内に絞りたいと昨年述べたことについては、今でも変わりません。ただ、経費は単なる人件費のアップより少しばかり広く見た額になっております。

しかし、それはさておき、今になって思うと、私どもは貴社に対して少し短気すぎたようです。そのことについては、お詫び申し上げます。そのような反応を招いたのは何かと言うと、我々が議論していた金額、つまり20ドルのことです。このように高い生活費を支払いながら東京で暮らしていると、この金額は争いに値するほどの額ではないと思えたのです。しかし、そちらの環境ではこの額はもっと大きな意味を持っているのだということを今では理解しております。

諸般を考え合わせると、今後は貴社がコスト増加や状況を見極め、数字をご提示くださるほうがよいのかもしれません。費やされる時間とすり減る神経のことを考えると、このやり方のほうが効率的でしょう。

今年に関しては、ひと月について40ドルのアップが適正だと貴社が思われるのでしたら、それで構いません。これは4月までさかのぼって適用されると理解しております。

構成 まず❶**今までの交渉のやりとりの背景**を述べ、次に、当方の態度が少々短気だったことを認めて❷**お詫び**し、その態度の**弁明**をする。それから❸**今後の進め方**を示す。最後に、❹**今年は相手の要求をのむという結論**で締めくくる。

語句 ❶**今までの交渉のやりとりの背景** Contrary to the way our e-mail may have sounded「我々のメールが与えたかもしれない印象とは逆に」前回のメールの態度を反省している。to the effect that「～という趣旨の」limit ～ to ...「～を…に抑える」holds「(法律・約束などが)効力・妥当性を持つ」were viewing ～ in a slightly broader way「～を若干広く見ていた」than simply wage increases「単に賃金の上昇だけでなく」ほかにも経費がかかっていることを示す。

❷**お詫びと弁明** above and beyond this「それはさておき」For this we would like to apologize. お詫びを1つの短い文で。not anything worth arguing about「けんかするほどの額じゃない」

❸**今後の進め方** it might be better all the way around if「いろいろ考え合わせると～のほうがよいかもしれない」前回のメール (文例128)同様、突き放した書き方。

❹**結論** As for this year「今年については」as forは限定するときの言葉。 as for this program「このプログラムについては」などのように使う。if you feel that is fair fair「公正な」は相手の倫理観に訴える言葉。retroactive to「～までさかのぼって(適用される)」過去の適用範囲・期間を表す。 相手のゴネ得にならないようにくぎをさしている。

ポイント 第2段落1行目の we now feel that、同段落最終文の we now realize that の now は、「今となっては」という反省の気持ちを表す言葉。

応用 今後の進め方のバリエーション

諸般を考え合わせると、今後は技術者の派遣を見合わせて、私どもの協力範囲をアフターサービスに絞ったほうがよいかもしれません。 費やされる時間とすり減る神経のことを考えると、このやり方のほうが結果的には経済的でしょう。

In the future, it might be better all the way around if we suspended the dispatch of technicians and limited our support to after sales service. This might prove to be more economical in terms of time and nervous energy expended.

今後は、そちらの技術者を実地研修のために日本に派遣したほうがうまくいくかもしれません。 そうすれば、そちら側でコストをコントロールできますから。

In the future, it might work out better if you sent your technicians here to Japan for on-the-job training. That way you could control costs on your side.

TEXT

From: Masamichi Kaji [masamichi.kaji@hiscompany.com]
To: Sharon Herpsberg
Cc:
Subject: Invaluable relationship

Dear Ms. Herpsberg:

Contrary to the way our e-mail may have sounded, we do appreciate all you are doing to ensure our venture is successful. We also consider our relationship to be mutually satisfactory to date. What we are talking about now is keeping it that way. Our statement last year to the effect that we hoped to limit rate increases to the increase in our expenses still holds. However, we were viewing expenses in a slightly broader way than simply wage increases.

But above and beyond this, we now feel that perhaps we were a little impatient with you. For this we would like to apologize. What drew our reaction was the amount we were talking about, i.e., $20. Living here in Tokyo with the cost of living what it is, the amount struck us as not anything worth arguing about. However, we now realize that in your environment it has perhaps more significance.

In the future, it might be better all the way around if you estimate cost increases and the situation and propose a number. This approach might be more efficient in terms of time and nervous energy expended.

As for this year, your offer of $40 per month more is fine if you feel that is fair. We understand this will be effective retroactive to April.

Sincerely,

Masamichi Kaji
General Manager

価格交渉

値引き要求を断る (1)――方針により

文例 130

☞ まず応じられる条件を先に述べる

値引きの要求を断るのは、きわめて強い立場にある場合、あるいは最初の取引で足元を見られないようにするためである。このメールは後者の例で、方針を理由にはっきり断っている。重みを出しながらも気をつかって書いている。

11月17日付のメールでの見積もりに対し、ご返答をいただきありがとうございました。
ご要望のうち、仕様、提供数および納期につきましては私どものほうでもまったく支障ございません。これらの点につきましてはすぐにでも進める用意がございます。
しかし、見積もらせていただきました価格は固定的なものでして、どこの市場でもこの価格でお願いしております。ですから、貴社だけに特別に値引きするということはできないのです。
近いうちに正式なご注文をいただき、お取引できることを楽しみにしております。

構成 見積もりに対する❶返事を受け取った知らせとお礼を具体的に述べる。次に先方の要望に対して❷かなえられること、❸かなえられないことを述べる。最後は❹前向きな姿勢で結ぶ。

語句 ❶**受け取りの知らせとお礼** Thank you for your response to 返答に対するお礼の決まり文句。まったくむだのないビジネスライクな文。
❷**かなえられること** Your requirements regarding「〜に関する要求は」regardingでできることとできないことを区別している。pose no problems on our side「私たちの側にとっても何の問題ももたらさない」きわめて前向きな言い方。In these respects 引き受けられる点。ready to 〜 at any time「いつでも〜する用意がある」
❸**かなえられないこと** 理由を明確に。Please understand 理解を求める。however 文頭ではなく文中にもってくることにより、調子を和らげている。prices are firm「値段に変更はきかない」consistent with our pricing for all markets「値段はどこの市場でも同じ」it will not be possible to accommodate　we cannot accept といった露骨な言い方は避ける。

交渉

❹前向きな結び　receive your firm order「正式な注文を受ける」do business with「〜と取引する」

ポイント「したがって」という意味を表す語句にconsequently、as a result、therefore、thusなどがある。このうちthusは硬いが、文章に重みを持たせたいときには有効な言葉。

応用（上)断り　（下)は数量割引きを申し出る

しかし、値引きに関してはどうしてもご要望に沿いかねるという点をどうぞご理解ください。

However, please understand that we are not in a position to reduce our list price.

また、注文量を2倍にしていただければ、喜んで数量割引きのご相談に応じたいと存じます。

We would also be willing to discuss a volume discount if your order volume is doubled.

TEXT

From: Masuo Hattori [masuo.hattori@hiscompany.com]
To: Ben Johnson
Cc:
Subject: Consistent pricing

Dear Mr. Johnson:

Thank you for your response to our quotation in our e-mail of November 17.

Your requirements regarding specifications, supply volume, and delivery pose no problems on our side. In these respects, we are ready to proceed at any time.

Please understand, however, that the prices we quoted are firm and consistent with our pricing for all markets. Thus, it will not be possible to accommodate your request for a special reduction.

We look forward to receiving your firm order soon and to doing business with you.

Sincerely,

Masuo Hattori
Deputy Manager
Sales Europe

文例 131	価格交渉

値引き要求を断る（2）——競争力はあるはず

☞ このままの価格で十分売れることを主張する

理屈で断るメール。値引きは断っても取引は失いたくないわけだから、協力的な姿勢を示すこと。いつも役に立ちたいと思っており、これがギリギリの価格であるから値引きできないという論で進める。さらに、品質、価格ともこのままで十分に市場競争力があることを主張する。

弊社のJX-4701型ヘッドホンの値段を引き下げてほしいとの8月1日付のメールを拝受いたしました。

私どもは貴社の販売努力をできうる限りいろいろな面から支援することを常々心がけております。ですから、今回の見積もり額はお下げできる限り下げた金額になっております。これ以上下げますと、取引の意義がなくなってしまいます。

これらの製品が品質の優秀さを誇り、きわめて厳しい国内市場において優位を保っているということを考えてみてください。貴国の市場でも必ずや同等以上の成績をあげるものと確信いたしております。

速やかなお返事をいただき、取引の機会を持てることをお待ちいたしております。

構成 ❶先方のメールを受け取った知らせとお礼を述べる。具体的に。次に値引きしてほしいという先方の要望に対して❷断りを伝える。それから、この価格でも❸競争力は十分あることを伝えて❹前向きに結ぶ。

語句 ❶受け取りの知らせとお礼　Thank you for your 決まり文句。more competitive price「より競争力のある値段」「安い」のが肝心な点なのではなく他製品との「競争力がある」ことが肝心。

❷断り　協力的に。Please understand 理解を求める。always / every それぞれ interested と way につけて積極的な姿勢を示す。we can「できる範囲で」条件づけである。For this very reason「まさにこの理由から」the furthest we can go 限界を示す。

❸競争力があるという保証　You are strongly encouraged to「〜することを強くお勧めします」reflect on「〜について熟慮する」commanding position「優位」highly

competitive「競争の激しい」every reason to believe that「～と信じるに足る理由」do at least as well「少なくとも同じくらいやる」
❹前向きな結び　quick reply「早急の返事」the opportunity of doing business 積極的な姿勢の表れ。

ポイント　「全面的」ということを強調したいときは always や every を使う。

応用 A) ギリギリの値段であることを伝える　　B) 競争力のあることを伝える

A) 現在でも利幅は非常に薄く、これ以上値引きすれば赤字に追い込まれることは必至の状態なのです。

The profit margin now is so thin that any further reduction would put us in the red.

B) 適切な販売促進活動により、貴国でも同等の売れ行きを期待できると存じます。

Given the proper promotion, they should sell equally well in your market.

TEXT

From: Shoichiro Hasegawa [shoichiro.hasegawa@hiscompany.com]
To: Ian Marklew
Cc:
Subject: Competitive pricing

Dear Mr. Marklew:

Thank you for your e-mail of August 1, which includes a request for a more competitive price for our model JX-4701 headsets.

Please understand that we are always interested in supporting your sales efforts in every way we can. For this very reason our quotation this time reflects the furthest we can go in regard to price. Any reduction beyond this would make any business transaction pointless.

You are strongly encouraged to reflect on the outstanding quality of these products and the commanding position they enjoy in our highly competitive domestic market. There is every reason to believe that they will do at least as well in your market.

We look forward to a quick reply and to the opportunity of doing business with you.

Sincerely,

Shoichiro Hasegawa
Assistant Manager
Sales Europe

価格交渉
値引きを断るが、代品を提案する
☞ 特徴を正確に伝えて先方の判断に任せる

文例 132

値引きはできないとはっきり断るが、代わりに低価格のものを勧める。性能のよい高級品か、それより少し性能は劣るが価格も安くなるという品物のどちらがよいかをたずねる。どちらかを強く勧めるというよりは、特徴を正確に伝えて先方の判断に任せた売り込み方。

弊社のXR-3型ディスプレーにもっと競争力のある価格を、というご要望の11月1日付のカウンターオファーをいただき、ありがとうございます。
弊社では、貴国市場で大きなシェアを占められるような条件を備えた、品質の高い製品をお届けする重要性を強く認識しておりますので、その点をどうぞご理解ください。当初の値段も、このような考えに基づいて決定されております。したがって、とくにこの製品に関しては、ご提示した価格がぎりぎりの線です。
しかし、貴社のご事情もよくわかりますので、代品をお勧めしたいと存じます。XR-2型をご注文されてはいかがでしょうか。横浜港でのFOB（本船渡し）価格295ドルでお求めに応じられます。性能と適応性の点でXR-3型と多少異なりますが、貴社のお客さまのニーズのほとんどに十分応えられるはずです。この機種に関する資料を添付いたします。
どちらの型をお選びになるか、一日も早いお返事をお待ちいたしております。

[構成] ❶先方のメールを受け取った知らせとお礼を具体的に述べる。次に値引きしてほしいという先方の要望に対して❷断りとその理由を伝える。代案として価格の低い❸代品を勧め、❹先方の意向をたずねて結ぶ。

[語句] ❶受け取りの知らせとお礼　内容、日付、製品名など具体的に。Thank you forカウンターオファーへのお礼から入る。
❷断りとその理由　注文を引きつけておきたいので婉曲に。Please understandこちらの気持ちへの理解を求める。fully realize「よくわかっている」This is the spirit in which「こういった気持ちから（提示した）」that particular「とくにこの」ほかでもないという気持ちがこめられ、次にほかの製品を勧める手順となる。
❸代品の勧め　do appreciate your position「立場はよくわかります」offer an

alternative「代品を勧める」Our suggestion is「～はいかがでしょうか」make available to offer のくりかえしを避ける。more than adequate「十分である」
❹ 先方の意向をたずねる結び　We look forward to 前向きな決まり文句。have decided「時間をかけてよく考える」go with「～に決める」

ポイント　第2段落の This is the spirit と the offer is the best price が現在形になっているのは、今でもその事実に変わりがないことを示し、事実上の断りとなる。

応用　代品を勧める

A) 予算額が動かせないものであるなら、性能は少し劣りますがもっと低い価格で提供できる製品がございます。

If price is paramount, however, we can offer a less powerful version at a lower price.

B) XR-2型なら、現在、横浜港でのFOB価格295ドルでお届けできます。

Our model XR-2 is now available at $295.00 FOB Yokohama.

TEXT

From: Masao Uno [masao.uno@hiscompany.com]
To: Tim Carney
Cc:
Subject: Competitive pricing

Dear Mr. Carney:

Thank you for your counteroffer of November 1 in which you request a more competitive price for our model XR-3 display.

Please understand that we fully realize the importance of providing you with quality products under conditions that will permit you to win a commanding share in your market. This is the spirit in which our original offer was made. Consequently, the offer is the best price we can give for that particular model.

However, we do appreciate your position and, therefore, would like to offer an alternative. Our suggestion is that you order our model XR-2 which we can make available to you at $295.00 FOB Yokohama. Although not equal to the XR-3 in performance and adaptability, it should be more than adequate for most of your customers' needs. Attached is additional information on this model.

We look forward to hearing from you soon as to which model you have decided to go with.

Sincerely,

Masao Uno
Assistant Manager
Office Automation Sales

文例 133　価格交渉

値引きを断るが、宣伝補助金を申し出る

☞ 売り上げを伸ばしたいという共通基盤から出発する

新製品に対する値引き要求を退けるが、代わりに導入時期だけ宣伝補助費を出すことを申し出るメール。新製品を市場に売り出すためという先方の論に理解と同意を示して、その論を用いて妥協案を提案する。主張をわかってくれないという不満を相手に持たせないようにする。

弊社の新型プロセッサーに関して、初期販売を助けるため導入価格の値下げをご希望の、11月10日付カウンターオファーをいただき、ありがとうございます。

貴社のお考えはよくわかりますし、できる限り早く、最大限の市場浸透を実現したいと希望する点では、弊社もまったく同様です。だからこそ、この最新型の商品をこれだけ低い導入価格にて提供させていただいたのです。したがって、開発・設備に要した相当な金額のコストを考慮するなら、現段階ではこれ以下の価格設定は不可能です。それでもなお、必ず売れる商品だと確信しています。

しかし、重要な立ち上がり期間ですので、できる限りの援助をしたいと思っています。そこで、当初6カ月間に限り、貴社取引総額の5％に相当する宣伝補助費を提供する用意があります。これは、私どものお役に立てるぎりぎりの線です。なお、これらの金額が確実に宣伝活動に用いられたことを示す証明書類を提出していただくことになると思いますので、念頭に置いておいてください。

今回の特別補助をご利用になり、早速、正式なご注文を下さるものと信じております。

構成 ❶先方のメールを受け取ったとの知らせとお礼を具体的に述べる。次に、値引きしてほしいという先方の要望に対して❷断りとその理由を伝える。その上で、宣伝補助金を出すという❸別の形での援助を申し出て、❹売り込みの言葉で結ぶ。

語句 ❶受け取りの知らせとお礼　内容、日付、製品名など具体的に。Thank you for カウンターオファーに対するお礼から始める。new「新型の」売り込み段階で新製品は強み。

❷断りとその理由　まず先方の主張に理解を示した根拠を述べて先方を説得する。We fully appreciate「よくわかります」share your desire「望みは同じ」state-of-the-art

「最新式の」given the very substantial「相当な〜を考えれば」開発、設備にお金をかけていることを示す。at this stage「現段階では」今後は別の可能性もある。find a ready market「容易に売れる」find many buyers は稚拙な表現。

❸ **別の形での援助**　最初から限界を明らかにしておく。critical start-up period「重大な売り出し開始期」延期を求めてこないように布石を打っておく。advertising subsidy「宣伝補助費」両方の立場を守った案。Bear in mind「念頭に置いてください」Don't forget のような否定形は避ける。vouchers「(領収書などの)裏付け資料」

❹ **売り込みの結び**　take advantage of「利用する」exceptional offer「特別提供」今回限りであることを伝える。

ポイント 語句の選択に、先方に対する考え方や態度が表れる例。 voucher showing that は相手への信頼度が大きく、「〜がわかるような書類」という感じ。 showing の代わりに proving「〜を証明するような」を用いると、相手への信頼度が低いことがわかる。 いちばん事務的なのは、substantiating「〜を示すような」を使った場合である。

応用 値引きできないことを伝える

現時点では、これ以上の値引きは不可能です。	A lower price is not possible at this time.
生産量が大幅に増えるまでは、これ以上の値引きは不可能です。	A lower price will not be possible until production volumes increase substantially.

TEXT

From: Yui Sunazawa [yui.sunazawa@hercompany.com]
To: Stan Anderson
Cc:
Subject: Introductory price

Dear Mr. Anderson:

Thank you for your counteroffer of November 10 in which you request a lower introductory price to help initiate sales of our new processor.

We fully appreciate your reasoning and share your desire to achieve maximum market penetration as quickly as possible. This is why these state-of-the-art devices were offered to you at such a low initial price. Therefore, given the very substantial developmental and facilities costs involved, a lower price is not feasible at this stage. Still, we are confident these devices will find a ready market.

On the other hand, we do want to give you every assistance during the critical start-up period. For this reason, we are prepared to give you an advertising subsidy equal to five percent of your gross for the first six months only. This is the limit to which we can assist you. Bear in mind that you will have to provide vouchers showing that these amounts were actually used in promotional activities.

We trust you will take advantage of this exceptional offer by placing firm orders with us soon.

Sincerely,

Yui Sunazawa
Manager
Device Sales

条件交渉	文例
契約条件の変更要求を相手方本社に念押しする	**134**

☞ くら替えの目当てがあるときは、断固とした強い態度に出る

契約更新にあたって当方の有利な条件にしたいと米国企業の在日事務所と交渉してきたが、平行線をたどってらちが明かないので、相手方本社の幹部に当方の態度表明をするメール。当地の担当者と具体的にやり取りしているので、本社へのメールでは、当方の主張内容と断固とした態度のみを伝え、理由付けなどは書いていない。

契約の更新にサインすることができずにいるのは誠に残念です。 これは主として、契約でカバーされる状況の新しい現実に対処する方法について、お互いの合意点を見いだせないことに由来します。
貴社との新しい契約の条件の中に、私どもは2つの大きな変更を提案しました。
　1. 私どもと取引のある他のメーカーと同様のレベルまで研修費を下げること。
　2. 車の送迎は川崎駅からのみとすること。
貴社の当地スタッフより、貴社としてはそのような変更は認められないとのお返事をいただきました。 代わりに貴社から提示されたのは、今年末まで現状維持でいくという案でした。 しかし、それは問題外です。
現行の条件の即時改定を望みます。

構成 まず❶交渉の現状（平行線であること）を述べる。 次に❷当方の主張を個条書きであげ、それに対する❸相手の態度の確認をする。 それから❹相手の態度に対する反発を1センテンス1パラグラフでぶつける。 最後に、やはり1センテンス1パラグラフで❺当方の要望を簡潔かつ強く表明する。

語句 ❶**交渉の現状**　It is indeed disappointing that「誠に残念ながら」上品な書き出し。This stems ... from「〜に由来する」原因を述べる言葉。new realities「新しい現実、事実」現状の不景気とインフレを契約に反映させたいという含み。
❷**当方の主張**　We have proposed「我々は提案した」Reduction of ... fees to「料金を〜まで下げること」値切り価格を示す。Provision of land transport「車で送迎すること」

文例 134

❸相手の態度の確認　you have proposed「貴社は提案した」continuing with the status quo「現状維持でいくこと」

❹相手の態度に対する反発　out of the question「問題外だ、言語道断だ」

❺当方の要望　We would like to revise ... now.　now「今、即刻」に強い気持ちがこめられている。

ポイント　個条書きにするときは、各項目の文の形を動詞なら動詞、名詞なら名詞に統一する。この場合は名詞形（Reduction /Provision）でそろえている。

応用　変更要求条件のバリエーション

1日あたり35ドルの付加給付の廃止。	Termination of additional $35 per diem.
1カ月の帰国休暇条項の削除。	Elimination of one-month home leave stipulation.

TEXT

From: Minoru Takayama [minoru.takayama@hiscompany.com]
To: Doug Campbell
Cc:
Subject: Contract renewal

Dear Mr. Campell:

It is indeed disappointing that we have not been able to sign a renewal of our contract. This stems primarily from our inability to settle on a mutually agreeable way of handling new realities in the situation covered by the contract.

We have proposed two major changes in the terms of the new contract between us.
1. Reduction of training fees to the same level as that provided by other makers doing business with us.
2. Provision of land transport from Kawasaki Station only.

Your people here have responded that you could not accept any such changes. Instead, you have proposed continuing with the status quo to the end of this year.

However, this is out of the question.

We would like to revise the existing terms now.

Sincerely,

Minoru Takayama
Manager

文例 135　条件交渉

契約条件の変更要求に対する断り

☞ 譲れないというこちらの姿勢を示して、結論は相手に委ねる

当方（米国企業）の日本事務所と契約更新の条件交渉で平行線をたどっている会社から、本社の幹部である自分に直接、最終的な態度表明をしてきた。当方としても譲れないので、こちらの姿勢を示して、契約を更新するかどうかの結論は相手に委ねるメール。内容的に文例134への返事である。

貴社が私どもの日本事務所と合意に達することができなかったとうかがい、非常に残念であり、また少々驚いてもいます。貴社の技術研修センターと何らかのお付き合いを継続させようと努力するにあたって直面している諸問題については、伊藤から聞いております。
貴社が直面しておられる困難な資金状況について、私どもが理解しているということをどうかご承知おきください。それでも、私どもの現在の状況においては、貴社が提案された2つの主要な点のどちらも受け入れることができません。論拠は次の通りです。

＊「項目1」すなわち、研修費の値下げについて
　・現行の料金体系下でさえ、貴社の研修センターの仕事は、私どもの会社にとってもそちらに派遣している技術者にとっても、ごく利益の薄いものです。
　・この1年のインフレにより、今や採算割れに近い状況になっています。貴社の研彦センターの仕事のような非常に厳しい状況を、さらに低い給料で我々のスタッフに受け入れるよう要求することはできません。
　・このような厳しい要求をしてきたクライアントはほかにありません。

＊「項目2」すなわち、技術研修センターへの車の送迎について
　・車の手配は、常に私どものスタッフの大きな苦情のひとつとなっています。貴社のご提案はこの状況を一層悪化させるものと思います。

このように、あなた方は伊藤に不可能な課題を課そうとしているのです。つまり、私どもの技術者を説得して、より少ない給料でより多くの問題を抱え込み、なおかつ質の高いサービスを提供するようにさせなさい、と伊藤に命じようとしているのです。
とにかく、今年末まで現行のままでいくという私どもの申し出は精一杯の譲歩でした。これが貴社にとっては受け入れられず、技術研修のニーズに対してほかをあたるおつもりだということを、私どもも今では理解しております。その決定権はもちろん貴社にあります。
それでもなお、私は個人的にもビジネス上の理由からも、この件をぜひとも円満に解決し

たいと思っております。そこで、9月14日の夕方、東京で夕食をご一緒しませんか。そのときに貴社のお考えをお聞きしたいと思います。

構成 まず❶問題の背景を述べる。次に❷当方の態度表明をし、❸その論拠を個条書きであげる。だめ押しとして❹相手の要求をのんだ場合の結果を認識させ、❺妥協案（当方の結論）の念押しをする。

語句 ❶問題の背景　our Japanese operation「私どもの日本事務所」現地の担当者がこれまで交渉にあたってきた。has kept (人) informed of「(人)に〜の情報を回してきた」
❷当方の態度表明　Nevertheless 相手の立場に理解を示しながらも当方の主張へと導くための言葉。under our present circumstances「現状では」Our rationale is as follows: 論拠を述べるときの決まり文句。
❸その論拠　the least profitable「利益がほとんどない」close to a break-even situation「収支がとんとんに近い状況」unreasonable demand「不条理な要求」
❹相手の要求をのんだ場合の結果　impossible task「不可能な課題」
❺当方の結論の念押し　extend the status quo「現状を延長する」maximum concession「最大限の譲歩、最大の妥協」bring ... to an amicable end「…を円満解決に持っていく、丸く収める」I wonder if we couldn't get together 婉曲的な会合の誘い。

ポイント 第2段落 do appreciate の do は強調の do である。「よく理解している」ということ。

応用 結論を変えて

しかし、長いお付き合いだということを考えて、今年一杯は貴社の条件でサービスを続けることにしましょう。これが私どもの精一杯の譲歩です。	However, in view of our long relationship, we will try to continue our services under your conditions through the end of this year. This is the best we can do.
したがって、大変残念ではありますが、貴社の状況を尊重すれば、来年の1月から技術援助プログラムを打ち切ることにせざるをえません。	Thus, with great reluctance and all due respect to your situation, we have no choice but to terminate our technical assistance program from January of next year.

TEXT

From: Doug Campbell [doug.campbell@hiscompany.com]
To: Minoru Takayama
Cc:
Subject: Re: Contract renewal

Dear Mr. Takayama:

I was very sorry and somewhat surprised to hear that you have not been able to reach an agreement with our Japanese operation. Mr. Ito has kept me informed of the problems he has been facing in trying to continue some kind of relationship with your technical training center.

Please understand that we do appreciate the difficult funding situation you are facing. Nevertheless, it is not possible for us under our present circumstances to accept either of the two major points you proposed. Our rationale is as follows:

* "Item 1" i.e. reduction of training fee

- Even the present fee structure makes our relationship with your technical center the least profitable for our company and the technicians sent there.
- Inflation over the past year now makes it close to a break-even situation. We cannot ask our people to accept this very hard situation, which assignment to your training center represents, for less money.
- No other client has made such an unreasonable demand.

* "Item 2" i.e. company car to your technical center

- The transportation arrangements have always been one of the biggest sources of complaint from our people. I believe your proposal would make this situation even worse.

You are therefore presenting Mr. Ito with an impossible task, i.e., trying to persuade our technicians to go to more trouble for less money and still provide quality services.

Anyway, our offer to extend the status quo through the end of this year was our maximum concession. We now understand that this is unacceptable to you and that you will seek some other source for your technical training needs. That decision is of course yours. Still, for personal, as well as business reasons, I would like to bring this all to an amicable end. I therefore wonder if we couldn't get together for dinner in Tokyo on the evening of September 14. You could then tell us what you have decided.

Best regards,

Doug Campbell
General Manager

文例	支払い交渉
136	**支払い延期を願う**

☞ リスクがないことと例外的な措置であることを強調

在庫が溜まっているので支払いを延期してほしいと申し入れるメール。困難な時期を乗り越えるための特例的な措置として認めてほしいこと、さらに乗り越える見通しはついていることを伝える。いつまで延期してほしいのか具体的に示すと、先方は安心する。

当地の景気後退により当市場の売り上げが最近急激に低下いたしましたことは、貴社でもご存じのことと思います。この売り上げ低下のため膨大な在庫が生じ、その維持費はいまや弊社の財政にとって多大な負担になっております。

今日ご連絡を差し上げましたのは、この問題への対処にご協力をお願いするためです。具体的に申しますと、在庫調整で在庫が通常のレベルに戻るまで60日の支払期限延長を認めていただくようお願いしたいのです。在庫調整には、その間の売り上げにもよりますが、大体4カ月から5カ月かかると思います。

このお願いをいつものように迅速かつ前向きに考慮していただけますと、このような時期には非常に助かります。

構成 まず❶現状を説明し問題点を述べる。次に支払いの延期を認めてほしいという❷先方への要望を具体的に伝え、❸迅速で前向きな対応を望んで結ぶ。

語句 ❶**状況説明と問題点** You are no doubt aware of「よくご存じのことと思う」 has left us with「〜を残している」 is now putting an extremely heavy burden on「いまや〜にとって多大な負担になっている」金利負担のこと。
❷**先方への要望** We are writing today to 用件を切り出す。ask for your cooperation「ご協力をお願いする」 dealing with this problem「この問題に対処する」 Specifically「具体的に言うと」 we request that「〜をお願いします」 grant us an additional 〜 days usance「〜日の支払期限延長を認める」 until 期日を決めると先方が安心する。be adjusted to normal levels「(在庫)調整をして通常レベルに戻る」 probably require (期間), depending on「〜次第で大体(期間)かかる」
❸**迅速で前向きな対応を求める結び** usual「いつものような」「今度も」という含み。

help a great deal「非常に助かる」at this time「このような時期に」困っているときに、ということ。

ポイント 明確にすべきところとあいまいなままにしておきたいところを戦略的に使い分ける。明確で具体的な語句の例は、Specifically、we request 〜、60 days、all payments など。主観的であいまいな語句は huge、extremely、normal levels、probably などがあげられる。

応用 (上)支払期限延長を出荷延期に変えて
具体的に申しますと、在庫が通常のレベルに下がるまで、5月の出荷からすべての月例発注の出荷を1カ月遅らせていただくようお願いしたいのです。

(下)保留に変えて
Specifically, we ask that you delay shipment of all monthly orders one month beginning with May shipment until inventory levels drop to ordinary levels.

具体的には、何とかやっていけるレベルに在庫が減るまで、すべての出荷の保留をお願いしたいということなのです。

Specifically, we ask that all shipments be suspended until inventories drop to manageable levels.

TEXT

From: Takashi Ozawa [takashi.ozawa@hiscompany.com]
To: Steve Armstrong
Cc:
Subject: Market situation

Dear Mr. Armstrong:

You are no doubt aware of the recent sharp declines in sales in our market due to the recession here. This decline has left us with huge inventories, the carrying cost of which is now putting an extremely heavy burden on our finances.

We are writing today to ask for your cooperation in dealing with this problem. Specifically we request that you grant us an additional 60 days usance on all payments until inventories can be adjusted to normal levels. This will probably require another four to five months, depending on sales in the interim.

Your usual prompt and positive consideration of this request would help a great deal at this time.

Sincerely,

Takashi Ozawa
Director of Finance

支払い交渉	文例
支払い延期を認める ☞ 同情の余地のある場合は協力的な姿勢で	**137**

先方の状況が厳しい場合に一致協力して困難を乗り切ろうというメール。同情的で協力的な姿勢を示し、励ましの言葉をかける。ただ同情するだけでなく、競争会社も同じ苦境にあることを告げて奮闘を期待する。

6月2日付のメールのご要望に沿って、7月以降の支払いに関して30日間の支払期限延長を認めることにより、貴社にご協力できることをうれしく存じます。この特別措置は、本年12月まで適用されるものとします。

シンガポール経済がどのような状態にあるかは私どももよく存じており、貴社の直面している困難を理解できます。弊社のこれからの生産・出荷予定にしかるべき修正を加えるため、今年いっぱいについてもう一度見直した販売計画書を、できるだけ早くいただく必要があります。

ところで、忘れないでいただきたいのは、貴社の競争会社もやはり同じ状況下で苦しんでいるということです。大胆な販売戦略に出ることによって、貴国市場に確固とした地歩を築く好機とすることも不可能ではありません。

貴社にはこの荒波を乗り切る力があることを、強く確信しております。

[構成] 日数と期日を明記して❶延期を承諾することを伝える。次に❷先方の状況に理解と協力的な態度を示す。そのための**先方への要求**もする。その上でがんばってほしいという❸激励の言葉をかけ、❹自信をつけるような結びで締めくくる。

[語句] ❶**承諾** be happy to cooperate「喜んで協力する」granting you an additional 30 days usance「さらに30日の支払猶予期間を認めること」as you requested 先方の願い通りであることを示す。This special arrangement 特別なはからいであると、くぎをさしておく。remain in effect through「〜いっぱい適用される」否定的な言い方にしないこと。

❷**理解と協力** are fully aware of / understand いずれも同情的姿勢を示す。

❸**激励** In the meantime「一方、ところで」you are encouraged to 相手のためを思っ

て勧める言い方。**are suffering under the same circumstances** ほかの会社も同じように苦労しているということ。**This could be a chance**「この苦境を逆に好機に転じることができるかもしれない」

❹**自信をわかせる結び**　ride out this storm「この荒波を乗り切る」

ポイント 期限や限界を伝える場合 only to や limited to を使った否定的な感じのする言い回しは避け、through などを用いるとさりげない柔らかい言い方になる。

応用 A) 支払い延期を承諾する　B) 計画書の提出を求める

A) 7月以降の支払いに関して、30日間の支払期限延長を認めます。

We will grant you the additional 30 days usance effective from July payment.

B) 生産・出荷のしかるべき調整を、時機を逃さずに行いたいと思いますので、販売計画をもう一度見直し、できるだけ早くご提出ください。

Please provide us with a revised sales forecast as soon as possible so that the required production and shipping adjustments can be made in a timely manner.

TEXT

From: Mutsuo Kondo [mutsuo.kondo@hiscompany.com]
To: Su Lo
Cc:
Subject: Additional usance

Dear Mr. Lo:

We will be happy to cooperate by granting you an additional 30 days usance effective from July payment as you requested in your e-mail of June 2. This special arrangement will remain in effect through December of this year.

We are fully aware of economic conditions in Singapore and understand the difficulties you are facing. To make the necessary adjustments in subsequent production and shipping arrangements here we need a revised sales forecast for the remainder of this year as soon as possible.

In the meantime, you are encouraged to remember that your competitors are suffering under the same circumstances. This could be a chance to really solidify your position in your market by making bold sales initiatives.

We have complete confidence in your ability to ride out this storm.

Sincerely,

Mutsuo Kondo
General Manager
East Asian Sales

文例	支払い交渉
138	**支払い延期願いを断る**
	☞ 認めることは法の権利を捨てるという発想

契約による法的な立場を主張して延期願いを断るメール。契約を盾にとって要望を退けるのは、日本的な感覚では「冷たく」感じられるかもしれないが、欧米の感覚では、自分の立場を守る当然の主張である。

4月17日付のメールによる、90日の支払期限延長のご希望について、慎重に検討させていただきました。
残念ながら、弊社では、社の方針により契約に関する法的権利を放棄することはできません。したがって、今まで通り契約書の期限内にお支払いいただくことになります。
しかし、最近の貴国の経済情勢から困難な立場におられることに心から同情いたします。
契約の範囲内でお力になれる方法がほかにないものか、現在検討いたしております。
貴社の現在の困難はいずれ必ず克服されるものと信じております。

構成 ❶先方のメールを受け取ったことを知らせ、検討したことを伝える。次に、延期してほしいという先方の要望に対して❷断りとその理由を述べる。断っても❸先方の立場への理解を示し、❹励まして結ぶ。

語句 ❶受け取りの知らせ　Your request for 依頼の内容を具体的に。as presented in your e-mail of 日付をはっきりさせる。きちんと読んで検討したことを示すためにも具体的に。has been given every consideration「よく検討しました」
❷断りとその理由　Unfortunately 断りを切り出すときの決まり文句。our policy「弊社の方針」contractual agreement「契約」waiver of legal rights「法的権利を放棄する」continue to「今まで通り〜する」within the limits stated in「(契約)にある通りの期限内に」
❸先方の立場への理解　we do sympathize「心から同情します」do は強調。other ways「(延期を認める以外の)別の形での援助」延期については断じて譲らない態度の表れ。within the scope of「(契約)の枠内で」
❹励まし　We know「〜だと信じている」given time「いずれ」

ポイント 3段落目の in *your* country、4段落目の *you* will ... *your* present problems にみられる you の多用には、先方への理解を示しながらも問題の責任はそちらにあるという気持ちがこめられている。

応用 延期を認められないことを述べる

残念ながら、経理部から、そうした場合には弊社の利幅がほとんどなくなってしまうという指摘を受けました。

Unfortunately, our accounting department pointed out that this would virtually wipe out our profit margin.

基本的な販売価格の見直しがない限り、それに応じることはできません。

This cannot be done without revising the basic sales price.

TEXT

From: Taizo Nagao [taizo.nagao@hiscompany.com]
To: Lisa Carter
Cc:
Subject: Extension of payment

Dear Ms. Carter:

Your request for extension of payment for an additional 90 days as presented in your e-mail of April 17 has been given every consideration here.

Unfortunately, our policy with regard to contractual agreements does not allow waiver of legal rights. You are, therefore, expected to continue to make payments within the limits stated in our agreement.

However, we do sympathize with the difficult position recent economic developments in your country have put you in. A study is now being made on other ways in which we can offer help to you within the scope of our agreement.

We know that, given time, you will be able to overcome your present problems.

Sincerely,

Taizo Nagao
Manager
Export Sales

支払い交渉	文例
支払方法の変更願いを条件付きで承諾する	**139**
☞ 条件付きでも承諾するからには気持ちよく	

ドル建てで支払いたいという要請に対しての返事。円建てのまま請求したいというこちらの意向を残して、条件付きの承諾をする。条件付きとは言っても承諾には違いないのであるから、気持ちよく相手に伝える。付帯条件は、お互いのプラスになることを強調。

3月22日付のメールでご依頼いただきました、米ドル建ての一覧払いを喜んで承諾いたします。
ただし、弊社の交換部品の価格は円表示になっており、価格表も円建てのものしかありません。そのため、こちらからのインボイスは円建てのままにし、そちらが振り出す手形は流通日の一覧買い相場による米ドル建てのものを発行する、という方式にしてはどうでしょうか。日によって変動することになる交換レートは、インボイスに表示します。
そうしますと、貴社は円建て一覧払いの信用状を開き、それに以下の条項を付け加えるだけでよいということになります。
　手形は、その流通日の東京銀行の東京における米ドルに対する円の一覧手形買い相場に従って、インボイスに記されている円建て額を米ドルに換算して発行する。
この方式ですと、貴社もドルで払えますし、弊社のほうでも価格表の調整その他をする手間が省けることになります。

構成 まず先方の要望を❶**承諾**することを伝える。次にそれに❷**付随する条件**を述べ、❸**契約条項に加える形**を示し、それによりもたらされる❹**利点**を説明して結ぶ。

語句 ❶**承諾** As requested in「〜で要請された通り」先方の希望に沿っていることを示す。内容を具体的に入れること。
❷**付帯条件** 円建てのまま請求していきたいので。In this regard「この件に関して」however「しかしながら」in this regardとhoweverを組み合わせて「ただし」というニュアンスになり、条件を切り出す。howeverを文頭にもってきてもよい。We would therefore suggest 提案という形で示す。
❸**契約条項として示す** would simply need to「〜するだけでよい」相手の便宜をはかっ

ていることを表す。

❹**利点** **would permit you to** make it possible forでもよいが、permitを使うほうが簡潔。先方にとっての利点を示す。**eliminate the need for ～ on our side** こちらにとっての利点を示す。

ポイント a letter of creditは、略語にすると an L/C となり、冠詞が変わることに注意。

応用 メリットを伝える

この方法ですと、弊社側の事務的な負担をかなり減らすことができます。	This approach would substantially reduce the administrative burden on our side.
この方法によれば、弊社側の手続きが非常に楽になります。	This approach would significantly facilitate handling on our side.

TEXT

From: Yasuhiro Takeshita [yasuhiro.takeshita@hiscompany.com]
To: Sherman Board
Cc:
Subject: Payment in dollars

Dear Mr. Board:

As requested in your e-mail of March 22, we would be happy to accept payment at sight in U.S. dollars.

In this regard, however, our spare parts prices are quoted in yen and only a yen price list is available. We would therefore suggest maintaining our invoicing in yen while drawing drafts in U.S. dollars converted at the at-sight buying rate on the day of negotiation. The conversion rate, which may differ from day to day, will be shown on our invoice.

Thus, you would simply need to open an at-sight L/C in yen, adding the following clause:

Draft should be drawn in US Dollars converted from the Yen amount on the invoice at the at-sight buying rate of exchange of Yen to U.S. Dollars quoted by the Bank of Tokyo, Tokyo, on the date of negotiation of the draft.

This approach would permit you to make payment in dollars while eliminating the need for adjustment of lists and so on on our side.

Sincerely,

Yasuhiro Takeshita
Assistant Manager

文例 140	支払い交渉
	輸送費請求却下の再考を求める
	☞ 認めてくれれば今後売りやすくなるという「奥の手」も使う

一度却下された事柄の再考を願うメール。感情的にならずにビジネスライクに話を進め、論理的に説得する。判断の基準となる根拠を示してから、こちらのとった措置を伝え、その上で先方に対しての要求を述べるという進め方。先方のためでもあることをさらりと入れる。

11月30日付インボイスNo.1696、クレームNo.7775、請求額670ドルの件。このクレームは、血液検査機を最寄りの修理工場へ運んだ際の輸送費の補償を求めるものでした。留意すべき点は、この機械が北海道稚内の広沢総合病院所有のものだったことです。また、まだ保証期間中でした。4月2日に納品され、修理発注日は11月5日でした。
私どもの見解としては、この故障が起こった地域が遠隔地であるという酌量すべき事情から、適切な修理を行うための輸送費について、特別な配慮を認めてもよいということになります。このような観点に立って、修理経費の追加支払いを行ったわけです。ですから、請求却下をご再考の上、670ドルの補償をぜひお認めください。
当地での今後の販売活動を発展させるためにも、この件について便宜をはかっていただければ幸いです。

構成 クレーム番号・日付・金額を具体的に示して❶**問題の件にスポットをあてる**。次にこちらの主張の根拠になるような❷**詳しい基礎事実を伝え**、❸**意見を申し立てる**。最後は❹**好ましい返事を望んで結ぶ**。

語句 ❶**問題の件にスポットをあてる** Refer to通常業務用の書き始め。This claim was単刀直入な説明の仕方。
❷**詳しい基礎事実を伝える** Please note「〜に注目してください」belong to「〜の所有である」Also note注意を引きたいもうひとつの事柄に導く。under warranty「保証期間中」
❸**意見を申し立てる** In our opinion「こちらの見解としては」myではなくourを使い、会社として述べる。extenuating circumstances「酌量すべき事情」warrant special inconsideration「特別な配慮を認める」On that premise「このような観点に立って」Therefore論理的に展開する。you are respectfully encouraged to「どうか〜してくだ

さるようお願いします」encourageは先方のためになることを勧めるときに使う語であり、こちらからの一方的なお願いではない。

❹結び　facilitate future sales activities here「当地での今後の販売活動がやりやすくなる」

ポイント a blood testerをくりかえし使わずに、2回目には the unit、3回目には it としていることに注意。

応用 先方への要求の仕方を変えて

というわけで、このクレームはぜひ認めていただきたいと思います。	Therefore, you are strongly urged to accept this claim.
ですから、方針を順守しなければならないことは承知しておりますが、本件は特別な例外として、それなりの対処がなされるべきだと考えます。	Therefore, while we recognize the need to adhere to policies, it is our feeling that this particular case is exceptional and should be treated as such.

TEXT

From: Yo Matsumoto [yo.matsumoto@hiscompany.com]
To: Sid Udall
Cc:
Subject: Reconsideration of claim

Dear Mr. Udall:

Refer to Invoice #1696 dated November 30, Claim #7775 for $670.00. This claim was a reimbursement for transportation of a blood tester to our nearest repair facility.

Please note the unit belonged to the Hirosawa General Hospital in Wakkanai, Hokkaido. Also note it was under warranty. The unit was delivered on April 2 and the repair order date was November 5.

In our opinion, the extenuating circumstances of the remote area where this failure occurred would warrant special consideration concerning transportation to effect proper repair. On that premise we made an adjustment for added expenses to accomplish the repair. Therefore, you are respectfully encouraged to reconsider the decision to deny this claim and issue us a credit for $670.00.

A favorable resolution of this matter would very much facilitate future sales activities here.

Sincerely,

Yo Matsumoto
National Service Advisor

支払い交渉	文例 141

特例として輸送費支払いを認める

☞ 結論を先に、お説教はあとで

認めるが特例であるとくぎをさし、客も大切だが利益という観点から一線を引く必要があることをさとした、販売代理店へのメール。お説教はあと回しにして、まず結論から伝える。これを逆にすると、要領を得ないメールになるのと同時に、説教の効果もなくなる。

クレームNo.8311を再考するようにとのお求めを承諾いたします。4月2日付のメールにある追加費用75ドルの払い戻しは、今月中に行います。
このような経費は、保証期間内に発生したものであっても、通常、保証の範囲外とされております。しかし、今回のケースが特殊な、きわめて稀なものであることを考慮すれば、私どももやはり例外とみなすべきだと考えます。
どんな保証クレームにも適切かつ迅速に対処することが重要なのは言うまでもありません。同時に、念頭に置いておいていただきたいのは、利潤をあげるという観点からは、保証条項の基準内で処理することがお客さまにご満足いただくことと同じくらい重要であるということです。ですから、保証問題に対する弊社の方針について、今後もいろいろとご意見をお聞かせください。しかし、貴社のご協力なしには保証システムのスムーズな運用が不可能であることも、また忘れないでいただきたいと思います。

構成 ❶承諾することを伝える。どの件について、どのように処理するのか具体的に。次に特例であることを強調して❷承諾理由を述べる。最後は、今後のために❸基本方針をひとくさり伝えてお説教する。

語句 ❶承諾 Your request for ... has been accepted. ストレートな承諾の文。A reimbursement「払い戻し、償還」ofで金額、forで何に対する費用かを示す。
❷理由づけ Normally「普通は」are not covered by warranty「保証の範囲外である」considering that「～という状況を考えると」we agree 先方に合わせていることを示す。be regarded as an exception「例外とみなす」
❸基本方針の説明 It is clear that Naturallyでもよい。bear in mind that くぎをさす。from the standpoint of「～という観点から言って」continue to comment on「今後も

文例 141

～について意見があれば言ってください」こちらの了解なしに勝手な行動をとらないでほしいという含み。your cooperation is indispensable to 「貴社の協力なくしては～できない」こちらの方針をよくわかってほしいということ。

ポイント 通常業務のメールでは No. の代わりに # という記号を使うことがよくある。両方一緒に使うのはまちがい。

応用 A）原則を伝える　B）今後の協力を求める

A）このような経費は、現在の保証方針からは支払えないものだということをご承知おきください。

Please understand that such expenses are not payable under existing warranty policies.

B）しかし、このような例外的なケースに関しては、支払いを認める前に、弊社に事情を明らかにしてくださるようお願いいたします。

However, please clear such exceptional cases with us before committing yourself to payment.

交渉

TEXT

From: Manabu Nakagawa [manabu.nakagawa@hiscompany.com]
To: Saul Wylie
Cc:
Subject: Reconsideration of claim

Dear Mr. Wylie:

Your request for reconsideration of Claim No. 8311 has been accepted. A reimbursement of $75.00 for the additional expenses referred to in your e-mail of April 2 will be made this month.

Normally, such expenses are not covered by warranty, even if they occur during the warranty period. However, considering that this is a special and very rare case, we agree that it should be regarded as an exception.

It is clear that it is important to take proper and prompt action on every warranty claim. At the same time, bear in mind that, from the standpoint of profit, operating within warranty guidelines is as important as customer satisfaction. Therefore, please continue to comment on our policies on warranty matters. However, also remember that your cooperation is indispensable to the smooth operation of our warranty system.

Sincerely,

Manabu Nakagawa
Manager
Warranty Claims

文例 142 　督促

支払いの督促（1）——未払いの売掛金を督促する

☞ 信用ある相手なら控えめな督促で効果十分

取引をスムーズに続けていくためには、先方の気持ちを害さないように督促すること。先方の単なるケアレスミスということもあるのだから、最初から強硬な姿勢に出ないで間接的な表現でやんわりと督促する。いきすぎた督促は逆効果である。

弊社経理部の記録によりますと、貴社［BLC］は、4月より6,000ポンドが未払いとなっております。そちらの記録とご照合くださるようお願いいたします。ご不明の点は遠慮なくお問い合わせください。よろしくお願いいたします。

構成 ❶未払いがあることを知らせ、**処理を要求**する。速やかに処理してもらうために❷協力的な申し出をし、❸「よろしく」で結ぶ。

語句 ❶**未払いの知らせと処理の要求**　金額、期間、取引内容などの情報を明確に。According to our records「こちらの記録によれば」have an outstanding balance of £〜「〜ポンドの未払いがある」You owe us とか You haven't paid us といった直接的な表現は避ける。since「〜からずっと」ここでは from を使ってもよい。would very much appreciate「〜していただければありがたい」ていねいな依頼の表現。check 〜 out against your records「そちらの記録と照合して調べる」直接、支払ってほしいと言うのではなく、「チェックしてほしい」と柔らかく伝えている。out は「完全に」といった気持ち。
❷**協力的な申し出**　Please do not hesitate... further information. 協力を申し出る決まり文句。
❸**「よろしく」**　通常業務のメールなので、ごくさらっとした言い方になっている。

ポイント 先方に確認をお願いするとき、please confirm → we would like you to check → we would very much appreciate your checking の順でていねいな言い方になる。

応用 (上)督促の仕方を変えて　(下)割引不適用を発見して訂正を求める

弊社の記録によりますと、3月5日弊社発行の額面783ドルの請求書No. T-1703が未決済になっております。

According to our records, our invoice #T-1703 for $783.00 issued on March 5, is still outstanding.

弊社記録をチェックしたところ、5月18日付の貴社からの請求書No. 8319-Eに基づいて支払われた金額に関して、通常の10%ディスカウントが適用されていないことがわかりました。

In crosschecking our records, it was found that the 10% discount we usually receive was not applied to the amount billed and paid against your invoice No. 8319-E of May 18.

TEXT

From: Kenjiro Nakahata [kenjiro.nakahata@hiscompany.com]
To: Alvin Winn
Cc:
Subject: Outstanding payment balance

Dear Mr. Winn:

According to our accounting department records, BLC has had an outstanding balance of £6,000 with us since April. We would very much appreciate your checking this out against your records.

Please do not hesitate to contact us if you require further information.

Thank you very much.

Sincerely,

Kenjiro Nakahata
Manager
Client Relations

文例 143

督促

支払いの督促 (2)——マンションの管理修繕費を督促する

☞ 内訳を細かく記して、相手にもきちんとした対応を促す

マンションの管理組合から区分所有者 (1室のオーナー) に管理修繕費の督促をするメール。この区分所有者は外国の会社なので、いきなり督促に入ったり、管理規約を持ち出したりと、ビジネスライクなメールになっている。内訳なども細かく記し、当方もきちんとやっているので、そちらもよろしくという構え。

今日までのところ、1室あたり四半期ごとに960ドルという管理修繕費の4月、5月、6月分を、まだいただいておりません。この金額の内訳は、750ドルが管理費、210ドルが修繕積立金です。

7月1日には、1室あたり四半期ごとに960ドルという管理修繕費の7月、8月、9月分も、支払期限がやってまいります。

当管理組合の規約によりますと、理事会は、差押え (その費用は貴社に支払い責任があります) と、未払い・遅延金への利子請求との、両方もしくはどちらか一方を行ってよいことになっています。

この件に関し、ご意向をお知らせください。問題がありましたら、双方で解決できるものと存じます。この件に関し、速やかな対応をお願いいたします。

構成 まず❶**督促とその内訳**を述べる。対会社だから、事務的に単刀直入に本題に入る。次に❷**追加材料**。次の支払期限が迫っていることを知らせる。それから❸**約束事の確認**をし、督促に威力を持たせる。❹**「返事を待つ」旨と協力的な姿勢**を示す。柔軟性を持たせることにより❸を和らげる効果がある。最後は❺**ビジネスライクな結び**。

語句 ❶**督促とその内訳**　As of today「今日現在のところ」quarterly「年4回の、四半期ごとの」This includes ... and ... 費用の内訳を述べる言い方。

❷**追加材料**　will be due on 支払期限を述べるときの言い方。

❸**約束事の確認**　ビジネスライクな厳しい書き方をしている。file a lien「差押えをする」対企業や、しょっちゅう支払いが遅れている人に効果的な脅し。lien は「担保権」。be liable for the expenses「(差押えに伴う) 費用を支払う責任がある」charge interest on

「〜の利息を請求する」overdue balance「支払期限が過ぎた分の金額」
❹**「返事を待つ」旨と協力的な姿勢**　Please advise us of「〜について知らせてください」If there is a problem, I trust we will be able to 協力的な姿勢を示す。
❺**ビジネスライクな結び**　your prompt attention to「〜に対して早急に手を打つこと」attentionはこの場合、行動を指す。

ポイント and/orは、「AかつB」と「AまたはB」のどちらも意味する便利な書き方。個人的なメールではあまり使われない。

応用 約束事のバリエーション

規約の第6条によりますと、支払いが90日遅れると、すべての権利を無効にしてもよいことになっております。	Article 60 of our agreement provides that we may cancel all rights if payments fall 90 days in arrears.
※この部分を削除すると、友好的・協力的な調子のメールになる。気をつかう必要のある相手や、先方が会社でなく個人の場合、このような強い督促は避ける。	（削除）

TEXT

From: Yoshio Horiuchi [yoshio.horiuchi@hiscompany.com]
To: Sam James
Cc:
Subject: Maintenance fees

Dear Mr. James:

As of today, we have not received your April, May, and June quarterly maintenance fee of $960 per apartment. This includes $750 for the general operating budget and $210.00 for the reserve fund.

On July 1, the July, August, and September quarterly maintenance fee of $960 per apartment will also be due.

According to the documents of the association, the Board of Directors may file a lien (the expenses of which you will be liable for) and/or charge interest on the unpaid, overdue balance.

Please advise us of your intent in this matter. If there is a problem, I trust we will be able to work out a solution.

We would appreciate your prompt attention to this matter.

Sincerely,

Yoshio Horiuchi
Accounting Director
The Associates of Higashikanda Residence

督促	文例
支払いの督促 (3)──売上報告と印税支払いを督促する ☞ 強く督促するときは契約を盾に	**144**

契約条項をさらりと持ち出すと、感情的になることなく強く督促することができる。このメールは出版社から出版社に出されたものであるが、royaltyという語は本の印税に限らず、CDなどの印税、シナリオなどの上演料、特許や意匠の使用料などについても使われる。

> 貴社版の『お客のもてなし方』につきましては、その発行以来、発生した売上高と印税に関するご報告を受けておりません。
> 契約では、年2回の会計報告が義務づけられています。現在までの売上高と印税について、きちんとした報告書をお送りください。未払い印税の総額もお書き添えいただきますようお願いいたします。

構成 まず、メールを書いている背景説明として❶**未報告・未払いであることを伝える**。それから❷**報告と支払いの要求**をする。

語句 ❶**未報告・未払いであること** 何についていくらなのか明記する。**have not had a report on**「～についての報告を受けていない」現在完了形で過去のある時点から現在までの状況・背景を表す。**royalties earned on**「～から発生する印税」前置詞の on に留意。**title** ここでは「本」のこと。**since**「～から」状況の始まりの時点を表す。
❷**報告と支払いの要求** 当方の権利を確認・主張し、相手の義務の履行を要求する。**Your contract calls for**「契約では～が義務づけられている」**an accounting**「会計報告」**twice a year**「年に2度」[比較] twice in ～ years は「～年に2回」。**complete report on**「～についての詳しい報告」**to date**「現在まで」ビジネス文書によく使う言い方。to the present day は文学的なにおいのする言い方。**Kindly**「どうぞ～してください」please のくりかえしを避けるため、代わりに用いている。**the royalties owed**「未払い印税」owed で「支払いの義務を負っている」というニュアンスが出る。

ポイント 現在に至る背景を述べるときは現在完了形を用いる。

文例 144 **応用** 支払方法は問わず、「早急に」支払うことを要求する

また、発生した印税については、早急なお支払いの手続きをよろしくお願いいたします。	also, be sure to arrange for prompt payment of the royalties earned.
未払い印税の送金についても、早急にご手配ください。	see that payment of the royalties due is sent immediately.

TEXT

From: Sachiko Ueshima [sachiko.ueshima@hercompany.com]
To: Stefan Wilson
Cc:
Subject: Report on sales and royalties

Dear Mr. Wilson:

We have not had a report on the sales and royalties earned on your edition of "Receiving and Handling Callers" since it was published.

Your contract calls for an accounting twice a year. Please send us a complete report on the sales and earnings to date, and kindly include the amount of royalties owed.

Sincerely,

Sachiko Ueshima
Foreign Rights Auditor
Royalty Department

督促	文例
支払いの再督促──売上報告と印税支払いを再督促する	**145**
☞ 再督促は前回の督促状のコピーに多くを語らせる	

再督促であるが、感情的になることなく要求すべき点を明確に述べているビジネスライクなよいメールである。前に郵送した督促状のコピーを添付し、こちらの打つべき手をきちんと押さえている。これで先方も何らかの返答を迫られるわけである。

> 弊社の出版物で貴社が翻訳権を取得しておられる書籍全点について状況をお問い合わせした、私どもの5月28日付のお手紙に対し、現在までのところご返答が届いておりません。ご参考までに先日のお手紙のコピーを添付いたします。至急、ご返答ください。

構成 まず、前回の督促に対していまだに返答をもらっていないという❶状況説明をし、❷再督促をする。

語句 ❶**状況説明** いつからどのような状況なのか（いつのどのような文書に対して返事をもらっていないのか）述べる。**To date**「現在までのところ」あえて文頭に持ってきて強調した言い方。**we have had no reply to**「〜に対する返答をもらっていない」**you have not answered** などと直接的に非難するのはいただけない。**the status**「状況」**titles**「本」**books**の業界用語。**hold the rights to**「〜の権利を持っている」

❷**再督促** 前回の督促状のコピー添付の旨を伝える。**For your convenience**「参考のために」相手のためだというこの語句を文頭に持ってきたことで、文全体の調子を和らげる効果がある。

ポイント 今後発展する可能性のある関係を壊さないため、確固たる言葉遣いでありながら、相手と敵対するような言い方は避ける。

応用 返答を強く求める結び

必ずご報告くださいますようお願いいたします。	You are strongly encouraged to furnish the information requested.

文例 145

当方の要求に速やかにご対処いただけない場合は、契約書の第7条に基づき、法的措置をとらせていただく場合もございます。

Failure to honor our request promptly, made in accordance with Article 7 of our contract, could result in legal proceedings.

TEXT

From: Tetsutaro Oda [tetsutaro.oda@hiscompany.com]
To: Stewart Winston
Cc:
Subject: Report on titles

Dear Mr. Winston:

To date we have had no reply to our letter of May 28 asking you for the status of all our titles that you now hold the translation rights to.

For your convenience, a copy of our letter is attached. We ask that you reply as soon as possible.

Sincerely,

Tetsutaro Oda
Foreign Rights Auditor
Royalty Department

督促	文例 146

定期報告書を督促する──親しい仕事相手に

☞ 親しい雰囲気の中にさりげなく苦情をつつむ

長年の付き合いのある銀行から月次報告書が送られてこない。明らかに相手のミスなのだが、そこは角を立てないようにやんわり伝える。日頃のお礼から入り、それに甘えるような形で問題を切り出し、最後はまた友好的で柔らかい語調で結んでいる、パーソナルなビジネスメール。

まずは、私の諸業務に関して長年お世話くださっていることに、お礼を述べさせてください。そちらにあなたとジョンのような味方がいなかったら、どんなに支障を来すことかと、考えただけでもぞっとします。

今日は、またひとつ問題があってメールしました。5年の間、時計のような正確さでお送りいただいてきた月次報告書が、1月分は届いておりません。1月の報告書は、ムアリングズでの購入に関連した、かなりの金額の移動が記入されている関係で、とくに重要なのです。この問題に関し、よろしくお取り計らいのほど、お願いいたします。

構成 まず❶日頃の助力に対するお礼を述べてから、❷問題に入る。ここでは早く処理してもらうために、なぜそれが重要なのか理由も述べる。最後に❸善処を望む。

語句 ❶日頃の感謝　Allow me to begin by thanking you「まずはお礼を述べさせてください」ビジネスライクではない、ていねいな書き出し。for all you have done over the years「長年にわたっていろいろしてくださって」I hate to even think「考えたくもない」口語的な言い方で、親しい雰囲気を作り出している。without you「あなたがいなかったら」on my side「私の味方として」

❷問題と理由　Today, I'm writing 甘えてお願いを切り出すような語調。still another problem「また別の問題」After five years この節は、先方の気を悪くさせないように苦情を伝えるための布石となる表現。like clock-work「いつもきちんと」fail to receive「受け取っていない」especially critical「とくに重要」このあと硬い表現が続き、親しい調子の中にも肝心の問題をきちんと押さえている。

❸善処を望む　Anything you could do ... appreciated. 決まり文句。straighten out

文例 146

「解決する」solve より口語的で、大げさな感じがしない。

ポイント 親しみを表すには、①ファーストネームでの呼びかけ、②I'mなどの短縮形の使用、③口語的語句の選択、などの方法がある。

応用 (上)普通の事務的な結び　(下)強い結び

この件に関して、とくに心を砕いていただければ幸いです。	I would appreciate your taking a personal interest in this matter.
この問題は、ぜひとも速やかに善処してください。	Your immediate action to rectify this situation is vital at this stage.

TEXT

From: Toshiro Abe [toshiro.abe@hiscompany.com]
To: Mildred Johnson
Cc:
Subject: January statement

Dear Mildred,

Allow me to begin by thanking you for all you have done over the years to keep my affairs in order. I hate to even think of how difficult things would be without you and John on my side over there.

Today, I'm writing with still another problem. After five years of receiving my monthly statements like clockwork, I failed to receive one for January. This particular statement is especially critical because it reflects sizable transfers made in connection with my recent purchase in the Moorings.

Anything you could do to straighten out this problem would be very much appreciated.

Best regards,

Toshiro Abe

督促	文例 147
電話での引き合いに対する返答を催促する	
☞ 急ぎの用件なら完全な情報を求める	

電話で引き合いした件につき、返答を催促するメール。商品をベストの時期に販売するために、返答と、もしオーケーなら明確な出荷の予定を早急に知らせるよう求めている。電話で話した件についての催促は、書面に残っていないので逐一内容を確認すること。

> 2週間ほど前に私どもの社員、浜上佐和子がお電話を差し上げ、ロジャー・デルプという方に、ロン・ハートマン著『消えた館』を日本で販売したい旨をお伝えいたしました。その際、英語版2,000部、3000部、5000部それぞれに対するご希望価格と最も早い出荷予定をおたずねいたしました。
> 至急、ご回答をいただければ幸いです。

構成 まず、どういう用件に関するメールかを知らせるために❶背景説明をし、それから❷返答を求める。

語句 ❶**背景説明** いつ、だれが、どうしたことについてかを具体的に述べ、用件を逐一くりかえす。**a member of my staff**「我が社の社員」**spoke with** spoke toでもよいが、より柔らかい言い方。**a Mr. Roger Delp**「ロジャー・デルプという方」**about the possibility of**「〜の可能性について」**titles**「本」の意の業界用語。**At the time**「そのとき」**the prices you would ask**「ご希望の価格」charge（請求する）でなくask（お願いする）を用いて交渉の余地を残す。**as well as**「〜とともに」**the earliest date**「いちばん早い日取り」明確な日付を知らせることを要求している。**be ready for shipment**「出荷の準備ができる」製品の入手期日をできるだけ正確に知るために、for shipmentをつけて、どういう段階の準備か明確にしている。

❷**返答を求める** We would appreciate hearing from you soon. 読み手にしてほしいことをメールの最後に書く。

ポイント 知らない人や電話でちょっと話した程度の人に言及する場合、名前の前にaをつける。「〜という人」といった感じ。

文例 147

応用 返答を強く求める結び

ご返信をお待ちしております。	We have yet to receive an answer.
この件に関し、早急にお取り計らいをお願いいたします。	We hope something can be done to expedite action on this request.

TEXT

From: Masaaki Harada [masaaki.harada@hiscompany.com]
To: Luke Glenn
Cc:
Subject: Book distribution

Dear Mr. Glenn:

Two weeks ago a member of my staff, Sawako Hamagami, called and spoke with a Mr. Roger Delp about the possibility of distributing one of your titles, THE MISSING MANSION by Ron Hartman, here in Japan. At the time we requested the prices you would ask for 2,000, 3,000, and 5,000 copies of the English edition, as well as the earliest date they could be ready for shipment.

We would appreciate hearing from you soon.

Sincerely,

Masaaki Harada
President

督促への返事
重複した督促に対し、支払い済みであることを伝える
☞ 催促への返事は、できるだけ詳細に情報を提供する

文例 148

支払い済みなのに先方から何度も督促されたときは、支払い済みであることだけでなく、いつ、どの銀行へどのように支払ったかという情報を細かく伝える。必要な情報をきちんと押さえ、先方への要求をさらりと伝えた、ビジネスライクな通常業務のメールの好例。

貴社報告書の定期購読料について、4月分の8,500ドルが未払いではないかというお問い合わせをいただいたのに対し、早速こちらの記録と照合いたしました。
その結果、6月29日付で、ニューヨークのアクミ銀行の貴口座066011へ8,500ドルをすでに送金していることが確認されました。さらに、すでに2、3週間ほど前、貴社からの2度目のインボイスに同様のコメントをつけて送り返しております。
今後のお問い合わせはアクミ銀行へお願いいたします。支払いの確認を得られると思います。
この件に関しましては、早急のご処置をお願いいたします。

構成 まず先方からの❶督促内容を確認する。次に、すでに支払い済みであるという❷調査の結果を伝え、今後は銀行のほうへ直接問い合わせてほしいと❸先方に要求し、その❹遂行を望む。

語句 ❶督促内容の確認 金額、期日、取引内容を確認し、早速調査したことを伝える。Your inquiry regarding「～に関するお問い合わせ」our subscription to your report「貴社報告書の定期購読料」due in「～が支払期日の」immediately「早速」check against our records「こちらの記録と照らし合わせる」
❷調査の結果 金額、支払い日、銀行名、口座番号、送金方法など、できるだけ詳しく伝える。このメールではさらに、以前にも支払い済みの知らせをしてあることを述べている。confirm「確認する」indeed 支払い済みであることを強調。pay to your account by bank remittance「口座に振り込む」by の代わりに through は使えない。Along this line「これに関して」
❸先方への要求 You are encouraged to「～してほしい」先方のためを思って勧める品

格のある表現。**direct**「送る」**further inquiries**「これに関する今後の問い合わせ」

❹遂行を望む　Your prompt action ... appreciated. 先方に要求したときの結びの決まり文句。

ポイント 語句のくりかえしによって、文章を論理的に展開する。このメールの場合、our recordsを続けて使うことで第1段落と第2段落に結びつきが生まれ、自然な形で論が展開されている。

応用 結びを変えて

このような問題の再発を防ぐよう、何かご対処いただければ、当方としても幸いです。	Anything you could do to prevent a recurrence of such problems would be very much appreciated here.
このご報告で貴社の疑問が解消されることを、切に望んでおります。	We certainly hope this information solves your problem.

TEXT

From: Sadao Hirayama [sadao.hirayama@hiscompany.com]
To: Pam Baker
Cc:
Subject: Outstanding payment balance

Dear Ms. Barker:

Your inquiry regarding an $8,500.00 outstanding balance for our subscription to your report due in April was immediately checked against our records.

Our records confirm that the $8,500.00 was indeed paid to your account #066011 of the Acme Bank in New York by bank remittance on June 29,. Along this line, we already returned your second invoice with these remarks a few weeks ago.

You are encouraged to direct further inquiries to the Acme Bank who will confirm payment to you.

Your prompt action in this regard would be very much appreciated.

Sincerely,

Sadao Hirayama
Manager
Export Department
North America

文例 149 督促の返事

督促された金額を送るとともに、督促の仕方に苦情を呈する

☞ 相手の好意を前提にした上で文句をつける

会社として借りているマンションの管理組合から、未払いの管理修繕費について厳しい督促を受け、その書き方に不服の気持ちを抱いた。督促された金額の小切手を送るとともに、相手の督促の仕方にていねいながらも物申すメール。内容的には文例143に対する返事のメールである。

昨日お送りした1,920ドルの小切手の写しを添付いたします。これで今日までの管理修繕費は支払い済みになるはずです。請求書が届かなかったか、うっかり捨ててしまったかしたので、督促のメールはありがたく存じました。
もし3番目の段落がなければこの督促状を一層ありがたく思ったことでしょう。そのせいで、あなたが意図されたはずの好意がメールから失われてしまいました。
強行な手段を採るべき場合もあると思いますが、最初の督促のメールにはふさわしくないと思います。

[構成] まず❶督促に対処したという報告とお礼を述べ、次に❷督促の仕方に対する不服を控えめに述べる。最後に❸今後の態度に対する要望で結ぶ。

[語句] ❶**督促に対処したという報告とお礼** bring ～ up to date「今日現在までの支払いが完了する」reminder「督促状」were inadvertently thrown away「うっかり捨てられた」inadvertently「うっかり、不注意にも」をつけて、故意に捨てたのではないことを示す。
❷**督促の仕方に対する控えめな不服** I would have appreciated ... even more if it had not been for「～がなかったらもっとありがたかったのに」the third paragraph「3番目の段落」とは、相手の督促メールの3番目の段落にあった強い脅しの文章を指す。It took the friendliness ... out of your e-mail「メールから好意が失われた」take ～ out of ... は「…から～を取り除く」という意味。
❸**今後の態度に対する要望** coercion「強制、強行な手段」has its place「それにふさわしい場合がある」今後はやめてほしい、という気持ち。

ポイント 普通は相手の立場を主体にした you-attitude が好感を与えるスタイルとして好ましいとされるが、この場合は、自分の会社の立場を主張したいのでやや冷たい感じを与える I-attitude をとっている。 I-attitude は we-attitude と同じことである。

応用 結びを変えて

今後は速やかな支払いをきちんと行うためにあらゆる努力をいたしますので、ご安心ください。	Rest assured that every effort will be made to ensure prompt payment in the future.
今後はすべての請求書をフェデックス（国際宅配便）にしたらどうでしょう。 そうすれば、このような支払いの遅れが再び起こるのを防ぐことができます。	May we suggest that all bills be sent by FedEx in the future. This will work to prevent recurrence of such delays in payment.

TEXT

From: Sam James [sam.james@hiscompany.com]
To: Yoshio Horiuchi
Cc:
Subject: Re: Maintenance fees

Dear Mr. Horiuchi:

Attached is a copy of a check for $1,920 sent yesterday, This should bring the maintenance payments up to date. I appreciated the reminder since the bills were either undelivered or inadvertently thrown away.

I would have appreciated your reminder even more if it had not been for the third paragraph. It took the friendliness that I know you intended out of your e-mail.

I think coercion has its place but not in a first reminder.

Sincerely,

Sam Janes
Deputy Manager
Property Management Division

文例 150 苦情

品物の不足を知らせる

☞ 感情的にならず状況と問題点を正確に伝える

状況と問題点を正確に伝えることが大切。どうしてほしいのか具体的な希望があれば、それを伝える。ないときは先方の出方を待つ。このメールは、未着品のために届いたものまで使えないことを述べ、先方からの「納入品のみ先に払ってほしい」という予測される要求を退けている。

添付されていた請求書と、11月7日にお受け取りした注文品NR-3790の内容を照合したところ、何点か不足品がありました。実際に届いたものがわかるように請求書を修正してお送りしますのでご覧ください。
弊社の規定では、受け取りと一致しない請求書にはお支払いできないことになっています。
さらに、部品が未着のため、届いた品物の中に使えないものがいくつかあります。
このような事態に対して、どのように対処すべきか、ご指示をお待ちします。

構成 まず❶内容確認の結果を伝える。さらに、支払いができないこと、使用できない品物があるという、❷不足により生じた問題点を述べる。最後は❸指示を仰いで結ぶ。

語句 ❶**内容確認の結果を伝える** 不足していることを先に述べてから、具体的に詳細を伝える。**In checking X against Y**「XとYを照合したところ」**it was found**「～がわかった」人間を主語にせず、impersonalに処理する。**several items were missing**「何品か不足していた」まず大まかなことを伝える。
❷**それにより生じた問題点を述べる** **our regulations do not permit payment** 第1の問題点。**inaccurate**「受け取りと一致しない」**Also** 別の問題点を切り出す。**deleted items render ～ useless**「不足品のために～が使えない状態である」第2の問題点。
❸**指示を仰いで結ぶ** **how you propose** どんな指示でも受け入れるわけではない、という気持ちを示すために proposeを用いている。**deal with this situation**「この事態を処理する」**solve these problems** という表現だと露骨過ぎる。

ポイント レベルの同じ単語を選ぶこと。本文第2段落中のdeletedはformalであるから、

それに合わせてitems、renderという語を用いているが、これをthings、makeとすると調子の統一がなくなる。

応用 (上)全面的に指示を仰ぐ表現　(下)こちらの希望を述べる表現

この件に対しどのように対処すればよいのかわからず、困っております。	We are at a loss as to how to proceed in this matter.
こちらで引き取る用意のある品物の一覧表を添付します。	Attached is a list of the goods we are prepared to accept.

TEXT

From: Hajime Shiraishi [hajime.shiraishi@hiscompany.com]
To: Arlo Benson
Cc:
Subject: Missing items

Dear Mr. Benson:

In checking the contents of our order No. NR-3790 received on November 7 against your attached invoice, it was found that several items were missing. Please see the attached copy of the modified invoice, which reflects the items actually delivered.

Our regulations do not permit payment against inaccurate invoices. Also, some of the deleted items render other delivered items useless.

We await your instructions on how you propose to deal with this situation.

Sincerely,

Hajime Shiraishi
Supervisor
Purchasing Department

文例 151 苦情
品質に不満なので返品したい
☞ 論理的な主張で反論を退ける

返品の承諾を求めるというよりは、返品するという断固とした態度を伝えるメール。いろいろ手を打ったが改善の見込みがないこと、さらに金銭的にも被害を受けていることを論理的に主張して、先方を納得させる。

7月20日付のメールにてお知らせしたように、SL-317Bセラミックスライサーを7月15日に受け取りました。
この間、ご承知の通り、この高価な機器を使用可能にするため、いろいろ試みてきました。当方のスタッフならびに貴社の技術者たちの最善の努力にもかかわらず、スライサーは、技術仕様書で貴社がうたっている性能レベルには、まだはるかに及びません。すでにむだな人件費と生産低下という大きな損害が出ています。
つきましては、すでに費された時間のむだと当面解決の見込みがないことを考えた結果、保証条項に基づき、そちらの費用負担でこの機器を返品したいと存じます。
どのように実施すればよいのか、ご指示をお待ちします。

構成 まず❶問題の製品にスポットをあてる。次に両社でいろいろ手を打ったが効果がなかったという❷問題点についての今までのいきさつを述べる。その上で❸返品を願う。最後は❹返品法をたずねて結ぶ。

語句 ❶**問題の製品にスポットをあてる** We took delivery of「受け取った」のビジネス用語。
❷**今までのいきさつ** have tried unsuccessfully「いろいろやったが成功していない」very expensive piece of equipment「高額機器」高いものだからこそ不満も大きい。Despite the best effort「最善の努力にもかかわらず」perform far below what you claim「うたっている性能よりはるかに劣る」This has already cost「損害を受けている」これは一種の脅し。
❸**返品を願う** Consequently「したがって」論理的に運ぶ。the time already lost「時間のむだ」the lack of any prospect for「～の見込みがないこと」return「返品する」at

your expenses「費用はそちら持ちで」in accordance with your guarantees「保証条項に基づいて」合法的であることを強調。
❹返品法をたずねる結び carry out「実施する、行う」承諾を求めるのではないところに注目。

ポイント as you knowは普通は書かないほうがよいとされている表現だが、ここでは意図的に用いている。何度もやりとりのある事柄なので具体的に書かずに思い出させるためと、このように念を押すことにより強い苦情の気持ちを伝えるためである。

応用 結びを変えて

| 購入費用をすぐに全額返金していただければ幸いです。 | Your prompt reimbursement of the full purchase price would be very much appreciated. |
| このようなことになってしまい、誠に残念でなりません。 | We are indeed disappointed with the way this has all turned out. |

TEXT

From: Shintaro Udagawa [shintaro.udagawa@hiscompany.com]
To: Sherman Taylor
Cc:
Subject: Return of equipment

Dear Mr. Taylor:

We took delivery of one of your SL-317B ceramic slicers on July 15 as stated in our e-mail of July 20.

In the interim, as you know, we have tried unsuccessfully to make the very expensive piece of equipment operational. Despite the best efforts of our technical staff and your technical representatives, the slicer still performs far below what you claim in your technical specifications. This has already cost us a great deal in wasted labor expenses and lost production.

Consequently, in view of the time already lost and the lack of any prospect for quick improvement, we would like to return the equipment at your expense in accordance with your guarantees.

We look forward to your instructions on how you would like this carried out.

Sincerely,

Shintaro Udagawa
General Manager
Production Engineering Department

苦情	文例 152
一方的な通達に対して──代理店からメーカーへ	
☞ 抗議を上のレベルに持っていくという脅しの構えで	

支払いの遅れに罰金を課すという方針を一方的に通達してきたメーカーに対する、代理店からの抗議メール。添付した先方の通達のコピーに、何に対する抗議かを語らせる。論理的に話を進めながらも、次第に強い語調の言葉を用いている、強い抗議のメールである。

先頃あなたより届いた添付の通達に関してメールを書いています。

そもそも、支払い遅延に対し初めの1カ月は2%、その後は不特定期間にわたり0.5%の罰金を一方的に課すという件は、上司の承認を受けているのですか。もしそうであるならば、それが誰なのか教えていただければありがたく思います。私から直接抗議を申し入れることができますから。

ただでさえ請求料金が法外なのに、あなたの部署がその立場を利用して販売店をさらに食い物にするのを、貴社の経営陣が許すとは信じられません。同じサービスに対するよその2倍から3倍もの額を長年支払ってきたのに、このような通達を受けるとは、踏んだり蹴ったりの思いです。

至急ご説明くださるようお願いいたします。

構成 まず❶何に対するメールかを通達のコピーを添付することで知らせる（この段落では怒りを抑えて）。次に❷不服の申し立て。上申する構えを見せる。それから❸抗議に至る背景・理由を述べる（次第に怒りをあらわにぶつけている）。❹「至急、説明を待つ」という簡単な結び。

語句 ❶**何に対するメールか** the attached notice 何についてメールを書いているのか、添付のコピーに語らせる。

❷**不服の申し立て** First of all「まず最初に、そもそも」感情的ではなく論理的・冷静に抗議していることを示し、当方の主張に説得力を持たせる。**has this arbitrary ...? If it has, ...** 疑問を投げかけて、2段構えで論理的に抗議する。arbitrary「勝手な一方的な」penalty「罰金、違約金」[比較] fine はこれより語調が強い言葉。もっと婉曲的に言うなら commission を使う。in arrears「遅延して」been cleared with「～の決裁を通っている、～の承認を得ている」superior「上司」部長、社長など、いろいろな役職の人に使える

文例 152

便利な言葉。**I would appreciate knowing ...** I want to knowよりていねいな言い方。ていねいに言うことで皮肉をきかせている。**lodge a protest**「抗議を申し立てる」

❸**抗議に至る背景・理由**　次第に強い語調の言葉を使っている。**gouge**「(〜から)ぼる、(暴利を)むさぼる」**exorbitant**「(値段・要求が)法外な」**After years of**「年々〜しているのに、長年〜しているのに」**add insult to injury**「傷の上に侮辱を重ねる、踏んだり蹴ったりである」通達を侮辱として受け取っていることを示す。

❹**「至急、説明を待つ」** **immediate explanation**「至急の」を入れたパンチのきいた結び。

ポイント　たとえ担当者本人が書いたとしても、担当者よりランクが上の人の名前で出すと威力がある。

応用　不服申し立てのバリエーション

そもそも、この基本料金の突然の値上げは、あなたの上司の承認を受けているのでしょうか。	To begin with, has this sudden increase in the base rate been authorized by your superiors?
そもそも、我々の基本契約についてのこの勝手な解釈は、貴社法務部のどなたかがお目通し済みなのでしょうか。	First of all, has this convenient interpretation of our basic contract been cleared with someone in your legal department?

TEXT

From: Ryutaro Kimura [ryutaro.kimura@hiscompany.com]
To: Stan Flocker
Cc:
Subject: Penalty fees

Dear Mr. Flocker:

I am writing in regard to the attached notice you sent me.

First of all, has this arbitrary imposition of a 2% penalty for the first month in arrears and 0.5% for some unspecified period afterward been cleared with your superiors? If it has, I would appreciate knowing who it is so I can lodge a protest directly.

I cannot believe that your top management would permit your department to use its position to further gouge distributors beyond the already exorbitant rates you charge. After years of paying double to triple what the same service costs elsewhere I feel your notice has added insult to injury.

Your immediate explanation would be appreciated.

Sincerely,

Ryutaro Kimura
President

文例	苦情
153	**ホテルの顧客サービス縮小に対して**

☞ 相手が考え直さない限り利用をやめるぞという「縁切り作戦」

長年ことあるごとに愛用してきた米国系ホテルが、お得意さまサービスを米国内に縮小してしまった。しかも、その通達がていねいな手紙によってではなく、書類の片隅に一方的に書かれていただけなので、そのやり方に対しても大いに立腹している。代わりのホテルの目当てがあるので、縁を切ってもよいという構えの抗議メール。

私宛ての最新の利用明細書に同封されていたパンフレットで、米国外のダルトン・インターナショナル・ホテルを「Dオナーズ」プログラムから除外することが決定されたと知り、非常にがっかりしております。このシステムの「ゴールド」レベル会員として申し上げると、このシステムは言わば「金の手錠」の役目を果たしていました。つまり、どこへ旅行するにも忠実にダルトンを使ってきました。その間、このプラン一本槍でいくために、もっとお得な値段や条件を機会あるごとに見送ってきました。事実、(貴社と)同様の通達のために、オリエンタルは利用しないようにしようかと考え始めたところでした。

さて、私の旅行の90%はDオナーズ制度の対象外になるので、貴社は実質的に私の会員権を無効にしようとしているのです。極東の私たちへのメッセージは、「もうあんたたちに用はない」ということですね。それなら私は、「結構。私のお金はどこでも通用しますから」と返しましょう。

どこの優秀な財務担当者がこの新しい方針をお考えになったのか知りませんが、その方はもう私のお金を勘定することはないでしょう。

ちょうどオリエンタルが最近、彼らの「ゴールド」パスポートプランから我々を締め出すのを考え直したので、今後はオリエンタルをひいきにすることにします。

構成 まず❶抗議の背景を説明し、❷具体的な被害を訴える。それから❸関係を打ち切るという宣言をし、❹他の当てがあることを示す。

語句 ❶**抗議の背景** It was very disappointing to learn ... that不服の切り出しの決まり文句。**served as**「〜の役目を果たした」**"golden handcuff"** handcuffは「手錠」。「金の手錠」とは「これがあるから縁が切れないという特典」のこと。ビジネス用語。**passed**

up「見逃した、見送った」stay with「〜に忠実に関係を保つ」
❷**具体的な被害**　bounds「(サービス制度の)枠、範囲」in effect「事実上、実質的に」　my money is good anywhere「私のお金はどこでも通用する」
❸**関係を打ち切るという宣言**　bean-counting mind　bean-counterは「公認会計士」の蔑称で、「能なしの計算屋」といったニュアンスのビジネス俗語。counting any of my beans「私のお金を計算する」
❹**他の当てがあること**　thought better of「考え直した」my business「私のひいき、愛顧」

ポイント 満足感を得るための戦術として、メールの終わりに競合のほうが優れたサービスを提供していることを伝える。

応用 皮肉をきかせた文句

あなた方の高飛車な商売のやり方を私の友人・知人一同に広めるために最善を尽くしますので、ご安心ください。カクテルパーティーの格好の話題となるでしょうね。	Rest assured I will do my best to publicize your high-handed business approaches within my circle of friends and acquaintances. It should make interesting cocktail party conversation.
あなた方の近視眼的なビジネス方針に幸あれ。あなた方には運が必要でしょうから。	Good luck, with your short-sighted business philosophies. You'll need it.

TEXT

From: Masao Kawasaki [masao.kawasaki@hiscompany.com]
To: Shannon Adams
Cc:
Subject: Exclusion from DHonors program

Dear Ms. Adams:

It was very disappointing to learn from a leaflet included with my most recent account summary that you have decided to exclude Dalton International Hotels outside the U.S. from your DHonors program. Having been a Gold level client of this system, I can tell you that it served as a sort of "golden handcuff" keeping me loyal to the Dalton whenever I traveled. In the process I have on various occasions passed up better deals and settings to stay with one plan. In fact, I was just beginning to divert business with the Oriental due to a similar announcement.

Now, with 90% of my travel being put out of DHonors' bounds you are in effect terminating my membership. Your message to us in the far east is, "We don't need you anymore." So, my message back is, "Fine, my money is good anywhere."

I don't know what brilliant, bean-counting mind conceived this new policy, but that person won't be counting any of my beans.

Incidentally, the Oriental has recently thought better of cutting us out of their Gold passport plan so that's where my business will go from now on.

Sincerely,

Masao Kawasaki

苦情	文例
飛行機の遅延により受けた被害に対する抗議	**154** |☞ 個条書きにして当方の受けた被害を逐一伝える

飛行機が遅れて迷惑を被るというのは特に海外ではよく遭遇することであるが、1便遅れただけでも、そのあとのスケジュールにずっと影響を及ぼす。それらの被害を個条書きにして逐一あげることによって、当方の受けた被害を相手に納得させ、相応の対処を迫るメール。

さる8月3日のニューアーク発オーランド経由フロリダ州メルボルン行きの貴社便にて私たちが受けた処遇に関し、苦情を書きます。私の苦情は下記の通りです。

1. ニューアークから抜け出すのに延々時間がかかったこと。それも、日本から20時間飛行機に乗ったあとのことです。そのおかげで、私たちはオーランドでの乗り継ぎ便に間に合いませんでした。
2. メルボルンへはリムジンで行くしか方法はなかったのですが、到着したのは空港とレンタカー会社が閉まったあとでした。結果的に、貴社は真夜中にリムジンをどこへも出してくれなかったことになります。
3. 夜のそのような時間ではアラクス（レンタカー会社）に私たちの荷物を扱えるような車はなかったので、アラクスは使えませんでした。
4. その結果、メトリクスを利用せざるをえませんでした。そのおかげで、
―高い料金を支払わねばならなかった（1日あたり55ドルに対して77.99ドル）。
―アラクスの割引券が使えなかった。
―違う場所へ車を返したため、追加料金がかかった（メルボルンとオーランド）。
―フロリダステート航空［貴社］の500マイル分のボーナスマイレージをもらえなくなった。
5. オーランドとメルボルン間の1,000マイル分ももらえませんでした。
6. それに、24時間飛行機に乗ったあと、夜半過ぎに2時間も車を運転しなければならなかったのです。
それに加えて、使用しなかった区間（オーランド-メルボルン間）のチケットを払い戻してもらいに行ったところ、何やら訳のわからない社内規定により、無効だと言われました。
こんなやり方でよいのでしょうか。
心より立腹して

構成 まず❶何に対する抗議か、大まかなところを述べる。次に❷いきさつと被害事項を詳しく個条書きにする。さらに❸極めつけの被害を段落を独立させて述べ、最後に、「こんなやり方でよいのか」と1センテンス1パラグラフで❹強烈に抗議する。

語句 ❶何に対する抗議か　This has to do with my complaints regarding 何に対する抗議かを表す事務的な言い方。
❷いきさつと被害事項　The long delay experienced in 「〜の大幅な遅れ」caused us to miss our connection 「乗り継ぎ便に合わなかった」were given no alternative other than 「選択肢が〜よりほかにないという扱いを受けた」In effect 「事実上、結果的に」 offered a limo ride to nowhere 「どこへも行かないリムジンの差し回し」皮肉っぽい言い方。I was forced to 「〜するしか手段はなかった」Paying/Not being/Accepting/Losing 個条書きの形をそろえている。Orlando-Melbourne leg　leg は「区間」の意味。wee hours of the morning 「夜半過ぎ、未明」午前0〜3時頃を指す。
❸極めつけの被害　because of some technicality　technicality は「部外者には訳のわからない細則」といったニュアンス。
❹強烈な抗議　You have to do better than this. 「こんなやり方でよいのですか」考え直してほしいという訴え。

ポイント 抗議の気持ちを Genuinely upset（心より立腹して）と結辞にまで示している。

応用 抗議の文面を変えて

| 何らかのご配慮をいただいてもよいと思うのですが。 | I think I deserve some consideration here. |
| 上記の点から、貴社のやり方を考え直してくださるようお願いします。 | I encourage you to reconsider your position in light of the above. |

TEXT

```
From: Kyoji Chiba [kyoji.chiba@hiscompany.com]
To: Paul Allen
Cc:
Subject: Poor customer service
```

Dear Mr. Allen:

This has to do with my complaints regarding the treatment we received on a recent August 3 flight with you which was to take us from Newark to Melbourne Fl. via Orlando. My complaints are as follows:

1. The long delay experienced in getting out of Newark. This is after 20 hrs. in the air from Japan. This caused us to miss our connection in Orlando.

2. We were given no alternative other than a limo ride to Melbourne arriving after the airport and rent-a-car companies had closed. In effect you offered a limo ride to nowhere in the middle of the night.

3. I could not use Araxx because they had nothing that could handle our luggage at that time of night.

4. Consequently, I was forced to go with Metrix which meant:
    - Paying a higher rate ($55/day vs. $77.99)
    - Not being able to use my Araxx discount card
    - Accepting additional charges for return of the car to a different location (Melbourne vs. Orlando)
    - Losing the 500-mile bonus on Florida State Airlines

5. We also lost the 1,000 miles for the Orlando-Melbourne leg.

6. Then we had to suffer a 2-hour drive in the wee hours of the morning after 24 hours enroute on airplanes.

Furthermore, when I went to get a refund on the unused ticket portion (Orlando-Melbourne), I was told it was worthless because of some technicality.

You have to do better than this.

Genuinely upset,

Kyoji Chiba
President

文例 155　苦情処理
返品および代金払戻し要求を退ける
☞ 正当な主張であると権威付けるには「契約」が役立つ

不当な要求に対するはっきりした態度の断りのメールである。こちらの主張を権威付けるためには、契約の概念を持ち出すのもひとつの手。断固とした態度を示すが、お客さまに対するメールであるから、結びはあくまでも協力的で前向きにする。

6月2日付メールによる弊社試験器の性能についての苦情につきまして、徹底的に検討させていただきました。
弊社製品にご満足いただけないのは申し訳なく存じますが、調査結果としましては、ご主張を認めることができませんでした。したがって、試験器を返却されましてもお受け取りできかねますし、あくまでも契約の金額を請求させていただくほかございません。
試験器の性能を高めるためにできる限りの協力を今後とも続けさせていただきたいと存じます。
よろしくお願い申し上げます。

構成 ❶苦情を受けて検討したことを知らせる。次に❷要求に対する断りとその根拠を示し、❸協力的に結ぶ。

語句 ❶**苦情を受けて検討したこと**　いつのメールで何に対してか Your claim with regard to「～に関する苦情」　outlined in your e-mail of「～日付のメールで（あらましを）述べられた」　thorough consideration「徹底的な検討」
❷**要求に対する断りとその根拠**　こちら側の態度を表明する。Unfortunately 断りの枕詞。though we regret ... our product このあとの断りを和らげるための役割を果たしている。does not support your claim「あなたの苦情が正当だという結果が出なかった」we are not prepared to「～するつもりはない」have no alternative but to「～せざるをえない」insist on 断固とした態度の表れ。contracted「契約の」主張の権威付けとなる。
❸**協力的な結び**　continue to cooperate「引き続いて協力する」今までも協力的だったし、今後もそうであるということ。in any way（どんな～でも）で強調し、we can（できることなら）で条件付けしている。facilitating the utility「性能を高めること」

ポイント Your claim, ... has been given thorough consideration は、現在完了形と thorough により「十分」検討したという意味がこめられている。

応用 断りとその根拠を示す

残念ながら、弊社の現場技術者は貴社の主張を支持しておりません。	Unfortunately, reports from our field technician do not support your claim.
残念ながら、貴社がご不満を向けられている点は、この機械に対する保証の範囲外であると思われます。	Unfortunately, your dissatisfaction seems to be focused outside the scope of our original guarantees for this equipment.

TEXT

From: Miho Ojima [miho.ojima@hercompany.com]
To: Mark Bailey
Cc:
Subject: Review of claim

Dear Mr. Bailey:

Your claim, outlined in your e-mail of June 2, with regard to the performance of our tester has been given thorough consideration here.

Unfortunately, though we regret your dissatisfaction with our product, our investigation does not support your claim. Consequently, we are not prepared to accept the tester if returned and will have no alternative but to insist on payment of the contracted amount.

We would be happy to continue to cooperate in any way we can in facilitating the utility of the tester.

Sincerely,

Miho Ojima
Manager
Technical Services

文例 156	**苦情処理**
	所轄の代理店が扱うべきだという見解を示す
	☞ 先方の言い分に理解を示しながらも中立的な立場をとる

海外の客からの直接のクレームに対する返事。この種のメールのポイントとしては①簡潔であること、②中立的であること、かつ③相手の苦情に理解を示しながらも、④代理店の対応の仕方に遺憾の意を示すこと、さらに⑤転送先を明記し、責任のある態度を示すことがあげられる。

> アメリカ合衆国における当社の総代理店トロナ社が、ご満足のいく形で問題を処理できなかったことを知って残念に思います。しかし、この問題を処理するためには、やはり同社が最適の立場にあると存じます。そこで、さらに調査して適切な処置をとるために、お客さまのメールはトロナ社に転送させていただきました。

構成 まず遺憾の意を示して❶**苦情を理解したこと**を伝える。その上でやはり所轄の代理店が扱ったほうがよいという❷**こちらの見解**を述べ、**転送したこと**を伝える。本文は1段落構成。

語句 ❶**苦情を理解したこと** まず先方の言い分に理解を示すことから始める。**We are sorry to learn that**「～ということを知って残念に思います」be動詞をwereではなく現在形にすることによって、今も残念に思っていることを表している。**have not handled ～ to your satisfaction**「～を満足のいくように処理していない」
❷**こちらの見解と転送の旨** **Nevertheless**「それでもやはり」理解を示してからこちらの論を述べる。**we continue to feel that**「引き続いて～と思っている」**we still feel**でもよい。**be in the best position to**「～するのに最適な立場にいる」**therefore**「したがって」前に述べた見解の当然の結果による処置であることを示す。**forward**「転送する、回す」**for further study and appropriate action**「さらに調査して適切な処置をとるために」無責任にたらい回しにしているのではないことを示す。

ポイント 件名を使って重点を強調する。

応用 代理店によく指示したことを伝える

十分にご満足いただくために最善の努力をするよう、トロナ社に指示いたしました。

Tolona has been instructed to do everything in its power to give you complete satisfaction.

そちらへご連絡を差し上げ、ご満足をいただくためのあらゆる努力をするよう、トロナ社に申し伝えておきました。

We have ordered Tolona to contact you and do whatever is necessary to gain your full satisfaction.

TEXT

From: Hiroshi Sakaguchi [hiroshi.sakaguchi@hiscompany.com]
To: Sue Stockstill
Cc:
Subject: Committed to customer satisfaction

Dear Ms. Stockstill:

We are sorry to learn that Tolona Corporation, our sole distributor in the U.S.A., has not handled your problem to your satisfaction. Nevertheless, we continue to feel that the company is in the best position to do so. We have therefore forwarded your e-mail to Tolona for further study and appropriate action.

Sincerely,

Hiroshi Sakaguchi
Manager
North America
Export Service Department

文例 157　苦情処理

原則を述べ、代理店から実情を説明させることを伝える

☞ あくまでも責任ある態度を示して信用を失わないようにする

部品交換を自費でやらなければならなかったという苦情に対しての返事。保証でカバーできる原則を伝えた上で、代理店から実情を詳しく説明させることを約束する。中立的な態度を守り、責任のがれをしているという印象を与えないようにする。感情を刺激するような表現は絶対に使わない。

ご多忙中にもかかわらずご連絡いただき、お礼申し上げます。
わずか1万1,000マイル走行後に自費でクラッチを交換しなければならなくなるというのは、まったくの予想外でいらっしゃったこととお察しします。その費用が保証に含まれるのではないかとお感じになられたことも、もっともだと思います。
しかし、ご存じの通り、不良クラッチに関する保証は製造側に原因がある場合のみに限られております。運転摩損による不良には適用されないのです。おそらくクラッチ交換の理由についてはっきりした説明を受けていらっしゃらないのではないでしょうか。
どの販売店もサービスの基準を守るという点では当然、全面的に責任があり、保証事項にあてはまる限りはその修理と費用の一切を負うべきことになっております。ですから、カーク・モータース社が原因を徹底的に調査したと確信しています。つきましては、いただいたメールをこちらからカーク・モータース社に転送し、この保証決定の根拠をご説明申し上げるよう指示いたしました。
ご満足いただけるようご説明申し上げることと確信しております。メールをいただきまして、本当にありがとうございました。

構成 ❶メールに対するお礼を述べる。次に❷先方の気持ちに理解を示す。それから❸こちらの見解とそれに基づく❹先方を安心させるような具体的な処置を伝える。最後は❺再びお礼で結ぶ。

語句 ❶お礼　for taking the time「わざわざ時間を割いていただき」
❷先方の気持ちに理解を示す　It is not at all difficult to understand「よくわかります」
It is certainly natural for you to feel「〜と感じるのももっともだと思う」

❸こちらの見解　However 見解を示してからこちらの論を切り出す。only in the case of 「〜の場合のみ」制限を表す。is not covered「〜は含まれていない」同じく制限を表す。Very possibly「〜と考えられる、おそらくは〜」were not made completely clear「十分説明がなされていない」

❹安心させるような具体的な処置　Please rest assured that「〜なので安心してください」 fully responsible for「〜に対して全面的に責任がある」fullyを添えていることで相手を安心させる。thoroughly investigated「徹底的に調べた」同上の効果を持つ。forward「転送する、送る」ask them 指示を伝えたことを知らせる。

❺再びお礼　We are confident「間違いなく〜するでしょう」to your satisfaction「あなたの納得のいくように」責任のがれをしているのではないことを示す。Once again 結びのお礼を述べる決まり文句。

ポイント　簡潔を重んじるビジネスメールでも、反論する場合は長い文面にして、真剣に検討したことを示す。

応用　書き始めを変えて

ご迷惑をおかけいたしまして申し訳ございません。　また、わざわざ私どもにこの件をお知らせくださいましたことにお礼申し上げます。

Allow us to offer an apology for the anxiety caused, as well as to voice our appreciation for the time and trouble you have gone to in bringing this matter to our attention.

よりご納得いただけるよう、ご説明の機会をいただき、ありがとうございます。

Thank you for providing us with this opportunity to better satisfy you.

TEXT

From: Hiromichi Nishio [hiromichi.nishio@hiscompany.com]
To: Alex Vernon
Cc:
Subject: Clutch warranty

Dear Mr. Vernon:

Let us begin by thanking you for taking the time to write to us.

It is not at all difficult to understand that you were disappointed at having to replace your clutch at your own expense after only 11,000 miles. It is certainly natural for you to feel this expense should have been covered by the warranty.

However, as you know, our warranty covers clutch failure only in the case of manufacturer's defect. Failure due to wear from operating conditions is not covered. Very possibly, the reasons for the failure of your clutch were not made completely clear to you.

Please rest assured that every dealer is of course fully responsible for the standard of service he provides and must justify any work carried out or costs incurred while a customer's vehicle is on his premises. In this regard, we feel sure Carke Motors thoroughly investigated the cause of failure. Consequently, we have fowarded a copy of your e-mail to them and asked them to clearly explain the reasons for the warranty decision made.

We are confident they will explain everything to your satisfaction. Once again, thank you for your e-mail.

Sincerely,

Hiromichi Nishio
Manager
Overseas Service Department

苦情処理	文例
早速調査を命じたことを伝える──大切な得意客へ	158

☞ 先方が地位の高い人ならそれに訴えて困難な事情を理解してもらう

大切な客から上司に宛てられた苦情に、担当者として応えるメール。当面具体的な解決策がないことを理解してもらうためには、先方の気持ちを尊重するとともに、先方の地位の高さに訴えて理解を求めるのも方法のひとつ。

はじめに、弊社製品のご愛顧と、今回お役に立てる機会をいただいたことにお礼を申し上げます。
弊社副社長の加藤より、この問題の解決にあたるよう指示を受けました。その際、キーツさまのような地位ある方にご満足いただくことの重要性を強く申し聞かされております。その指示のもと、早急にご満足のいく解決策を打ち出すべく、貴国の弊社代理店に、厳重な調査と詳しい報告書の送付を命じました。
キーツさま、私も、この手続きをとってもしばらくの間はご心配を完全に取り除けないことは承知しております。しかし、この問題は、私どもの知り得た範囲ではきわめて稀なものであり、既存の対応策では処理できないように思えます。今しばらく時間はかかりますが、できる限り早い時期に解決する所存です。
事情をお察しの上、引き続きもうしばらくのご辛抱を、心からお願いいたします。キーツさまのような地位にある方には、問題の困難さがおわかりいただけることと信じております。
最後に、きわめてご配慮あるメールに、もう一度感謝の気持ちを述べさせていただきます。何らかの理由から、問題の対応に不適切な点がございましたら、どうぞご遠慮なく直接私宛てにご連絡ください。

構成 ❶**自社製品の引き立てに対するお礼**から始める。次に、自分が担当者として解決にあたることになったという前置きをして❷**問題点とそれに対する処置**を伝える。解決には時間がかかりそうだという❸**今後の問題点**を根回し的に述べ、❹**理解を求める**。最後は❺**先方に敬意を表して結ぶ**。

語句 ❶**引き立てへのお礼** Let me begin by 〜事務的なメールにならないように気をつかった書き始め。先方のメールの日付を入れていないのも同じ理由による。**give us a**

|文例158|

chance to be of service「お役に立てる機会をいただきまして」へりくだった言い方。
❷問題点とそれに対する処置　have given me the responsibility of「～という職務指示を受けた」have stressed the importance「重要性を強調している」　上記の2つは苦情をたらい回しにしているのではないことを印象づけるための表現。of your stature「あなたのような地位のある方」I, in turn, have ordered「使命を受けて私が指示しました」fully investigate「十分調査する」a detailed report「詳しい報告」immediately work out「すぐに手を打つ」satisfactory countermeasures「ご満足いただける解決策」fully、detailed、immediately、satisfactoryなどの強調の修飾語が効果的に用いられていることに注目。
❸今後の問題点　さらに苦情がこないようにという根回し。I am aware「承知しております」　Mr. Keats 先方の名前を呼びかけて訴える。not put your mind at ease「心配が消えるわけではない」not something we have a ready answer for「定まった対応策があるものではない」It may take ～ but we will「(時間が)かかるかもしれないが、やります」
❹理解の呼びかけ　パーソナルな感じにして、先方の地位の高さに訴える。I would personally like to「個人的にお願いしたい」continued patience「引き続きもうしばらくのご辛抱」someone in your position can appreciate「あなたのような地位の上の方にはご理解いただける」
❺結び　 voice my appreciation「感謝いたします」extremely cooperative tone of your e-mail「大変協力的なメール」先方への賛辞。Please do not hesitate to「遠慮なく～してください」

ポイント　大切な人へのお詫びでは、weよりもIを主語に用いるほうが、個人として責任をもって担当している印象を与えるので好ましい。

応用　責任感を示す

私どもといたしましても、完全にご満足いただくまでは一瞬も気を休めることはできません。	We, for our part, will not rest until you are completely satisfied.
不行届きな点がございましたら、どうぞ私宛てに直接ご連絡ください。	Please contact me directly if you feel you are not being given proper consideration.

TEXT

From: Hiroya Shibutani [hiroya.shibutani@hiscompany.com]
To: Samuel Keats
Cc:
Subject: Committed to customer satisfaction

Dear Mr. Keats:

Let me begin by thanking you for patronizing our products and for giving us a chance to be of service to you.

Mr. Kato, our Vice President, has given me the responsibility of resolving your problem. He has stressed the importance of satisfying a person of your stature. I, in turn, have ordered our representative in your country to fully investigate your difficulty and to send us a detailed report so that we can immediately work out satisfactory countermeasures.

I am aware, Mr. Keats, that this preliminary procedure might not put your mind at ease immediately. Unfortunately, your particular problem, from what little we know about it, is extremely rare and not something we have a ready answer for. It may take a little while, but we will have it fixed as soon as possible.

I would personally like to ask for your continued patience in view of the situation. I am sure that someone in your position can well appreciate the difficulties involved.

In closing allow me to again voice my appreciation for the extremely cooperative tone of your e-mail. If for some reason your problem is not adequately taken care of, please do not hesitate to contact me directly.

Sincerely,

Hiroya Shibutani
General Manager

文例 159	苦情処理
	顧客サービス廃止に抗議してきた上得意客へ
	☞ 得意客からの強い抗議へはていねいな説明と代替サービスを

同系列の企業との間でトラブルが生じたことにより、共通の顧客サービスを廃止することになり、その旨の通達を出したところ、長年の得意客から強い抗議のメールを受けた。今のところ廃止は撤回できないので、その事情を懇切ていねいに説明し、他のサービスを勧めて、引き続いてのご愛顧を願うメール。

森谷サービスセンターへのマハンさまの2月5日付のメールは、森谷サービスセンターの顧客サービス部長である中村昌平によって私のところへ回されてきました。

森谷インターナショナル［私どものホテル］が12月31日をもってモナーズから脱退することによってマハンさまに及ぶであろうご迷惑に対し、私どもとしましても遺憾に思っております。と同時に、森谷ホテルズ・コーポレーション（MHC）との共同マーケティングプログラムからも脱退する必要が生じたことに対しても遺憾に思うものです。残念なことですが、日本国外における私どもの独占権に対するMHCの侵害のために、このような措置をとらざるをえなかったのです。これらの侵害については現在係争中です。こういった侵害がなくなれば、私どもとしても喜んで共同マーケティングプログラムを続けたい所存です。森谷インターナショナル・ホテルズに対するマハンさまのこれまでのご愛顧に対して大変感謝いたしております。今後ともごひいき賜りますようお願い申し上げます。私どもの森谷クラブの会員になられることをご検討なさってはいかがでしょうか。このクラブも会員に対しVIP特典を提供いたしております。森谷クラブについての資料を添付いたしましたので、ご検討ください。

構成 まず、先方の❶抗議メールが回ってきた社内ルートを示す。次に❷サービス廃止の背景・理由を詳しく説明。最後に❸「今後も引き続きよろしく」という挨拶と、代わりのサービスの勧め。

語句 ❶**社内ルート** Your e-mail of（いつのメールか）to（どこの部署宛てか）by（だれによって回されてきたか）of、to、byの前置詞で社内ルートを示す。**has been forwarded to me**「私のところに回されてきた」meはメールが最終的に行き着いたところ＝このメールの送信者。

このmeがどのような地位にある人物かが重要。

❷**サービス廃止の背景・理由** We regret any inconvenience you may experience「ご迷惑について遺憾に存じます」withdrawal from「～から手を引くこと、関係をやめること、脱退」 We, too, regretted that「我々としても残念である」相手と同じ立場であることを示す。are ... the subject of litigation「法的な争いの的となっている、裁判沙汰になっている」We would be happy to continue ... once these violations are resolved.「こういった侵害がなくなれば喜んで続けたい」自分たちの事情で脱退したのではなく、別の、法的な問題から余儀なく脱退したのだということを示す。

❸**「今後もよろしく」という挨拶と、代わりのサービスの勧め** hope ... to earn your business「あなたのご愛顧にふさわしい相手になりたい」このearnは「(感謝などを)受けるに値する」という意味。businessは「愛顧、ひいき」の意。

ポイント 差出人肩書のChairman and Chief Executive Officerは「会長兼最高経営責任者」で、日本の会社で言う「(実権を握っている)代表取締役会長」のこと。Chairmanだけの場合、実権のない顧問的な立場の会長になる。一般に多いのはPresident and Chief Executive Officer（代表取締役社長）。

応用 代替サービスのバリエーション

しかし、森谷インターナショナル・ホテルズに対するこれまでのご愛顧に感謝し、私どもの新しいエリート・クラブ会員権を無料にて提供させていただくことにいたしました。これにより従来以上の特典をお受けいただけます。

Still, inconsideration of your past patronage of Moritani International Hotels, we have decided to offer you free membership in our new Elite Club, which you will find offers more than comparable benefits.

しかし、貴殿のような大切なお客さまのこれまでのご愛顧に対して心よりの感謝の意を表するために、現在のプログラム停止による損失以上のサービス制度を設立しようとしている最中です。この新しい制度が整うまでどうぞご容赦のほどをお願いいたします。

Nevertheless, to demonstrate our sincere appreciation of past patronage to valued customers like yourself, we are now in the process of establishing a service that will more than compensate for loss of the present program. Please bear with us until this new system is in place.

TEXT

From: Mitsuo Takano [mitsuo.takano@hiscompany.com]
To: Mike Mahan
Cc:
Subject: Committed to your service

Dear Mr. Mahan:

Your e-mail of February 5 to the Moritani Service Center has been forwarded to me by Shohei Nakamura, Director of Customer Service for the Moritani Service Center.

We regret any inconvenience you may experience as a result of Moritani International's withdrawal from MHonors effective December 31. We, too, regretted that it became necessary to withdraw from joint marketing programs with Moritani Hotels Corporation ("MHC"). Unfortunately, this step had to be taken due to MHC's violations of our exclusive rights outside of Japan. These violations are currently the subject of litigation. We would be happy to continue joint marketing programs once these violations are resolved.

We greatly appreciate your past patronage of Moritani International Hotels and hope that we will continue to earn your business in the future. You may be interested in considering membership in our Moritani Club, which also provides VIP benefits to members. I have attached some materials on the Moritani Club for your consideration.

Sincerely,

Mitsuo Takano
Chairman and Chief Executive Officer

苦情処理	文例
複数の苦情に対する弁明とお詫び	**160**
☞ 弁明すべき点、詫びるべき点をはっきり分けて進める	

車の音がうるさい、クローム処理が悪い、肘掛けの具合が悪い、マニュアルがほしいなど複数の用件が込められたメールに対する返事。それぞれを分けて答えていく。弁明は論理的に、お詫びは潔く進める。

まず始めに、弊社製品に対するご愛顧に感謝申し上げます。私どもの車がご期待に沿えなかったことはひとえに残念に存じます。

問題のドラミ110型車は、もともと市街地走行用に設計されたものです。手頃な価格、操作のしやすさ、経済性といった、貴国のような洗練された海外市場におけるセカンドカーとしては最適な特徴を備えております。

同時に、軽量であることから、同じ特徴がこの車を過度の長時間ドライブには適さないものとし、重量のある高価な車に比べると音がうるさいと感じられるかもしれません。しかし、この車の経済性をどうぞ心にお留めおきください。

クローム処理と肘掛けにつきましては、お怒りはごもっともと存じます。日本における品質管理の手落ちによるものと思われますので、そちらの販売店による修復をお勧めいたします。今回のトラブルから弊社のすべてをご判断なさらないでくださることを、心から願っております。

ご要望のありました英語版のサービスマニュアルは、現在再版中で、来年1月にはできあがる予定です。そのときには喜んで発送させていただきます。

最後に、ご寛容を賜り、私どもにもう一度誠意を証明するチャンスをお与えくださいますようお願い申し上げます。今後とも末長くお役に立ちたいと思っております。

構成 ❶製品購入に対するお礼と苦情に対する遺憾の意を述べる。次に❷弁明すべき点は弁明する。❸非を認めるべき点は認めて詫びる。先方の別の❹依頼に喜んで応じる旨を伝え、❺変わらぬ愛顧を願って結ぶ。

語句 ❶お礼と遺憾の意　Let us begin by ... we appreciate「まず、お礼から述べさせていただきます」patronage「お引き立て」regrettable「遺憾である」has not lived up to your expectations「期待に沿えなかった」製品自体の欠陥というより、用途が合っていなかったという含み。

❷弁明　まず利点から述べる。originally designed for「本来、〜用に設計されている」ideal for「〜に最適」用途を表す。These same features利点が欠点にもなるという論。less than ideal for「不向き」の婉曲表現。may be considered「〜と思うかもしれない」断定を避け、ぼかした言い方。don't forget「〜という（よい）点を忘れないでください」

❸お詫び　As far as 〜 are concerned認める件を切り出す。can hardly blame you for「〜するのも無理はない」might be due to「〜のせいかもしれない」give us the benefit of the doubt意訳すれば「この一件で我が社のすべてがだめだと思わないでください」

❹別の依頼を承諾　more than happy to provide「喜んで送る」

❺変わらぬ愛顧を願う　reconsider your situation弁明した件をわかってほしいということ。give us another chance「もう一度チャンスを下さい」詫びた件に関して。serve you for many years to come「今後もずっとお役に立ちたい」

ポイント　このように長いメールの場合、Let us begin byで始め、In closingで結ぶとメリハリがつく。

応用　A）お詫びの表現を変えて　B）結びの表現を変えて

A）どうか弊社に対する性急な判断をお控えくださり、今回おかけしたご迷惑を償わせてください。

Please be good enough to give us the benefit of the doubt and allow us to make up for the inconvenience this has caused you.

B）最後に、問題解決に努めておりますので、ご理解とご容赦を賜りますようお願い申し上げます。

In closing, we would like to ask for your patience and understanding as we work to rectify your problem.

TEXT

From: Koichi Haruna [koichi.haruna@hiscompany.com]
To: Seth Terrier
Cc:
Subject: Appreciation of your patronage

Dear Mr. Terrier:

Let us begin by saying that we appreciate your patronage of our products. It is only regrettable that the car has not lived up to your expectations.

The vehicle in question, our Drami 1100, was originally designed for city driving. Its features are its reasonable price, maneuverability, and economy, which also make it ideal for use as a second car in certain sophisticated overseas markets like yours.

These same features also make the car less than ideal for excessively long rides since it is light and may be considered noisy if compared with heavier, more expensive models. On the other hand, don't forget it is economical.

As far as the chrome and arm rest are concerned though, we can hardly blame you for getting angry. These might be due to slips in quality control inspections here in Japan, and we suggest you have them made good by your dealer. We would like to ask you to give us the benefit of the doubt in judging us with regard to these troubles.

The English language service manual you requested is now being reprinted and should be ready sometime in January of next year. At that time we would be more than happy to provide you with a copy.

In closing, we would like to ask you to reconsider your situation and to give us another chance to prove ourselves. We would like to serve you for many years to come.

Sincerely,

Koichi Haruna
Manager
Customer Relations
Export Service Department

文例 161 　苦情処理

調査後の対策を伝える

☞ しかるべき手を打っていたことを理解してもらう

対策が十分行われていないという苦情に対する返事。問題があると知らされてからすぐに手を打っていることを説明し、その結果決定した対策を伝える。今までに何もしていなかったり、解決を遅らせようとしていたわけではないことを強調して誠意を示す。

1月3日付のメールから、300B・800C型シリーズのクラッチの問題について、これまでの対策が全般に不十分であることを了解いたしました。

クラッチの問題で多大なご迷惑をおかけしていることは、大変な驚きであり、また遺憾なことでもあります。と申し上げますのは、問題のあった型に取り付けられているクラッチシステムは、300・800B型シリーズと同一のもので、このシステムは現在に至るまで、何の問題もなく使用されているからです。

昨年9月初旬に、300B・800C型のクラッチに問題があるとの知らせが初めて私どものもとに届きました。報告を受けると同時に、ただちに関係各部門に連絡し、効果的な対策を速やかに講じるようにと命じました。その結果として、11月21日には、特別調査チームを送ることができました。

調査チームが持ち帰った情報を詳しく分析し、真剣な協議を重ねた末、次のような決論に到達いたしました。

1) 300B型のクラッチ部材は、昨年6月以前に使われていた材料と同じものに交換すべきである。

2) 12月以降に生産された800C型のクラッチ部材は、800B型と同一の材料に交換すべきである。

3) 未出荷の300B型在庫品は、輸送中固着しないような処置を施した上、出荷すること。

4) 未出荷の800C型在庫品は、クラッチの交換が完了するまで出荷を控えること。

上記の緊急対策に加え、そちらでのクラッチ問題解決のため、特別チームを派遣することになりました。同チームの派遣費用は弊社が負担いたします。

最後に、今回の問題について、もう一度心よりお詫び申し上げます。言うまでもなく、貴社の痛みはそのまま私どもの痛みでもあります。このような事態が二度と起こらぬよう、全力を尽くしてまいる所存です。

構成 対策が十分行われていないという❶苦情を理解したことを伝える。次に❷迷惑をかけているお詫びを述べる。❸今までに講じた策を振り返り、❹決定した対策を個条書きで明確に知らせる。❺さらなる対策を述べ、❻再び詫びて結ぶ。

語句 ❶苦情を理解したことを伝える　具体的に。We understand ... that「〜ということがわかりました」 largely insufficient「おおむね不十分である」
❷迷惑に対してのお詫び　regrettable「遺憾だ」直接的なお詫びの言葉であるapologizeを避けた言い方。caused you so much trouble「多大の迷惑をかけた」
❸今までに講じた策を振り返る　word ... reached us「知らせが届いた」wordは無冠詞単数で「便り、知らせ、ニュース」の意。immediately「即座に」対応の速やかさを示す。ordered 〜 to start working on「〜に早速とりかかるように命じた」a prompt and effective solution「速やかで効果的な解決」the dispatch of a special mission「特別調査チームの派遣」
❹決定した対策を述べる　Extensive analysis and serious consultation「詳しい分析と真剣な協議」have led us to the following conclusions:「以下のような結論に達した」
❺さらなる対策を述べる　In addition to「〜に加えて」urgent countermeasures「緊急の対策」special team「特別チーム」at our expense「こちらの負担で」
❻再び詫びる　In closing「最後に」長いメールを結ぶときの言葉。let me reiterate「もう一度言わせてください」your headaches are our headaches「そちらの痛みはこちらの痛み」are fully committed to preventing「〜を避けるために全力を尽くします」

ポイント 長くて内容が多岐にわたるメールは、結びにIn closingを使うと全体が引き締まる。

応用 決定対策を述べる

| これまで収集した情報に基づき、弊社の技術者は次のような見解を打ち出しております。 | Based on the information collected, our technical people are of the opinion that: |

| 決定的な原因を特定することはできませんでしたが、弊社技術者は以下のように考えております。 | Although no conclusive causes could be pinpointed, our specialist nevertheless feels that: |

TEXT

From: Takeshi Miyaura [takeshi.miyaura@hiscompany.com]
To: Terry Biely
Cc:
Subject: Clutch countermeasures

Dear Mr. Biely:

We understand from your e-mail of January 3 that the countermeasures taken to date with regard to the clutch problems in the 300B and 800C model series have been largely insufficient.

It is very surprising and regrettable to us that these clutch problems have occurred and caused you so much trouble, especially in view of the fact that the models affected are equipped with the same type of clutch system that has been used virtually without incident in the 300 and 800B model series.

In early September of last year word first reached us regarding the problems with the clutch systems of the 300B and 800C models. We immediately ordered all departments concerned to start working on a prompt and effective solution, which culminated in the dispatch of a special job mission on November 21.

Extensive analysis and serious consultation on the basis of the information brought back by the job mission have led us to the following conclusions:

1) The clutch material of the 300B model should be changed back to the same material used until June of last year.

2) The clutch material of the 800C model from the December production should be changed back to the material used in the 800B model.

3) Inventory of the 300B model awaiting shipment should be shipped with a device to keep the clutch from sticking in transit.

4) Inventory of the 800C model awaiting shipment should be held and shipped after replacement of the clutch

In addition to the above urgent countermeasures, we have decided to dispatch a special team to help you solve the clutch problem at your end. This team will be sent at our expense.

In closing, let me reiterate our sincere regret regarding these problems. Needless to say, your headaches are our headaches. We are fully committed to preventing any recurrence of this sort of problem.

Sincerely,

Takeshi Miyaura
Director

文例 162

苦情処理

再検討の要求を却下する

☞ しこりの残らないように、「慰め」を入れる

特別に認めてほしいという要求を却下する。 代理店に対しては、とくにしこりを残さないように断る配慮をする必要がある。 論理的に説得するのはもちろんだが、別の形での問題提起を勧めたり、代理店としての先方の努力を評価するなど、相手の気持ちをなだめるような事柄を入れる。

2月4日付のメールでのご要望に従い、ホイールバランスの問題を特別に保証する可能性について、慎重に検討いたしました。
この件に関して、問題は一見、製造段階で発生したように見えるかもしれません。 しかしながら、弊社の工場では、タイヤバランス、円周の歪み、ならびに空気圧を一定の規格内に収めるために、しっかりした手続きがとられております。 これに関連する品質管理システムは、ご指摘のような問題が起こらないようにすることを目的としております。
したがって、問題が製造段階で発生したとは考えられません。 このため、特別な扱いを考慮しても、この問題を保証に含めることは不可能です。 しかし、やはり注目を要する問題ですから、弊社製品情報課の岡田にこの件を報告されるようお勧めいたします。 きっとお役に立てると思います。
この問題について私どもの部にご相談くださったことを感謝いたします。 お客さまに満足していただこうと努力する貴社の姿勢には、一同深く感銘を受けております。

構成 ❶先方の要求内容を確認し、検討したことを伝える。 次にこちらの主張の根拠になるような❷基礎事実を伝えた上で❸要求を却下するが、別の可能性を示す。 最後は❹先方への感謝と敬意で結ぶ。

語句 ❶要求内容の確認と検討した旨　The possibility of 可能性と言っているので承認の見込みがないことがわかる。 has been carefully studied 「十分慎重に検討した」　as requested in 「～の要請に従い」　なぜメールを書いているのかを示す。
❷論拠となる基礎事実　may seem to 先方の主張を示す。However 反証を切り出す。
❸要求を却下し、ほかの可能性を示す　it seems unlikely こちらの主張を示す。it is not

possible to「～できない」we cannotとしない。**we recommend you** ほかの可能性を勧める。**report it to**「～に報告する」report to（指定の場所に出頭する）と使い分ける。

❹**感謝と敬意**　Please be assured your efforts ... are highly regarded here. 相手の努力を評価してしこりを残さないため。

ポイント　In this regard、However、Consequently、For this reason は論理的展開のためのシグナル。

応用 書き始めを変えて

先にお断りしたホイールバランスに関する保証請求について、再考を促す1月20日付のメールをお受け取りいたしました。

Thank you for your e-mail of January 20 in which you request reconsideration of rejected warranty claims related to wheel balancing.

先にお断りしたホイールバランスの保証請求について、弊社に再考をお求めですが、その件についてもう少し事情を説明させていただきます。

This is to give you more background on rejected wheel balancing claims, which you asked us to reconsider.

TEXT

From: Tomomi Kawahara [tomomi.kawahara@hercompany.com]
To: Juan Valdes
Cc:
Subject: Review of warranty

Dear Mr. Valdes:

The possibility of including wheel balancing problems under special warranty has been carefully studied, as requested in your e-mail of February 4.

In this regard, the problems involved may seem to be coming from the factory. However, routine measures are taken in our plants to keep tire balance, out-of-roundness, and tire pressure within standards. The quality control systems involved are designed to ensure that problems such as you describe do not occur.

Consequently, it seems unlikely that the problems are stemming from the factory. For this reason, it is not possible to cover them under the warranty, even as a special policy. However, the matter still deserves attention, and we recommend you report it to Mr. Okada of our Products Information Section, who will help you in this respect.

Thank you for bringing the matter to our attention. Please be assured your efforts to ensure customer satisfaction are highly regarded here.

Sincerely,

Tomomi Kawahara
Manager
Quality Assurance Department

お詫び

未払いを詫び、直ちに送金したことを伝える

文例 **163**

☞ 速やかな送金が一番のお詫び

先方から支払いの催促を受けて確認したところ、未払いであることが判明した。直ちに送金したこととお詫びを伝えるメール。未払いの理由やお詫びをくどくど述べるよりも、速やかに送金することが一番のお詫びである。

6月分の書類作成費6,200ドル未払いの件につきまして、早速こちらの帳簿と照合いたしました。

その結果、こちらの手落ちにより6,200ドルは未送金であることが判明しました。本日、マンハッタン銀行の貴口座にお振り込みいたしました。

ご迷惑をおかけしましたことを深くお詫び申し上げます。

今後ともよろしくお付き合いのほどお願いいたします。

構成 先方から❶催促を受けて早速調査したことを伝える。次に未払いの事実を確認し送金したという❷調査結果とこちらの対応を知らせる。❸簡単に詫びて❹引き続きの取引を望んで結ぶ。

語句 ❶**催促を受けた知らせ** 額、期日、取引内容を確認する。**Your inquiry regarding**「〜に関するお問い合わせ」さっそく用件から入る。ここではThank you for your e-mail ofで始めない。**outstanding balance**「未払い」**for 〜 services** 取引の内容を示す。**immediately**「早速」未払いであるからこそ相手に伝えたい語。**was ... checked against our records**「こちらの記録と照らし合わせて調べた」

❷**調査の結果とこちらの対応** **indicated**「示した」**due to an oversight on our part**「こちらの手落ちのため」なぜ遅れたのかより、いつどんな形で払うかのほうを相手は知りたいわけだから、理由は簡単に。**was transferred**「送金した」**today**「すぐに」というより具体的で効果的。

❸**簡単なお詫び** **Please accept** お詫びの決まり文句。

❹**引き続きの取引を望む** **look forward to**は前向きな態度を表す決まり文句で、今後も仕事を依頼するという期待をもたせる。

文例 163

ポイント a $6,200 outstanding balance を同一メール中でくりかえす場合、二度目以降は定冠詞を用い、the $6,200 とする。同一語句のくりかえしを避けるため、the amount concerned（問題の金額）などという言い方もする。

応用 こちらの処置を変えて

問題の額面の銀行手形を、本日お送りいたしました。まもなくお手元に届くことと存じます。	A bank draft for the amount was sent to you today. You should be receiving it shortly.
貴社に対する問題の金額の支払い手続きを早速とるよう、経理部に申し付けました。	I have asked our accounting department to expedite procedures for payment of the amount owed to you.

TEXT

From: Yamato Higuchi [yamato.higuchi@hiscompany.com]
To: Adam Polk
Cc:
Subject: Outstanding balance payment

Dear Mr. Polk:

Your inquiry regarding a $6,200 outstanding balance for legal services rendered in June was immediately checked against our records.

Our records indicated that the $6,200 had, in fact, not been paid due to an oversight on our part. The amount concerned was transferred to your account in the Manhattan Bank today.

Please accept our apology for any inconvenience this matter has caused you.

We look forward to the pleasure of working with you again in the future.

Sincerely,

Yamato Higuchi
Manager
Overseas Accounting

お詫び
請求書の重複発行を詫び、支払いの指示をする

文例 164

☞ 今後の混乱が起こらないような解決策を入れる

先方から指摘を受けての返事。こちらの誤りを認めてお詫びを伝える。大げさに詫びるよりは、簡単でよいから素直に詫びる。このメールで一番大切なのは、この手違いのために今後の混乱が起こらないように指示することである。

二重請求の手違いをお知らせくださった２月11日のメールにお返事いたします。
ご指摘の通り、請求書No. 01807-Jは確かに、請求書No. 10732-Jによってすでに請求した品目と重複しておりました。請求書No. 01807-Jは無視していただき、No. 10732-Jについてのみお支払いください。
今回の事務上の手違いでご迷惑をおかけしたことをお詫び申し上げます。再びこのような手違いが起こらぬよう、最善の努力をいたします。
ご理解とご協力に感謝いたします。

構成 重複請求に対する❶指摘を受けたことを知らせる。次にこちらの❷誤りを認め解決案を述べる。❸簡単に詫びて❹協力を求めて結ぶ。

語句 ❶**指摘を受けた知らせ** 問題の内容と日付を確認するとともにメールの目的を伝える役割がある。**This is in reference to** 日常業務のビジネスライクな書き始め。**duplicate billing**「重複請求」 **you brought to our attention**「ご指摘くださった」それまで気がつかなかったという含みがある。
❷**誤りを認め解決案を提示する** **As you pointed out**「ご指摘の通り」**indeed**「確かに」誤りを素直に認めている感じ。**Please disregard X and pay only Y.**「Xは無視してYについてのみお支払いください」短くて効果的な文。
❸**簡単なお詫び** **apologize for any inconvenience** お詫びの決まり文句。**clerical error**「事務上の手違い」**do our best to see that〜**「〜のないように努める」**such errors do not recur**「再びこのような手違いが生じない」
❹**協力を求めて結ぶ** **patience and cooperation** 迷惑をかけた相手への決まり文句。

文例 164 お詫び

ポイント 請求書が2種類以上出てくるメールでは、代名詞などを用いずに、しつこいようでも請求書番号をくりかえすこと。 とくにformer, latter (前者、後者)というような表現は、誤解を生じる可能性があるので避けたほうがよい。

応用 メールの書き出しを変えて

2月11日のメールで知らせてくださった請求の手違いに関し、お返事いたします。
This refers to the billing problem you informed us of in your February 11 e-mail.

2月11日のメールで知らせてくださった請求の誤りについて、申し訳なく存じております。
We are sorry about the billing discrepancy you informed us of in your e-mail of February 11.

TEXT

From: Akira Kosuge [akira.kosuge@hiscompany.com]
To: Charlie Hepburn
Cc:
Subject: Duplicate billing

Dear Mr. Hepburn:

This is in reference to the duplicate billing problem you brought to our attention in your e-mail of February 11.

As you pointed out, Invoice #01807-J is indeed a duplication of items already billed under Invoice #10732-J. Please disregard Invoice #01807-J and pay only #10732-J.

We apologize for any inconvenience this clerical error has caused and will do our best to see that such errors do not recur.

Thank you for your patience and cooperation.

Sincerely,

Akira Kosuge
Assistant Manager
Accounting Department

お詫び

不必要な支払い催促を詫びる

文例 165

☞ お礼とお礼の間にお詫びをはさみ込む

支払いの催促をしたところ、支払い済みとの返事が帰ってきた。情報を提供してくれた先方の協力的な態度に感謝する間にお詫びを入れた「サンドイッチ形式」にする。こちらのミスに対し詫びる場合は、素直に詫びること。

こちらの記録で8,950ドルが貴社未払いとなっていた件に関する問い合わせに、早速のお返事ありがとうございました。

そちらからのお知らせに基づき、青山銀行に照会いたしましたところ、7月4日にご入金いただいていることが確認できました。これは銀行の手違いにより弊社に報告がきていなかったものでした。

ご迷惑をおかけいたしましたが、どうか事情をお察しいただきたいと存じます。

ご協力に対し重ねてお礼申し上げます。

構成 先方からの❶返事を受け取ったことを知らせ、お礼を述べる。その情報に基づいて、支払い済みの事実を確認したという❷調査結果を伝える。❸迷惑をかけたことを詫び❹先方の協力に感謝して結ぶ。

語句 ❶先方からの情報に感謝　何についてなのかは、今まで何度もやりとりがあるわけだからわかる程度でよいが、金額は明示すること。prompt action「早急の対処」outstanding balance「未払い」on our records「こちらの記録での」このourにより誤っていた状況を簡潔に伝えることができる。

❷調査の結果　相手の情報が役に立ったことを伝え事情を簡単に説明する。Subsequent「その後の」 in line with your information「そちらからの情報を基にして」have confirmed「確認した」received「受け取っている」これが先方の最も知りたいこと。due to an oversight「手落ちのため」on the part of「〜側の」

❸迷惑をかけたことへのお詫び　We know「十分承知している」潔く詫びる。inconvenience「迷惑」hope理解を求める決まり文句。

文例 165

ポイント An $8,950 outstanding balance の不定冠詞が a ではなく an になっていることに注目。an eight 〜と発音されるから。視覚に惑わされないように。

応用 お詫びの表現

ご迷惑をおかけしたことを、慎んでお詫び申し上げます。	Please accept our apology for any inconvenience caused.
連絡ミスからご迷惑をおかけしてしまい、申し訳ございませんでした。	We are sorry for the inconvenience caused by the lapse in communications.

TEXT

From: Masayuki Onodera [masayuki.onodera@hiscompany.com]
To: Peter Faulk
Cc:
Subject: Inquiry of outstanding balance payment

Dear Mr. Faulk:

Thank you for your prompt action on our inquiry regarding an $8,950 outstanding balance on our records.

Subsequent checks with the Bank of Aoyama in line with your information have confirmed that the amount was received on July 4. This had not been reported to us due to an oversight on the part of the bank.

We know this matter has caused you some inconvenience but hope you will understand the circumstances.

Again, thank you for your cooperation.

Sincerely,

Masayuki Onodera
Assistant Manager

お詫び
船積みの手違いを詫びる

☞ 先方から指摘を受ける前に詫びてしまう

文例 166

船積みの手違いを認めて品不足が起こることを詫びるメール。さらに、この手違いにより引き起こされるもうひとつの問題点に言及して、先に詫びてしまう。迷惑が及ぶと考えられる事柄については、相手から指摘を受ける前に、先手を打って詫びる。

船積指示書と実際の出荷との間に、やはり食い違いがあることが確認されました。したがって、10月の貴社向け発送には、一部不足する部分がございます。
貴社の月間報告書にも少なからぬ面倒をおかけすることになり重ねてお詫び申し上げます。
このような事態の改善のために、新たな手続きを打ち立てるべく、努力しております。
ご理解とご協力をいただければ誠に幸いに存じます。

構成 まず❶事実を認めて詫びる。次に❷予測される迷惑を詫び、改善の努力を伝える。最後は❸理解と協力を求めて結ぶ。

語句 ❶**事実を認めて詫びる** We acknowledge「(事実であると)認める」 Weを主語にするのは会社として認めているということ。indeed 潔くミスを認めている印象が伝わる。discrepancies「食い違い、相違」
❷**予想される迷惑を詫び、改善の努力を伝える** also very sorry for sorryはこちらの過失を認めた上でのお詫びを表す語。第1段落で直接お詫びを言わなかったが、このalsoで気持ちが伝わる。causing you so much trouble「大変迷惑をかけて」Efforts are ... being made「努力をしています」メールが単調にならないようにWeの書き出しを避けている。ease「(悪い状態を)改善する」。
❸**理解と協力を求める結び** Your cooperation and patience Your understandingとも言える。

ポイント acknowledgeは、admitやconfessに比べて、「認める」のなかでも感情の入らないクールな語。

文例 166

応用 改善のための努力を伝える

このような問題が二度と起こらないようにするために、最善の努力がなされております。
Every effort is being made to ensure that such problems will not recur.

このような問題が再び発生する可能性をなくすため、手続きを改善いたしました。
New procedures have been adopted to eliminate the possibility of such problems happening again.

TEXT

From: Hidenori Tokita [hidenori.tokita@hiscompany.com]
To: Ralph Spinazzi
Cc:
Subject: Shipment discrepancies

Dear Mr. Spinazzi:

We acknowledge that there are indeed discrepancies between the shipping instructions and the actual shipment. Consequently, there will be a shortage in your October shipment.

We are also very sorry for causing you so much trouble in regard to your monthly reports. Efforts are now being made to establish procedures that will ease this situation.

Your cooperation and patience would be greatly appreciated.

Sincerely,

Hidenori Tokita
Assistant Manager
Logistics

報告	文例
紹介者への報告──取引関係が不成立だったことを知らせる	**167**

☞ 被紹介者へのメールを転送して細かい説明の労を省く

紹介された人との取引の可能性を検討した結果、却下ということになり、紹介者にその旨を伝えるメール。経過や結果の報告は、紹介者の関わり具合によってはごく大筋のみでよい。このメールでは直接述べず、被紹介者への断りのメールのコピーに報告させている。ただし、感謝の気持ちは忘れずに。

弊社副会長サトリ宛ての12月8日付のメールが、しかるべき処置をとるようにと、私どもの課に回されてきました。
貴社の大切なお得意さまであるローゲンドルフ氏をご紹介くださったご好意にまず感謝いたします。ローゲンドルフ氏はドイツにて弊社製品を扱いたいとの希望をお持ちとのことでした。下にあるのは私どもがローゲンドルフ氏に送ったメールのコピーです。メールの内容は一目瞭然ですので、経過をご理解いただけるはずです。
ご紹介くださいましてありがとうございました。

構成 まず自分が❶**メールを書いている背景**を説明する。❷**紹介に対して感謝**の気持ちを述べ、**結果**をコピー&ペーストしたメールによって知らせる。最後は❸**感謝をこめた結び**で締める。

語句 ❶**メールを書いている背景** **has been directed to**「～に回されてきた」実際は格下げ扱いだが、passedでなくdirectedを使ってそのニュアンスを軽減している。**for action**「しかるべき措置をとるように」この言葉も格下げ・たらい回しのニュアンスを払拭している。
❷**紹介への感謝と結果について** **First** First of allより簡潔で好ましい言い方。相手にとって喜ばしいことをまず述べる。**allow me to**「～させてください」正式な言い回し。**your valued client**「貴社の大切なお得意さま」**who we understand is**「その人のことは～と聞いている」紹介の意図を理解していることを示す。who isにwe understandを挿入したもの。**handling**「(商品を)扱うこと」**self-explanatory**「見ればすぐわかる」話を断ったことやその理由をわざわざ述べるまでもない。**should serve to**「～するのにこれで間に合うはずである」**keep you abreast of**「最新の情報を知らせる」

❸感謝をこめた結び　thoughtful arrangement「ご親切な手配」

ポイント 処置を他の部署に回す場合、passは格下げ・たらい回しのニュアンス。directやrouteはしかるべきルートをたどって回されてきたというニュアンス。

応用 コピー＆ペーストしたメールの内容についてのバリエーション

このメールはこれまでの我々がやりとりしたことの概略を伝えています。	The e-mail summarizes the results of our communications to date.
このメールで、ローゲンドルフ氏たちとのこれまでのやりとりの経過がおわかりになると思います。	The e-mail will bring you up to date on what has transpired in our dealings with Mr. Rogendorf and his group.

TEXT

From: Akio Ozawa [akio.ozawa@hiscompany.com]
To: William Murphy
Cc:
Subject: Thank you for introduction

Dear Mr. Murphy:

Your e-mail of December 8 to Mr. Satori, our Vice Chairman, has been directed to our department for action.

First, allow me to thank you for kindly introducing your valued client, Mr. Rogendorf, who we understand is interested in handling our products in Germany. Below is a copy of then e-mail we sent to Mr. Rogendorf. ==The e-mail is self-explanatory and should serve to keep you abreast of matters.==

Thank you again for your thoughtful arrangement.

Sincerely,

Akio Ozawa
Director of Finance

[copy]

報告	文例
要請に対し関係部署に手配したことを伝える	**168**
☞ 前任者へのメールに対する返事は、絶好の挨拶の機会	

前任者宛てにある要請が届いた。そこで後任者が交代の挨拶を兼ねて、すぐ処理に回したことを伝えるメール。挨拶には、前任者からよく聞いているという得意先への賛辞と、前任者同様よろしくという言葉が入る。せっかくの新任の挨拶の機会を有効に利用すること。

弊社前社長、太田功宛ての5月16日付のメール、拝受いたしました。

まずこの機会に、4月21日より私、椿が太田前社長の後任となりましたことをご報告申し上げます。太田前社長は、急ながら、健康上の理由により辞任いたしました。

引き継ぎの打ち合わせのなかで、弊社がそちらで成功できたのは貴社の計り知れないご貢献のおかげであると聞いたことが強く心に残っております。同様のご支援ご協力を引き続き賜りますようお願い申し上げます。

メールでお申し越しの件につきましては、関連部署に至急対応するようにとの指示を出しました。まもなく具体的なお返事が貴社に届くと存じます。

今後ご一緒に仕事をさせていただくことを心より楽しみにしております。

構成 まず❶メールが回ってきたことを伝える。その背景理由として❷人事異動があったことを伝え、❸「引き続きよろしく」と挨拶する。先方の要請は❹関係部署に手配したことを伝え、❺社交的な結びで締める。

語句 ❶**メールが回ってきたこと** addressed to「〜宛ての」has been passed on to me「私のところに回ってきた」

❷**人事異動があったこと** Taking this opportunity「これを機会として」succeeded「跡を継いだ」was forced to step down「(やむをえない事情で)辞任した」とくに社長職のような高い地位の場合に使われる。

❸**「引き続きよろしく」** briefing「打ち合わせ」taking over「引き継ぐこと」invaluable contributions「計り知れない貢献」stand out in my mind「強く印象に残っている」continue to favor us「今後ともお引き立てのほどよろしく」

❹**関係部署に手配したこと** the department concerned「関係部署」take immediate

action「直ちに処理する」てきぱきした感じを印象づける。**should be receiving**「知らせがあるはずです」**something concrete**「何らかの具体的対応」漠然とした言い方だが、先方を安心させる効果は十分。

❺**社交的結び**　Sincerely「心より」

ポイント　辞任の理由を表す語句には、health reasons「健康上の理由」、personal reasons「一身上の都合」、family reasons「家庭の事情」などがある。

応用　前任者辞任の事情のバリエーション

太田前社長は会長に就任し、今後の弊社の日常業務につきましては、私が責任を負うことになりました。	Mr. Ota has assumed the position of chairman, so the day-to-day operation of the company is now my responsibility.
太田前社長は取締役会を退き、弊社の系列会社である中国社の社長を務めることになりました。	Mr. Ota has retired from the board of directors to become the president of Chugoku Ltd., one of our affiliates.

TEXT

From: Sadao Tsubaki [sadao.tsubaki@hiscompany.com]
To: Ann Silverstein
Cc:
Subject: Managerial change

Dear Ms. Silverstein:

Your e-mail of May 16 addressed to Mr. Ko Ota, our former president, has been passed on to me for action.

Taking this opportunity, I would first like to inform you that I succeeded Mr. Ota on April 21. Mr. Ota was forced to step down as President suddenly for health reasons.

In the briefing I received in taking over, your invaluable contributions to our success in your area stand out in my mind. I only hope you will continue to favor us with the same level of cooperation and support.

I have asked the department concerned to take immediate action on the matter you touched on in your e-mail. You should be receiving something concrete from them shortly.

I sincerely look forward to the pleasure of working with you.

Sincerely,

Sadao Tsubaki
President

文例 169	報告
	依頼に応えて就職の世話をしたことを伝える
	☞ 紹介したあとは当事者同士の交渉に任せる

紹介を伴った人の採用を断ったところ、ほかの就職口の世話を頼まれた。あまり気乗りはしないが、ここはひとつ紹介者の顔を立てて、履歴書を系列会社に送り、口添えをしてあげた、というわけである。最低限度の誠意を見せてはいるが、少々つき放した感じのするメール。

日本での就職の世話をしてほしいというご依頼の件に関し、勝手ながら東京の系列会社2社にあなたの履歴書のコピーを送らせていただきました。両社とも、働いていただきたい場合は直接あなたに連絡をとるとのことです。また、これから夏に向かってポストが空くかどうかは疑わしいが、9月下旬から10月にかけてなら人を募集する可能性は高いとも言っておりました。

金子さんによろしくお伝えください。

構成 ❶依頼に対する当方の処置を知らせ、就職の可能性について触れる。❷紹介者に「よろしく」と結ぶ。

語句 ❶**依頼への処置** 就職の可能性もできる限り具体的に伝えるのが親切。With regard to your request for「〜してほしいという依頼に関して」have taken the liberty of「勝手ながら〜させていただきました」 resume「履歴書」curriculum vitae は履歴書の表題としては使うが、メール本文の中で使うには硬すぎる。affiliated corporations「系列会社」indicated「示した、言った」said の婉曲表現。directly「直接」 be ... in touch with「連絡をとる」ほかに contact や write to（メールで）なども使える。should they require = if they require your services「あなたに働いてもらうこと」 "pickings were slim"「就職口はあまりない」俗語的な言い方で、柔らかい雰囲気を作り出している。going into the summer「夏にかけて」a fairly good chance「かなり可能性が高い」
❷**「よろしく」** Give my regards to「〜によろしく」紹介者の顔を立てて名前を出す。

ポイント 法人に宛てて出すときは、用件について「何月何日付の（メールでの）」と明示するが、個人宛てのときは不要。つけるとビジネスライクで、冷たい印象を与える。

応用 就職の可能性のバリエーション

もうしばらく時間はかかるかもしれませんが、きっとあなたのためのポストが空くはずです。

It may take a little while but I am fairly sure they will have something for you.

また、まもなくポストに空きができそうだとも話しておりました。

They also indicated that they anticipated openings shortly.

TEXT

From: Norio Wakabayashi [norio.wakabayashi@hiscompany.com]
To: Donna King
Cc:
Subject: Employment in Japan

Dear Ms. King:

With regard to your request for assistance in finding employment here in Japan, I have taken the liberty of sending copies of your resume to two affiliated corporations here in Tokyo. Both indicated they would be directly in touch with you should they require your services. They also indicated "pickings were slim" going into the summer but that there was a fairly good chance they would be needing someone from late September or October.

Give my regards to Mr. Kaneko.

Best regards,

Norio Wakabayashi
Managing Director

文例 170	報告
	応募者に保留を伝え、書類の追加提出を求める──大学から
	☞ 決定に迷う場合は判断材料を追加する

最終的な結論は現状では出せないが、まだ有望であるので、いい追加情報があれば受け付けることを知らせるメール。大切なのは先方の立場を尊重すること。思わせぶりを避けて客観的に書く。決定に迷う場合にさらに判断材料を集めるという方法は、ビジネスにおいても応用できる。

当経営大学院の入学審査委員会は、貴殿のMBAプログラム申し込みを検討中ですが、現時点では最終的な合否判定に至っていないことを私からお知らせします。この願書は今後の審査の対象として、次回の審査会まで保留されることになりました。

合否の予測をここで行うことはできませんが、貴殿の資格は有力で、次回審査に十分値すると当委員会は考えています。

最終決定前に追加提出したい書類があれば、出願書類が保留になっている旨を明記して委員会宛てに送ってください。

この件にご質問がありましたら、事務局まで遠慮なくおたずねください。

構成 まず、入学許可を保留しているという❶**現在の進行状況**から入り、有望であるという❷**今後の見通し**を伝える。❸**追加資料があれば提出**するように求める。最後は、問い合わせにはいつでも応じるという❹**協力的な結び**で締める。

語句 ❶**現在の進行状況** is unable to 状況によりできないというニュアンス。reach a final decision「最終決定に達する」 at this time「現時点では」 be held for further consideration「今後の審査の対象として保留にする」

❷**今後の見通し** 有望であることを告げるが、思わせぶりにならないようにする。predict the outcome「結果を予測する」 assure you「確約する、請け合う」先方にとって好ましい内容の前につけて安心させる言い方。credentials「資格」 strong and competitive「有力で十分競争力がある」

❸**追加資料の提出を求める** additional information「追加資料」 you feel 〜 should know before ...「…の前に〜に知らせたいと思う」 please forward it to「〜へ送ってくだ

さい」to ~ attention「~宛てに」with a cover letter「説明書きを添えて」are holding ~ on a waiting list「~を保留にしている」
❹協力的な結び　the status of your application「応募の状況」

ポイント 断定的に言えない微妙な内容を伝えるときは、while we are unable to ~のように断り書きを前につける。

応用 (上)会社から採用の保留を伝える　(下)会社から提案についての保留を伝える

弊社取締役会は今回のポストへのあなたのご応募について検討いたしましたが、最終決定にはさらに2週間ほどかかりそうなため、その旨を私からお伝えすることになりました。

Our board of directors has reviewed your application for the position offered and has asked me to inform you that a final decision will require another two weeks.

あなたのお申し出について検討を重ねましたが、すぐには結論を出せない状態であることをお知らせいたします。

We have thoroughly reviewed your proposal and would like to inform you that we are not able to reach a final decision for the time being.

TEXT

From: Kevin Arvin [kevin.arvin@hiscompany.com]
To: Jun Utsunomiya
Cc:
Subject: MBA admission

Dear Mr. Utsunomiya:

The Admissions Committee of the Graduate School of Business has reviewed your application to the MBA program and has asked me to inform you that it is unable to reach a final decision at this time. Your file will be held for further consideration in the coming decision periods.

While we are unable to predict the outcome, we would like to assure you that we find your credentials strong and competitive and deserving of further review.

If there is any additional information that you feel the Committee should know before reaching its final decision, please forward it to our attention with a cover letter clearly stating that we are holding your application on a waiting list.

If you have any questions about the status of your application, do not hesitate to contact our office.

Sincerely,

Kevin D. Arvin
Director of Admissions

中間報告	文例
紹介者への中間報告 (1)——被紹介者から連絡を受けて ☞ 簡潔な分、言葉の調子を柔らかく	**171**

先方の紹介を受けて連絡してきた人と話がうまく進行していることを報告するメール。この種のメールは、具体的なことが決まるまでは細かいところまで伝える必要はなく、また用件以外の余計なことも言う必要はない。効率的で簡潔なことが肝要だが、言葉の調子は柔らかく。

> メイズ氏から連絡をいただいたことをお知らせします。現在、基本的な打ち合わせを進めています。
> 今後もできる限り経過をお知らせします。

構成 紹介された人とすぐに話を進めているという❶経過報告をし、❷引き続き連絡する約束をして締める。

語句 ❶**経過報告** すでになされたこと、そしてこれから進めることを述べることになる。**This is just to let you know that**「〜というお知らせまで」 報告する際の決まり文句。短くて柔らかい言い方。**has been in contact with**「〜と接触した」現在完了形で最近というニュアンスを出している。接触したのが1回でも複数回でもこの表現でよい。**We are now moving ahead with**「現在〜の話を進めている」具体的なことは言わず大まかな経過を知らせるのみでよい。
❷**引き続き連絡する約束** **do my best to**「なるべく〜する、できるだけ〜する」強い約束を表すが、同時に限界も示す言い方。**keep you posted**「最新情報を知らせ続ける」

ポイント 言葉の選択により柔らかい調子を出すことができる。ここでは inform でなく let someone know を、proceed with でなく move ahead with を使っている。

応用 (上)進行具合のバリエーション　(下)話が不成立だった場合

現在、私が提示したいくつかの可能性を彼が検討しているところです。	I have given him a number of options, which he is now considering.

文例 171

お会いしてお話しした結果、もっと彼に適した業務を行っている当地の会社を紹介しました。

Based on what I learned at our meeting, I have referred him to a local company whose operation is more in line with his qualifications.

TEXT

From: Akira Inaba [akira.inaba@hiscompany.com]
To: Duane Hickman
Cc:
Subject: Preliminary arrangements

Dear Mr. Hickman:

This is just to let you know that Mr. Mays has been in contact with us. We are now moving ahead with the preliminary arrangements.

I will do my best to keep you posted.

Sincerely,

Akira Inaba
Managing Director

中間報告	文例
紹介者への中間報告 (2)――取引相手を紹介してもらって	**172**
☞ 相手の言葉を引用して紹介の意図が当たったことを知らせる	

紹介してくれたお礼を述べ、紹介者の予想通り、ビジネス上で協力関係が持てそうな感触であるという、その後の経過報告をするメール。紹介を受けたあとの当然の礼儀ともいうべきメールなので、あまり大げさでない程度に礼を尽くし、経過報告も具体的なことが決まるまではごく簡単でよい。

ベーリング漁業社をご紹介いただき、誠にありがとうございました。まさに、広い分野にわたってお互いに共通の関心を持っていることがわかり、すでに2回目の会談の約束もいたしました。

ご紹介の労に対し、重ねてお礼申し上げます。

構成 まず❶紹介に対するお礼を述べ、お互いに仕事で協力できそうな感触であるという**経過報告**をする。最後に❷**再びお礼**を述べて結ぶ。

語句 ❶**紹介へのお礼と経過報告** Thank you very much for referring ～ to us.「～さんをご紹介いただきありがとうございます」refer A to Bは「AにBへ行くよう勧める」did indeed find didとindeedで二重にfindを強調している。これはfindの目的語 broad areas of common interest が相手の言葉をそのまま引用したもので、相手の予想通りであったということを強調するため。**broad areas of common interest**「広い分野にわたる共通の関心」have already set a second meeting「すでに2回目の話し合いをすることになっている」話が進展していることを示す。
❷**再びお礼** making this all possible allで「すべてあなたのおかげ」というニュアンス。この結びは、紹介に対するお礼の決まり文句で、話が不成立の場合でも使える。

ポイント ビジネス関係の「紹介」はintroduceよりreferを使う傾向にある。referは、①ふさわしい会社あるいは専門家に差し向ける、②紹介先のことを直接知らなくてもよい、という点でintroduceと異なる。なお、introduceはビジネスでは「紹介する」のほかに「製品を初めて導入する、輸入（輸出）を始める」の意味でもよく使われる。

文例 172 　応用　(上)進行具合のバリエーション　(下)話が不成立だった場合

ご指摘の通り、私どもはお互いに協力し合える分野があることがわかり、現在は正式な話にまとめるべく検討しているところです。

As you indicated, we did find areas in which we can help each other and are now studying ways to formalize this.

残念ながら関心のある分野はお互いにずれていましたが、彼らの業務に関連のある当地の会社を紹介いたしました。

Although we did not find any areas of common interest, I was able to refer them to a local firm involved in their line of work.

TEXT

From: Masao Kajimoto [masao.kajimoto@hiscompany.com]
To: Russ Yavorski
Cc:
Subject: Thank you for introduction

Dear Mr. Yavorski:

Thank you very much for referring Bering Fisheries to us. We did indeed find broad areas of common interest and have already set a second meeting.

Again, thank you for making this all possible.

Sincerely,

Masao Kajimoto
Director

中間報告	文例
取引先紹介依頼に応えて話を通したことを伝える	**173**
☞ 遅れた理由も含めて状況をできるだけ詳しく報告する	

知人からある会社を取引先として紹介してほしいと依頼され、現在の進捗状況を説明する内容のメール。目的の会社の担当者にすでに連絡の上、検討してもらっていること、さらには今後の進め方などを伝え、可能な限りの努力をしていることを相手にわかってもらう。

5月1日付の貴殿のメールと添付資料が届いたのは、私の海外出張中のことでした。しかし、帰国後、私は、UHF株式会社購買部の役員である浦田大介氏と電話で連絡を取り合ってきました。同氏によりますと、UHF社は、同社の取引先として貴社を使う可能性につき、喜んで検討したいとのことでした。同氏から貴社に関する追加の情報提供の依頼がありましたので、本日、送付いたしました。

あいにく浦田氏は、まもなく欧州と米国の長旅に出かけます。したがって、同氏の出張中に何ができるのか定かではありません。先方から貴殿に直接連絡することになろうかと思いますが、もし私にさらに何かできることがありましたら、ご遠慮なくお電話ください。

構成 まず❶**メールと資料を受け取ったことを確認し、これまでの進捗状況**を報告する。❷**今後の展開と進め方**について説明し、さらに依頼があれば**協力するという姿勢**を示す。

語句 ❶**メールや資料の受け取り確認と現状の報告** Your e-mail of May 1 with the attachments arrived while I was こちらからの連絡が遅れた理由を間接的に述べている。However「しかし」However以下で、相手の依頼通りに動いていることを伝える。He indicated they would be happy to consider the possibility of 可能性を積極的に検討することをほのめかしている。同時に、相手にあまり期待を持たせないような表現を多く使ってもいる(たとえば、この段落のpossibility、次段落のI am not sure、I thinkなど)。
❷**今後の展開と進め方** Unfortunately「残念ながら」extended trip「長い出張」I am not sure what can be done「何ができるかわかりません」何もできないことを婉曲的に表現。please do not hesitate to「遠慮しないで〜してください」協力的な姿勢を示す。

ポイント Unfortunatelyは「あいにく」の意味で使われる。もっと軽く言うときは、Butや

文例 173

However でもよい。To my regret「残念ながら」はより強い。

応用 今後の展開のバリエーション

まもなく彼の方から連絡があるはずです。ご成功を祈ります。	You should be hearing from him shortly. Good luck.
彼は貴殿からの直接の連絡を待っています。お電話されるときは、私の名前を必ず出してください。	He is expecting to hear from you directly. Be sure to mention my name when you call.

TEXT

From: Tsuyoshi Yamanaka [tsuyoshi.yamanaka@hiscompany.com]
To: Brad Park
Cc:
Subject: Purchasing candidate

Dear Mr. Park:

Your e-mail of May 1 with the attachments arrived while I was on an overseas business trip. However, since returning I have been in telephone contact with Mr. Daisuke Urata, director of UHF Incorporated's purchasing department. He indicated they would be happy to consider the possibility of using your company as one of their suppliers. He asked for additional information on your company which I sent him today.

Unfortunately, Mr. Urata will be leaving soon on an extended trip to Europe and America. So, I am not sure what can be done before he returns. I think they will be contacting you directly, but please do not hesitate to call me if there is anything more you would like me to do.

Sincerely,

Tsuyoshi Yamanaka
Manager

中間報告	文例 174

職探しの協力依頼を受けたあとの中間報告

☞ 具体的な情報を示してちゃんと動いていることを伝える

日本の大学での職探しの相談を受け、相手の要望通りにアクションを始めたことを知らせた前回のメールに引き続き、その後の進捗状況につき中間報告を行うメール。知人を通しての依頼なので、誠意をもって現在の状況を報告するとともに、今後の対応についても触れている。

桑田大学でのあなたの教職を探し始めたことをお知らせしたメールをお受け取りになった旨、ご連絡いただき、ありがとうございました。以前にもお話ししました通り、桑田大学がこちらからの依頼に対していつになったら動いてくれるのか、私自身はっきりわかりません。というのも、スミス教授が6月下旬にならないと戻って来ないからです。
同教授の正式な名前と肩書は次の通りです。
　ロバート・J・スミス教授
　桑田大学MDS（経営開発セミナー）担当ディレクター
私は今週末ソウルに行きますが、その折に、進捗状況についてチェ社長（元々の紹介者）にお伝えできることを楽しみにしております。
現在のところ、先方からの返事を待つしか方法がありません。当方からの依頼については桑田大学にすべて任せてあります。

構成 まず、当方から出した前回のメールに対する❶**受け取り確認のメールに対して感謝**し、同時に**現状を説明**する。❷**依頼先の担当者のフルネームと肩書**を伝え、誠意をもって対応していることを示す。❸**元々の紹介者**に会って本件の**進捗状況を伝えること**を約束する。❹**今後の取り組み方**に触れ、先方の返事を待つしかない現状を伝えて結ぶ。

語句 ❶**受け取り確認のメールに対する感謝と現状説明** Thank you for your acknowledgment of 前回こちらから出したメールの受け取り確認のメールに対するお礼で始める。action taken on「〜に対してとった対策」As I mentioned「以前にも述べたように」現状を改めて説明。act on「〜に対して行動を起こす」sometime late in June「6月下旬のいつか」相手に過度の期待を抱かせないように時期をぼかす。

文例174

❷**依頼先の担当者について**　**His full name and title are:** 以下に正式な名前と肩書を書く。

❸**紹介者に進捗状況を報告することを伝える**　progress「進捗状況」

❹**今後の取り組み方**　**Right now** これからの方向性を示す決まり文句。**I think there is nothing for us to do** I thinkによって表現を和らげるとともに、for usを入れることによって、我々のどちらも今は何もできないことを強調する。**nothing ... but** このbutはexceptの意味。**The ball is in ～ 's court.**「～にゲタを預けた、あとは～次第だ」

ポイント　相手に過度の期待を抱かせないようにしたいときは、たとえばpossibleを使ってこちらのコミットメントをぼかした表現にする。

応用　当面の具体的な進め方をアドバイスする

さしあたり、前の雇用者に可能な限り多くの推薦状を書いてもらうことをお勧めします。	In the meantime you should get as many letters of recommendation from former employers as possible.
次のステップとしては、先方と直接面談する約束をとるようにすることです。	The next step would be to try to get an appointment for a face-to-face meeting.

TEXT

From: Tomokazu Fujimoto [tomokazu.fujimoto@hiscompany.com]
To: Yu Kang
Cc:
Subject: University position

Dear Dr. Kang:

Thank you for your acknowledgment of my e-mail informing you of action taken on a possible Kuwata University position. As I mentioned, I am not sure how soon Kuwata will act on my request since Professor Smith will not be back until sometime late in June.

His full name and title are:

  Professor Robert J. Smith
  Director: MDS (Management Development Seminars)
  Kuwata University

I will be in Seoul this weekend and look forward to reporting progress to President Choi when I meet him.

Right now, I think there is nothing for us to do but wait. The ball is in Kuwata University's court.

Sincerely,

Tomokazu Fujimoto
President

文例 175	通知
	問い合わせに対する決定事項を伝える
	☞ 威厳を持たせるが、押しつけがましさを出さない

現場からの問い合わせに対し、上位機関から見解を伝えるメール。こちらの決定に重みをつけて威厳を持たせるが、一方的な押しつけであるという印象は与えたくない。そこで、相手の状況を幅広く検討し、相手のプラスになるように配慮していることを入れる。

9月8日付の貴社のメールにつきまして、D330型の保証条件は以下の通りになりました。いずれの条件も貴国の市場や状況、その他の関連状況を十分考慮した上で決定されました。

1. 貴社のメールのリストに掲載されている未販売車以外については、新規顧客販売日からむこう12カ月間、または2万キロ走破、のいずれかが先にきた時点まで保証いたします。なお、パワートレインに関する補修については、船積み時期のいかんにかかわらず保証を認めます。

2. これらの保証は10月以降の補修作業日から有効となります。これらの車両に関する保証クレームはすべてブリュッセル支店を通して提出することになっています。これらの条件に含まれていない車の補修作業の費用については、貴社負担となっています。

以上のようになりますが、貴社の保証サービス業務に貢献できれば幸いです。なお、ご質問、ご不明な点につきましては、いつでもご連絡ください。

構成 ❶これから通達を述べるという前置き。先方の問い合わせの日付と内容を明記して確認を兼ねる。次に❷**具体的な通達内容**を示し、質問があれば応じるという❸**協力的な姿勢で結ぶ**。

語句 ❶**前置き** In reference to your e-mail of (日付)「～の貴信に関して」 as indicated below「下記の通り」 based on careful study of「～をよく検討した結果に基づいて」十分考慮していることを伝えて、決定に重みをつける。your market situation and other related factors「貴国の市場の状況やその他の関連要素」広い角度からの検討であることを示す。

❷**通達内容**

❸**協力的な結び**　We hope 会社の方針を伝えるのだから、We で威力を出す。help to enhance your「そちらの〜に役立つ」一方的な命令であるという印象を避けたいので。if there are any further questions「何かご質問があれば」協力的な姿勢の表れ。

ポイント 通達内容が長くて理解しにくい場合は、レイアウトを工夫する。インデント（行頭の字下げ）したり番号をつけたりして、わかりやすくすること。

応用 先方の事情を考慮した上での決定であることを伝える

いずれの条件も標準的なもので、貴国の気候条件や市場の条件など、さまざまな要因に基づいております。	These terms are standard and are based on various factors including your climatic conditions and market related considerations.
いずれの条件も、貴社が直面している特殊な状況を十分考慮した上でのものです。	These terms are the result of a long and careful study of the particular set of circumstances you are facing.

TEXT

From: Eimi Kumada [eimi.kumada@hercompany.com]
To: Hans Mueller
Cc:
Subject: Special warranty policy

Dear Mr. Mueller:

In reference to your e-mail of September 8, warranty conditions for Model D330 have been established as indicated below. These terms constitute a special policy based on careful study of your market situation and other related factors.

1. Vehicles, except those unsold as listed in your e-mail, will be warranted for a period of 12 months or for a distance of 20,000 km, whichever comes first, from the date of sale to the original retail purchaser. Warranty claims for these vehicles will be processed without regard to the shipping expiration condition in cases where problems are related to the power train.

2. These warranty conditions are effective from October as the date of repair. Warranty claims regarding these vehicles should be submitted through the Brussels Liaison Office. You are requested to bear the costs incurred for repairs of vehicles except those covered by this warranty policy.

We hope this policy will help to enhance your warranty service activities. Please do not hesitate to contact us if there are any further questions.

Sincerely,

Eimi Kumada
Deputy Manaaer
Export Service Department

確認	文例
会議のあと議事録を送付し、確認を求める ☞ 重要決定事項は連署した覚え書で法的効力を持たせる	**176**

会議の決定事項について双方の確認をとるための手順。当方の署名入りの議事録を送付し、相手に確認の上署名してもらい、それを送り返してもらう。双方が連署した覚え書は法的効力を持つわけで、重要な決議事項について取り交わす。

> 1月14日に弊社本社で行われた会議の、弊社側署名済み正式議事録を添付いたします。
> お目通しの上、同意を示す連署をし、記録としてこちらに残すためにご返送ください。
> 万一そちらの記録と一致しない点がございましたら、折り返しすぐにご連絡ください。

[構成] ❶議事録添付の旨を述べ、❷処理を要求する。最後に❸確認の念押しをする。

[語句] ❶議事録添付の旨　いつどこで開かれた会議に関するものか具体的な情報を入れて。**Attached is**「～を添付します」事務的な書き出し。**official minutes**「正式な議事録」**held at**（場所）**on**（日付）「（いつ）（どこで）開かれた」
❷処理の要求　どのようにしてほしいのかを伝える。**Please review**「目を通してください」**indicate your concurrence**「同意の旨を示す」**countersigning it and returning it**「連署し、送り返す」**for our records**「記録としてこちらに残すために」
❸確認の念押し　先方の記録と食い違いがないか確認を求める。同意の上のはずだから、押しつけがましい印象を与えないようにする。**Be sure to**「必ず～してください」**should the contents fail** = if the contents fail　**fail to reflect your record of proceedings**「そちらの会議記録と一致しない」ソフトな言い方。don't match yourとするのは、あからさまでいただけない。

[ポイント] minutes は「正式な覚え書」とくに「議事録」のこと。単数形minuteには「正式な」というニュアンスはなく、「メモ」といった程度。これと似たものにmemorandumという語があり、「覚え書」のほか、「（会社内の）回覧」をも指す。

文例 176

応用 確認の念押しの代わりに、その後のお互いの進展について述べる文

会議での合意に基づき、現在、メーカー数社にこのプロジェクトへの参加の意向を打診しております。

In line with the agreement reached at the meeting, we are now approaching several manufacturers here as to their interest in our project.

会議以降そちらで何らかの進展がございましたら、ぜひともお知らせください。

We are eager to hear if any progress has been made at your end since the meeting.

TEXT

From: Toshio Azuma [toshio.azuma@hiscompany.com]
To: Stan Anderson
Cc:
Subject: Minutes of meeting

Dear Mr. Anderson:

Attached is a copy of the signed official minutes of our meeting held at our head office on January 14.

Please review it and indicate your concurrence by countersigning it and returning it to us for our records.

Be sure to contact us immediately should the contents fail to reflect your record of proceedings.

Sincerely,

Toshio Azuma
Managing Director

確認	文例
話し合いに関連して確認を求める ☞ 調停人は双方に確認する	**177**

建設工事の最中に問題が生じ、建設会社が延期の要請とそのために生じる金銭的な賠償請求を設計事務所に対して起こした。この件について、調停人が乗り出し、設計事務所との話し合い後に建設会社に確認を求めるもの。

請負人［貴社］によって提出された8月15日付の要請書に関して、設計者ジョー・ストーン・アンド・サン（ベンタム）社と私どもの間で持たれた10月5日の話し合いに関連して、さらに以下の事項を確認いたします。

a) 設計者は、11条 (6) に基づく9週間の延期、および23条 (b) に基づく1週間の延期を了承する（これに関しては、設計者から郵送されるものとする）。

b) 損失および出費額は、請負人［貴社］と査定人［私ども］の間で5,204ポンド56ペンスであると合意している。この金額は、請負人［貴社］の上記要請書に記された遅延によって生じる損失および出費の総額であると了承する。したがって、要請書5ページの注意書き i) 項、ii) b) 項は撤回される。ただし、アクミ・パテント・グレージング社、指名下請人、納入業者および法で認められるその他の請負業者に関連する費用は別途とする。

本メールの受領と、内容に対する了承の確認をお願いいたします。

構成 まず❶背景説明をし、❷確認事項を個条書きで明確に伝える。最後に❸了承の返事を求める。

語句 ❶**背景説明** 何の件に関する、いつのだれとだれの話し合いのあとの確認かを明確にする。**Further to**「〜に付け加えて、〜に関連してさらに」法的な文書によく使われる言い回し。**the statement of claim**「要請書」**we confirm the following:**「以下の通り確認いたします」

❷**確認事項** **grant**「認める、了承する」**be sent by postal mail**「郵送される」**The sum for**「〜の合計額」forでsumの内容を表す。金額を表すときはthe sum ofとなる。**has been agreed**「合意をみている」**incurred by**「〜によってもたらされた」**due to** 原因を表

す。have been withdrawn「撤回された」excludes「除外する」in connection with「〜に関連した」

❸**了承の返事を求める**　Would you please 疑問文の形をしていても、意味的に依頼や要求の文である場合は疑問符をつけずピリオドで終わる。are in agreement with「〜を了承する」

ポイント 読み手がメールの背景について理解できるよう、メールの冒頭で前回のミーティングについて触れる。

応用 了承の返事を求めるバリエーション

| 上記の項目に関し、ご了承いただけるか否かをお知らせください。 | Please let us know whether or not you agree with the items above. |

| a) 項、b) 項についてご了承いただけるようでしたら、2017年10月31日までにその旨をメールでお知らせください。 | If you agree with items a) and b), please e-mail us to that effect by October 31, 2017. |

TEXT

From: Yuzo Iida [yuzo.iida@hiscompany.com]
To: Marilou Woodbridge
Cc:
Subject: Confirmation of terms

Dear Ms. Woodbridge:

Further to our meeting of October 5 between the architect, Joe Stone & Son (Bentam) Ltd., and ourselves to discuss the statement of claim submitted by the contractor dated August 15, we confirm the following:

a) The architect will grant an extension of nine weeks under clause 11 (6) and one week under clause 23 (b) (this to be sent by postal mail by the architect).

b) The sum for loss and expense has been agreed between the contractor and surveyor in the sum of £5204.56. This sum has been agreed as the total loss and expense incurred by the contractor due to the delays described in the above claim and consequently items i) and ii) b) in the notes on page 5 of the claim have been withdrawn; but excludes any costs in connection with Acme Patent Glazing Ltd., or any nominated subcontractors, suppliers or statutory undertakings.

Would you please confirm receipt of this e-mail and that you are in agreement with its contents.

Sincerely,

Yuzo Iida
Claims Manager
Europe and Africa

文例 178　確認

添付の売約書について確認を求める

☞ たずねられる前に先手を打って確認

値引きと保険率について従来の数値と変更があるので確認するとともに、値引きに関して当方による大きなミスがひとつ生じたので、それに対する処理を述べて相手の了承を求めるメール。 順番としては、簡単な確認事項を先にあげ、複雑な問題をあとにもってくる。 社交的文句の入らない通常業務のメール。

貴社の6月製造注文分31ユニットについての売約書No.830-ASR-06/16を添付いたします。 この売約書に関し、以下の3点を明確にしたいと存じます。

1. 従来の値引きは5月製造注文分をもって期限が切れたため、この売約書中のFOB（本船渡し）価格は通常価格となっております。
2. 貨物保険については、保険会社より強制である旨の通知を受けています。 しかし、売約書にもある通り、保険料率は0.5%から0.3%に引き下げられました。
3. 5月分の出荷では、全ユニットについて各15万円の値引きが行われるべきところ、4ユニットについては手違いにより、銀行への提出書類に値引き前の価格で記載されてしまいました。 したがって、値引きされなかったこの5月分の穴埋めとして、6月の製品のうち4ユニットに対して総額60万円の値引きを行って相殺したいと思います。 詳細は下記の通りです。

(1) 値引きされるはずだった5月製造分4ユニット

数量―型式―マスト	EX No.	請求価格 (1ユニットあたり)	価格表記載金額 (1ユニットあたり)
2-PF2A25U-W37	E3509	¥2,165,900	¥2,015,900
2-PF2A25U-W39	E3845	¥2,165,900	¥2,015,900

(2) 値引きされる6月製造分4ユニット（黄色の識別マーク）

		値引き価格 (1ユニットあたり)	売約書記載価格 (1ユニットあたり)
2-PF2A25U-W40	E3277	¥2,045,700	¥2,195,700
2-PF2A25U-W45	F7630	¥2,034,900	¥2,184,900

この件でご迷惑をおかけしたことをお詫び申し上げます。 売約書に確認のご署名の上、1部を郵便でご返送いただければ幸いです。

構成 ❶何についての確認かを述べ、❷確認事項を個条書きで伝える。その中に、当方のミスとその処理も含める。❸ミスに対して詫び、確認を求める。

語句 ❶何についての確認か　Attached is「〜を添付しました」Sales Note「売約書」We would like to clarify「〜を明確にしておきたい」aspects「点、ポイント」pointより内容的に幅のあることについていう。
❷確認事項をミスとその処理も含めて　has advised「知らせた」as reflected in this Sales Note「この売約書にそうなっているように」should have been discounted「値引きされるはずだった」mistakenly「間違って」the documents presented to the bank「銀行に提出した書類」Therefore「したがって」we would like to offset「相殺したい」offsetはビジネス用語で、pay backを婉曲的に言ったもの。make up for「〜の埋め合わせをする」The details are as follows:「詳細は下記の通りです」
❸お詫びと確認の依頼　We apologize for ... caused you「この件でご迷惑をおかけして申し訳ありません」単刀直入なお詫び。would appreciate it if「〜していただければ幸いです」your confirmation signature「確認の署名」

ポイント 売約書やインボイスなどについて、特定のものを指す場合は頭文字を大文字で表す。

応用 お詫びと確認の依頼のバリエーション

ご迷惑をおかけしたことをお詫び申し上げます。正式署名の上、1部を郵便でご返送くださるようお願いいたします。	Please accept our apology for any inconvenience caused. Kindly return one properly executed copy to us postal mail.
修正売約書には上記の点を盛り込み、しかるべくご署名の上、1部を郵便でご返送くださるようお願いいたします。	Kindly include these items in a modified sales note and return one properly executed copy to us by postal mail.

文例 178

確認

TEXT

From: Toshiharu Tsukuda [toshiharu.tsukuda@hiscompany.com]
To: Samuel Ayudhya
Cc:
Subject: Sales Note No. 830-ASR-06/16

Dear Mr. Ayudhya:

Attached is Sales Note No. 830-ASR-06/16 covering 31 units for your June production order. We would like to clarify the following three aspects of this note.

1. As the previous discount ended with the May production order, FOB prices have returned to normal with this Sales Note.

2. The insurance company has advised us that insurance on freight is compulsory. However, the rate has been reduced from 0.5% to 0.3%, as reflected in this Sales Note.

3. Four units in our May shipment, in which all units should have been discounted ¥150,000 each, were mistakenly listed at the undiscounted price on the documents presented to the bank. Therefore, we would like to offset the ¥600,000 total by discounting four June production units to make up for those not discounted in May. The details are as follows:

(1) Four May production units that should have been discounted

Q'ty-MDL-Mast	EX No.	Invoice Price /unit	Price on Invoice Value List /unit
2-PF2A25U-W37	E3509	¥2,165,900	¥2,015,900
2-PF2A25U-W39	E3845	¥2,165,900	¥2,015,900

(2) Four June production units to be discounted (yellow mark)

		Discount Price /unit	Price on Sales Note /unit
2-PF2A25U-W40	F3277	¥2,045,700	¥2,195,700
2-PF2A25U-W45	F7630	¥2,034,900	¥2,184,900

We apologize for any inconvenience this may have caused you and would appreciate it if you could return one copy of this Sales Note with your confirmation signature by postal mail.

Sincerely,

Toshiharu Tsukuda
Assistant Manager

文例	確認
179	電話での約束を文書で確認する
	☞ 重要な案件については必ず文書で確認

法律上の問題となっているきわめて重要な案件（ここでは賠償問題）に関して、電話で話し合いの段取りをつけたあとに出す、公式的な確認のメール。 出張や会議のアレンジ、ホテルや航空券の予約などを電話で行った場合は、日時や出席者・利用者などの必要な情報を文書にて確認する。

賠償問題に関する7月1日付のメールと、それに続くお電話、ありがとうございます。

電話でお約束いたしました話し合いの件ですが、7月20日（金）午前11時に貴事務所において行うことを、ここに確認いたしたく存じます。 依頼人の方々も財務顧問の方とご同席されるものと了解しております。

話し合いの日程を7月31日以前にしていただき感謝いたしますとともに、この話し合いが速やかで円満な解決をもたらすことを心から願っております。

20日は有意義な意見交換ができますことを期待しております。

構成 ❶何についての確認かをお礼の形で述べ、❷確認内容を伝える。 ❸相手の協力に対するお礼を述べ、❹話し合いの成功を期待する。

語句 ❶何についての確認か　Thank you for your e-mail of（日付）regarding（件名）お礼の形で確認する。

❷確認内容　話し合いの場所、時間、曜日、日付を明確に。 出席者についても触れる。 We would like to confirm the verbal arrangements「口頭で約束したことに関し確認したい」We understand that「〜と了解している」確認する。 accompanied by「(人)とともに」withを使うのは物が添えられる場合。

❸協力に対するお礼　その期日までに結着がつかなければまずいことになるということをにおわせた、構えのある一文。 We appreciate your assistance in「〜にあたってご協力いただきありがとうございます」arranging this meeting「この話し合いの段取りをつけること」before July 31　7月31日が何らかの期限となっているわけである。 prompt and amicable arrangement「速やかで円満な解決」arrangementはsolutionを婉曲的に言

ったもの。

❹**話し合いの成功を期待する**　meaningful「意味のある」

ポイント　時間を伴えば日付や曜日の前に on は不要。[例] at 11:00 a.m. Friday, July 20

応用 確認内容を変えて

依頼人の方々は出席なさらず、貴社がその代理人としての権限を与えられていると了解しております。

We understand that your clients will not be present and that you have been empowered to act on their behalf.

席上、依頼人の方々が医学データを追加提出され、具体的な補償金額を提示されるものと了解しております。

We understand that your clients will be supplying additional supporting medical data and concrete financial requirements at that time.

TEXT

From: Shunsuke Sugama [shunsuke.sugama@hiscompany.com]
To: Adam Garver
Cc:
Subject: Compensation issue

Dear Mr. Garver:

Thank you for your e-mail of July 1 regarding the compensation problem and our subsequent telephone conversation.

We would like to confirm the verbal arrangements made for a meeting with you at your office at 11:00 A.M. Friday, July 20. We understand that your clients will also be present accompanied by their financial advisors.

We appreciate your assistance in arranging this meeting before July 31 and sincerely hope that it will lead to a prompt and amicable arrangement between us.

We look forward to a meaningful exchange of views on the 20th.

Sincerely,

Shunsuke Sugama
General Manager
Legal Affairs

確認	文例
当方の意図に対する誤解を正す	**180**
☞「振り向き作戦」で要求をのませる	

誤解を正しながら自分たちの意図や要求を鮮明に打ち出している、駆け引きのあるメール。要求が受け入れられないならこの話を降りるぞと脅す「振り向き作戦」である。 語調は地位の高い人のメールらしく、ていねいで威厳がある。

6月6日付のメールによりますと、私どもの意図に対して誤解があるようです。 弊社本部長が6月1日の訪問の折に触れましたのは自動式のトランスアクスルでありまして、手動式のものではございません。 この点、どうぞ誤解なきようにお願いいたします。

貴社の新型自動モデルを、弊社の前輪駆動車に使用したいと思っています。 というのは、手動タイプの需要は、今後先細りになると思われるからです。 しかしながら、日本車は幅に制限があります関係上、実際に使えるかどうかは貴社から図面と仕様書をいただいてからでないとわかりません。 ですので、これらの資料を至急送付していただければ幸いです。 契約が整った上でなければこのような措置はとれない、という貴社の方針であれば、遺憾ながら計画を考え直さざるをえません。

早急にお返事いただければ、こちらの計画も大変はかどりますので、よろしくお願い申し上げます。

構成 ❶誤解を正し、真の意図を伝える。 さらに❷詳しい情報を述べ、それに関連して要求を伝える。 次に、要求を通すために❸脅しの一文を入れ、❹至急の返事を求める。

語句 ❶誤解を正す　From (伝達手段), it appears there is a misunderstanding「～によると誤解があるようだ」この種のメールの典型的書き出し。It was (正しいもの), not (誤解のもの) 正しいほうが先。Please correct ... here. 短くてさっぱりしているが、パンチのある誤解の正し方。 here は「この件に関して」

❷詳しい情報と要求　We are interested in 仕事の話を始めたり進めたりする場合によく使う言い回し。anticipate「予測する」よいことにも悪いことにも使う。feasibility can only be determined after「～したのちでないと使えるかどうかわからない」前提条件を述べる。due to 理由を述べる。provide give や send より洗練された言い方。

文例 180

❸**脅し**　ただし、言葉遣いはていねいに。**policy does not permit**「方針が許さない」**such an accommodation**「そのように便宜をはかること」**we will reluctantly have to reconsider**「遺憾ながら考え直さざるをえません」脅していながらていねいな、格調の高い言い方。

❹**至急の返事を求める**　facilitate「助けになる、促進する」

ポイント　誤解を正すときは、正しいものを先に、間違ったものをあとにもってくる。

応用　脅しでなく、協力的な姿勢で要求の受け入れを促す文

ご要望があり次第、必要な機密処置をとる用意がございます。	We are prepared to provide the necessary confidentiality guarantees upon request.
このような処置を確実にとっていただくには、何が必要になるのかを、お知らせください。	Please indicate what you would require to secure such an accommodation.

TEXT

From: Takeichi Sawara [takeichi.sawara@hiscompany.com]
To: Tim Sullivan
Cc:
Subject: Interest in automatic transaxle

Dear Mr. Sullivan:

From your e-mail of June 6, it appears there is a misunderstanding of our intention. It was your automatic transaxle, not the manual one, that our Vice President referred to during his visit on June 1. Please correct any misinterpretation here.

We are interested in using your new automatic model in our front-wheel-drive vehicles, since we anticipate that demand for manual models will decrease. However, feasibility can only be determined after receiving drawings and specifications from you, due to width limitations on Japanese vehicles. Consequently, we would like you to provide this material as soon as possible.

If your policy does not permit such an accommodation without contract coverage, we will reluctantly have to reconsider our plans.

A quick reply would very much facilitate planning here.

Sincerely,

Takeichi Sawara
Managing Director
Design Department

文例	確認
181	**相手のメールの不明な点の説明を求める**

☞ わかりにくいところは具体例や具体的な数値を提示させる

相手のメールの不明な点の説明を求め、具体的なデータがあれば知らせるよう要請するメール。通常業務のメールなのでむだのないビジネスライクな文面となっているが、相手の顔をつぶさないよう婉曲的に言ったり謙遜したりなど、言い回しに気をつかっている。

懸案の組み立てプロジェクトに関する9月9日付のメールをいただき、ありがとうございます。
メールには私どもには理解しにくい個所がいくつかございました。項目d)の説明、とくに As we can assume that ... the new assembly project.とある段落が理解できません。この段落をはっきり説明してください。可能なら具体的なデータも付け加えてください。
早めにお返事いただければこちらの準備も大変はかどりますので、よろしくお願いいたします。

構成 ❶メールの受領を知らせ、❷不明な点の説明を求める。❸至急の返事を求める。

語句 ❶**メール受領の知らせ**　Thank you for your e-mail of（日付）relating to（内容）典型的な書き出し。**the proposed assembly project** proposed（提案中の）は、まだ話がまとまっていないことを表す。

❷**不明な点の説明を求める**　具体的なデータがあればそれも求める。**some points**「いくつかの点」はっきり言わず、婉曲的。**that we found hard to understand**「我々にはわかりにくかった」謙遜した言い方。**cannot grasp**「理解できない」graspはunderstandのバリエーションとして用いられている。**under section d)**「d)の項目の」前置詞underに留意。**especially**とくにどの点が不明か絞る。**the paragraph reading**「～と書いてある段落」**Please clarify this paragraph**「この段落をはっきりさせてください」短くてむだがなくパンチのきいた文。**additional concrete data**「具体的なデータの追加」

❸**至急の返事を求める**　返事が早ければそれだけ早く話が進むという含み。**Your quick reply**　YourはAでもよいが、より人間味を感じさせる。

ポイント 文の一部を省略するときは、文中の場合は3点ピリオドを、文末の場合は4点ピリオドを打つ。 また、終わりの引用符とピリオドが並ぶ場合、原則としてピリオドを引用符の前にもってくる。

応用 「個所」と「理解できない」の表現を変えて

メールにはもっと詳しく説明していただきたい個所がいくつかございます。	The e-mail contained some passages which need to be explained in more detail.
メールには私どもには理解できない個所がいくつかあります。	The e-mail had some areas which we could not follow.

TEXT

From: Hideo Takahashi [hideo.takahashi@hiscompany.com]
To: Peter Tellez
Cc:
Subject: Proposed assembly project

Dear Mr. Tellez:

Thank you for your e-mail of September 9 relating to the proposed assembly project.

The e-mail contained some points that we found hard to understand. We cannot grasp your explanation under section d), especially the paragraph reading, "As we can assume that... the new assembly project." Please clarify this paragraph. If possible, include some additional concrete data.

Your quick reply would very much facilitate preparatory work here.

Sincerely,

Hideo Takahashi
Assistant Manager
Central and South America

文例 182	確認
	合同事業参加の確約を求める
	☞ 言葉ではなく、状況でさらりと確約を迫る

出張中の話し合いで合同事業への協力の姿勢を見せてくれた人に対し、お礼を兼ねて、確約を取り付けることが目的で出すメール。強い語調の言葉を用いることなく、役員会議という公式な場を持ち出すことで効果的に確約を催促している。

> ヨーロッパ出張から本日帰国いたしました。先週のパリでのひとときとすばらしい昼食に対しまして、また合同事業に積極的な姿勢を見せてくださったことに対しまして、何よりもまずお礼申し上げたいと思います。決定の方向に導くためにさぞご活躍なさったことでしょう。決定も近々とのこと、大変うれしく思います。
> お伝えした通り、役員会議が6月21日に東京で開かれる予定でして、主にこの計画の進行状況についての報告をすることになっております。このときに、貴社のはっきりしたご意向をぜひ公表したいと思っておりますので、どうかよろしくお願いいたします。
> 最後にもう一度お礼申し上げます。

構成 ❶出張中のもてなしのお礼と、相手の**合同事業参加意思に対しての喜び**を伝え、役員会議で公表するために文書などによる❷**確約を催促する**。最後に❸**再びお礼**で結ぶ。

語句 ❶**出張中のお礼と合同事業参加意思に対する喜び** have just returned ... today 「本日帰国したばかり」justとtodayで、帰国して早速書いていることを示す。As a matter of first priority「何よりもまず」すぐにメールを書いている理由へと導く。not only 〜 but also as well asなどでなくこの表現を用いたのは、「もてなしに対するお礼」と「参加意思に対するお礼」のどちらも強調したいため。the very positive attitude「非常に積極的な姿勢」laying the groundwork「事前工作をすること、根回し」the decision you indicated was in the offing「近いうちのことだろうとあなたが言っていたその決定」decisionとyouの間に関係代名詞のwhichまたはthatが省略された形だが、省略したほうが英文として自然。

❷**確約の催促** be meeting「(会合などが)開かれる」進行形にしていることで開催が近くに迫っているニュアンスが出る。I would very much like to「ぜひとも〜したい」firm commitment「確約」

❸**再びお礼**　Thanks again. 親しげなお礼。

ポイント　日付の表記で 3rd June はヨーロッパ式。一方、June 3 は Simple is better. のアメリカ式商業英語。

応用　確約を求めるバリエーション

このときまでに、貴社からの確約がいただければ、大変好都合に存じます。	It would be very advantageous if we could receive your firm commitment by that date.
それまでには貴社からの確約をいただきたいと希望しておりますが、いかがでしょうか。	What are the prospects of getting a firm commitment from your side before that date?

TEXT

From: Sadao Takayama [sadao.takayama@hiscompany.com]
To: Saul Terris
Cc:
Subject: Thank you

Dear Mr. Terris:

I have just returned from my trip to Europe today. As a matter of first priority, I wanted to write to thank you, not only for the time and excellent lunch in Paris last week, but also for the very positive attitude you showed towards the joint project. I am sure you played a very important role in laying the groundwork for the decision you indicated was in the offing. The news made me very happy.

As I told you, our Executive Committee will be meeting in Tokyo on June 21 especially to review the progress of our project. I would very much like to be able to announce your firm commitment to the Committee at that time.

Thanks again.

Kindest regards,

Sadao Takayama
Director

確認

取引の最終確約を求める

文例 183

☞ 相手のためであることを理由にこちらの要求を通す

大きな取引を実行段階に移す直前に、確約書を求め、その必要条項を伝えるメール。かなり具体的に話が進行したあとでキャンセルされることのないように、あるいはキャンセルされた場合、補償金を要求することができるように確約書を求めるわけである。地位の高い人の出す丁重なメール。

早々にルアー氏を派遣してくださり、話し合いを進めることができましたことに対し、まずお礼申し上げます。氏との会談の結果として、できる限り早く弊社X3P4型を南アフリカで販売したいという貴社のご希望を実現するため、その条件をここにお伝えしたいと思います。
準備期間を短縮し、貴社が来年早期に組み立てを開始できるようにするための最低条件として、以下の条項からなる、しかるべく署名された確約書を7月5日までにいただくことが必要です。
1. X3P4をCKD（完全現地組立）形態で輸入するというペトリ社［貴社］の最終決定。
2. 必要な治具、計器、工具の購入に対するペトリ社の確定注文。
3. 現地調達のX3P4用部品サンプルに対するペトリ社の正式な購入注文。
このような書面を受領できれば、弊社はすぐにでも段取りに入ることができます。

構成 これまでの❶**いきさつ**から入り、❷**確約書の必要性と内容**を個条書きにして述べる。❸**早急の提出を求める**。

語句 ❶**いきさつ** Let me begin by ていねいで正式な書き出し。discussions 第1文と第2文に用い、話を展開させる働きをしている。hereby「このメールにおいて」正式で改まった言葉。inform「伝える」普通は高姿勢な響きを与えるが、ここでは改まった響きを持たせている。prerequisites for「〜の前提条件」
❷**確約書の必要性と内容** To shorten the lead time「準備期間を短縮するために」so as to permit you to「貴社が〜できるように」相手のためであることを示す。it is essential that「どうしても〜する必要がある」強い要求の仕方だが、ていねいな言い方で

文例 183

もある。**properly executed**「しかるべくサインをした」日本式なら「しかるべき署名・捺印をした」というところ。**letter of intent**大きな取引を進める際の最終的な意思確認の文書。法的効力を持つ。**includes the following items**「以下の条項からなる」
❸**早急の提出を求める**　相手の履行が早ければそれだけ早く話が進む、という相手にゲタを預けた結び。**upon receipt of**「〜が届き次第」

ポイント 1つとして欠かせない重要な項目を個条書きであげる際は番号をふる。

応用 相手のためであることを伝えて早急の提出を求めるバリエーション

しかるべく署名された確約書をいただかない限り、実際に話を進めることはできません。この確約書には以下の条項が含まれていなければなりません。	We require a properly executed letter of intent before any concrete action can be taken. The letter should include the following:
組み立て開始を来年早期に実現するには、7月5日までに確約書をいただかなければなりません。この確約書には以下の条項が含まれていなければなりません。	To realize assembly start-up by early next year, you must provide a properly executed letter of intent by July 5. This letter should contain the following:

TEXT

From: Haruna Noda [haruna.noda@hercompany.com]
To: Bob Jones
Cc:
Subject: Marketing of model X3P4

Dear Mr. Jones:

Let me begin by thanking you for the quick action in dispatching Mr. Lure here for further discussions. As a result of our discussions with him we would hereby like to inform you of our prerequisites for meeting your request to market our X3P4 model in South Africa at the earliest possible date.

To shorten the lead time so as to permit you to start assembly early next year, it is essential that we at least receive a properly executed letter of intent which includes the following items by July 5.

1. Petry Assoc. final decision to introduce the X3P4 in CKD form.
2. Petry Assoc. firm order for the purchase of necessary jigs, gauges, and tools.
3. Petry Assoc. firm purchase order for sample X3P4 component parts for local procurement.

We are prepared to expedite arrangements immediately upon receipt of this letter.

Sincerely,

Haruna Noda
Managing Director

文例 184	確認
	取引の最終確約をする
	☞ 条件をつけて逃げ道を残す

大きな取引決定の直前に相手方に提出する、最終的かつ正式な意思表明のメール。相手に言質を与えることになるが、こちらも条件をつけることでキャンセルへの逃げ道をつくることができる。

> すでにメールでお伝えしました通り、ケニア政府から十分な外貨枠が認められ次第、TB-41型をCKD（完全現地組立）形態で輸出する固い意思があることを、ここに改めて確認いたします。

構成 ❶何の後追い確認かを知らせ、❷取引の確約をする。何らかの逃げ道をつくっておくために❸条件をつける。このメールでは、以上が1文1段落の中に効率よく盛り込まれている。

語句 ❶何の後追い確認か　While「〜ですが」advised「知らせた、伝えた」かしこまった言い方。
❷取引の確約　this is again to confirm「改めて確認したい」our firm intention「弊社の最終的な意向」introduce「導入する、輸出・輸入する」その製品を初めてその市場に輸出入するときに使う。in CKD condition「完全現地組立形態で」CKD = completely knocked down
❸条件　subject to「〜ということを条件に」the availability of an appropriate foreign exchange allocation「十分な外貨枠がもらえること」

ポイント その業界で常識となっている略語は、スペルアウトするとかえって相手を軽んじた印象を与える。

応用 A) 出だしを変えて　B) 条件を変えて
A) 8月8日のメールであらかじめお伝えした通り、……をここに改めて確認いたします。　As previously advised in our e-mail of August 8, we again confirm ...

B) 貴社とケニア政府から、合意条項の保証が得られ次第……

... subject to receipt of the agreed upon guarantees from you and the Kenyan government.

TEXT

From: Kinichiro Iwata [kinichiro.iwata@hiscompany.com]
To: Samuel Bhaloo
Cc:
Subject: Introduction of TB-41

Dear Mr. Bhaloo:

While we have already advised you by e-mail, this is again to confirm our firm intention to introduce the Model TB-41 in CKD condition subject to the availability of an appropriate foreign exchange allocation from the Kenyan government.

Sincerely,

Kinichiro Iwata
Executive Managing Director

文例	確認
185	マンション賃貸時の居住制限
	☞ 人間味をすべて排除する

これはマンション賃貸時に、ペットに関する居住制限と居住期限について伝えるもの。マンションの区分所有者（1室のオーナー）はそれぞれマンション管理組合に入り、決められた方針に基づき部屋を管理している。この例では、区分所有者がペットを飼っている夫婦に部屋を貸している。その際、マンション管理組合の方針に基づき、ペットに関する居住制限と居住期限を説明しなければならない。

添付のPDF文書は、ペットに関する居住制限をご説明したもので、1枚はご理解とご承諾がいただけたことを示すご署名用の書面です。
本物件に引き続き居住いただく場合、その期限は年末である旨、ご承知おきください。それ以降の居住には、マンション管理組合の許諾が必要となります。
書面を印刷し、ご承諾のご署名をいただいた上で、月末までに物件管理者宛てにご返送ください。

構成 ここでは、ペットに関する居住制限と居住期限について説明している。

語句 居住制限の通達にふさわしい硬い表現を用いている。**note that**「〜をご承知おきください」**continue to occupy**「（土地・家屋などに）住み続けること」**Occupancy**「住むこと」**thereafter**「それ以降」**be subject to the approval of**「〜の認可に従う」

ポイント このような居住制限や居住期限についての通達メールを書くときは、自分たち（この場合はマンション管理組合）のことを表すのに we/our/us といった代名詞は使わず、原則として組織名（この場合は the Condominium Association）を用いて重みを出す。代名詞を使う場合も they/their/them といった3人称にして、客観的・事務的な雰囲気を演出する。

応用 通達内容を変えて

ペットを飼っている居住者は朝9時から夕方7時までドッグランを利用することができます。これ以外の時間に遊ばせたい場合は、物件管理者に書面で許可をとらなければいけません。

制限に対して異議を申し立てたい場合は、翌月の1日までに書面で物件管理者に提出してください。制限を承諾する場合は、翌月の1日まで書面を印刷し、承諾の署名をした上で、物件管理者宛てに返送してください。

Note that occupants who keep pet animals may use dog run facilities from 9:00 a.m. to 7:00 p.m. seven days a week. Utilization of this area at other times requires the written approval of the building manager.

If you would like to challenge any of the restrictions, please do so by submitting an explanation of your challenge in writing to the building manager by the first of next month. Otherwise, please print and sign the acceptance document and deliver it to the building manager by the first of next month.

TEXT

From: Yoshiaki Shimizu [yoshiaki.shimizu@hiscompany.com]
To: Bill Williams
Cc:
Subject: Occupancy restrictions

Dear Mr. Williams:

Attached is a PDF document explaining the occupancy restrictions regarding pet animals and one for your signature of understanding and acceptance.

Please note that you may continue to occupy this unit until year-end. Occupancy thereafter will be subject to the approval of the Condominium Association.

Please print and sign the acceptance document and return it to the building manager by month-end.

Regards,

Yoshiaki Shimizu
Condominium Association Representative

送付	文例
依頼に応えて資料を送る (1)——簡潔 ☞ カタログ請求の返事は売り込みの第一歩	**186**

製品カタログを送ってほしいという個人の依頼に応える、ごく簡潔な送付のメール。ビジネスライクかつ協力的な調子で、最低限必要なエッセンスともいうべき文で構成されている。製品に関心を寄せてくれたことに感謝し、協力的に結ぶ。

ご依頼の弊社電化製品のカタログを添付いたします。
タイヨー[弊社]の製品に関心をお寄せいただき、誠にありがとうございました。
また何かお役に立てることがございましたら、ご遠慮なくお知らせください。

構成 ❶送付の知らせ。何をなぜ送付しているのか説明する。 ❷製品に関心を寄せてくれたことに感謝する。 最後は、さらにお手伝いできることがあれば、という❸協力的な結び。

語句 ❶送付の知らせ　Attached is「～を添付します」添付ファイルが1つであればis、複数であればareになる。brochure「パンフレット、小冊子」ここでは on our lines of があとに続くので「製品カタログ」を指す。you requested「ご依頼の」一般の個人宛ての場合は、何月何日付のメールで、というような説明は不要。
❷製品に関心を寄せてくれたことへの感謝　Thank you for your interest in ... products. 製品に関する依頼や問い合わせの返事に書く決まり文句。
❸協力的な結び　Please do not hesitate to「ご遠慮なく～してください」contact「接触する、連絡する」further assistance「さらなるお手伝い」

ポイント 相手のメールに対して何らかの返答をするとき、会社に宛てて出すのなら何月何日付のメールで～の、という説明を必ず入れるが、一般の個人に宛てて出す場合は不要。

応用 協力的な結びを変えて

また何かお役に立てることがございましたら、ご遠慮なく直接私宛てにお知らせください。	For further assistance, please do not hesitate to write me directly.

なにかと便利かと思い、最も近い弊社代理店を下記にお知らせいたします。お役に立てることがございましたら、いつでも連絡をお取りください。

Shown below for your convenience is information on how to reach our closest representative. Feel free to contact them for further assistance.

TEXT

From: Yuji Kajima [yuji.kajima@hiscompany.com]
To: Betty Draeger
Cc:
Subject: Electrical appliance brochure

Dear Ms. Draeger:

Attached is a copy of our brochure on our lines of electrical appliances you requested.

Thank you for your interest in Taiyo products.

Please do not hesitate to contact us if you need further assistance.

Sincerely,

Yuji Kajima
Assistant Manager
Export Sales

送付	文例
依頼に応えて資料を送る (2)——無料であることを知らせる	**187**
☞ 短く簡潔で協力的であること	

海外の購入者からの要望に応えて、英語版の製品取扱説明書の送付を知らせるメール。相手の要求に全面的に応えるメールであるから、まっ先に送付の知らせから入る。送付物が役に立つことを希望している点、無料である点、喜んで対応したという結びなど、協力的姿勢にあふれたメール。

11月6日付のメールでご要望の、VECO型排気アナライザーの英語版取扱説明書を添付いたします。お手持ちのアナライザーを最大限に活用していただくために、この説明書がお役に立つことを願っております。

一層お役に立てる機会をいただき、ありがとうございました。

構成 まず❶送付を知らせ、次に❷喜んで対応したという姿勢で結ぶ。

語句 ❶**送付の知らせ** 先方の依頼内容を確認し、それに応じる知らせを兼ねる。具体的に依頼内容をくりかえし、協力的な印象を与える語句を添える。**Attached is**（添付）**for**（製品名）**that you requested** 何に対する何をなぜ送るかを示す効果的な表現。**We hope** 好意的な気持ちを示す。**serve to help you**「お役に立つ」取扱説明書に道具のような機能を与えた言い方。**getting maximum benefit**「最大限に活用すること」
❷**喜んで対応したという姿勢の結び** **giving us this opportunity to**「～の機会をいただきまして」**better serve you**「一層お役に立てる」いつも役に立とうと努めているが、さらにという意味で better（well の比較級）が使われている。

ポイント 本文例の最後のセンテンスにもあるように、顧客や今後顧客になる見込みのある人と（メールなどで）連絡をとるときは、自社の製品やサービスを売り込むチャンスであると考えること。

応用 有料の場合の追加記述

代金と送料については、請求書を添付してございます。

1回のご購入につき、資料1セットに限り無料で提供しておりますので、ご了承ください。追加資料については、添付の請求書にもありますように、少額ながら代金がかかります。

Also attached is an invoice covering the cost of the publication and shipping.

Please understand that only one set of documentation is provided free of charge with each purchase. There is a nominal charge for additional material as indicated in the attached invoice.

TEXT

From: Seishiro Yasuda [seishiro.yasuda@hiscompany.com]
To: Cindy Kennedy
Cc:
Subject: English version of manual

Dear Ms. Kennedy:

Attached is an English version of our user's manual for our VECO line exhaust analyzers that you requested in your e-mail of November 6. We hope the manual will serve to help you in getting maximum benefit from your analyzer.

Thank you for giving us this opportunity to better serve you.

Sincerely,

Seishiro Yasuda
Supervisor
Customer Service

送付	文例
依頼に応えて資料を送る (3)——同様の要求をする ☞ 先方の依頼に快く応じて、こちらからも要求を切り出す	**188**

同業者からの資料請求に迅速に対応し、プラスアルファとして名簿に載せることを申し出て協力的な印象を与える。その上でこちらからも同様の情報交換を求めると、スムーズに応じてくれる。「持ちつ持たれつ」の精神というわけである。

9月28日付メールにてご請求いただきました宣伝用パンフレットを添付いたします。なお、弊社のメーリングリストに貴社を登録させていただきましたので、今後は最新資料が用意でき次第お手元に届くはずです。
また、弊社も同様の資料を集めておりますので、貴社におかれましても同じような措置をとっていただければ幸いに存じます。

構成 ❶**送付の知らせ**。何をなぜ送付しているのか説明する。また、こちらからの好意的な配慮として**プラスアルファの申し出**をする。次に先方でも同様の配慮をしてほしいという❷**こちらからの依頼**を持ち出す。

語句 ❶**送付の知らせとプラスアルファの申し出** 送付の知らせは、先方の依頼内容の具体的な確認を兼ねる。**Attached is**「〜を添付します」簡潔な商用文として好ましい書き始め。**advertising brochure**「宣伝用パンフレット」**requested in**「〜でご請求のあった」なぜ送るのかを示す簡潔な言い方。**Additionally**「さらに」**has been put on our mailing list**「メーリングリストに登録された、資料送付者名簿に載った」**routinely**「自動的に」**as it becomes available**「用意ができ次第」
❷**こちらからの依頼** **We also**「弊社でも」こちらの要求を切り出す。**maintain a similar file**「同様のファイルがある、同様の資料を集めている」**reciprocate**「交換する、報いる」**making similar arrangements**「同様の手配をすること」**at your side**「貴社側で」

ポイント 社交、冠婚葬祭、交渉などがテーマになっていない事務的なメールは、お互いの時間を節約するためにも簡潔さを第一とする。

応用 当方の依頼をより簡潔な表現で

貴社におかれましても同様の措置をお願いできれば誠に幸いです。

A reciprocal arrangement would be very much appreciated.

貴社におかれましても同様の措置をとっていただけませんでしょうか。

We wonder if you could make a reciprocal arrangement at your end.

TEXT

From: Masato Eguchi [masato.eguchi@hiscompany.com]
To: Grace Weile
Cc:
Subject: Advertising brochure

Dear Ms. Weile:

Attached is a copy of the advertising brochure requested in your e-mail of September 28. Additionally, your company has been put on our mailing list, and you will routinely receive new material as it becomes available.

We also maintain a similar file here and would appreciate it if you would reciprocate by making similar arrangements at your side.

Sincerely,

Masato Eguchi
Documentations Manager

送付	文例
依頼された資料がないので代品を送る (1)	**189**
☞ できるだけ先方の希望に応じる姿勢で	

フランス語のサービスマニュアル送付依頼に対し、品物がないので代わりに英語版を送ることを知らせるメール。先方の望みに完全に応えられなくても、できるだけそれに沿うような形で処理する。簡潔で協力的なメールである。

弊社の1706B型センターレス・グラインダーのフランス語版サービスマニュアルのご依頼を本日受け取りました。
残念ながら、現在のところはフランス語版の用意がございません。少しでもお役に立てればと、英語版を添付いたします。
お役に立てる機会をいただき、ありがとうございました。

構成 まず❶メールを受け取ったことを知らせる。次に希望のものがないので❷代品を送ることを知らせる。最後は③喜んで対応したという姿勢の結び。

語句 ❶**メール受け取りの知らせ** 依頼内容を具体的にくりかえして確認を兼ねる。**Your request for ～ was received today.**「～という依頼を本日受け取りました」todayは迅速に処理しているという好印象を与える。
❷**代品を送ること** **Unfortunately** 先方の希望通りにできないことを伝える。**there is no ～ available**「～がない」**at present**「現在のところは」ないということを和らげる効果がある。**Attached is**「～を添付します」**which we hope will prove of some use**「何らかの形でお役に立ちますように」someを使っているのは希望のものを送っているわけではないから。
❸**喜んで対応した姿勢の結び** **giving us this opportunity to**「～の機会をいただきまして」**better serve you**「一段とお役に立つ」

ポイント 顧客が希望する言語の版の用意がなくても、ほかの言語で提供することで誠意を見せる。

文例 189

応用 (上)希望のものがないことを知らせるバリエーション　(下)特別に作成することを知らせる

現在までのところ、貴国内の取引はさほどの量に至っていないため、フランス語版の用意がございません。	Since there has been no appreciable volume of business in your country to date, there is no French version available.
現在、貴社用にフランス語版マニュアルを作成中です。出来上がり次第、航空便にてお送りいたします。	We are now in the process of producing a French version of the manual for you. It will be airmailed to you as soon as it is ready.

TEXT

From: Tatsuo Usami [tatsuo.usami@hiscompany.com]
To: Megan Simpson
Cc:
Subject: Service manual

Dear Ms. Simpson:

Your request for a French version of the service manual for our Model 1706B Centerless Grinder was received today.

Unfortunately, there is no French version available at present. Attached is a copy of an English version which we hope will prove of some use.

Thank you for giving us this opportunity to better serve you.

Sincerely,

Tatsuo Usami
Assistant Manager
Customer Service

送付	文例
依頼された資料かないので代品を送る (2) ☞ 代品の適用節囲にくぎをさす	**190**

価格表送付の依頼を受けたが、相手国のものがないので近隣国の価格表を代わりに送るメール。先方の目的が製品購入の検討をするためばかりでなく、代理店になることを検討するためという可能性も考えられるので、その価格表がそのまま相手国に適用されるわけではないとくぎをさしておく。

弊社の価格表をご要望の2月27日付のメールにお応えできることを、大変うれしく存じます。

残念ながら現在のところ、貴国 [ハイチ] には弊社の販売元がございません。そこで、キューバ市場向けFOB (本船渡し) 建ての価格表を添付いたします。そちらの地域での大体の価格枠はおわかりいただけると存じます。

弊社製品に関心をお寄せいただき、ありがとうございました。

構成 まず❶メールを受け取ったことを知らせる。次に、希望のものがないという事情を説明し、❷代品を送ることを知らせる。最後は❸製品に関心を寄せてくれたことに感謝して結ぶ。

語句 ❶**メール受け取りの知らせ** 何をいつ受け取ったのか具体的に述べ、相手の依頼内容を確認する。**It is indeed a pleasure for us to**「喜んで〜します」希望のものがない場合でも前向きな書き出しにする。**requesting our price list**「価格表希望の」

❷**代品を送ること** **Unfortunately** 都合の悪いことを切り出すシグナル。**there is no 〜 at present**「今のところ〜はない」先方にやる気があるなら考えてもよいという含み。**However, we have attached**「しかし (代わりに) 〜を送ります」**It should**「〜のはずです」**It will** なら「間違いなく」という感じになるが should は少々あいまいさがある。**a rough frame of reference**「(先方の知りたいことに対して) 大体のこと」**in your general area**「そちらの地域」general は「〜あたり、大体の」の意。今後の契約の可能性を考えて、船や港の関係から価格がそのまま相手国に適用できるものではないことを含める。

❸**製品に関心を寄せてくれたことへの感謝** **Thank you ... our products.** 決まり文句。

文例 190

ポイント 商業英文のメールでは、理由もなくあいまいな書き方をすると先方に不信感を与えたり、こちらの誠意を疑われたりすることがある。しかし、このメール中では、should、rough、general に意図的にあいまいさを込め、はっきり言い切らないようにしている。

応用 (上)代品を送る文のバリエーション　(下)代品でなく変更予定を知らせる

現在のところ、貴国には弊社製品の販売元がございませんが、キューバ市場向けFOB(本船渡し)建ての価格表を添付いたします。

Although there is presently no distributor for our products in your country, we have attached a list of FOB prices for the Cuban market.

添付の価格表には、4月以降の生産分につき細部に変更が行われる予定の型も数種類含まれていますのでご承知おきください。しかし、(……)

Please note that the list attached includes a number of the models that are scheduled to undergo a minor change from April production. However, (it should provide ...)

TEXT

From: Norio Hamada [norio.hamada@hiscompany.com]
To: Pierre Lafont
Cc:
Subject: FOB price list

Dear Mr. Lafont:

It is indeed a pleasure for us to reply to your e-mail of February 27 requesting our price list.

Unfortunately, there is no distributor for our products in your country at present. However, we have attached a list showing FOB prices for the Cuban market. It should provide a rough frame of reference for prices in your general area.

Thank you very much for your interest in our products.

Sincerely,

Norio Hamada
Deputy Manager

文例 191	送付
	依頼された資料がないので代品を送る (3)
	☞ 応じられる範囲の限り協力する

相手の希望のパンフレットが一部の製品についてしかないので、ない分は代わりに簡単なリーフレットを送ることを伝えるメール。相手の希望にすべて応じられるわけではない場合のメールの書き方の例で、要求にすべて応じているメールと書き出しが異なる。

弊社国内向け製品の英語版カタログご請求のメールにお返事いたします。

残念ながら、英語版カタログは、当社の最高級商品LUX型のものしかございません。添付いたします。しかし、他の製品につきましては、簡単なリーフレットならございます。ご参考のため、1部ずつ添付いたします。

弊社製品に関心をお寄せいただき、ありがとうございました。

構成 まず、メールを書いている❶背景説明として、いつのどのような用件のメールに対する返事かを述べる。次に先方の依頼に対して❷応じられることと応じられないことを述べる。最後は❸製品に関心を寄せてくれたことに感謝して結ぶ。

語句 ❶**背景説明** This is in reference to「～に対してお返事を書いています」相手の依頼に対し、すべて応じられるわけではないので、Attached isという書き出しではなく、説明から入る。brochure「パンフレット」ここではfor ... modelsがあとについているので「カタログ」を指す。

❷**応じられることと応じられないこと** Unfortunately「残念ながら」相手にとって不都合なことを切り出す際の言葉。exist only for「あるのは～のためのものだけである」we haveの代わりにexistを用い、第三者的立場をとっている。top-of-the-line「最高級の」do have「～ならある」doで、あることを強調している。今度はexistではなくhaveを使っている点に注目。less elaborate「簡単な」simpleを婉曲的に言ったもの。a copy of each「1部ずつ」eachの位置に注意。

❸**製品に関心を寄せてくれたことへの感謝** Thank you ... products. 依頼や問い合わせへの返事の結びに使う決まり文句。

ポイント メール本文中の数字は、原則として9以下は綴り、10以上はアラビア数字で記す。

応用 結びを変えて

この処置が適切であれば幸いです。	I certainly hope this arrangement is suitable.
輸出用の製品と国内向け製品とでは、機種ごとにさまざまな度合いで仕様が異なりますので、ご了承ください。	Please understand that the specifications of export models differ in varying degrees from domestic versions.

TEXT

From: Takashi Arita [takashi.arita@hiscompany.com]
To: Paul Hennig
Cc:
Subject: English brochures

Dear Mr. Hennig:

This is in reference to your e-mail requesting English brochures for our domestic models.

Unfortunately, English language brochures exist only for our top-of-the-line LUX model, a copy of which you will find attached. However, we do have less elaborate leaflets for the remaining models. I have attached a copy of each for your information.

Thank you for your interest in our products.

Sincerely,

Takashi Arita
Customer Service Department

文例 192	送付
	電話で話した内容の確認をしながら
	☞ 相手の要望にきちんと応え、当方の要望にも同様の対応を求める

すでに電話によって問い合わせた内容に従って、先方に必要な情報を提供するための資料を添付する。同時に、最終的には、こちらが求めているパソコンソフトの日本語版ユーザーマニュアルを送付してもらえるように、メールによってその旨を相手に再確認する。間違いのないものを送付してもらうためには、正確な情報を知らせることが必要である。

ご要望のありましたABCシステムズの（英文）ユーザーマニュアルの当該ページのコピーを添付いたします。これをお受け取りになり次第、日本語版のユーザーマニュアルをご送付いただけるものと理解しております。私どものライセンス番号は、AC01101074です。
ご協力よろしくお願いします。

構成 ❶**資料送付の知らせ**。 こちらが必要としている日本語版マニュアルの入手に先立って、すでに電話で約束した資料を添付する旨、先方に知らせる。同時に、マニュアルを**早急に送付してもらうよう文章で確認**する。 ❷**相手への協力依頼**で締めくくる。

語句 ❶**当方からの送付の知らせと先方への送付依頼** Attached is a copy of the page from マニュアルファイルの中から必要なページを先方の指示通りに添付することを伝える。you asked「ご要望の」you requestedの意味。I understand「〜ですね」相手に強く念を押す表現。send us the Japanese version sendの代わりにprovideやgiveも使える。 provideはsendやgiveより硬い言い回しになる。upon receipt of「〜を受け取り次第」すぐに手配してほしいという気持ちを表す。Our license number is「我々の登録番号は」非常に簡潔でビジネスライクな表現。 間違いのないものを送付してもらうために正確な情報を伝える。
❷**相手への協力依頼** Thank you for your assistance.「ご協力に感謝いたします」相手に何かを依頼するときの締めくくりの決まり文句。 assistance の代わりにhelpやsupportなどの言葉を使うことも可能。

ポイント Thank you for your assistanceのあとにin advanceをつけると、「当然協力して

くれるでしょう」という印象を与え、押しつけがましくなる。

応用 相手への依頼事項のバリエーション

貴社がより上級版のプログラムを無料で提供してくださるものと理解しております。
I understand you will provide us with a more advanced version of the program free of charge.

貴社のカスタマーサービス部門の方が問題を解決したあとに、私どもに連絡していただけるものと理解しています。
I understand your customer service staff will be in touch with us after they have worked out a solution to the problem.

TEXT

From: Masahiko Ichihara [masahiro.ichihara@hiscompany.com]
To: Debbie Lawson
Cc:
Subject: ABC Systems user's manual

Dear Ms. Lawson:

Attached is a copy of the page from the ABC Systems user's manual folder you asked us to send. I understand you will send us the Japanese version of the user's manual upon receipt of this page. Our license number is AC011010747.

Thank you for your assistance.

Masahiko Ichihara
Manager

文例 193	送付
	資料の送付予定と一部有料であることを伝える

☞ 有料の場合は必ず再確認を求める

代理店からのサービスマニュアル送付依頼に応えて、送る準備が整ったことを知らせるメールだが、遅くなったことと、一部有料となる事情を説明している。通常業務のメールなので、とくに弁明はしていない。有料の場合は必ず先方の了承の確認を得ること。

添付書類に示してありますサービスマニュアルは、6月末までに送付の準備が整う予定です。新しく印刷しなければならなかったため、遅くなってしまいました。
また、以下のマニュアルは新版に変わりました関係で、旧版は無料で提供することができなくなりました。

（略）

それでよろしければお送りしますので、その旨お知らせください。また、その際、航空便と船便のどちらをご希望かもお書き添えください。
お返事をお待ちしております。

構成 まず❶送付予定を知らせる。そのうち❷有料のものについて説明する。次に、有料でも希望するかどうか、また航空便で送るか船便で送るかの❸確認を求める。最後に❹返事を求める。

語句 ❶**送付予定** 準備が遅れたことの事情説明もしている。the attachment「添付書類」be ready for shipment to you by「〜までには送付の準備が整う」caused the delay「〜が原因で遅れた」

❷**有料のものについての説明** In addition「加えて、さらに」遅れたことに加えて、もうひとつの問題点に入る。can no longer be provided gratis「もはや無償では提供できなくなった」相手にとって都合のよくないことなので gratis という硬い言葉を使って神妙な態度をとっている。been superseded by「〜に取って代わられる」

❸**確認を求める** Please reconfirm「再確認してください」under these conditions「これらの条件で」please indicate whether「〜かどうかお知らせください」

❹**返事を求める** We look forward ... soon. 決まり文句。

ポイント 英文メールにおいても、都合の悪いことを伝えるときは、表現をぼかすことがある。たとえば、「有料」を伝える場合、「無料ではない」と裏返しに言ったり、普通 free of charge と言うところを gratis という硬い表現を故意に使っているのがその例である。

応用 A) 遅れた理由のバリエーション　B) 送付条件のバリエーション

A) 翻訳に手間取り、遅くなってしまいました。　Translation difficulties are the cause of the delay.

B) とくにご指示がない場合は、すべて船便で送らせていただきますので、ご承知おきください。　Please note that all shipments will be sent by sea unless you indicate otherwise.

TEXT

From: Noburo Kuriyama [noburo.kuriyama@hiscompany.com]
To: Ian Jones
Cc:
Subject: Service manuals

Dear Mr. Jones:

The service manuals listed on the attachment will be ready for shipment to you by the end of June. Reprinting requirements are what caused the delay.

In addition, the following old manuals can no longer be provided gratis because they have been superseded by new editions.

Service Manual	Vol.
Model 2M31A in French	10
Model R20 C/B in French	46
Model 710	12
Model S20 C/B in French	46

Please reconfirm your need for the editions under these conditions. At the same time, please indicate whether you desire air or sea shipment.

We look forward to hearing from you soon.

Sincerely,

Nobuo Kuriyama
Manager
Technical Documentation

送付	文例
頼まれた資料を郵送したことを知らせる（friendly）	**194**

☞ 簡単な文面でよいので、発送したらすぐにメールで知らせる

今後ビジネスの付き合いをしていきたいと思う相手なら、頼まれた資料を郵送した場合などにはすぐメールで相手に知らせること。このメールはビジネスに関連したものだが、カジュアルに書いていることにより押し付けがましさを排除している。

> ご依頼の書類を郵送させていただきました。
> もっと詳しく知りたい場合はお知らせください。

構成 ❶頼まれた資料を送ったことを知らせる。 ❷内容についてもっと詳しく知りたい場合はメールまたは電話をするように伝える。

語句 ❶頼まれた資料の送付　～ you requested「ご依頼の～」送ったことを知らせる。
❷もっと詳しく知りたい場合の指示　if you need additional information「もっと詳しく知りたい場合は」

ポイント このような簡潔なメールは、個人間ではごく一般的に見られる。

応用 A) 郵送ではなくメールに添付して　B) 連絡を密にすることを示して

A) 経理費用の請求書を添付します。　　Attached is the bill for accounting services.

B) またすぐメールを書きます。　　Will write soon.

TEXT

From: Jun Takahashi [jun.takahashi@hiscompany.com]
To: Frank Howard
Cc:
Subject: Requested documents

Dear Frank,

I've sent the documents you requested by postal mail.
Please let me know if you need additional information.

Regards,

Jun

送付	文例
約束の資料を送る (1) (friendly)	**195**
☞ 酒の席をビジネスに活用する	

会食時に話題に出た資料や雑誌などをあとで送付することは、ビジネスの世界ではよくあること。

この間は夕食をありがとう。貴君の最近のいろいろな活動について話が聞けてとても楽しかった。
話に出たIAPAプログラムについての情報が載っている冊子を郵送しました。入院保険の保険料について問い合わせてみてはどうですか。これはお互いにとっていい機会です。

構成 まず❶ごちそうになったお礼を述べて、会ったときのことを思い出させる。次に❷送付物について述べ、何か一言付け加える。

語句 ❶ごちそうになったお礼　Thanks again for　againを入れているのは、その場でもお礼を言ったが、そのことを忘れていないのを示すため。I really enjoyed hearing about「〜が聞けてとても楽しかった」opportunities ここでは「最近の活動」といったところ。
❷送付物について　contains information on「〜についての情報が載っている」

ポイント 会食をビジネスチャンスにつなげる際に使われる文面。

応用 A) 夕食を酒に変えて　B) お互いに話がはずんだ場合
A) 先日はお酒をごちそうさま！　　　　I really appreciated the drinks!

B) 何か始めようではありませんか。　　Hope we can get something going.

TEXT

From: Jun Takahashi [jun.takahashi@hiscompany.com]
To: Frank Howard
Cc:
Subject: Additional information

Frank,

Thanks again for dinner. I really enjoyed hearing about all your opportunities.

I've sent you a brochure by postal mail that contains information on the IAPA program I mentioned. You can contact them to get their rates on hospital insurance. This is a good opportunity for both of us.

Jun

送付	文例
約束の資料を送る (2)	**196**

☞ 相手の知りたいことをまず述べてから遅れたことを軽く詫びる

資料などを送付する際のメールである。先方はいつもお世話になっている機関（学校）なので、人間関係を大切にしている内容の文章である。お詫びから始めるのではなく、相手の知りたいことをまず述べて、それから詫び、最後にまた相手の喜ぶお礼で結ぶサンドイッチ方式。

去る6月24日にお目にかかった方々向けの技術資料の残分を添付いたします。送付が遅れたことに対し、お詫びを申し上げます。
テクニカル・カレッジ［貴校］を訪問する際には、いつもお世話になり、ありがとうございます。

構成 ❶送付の知らせ。何を送付したのかを説明し、資料送付が**遅れたことに対し、軽く詫びる**。毎度❷お世話になっていることに感謝する。

語句 ❶送付の知らせと遅れのお詫び　Attached are「～を添付します」Attached with this e-mail areという意味。I apologize for「～についてお詫びします」送付が遅れたことを軽く詫びる。delay in ～ ing「～するのが遅れる」
❷お世話になっていることへの感謝　Thank you for「～に感謝しています」cordial treatment cordialはwarmまたはkindの意味で、cordial treatmentは直訳すれば「親切なもてなし」のこと。extend giveに置き換えられる。

ポイント extendのあとが、extend to meではなく、extend meになっていることに注意。giveやaffordをextendの代わりに使ってもtoは必要なし。

応用 結びを変えて

ほかに何かお役に立たせていただけることがありましたら、お知らせください。	Please let me know if there is any other way in which I can be of assistance.

何かご質問がありましたら、ご遠慮なくお知らせください。

Please do not hesitate to call if you have any questions.

TEXT

From: Tetsuo Yamagishi [tetsuo.yamagishi@hiscompany.com]
To: Jackie Webb
Cc:
Subject: Remaining technical documents

Dear Ms. Webb:

Attached are the remaining technical documents for the group I met on June 24. I apologize for the delay in sending them to you.

Thank you for the cordial treatment you always extend me when I visit the Technical College.

Sincerely,

Tetsuo Yamagishi
Manager
Engineering Department

送付	文例
子どもにステッカーを送る	**197**
☞ 売り込まないPRのメール	

子どもへのメールは、まず先方の年齢を考えること。やさしい単語を用いたり相手との共通点に触れたりして、温かい感じのメールにする。自社や自社製品に対してよいイメージをもってもらうような文面を心がければ、長期的ではあるが堅実なPRとなる。

君の趣味について、メールを書いてくれてありがとう。私の息子もステッカーを集めていますよ。

いま会社にある全種類のステッカーを1枚ずつ郵送します。これらのステッカーがコレクションに加わり、君が喜んでくれることを願っています。

構成 まず❶メールを受け取ったことを知らせる。それから要望に応えて❷送付することを知らせる。

語句 ❶**メール受け取りの知らせ**　Thank you for your e-mail telling us about your 〜.「あなたの〜について知らせてくれてありがとう」相手主体のyou-attitudeで優しく始める。**My son..., too.** 相手との共通点に触れることにより親しみが出る。
❷**送付の知らせ**　ビジネスライクなメールなら、出だしにもってくるところ。**I am mailing you 〜**「〜を郵送します」**all the stickers that 〜 now has**「いまあるすべてのステッカー」allが決め手。できる限りのサービスをしていることを示すと同時に、この件に関してこれ以上してあげられることはないという含み。**a nice addition to your collection** 先方がメールで使った表現をそのまま引用して、希望に沿うことを願っている旨を伝えると親しみが増す。

ポイント 子どもへのメールは、Attached are 〜で始まり、Thank you for your interest in our products.で終わるような事務的な書き方をしない。また、主語に会社を表すweではなく、個人のIを用いて温かい親しみのあるものにする。

文例 197 応用 結びを変えて

私たちからのクリスマスプレゼントとして受け取ってください。

Please accept them as our Christmas gift to you.

おそらく、君たちの国でこれらのステッカーをコレクションの中に持っている少年は、君ひとりだけだと思います。

You are probably the only young man in your country with these in his collection.

TEXT

From: Motoaki Sato [motoaki.sato@hiscompany.com]
To: Gene Gregoratto
Cc:
Subject: Sticker collection

Dear Mr. Gregoratto:

Thank you for your e-mail telling us about your hobby. My son collects stickers too.

I am mailing you one each of all the stickers that our company now has. I hope they make a nice addition to your collection.

Sincerely,

Motoaki Sato
Manager

送付	文例
依頼された原稿（講演内容の要約）を送る ☞ 依頼されたものを送るのが承諾の返事	**198**

講演を引き受けたところ、主催者からその要約の提出を求められたので、それを送付するメール。送付の知らせ＝承諾の返事になっているわけである。むだのないビジネスライクなメールだが、プラスアルファとして別の資料を送るなど、協力的姿勢がうかがわれる。

6月1日の講演でお話ししたいと考えている内容の要約を添付いたします。効果を高めるために数カ所でスライドを用いますので、そのファイルも含めてあります。

立派な方々を前に講演するという栄誉あるお招きにあずかり、改めてお礼申し上げる次第です。

5月30日にお目にかかれることを楽しみにしております。

構成 ❶送付の知らせ。依頼されたもの以外についても触れる。次に❷講演依頼に対する感謝を述べる。最後は「会えるのを楽しみにしている」という❸社交的結び。

語句 ❶**送付の知らせ** プラスアルファとして、依頼されたもの以外にも役立ちそうなものを送ると一層受けがよくなる。**Attached is**「～を添付いたしました」承諾の場合はすぐに添付したことから入る。**a brief**「要約」a summary または a synopsis でもよい。**expect**「予定する」**covering**「内容に含む」**I have included**「～も加えました」I also included でもよい。**I will be using** use を進行形にしていることで間近な感じがして、現実感が出る。**to reinforce certain points**「いくつかの点を強調するために」

❷**講演依頼への感謝** **Thank you again for**「～に対し改めてお礼申し上げます」**honoring me with an invitation to speak**「光栄にも講演のお招きにあずかったこと」**a distinguished group**「偉い方々、お歴々」

❸**社交的結び** **I look forward to** 会えるのを楽しみにしている、という当たり障りのない結びだが、**in person**（じかに）という言葉と **on May 30** という具体的な日付が温かみを添えている。日付はまた、確認にもなる。

ポイント 「お会いしたい」と伝えるとき、「どこで」とか「いつ」といったことをなるべく具体的

文例 198

に入れるほうが誠意がこもる。具体性がないと英語ではおざなりに聞こえる。

応用 A) 協力的な申し出を入れて　B) 協力の要請を入れて

A) ほかに必要な情報があればご連絡ください。

Please write if you require additional information.

B) ホテルから貴社までの交通の便を手配してくだされば大変ありがたく存じます。

I would appreciate it if you could make the arrangements for transportation from my hotel to your facilities.

TEXT

From: Goro Nomura [goro.nomura@hiscompany.com]
To: Benton Henderson
Cc:
Subject: Content of lecture

Dear Dr. Henderson:

Attached is a brief of the material I expect to be covering during my lecture on June 1. I have included the file of the slides I will be using to reinforce certain points.

Thank you again for honoring me with an invitation to speak before such a distinguished group.

I look forward to meeting you in person on May 30.

Sincerely,

Goro Nomura
Senior Analyst
Japan Logistics Society

送付	文例
記入した書式を追加書類とともに送る ☞ 事務の簡略化と促進のためには完全情報を	**199**

新しい取引を始めるにあたって、財務状態を報告する書類の提出を求められた。きちんと記入した書類を送り返すわけだが、それだけでなく、その裏付けとしてさらに役立つと思われる書類も提出して、一度のやりとりですべて済ませてしまおうというメール。

2月3日付のメールでお送りいただいた財務資格報告書に記入を済ませまして、ここに添付いたします。
このほかに弊社の最新の損益計算書と法人税納入証明書も添付いたしました。いずれにも税務当局の正式な証印があります。
ほかに必要なものがあればお知らせください。

構成 ❶送付の知らせ。何をなぜ送っているのかを述べる。❷プラスアルファの送付物について。要求されたもの以外にも、役立つと思われる書類は先手を打って送っておく。最後は❸協力的な結び。

語句 ❶送付の知らせ　Attached is「〜を添付します」completed「すべて記入済みの」完全なものを送っていることを示す。that accompanied your e-mail of「〜(日付)のメールに添付されていた」先方に提出を求められているからという送付理由。
❷プラスアルファの送付物について　Also attached are「さらに〜を添付します」most recent「最新の」古いものでは意味がない。P/L statement「損益計算書」certificate of tax payment「納税証明書」Please note that「〜してあります」とくに注意を向けたいことに導く表現。ここでは、証明書が正当なものであることを強調したいので。bear the official seal「正式な証印が押してある」
❸協力的な結び　ほかに必要なものがあれば送ることを付け加える。Please let us know if「もし〜ならお知らせください」

ポイント Please note thatはとくに注意を向けたいことを導く表現。Please understand thatはとくに事情を理解してほしいことを導く表現。

応用 送付書類についての説明

日本では普通、財務資格を調べるときには「公認会計士による承認」を必要としませんので、その代わりにこれらの書類を添付しました。

These are being offered in lieu of an "endorsement by a licensed certified public accountant" which is not normally provided in checking financial background here in Japan.

日本ではこれらの書類は公認会計士による承認に匹敵します。

These are equivalent to endorsement by a licensed CPA here.

TEXT

From: Kazuo Egashira [kazuo.egashira@hiscompany.com]
To: Sid Wayne
Cc:
Subject: Financial documents

Dear Mr. Wayne:

Attached is the completed financial background form that accompanied your e-mail of February 3.

Also attached are copies of our most recent P/L statement and certificate of corporate tax payment. Please note that both documents bear the official tax authority's seal.

Please let us know if you require additional information.

Sincerely,

Kazuo Egashira
Assistant Manager
Overseas Finance Department

送付	文例
急ぎの必要書類を送る（friendly）	**200**
☞ 短いメールで催促する	

取引の話が最終段階にきたところで、手続きを委任しているところから書類の提出を求められた。それを送ればあとは手続き完了の知らせを待つのみである。お互いによくわかっていることなら細かい説明を省き簡潔な文面にする。短いメールは急いでいる印象を与え、催促の意味も兼ねる。

ご依頼のあった、弊社社長の資産報告書を添付いたします。この報告書は、どちらかというと正味資産より低めの評価になっているかと思われます。これによって、すべてが順調に運ぶことを望んでおります。
取り急ぎ用件のみにて失礼いたします。

構成 ❶送付の知らせ。何をなぜ送るのかを述べる。 ❷メールの短さを詫びる。

語句 ❶**送付の知らせ** 何をなぜ送るのかを入れるとともに、送付物に対して説明があれば加え、前向きな一言を添える。 **Attached is**「〜を添付します」何を送るのかからすぐ入る。この場合 We are happy to send などとする必要はない。**the financial statement**「資産報告」**that you asked for**「ご依頼のあった」なぜ送っているかの説明である。**I feel that, if anything,**「どちらかと言えば〜だと思う」**undervalues**「低めに見積っている」**net worth**「正味資産、純資産」**I hope this will keep things rolling**「これで順調に進みますように」前向きな一言。
❷**短いことのお詫び** このメールは意味があって短くしているわけだが、それでも冷たい印象を与えないようにという心配りとしてお詫びの言葉を一言入れる。**Pardon** 単刀直入なお詫びの言葉。**note** e-mailと言わずにnote（走り書き）としているところにもお詫びの気持ちが入っている。

ポイント financial statementは個人や会社が動産や不動産を購入する際、とくに銀行の融資を受ける場合に要求される。所得、財産、負債などが細目にわたって記され、公認会計士が作成署名する。

文例 200

応用 A) 送付の知らせを変えて　B) 送付物についての一言を変えて

A) 弊社社長の資産報告を添付いたします。これは私どもの作成できる範囲で精一杯のものです。

Attached is the financial statement for our President, which we have completed to the best of our ability.

B) 日本ではこのような報告書は、通常のビジネスの手続きにおいて必要とされないことをご理解ください。

Please understand that such statements are not part of normal business procedures here.

TEXT

From: Ken Usuda [ken.usuda@hiscompany.com]
To: Marion Kane
Cc:
Subject: Financial statement

Dear Marion,

Attached is the financial statement for our President that you asked for. I feel that, if anything, it undervalues his actual net worth. I hope this will keep things rolling.

Pardon the brevity of this note.

With warmest personal regards,

Ken Usuda

送付	文例
不足書類を送る (1)——一般的	**201**
☞ 一言でもお詫びを添えて	

さあこれで契約成立だと意気込んでいたのはいいが、必要書類が1つ足りないことが判明した。これは、その不足書類を送付するメール。短いが、それでも文例202のメールと比べるとビジネス上の折り目正しさがうかがえる。

> こちらの手落ちにより最終段階で問題が起こり、申し訳ありません。
> 添付の公正証書で必要書類がすべて整うことと存じます。

構成 まず、書類が足りなかったという❶不備に対して詫び、❷送付の知らせを、前向きな一文の中に織り込む。

語句 ❶**不備へのお詫び** Please accept our apologies「深くお詫びいたします」次の文がWe trustと続いているので、単調さを避けるため、We apologizeとは始めない。the last-minute problems「土壇場のごたごた」our oversight「こちらの手落ち」
❷**送付の知らせ** We trust「〜と存じます」前向きな力強い表現。notarized documentation「公正証書」公証人が作成した正式な書類 complete things「万端整う」

ポイント どんなに短い内容のメールでも、文章は2文以上にしたほうが好ましい。1文では、あまりにもそっけない印象を与えてしまう。

応用 書き出しを変えて

書類のご請求がいささか多すぎるのではないかという感じを受けております。	Your documentation requirements are beginning to strike us as being slightly excessive.
寛大なお取り計らい、ありがとうございます。	Thank you for your patience with us.

TEXT

From: Masahisa Kunihiro [masahisa.kunihiro@hiscompany.com]
To: Kim Norton
Cc:
Subject: Notarized documentation

Dear Ms. Norton:

Please accept our apologies for the last-minute problems caused by our oversight.

We trust the notarized documentation attached will complete things.

Sincerely,

Masahisa Kunihiro
General Manager
Legal Department

送付	文例
不足書類を送る (2)——親しい相手に	**202**

☞ よく事情のわかっている人には簡潔できびきびとした文面で

文例201と同じで、契約成立かと勇んでいたのに、書類が1つ不足していた。これはその不足書類を送付するメール。ただし、こちらは相手がごく親しい人の場合。状況を説明せずともよくわかっているので、ごく短い文面となっている。

土壇場でごたごたして申し訳ない。
これで万端整いますように。

構成 まず、書類が足りなかったという❶不備に対して詫び、❷送付の知らせを、前向きな一文の中に織り込む。

語句 ❶**不備のお詫び** Sorry about「申し訳ない」I amが省略されている。省略は親しい間柄のときのみ。the last-minute problems「土壇場のごたごた」
❷**送付の知らせ** Hopefully「～ますように」文全体を修飾している。thisここでは書類のこと。お互いによくわかっているので具体的に書かれていない。complete things「万端整う」

ポイント 文例201のメールと比較して、親しい相手に出したメールには①Dear ～の部分がファーストネームになっている、②文中の語の省略が見られる、③Warmest regardsというpersonalな感じのする結びになっている、という差がみられる。

応用 (上)取引相手について触れる　(下)健闘を祈る

先方は少しこだわりすぎのようです。　　I think they're getting a little carried away.

頑張ってください。　　Hang in there.

TEXT

From: Frank Jersey [frank.jersey@hiscompany.com]
To: Bob Franklin
Cc:
Subject: Apologies

Dear Bob,

Sorry about the last-minute problems.
Hopefully this will complete things.

Warmest regards,

Frank

送付	文例 203
請求書の間違いを訂正して送る	
☞ くどくどと弁明せず事務的に	

請求書を送ったところ、先方から金額が違っているという指摘がきた。なるほどこちらのミスなので、金額を訂正した請求書を送り、迷惑を詫びるもの。この種のメールは、ミスについてあれこれ弁明するよりは、簡単に触れる程度で済ませ、ビジネスライクにてきぱきと処理している印象を与えること。

請求額7万393ドル60セントの訂正済請求書を添付いたします。10月31日付No.509-6312の請求書の間違いをご指摘により訂正したものです。
数字の食い違いは私どもの事務的なミスでした。
ご迷惑をおかけして申し訳ありませんでした。このようなことが二度と起こらないように、できる限りの注意を払う所存です。

構成 まず❶送付の知らせ。何をなぜ送付しているか述べる。次に❷間違いの理由説明を簡単にする。最後に、迷惑をかけたことを❸詫びる。

語句 ❶**送付の知らせ** 請求書の金額、ナンバー、発行日、なぜ送付しているかを確認のため入れる。Attached is「〜を添付します」a revised invoice for「訂正した請求額〜のインボイス」金額をforで表す。rectifies the discrepancies「食い違っている点を訂正する」invoice number 〜 dated 発行のナンバーと日付を明示する。
❷**間違いの理由説明** ごく簡単に触れる程度でよい。difference「差(額)、食い違い」clerical oversight「事務上の不注意」on this side「こちら側の」on our side、on our partともいう。
❸**お詫び** apologize for the inconvenience caused「それによる不都合に対して詫びる」do our best to「できる限りのことをする」see that「〜するべく配慮する、注意する」

ポイント ビジネス上のお詫びのメールにはpersonal touchは不要。ビッグワード(硬い言葉)を用い、事務的に処理しているという印象にする。mistakeで済むところをclerical oversight、またcorrect the mistakesで済むところをrectify the discrepanciesとしてい

文例 203

るのはそのためである。

応用 理由説明のバリエーション

3,000ドルの差額は、私どもの勘違いから生じたものでした。	The $3,000 difference was caused by a misunderstanding at our end.
今回の手違いは、新しく導入した自動請求装置の故障によるものでした。	The problems were the result of difficulties with our new automated billing system.

TEXT

From: Sawa Nozawa [sawa.nozawa@hercompany.com]
To: Paul Allen
Cc:
Subject: Revised invoice

Dear Mr. Allen:

Attached is a revised invoice for $70,393.60 which rectifies the discrepancies you found in our invoice number 509-6312 dated October 31.

The difference was due to a clerical oversight on this side.

We apologize for the inconvenience caused and will do our best to see that this kind of thing does not happen again.

Sincerely,

Sawa Nozawa
Billing Supervisor

送付	文例
再発行した請求書を送り、支払いを催促する	**204**
☞ 速やかに支払ってもらうため事務的に話を進める	

売掛金支払いの催促をしたところ、請求書が「見当たらない」という返事がきた。そこで請求書を再発行し、速やかな支払いを求めるとともに、支払いの重複が起こらないような処置を依頼するメール。請求書を送ったか送らないかが問題なのではなく、速やかに支払ってもらうことがポイント。

8月14日実施の弊社業務に対するインボイスを添付いたします。これは、貴社で見当たらないとのことですが、9月10日付インボイス703-261-78番としてすでに請求済みの分です。これによって、貴社側で二重支払いの問題が生じることのないようご注意ください。
また、この支払いは期限をかなり過ぎておりますので、貴社の支払い手続きを迅速に行っていただきますよう、お願いいたします。

構成 まず❶送付の知らせ。何をなぜ送付しているのか述べる。次に、これ以上面倒なことにならないように❷注意を呼びかける。また、当然支払いが遅れているわけだから❸迅速な処理を求めて結ぶ。

語句 ❶送付の知らせ　番号など具体的な情報を入れる。**Attached is an invoice for**「〜についてのインボイスを送ります」**previously billed under**「〜番としてすでに請求した」番号は先方の事務処理のためであり、こちらもきちんと行っているという証明ともなる。**which you indicated**「〜とおっしゃっている」saidを使わずにぼかした表現にしてある。ここでは「送った」「受け取っていない」といった言い合いより、早く払ってもらうことが大事なので。
❷注意の呼びかけ　see that「〜に注意する、〜するように取り計らう」**duplicate payment**「支払いの重複」double paymentは幼稚な感じ。
❸迅速な処理を求める　the account is long overdue「この金額は支払期限をかなり過ぎている」**expeditious processing**「迅速な処理」これは事務的な響きがある。quick handlingも簡単でよい。**payment**「支払い」

文例 204

ポイント please see that の see は「まちがいなく〜する」の意で be sure や make sure、insure とも言い換えることができる。 日本人にはなかなか出てこない表現。

応用 (上)相手の言い分のバリエーション　(下)再発行の請求書の補足説明

貴社では受け取られていないとのことですが…　　... which you indicated had not been received.

ご要望に従って明細を加えましたが…　　... which contained the breakdown you requested.

TEXT

From: Yoshiharu Koyama [yoshiharu.koyama@hiscompany.com]
To: Alicia Simpson
Cc:
Subject: Invoice resent

Dear Ms. Simpson:

Attached is an invoice for services rendered on August 14, previously billed under our invoice number 703-261-78 of September 10, which you indicated could not be located.

Please see that this does not cause duplicate payment problems on your side.

Also, since the account is long overdue, we would very much appreciate expeditious processing of payment on your side.

Sincerely,

Yoshiharu Koyama
Accounts Supervisor

送付	文例
請求書の明細を送る	**205**
☞ 一言前向きの言葉を添える	

請求書の内訳を知らせてほしいという問い合わせに対して、内訳を送ることを知らせるメール。応用範囲が広く、パンフレットやspec sheetなど、追いかけの詳しい情報を送るときに使えるフォームである。三大原則は、短いこと、的を射ていること、協力的であること。

> 11月18日付のメールでご依頼いただいた、請求書No. 5074-3899の請求金額に対する明細を添付いたします。
> この添付書類によって、貴社の目的に十分かなう情報がお届けできるものと存じます。
> ほかにも私どものお役に立てることがございましたら、どうぞご遠慮なくお申し越しください。

構成 まず❶送付の知らせ。何に対しての追加情報をなぜ送っているのか述べる。次に❷送付物についての前向きな一言を述べ、最後は❸協力的な結びで締める。

語句 ❶送付の知らせ　何に対しての追加情報をなぜ送っているか、具体的に。**Attached is**「〜を添付します」**breakdown**「内訳、明細」**under our invoice No. 〜**「No. 〜の請求書で」前置詞underに注目。**which you requested in your e-mail of**「〜日付のメールでご依頼いただいた」
❷送付物についての前向きな一言　この場合は、これが適切な情報であることを望む旨を伝える。**We trust**「〜と存じます」we are sureより確信の度合いが高く、「間違いなく希望にかなっているはず」という気持ちが込められている。**the attachment**「添付書類」**sufficient detail for your purposes**「そちらの目的に十分かなった情報」
❸協力的な結び　**Please do not hesitate ... assistance.** 引き続き協力する旨を伝え、こちらの誠意を示す決まり文句。**should there be** = if there is

ポイント you requested in your e-mailにみられるように、依頼を表す動詞としてのrequestは最も事務的な感じのする語である。会話調で柔らかい印象を与えるのはask for、強い感じがするのはrequire、さらに強くなるとdemandになる。

文例 205 応用 結びを支払いの催促に変えて

支払いの手続きが早速行われるよう、よろしくお取り計らいください。

Anything you could do to expedite payment would be very much appreciated.

この請求書が迅速に処理されることを望んでおります。

We look forward to a prompt settlement of this account.

TEXT

From: Chiaki Honda [chiaki.honda@hercompany.com]
To: Jack Robinson
Cc:
Subject: Detailed breakdown

Dear Mr. Robinson:

Attached is a complete breakdown on the amount billed under our invoice No. 5074-3899 which you requested in your e-mail of November 18.

We trust the attachment will provide you with sufficient detail for your purposes.

Please do not hesitate to ask should there be some other way in which we could be of assistance.

Sincerely,

Chiaki Honda
Assistant Manager
Accounting

送付	文例
新しい報告用紙の送付を知らせ、活用を望む	**206**
☞ 別便で送るのは根回しのひとつ	

新形式になったことを前もって知らせて、先方に心の準備をうながすメール。こちらのためであると同時に、先方のためにもなるということを強調して新しいものをスムーズに受け入れてもらうようにする。

このたび、修理報告の新しい用紙とそれに関する手引が完成しましたので、郵送いたします。この報告書の目的は、貴社のサービス部門が製品に関する問題や顧客の苦情などを私どもに通知していただきやすくするためです。私どもにとりましても、これらの問題を是正するのが容易になるというわけです。

問題が起きたらすぐにこの用紙で私どもに知らせてください。また、フォークリフトの品質とサービスを向上させるための提案がありましたら、どんなものでも結構ですからお知らせください。

構成 ❶新しい用紙を送付する旨を伝える。次に❷その目的とメリットを述べ、❸協力を依頼する。

語句 ❶送付の知らせ　new 新しくなったことを伝える。related「それに関する」have recently been completed「このたび完成した」recently の位置に注意。are being forwarded「送られます」

❷その目的とメリット　The purpose of「〜の目的」make it easier for your service department to「貴社のサービス部門にとって〜するのが容易になる」相手のためになるということを示す。keep us informed「〜についての状況についていけるようにする」facilitate「容易にする」

❸協力の依頼　Please use this report to advise us「この書式を使って知らせてください」へりくだった態度の言い方。as soon as they occur「起こり次第」any suggestions「提案があれば何でも」

ポイント 新しい手引の利点について相手に説明することで、活用しやすくする。

文例 206 **応用** 報告用紙改良についての説明を一言

この報告用紙は、現場から寄せられた提案に沿って大幅に改良しました。

The form has been thoroughly redesigned in line with suggestions received from the field.

この報告用紙は、当方の製造・設計部門のスタッフが、そちらの状況を常に把握しておくためのもので、これにより対応時間が短縮されることと思います。

This form is designed to keep our production and design people on top of your situation and will work to reduce reaction time.

TEXT

From: Takashi Kawabata [takashi.kawabata@hiscompany.com]
To: Peter Carlson
Cc:
Subject: New Technical Report

Dear Mr. Carlson:

The new Technical Report form and related procedure manual have recently been completed and are being forwarded to you by postal mail.

The purpose of this report is to make it easier for your service department to keep us informed of product problems and customer complaints. This will facilitate correction of these problems on our side.

Please use this report to advise us of problems as soon as they occur or to send any suggestions you may have on improving fork-lift quality and service.

Sincerely,

Takashi Kawabata
Assistant Manager
Service Support

送付	文例
苦情のメールを担当者に転送し、迅速な処理を要請する	**207**
☞ 責任をもって結果までフォローする	

こちらの担当以外の苦情を担当者に、あるいは代理店のある国からの苦情をその代理店に回す際のメール。こちらの管轄ではないにしても、最初にメールを受け取った責任上、速やかに処理することを望み、結果も一応知っておきたい。用件だけでむだのないビジネスライクなメールである。

> 転送したのは、そちらの管轄のお客さまからの苦情のメールです。迅速に対処し、結果をお知らせください。

構成 ❶転送したメールについて説明する。次に❷速やかな処理を望み、結果の報告を要請する。

語句 ❶**転送したメールの説明** 何をなぜ送っているのかを知らせる。**I'm forwarding**「〜を転送します」**a dissatisfied customer**「苦情のある客」**in your territory**「そちらの管轄の」この部分がなぜ送っているかの説明である。

❷**速やかな処理と結果報告の要請** **take action on**「〜に対して手を打つ」**prompt**「迅速な」**get back to us**「(結果を)知らせる」口語的で親しみのこもった言い方。**inform us (of 〜)**にすると、硬くなって改まった調子になる。**on the outcome**「結果について」

ポイント メールの転送機能を使って苦情のメールを転送する。

応用 処理と結果報告を望む文のバリエーション

速やかに対処し、その結果のご報告をいただきたいと思います。	We would appreciate prompt action on his problem and a report on the outcome.

207

苦情は当然かと思われます。調査をして、その結果をご報告ください。

He seems to have a legitimate complaint. Please look into it and let us know how things come out.

TEXT

From: Naojiro Kanbara [naojiro.kanbara@hiscompany.com]
To: Dennis Bireley
Cc:
Subject: Fwd: Customer Complaint

Dear Mr. Bireley:

I'm forwarding an e-mail from a dissatisfied customer in your territory. Please take prompt action on his problem and get back to us on the outcome.

Sincerely,

Naojiro Kanbara
Deputy Manager

送付	文例
キャンペーン資料の送付を伝え、活用法を指示する ☞ 勢いのある言葉を用いて雰囲気を盛り上げる	**208**

CIキャンペーン (corporate identity campaign＝会社のイメージを上げるための宣伝キャンペーン)のスケジュールを送り、今後、バッジと本が送られる予定であることを伝える。さらにそれらをどのように使ってほしいかの指示を与え、効果的な活用を望むメール。

喜んで今会計年度上半期のCIキャンペーン計画書を添付いたします。マスコミ宣伝に加え、以下の補助品をお送りするつもりです。これらの品は販売促進活動にご活用ください。
　CIバッジ
　　このバッジは7月末にお送りする予定です。E-TEK製品すべてにご利用になれます。地域での販売活動の際の景品としてお使いください。
　『伝統のあけぼの』
　　この本は日本文化とE-TEKの技術を紹介するもので、英語で書かれています。政府職員、銀行関係者、大学教授、ユーザー、ジャーナリストなど有力な方々にお渡しください。
そちらの市場にE-TEKの名前を広めるために、これらの品が有効に使われることを望んでおります。

構成 まず❶送付物の説明をし、その活用を望む。次に❷個別に活用法を説明する。最後に❸活用を望んで結びとする。

語句 ❶送付物を説明し、活用を望む　It is our pleasure to attach「～を喜んで添付いたします」Attached isと始めなかったのは、「お待ちかねの」という感じを出して、キャンペーンの気分を盛り上げたいため。first half「上半期」fiscal「会計年度」In addition to「～に加えて」Please use (送付物) in「(送付物)を～に活用してください」
❷個別に活用法を説明　It will be available for「～に適用される」Please use (送付物) as「(送付物)を～として使ってください」giveaway「景品」Please give「配ってください」influential people「影響力のある人、インフルエンサー」
❸活用を望む　hope you will use ～ effectively「～を効果的に使っていただきますよう

に」

ポイント「〜など」という場合、such as A, B, and Cという言い方とA, B, C, etc.がある。どちらかというとsuch as 〜のほうがていねいな響きがある。 such as 〜 etc.と両方を一緒に用いることはできない。

応用 A) 活用法のバリエーション　B) 活用を望む文のバリエーション

A) お手持ちの品が切れたら、これらの新しい品をお使いください。

Please introduce these new materials when existing materials run out.

B) これらの品々を効果的に使うことによって、E-TEKブランドがそちらの市場でさらに浸透することを願っております。

Through the effective use of these materials, we hope to better establish the E-TEK brand in your market.

TEXT

From: Kan Fujii [kan.fujii@hiscompany.com]
To: Alison Roberts
Cc:
Subject: CI schedule

Dear Ms. Roberts:

It is our pleasure to attach our CI campaign schedule for the first half of the fiscal. In addition to media inserts, the following support materials will be provided for you. Please use these materials in your sales promotional activities.

CI Badge
This badge will be sent to you at the end of July. It will be available for all E-TEK products. Please use this badge as a giveaway in your local sales activities.

"The Dawns of Tradition"
This book introduces Japanese culture and E-TEK's technology in English. Please give it to influential people such as government officials, bankers, university professors, users, and journalists.

We hope you will use them effectively in promoting E-TEK's name in your market.

Sincerely,

Kan Fujii
Director of Public Relations

文例 209	送付
	契約書を郵送し、しかるべき処理をメールで依頼する
	☞ さりげなく請求書を添付する

いろいろなやりとりの後、やっと契約成立と相成った。契約書のほか、覚え書き、議事録、ただし書きなどの送付の場合にも応用できる。

貴社との契約書2通を書留で郵送いたします。両方にご署名の上、1通をなるべく早くご返送ください。
また、第1回目の支払請求書を本メールに添付いたしました。
よろしくお願い申し上げます。

構成 まず❶郵送物を説明し、しかるべき処理を依頼する。次に❷メールの添付ファイルについて説明する。最後に、この件につき❸協力を求める。

語句 ❶郵送物の説明と処理の依頼　I am sending you「～を郵送します」two copies　copyは文字通り「コピー、写し」の意で使うこともあるが、ここでは、書類の部数を表す言葉。at your earliest convenience「都合のつく限り早く、できるだけ早く」as soon asほどには切羽詰まっているわけではない。
❷添付物について　a bill for「～に対する請求書」
❸協力を求める　Thank you for your cooperation.「よろしくお願いします」決まり文句。前もってお礼を述べておいて協力を促すわけである。

ポイント 相手に郵便物を送付したことを知らせるための表現として一般的に使われているもの。外国人の名前でどれがファーストネームでどれがファミリーネームかわからないことがあるが、その場合はフルネームで書くようにする。

応用 そのほかの添付ファイルを加えて

| また、ご参考までに、弊社の標準的な注文書式を添付いたします。 | Also attached is a copy of our standard ordering form for your reference. |

また、最近発行された弊社の年報を添付いたします。

Also attached is a copy of our recently published annual report.

TEXT

From: Michitaro Kanbe [michitaro.kanbe@hiscompany.com]
To: Nasrullah Tarig
Cc:
Subject: Copy of contract

Dear Mr. Nasrullah Tarig:

I am sending you two copies of our contract with you by registered mail. Please sign both copies and return one to us at your earliest convenience.

I've attached a bill for your first payment.

Thank you for your cooperation.

Sincerely,

Michitaro Kanbe
Manager
International Sales

文例	送付
210	**署名した契約書を返送する**
	☞ 好ましいことも好ましくないことも迅速に処理する

文例209に対する返事のメール。 しかるべく署名した契約書を送り返し、請求に対してはきちんと関係部署に回したことを伝えるもの。 契約書についても請求書についてもきちんと処理したことを示し、契約が整った挨拶として、今後のお互いの関係に対する期待をこめて結ぶという形。

> 8月6日にお送りいただいた契約書をしかるべく完成させ、書留で郵送いたしました。
> お送りいただいた請求書は経理部のほうへ回し、支払い処理しております。
> 今後、お互いの利益のために協力し合っていければ幸いです。

構成 まず❶署名した契約書を返送した旨を伝え、❷請求書に対する処理もきちんと行ったことを知らせる。 最後は、今後のお互いの関係に対する❸社交的な結びで締める。

語句 ❶**署名した契約書返送の知らせ** properly executed「正しい処置をした」ここではsignedということ。copyここでは書類の部数を表す言葉。you sent on onで送付の日付を表す。 折り返しすぐに返送しているのならwe received onと、受け取った日付を入れてもよい。
❷**請求書に対する処理報告** The bill you sent「お送りいただいた請求書」has been routed to「(しかるべき経路として)〜に回した」routed を用いると「たらい回し」のニュアンスがなくてよい。for payment「支払うように」
❸**社交的結び** We look forward to ... with you. 契約成立や取引の始まりの際の典型的な結びの文句。a mutually rewarding relationship「お互いに益のある関係」

ポイント メールに返信する場合、受信メールに書かれている内容と同じ順番でそれぞれの要点について述べること。

応用 （上）返送物として議事録を添付した場合　（下）修正した契約書を添付した場合

7月24日の会議の正式議事録に署名しましたので、添付してお送りいたします。

Attached is one signed copy of the official minutes of our July 24 meeting which you sent.

8月6日にご返送くださった修正契約書をしかるべく完成させましたので、添付いたします。開封に必要なパスワードは、別途お送りいたします。

Attached is a revised copy, properly executed, of the contract you sent back on August 6. The password needed to open it is being sent separately.

文例 210

TEXT

From: Nasrullar Tarig [nasrullar.tarig@hiscompany.com]
To: Michitaro Kanbe
Cc:
Subject: Re: Copy of contract

Dear Mr. Kanbe:

I have sent you by registered mail a properly executed copy of the contract you sent on August 6.

The bill you sent has been routed to our accounting department for payment.

We look forward to enjoying a mutually rewarding relationship with you.

Sincerely,

Nasrullar Tarig
Assistant Manager
Purchasing

文例 211 　送金

小切手を送付する——ホテルの予約金として

☞ 遅れた場合は言葉を尽くしてていねいに

ホテルの予約を申し込んだところ、予約金を請求された。予約金を受領して初めて予約が完了するということらしいが、少々送金が遅れてしまった。そこで、通常なら簡単な文面で済ませるところだが、相手への称賛の言葉を入れるなど、ていねいで言葉を尽くしたメールとなっている。

迅速かつ適切で用意周到なご手配に感謝しております。いつも、あなたやそちらのスタッフの方々のような行き届いた人々にお世話いただけることをうれしく思っています。
添付いたしましたのは額面1,000ドルの小切手の写しです。これで予約が整うと存じます。小切手は本日、宅配便で送付いたしました。出張に出ておりましたので、送金がやや遅れてしまいましたが、状況が変わらないことを望みます。
8月にそちらのすばらしいホテルに滞在するのを楽しみにしています。

[構成] まず❶予約手配に対するお礼を述べる。次に❷小切手添付の旨を述べ、遅れたことについて簡単に弁明する。最後は、先方のホテルに滞在することを楽しみにしているという❸社交的結びで締める。

[語句] ❶**予約手配に対するお礼**　相手への称賛を付け加える。prompt, pertinent, and thoughtful ほめ言葉を重ねている。It is always a pleasure to「～できるのをいつもうれしく思っています」deal with「取引する、仕事上の付き合いがある」ほかに do business with、work with なども同様の意。thorough「きちんとした」
❷**小切手添付の旨と遅れた弁明**　Attached is「～を添付します」the draft for「額面～の小切手」should finalize things「(これで)条件が整うはずです」the minor delay in「～が少々遅れたこと」in the interim「その間」will not alter the situation「～で状況が変わることはないだろう」予約はちゃんととれていますね、という含み。
❸**社交的結び**　I look forward to ～ ing「～できるのを楽しみにしています」your fine hotel「貴ホテル」fine で相手をもちあげている。

ポイント 米国ではビジネスでも日常生活でも小切手がよく使われているが、「小切手」を英訳する場合、ビジネス界の人に対してならdraftを、一般の人に対してならcheckを用いる。前者はビジネス界の専門用語だからである。

応用 送金の遅れに変えて

この金額は勘定のときに差し引かれるわけですね。	I understand this will be credited to my account.
早めに客室に入る件について、何らかのご配慮をお願いできたらと思います。	I am hoping something can be done about the early occupancy problem.

TEXT

From: Yoshiaki Taura [yoshiaki.taura@hiscompany.com]
To: Mathew Heimer
Cc:
Subject: Remitted payment

Dear Mr. Heimer:

Thank you for the prompt, pertinent, and thoughtful arrangements. It is always a pleasure to deal with people as thorough as you and your staff.

Attached is a copy of the draft for $1,000 which should finalize things. The draft was sent by courier today. I hope the minor delay in remittance caused by a business trip I had to take in the interim will not alter the situation.

I look forward to enjoying your fine hotel in August.

Sincerely,

Yoshiaki Taura
Managing Director

文例 212	送金
	送金を知らせる——ホテルの予約金として
	☞ 簡単な社交辞令を入れて柔らかい調子に

ホテルを予約したところ予約金を請求された。そこで、とどこおりなく送金手続きを済ませたことを知らせるメール。最低限に必要な文章だけではそっけなさすぎるので、社交辞令的な文や当たり障りのない文を付け加えて文の流れをスムーズにし、柔らかい調子にしている。

予約のご連絡に対し、早々のご返信ありがとうございました。まもなくおうかがいできることを楽しみにしています。
予約金500ドルはお振り込みいたしました。近々、お手元に届くと思います。

構成 まず❶予約引き受けに対するお礼を述べ、請求された予約金について❷送金したことを知らせる。

語句 ❶**予約引き受けに対するお礼** **Thank you for your quick reply concerning**「〜に関して早々のご返事ありがとうございました」**my request for**「〜の依頼」**I am looking forward to seeing you soon.**「まもなくお目にかかるのを楽しみにしている」toのあとは原形ではなく〜ing形であることに注意。この文は、とくに重要な意味のあるわけではない社交的な文である。
❷**送金の知らせ** **deposit**「前払い金、予約金」**was transferred today**「本日送金いたしました」be動詞を過去形にすることにより、すでに送金済みであることを表す。todayも「本日早速」のニュアンスで、全体としててきぱきと対応したという雰囲気が伝わる。**should**「〜はずである」**be receiving it shortly**「すぐに受け取る」現在進行形で、すぐにも届くというニュアンスを出している。この文も、とくに意味はないが、その前の文だけではそっけなさすぎるので付け加えている。

ポイント 意味なく文をつなげるよりは、別々の文にして歯切れをよくする。メールは意味内容だけではなく、雰囲気や調子も大きな要素である。

応用 A) 到着の日を入れて　B) 銀行振り込みの場合

A) 7月10日におうかがいできるのを楽しみにしております。

I look forward to seeing you on July 10.

B) 予約金500ドルは2日前に振り込まれたはずですので、このメールが届くよりも前にお手元に届いていると思います。

I understand the $500 deposit was transferred two days ago. You should have received it before you get this e-mail.

TEXT

From: Yoichi Ota [yoichi.ota@hiscompany.com]
To: Amie Borst
Cc:
Subject: Deposit sent

Dear Ms. Borst:

Thank you for your quick reply concerning my request for reservations. I am looking forward to seeing you soon.

The $500 deposit was transferred today. You should be receiving it shortly.

Sincerely,

Yoichi Ota
Managing Director

文例 213

送金

不足料金の送金を知らせる——部品の代金として

☞ 送金の情報を細かく伝える

直接海外のメーカーに部品を注文したところ、料金が不足であるという知らせがきた。これはその不足分に対する送金通知のメール。何に対するいくらの金額をどこの銀行から何扱いで送金したかの情報を盛り込み、遅れたことについて簡単に詫びている事務的なメール。

本日、青葉銀行を通しまして、8月31日付のメールにてご指摘のありました不足料金445ドルの支払い手続きをとりました。ちょっとした手違いから遅くなってしまいましたが、ご迷惑をおかけしたのではないかと案じております。

445ドルの送金は銀行振り込みにいたしましたのでご査収ください。

構成 まず❶送金したことを知らせ、**遅れたことを詫びる**。最後は、❷**送金方法**を示して前向きに結ぶ。

語句 ❶**送金の知らせと遅れたお詫び** We have taken steps to「〜の手続きをとりました」いきなり本題から入るビジネスライクな書き始め。today支払いが遅れているためにすでに行ったことを伝えて、先方を安心させる効果がある。through「(銀行)を通じて」銀行名を具体的に。pay the shortage「不足料金を支払う」you indicated in「〜でご指摘の」先方のメールの日付を入れて、効率よく今までのいきさつにふれる。Minor complications「ちょっとした手違い」原因に簡単に触れ、故意に遅らせたのではないことをさりげなく伝える。inconvenience you「ご迷惑をかける」

❷**支払方法** You should be receiving「(まもなく)受け取ることでしょう」by bank transfer「銀行振り込みで」支払方法を具体的に示すことにより、いつごろ届くかの目安がわかる。

ポイント 料金の不足を表す語にはshortage、balance（残額）、outstanding（未払い）などがある。この中でこちらの手落ちを素直に認めている感じを与えるのはshortageである。

応用 A) 郵送料の場合　B) 送金到着予想についてのバリエーション

A) 8月31日付メールにてご請求の445ドルは本日、青葉銀行を通じてお支払いいたしました。

The $445 due you referred to in your August 31 e-mail was paid through the Bank of Aoba today.

B) 送金は、すでにお手元に届いていることと存じます。

You should have received the remittance already.

TEXT

From: Aiko Hatakeyama [aiko.hatakeyama@hercompany.com]
To: Ron Read
Cc:
Subject: Remitted payment

Dear Mr. Read:

We have taken steps today through the Bank of Aoba to pay the $445 shortage you indicated in your e-mail of August 31. Minor complications are what caused the delay which we hope has not inconvenienced you.

You should be receiving the $445 remittance by bank transfer shortly.

Sincerely,

Aiko Hatakeyama
Publications Manager

文例 214	送金
	催促を受けたあと送金を知らせる——ホテルに
	☞ プラスアルファの資料添付で協力的態度を示す

ホテルに滞在中の友人のために手配を依頼したシャンパンの代金の支払いが延び延びになってしまい、督促状がきた。そのあとの送金の知らせなので、お詫びの気持ちを強く前面に打ち出し、また関連の資料を添付するなど協力的な態度を示している。

シャンパンの代金150ドルの支払いが遅れましたことをお詫び申し上げます。本日、銀行振り込みにて送金いたしました。

ご参考までに送金申込書のコピーと請求書のコピーを添付いたします。まだ送金が届いていない場合は、ご連絡いただければこちらで確認をとりたいと存じます。

本間氏一行は先月のそちらでの滞在をとても楽しんだようで、また訪れたいと楽しみにしているとのことです。

構成 まず❶遅くなったお詫びから入り、**送金したこと**を知らせる。次に、関連の資料を添付するなど❷協力的な態度を示す。最後に❸サービスへの称賛を示して結びとする。

語句 ❶**遅くなったお詫びと送金の知らせ** 催促に対してどのような処置をしたかが先方のいちばん聞きたい部分なので、初めにもってくる。**Please allow me to apologize for**「〜をお詫びします」こちらの落度であることを反省しているため、比較的長めのお詫びの表現にしている。**today** 遅れてしまったわけだが、それでも迅速な感じと誠意を示す。

❷**協力的態度** 先方の処理が早く済むよう関連の資料をつける。これが誠意。**Attached for your convenience is**「参考のため〜を添付します」先方のためという気持ちを強く押し出す。**the transfer form**「送金申込書」**statement**「請求書」接客業でよく使われる、billやinvoiceの婉曲表現。**please notify us**「(これ以上問題があれば)知らせてください」普通はここまで申し出ないが、この場合は送金が遅れているので協力的に申し出る。**have 〜 traced**「確認する」

❸**サービスへの称賛** **thoroughly enjoyed**「十分楽しんだ」**look forward to future visits**「また訪れることを楽しみにしている」

ポイント 送金が届いていない場合のフォローアップを提案することで、誠意を見せる。

応用 A) ルームサービス代金の場合　B) 二重の面倒へのお詫び

A) 9月5日付メールでお知らせいただいた、ルームサービス代金500ドルの支払いの遅れは、申し訳ありません。

Sorry for the delay in paying the $500 room service charges you informed us of in your e-mail of September 5.

B) 重ねてご面倒をおかけしましたことをお詫び申し上げます。

I apologize for the additional trouble caused.

TEXT

From: Tatsuo Shimazu [tatsuo.shimazu@hiscompany.com]
To: Benedict Steinlogger
Cc:
Subject: Remitted payment

Dear Mr. Steinlogger:

Please allow me to apologize for our delay in payment of the $150 for the champagne. A bank transfer for this amount was made today.

Attached for your convenience is a copy of the transfer form as well as a copy of your statement. If you have not received payment yet, please notify us so that we may have the transaction traced.

Mr. Honma and his associates thoroughly enjoyed their stay with you last month and are looking forward to future visits.

Sincerely,

Tatsuo Shimazu
General Manager

文例 依頼
215 送付依頼（1）——使用説明書の送付を依頼する

☞ 急ぎのときは完全な情報を入れて一度のメールで済ませる

購入した外国製品に付いていた使用説明書が読めないので、日本語版か英語版の説明書を送ってもらうよう依頼するメール。先方の対応を容易かつ速やかにするため、できるだけ詳しい情報を伝え費用の支払いを申し出る。このメールでは保証書のコピー添付により詳細かつ完全な情報を提供している。

私どもで最近、トラルコの燃焼分析機TG1510を購入いたしました。添付いたしましたのは、その機材の保証書らしきもののコピーです。
問題なのは、この機械の取扱説明書がスウェーデン語で書かれていることです。できましたら、この説明書の日本語版か英語版をお送り願えませんでしょうか。もちろんその費用は私どもで持たせていただきます。
迅速な処理をどうぞよろしくお願いいたします。

構成 まず、何を購入したかなどの❶背景説明をする。次に問題点をあげて❷送付を依頼する。その際、費用を支払う用意があることを伝える。❸「よろしく」で結ぶ。

語句 ❶背景説明　We recently いきさつの説明を切り出す。Attached is「〜を添付します」保証書のコピーを添付することで、製品名、製造時期、輸出経路など詳しい情報を伝えることができる。what looks like「〜らしい」その言語が読めないのではっきりとは言えない。
❷送付依頼　一度のやりとりで済むように整理して伝える。Our problem is that「問題なのは〜」If possible「できれば」we would appreciate your 〜 ing「〜していただければ幸いです」English version of「〜の英語版」take care of「支払う」pay の婉曲的な表現。any expenses involved「かかった費用全額」早く送ってもらうために送料なども含めて費用を支払う用意があることを示す。
❸「よろしく」　Anything you could do ... appreciated.「よろしくお願いします」決まり文句。expedite a solution「迅速に処理する」

ポイント 依頼の文は、根回しのための語句を冒頭にもってくることで、命令調になるのを避けることができる。たとえばこのメールの中では、普通の英語の流れとしては後ろに置くのが自然な if possible を前にもってきている。

応用 A) 添付物が領収書の場合　B) 送料を支払う用意がある場合のバリエーション

A) 購入の際の領収書を添付します。　　Attached is a copy of the purchase receipt.

B) 送料は私どもで負担させていただきます。　We would be happy to cover shipping expenses.

TEXT

From: Kayo Hirosaki [kayo.hirosaki@hercompany.com]
To: Patrick Marshall
Cc:
Subject: Manual for TG1510

Dear Mr. Marshall:

We recently purchased a Tralco Combustion Analyzer TG1510. Attached is a copy of what looks like a warranty card for this machine.

Our problem is that the operational manual with the unit is written in Swedish. If possible, we would appreciate your sending us a Japanese or English version of the manual. We would, of course, be happy to take care of any expenses involved.

Anything you could do to expedite a solution would be very much appreciated.

Sincerely,

Kayo Hirosaki
Assistant Manager
Technical Administration

文例 216	依頼
	送付依頼 (2)――論文応募要項の送付を依頼する
	☞ 相手方とのかかわりを強調する

このメールは学会事務局に宛てたものだが、組み立ては企業に資料の送付を依頼する場合にも応用できる。つまり、いつも製品を購入している、あるいは使用しているなど、当方と相手方とのかかわりをまず述べ、それから資料の送付を願うという順番で依頼する。

> 私どもは日本の企業の研究開発部門のお手伝いをさせていただいております関係上、技術論文の編集の依頼をよく受けます。その多くは貴誌に投稿されるものです。ですから、貴誌の応募要項を1部いただければ非常に助かります。
> 費用はもちろん当方で持たせていただきます。

構成 まず❶**背景説明**、つまり当方と相手方のかかわりから入り、それから**送付を依頼**する。最後は、❷**費用を支払う**用意があることを伝える。

語句 ❶**背景説明と送付依頼** In our role of「～という仕事上」仕事の活動分野を述べる言い回し。R&D arms「研究開発部門」R&D = research and development　are often called upon to「よく～を依頼される」A number of「～の多くは」are destined for「～に提出される、～に投稿される」your fine publication「貴誌」fine をつけて相手をほめる。It would, therefore, facilitate things ... if we could ～ 依頼表現のひとつといえる。仮定法の would や could を使った柔らかい依頼の表現。facilitate は「助けとなる、やりやすくする」。a copy of「～を1部」本や冊子などを数えるときの言い方。standards「応募要項」
❷**費用支払いの申し出** be more than willing to「喜んで～します」more than をつけないと「～してもいい」といった消極的な意味になる。reimburse「(費用などを)払い戻す、償還する」pay という露骨な言葉を避けた、硬い表現。any cost involved「かかった費用はすべて」

ポイント a number of (多くの)は複数扱い、the number of (～の数)は単数扱い。

応用 活動分野を変えて

私どもは、国内で、多くの大手研究機関のために技術論文を編集しております。

We edit scientific papers form any leading Japanese research institutes.

当研究所は、毎年、数百にものぼる技術論文を出版社に送っています。

Our laboratory offers hundreds of scientific papers for publication each year.

TEXT

From: Masayuki Nakagawara [masayuki.nakagawara@hiscompany.com]
To: Chris Roberts
Cc:
Subject: Publication standards

Dear Mr. Roberts:

In our role of assisting the R&D arms of Japanese corporations we are often called upon to edit scientific papers. A number of these are destined for your fine publication. It would, therefore, facilitate things a great deal if we could get a copy of your standards.

We would, of course, be more than willing to reimburse you for any cost involved.

Sincerely,

Masayuki Nakagawara
Publications Manager

文例	依頼
217	資料転載の許諾を得るための手続き方法をたずねる (1)

☞ あまり厚かましい依頼にならないように

アメリカの定期刊行物中の文章をテキストに使用することに関して、出版社に対して許諾を求めるための手続きのやり方をたずねるメール。先方に依頼する内容を具体的に伝えることが必要であるが、あまり厚かましい内容の文章にしないことが重要であろう。

現在、弊社ではテクニカルライティングのテキストの改訂を進めておりますが、このテキストの中に、『ABCテック・ブリーフス』からいくつかの文章を転載させていただきたいと考えております。この件に関して、貴誌に許諾をいただくための手続きにつき、お知らせいただければ幸いです。

私どもがテキストの中で使いたいと考えております転載個所の一覧表を添付いたします。出版の締め切り日が近づいておりますので、できるだけ早くお返事をいただければ幸いに存じます。

構成 まず❶目的と先方への依頼内容を説明する。次に❷添付ファイルの説明をし、**協力を依頼**する。

語句 ❶**目的と依頼内容の説明** We are preparing「～を進めています」would like to「～したいと考えている」こちらの趣旨や目的を率直に述べる。excerpts「引用文、転載文」passage の意味。It would be appreciated if you would「～していただければ幸いです」ていねいにお願いする。advise ～ of ...「～に…を知らせる」inform ～ of ...でもよい。❷**添付ファイルの説明と協力依頼** Attached is 具体的な添付物(転載個所の一覧表)により要望を明確に伝える。Your response at your earliest convenience would be greatly appreciated「できるだけ早いお返事をお願いします」柔らかい言い方で、早急な回答の協力を依頼する。our publication deadline is near「出版の締め切り日が近づいている」早く返事がほしいことを婉曲的に説明する。

ポイント 相手がeditorなので、性別が不明。とくに、依頼のメールなので、呼びかけはDear Sir or Madamと女性にも気を使っている。

応用 こちらの都合をよりはっきり述べる

9月の出版締め切りに間に合うように早急なお返事をいただけませんでしょうか。

A quick reply would greatly facilitate publication by our September deadline.

出版社の時間的な制約もありますので、本依頼につきましては、早急なお返事をお願いいたします。

Your expeditious handling of this request would be most helpful in meeting our publisher's time requirements.

TEXT

From: Mikio Nagashima [mikio.nagashima@hiscompany.com]
To: Publication Department
Cc:
Subject: Permission for articles

Dear Sir or Madam:

We are preparing to revise our textbook on technical writing and would like to include several excerpts from ABC Tech Briefs in the published text. It would be appreciated if you would advise us of the procedures for obtaining your permission to do so.

Attached is a list of the excerpts we would like to include. Your response at your earliest convenience would be greatly appreciated, as our publication deadline is near.

Sincerely,

Mikio Nagashima
Manager

文例 218	依頼
	資料転載の許諾を得るための手続き方法をたずねる (2)
	☞ 相手方関係者の指示通りに行っていることを示す

英文定期刊行物中の文章をテキストに転載することについて、出版社に許諾を得る方法を問い合わせるメールである。ただし、この場合、先に出版社よりコンタクト先 (元の文の執筆者) について返答を受け、その指示に従って執筆者に直接問い合わせを行っている。この種のメールでは、先方の指示通りに手続きを行っていることを知らせることが必要である。

英語版『サイエンティフィック・レビュー』誌の中の文章を使用することに許諾をいただけたらと存じます。私どもは当初、『サイエンティフィック・レビュー』誌のニューヨーク事務所にご連絡を差し上げました。その結果、同事務所の著作権部長リンダ・スミスさまより、先生に直接問い合わせを行うようにとの指示をいただきました。

現在、弊社では、テクニカルライティングのテキストの改訂を進めておりますが、このテキストの中に、『サイエンティフィック・レビュー』誌からいくつかの文章を転載させていただきたいと考えております。この件に関し、ご許可をいただくための方法につき、お知らせいただければ幸いに存じます。

添付させていただきましたのは、私どもが使いたいと考えております個所の一覧表です。テキスト出版の締め切り日が近づいておりますので、できるだけ早いお返事をいただけると助かります。

構成 まず❶メールを書いた経緯 (背景) を述べ、最初に連絡をとった出版社の指示通りに行っていることを説明する。次に❷目的と依頼内容を伝え、最後に、具体的に❸添付ファイルを説明し、相手方の協力を求める。

語句 ❶経緯・背景の説明　were advised by「～から知らされた」contact you　write you の意味。
❷目的と依頼内容の説明　We are preparing「～を進めています」would like to「～したいと考えている」こちらの趣旨や目的を率直に述べる。
❸添付ファイルの説明と協力依頼　Attached is 添付資料によって要望の内容を具体的に伝える。

ポイント Dear Mr. ～のあとは、通常、ファーストネームは省き、ラストネームのみとする。ただし、相手が不明なときは、Dear Sirs or Madamなどとする。かなり親しい間柄では、Dear Tomのようにファーストネームだけにすることも可能。

応用 先方の好感を得るためのバリエーション

この件に関し、ご許可をいただければ幸いです。	It would be very much appreciated if you would grant us your permission to do so.
私どもの目的は、先生の文章の一部をテクニカルライティングの模範例として使わせていただくことにあります。	Our aim is to use your excerpts as examples of good technical writing.

TEXT

From: Takao Nakano [takao.nakano@hiscompany.com]
To: Hans Otto
Cc:
Subject: Permission for articles

Dear Mr. Otto:

We would like permission to use excerpts from the English language version of Scientific Review. We wrote to the Scientific Review office in New York and were advised by the Permission & Rights Manager, Ms. Linda Smith, to contact you directly.

We are preparing to revise our textbook on technical writing and would like to include several excerpts from Scientific Review in the published text. It would be appreciated if you would advise us of the procedures for obtaining your permission to do so.

Attached is a list of the excerpts we would like to include. Your response at your earliest convenience would be greatly appreciated, as our publication deadline is near.

Sincerely,

Takao Nakano
Manager

依頼	文例
以前会った有力者に就職の相談をする	**219**
☞ 自分をきちんと思い出してもらうような書き方をする	

以前一度会って、アメリカで仕事をしたい旨を話したことのある有力者に改めて自己紹介し、就職についてソフトに依頼するメール。有力者に運良く出会えたチャンスを逃さずに利用している。それほど親しくない間柄なので相手の寛大さにすがる形で依頼し、あまり図々しい書き方はしない。

私の名前は大槻しおりと申します。私たちは昨年の夏、東京アメリカン・クラブで開かれたバブソン・カレッジの同窓会でお会いしました。当時、私はアクミ製薬のインターンでした。私がアメリカで働きたいとお話ししたことを覚えておいででしょうか。クリスマス頃に同窓会のときの写真をお送りしたと思いますが、先生のお手元に届いていることと存じます。

私は先頃、バブソン・カレッジを卒業し、国際マーケティングのMBAを取得しました。昨年お話ししたとき、ニューヨークで働くことに非常に興味があると述べたところ、大いに励ましてくださいましたね。私は、消費物資（国内製・外国製とも）のアメリカ市場への国際貿易・流通に関して、あらゆる側面を学びたいという希望を持っています。アクミ製薬で働き、その経験をもっと深めていきたいという気持ちを抱きました。アメリカに戻って、働き、学ぶことができればと強く熱望しております。

残念ながら、日本にいながらアメリカでの職を探すのはあまり現実的ではありません。何らかのご助言や情報などをいただければ幸いです。

履歴書を添付いたしました。ご都合のよろしいときに何らかの可能性についてお話しさせていただければありがたく存じます。

お時間とご好意をありがとうございます。お返事をお待ちしております。私の電話番号は040-3557-3363、メールアドレスはshiori.otsuki@hercompany.comです。

構成 まず、❶**先方とのつながり**（いつ、どこで、どういう状況で会ったか。そのときの自分の立場、話した内容）を思い出させる。次に❷**自分の紹介、売り込み**（学歴、資格、希望）をしたところで、❸**就職について依頼**する。❹**添付の履歴書**について触れる。❺**時間と好意に対するお礼**と、連絡方法を入れて**「返事を待つ」**旨伝える。❸❹❺の段落はそれぞれ短いが、別々の目的

を持つので分けたほうがよい。

語句 ❶**先方とのつながり** We met in（場所）+（時）会った時や場所を思い出させる。If you remember, we talked aboutそのときに話した内容を思い出させる。If you rememberは「覚えておいでかどうかわかりませんが」という気持ち。I believe that「たしか」相手が偉い人物なので、この語句をつけることによって遠慮の気持ちを出す。I hope that you received them.「送ったが確認の返事がない」ということを暗に表す、短いがパンチのある文。

❷**自分の紹介、売り込み** When we talked last year 相手の記憶を呼び起こそうとしている文。mentioned「触れた」sayに比べ、mentionは婉曲的な言い方になる。

❸**就職の依頼** ❹**添付の履歴書について** ❺**お礼と「返事を待つ」旨** ❸I would appreciate ❹(I) would be grateful to ❺Thank you for ──のいずれも感謝の気持ちをもって依頼しているが、同じ表現をくりかえさない努力・工夫がうかがえる。

ポイント I look forward to hearing from you.について。soonやshortly、as soon as possible、by 〜などの言葉をあえて入れないことで遠慮の気持ちが出る。

応用 結びを変えて

私は今のところ6月にアメリカに行く予定にしておりますので、そのときに面接を受けることも可能です。	I now plan to be in the United States in June and could be available for possible interviews at that time.
私は7月にアメリカを訪れるつもりですので、再度お目にかかってお話できればとてもうれしく存じます。	I will be visiting the U.S. in July and would very much appreciate a chance to meet and talk with you again.

TEXT

From: Shiori Otsuki [shiori.otsuki@hercompany.com]
To: Beth Stark
Cc:
Subject: Employment advice

Dear Dr. Stark:

My name is Michiko Tanaka. We met in Tokyo last summer at the Babson College Reunion at the Tokyo-American Club. That was during my internship at Acme Pharmaceutical Company. If you remember, we talked about my interest in working in the U.S. I believe that I sent you some pictures at Christmas time from the reunion. I hope that you received them.

I have recently graduated from Babson College with my MBA in International Marketing. When we talked last year, I had mentioned that I was very interested in working in New York, and you were very encouraging. I hope to learn all aspects of international trade and distribution of consumer goods (both domestic and foreign) into the American market. Working at Acme Company gave me a taste of what I would now like to experience in more depth. I am really enthusiastic about being able to return to the U.S. to work and to learn.

Unfortunately, it has not been very practical to look for a job in the U.S. from Japan. I would appreciate any advice or information that you could possibly offer me.

I have attached a copy of my resume and would be grateful to discuss any possibilities with you at your convenience.

Thank you for your time and consideration. I look forward to hearing from you. My phone is 040-3557-3363 and my e-mail address is shiori.otsuki@hercompany.com.

Sincerely,

Shiori Otsuki

文例 220	依頼
	紹介状を依頼する――研究所見学のため
	☞ 社交辞令の間に用件をはさみ込む「サンドイッチ形式」

国際学会出張のついでに現地の大学の研究所見学を希望し、関係者に紹介状を依頼するメール。 見学希望の研究所と懇意の人の紹介状があれば、見学をすんなり受け入れてもらえるのはもちろん、見学時の応対にも差が出てこようというもの。

去る5月にダラスで開かれたオプティコン・スキロメーター会議では、再びお目にかかれてとてもうれしく思いました。
実は、お願いがあってご連絡を差し上げた次第です。 私はヒューストンで開催される光ファイバー会議に関連して7月にテキサスに行く予定ですが、その間、ぜひともテキサス大学の研究所を見学したいと思っております。 この大学の高名な卒業生である先生に、紹介状を書いていただけたら、見学もすんなり受け入れられるのでは、と思ったわけなのです。
お役に立つかと、履歴書を添付いたしました。 お忙しいところを誠に恐縮ですが、なにとぞよろしくお願いいたします。

構成 まず❶**社交的な挨拶**をしてから❷**依頼用件**に入る。 その中には、なぜ紹介状を書いてほしいのかという背景説明を入れる。 最後は、❸**「よろしく」**と結ぶ。

語句 ❶**社交的な挨拶** いつ、どこで会ったか具体的に述べ、先方に思い出してもらうと同時に、親しさを出す。**thoroughly enjoyed**「とても楽しかった」thoroughlyは強調。**meeting you again** againにより、何度も会っているという感じが出る。
❷**依頼用件** **Actually**「実は」用件を切り出すシグナル。**ask a favor**「お願いがある」**am scheduled to**「～する予定である」officialなニュアンスの言い回しで、威厳を持たせている。**I would very much like to**「ぜひ～したい」ていねいな言い方。**a very prominent graduate**「大変高名な卒業生」先方へのほめ言葉。**I was hoping you would**「～していただければ幸いです」**to smooth the way for**「～をうまく運ぶために」
❸**「よろしく」** **Attached is**自分の履歴書を添付し、先方が紹介状を書きやすくする。**I would very much appreciate anything you can do**「よろしく」の決まり文句。**take up your valuable time**「貴重な時間をとる」

ポイント Conferenceに続くheldは現在開催中のことにもこれから開催されることにも用いる。未来のことであることをはっきりさせたければto be heldを用いる。過去のことを言う場合はheldのみ。

応用 最初の挨拶を変えて

もう随分と長いことお目にかかる機会がなくて本当に残念です。

I am really sorry that I have not had a chance to see you for such a long time.

去る2月にラスベガスで開かれた光ファイバー・シンポジウムで、思いがけなく先生と再会できてうれしく思いました。

It was good to run into you again at the fiber optics symposium held in Las Vegas this February.

TEXT

From: Masami Anzai [masami.anzai@hercompany.com]
To: Jamie Foxx
Cc:
Subject: Letter of introduction

Dear Dr. Foxx:

I thoroughly enjoyed the opportunity of meeting you again at the Opticon Skilometer Conference held in Dallas last May.

Actually, I am writing you today to ask a favor. I am now scheduled to be in Texas in July in conjunction with the Optical Fibers Conference being held in Houston. While I am there I would very much like to see the University of Texas laboratories. Since you are a very prominent graduate of that school I was hoping you would write a letter of introduction for me to smooth the way for my visit.

Attached is my personal history which may prove useful. I would very much appreciate anything you can do and apologize for taking up so much of your valuable time with this matter.

Sincerely,

Masami Anzai, Ph.D.

文例 221 依頼

本の推薦文を依頼する（friendly）

☞ 相手に考えさせずこちらで雛形を用意する

口頭で推薦文を頼んでいた本を送り、具体的に依頼するメール。推薦文を依頼するときは、大体どういったことを述べてほしいかの例を示すと相手が引き受けやすくなる。口頭で頼んだか頼まないかにかかわらず、ひとたび依頼の言葉を伝えたら、引き受けてくれることを前提にして話を進める。

すでにお送りした署名入りの本は、先日推薦文をお願いした例の本です。あなたもきっといい本だと認めてくださることと思います。

大体の希望内容を添付いたします。いただいた推薦文はほかの方々の文と一緒に企業紹介用のパンフレットに掲載させていただきます。印刷部数は300部のみです。

話は変わりますが、ハーバーさんとお会いする時間を割いていただけるとよいのですが。

構成 まず❶送付物の説明をし、次に❷推薦文の説明（希望内容や扱いなど）をする。最後は❸友人としての結びとなる。

語句 ❶送付物の説明　推薦文を依頼した本であることと、その本について一言触れる。**a signed copy**「サイン入りの本」**recently asked you to**「この前〜することをお願いしておいた」正式にメールで依頼する前に口頭で前もって頼んでおく。**endorse**「いいものだと認める → 推薦する」**I'm sure you will agree that**「あなたもきっと〜であると認めてくれると思います」短縮形のI'mは親しさの表れ。**reputable**「立派な、すばらしい」推薦する価値があることをにおわす。

❷推薦文の説明　**a general example**「大体の例」相手の労力を省くためのサンプルであるが、押しつけがましさを出さないためにgeneralをつけている。**be used along with**「〜ともども用いられる」**for corporate introduction**「企業向けに」**Only 300 of ... printed.** ビジネスライクな簡潔な言い方。

❸友人としての結び　**Aside from this**「それはともかく、ところで」話題を変える。**getting together with**「会う、会って付き合う」seeより親しい間柄、というニュアンス。

ポイント 同じ「推薦する」でも endorse は「いいものだと認める」、recommend は「いいものだと人に薦める」といった違いがある。

応用 A) 著者についてのコメントのバリエーション　B) 推薦文についての希望のバリエーション

A) 推薦する価値のある本だと思っていただけることを願っています。

I hope you think the book is worthy of your endorsement.

B) 希望する大体の長さや内容についても、添付いたしました。しかし、お好きなことを自由に書いてくださって結構です。

Also attached is a rough idea of what we hope you will say in terms of length and content. However, you are free to offer any comment you like.

TEXT

From: Hideki Majima [hideki.majima@hiscompany.com]
To: Barbie Schnell
Cc:
Subject: Book endorsement

Dear Ms. Schnell:

I have sent you a signed copy of the book that I recently asked you to endorse. I am sure you will agree that the book is a reputable publication.

Attached is a general example of what I hope you will say about the book. The comment will be used along with those of other endorsers in a small brochure designed for corporate introduction. Only 300 of the brochures will be printed.

Aside from this, I hope you can find the time to pursue the matter of our getting together with Mr. Harper.

With warmest personal regards,

Hideki Majima

文例 222	依頼
	原稿（講演内容の要約）を依頼する
	☞ 目的を理解させてから依頼する「呼び水作戦」

快く提出してもらうためには、①提出の目的をはっきりさせる、②手間がかからないように書き方のヒントなどを提示する、③皆に頼んでいるのだからあなただけ例外的に提出しないわけにはいかない、ということをにおわす。

今年東京で開催されます世界通貨会議でのご講演をご承諾くださり、誠にありがとうございます。先生のテーマ「仮想通貨の未来」は必ずや多大の関心を引くことでしょう。ご講演には皆、大変期待を寄せているに違いありません。

参加者に最大の便宜をはかり、また各講師の方々のお話の趣旨を正しく理解してもらうため、会議では、すべての講演の要約を収めたパンフレットを配布いたします。つきましては、ご講演内容の短い要約をご提出願いたいのです。これにはご講演の目的や特徴などをお入れください。

紙幅が限られているため、要約は200語以内でお願いいたします。翻訳および印刷の時間の関係上、提出期限は5月16日ということですべての講師の方にお願いしております。

私どものほうで何かお役に立てることがございましたらお知らせください。

構成 まず❶講演承諾を感謝する。講演への期待をこめて。それから❷依頼に入り、語数や期限などの❸提出条件を伝える。最後は❹協力的に結ぶ。

語句 ❶**講演承諾への感謝** Thank you very much for accepting our invitation to 決まり文句。 undoubtedly「必ず」強調。 attract a great deal of interest「多大の関心を引きつける」with keen anticipation「大変期待して」

❷**原稿の依頼** 提出の目的と書くためのヒントを入れる。To ensure「〜を確実なものにするために」maximum benefit to「〜の最大の利益」a proper appreciation of「〜の正確な理解」provides a pamphlet「パンフレットを配る」In line with this「このような次第なので」you are asked to provide「提出をお願いします」be covering in your talk「講演で話す予定」This should include such things as「〜のようなことを入れてください」

❸**提出条件**　Due to space limitations「紙幅の都合で」keep ... within「…を(〜語)以内に収める」We are asking all lecturers「全講演者に頼んでいる」allに威力がある。submit ... by「〜までに…を提出する」to allow time for「〜の時間のために」
④**協力的な結び**　from this end「当方で」

ポイント　同一語句のくりかえしの使用を避けること。「要約」はsummary、synopsis、draft、講演はlecture、talk、speechなどと言い換えることができる。

応用　A) 講演への期待　B) 要約を書くためのヒント

A) 先生のご講演は今回のシンポジウムで最も注目を浴びるもののひとつとなることでしょう。	We expect your lecture to be one of the highlights of the program.
B) 要約は、抄録を詳しくした形でお願いいたします。 さらに、ご参考にしていただけるよう、見本を添付いたしました。	This should be structured along the lines of an extended abstract. We are attaching a sample for your additional reference.

TEXT

From: Madoka Miyazaki [madoka.miyazaki@hercompany.com]
To: Art Saperstein
Cc:
Subject: Synopsis of speech

Dear Dr. Saperstein:

Thank you very much for accepting our invitation to speak at the World Monetary Symposium which is being held in Tokyo this year. Your subject, THE FUTURE OF VIRTUAL CURRENCY, will undoubtedly attract a great deal of interest. We know everyone is looking forward to your lecture with keen anticipation.

To ensure maximum benefit to those who attend and a proper appreciation of every speaker's intentions, the symposium provides a pamphlet with summaries of all lectures being given. In line with this, you are asked to provide a brief synopsis of what you will be covering in your talk. This should include such things as your objective(s) and salient points.

Due to space limitations you are requested to keep your summary within 200 words. We are asking all lecturers to submit their drafts to us by May 16 to allow time for translation and printing.

Please let us know if there is any way in which we can assist you from this end.

Sincerely,

Madoka Miyazaki
Program Coordinator

依頼	文例
論文チェックを依頼する (1)——先生へ ☞ 目上の人への依頼は自尊心と義侠心に訴える	**223**

技術論文を専門誌に発表することになったので、そのチェックを先生にお願いする、ていねいでかしこまったメール。恩師や先輩、権威者など、目上の人への依頼のメールは、これまでの恩を感謝しながら、「頼れるのはあなたしかいない」と訴えかける。

いつも温かくご指導くださっていることに対し、まずお礼申し上げます。ここまで研究を進めてくることができましたのも、ひとえに先生の常変わることのないご支援と励ましのおかげです。

本日は、またひとつお願いがあってご連絡を差し上げております。添付いたしましたのは私のいちばん新しい研究に関する論文の写しです。出版を希望しておりますので、十分な専門知識のある方にぜひとも批評していただきたいのですが、それができるのは、先生をおいてほかに思いあたりません。先生の幅広い知識とご好意にまた甘えさせていただくことができれば、こんなにうれしいことはありません。

現在のところ、印刷に回すのは5月初旬の予定にしております。それまでに多少なりともお目を通していただければ幸甚に存じます。

構成 まず❶これまでの恩に感謝し、それに甘える形で❷依頼に入る。最後に❸期限を伝え、よろしくと結ぶ。

語句 ❶**これまでの恩への感謝** いつも世話になってどんなに助かっているかという気持ちをこめて。**Allow me to begin by**「まず〜から始めさせてください」Let meよりかしこまった言い方。**generously**「寛大にも、快く」**instrumental**「重要な役割を果たして」

❷**依頼** チェックの必要性を述べ、相手の能力をほめたたえて自尊心と義侠心に訴える。**Today I am writing** メールの目的を述べる言い方。**with still another request**「またひとつお願いがあって」**sorely need**「どうしても必要である」**thorough knowledge**「徹底的な知識」**I only hope**「ただ〜と願うのみです」I hopeよりずっと願望の気持ちが強く、へりくだった言い方。**allow me to take advantage of**「〜の恩恵に浴させてください」**broad knowledge**「幅広い知識」

❸**期限** あまり直接的な言い方にならないように。**My plans now are to**「今のところ〜の予定です」**in the interim**「その間」**be deeply appreciated**「〜していただければ幸いです」**Yours respectfully** 目上の人に出すときの結び辞。

ポイント 恩を感じていることを強く表す修辞的な語法としては、all（もろもろの）、always、continuing（いつも）や still（また）という修飾語の使用、現在完了形（ずっと〜である）、you の多用などがあげられる。

応用 出版社よりの期限を示す

出版社からは、5月31日までに最終稿を提出するように言われております。	The publication has asked that I submit a final manuscript by May 31.
出版先から示された締め切りは5月31日です。季刊誌ということもありますので、今回にぜひ間に合わせたいと思っております。	The deadline set by the publication is May 31. Since it is a quarterly I would very much like to be able to offer it this time.

TEXT

From: Seiji Yajima [seiji.yajima@hiscompany.com]
To: Aaron Quinlan
Cc:
Subject: Review of paper

Dear Dr. Quinlan:

Allow me to begin by thanking you for all the advice and guidance you have always so generously provided. Your continuing support and encouragement have been instrumental in the progress I have made in my work to date.

Today I am writing with still another request. Attached is a copy of a report on my most recent work. Since I would like to offer this for publication, I sorely need a critical evaluation by someone with a thorough knowledge of the field. I can think of no one from whom I would value critical comment more than you. I only hope you will allow me to take advantage of your broad knowledge and kindness again.

My plans now are to send it out in early May. Anything you can do in the interim would be deeply appreciated.

Respectfully,

Seiji Yajima, Ph.D.

文例	依頼
224	論文チェックを依頼する (2)——友人へ

☞ 頼る気持ちは強く、言葉はソフトに

専門誌に発表することになった技術論文のチェックを友人に依頼するメール。相手の忙しい立場を尊重しながらも、あなたでなければ、という頼る気持ちが強く表れている。同業の友人への依頼はお互いの仕事を仲立ちとして話を進める。

相変わらず元気で仕事に精を出しておられることと思います。私のほうもこのところ仕事に忙殺されております。実は、今日はそのことでご助力願えないかと思って連絡を差し上げる次第です。
添付したのは私のいちばん新しい研究に関する論文のコピーです。興味を持っていただければ幸いです。お忙しいことは承知の上なのですが、論文を読んでコメントをつけていただく時間を何とか作っていただけないものでしょうか。この研究分野における貴君の知識と経験は、私の論文にみがきをかけるのに計り知れない役割を果してくれることと思います。原稿を5月に提出する予定にしておりますので、それまでに少しでも見ていただければ助かります。
いずれにせよ、お返事を早めにいただければ幸いです。

構成 まず❶お互いの近況から入り、お願いがあることに触れる。❷具体的に**依頼**する。❸期限を伝える。❹返事を求める。

語句 ❶**お互いの近況** I hope this e-mail finds you「～のことと思います」enthusiastic「張りきっている」In fact「実を言えば」
❷**依頼** Attached is「～を添付しました」my most recent work「私のいちばん最近の仕事」今最も重要な仕事、のニュアンス。Although I know how busy you must be「とてもお忙しいということは承知しているが」I would really appreciate it if「～していただければとてもありがたい」somehow「何とか」invaluable「計り知れないほど貴重な」helpfulやvaluableより意味の強い語。
❸**期限** あまり直接的な言い方にならないように。am now planning to「～する予定にしている」ソフトながら効果的な言い方。

❹**返事を求める**　either way「どちらにするか」at an early date「早めに」as soon as possibleより柔らかな言い方。

ポイント 話の論理的な進め方のコツのひとつは、同じ言葉をくりかえすこと。ここではyour workからmy workへ移ることで、スムーズに本題に導入している。

応用 依頼の言葉のあとに一言添えて2段構えで攻める

貴君から厳しく批評していただければ、この論文の出版にもっと自信を持って臨めます。	Your critical evaluation would make me more confident in submitting this work for publication.
論文のどんな点に対してでも、どうぞ遠慮なく修正や批判をし、疑問をぶつけていただきたいと思います。	Please do not hesitate to revise, challenge or question anything in the paper.

TEXT

From: Hiromitsu Saeki [hiromitsu.saeki@hiscompany.com]
To: Pat Bolder
Cc:
Subject: Your assistance requested

Dear Dr. Bolder:

I hope this e-mail finds you as healthy and as enthusiastic about your work as ever. My work has certainly been keeping me busy these days. In fact, I am writing today to ask you for some help.

Attached is a copy of a report on my most recent work, which I hope you will find interesting. Although I know how busy you must be, I would really appreciate it if you could somehow find the time to read through it and comment. Your knowledge and experience in this area of research would be invaluable in refining what I have done.

I am now planning to offer the paper for publication in May, so anything you could do before that would be ideal.

It would be nice if you could let me know either way at an early date.

Sincerely,

Hiromitsu Saeki, Ph.D.

依頼	文例
ホテルに特別の手配を依頼する ☞ 無理を承知の依頼は根回しを十分に	**225**

自分がよく利用しているホテルに友人が泊まることになった。そこで、プレゼントとしてシャンパンの手配をホテルに依頼したい。方針により引き受けられないと断られないようにするのがポイント。自分は得意客であること、自分の推薦で人が泊まること、そして今までのホテル側のよいサービスの実績を圧力にして今後も期待しているなど、あの手この手で攻める。

過去6年にわたっていつもすばらしいサービスをしていただいてきたことに対し、まずお礼申し上げます。貴ホテルのおもてなしのおかげで、いつも気持ちのよい旅をさせてもらっており、すぐにまた戻って来たいという気持ちになります。貴ホテルがすばらしいことは友人たちにもよく話をし、大いに推薦しています。

そういうわけで、私どもの親しい友人である東京在住のウィンフレッド・バーンズ夫妻が東京への帰途、カハラ[貴ホテル]に立ち寄ることになりました。ウィンはすでに予約済みで、ご夫妻は7月31日の土曜日にホノルルに到着予定とのことです。すべてが彼らの期待を上回ること請け合いだと思いますが、ひとつだけ特別に私の個人的なお願いがあるのです。お2人が到着したときに部屋に冷えたシャンパンを用意しておき、私からのメッセージとして「ご滞在をお楽しみください。ヨウ・イナバ」といったようなメモを添えておいていただけないものでしょうか。費用は前払いでも、あるいはその1週間後に私がホノルルに立ち寄ったときにでも払えます。

このような手配をしていただければ感謝に堪えません。

構成 まず❶これまでのサービスへの評価とお礼から入る。それから❷特別の依頼を持ち出す。最後は❸「よろしく」で結ぶ。

語句 ❶これまでのサービスへの評価とお礼 **Allow me to begin by thanking you for**「～に対しまずお礼申し上げます」**the fine arrangements**「すばらしい手配」**consistently**「いつも」今までのよい実績に感謝することで、今後も期待しているという柔らかい圧力をかける。**over the past six years**「ここ6年にわたり」先方をたたえるなかに自分が得意客であることをさりげなく伝える。**have left us with the feeling of**「～という気持ちにさせ

た」だから裏切らないでほしいという含み。I have often spoken「よく話をしている」recommended it highly「強く推薦した」自分がよい客であることを示すと同時に次の段落へ移行するためのつなぎの役割をしている。

❷**特別の依頼**　In line with this「これに沿って、そういうわけで」前段落とのつなぎ。つまり、自分の推薦の結果ということ。exceeds their expectations「彼らの期待以上になる」これも圧力のひとつ。make a special personal request「特別に個人的なお願いがある」personalは、先方に対して「私個人から、ホテル相手ではなくあなた個人に頼む」という含みがある。つまり、ホテルの方針でできないと断られないための予防線である。I wonder if it might be possible「～できないでしょうか」have ～ waiting「到着したとき～を用意しておく」reading something like「こんなふうな書き方で」婉曲的に言うことで命令的な印象を与えないようにする。I could recompense ... or支払方法に幅を持たせ、安心して引き受けてもらえるようにする。

❸**「よろしく」**　Your arrangements「あなたのしてくださる手配」along this line「ここに述べたような」当然引き受けてくれるものとして先にお礼を述べておく。

ポイント　無理を承知でどうしても依頼したいときは、先方に断りの隙を与えないような表現にする。①Would you kindly ～「～していただけますでしょうか」とか②Please let me know if ～「～していただけるかどうか教えてください」とかよりも、①はI wonder if～、②はbe very much appreciatedにして、積極的な依頼の仕方にする。

応用　A) 特別な手配を変えて　　B) 支払いに関する情報を変えて

A) お２人が到着したときには部屋にすてきなフルーツバスケットが用意されていて、「ご滞在をお楽しみください。ヨウ・イナバ」というようなことが書かれたメモが添えられている、というようにしてもらえますか。	I wonder if you would arrange to have a nice basket of fruit waiting for them in their room with a note reading something like "Hope you enjoy your stay." signed "Yo Inaba."
B) 上記のメールアドレスで私宛にご請求ください。	You could bill me at the above e-mail address.

TEXT

From: Yo Inaba [yo.inaba@hiscompany.com]
To: James LaSalle
Cc:
Subject: Hotel arrangements

Dear Mr. LaSalle:

Allow me to begin by thanking you for the fine arrangements you have consistently made for us over the past six years. Your efforts have always made our trips memorable and have left us with the feeling of wanting to return at an early date. I have often spoken to friends about your wonderful hotel and recommended it highly.

In line with this, our close friends Mr. and Mrs. Winfred Barnes, who reside here in Tokyo, have decided to stop at the Kahala on their way back to Tokyo. I understand Win has already confirmed reservations with you and that he and his wife will be arriving in Honolulu on Saturday, July 31. I am certain they will find that everything exceeds their expectations, but I would like to make a special personal request.

I wonder if it might be possible for you to arrange to have a chilled bottle of champagne waiting in their room when they arrive with a note from me reading something like "Trust you will enjoy your stay," signed "Yo Inaba." I could recompense you for the cost in advance or when I come through Honolulu about a week later.

Your arrangements along this line would be very much appreciated.

Sincerely,

Yo Inaba
Managing Director

文例 226	承諾
	特別の手配を引き受ける──ホテルから得意客へ
	☞ 依頼事項を逐一確認して相手を安心させる

文例225への返事。 サービスを引き受けるメールのポイントは、①面倒なことでも引き受けるには「喜んで」という姿勢で書く、②むだのない効率的な文面にする、③よく知っている客でも、サービスマンとお客さまという立場をわきまえて、変になれなれしい文章にせず、公式な調子をくずさない。

バーンズご夫妻に関する5月17日付のメールをありがとうございました。
ご夫妻（7月31日から8月2日までのご滞在）のカハラご到着時に、冷やしたハンスコーネル・シャンパンを喜んでお部屋にご用意させていただきます。 シャンパンの代金（税・サービス料込み）は170ドルでございます。請求書はそちらにお送りするようにさせていただきます。 カードに「ご滞在をお楽しみください」と書き、「ヨウ・イナバ」とサインしてシャンパンに添えておきます。
このほかにもお手伝いできることがありましたら、なんなりとご遠慮なくお申し付けください。 ご利用に重ねてお礼申し上げます。

構成 ❶依頼状を受け取ったことを知らせ、❷承諾の意を伝える。 最後はサービス業としての❸温かい結びで締める。

語句 ❶**依頼状受け取りの知らせ** だれ（何）についてのいつの依頼かを確認のために述べる。Thank you very much for your e-mail of （日付） regarding （内容） 面倒な内容でも感謝する。
❷**承諾の意** 確認のため、先方の依頼事項を具体的に逐一くりかえす。We will be very happy to 「喜んで～いたします」ホテルマンの使命感がうかがえる文。have ~ waiting 「～を用意しておく」upon their arrival 「到着時に」uponはonに比べて硬く公式な言い方。send the charges to you for payment 「支払いを請求する、請求書を送る」A note reading 「～と書かれたメモ、カード」readingはsayingでもよい。will be delivered along with 「～に添えて届ける」
❸**温かい結び** 2文のうち、どちらか一方だけでもよい。Please do not hesitate to ask

「遠慮なく申し付けてください」should there be = if there is　Thank you again ... serving you.「奉仕させていただきありがとうございました」サービス業に携わる人はぜひ自分のものにしてほしい一文。

ポイント だれもが知っている有名なホテルやレストラン、銀行、会社などの名前にtheをつけると「かの～」というニュアンスが出る。[例] the New Otani, the Imperial Hotel, the Ford Company

応用 A) 請求額を円に換算して　B) 結びを変えて

A) 税・サービス料込みの料金は、添付のご請求書のように、本日のレートで1万8,800円になります。

The total charges including tax and service come to ¥18,800 converted at today's rate as reflected in the attached invoice made out to you.

B) お客さまやご友人の方々にお気持ちよくご滞在いただくためでしたら、いつでも喜んでご用命を承ります。

We are always happy to cooperate in making the visits of you and your friends more memorable.

TEXT

From: James LaSalle [james.lasalle@hiscompany.com]
To: Yo Inaba
Cc:
Subject: Re: Hotel arrangements

Dear Mr. Sakaki:

Thank you very much for your e-mail of May 17 regarding Mr. and Mrs. Barnes.

We will be very happy to have a chilled bottle of Hans Kornell champagne waiting in the room of Mr. and Mrs. Barnes (July 31 - August 2) upon their arrival at the Kahala. The total cost of this champagne (tax and service charge included) is $170.00, and we will send the charges to you for payment. A note reading "Trust you will enjoy your stay," signed "Yo Inaba," will be delivered along with the champagne.

Please do not hesitate to ask should there be any way in which I can be of further assistance. Thank you again for giving us the pleasure of serving you.

Sincerely,

James LaSalle
Rooms Division Manager

断り	文例
報告書の提出延期願いを断る——契約を盾に ☞ we を主語にせず、契約書に話をさせる	**227**

再三にわたる販売代理店からの提出物延期願いに対して、契約書を持ち出して最終期限を申し渡すメール。契約書を持ち出すのは、条項の通り履行することを求めるだけでなく、履行されなければ更新にかかわると脅すためでもある。文中、we が一度も使われていない、事務的でクールなメール。

2014-2015年次の損益計算書と、2015-2016年次の抱括的業務計画の提出に関して、貴社の期限延長の要請を数度にわたって受けてまいりましたことは、深刻な懸念となっております。

販売代理店規約の第3条を思い起こしていただきたいのですが、そこには、代理店契約は正式な更新手続きが行われない限り9月30日をもって失効すると述べられています。この条項には、貴社は各年度末に具体的な数字を提出することによって収支状況を弊社に報告する義務があることが明記されております。また、弊社と十分相談の上、次年度の業務計画を作成しなければならないとも記されております。

8月31日までにこれらの義務が履行されることは、貴社との販売代理店契約の更新にとってきわめて重要です。

構成 まずこれまでの❶いきさつを述べて問題を持ち出す。❷契約条項をくりかえす。❸履行を求める。

語句 ❶**いきさつ** P/L statement「損益計算書」=profit and loss statement
❷**契約条項をくりかえす** You are urged to recall「ぜひ思い出してほしい」Memorandum of Dealership「販売代理店規約」automatically expire「自動的に期限が切れる」formally renewed「正式な手続きで更新される」states「書いてある」後出の動詞 requires とともに article (またはその代名詞 It) を主語にして契約書に話をさせるのがコツ。submitting「提出すること」in full consultation with us「当方と十分相談の上」勝手に進めてはいけないということ。
❸**履行を求める** fulfillment of these obligations「これらの義務の履行」by「〜まで

文例 227

に」締め切りを表す。**be critical to the renewal**「更新にとってきわめて重要である」

ポイント お互いによく知っている分野なら専門用語を用いたほうがよい。P/L statementを profit and loss statementと書くと、こちらが未経験である、または先方を侮辱している、という印象を与える。

応用 義務の履行を求める文を変えて

8月31日までにこれらの義務が履行されなければ、貴社の販売権を更新することができなくなることをご承知おきください。

Please understand that we will not be in a position to renew your dealership unless these obligations are fulfilled by August 31.

法的責任を果たすことを貴社がこれ以上先延ばしにされると、弊社としては、販売代理店契約を解除せざるをえません。

Your continued failure to meet your legal commitments will leave us with no choice but to cancel our dealership agreement.

TEXT

From: Toshiaki Mitsui [toshiaki.mitsui@hiscompany.com]
To: Carla Wonders
Cc:
Subject: Financial concerns

Dear Ms. Wonders:

Your repeated requests to postpone submission of your 2014-2015 P/L statement and your 2015-2016 comprehensive business plans are a serious concern.

You are urged to recall Article 3 of our Memorandum of Dealership, which states that said agreement will automatically expire on September 30 if not formally renewed. This article clearly states your duty to inform us regarding your financial conditions by submitting actual figures at the end of each fiscal year. It also requires that you finalize your business plans for the following fiscal year in full consultation with us.

Your fulfillment of these obligations by August 31 will be critical to the renewal of our dealership agreement with you.

Sincerely,

Toshiaki Mitsui
General Manager

文例	断り
228	設備購入を断る────相手国の政変のため

☞ 先方の攻撃をかわすには、断らずにまず保留を求める

設備購入の話が進んでいた相手国で政権交代があった。そこで話を中止したいと考えていたところ、先方から意思表明を求めるメールがきた。これはそれに対する返事。簡単に断れないところまできている話には、まず保留を申し出るのも作戦のひとつ。

懸案の設備購入に対する弊社の意思表明を求める５月８日付のメール、十分検討いたしました。契約を成立させたいという貴社の強い思いはよく理解できます。

しかし、貴社もご同意の通り、我々の当初の計画の基盤となっていた前途の見通しが、先のやりとりで話題となった最近の政変ですっかり変わってしまいました。そのため、当初の希望には変わりがないものの、暫定的な購入スケジュールすら作成することができない状況にあります。ですから、むしろ弊社としては、状況がもっと好転するまで待つことをご提案したいと思います。

お互いの意に反するような方向に事態が進展したのは誠に残念です。今後の政治情勢が進展し、この計画を実現させていけるような新たな機会が訪れることを、弊社は心から願っております。

構成 ❶メール受け取りの知らせ。内容をくりかえし、先方の主張に理解を示す。次に❷難しい現状を伝え、成立しない理由を述べる。最後は残念な気持ちを示して❸保留を伝える。

語句 ❶メール受け取りの知らせ　Your e-mail of（日付）requesting「〇月〇日付の～を要求したメール」has been thoroughly studied「十分検討された」framing the agreement「契約を整えること」前出のthe proposed purchaseと同様まだ仮定の段階で、話が成立していたわけではないことを強調する。今までの約束の重みをくずそうというわけ。is very understandable「よくわかります」

❷難しい現状　Howeverこちらの論を切り出す。has totally changed the prospects「見通しを完全に変えた」Rather「というよりは逆に」a more favorable situation「よりよい状況」具体的な条件を示すのを故意に避けてぼかしている。

❸保留を伝える　It is indeed unfortunate「残念でしかたがない」will provide us with

another opportunity「別の機会ができたら」今回は見送りたいという気持ち。

ポイント 本文中の *our* original plans、*our* initial desires、*our* mutual intentions にみられる we（our）は、自分たちの会社を指すのではなく、両社を指す。お互い同じ考えでいることを示すことにより、こちらからの一方的な言い分を押し付けているという感じを避けようとしている。

応用 相手の契約成立希望に対する理解の言葉を変えて

できるだけ早い日取りで契約を成立させたいという貴社の強いご希望は私どもにもよくわかります。	We can well understand your strong desire to finalize the agreement at the earliest possible date.
情勢が根本的に変化したにもかかわらず契約締結は推し進めたい、という強い思いを弊社も貴社同様に持てたらよいのですが、そういうわけにもいきません。	We wish we could share your desire to press forward with the agreement despite the fundamental changes in circumstances.

TEXT

From: Takayuki Kitagawa [takayuki.kitagawa@hiscompany.com]
To: Cullen Rayner
Cc:
Subject: Clarification regarding facilities

Dear Mr. Rayner:

Your e-mail of May 8 requesting clarification of our intention in the proposed purchase of your facilities has been thoroughly studied. Your pressing interest in framing the agreement is very understandable.

However, as you agreed, the recent political change discussed in our previous correspondence has totally changed the prospects on which our original plans had been based. Consequently, although our initial desires remain unchanged, it is impossible for us to set up even a tentative timetable for the purchase. Rather, we would suggest waiting for a more favorable situation.

It is indeed unfortunate that circumstances have developed contrary to our mutual intentions. We sincerely hope further political progress will provide us with another opportunity to move toward realization of this project.

Sincerely,

Takayuki Kitagawa
Executive Vice President

断り	文例
寄付を断る──財政的理由で ☞ いつまでも気を持たせず、はっきり断るのが誠実なやり方	**229**

寄付依頼の話が持ち上がり、その後確約を求める催促のメールが送られてきた。これはそれに対する断りのメール。最初の話し合いのときの当方の意図、つまり財政状態が許すならという条件を思い起こさせ、現在の財政状況を説明しながら断る。

貴大学への寄付に関する4月7日付のメールをお受け取りしました。先般、日本ご訪問の折にご相談いたしましたが、当時の私どもの意図は、このような意義ある計画に対して、予算内でできる限りの支援をさせていただくということでした。

しかし、弊社の橋本がすでにお話ししましたように、弊社の現状では、このような計画に対する新規の財政援助のお約束はここ当分の間できません。実を申しますと、予算制限のために、すでに決定されていた寄付についても削減を考えているほどです。

このような状況を作り出している要因は私どもにはどうすることもできないということを、そして今回ご協力できないことが決して貴殿と貴大学への関心と尊敬の薄らぎを示すものではないということを、どうかご理解いただきますよう強くお願いいたします。

構成 まず❶メールを受け取ったことを知らせ、これまでの**いきさつを確認**する。❷財政的理由で**断る**。❸相手の**理解を求める**という3段方式。本題は第2段落。

語句 ❶**メール受け取りの知らせといきさつの確認** referred to「〜のことを述べた」our possible donation「寄付するかどうか」possibleをつけることで、はっきり約束したわけではないことをほのめかす。Our intention at the time「当時の私どもの意図」断りのための前置きである。your worthy project「価値ある計画」相手の計画に対する理解を示す。to the extent that「〜の範囲内で」our funds ... permitted「資金力が許した」
❷**断り** However「しかしながら」our Mr. Hashimoto「弊社の橋本」自社の社員の呼び方に注目。our situation does not allow「状況が許さない」financial commitments「寄付の約束」for the foreseeable future「当分の間」to meet our funding constraints「予算の制約に合わせて」
❸**理解を求める** We can only hope 強いお願いの表し方。beyond our control「やむ

をえない、どうしようもない」

ポイント はっきり約束できないことにはpossibleをつけて、言質を与えないようにする。

応用 断りの理由を変えて

しかし、最近の方針変更により、お申し出のような計画に対する資金援助は、考慮の対象外となってしまいました。

However, recent changes in policies have precluded any possibility of considering financial participation in projects like yours.

しかし、取締会が最終的に決定したのは、同様に価値のある中国の計画に割当資金を回して支援するということでした。

However, our board of directors finally decided to support a similar worthy project in China with the funds available.

TEXT

From: Mikio Yoshikawa [mikio.yoshikawa@hiscompany.com]
To: Carol Maxwell
Cc:
Subject: Financial constraints

Dear Ms. Maxwell:

Thank you for your e-mail of April 7 in which you referred to the subject of our possible donation to your university, which we discussed during your recent visit here. Our intention at the time was to support your worthy project to the extent that our funds allocated for such activity permitted.

However, as our Mr. Hashimoto has already indicated to you, our situation does not allow additional financial commitments toward such projects for the foreseeable future. In fact, we are now seeking ways to reduce our contributions to projects already decided to meet our funding constraints.

We can only hope you will understand that the factors producing this situation are beyond our control, and that our inability to help at this time in no way indicates a diminished interest in or respect for you and your fine institution.

Sincerely,

Mikio Yoshikawa
Managing Director

文例 230	断り
	協力を断る——方針により
	☞ ２段構えで断り、再依頼のすきを与えない

寄付や大規模なプロジェクトなどの協力依頼に対し、先方を傷つけずにはっきりと断りたい場合は、社の方針を理由に断るのが最もうまいやり方。これ以上のかかわりを持ちたくないときは、方針による理由に加えて、財政状態が許せばという条件をつけて２段構えで断る。

５月５日付の弊社社長宛てのメールにつきましては、お返事を差し上げるようにと、当部署が任を受けたことをお知らせいたします。

お申し出の趣旨はよく了解いたしました。しかし、弊社の方針として、このようなご要望は、各国政府もしくは「一般に認知されている」団体からなされた場合にのみ考慮することになっております。また、その場合でも弊社側の財政状態が許す場合のみとなっております。したがって、今回のお申し出は辞退せざるをえません。

とはいえ、ご努力が実を結ぶことを私どもも心からお祈りいたしております。

構成 まず❶メールを受け取ったことを知らせる。相手への理解を示しながらも、方針によりはっきりと❷断る。❸成功を祈る。

語句 ❶メール受け取りの知らせ　acknowledge「受け取ったことを知らせる」has been directed to our office for reply「返答をするようにと当部署に回されてきた」宛先と異なるところへ扱いを回すのは断りの場合よく使われる手。

❷断り　相手の面子をつぶさないよう理解を示しながら、理由を述べてはっきりと断る。appreciate the spirit「趣旨を理解する、認める」as a matter of policy「方針として」can be considered only if「〜の場合のみ考慮に入れられる」断りといっても cannot be considered unless のような否定表現を使った文章は避けるのが望ましい。and then only if「しかもその場合でも〜のみ」さらに条件をつけて２段構えで断るわけである。financial considerations here permit「こちらの経済状態が許す」have no choice but to decline「辞退せざるをえない」はっきりした断りの文句。

❸成功を祈る　Nevertheless「それでも」we do wish「心よりお祈りする」do で「本当に」という気持ちを表す。

ポイント thenには①それから、②そのとき、③それでは、の3つの主要な意味のほかに、本文中に用いられているような「その上」という意味があり、強調の気持ちを表す。

応用 断りの文句を変えて

そのため、弊社は今回のお申し出を考慮することができません。
Thus, it is not possible for us to consider your proposal.

したがって、協力企業には大手商社など他社を当たられるよう、お勧めいたします。
Thus, you are encouraged to look elsewhere, possibly a large trading concern, for a collaborator.

TEXT

From: Jun Takeda [jun.takeda@hiscompany.com]
To: Eric Mendez
Cc:
Subject: Policy constraints

Dear Mr. Mendez:

This is to acknowledge your e-mail of May 5 addressed to our President, which has been directed to our office for reply.

We appreciate the spirit in which your proposal is made. However, as a matter of policy, requests such as this can be considered only if made by a government or "recognized" institution, and then only if financial considerations here permit. Thus, we have no choice but to decline your proposal.

Nevertheless, we do wish you luck in your endeavors.

Sincerely,

Jun Takeda
Corporate Secretary

文例 231 断り

紹介を断る──紹介先とつながりが薄いので

☞ さらりと断るのもしこりを残さないためのテクニック

出身大学の研究所への紹介状を依頼されたが、現在は母校とあまり親交がなく、自分は紹介者として適任ではないとさらりと断っているメール。書きたくないのではなく、書いても効果がないと言っている点に注目。代わりにだれに頼むと効果がありそうかというアドバイスも入れている。

久しぶりにご連絡をいただき、7月には東京にいらっしゃるとうかがって喜んでおります。残念ながら、あなたのご希望をお聞きして少々とまどってしまいました。というのも、実のところ私は母校とはあまり親密な関係を保っていないのです。そのようなわけで、そちらの研究所の所長さまからのメールのほうが、はるかに目的にかなうと思います。
お役に立てなかったことが心残りですが、近いうちに、たぶん7月の会議の際に、またお目にかかれることを楽しみにしております。

構成 まず❶メールを受け取ったことを知らせる。紹介先とつながりが薄いという理由で❷断り、だれに頼めばいいかアドバイスする。❸お詫びを言い、社交の文句で結ぶ。

語句 ❶メール受け取りの知らせ　It was good to hear from you「連絡をもらってうれしい」親しみの表れている書き出し。断りたいときでも迷惑な様子を見せず、メールをもらったこと自体に感謝する。

❷断り　Unfortunately 断りを切り出す言葉。puts me in a somewhat embarrassing position「ちょっと困った立場に置く」somewhat で語調を和らげている。in that「～という意味で、～というわけで」actually「実は」都合の悪いことを知らせる断りのサイン。not really「あまり～でない」extensive ties「親密な関係」Consequently「したがって」I really think「～と思う」really は強調で、積極的に勧めている感じを出している。far better serve「はるかに役に立つ」

❸お詫びと社交　I am sorry ～ but「～で残念だが」軽くさらりと詫びている。be of assistance「お手伝いする」do look forward to meeting you again「またお会いできるのを楽しみにしている」do で気持ちを強調している。

ポイント unfortunately、actually、consequently などの副詞は、論理的な展開のためのシグナル。

応用 断りの理由を変えて

残念ながら、当方の研究所では、方針としてこの種の紹介は行わないことになっております。

Unfortunately, the policy at these laboratories discourages introductions of this sort.

残念ながら、私と母校とのつながりは、長年の間にとぎれてしまっております。

Unfortunately, my relations with my alma mater have not been kept up over the years.

TEXT

From: Hiroshi Matsuki [hiroshi.matsuki@hiscompany.com]
To: Calvin Arrington
Cc:
Subject: Alma mater connections

Dear Dr. Arrington:

It was good to hear from you again and to learn that you will be in Tokyo in July.

Unfortunately, your request puts me in a somewhat embarrassing position in that, actually, I have not really maintained extensive ties with my alma mater. Consequently, I really think an e-mail from the director of your laboratory would far better serve your purposes.

I am sorry I was not able to be of assistance but do look forward to meeting you again soon, perhaps at the conference in July.

Best regards,

Hiroshi Matsuki
Senior Researcher

文例 232	断り
	原稿提出を断る——忙しいので
	☞ 代わりのものを送り、少しでも要求に応える

学会で発表予定の研究内容の英文原稿を提出してくれという要求に対して、忙しいからと断るメール。しかし、会議を成功させるためにも、少しでもできることは協力しようという姿勢で、完全原稿の代わりに抄録を送り、了承を求めている。

7月6日付のメールで、学会参加の詳細に関する疑問点に答えていただき、ありがとうございました。 そのメールでは私の研究発表の英文原稿のコピーをご要望とのことでした。 あいにく準備時間が必要なのと、仕事が忙しいのとで、学会までにご依頼に応じられそうもありません。 その代わり、発表内容の抄録に説明を加えたものを添付いたしました。 これで貴殿のご要望に沿えれば幸いです。

構成 まず❶メールを受け取ったことを知らせる。 忙しいという理由で❷断り、代替物添付の旨を伝える。 ❸了承を求める。

語句 ❶**メール受け取りの知らせ** Thank you for your e-mail of 典型的な書き出し。clarified my questions on「～に関する疑問を解消した」positive な調子。In the same e-mail 同一のメールを媒介にして話題を移行させている。request 実際は相手が強く要求してきていても require や demand を用いず request（お願いする）を用いて相手の要求を依頼程度に格下げしている。 軽く断るための一方法である。
❷**断りと代替物添付の旨** Unfortunately 断りの枕詞。the lead time「(提出までの)準備期間」work constraints「仕事が詰まっていること」make it impossible for me to I can't という自分の意思を感じさせる言い方は避けること。comply with your request「依頼に応じる」Instead「代わりに」
❸**了承を求める** I certainly hope「～なら幸いです」be enough to「～に事足りる、～に間に合う」satisfy your requirements「要望を満たす」

ポイント 過去のことでも you request と現在形で表すことにより、まだこちらとしては要望を受け入れたわけではないという態度を示すことができる。

応用 A) 要求内容のバリエーション　B) 代わりのものを変えて

A) そのメールでは、私の発表の要約もしくは概要をご要望とのことでした。

In the same e-mail you request a brief synopsis or outline of my presentation.

B) その代わり、私が研究発表で何度も引き合いに出している話題をテーマにした著書を、1部お送りいたします。

Instead, I am sending a copy of a book I have written on the subject which I will refer to extensively during my talk.

TEXT

From: Motoi Watanuki [motoi.watanuki@hiscompany.com]
To: Deanna Spellman
Cc:
Subject: Extended abstract

Dear Ms. Spellman:

Thank you for your e-mail of July 6, which clarified my questions on details regarding participation in your conference. In the same e-mail you request a copy of my presentation in English.

Unfortunately, the lead time required and work constraints make it impossible for me to comply with your request before the conference. Instead, I have attached an extended abstract on the subject I will be covering.

I certainly hope this arrangement will be enough to satisfy your requirements.

Sincerely,

Motoi Watanuki
Senior Researcher

文例	断り
233	**論文チェックを断る (1)——忙しいので**

☞ 直接断らず状況に断らせる

話の進め方としては、相手の仕事の話から自分の仕事の話に移り、時間がとれないという理由へ自然に導く。直接の断りの言葉は使わず状況の説明でそれに代える。それも、ただ忙しいというのではなく、相手の立派な仕事ぶりをほめたたえ、それに見合うだけの十分な時間がとれないことを伝える。

昨日、メールと、光源についてのあなたの論文のコピーを拝受いたしました。論文を読ませていただいて、あなたがすばらしい仕事を精力的になさっていることを改めて感じさせられました。

私のほうの仕事も最近とみに忙しくなってきております。この何カ月かのうちにこなさなければならないプロジェクトをいくつか抱えており、今のところ、あなたの論文に目を通す時間が十分とれそうにありません。よく知った間柄だからといって手を抜くというようなことはしたくありません。ですから、今回はだれかほかの人に目を通してもらうことはできないでしょうか。

このような立派な論文のチェックを頼まれ、とてもに光栄に思っています。立派な論文だからこそ、それにふさわしいだけの十分な時間が必要だと思うのです。

どうか私の意をおくみとりいただきますようお願いします。何かありましたらこれからも遠慮なくお申し越しください。

構成 まず❶メールを受け取ったことを知らせ、立派な仕事ぶりをたたえる。それから自分の仕事に話を移し、忙しいという理由で❷断る。❸依頼に対し感謝する。❹理解を求める。

語句 ❶**メール受け取りの知らせ** yesterday 昨日受け取ってすぐに返事を書いているという誠意を表す。prodigious amount of quality work prodigious amount で量を、quality で質を表す。

❷**断り** demanding with regard to time / time-consuming いずれも「時間をくう」I just can't see how 「どのようにして~したらいいのか見当がつかない」状況がどうにもならないことを表す。give ~ the attention it deserves 「(力作に)見合うだけの十分な検討を

加える」hate to presume upon「〜に甘えたくない」cutting comers「手を抜くこと」this time「今回は」またの機会があれば手を貸しましょうという含み。

❸**依頼への感謝**　Let me assure you that「〜ということをわかってください」deeply appreciate the honor of「〜を心から光栄に思う」ample time「十分な時間」do 〜 justice「〜を正当に扱う」

❹**理解を求める**　代わりに今後の協力を約束する。I trust「きっと〜だと思う」I hope より強い願望を表す。 not hesitate to call upon me「遠慮なく私に頼む」

ポイント 断るときは、日程はあいまいな表現でよい。[例] next few months、in the near future

応用 A)「辞退する」という言葉を使った断り　B) 理解を求めるとともに協力を申し出るバリエーション

A) ですから、今回は謹んでご辞退申し上げたほうがよいと思います。

Consequently, I think it's better that I respectfully decline this time.

B) 今度のことでお気を悪くなさらずに、また何なりとお申し越しください。

I only hope this does not discourage you from asking me again.

TEXT

From: Reina Saruhashi [reina.saruhashi@hercompany.com]
To: John Hampton
Cc:
Subject: Work demands

Dear John,

I received your e-mail along with a copy of your report on light sources yesterday. Seeing your report once again reminded me of the prodigious amount of quality work you are accomplishing.

My own work has really been demanding with regard to time lately. And, with several time-consuming projects scheduled for the next few months, I just can't see how I'm going to find the time in the near future to give your paper the attention it deserves. I would really hate to presume upon our relationship by cutting corners. Consequently, I wonder if it wouldn't be possible for you to get someone else to review your work this time.

Let me assure you that I deeply appreciate the honor of being asked to review work as valuable as yours. This is all the more reason why I would need ample time to do your paper justice.

I trust you will understand my feelings and hope that you will not hesitate to call upon me again in the future.

Best regards,

Reina Saruhashi

断り	文例 234

論文チェックを断る (2)——専門外なので

☞ 謙遜の言葉で断りに代える

話の進め方としては、相手の専門分野の研究をほめたたえ、自分の専門分野外であるという理由へ自然に導く。専門外であるということと、自分にはとてもこのような立派な論文を批評する資格がないとへりくだることで、直接の断りの言葉に代える。

> 昨日、メールと、マルチモード・ファイバーについての先生の論文のコピーを拝受いたしました。論文を読ませていただいて、先生の専門分野における研究の質の高さに感銘を受けました。
> しかし、論文が扱っているテーマは私の専門分野から外れておりますので、少しとまどっています。それゆえ、正直に申し上げますと、この論文に専門的なきちんとした批評をする資格が私にあるとは思えません。
> このような立派な論文の批評を頼まれ、誠に光栄に思っております。立派な論文だけに、引き受けることができかねるのです。
> どうぞ事情をおくみとりいただきますようお願いいたします。そして、先生の研究が光源にかかわることがあれば、どうぞ遠慮なくお申し越しください。

構成 まず❶メールを受け取ったことを知らせ、相手の専門分野での立派な仕事ぶりをたたえる。それから自分の専門外であるという理由で❷断る。❸依頼に感謝する。❹理解を求める。

語句 ❶メール受け取りの知らせ　impressed me with「～に感心した」the quality of the work「仕事の質の高さ」

❷断り　However「しかしながら」embarrasses me somewhat「ちょっと困惑した」somewhatで語調を和らげている。in that「～の点で」out of my sphere of competence「私の守備範囲外」in all honesty「まったく正直なところ」am qualified to「～する資格がある」authoritatively「専門的にきちんと」素人見ならできるが専門的な批評はできないということ。

❸依頼への感謝　Let me assure you that「～ということをわかってください」deeply

appreciate the honor of「〜を心から光栄に思う」**have grave reservations**「どうしてもその気になれない、自分の気が許さない」
❹**理解を求める**　代わりに今後の協力を約束する。**not hesitate to call upon me**「遠慮なく私に頼む」**should your work concern** = if your work concerns「あなたの論文が〜に関するものなら」

ポイント However、Therefore、Thus など、論理を展開する働きの副詞は文頭に出す。文中にカンマではさんで挿入するのは文学的。

応用 専門外であることを伝えるバリエーション

残念ながら、あなたの論文が扱っているテーマは、明らかに私の研究分野の範囲外です。	Unfortunately, your paper treats a subject which is clearly out of my area of research.
実のところ、この論文が扱っている題材は、私がそれほど得意とするところではないのです。	Actually, the contents of the paper deal with subjects that I am not really upon.

TEXT

From: Keisuke Nishinuma [keisuke.nishiuma@hiscompany.com]
To: Emerson Shmigelski
Cc:
Subject: Review of your report

Dear Dr. Shmigelski:

I received your e-mail along with a copy of your report on multi-mode fibers yesterday. The report impressed me with the quality of the work you are doing in your area of research.

However, your report embarrasses me somewhat in that it deals with a subject which is out of my sphere of competence. Therefore, in all honesty I do not feel that I am qualified to comment authoritatively on your work.

Let me assure you that I deeply appreciate the honor of being asked to review work as valuable as yours. This is all the more reason why I would have grave reservations about accepting your request.

I trust you will understand and hope that you will not hesitate to call upon me again should your work concern light sources.

Sincerely,

Keisuke Nishinuma, Ph.D.

文例 235	断り
	講演を断る──先約があるので
	☞ 断りっぱなしにしないで次回につなぐ

先約を理由に断るのは、時として真の理由をカモフラージュするための口実であったりするが、この場合はそうではなく、依頼されたことに対し感謝の気持ちを十分に伝え、この次に機会があればぜひまた声をかけてほしいと述べている。

貴研究所における講演にお招きいただきまして誠に光栄に存じます。通常でしたら喜んでお引き受けするところです。

ところが、あいにくと講演の先約がありまして、ご希望の日程に都合をつけることがかないません。しかし、次の機会にはぜひ私を考慮にお入れくださいますようお願いいたします。

会のご成功をお祈りいたしております。何か私でお役に立てることがございましたら、ご遠慮なくお申し付けください。

構成 まず❶依頼されたことに感謝する。先約を理由に❷断り、次回につなぐ。❸成功を祈る。

語句 ❶**依頼への感謝** Thank you very much for honoring me with「～していただいて光栄です」Under normal conditions「普通なら」would have been more than happy to accept「喜んでお引き受けするのですが」断りにつなぐ布石的な一文。
❷**断りと次回へのつなぎ** Unfortunately 断りの枕詞。previous ... commitments「…の先約」make it impossible to I can't ～という自分の意思を感じさせる言い方は避けること。accommodate your proposed schedule「申し込みの日程に合うように都合をつける」I do hope do は強調。consider me for「～の際に私のことを念頭に置く」
❸**成功を祈る** I wish you every success with「～のご成功をお祈りします」決まった言い方。every は強調。invite you to「遠慮なく～してください」call on「たずねる、頼る」should there be = if there is be of assistance「役に立つ」

ポイント some other way ではなく any other way にすると①「このほかにもあれば」、あるいは②「少しでもあれば」というニュアンスになる。

応用 断りの状況のバリエーション

残念ながら、ご提案の日程は私の海外出張に重なっています。

Unfortunately, I will be on an overseas business trip across the dates you proposed.

あいにく、外せない用事があるため、今回は見合わせざるをえません。

Unfortunately, the press of urgent business makes it impossible to accept this time.

TEXT

From: Akira Shibutani [akira.shibutani@hiscompany.com]
To: Henry Farthing
Cc:
Subject: Prior commitments

Dear Mr. Farthing:

Thank you very much for honoring me with an invitation to lecture at your institute. Under normal conditions I would have been more than happy to accept.

Unfortunately, previous speaking commitments make it impossible to accommodate your proposed schedule. However, I do hope you will consider me for one of your subsequent programs.

I wish you every success with your program and invite you to call on me should there be some other way in which I could be of assistance.

Sincerely,

Akira Shibutani
Director

文例 236　人事採用
新聞広告への応募者を断る
☞ 事務的にさらりと断る

新聞の募集広告への応募を断る。関心のない相手に対する断りのメールは、personalな感じを出さずに事務的に処理する。くどくど理由を説明したり詫びたりする必要はない。本人が気に入らないのではなくて、すでに決定済みという状況により断るという作戦は、人を傷つけることがない。

10月30日付『タイムズ』に掲載の募集広告にご応募いただき、ありがとうございました。残念ながら、募集のポジションはすでにふさがってしまいました。しかし、ブラウンさまの履歴書は、今後空席ができたときのためにこちらで保管させていただきたいと存じます。

構成 ❶応募へのお礼を述べる。次に、❷すでに決定済みという断りを伝え、あまり期待が持てない場合でも、今後の可能性に触れておく。

語句 ❶応募へのお礼　受け取りの知らせも兼ねている。Thank you for 事務的で形式的なオープニング。in ~ edition「(日付)版にて」
❷断りと今後の可能性　Unfortunately 断りを切り出す。position advertised「募集した職」has been filled「ふさがった」これではっきりNoと言わなくて済む。keep ~ on file for possible future consideration「今後、検討の必要が出てきたときのために~をとっておく」possible がついていることなどから、望みはあまりないことがわかる。しかし、今後の可能性に何らかの形で触れておくことは、先方の気持ちを和らげることにもなるし、将来のつなぎとして役立つこともある。なお、このメールの中でkeepの目的語になっているresumeは正しくはrésuméだが、メールではéのような特殊な文字は使わない傾向にある。

ポイント 女性宛てのメールの場合、Mrs.、Miss、Ms.のどれを使うか迷うことがある。相手が出してきたメールに使われていたものと同じものを使うのが原則。不明の場合は、Ms.にする。

応用 A) 受け取りのお礼を変えて　B) 断りの表現を変えて

A) 10月30日付『タイムズ』に掲載の求人広告にご応募いただき、ありがとうございました。

Thank you for applying for the position advertised in the October 30 Times.

B) 残念ながら、履歴書をお受け取りしたときには、すでに広告にあったポジションは採用が決定しておりました。

Unfortunately, the position had already been filled by the time we received your resume.

TEXT

From: Hirohisa Aoki [hirohisa.aoki@hiscompany.com]
To: Debbie Brown
Cc:
Subject: Position filled

Dear Ms. Brown:

Thank you for replying to our advertisement in the October 30 edition of the Times.

Unfortunately, the position advertised has been filled. However, we would like to keep your resume on file for possible future consideration.

Sincerely,

Hirohisa Aoki
Office Manager

文例 237	人事採用
	面接者を断る
	☞ はっきり断るが、礼儀を忘れずに

仕事に応募してきた人に、面接の選考結果を知らせるメール。採用者側としては興味のない人物であっても、相手のプライドを傷つけないように断る。思わせぶりは避けてはっきり断るが、無礼にならないようにする。

弊社の募集にご応募いただき、ありがとうございました。
すばらしい経歴の持ち主の方々多数にご応募いただき、選考はきわめて難しいものとなりました。そのため、残念ながら、今回は別の方に決定いたしました。
しかし、今後空席ができた場合には、ジェンセンさまを検討の対象として考えさせていただきたいと存じます。
今後のご活躍をお祈りいたします。

構成 ❶応募へのお礼を述べる。次に応募状況と選考結果を伝えて❷断る。なぐさめとつなぎを兼ねて❸今後の可能性に触れ、❹健闘を祈って結ぶ。

語句 ❶**応募へのお礼** Thank you for the time you spent in わざわざ時間を割いて応募してくれたことに対するお礼の決まり文句。
❷**断り** 先方への敬意を忘れずに。highly qualified people「すばらしい経歴の持ち主」made the choice extremely difficult「難しい決定であった」Unfortunately 悪い知らせの始まり。you were not the one selected this time「今回はほかの方に決定しました」this time（今回は）というのは先方へのなぐさめ。
❸**今後の可能性** 先方の気持ちをなぐさめるが、思わせぶりに書かない。keep you in mind「考慮の対象に入れておく」for a future opening that might become available「今後空きができた場合には」might によってあいまいで可能性が薄いことが伝わる。
❹**健闘を祈る** 誠意を示しているが、その裏には当分こちらでの採用の見込みがないという含みがある。In the meantime「その間」wish you every success「成功を祈る」

ポイント 就職口を表す語には、opening（空席で「チャンスだ」というニュアンス）のほか、

position、post（ともにある種の権威を与える語）、job（最も一般的）などがある。

応用 A) 応募へのお礼を変えて　B) 今後へのつなぎの表現を変えて

A) 弊社の従業員募集にあたりましては、ご応募の上、面接のための時間をおとりいただき、ありがとうございました。

Thank you for the trouble you went through in applying and making yourself available for interviews while seeking employment with us.

B) しかし、次に欠員が出たときのために貴殿のご応募書類をお預りすること、ご了承をお願いしたいと存じます。

However, we would like to ask you to let us keep your application on file for the next opening that develops.

TEXT

From: Sadao Katsumata [sadao.katsumata@hiscompany.com]
To: Diana Jensen
Cc:
Subject: Thank you

Dear Ms. Jensen:

Thank you for the time you spent in applying for employment with our company.

Many other highly qualified people also applied for the position, which made the choice extremely difficult. Unfortunately, you were not the one selected this time.

However, we would like to keep you in mind for a future opening that might become available.

In the meantime, we wish you every success in your future endeavors.

Sincerely,

Sadao Katsumata
Manager
Personnel Department

文例 238	人事採用
	推薦を伴った求職者を断る
	☞ 推薦者の顔を立てる配慮をする

日本で働きたいという人へのメール。強力な推薦を伴った求職者を断る場合は、本人の気を悪くさせないと同時に、推薦者の顔をつぶさないように配慮することが大切。推薦者の骨折りを求職者に伝えて、十分わかってもらうようにする。

井上事務機器の山田さまより、あなたの日本で働きたいというご意向と、すばらしい履歴書を申し受けました。山田さまもあなたのことをとてもすばらしいインストラクターだとほめていらっしゃいました。

残念なことに、その書類が届いたのは、9月入社予定の1名を最後に私どもが採用活動をすべて終了したあとでした。また、「お会いせずに」人を採用することはしないというのが弊社の方針です。生涯の仕事のつもりで勤めてくれる方を求めているという私どもの考えを、どうぞご理解ください。

しかし、日本の立派な企業の中には1、2年の短期契約者を歓迎するところもあります。このようなところのほうが、あなたがメールでおっしゃっていたご希望に沿うのではないかと思います。何か私どもでお役に立てることがありましたら、どうぞ遠慮なくお申し越しください。

構成 ❶仲介の推薦者から履歴書を受け取ったことを伝える。必ず推薦者に触れて、役割を果していることを入れる。次に❷断りとその理由を述べる。最後は、❸ほかの形での可能性があることを伝えて**協力を申し出る**。

語句 ❶**受け取りの知らせと推薦者の尽力** 相手をほめることも忘れずに。very impressive「とてもすばらしい」spoke very highly of「～のことをとてもほめていた」
❷**断りとその理由** Unfortunately「残念ですが」received after「～のあとに届いた」まず遅すぎたという状況で断る。our policy「弊社の方針」方針で断る。I am sure you will appreciate「～をきっと理解してくださると存じます」相手の常識に訴える言い方。what we are after「弊社で求めているのは」
❸**別の可能性と協力の申し出** However「しかし」文の流れを変える働き。other

reputable organizations「ほかの立派な企業」some arrangement like this「このような仕事」more in line with「もっと（あなたの要求）に沿って」Please do not hesitate to「どうぞ遠慮なく〜してください」推薦者への配慮のある協力的な態度。

ポイント 断りの場合など、個人的な温かみを故意に避けたいときは、法人の立場を表すweを多く使う。

応用 推薦者の尽力を知らせる

そのメールの中で、山田さまはあなたの能力について、ほかにもたくさんの有望な点を書き添えておられました。	In the e-mail Mr. Yamada added many other flattering insights on your abilities.
山田さまはわざわざ電話を下さり、あなたの就職ご希望について最後まで熱心にお世話なさいました。	Mr. Yamada took the trouble to call and personally follow through on your application.

TEXT

From: Haruto Yamashita [haruto.yamashita@hiscompany.com]
To: Wally Holder
Cc:
Subject: Employment in Japan

Dear Mr. Holder:

Your interest in working in Japan and your very impressive resume have been conveyed to us by Mr. Yamada of Tech Office Systems. Mr. Yamada also spoke very highly of you as an instructor.

Unfortunately, this was all received after we had finished our recruiting, with the last person scheduled to join us in September. There is also our policy of not hiring anyone "sight unseen." I am sure you will appreciate our thinking here, especially since what we are after are people who are looking for a lifetime career.

However, there are other reputable organizations here in Japan who welcome people with fixed one or two year commitments. We feel some arrangement like this would be more in line with the desires you outlined in your e-mail. Please do not hesitate to write if there is some way in which we could be of help.

Sincerely,

Haruto Yamashita
Managing Director

人事採用

保留にしてあった採用の話を別のポストで再開する

文例 239

☞ 一度断っても糸をつないでおいて、活用する

前の募集で次点や保留になった人に、近々仕事の空きができるので興味があるかどうかたずねるメール。有能な人材に対しては、採用にならなかったからといって打ち切ってしまうのではなく、何らかの形でつないでおいて話を再開するチャンスを残しておく。

貴殿より求職の申し込みを7月にいただき、当方で次回への保留とさせていただいておりましたが、別のポジションに近く空きができることになりました。その候補として検討の対象になることをご希望かどうかおうかがいいたします。
まだご応募の気持ちをお持ちかどうか至急お知らせくださるようお願いいたします。よいお返事をお待ちしております。

構成 ❶今までのいきさつを述べ、いつの申し込みか先方の記憶を喚起する。そして近くポストが空くことを伝えて働く気があるか打診する。❷好ましい返事を願って結ぶ。

語句 ❶今までのいきさつと新しい仕事の打診　こちらはずっと関心を持っていたと印象づける。**Your application for**「〜へのご応募」**has been kept on active file**「ファイルに残しておいた」このactiveは「実際に活用する」というほどの意味で、相手を評価している積極的な感じが伝わる。**another position will be opening up**「別のポストが空く」open upはチャンスですよという感じ。ここではどんな仕事か細かく述べる必要はなく、今後の話し合いに残しておく。**would like to know**先方の意向をたずねる。**be considered for**「〜への検討の対象になる」あくまでも検討の対象であり、決定ではないことが伝わる。空いてしまったので急いでぜひ来てほしいなどとは言わないこと。
❷好ましい返事を願う　**contact us**「連絡をください」**are still interested**「まだ関心がある」**let us know**「知らせてください」柔らかい言い方。**are looking forward to your favorable reply**よい返事を期待していることを印象づける。

ポイント「連絡をとる」のバリエーション。contactは最もフォーマルな言い方。get in touch withは会話的で柔らかい表現。callは電話連絡に限る。

応用 今までのいきさつを説明する

採用には至りませんでしたが、弊社まで面接においでくださったことを覚えておられると思います。

You will recall an interview you had with us for a position which was subsequently filled.

8月に求職の申し込みをいただいたときには、あいにくどのポジションにも空きがございませんでした。その際、ご応募書類は、将来採用の可能性が出たときのために保管させていただきたいとお伝えしました。

You applied for work with us in August when there were no positions vacant. At the time, we indicated your application would be kept on file for possible future employment.

TEXT

From: Otoha Ishii [otoha.ishii@hercompany.com]
To: Maury Frye
Cc:
Subject: Employment opportunity

Dear Mr. Frye:

Your application for employment was received in July and has been kept on active file. In the near future, another position will be opening up in our company. We would like to know if you wish to be considered for the position at that time.

Please contact us as soon as possible, and let us know if you are still interested in employment with us. We are looking forward to your favorable reply.

Sincerely,

Otoha Ishii
Manager
Personnel Department

人事採用	文例
次回の空席の候補として考えたいので面接に来てほしい	240
☞ 時すでに遅くても、今後の別の可能性を考える	

今回募集したポストはすでに決定してしまったが、ぜひ面接してみたいという人へ宛てたメール。「もう決まってしまいました」と断るのではなく、将来の人材として、あるいは別の形での可能性を考えたいという積極的なもの。

お電話ならびに履歴書をいただき、誠にありがとうございました。 近く、双方の都合のよいときに、こちらで働いていただく可能性についてぜひご相談したいと存じます。
『タイムズ』で募集したポストはすでにふさがってしまいましたが、今後の空席の候補としてファイザーさまを考えております。 これは、すばらしい経歴の持ち主でいらっしゃる上に、今後も日本に関心を持ち続けてくださるだろうと思ったからです。
つきましては、次回、東京方面にお越しの折にぜひお目にかかりたいと存じます。

構成 ❶応募へのお礼を述べ、**乗り気である**ことを伝える。次に募集のポストはふさがったが、まだ望みはあるという❷**悪い知らせとよい知らせ**を述べる。 最後は❸**面接に来てほしい**ことを伝えて結ぶ。

語句 ❶**応募へのお礼と乗り気である旨** Thank you very much for taking the trouble to「わざわざ〜してくださり、ありがとうございます」決まり文句。are definitely interested in「〜に非常に興味がある」definitelyを用いて強い関心を示している。pursuing the possibility of「〜の可能性を検討する」強い興味があるとは言っても検討の余地は残しておく。mutually convenient time「互いの都合のよいときに」in the near future「近いうちに」nearをつけることで、話が具体的になる。
❷**悪い知らせとよい知らせ** Although ... has been filled「…はふさがったけれども」consider you for openings「あなたを空いたポストへの候補として検討する」
❸**面接希望の旨** Consequently「したがって」meet you the next time you 〜「今度あなたが〜したときに会う」next timeという言葉を用いていることで、おざなりななぐさめではないことを示す。

文例 240

ポイント 結論を表す副詞（句）は consequently のほかに therefore、as a result、thus がある。 このうち thus は普通のメールで使うと大げさになる。

応用 先方の経歴に対する評価を変えて

貴殿のすばらしい経歴と語学力は私どもにとって貴重な力となるものと思います。
We feel your impressive qualifications and linguistic abilities would be an asset in our operations.

貴殿の技術分野における経歴と執筆経験は技術文書作成という弊社の現在の業務に大きな力を与えてくれるものと存じます。
We feel your strong technical background and writing experience would strengthen our existing operations in the technical documentation area.

TEXT

From: Heisuke Takakura [heisuke.takakura@hiscompany.com]
To: Eileen Pfizer
Cc:
Subject Future employment opportunity

Dear Ms. Pfizer:

Thank you very much for taking the trouble to call and to send us your resume. We are definitely interested in pursuing the possibility of your joining us at some mutually convenient time in the near future.

Although the position we advertised for in the Times has been filled, we would like to consider you for openings in the near future. This is because of your fine qualifications and, hopefully, your long-term interest in Japan.

Consequently, I would very much like to meet you the next time you travel to the Tokyo area.

Sincerely,

Heisuke Takakura
Personnel Manager

人事採用	文例
先方から断られたが、今後に可能性をつなぎたい	**241**

☞ 心の広さを示しなからも採用者としての威厳を保つ

面接してぜひ採用したいと考えていた応募者が断ってきた。そこで将来に可能性をつなぐためのメールを出す。先方の立場に理解を示し、今後の健闘を祈るなど心の広さを示すが、同時に、必ず採用するとは約束せず、採用者としての威厳を保つこと。

10月1日には面接にお越しくださり、ありがとうございました。ご辞退の件につきましては、誠に残念に思いましたが、そちらのご事情は了解いたしました。マーティンさまのことは私ども心に留めておりますので、今後も引き続き何らかの連絡をいただきたいと存じます。もし今後お気持ちの変わることがありましたら、採用の可能性についてぜひご相談させていただきたいと思っています。それまで新しいお仕事でのご活躍をお祈りいたしております。

構成 まず❶**応募へのお礼**を述べ、断りに対する**理解と残念な気持ち**を伝える。さらに、まだ興味を持っていることを示しておく。次に、❷**今後も採用の可能性のある**ことを伝えて、**新しい仕事での健闘を祈って**結ぶ。

語句 ❶**応募へのお礼と残念な気持ち**　面接日を入れて具体的にすること。taking the trouble to come「わざわざお越しいただいて」an interview「面接」was disappointed by「がっかりした」withにすると意味が変わり、不満を表すことになる。understand「寛大に受け取る」理解を示す。retain an interest in you「引き続きあなたに関心がある」maintain some type of contact with us「今後も何らかの連絡がほしい」
❷**今後の採用の可能性と新しい仕事へのはなむけ**　a change of heart「気持ちの変化」if you change your mindだと露骨な感じ。discuss the possibility「可能性を検討する」無条件に必ず採用するとは約束せず、採用者側としての立場を示す。I wish you every success「ご活躍を祈ります」everyは強調で、こちらの心の広さを示している。

ポイント 名前とDearで始まる呼びかけについて。正しくはDear Ms. Martinと姓のみ記す。Dear Ireneのようにファーストネームのほうだけだと親しい間柄。Dear I. MartinやDear Irene Martinは誤り。

応用 今後も連絡がほしいことを伝える

ときどき、ハガキででも、どんなご様子か聞かせていただければうれしく思います。

It would be nice if you could drop us a card from time to time to let us know how things are going.

この近くにおいでの際は、ぜひお立ち寄りください。どんなご様子か聞かせていただければ幸いです。

Please drop by whenever you are in the area. I would appreciate hearing how things are going for you.

TEXT

From: Taizo Iizuka [taizo.iizuka@hiscompany.com]
To: Irene Martin
Cc:
Subject: Thank you for your time

Dear Ms. Martin:

Thank you very much for taking the trouble to come for an interview on October 1. I was disappointed by your answer but understand the situation which prompted it. Since we retain an interest in you and your qualifications, I would like to ask that you maintain some type of contact with us.

Needless to say, if you should have a change of heart after some period of time, I would very much like to discuss the possibility of your joining us. In the meantime, I wish you every success in your new job.

Sincerely,

Taizo Iizuka
President

挨拶	文例
会社合併の挨拶	**242**
☞ 相手にとっても利益になるという安心感を与える	

このメールの狙いは、会社合併の目的や目標などを取引先や関係者に知らせることにより、相手に関心を抱かせると同時に、引き続き協力を求めることにある。自分の会社と取引を続けていく上での安心感を相手方に与えるとともに、一層の理解と信頼感を得るために、格調高い言葉を使って書く。

8月1日付で、日東自動車株式会社［弊社］が日本で最大の自動車メーカーになったことを皆さま方にお知らせできることは、私どもにとりまして非常に大きな喜びであります。これは、先に発表されました弊社と東西自動車株式会社との合併が実現したことにより、もたらされました。

この合併により、世界の自動車市場における弊社の地位は拡大・強化されました。この新しい力の勢いに乗り、弊社の製品や生産方法の改善を通して、輸出の促進にさらに社力を注いでおります。すなわち、私どもといたしましては、この合併を、弊社とお客さまの双方に大きな利益をもたらすような、相互利益的なものにしたいと考えているのです。

これまでの私どもへのご好意とご協力に対し心より感謝申し上げるとともに、目標達成に向けて、皆さま方の引き続きのご協力とご支援をお願いいたします。

構成 まず会社の代表者として❶**合併について正式発表**する。次に❷**合併の狙い、結果および今後の期待**を述べる。先方への❸**これまでの感謝と今後の協力依頼**で締めくくる。

語句 ❶**合併についての正式発表** We take great pleasure in informing「〜をお知らせすることは我々の大きな喜びです」発表文の決まり文句。as of「(月日)付で」This was brought about by「これは〜によって引き起こされた」realization of「〜の実現」非常に硬い表現。

❷**合併の狙い、結果および今後の期待** 合併がもたらすものの説明。added resilience to「力をつけた、活性化した」resilience は「はずむ力、勢い」。prompted us to「〜することに駆り立てられた」focus 〜 on「〜に集中する」mutually beneficial「お互いにとって得になる」derive significant benefits「大きな利益を得る」get great benefit の意味

挨拶

文例 242

であるが、格調の高い表現を用いている。

❸**これまでの感謝と今後の協力依頼**　We would like to ask「～をお願いしたい」while at the same time「～と同時に」encourage us with「～によってご支援いただきたい」

ポイント　会社から関係会社や関係者への正式な挨拶では、格調高い表現や硬い表現を多く使う。

応用　結びを変えて

私どもは、貴社との間の長年にわたる良好な関係を大切にし、今後もその関係を育んでいくつもりであることを、はっきりと申し上げたいと思います。

We would like to assure you that we fully intend to value and nurture the long relationship Nitto has enjoyed with your fine organization.

私どもとしましては、この合併を、貴社との関係を拡大していく上での足がかりとしたいと思っております。

We would like to use this merger as a stepping stone to expanding our relationship with you.

TEXT

From: Satoru Koyama [satoru.koyama@hiscompany.com]
To: Ida Paulson
Cc:
Subject: No. 1 in Japan

Dear Ms. Paulson:

We take great pleasure in informing you that, as of August 1, Nitto Motor Co., Ltd. has become Japan's largest automobile manufacturer. This was brought about by the realization of our previously publicized merger with Tozai Motors, Ltd.

The merger has broadened and added resilience to our position in the global automobile market. This new strength has prompted us to focus more energy on the promotion of exports through the refinement of our products and methods. That is, we hope to make this merger a mutually beneficial one, through which both we and our customers can derive significant benefits.

We would like to ask, while at the same time expressing genuine gratitude for the courtesy and cooperation extended us thus far, that you encourage us with your continued cooperation towards the realization of this goal.

Sincerely,

Satoru Koyama
President

文例	挨拶
243	**社長退任の挨拶**
	☞ 引退の挨拶は暗くならないように心がける

社長の退任を本人から直接、取引先に知らせるメール。今後の取引や交際を円滑に進めるため、在職中の厚情に感謝を述べ、後任をよろしく頼む。後任者をまっ先に紹介し強く推薦するのは、本人が円満に悔いなく社長職を退任することの表れでもある。

本日開かれた関東鉄鋼の年次株主総会で、私の社長の座ならびに役員会よりの引退が正式に発表されました。後任は現スペシャリティ・スチール社社長で、関鉄創設メンバーのひとりでもある佐々川大五郎となります。

ご存じかと思いますが、関鉄とは創立以来17年間を共にしました。したがいまして、会社が成長し、世界で最も近代的で最も効率のよい鉄鋼メーカーのひとつとの名声を得るまで、すべてを目のあたりにする栄誉に浴して参ったわけであります。

長年にわたってお引き立ていただき、ありがとうございました。皆さまのご支援なしには、我が社にもここまでの発展はなかったと思います。今後とも関鉄をよろしくお願い申し上げる次第です。

後任の佐々川は私の知る最も有能な人物のひとりであります。私が皆さまから賜りましたご支援を、なにとぞ佐々川にもよろしくお願い申し上げます。

深くお礼申し上げますとともに、今後とも皆さまの一層のご活躍をお祈り申し上げます。

構成 まず❶退任を知らせ、後任者を紹介する。次に❷在職中の思い出を振り返り、❸その間の厚情に感謝する。その上で❹後任をよろしく頼み、❺感謝の言葉で結ぶ。

語句 ❶**退任の知らせと後任者の紹介** 決定日を必ず入れる。**At ～ held today**「本日開催された～で」即日書いている迅速な感じ。**My successor will be**「後任は～です」
❷**在職中の思い出を振り返る** 在職年数を入れる。**As you may know** 通常の商業文には使わないほうがよい表現だが、ここでは感傷的な気分から用いている。**I have been with**（社名）**since** 在職期間を示す。**work for** は社長レベルのメールにはふさわしくない。**a privilege and honor** 自慢気でなく喜びを表す語句。
❸**厚情への感謝** **support and courtesies**「ご支援ご厚情」**We could never ...**

without your valued help おかげさまで、という先方を立てた表現。
❹**後任者をよろしく頼む** **My successor ... is one of the**（最上級）後任に対する強い推薦。**I would hope** つやのある頼み方。**extend the same** 〜 自分と同様の支持を望む。
❺**結び** **Please accept my thanks and ...** 感謝を込めたお別れの決まり文句。

ポイント 最上級を用いたほめ言葉は、人に使えば強い推薦だが、自分に使えば尊大な売り込み。

応用「おかげさまで」という表現を変えて

ここまでやってこれましたのも、ひとえに皆さまのご支援の賜物と存じます。

Without your help it would have been impossible to come as far as we have.

皆さまからの温かいご指導ご鞭撻がありましたからこそ、この会社もここまで発展することができたのであります。

Your advice and guidance have been instrumental in making the company what it is today.

TEXT

From: Manabu Omae [manabu.omae@hiscompany.com]
To: John Kaul
Cc:
Subject: Announcing retirement

Dear Mr. Kaul:

At the annual shareholders meeting of Kanto Iron and Steel Co. Ltd., held today, my retirement as president and from the board of directors was formally announced. My successor will be Mr. Daigoro Sasagawa, who is now president of Specialty Steel Co. and one of the founding members of KANTETSU.

As you may know, I have been with KANTETSU since it was founded 17 years ago. As such, it has been a privilege and honor to have seen the company grow and acquire a reputation as one of the world's most modern and efficient steel producers.

Thank you very much for the support and courtesies you have extended to me over the years. We could never have achieved as much as we did without your valued help. I trust that your strong link with KANTETSU will be maintained in the future.

My successor, Mr. Sasagawa, is one of the finest and most capable men I know. I would hope that you will extend to him the same support you have given to me.

Please accept my thanks and best wishes for the future.

Sincerely,

Manabu Omae
President

挨拶

転任の挨拶

文例 244

☞ 転任しても付き合いを残すようにしておく

出向することになった広報部の部長が、取引先に宛てたメール。厚情に対するお礼を伝え、後任をよろしく頼むと同時に、自分が会社を移ったあとも付き合いをつなぐような内容にする。在職中の仕事は自分の経験になり、楽しく働けたという、感じのよいメールである。

本日付で近畿電機社よりGMPマーケティング社に出向し、役員として新しい任務に就くことになりましたことをここにご通知申し上げます。後任として湯川泰雄が広報部長になります。

この6年間、広報部で働けたことは大いなる喜びでありましたし、また大変すばらしい経験でもありました。皆さまとご一緒にとても楽しく仕事をさせていただきましたので、そのご厚情に対し、この機会にお礼の言葉を述べさせていただく次第です。

後任の湯川は以前に広告部長をしており、広報関係には豊かな経験を持っております。新しい任務に就き、柔軟な考え方で対応していくことでしょう。私の在職中、皆さまはご支援ご協力を惜しむことなく親切にしてくださいましたが、同じように湯川も引き立てていただければ幸いです。

またお会いできることを楽しみにしながら、それまで皆さまが一層ご活躍されますようお祈り申し上げております。

構句 まず❶出向を知らせ、後任者を伝える。次に❷在職中の思い出を振り返り、厚情への感謝を伝える。その上で❸後任を推薦しよろしく頼む。最後は❹今後に付き合いをつないで結ぶ。

語句 ❶出向の知らせと後任者の紹介　inform you 公式な感じのする語句。effective today「本日付で」assume new duties「新しい任務に就く」My successor, 〜, will「後任の〜が」紹介する。

❷思い出を振り返り、感謝を伝える　在職年数を入れる。Working in「〜分野で働くこと」great deal of experience as well as pleasure 業績をあげたというより自分の経験になったという、好感がもてる言い方。being able to work with you「一緒に仕事をさせてい

文例 244

ただいて」take this opportunity「この機会に」公式な表現。
❸ **後任者をよろしく頼む** was formerly「以前は〜であった」経歴の説明。has a wealth of experience「経験を十分積んでいる」I am sure that you will find 推薦する。open and responsive 新しい考えや意見を受け入れようという姿勢を持っていること。I would be most happy if「〜してくだされば幸いです」
❹ **結び** 今後につなぐ。seeing you again「またお会いする」In the meantime, please「それまで、どうか〜」

ポイント 今までのことを振り返って述べるときには第2段落の has given、have enjoyed のように現在完了形がよく使われる。

応用 転任の内容を変えて

| 本日発表された役職者の人事異動により、私は4月1日付で中南米担当部長となりました。 | In a management reshuffle announced today, I was assigned to take over the position of General Manager for Central and South America effective April 1. |

| 本日の発表により、私は3月31日付で輸出業務部長代理の地位に就くことになりました。 | It was announced today that I would assume the position of Deputy Manager of the Export Service Department effective March 31 |

TEXT

From: Tatsuo Suematsu [tatsuo.suematsu@hiscompany.com]
To: Rory Rios
Cc:
Subject: Transfer to GMP marketing

Dear Mr. Rios:

I would like to inform you that effective today I was transferred from Kinki Electronics, Ltd. to GMP Marketing, Inc. and assume new duties as Director of that firm. My successor, Mr. Yasuo Yukawa, will assume the position of Manager of Public Relations.

Working in PR the past 6 years has given me a great deal of experience as well as pleasure. I have thoroughly enjoyed being able to work with you and would like to take this opportunity to thank you for everything you have done for me during these years.

Mr. Yukawa was formerly Manager of the Advertising Department and has a wealth of experience in PR affairs. I am sure that you will find him open and responsive in his new responsibilities. I would be most happy if you would continue to accord him the same support and cooperation you most graciously favored me with in the course of our relationship.

I look forward to seeing you again sometime in the future. In the meantime, please accept my wishes for continued success in your endeavors.

Sincerely,

Tatsuo Suematsu
Manager
Public Relations

文例 245 挨拶
病気のため帰国する挨拶
☞ 後任への橋渡しをしっかり

病気のため海外赴任先から帰国することになった人から、現地の人へ出した挨拶状。後任も正式に決定していないほどの突然の帰国であっても、自分の任務を締めくくり、後任への橋渡しをしなくてはならない。

このたび病気のため日本に帰国することとなりましたので、お知らせいたします。後任に新しい出張所長が参ることになっておりますが、着任までの間、奈良育雄が代理を務めます。
短い期間でしたが、カナダ駐在中は貴殿をはじめ皆さまからご厚情を賜り、誠にありがとうございました。変わらぬご支援を、奈良に、また後任が着任しましたときはその者に、どうぞお寄せくださいますようお願い申し上げます。
直接お伺いしてご挨拶申し上げるべきところですが、病気のため失礼させていただきます。

構成 まず、❶帰国が決定したことを知らせ、後任者について触れる。次に❷在任中の厚情に感謝し、後任をよろしく頼む。最後は❸直接挨拶できないことを詫びて結ぶ。

語句 ❶**帰国決定を知らせ、後任者について触れる** due to 理由を表す語句として、簡潔さ、および of の多用を避けるという点から言って as a result of や because of より安心して使える。it has been decided that「～という事態になりました」自分の意思ではなく会社の決定であることを表す。in my place「後任に」Pending「～までの間」be acting in that position「代理を務める」

❷**厚情への感謝を述べ、後任をよろしく頼む** I am very grateful for「～について感謝に堪えません」I would hope「～願えたらうれしいのですが」品のあるていねいな願い。extend the same cooperation to「～にも変わらぬ協力を寄せる」extend を使うのは公式的。「変わらぬ」というのは、自分も感謝していたという一種のお礼。

❸**直接挨拶できないお詫び** I regret that「～を遺憾に思います」call on you personally「直接訪ねる」make my farewells「お別れの挨拶をする」

ポイント inform が「一方的に通達する」というニュアンスであるのに対し、let 〜 know は個人的で温かい感じの言い方。

応用 突然の帰国のためのお詫びの内容を変えて

このように突然出発しなければならないことが悔やまれれますが、ご理解いただけるものと信じております。	I regret the suddenness of this departure but trust you will understand.
突然の出発により、ご迷惑をかけることがあるかとも思われ、前もってお詫び申し上げておきたいと存じます。	I would like to apologize in advance for any inconvenience this abrupt departure causes you.

TEXT

From: Masataka Kanda [masataka.kanda@hiscompany.com]
To: Janet Anderson
Cc:
Subject: Returning to Japan

Dear Ms. Anderson:

This is to let you know that due to illness it has been decided that I should return to Japan and that a new liaison office manager will be sent in my place. Pending the arrival of the new manager, Mr. Ikuo Nara will be acting in that position.

I am very grateful for the cooperation I have received from you and your colleagues in the short time that I have been in Canada. I would hope that you will extend the same cooperation to Mr. Nara and to my successor when he arrives.

I regret that because of my illness I have not been able to call on you personally to make my farewells.

Sincerely,

Masataka Kanda
Manager

文例 246	挨拶
	担当者の変更を伝える
	☞ 担当者の変更は上司名で出す

社長や重役の交代とは異なり、担当者レベルの変更は上司から知らせる。変更により先方に迷惑をかけることはなく、改善のための変更であることを強調する。このメールでは、さらに先方の便宜をはかって担当者の一覧表を添付し、今後の業務がスムーズに進むような配慮をしている。

貴社に対する業務の改善を図るべく以下のような担当者の変更がありましたので、ご通知申し上げます。
1. 鈴木広明は渉外課長補佐に任命されました。
2. 勅使河原信子は杉浦友梨の後任として経理主任となりました。

これ以外に担当の変更はありません。上記変更を含む貴社担当スタッフ一覧を添付しますのでご参照ください。この新体制で、貴社からのご注文に対し、一層速やかな対応ができることと思います。

これらの変更をご理解の上、今後ともよろしくお願い申し上げます。

構成 ❶担当者変更を知らせる。内容が複雑な場合は個条書きにする。次に変更後も支障なく順調に進んでいくことを伝え、❷業務の安定を強調する。最後は❸理解と協力を求めて結ぶ。

語句 ❶**担当者変更を知らせる** This is to formally announce「通知いたします」 changes to improve our services「業務の改善をめざしての変更」よくなることを強調。 has been designated「〜に任命された」 has replaced「〜の後任となった」
❷**変更後の業務の安定を強調** All other assignments remain the same.「それ以外の担当の変更はありません」 a complete list of people「(担当者を)すべて載せたリスト」 incorporates the changes above「上記の変更を含む」 We trust ... result in even smoother handling「一層速やかな対応ができることと確信します」
❸**理解と協力を求める結び** Your kind understanding and cooperation 決まり文句。

ポイント 役割・任務を表すasをとる動詞には、designate、actなどがあるが、replaceやappointには通例 asをつけない。

応用 変更の伝え方を変えて

貴社担当スタッフ強化のため以下の人事異動が決まりましたので、ここにご通知申し上げます。

This is to inform you of the following assignments carried out to strengthen the staff serving your organization.

貴社担当のチームの構成が6月1日より変更されることになりましたので、ここにご通知申し上げます。

This is to announce a restructuring of the team that serves your firm which will be put into effect on June 1.

TEXT

From: Kohei Okazaki [kohei.okazaki@hiscompany.com]
To: Kate Garfield
Cc:
Subject: Personnel changes

Dear Ms. Garfield:

This is to formally announce the following changes in personnel to improve our services to your firm.

1. Mr. Hiroaki Suzuki has been designated assistant account executive.
2. Ms. Nobuko Teshigawara has replaced Ms. Yuri Sugiura as billing and accounting supervisor.

All other assignments remain the same. For your reference we have attached a complete list of people assigned to your organization that incorporates the changes above. We trust this new team will result in even smoother handling of your orders.

Your kind understanding and cooperation with these changes would be very much appreciated.

Sincerely,

Kohei Okazaki
General Manager

招待	文例
創業15周年記念パーティーへの招待	**247**

☞ 状況次第では郵送のほうが好ましい

会社のイベントに人を招待する場合、招待状をメールにするか、郵便で送るかの判断を迫られる。これは、そのイベントが会社にとってどれだけ意味のあるものなのか、あるいはその招待客がどれだけの重要人物なのかによる（あるいは招待状を出す時間の余裕があるかどうかにもよる）。時間に余裕があれば、重要人物を大切なイベントに招待するときは、きちんとした招待状（カードと封筒の模様の合ったもの）を郵送すること。

先日非公式にお伝えしましたレセプションへ、ここに正式にご招待いたします。日時は11月23日（金）午後2時から4時まで、場所はニューオリエンタル・ホテルの「鳳凰の間」です。日取りはこの会のテーマであります「感謝」にちなみ、勤労感謝の日に合わせました。多忙な方々が仕事に差し支えずに出席していただけるようにとの配慮も働いております。

この会の目的は、名目上は弊社の創業15周年を祝うことにあります。しかし、本当の目的は、これまで長年お世話になった大切な方々にお集まりいただき、私どもから感謝の気持ちをお伝えいたしますとともに、皆さまとなごやかな雰囲気の中で楽しく歓談させていただくというところにあります。弊社の者たちにとりましても、平素お世話になっている方々で普段はなかなか実際にお目にかかるチャンスのない方々とお会いできるいい機会になることと思います。

東京モーター社の岡田輝夫社長にお客さまの代表として短いスピーチをしていただくようすでにお願いしてあります。私にとりまして岡田氏は20数年来のよき友であり、よき相談役であります。氏のお言葉は、弊社がお世話になっている皆さまのお気持ちをうまく代弁してくれることと思います。このパーティーは皆さまのご歓談の時間がたっぷり取れるようになっています。

ご多忙中恐縮ではございますが、私どものパーティーにご出席いただければ幸いに存じます。

構成 パーティーの❶日時・場所と正式な招待を伝える。次にいつもお世話になっている先方への感謝を示しながら❷パーティーの目的を説明する。それから❸パーティーの内容に触れ、主賓を紹介する。最後は❹出席を願って結ぶ。

文例247

語句 ❶**日時・場所と正式な招待** どうしてその日時を選んだのかという、先方の都合を配慮した心遣いなどを入れるとよい。This is to formally invite you to「正式にご招待いたします」一度電話で打診しているからformallyとなる。The reception will be held in 〜 of 〜 from 〜 on 〜 1文でパーティーの開かれる時間と場所を伝える効率のよい書き方。The day was chosen to「〜のためにその日を選びました」attend without interfering with「〜に差し支えなく出席する」

❷**パーティーの目的の説明と先方への賛辞** The purpose of this party is「この会の目的は〜です」our real aim「本当の目的」important people「大切な方々」have supported us over the years「長年にわたりお世話になっている」warm, friendly atmosphere「楽しくて気軽な雰囲気」形式ばった堅苦しい感じではないことを伝える。benefactors「お世話になっている方々」

❸**パーティーの内容** 主賓を紹介し、スピーチの連続ではないことを知らせる。I have asked「〜にすでにお願いしてあります」on behalf of our guests「お客さま方の代表として」valued friend and advisor「大切な友人であり相談役である」echo the sentiments of「〜の気持ちを代弁する」つまりスピーチは1人にしか依頼していないということ。The idea is to structure the reception so that ...「要するに（皆で歓談できるような時間を）持てるようにするためです」

❹**出席を願う結び** この結びは決まり文句。spare the time「時間を都合する」share the occasion with us「私どものパーティーに出席してくださる」

ポイント 社員を表す語句としては、our employees、our staff、our peopleなどがあげられる。一番硬い感じがするのはemployeesで、人間味のある言い方はpeopleである。温かい雰囲気を作り出そうとしているこのメールでは、全体の調子に合わせてpeopleを用いている。

応用 主賓の紹介を変えて

東京モーター社の岡田輝夫社長からお客さまの代表としてご挨拶があります。岡田氏は10年以上にわたって弊社に多大のご支援を下さり、また相談役としても大きく貢献してこられました。

Mr. Teruo Okada, President, Tokyo Motor Co., will be saying a few words on behalf of all our guests. Mr. Okada has been a great supporter of and advisor to our company for more than ten years.

ご来賓の東京モーター社社長・岡田輝夫さまには、お客さまを代表して短いスピーチをしていただくよう、すでにお願いしてあります。

Mr. Teruo Okada、President, Tokyo Motor Co., our guest of honor, has been asked to make a brief address on behalf of all guests.

TEXT

From: Ichiro Sakakibara [ichiro.sakakibara@hiscompany.com]
To: Adrian Neuber
Cc:
Subject: Reception invitation

Dear Mr. Neuber:

This is to formally invite you to the reception which I have already mentioned to you informally. The reception will be held in the "Ho-o no ma" of the New Oriental Hotel from 2:00 to 4:00 P.M. on Friday, November 23. The day was chosen to match the theme of the gathering, i.e., "thanksgiving." It was also chosen so as to permit busy people to attend without interfering with business schedules.

The purpose of this party is ostensibly to celebrate our fifteenth year in business. However, our real aim is just to gather some of the more important people who have supported us over the years so that we can express our appreciation and enjoy meeting in a warm, friendly atmosphere. The occasion will also permit our people to meet many of our benefactors who they seldom have a chance to meet in the course of their day-to-day activities.

I have asked Mr. Terao Okada, President, Tokyo Motor Co., to make a short speech on behalf of our guests. Mr. Okada has been a valued friend and advisor to me for over 20 years. I think his words will echo the sentiments of all our supporters. The idea is to structure the reception so that we will have more time for social interaction.

I do hope that you will be able to spare the time to share this occasion with us.

Sincerely,

Ichiro Sakakibara
President

文例 248 招待

自宅でのパーティーへの招待

☞ 楽しそうなテーマを掲げて雰囲気を盛り上げる

親しい友人に宛てた招待メール。漠然と誘うのではなく、ささやかながらもしゃれたテーマを掲げ、楽しそうだからぜひ行きたいという気持ちを起こさせる。女性に対しては、必ず服装がわかるような情報を入れること。

妻と私は5月6日午後4時より9時くらいまで自宅にてささやかなカクテル・ディナーパーティーを計画しております。ちょうどこの頃に満開が見込まれる庭の藤の花を、少人数の親しい友人たちとともに観賞しようという趣向です。
お忙しい中とは存じますが、ご夫妻でご参加くだされば幸いです。

構成 パーティーのタイプ・場所・日時・目的を述べて❶夕食会を開催することを知らせる。次に心をこめて❷招待し、結びはつけない。代わりに❸結辞に親しみをこめて締めくくる。

語句 ❶**夕食会開催の知らせ** are now planning「～を計画している」planという語により、押しつけがましい感じがなくなり好感が持たれる。a small cocktail and dinner partyこれでパーティーは informalであるということがわかり、服装なども決められる。at（場所）from（時間）to（時間）on（日付）前置詞を効果的に用いて1文に必要な情報を網羅。Our idea is to「要するに～するつもりである」パーティーの目的。ここでは、藤の花を眺めるというしゃれた目的が続く。share the beauty of「～の美しさを分かち合う」with a few of our closest friends「少人数の親しい友人で」
❷**招待** 短く、心をこめて誘う。いつまでに返事がほしいなどと入れると事務的になってしまう。We wonder if「～していただけないでしょうか」could find the time to join「時間を割いてご参加いただける」婉曲的な招待の仕方。
❸**結辞** Warmest regards親しみをこめた結辞。

ポイント 欧米の会社の幹部の多くは、仕事上の付き合いのある人（取引先の人、配偶者含め）を自宅に招き、カクテルパーティーを開いたり夕食を共にして楽しむことがある。

応用 パーティーのテーマを変えて

文例 248

私どもが最近訪れた中国における「冒険」を、夕食後のささやかなスライドショーで皆さまとともに楽しもうと考えています。

We plan to share our recent "adventures" in China after dinner with a little slide show.

私どものヨーロッパ滞在中に美緒子が覚えたドイツ料理をご賞味いただくつもりです。

Naoko will be serving some German dishes she learned to cook during our stay in Europe.

TEXT

From: Osamu Osawa [osamu.osawa@hiscompany.com]
To: Andrew Parker
Cc:
Subject: Home party

Dear Mr. Parker:

My wife and I are now planning a small cocktail and dinner party at our home from 4:00 to around 9:00 P.M. on May 6. Our idea is to share the beauty of our wisteria tree, which we expect to be in full bloom at that time, with a few of our closest friends.

We wonder if you and your dear wife could find the time to join us.

Warmest regards,

Osamu Osawa

文例 249	案内
	お別れゴルフコンペの案内メール
	☞ 楽しい集まりになることを知らせるのがポイント

海外勤務も終わり帰国することになった人の送別ゴルフコンペの案内メール。現地で交流のあった人へ宛てたフォーマルではあるが温かいメールである。楽しい集まりになること、そのための事前準備がよく行われていることを伝え、出席したいという気持ちを起こさせる。

王路ロンドン支店長は長期イギリス勤務を無事に終え、5月末に日本に帰国されます。氏がことのほか当地でのゴルフとゴルフ仲間との交流を楽しまれたことは我々のよく知るところであります。こう考えますと氏のお別れ会を兼ねたゴルフ大会を開かない手はありません。ギルバート・ファンダングル卿のご協力により、レイクサイド・カントリークラブのすばらしいクイーンズコースが予約でき、4月20日（火）午前9時にプレー開始を予定しています。お忙しい中とは存じますが、皆さまのご参加をお待ちしております。
ゴルフは18ホールをストロークプレーで回り、70以下のスコアにはキャロウェイ方式を適用します。プレーの順番と組み合わせは、クラブへの地図などそのほかの必要な情報とともに、のちほどご連絡いたします。
グリーンの費用は税・キャディー料込みで45ポンドです。これは当日そのほかの個人的な出費と一緒にクラブへ直接お支払いください。ゲーム後は高橋氏をホストに晩餐会を開き、賞品の授与が行われます。
参加なさる方は添付の申込書を4月6日までに送り返してください。

構成 だれの送別であるかと、楽しかった思い出を交えて❶**サヨナラゴルフコンペ開催を知らせる**。次にコンペの❷**日時・場所**を伝えて参加を呼びかけ、その上で❸**プレーの詳細**、❹**費用とプレー後の予定**を伝える。最後は❺**申し込み方法と締め切り日**を知らせて結ぶ。

語句 ❶**コンペ開催のお知らせ**　After a long and happy tour of duty in「〜での長期にわたる楽しい派遣期間も終わり」We know how much he 〜「彼がどんなに〜したことかよく知っている」We can think of no better excuse for「これ以上の口実は思いつかない」

❷**開催日時・場所と誘い**　条件を伝えてから誘う。〜 has been kind enough to「〜氏

のご協力により」協力者へ敬意を払う。reserve 〜 Course 場所を知らせる。tee times starting from 〜 on 日時を知らせる。We hope you will be able to spare the time「時間を割いていただければ幸いです」

❸プレーの詳細　The order of play and pairings「プレーの順番と組み合わせ」a map to「〜への地図」道順を示した地図なので前置詞はofではなくtoになっている。relevant information「必要な情報」

❹費用とプレー後の予定　The green fee will be 費用を示す。should be paid 支払い方法を示す。will host a reception「晩餐会を開きます」present prizes「賞品を授与します」

❺結び　Please return 〜 by（日付）「（日付）までに〜を送り返してください」締め切りを知らせる。

ポイント　メールの結びには、社交辞令的なものが多いが、この場合は、先方に行動を求めるという重要な役割のある結びである。

応用　プレー後の予定を変えて

マーセル・アンド・カンパニー社の協力ですばらしい賞品をいただきましたので、これをゲーム後、王路氏より授与することにします。	Marcel & Co. has been kind enough to contribute some beautiful prizes which will be presented by Mr. Oji after the game.
各賞品は、ゲーム後に「19番ホール」で行われる弊社後援の小レセプションの席上で授与されます。	Prizes will be presented at a small reception sponsored by the company at "The 19th Hole" afterward.

TEXT

From: Hachiro Takasaki [hachiro.takasaki@hiscompany.com]
To: Laurel Gorppe
Cc:
Subject: Sayonara golf tournament

Dear Ms. Gorppe:

After a long and happy tour of duty in England, Mr. Oji, our London branch manager, will be returning home to Japan at the end of May. We know how much he has enjoyed all the golf he has played here and the company of all his golfing friends. We can think of no better excuse for a farewell golf tournament.

Sir Gilbert Fandangle has been kind enough to allow us to reserve the excellent Queen's Course at Lakeside Country Club, with tee times starting from 0900, on Tuesday, April 20. We very much hope you will be able to spare the time to play.

The tournament will be held over 18 holes; stroke play and the Calloway System will be applied to any scores under 70 net. The order of play and pairings will be sent later along with a map to the club and other relevant information.

The green fee, including tax and caddie, will be 45 pounds. This should be paid directly to the Club on the day along with any personal expenditure. Mr. Takahashi will host a reception after the game at which he will present prizes.

Please return the attached form by April 6 if you are able to play.

Sincerely,

Hachiro Takasaki
Liaison Office Director

案内	文例
会議の案内メール (1)	**250** |☞ 会議の目的と意義を強調する

会社から出す正式な案内メール。楽しむための社交上の集まりとは異なり、ビジネス上必要な情報を求めるための場であるから、案内メールもその目的に合わせて、formalでinformativeなものにする。さらに「目玉」を出してひきつけるのもひとつの作戦。

ホノルルで4月14日より開催される「北太平洋輸出者会議」にご招待申し上げます。会議は4月16日までで、一連の討議を行いますが、これは我々の毎日の仕事に影響する最近の市場動向を理解するための一助になるものと思います。さらに、今会議の活動の一環として、4月16日にはハワイのコンテナセンターの見学をガイド付きで行います。会議の簡単なプログラムを添付いたしますので、ご参照ください。
参加ご希望者は今月末までに飛行機の便とハワイでの滞在予定をご連絡ください。
ホノルルでお会いできることを心待ちにしております。

構成 いつ、どこで、何の会議が開かれるのか伝えて❶招待する。次にぜひ参加したいと思わせるように❷会議の詳細と意義を述べて❸参加方法を説明する。最後は❹前向きに結ぶ。

語句 ❶招待 It is a great pleasure to extend formalな書き始め。to be held in（場所）beginning（日付）いつ、どこでかを伝える。
❷会議の詳細とその目的 will run through「〜までかかる」開始日からこの日の午後までずっとかかるというのがthroughである。will consist of「（予定が）組まれている」will help us understand 会議の意義を伝える。In addition 会議への参加を呼びかけるためのもうひとつの「目玉」を出す。a guided tour「案内付きの見学」For your reference「さらにご参考までに」先方のための親切な情報であることを強調。
❸参加方法の説明 If you would like to participate「参加希望者は」押しつけがましさがなく、先方に判断を任せている。let us know 〜 with us「〜をご連絡ください」
❹結び We look forward to 前向きな気持ちを表す決まり文句。

ポイント 具体的要素を入れるとアピールが強くなるというのが英文メールの鉄則。結びの

文例 250

段落のseeing you in Honoluluは、ホノルルという地名が入ることで、ぐっと効果的になる。

応用 参加方法の説明を変えて

参加の申し込みは遅くとも4月1日までに当方に届くようお願いします。	Confirmation of your participation should reach us no later than April 1.
参加の申し込みが確認でき次第、ホテルの予約を私どものほうでさせていただきます。	We would be happy to make the necessary hotel arrangements upon confirmation of your participation.

TEXT

From: Shinji Torii [shinji.torii@hiscompany.com]
To: Margaret Sword
Cc:
Subject: Invitation to North Pacific Shippers Conference

Dear Ms. Sword:

It is a great pleasure to extend this invitation to the North Pacific Shippers Conference to be held in Honolulu beginning April 14.

The conference will run through April 16 and will consist of a series of discussions, which we believe will help us understand recent market trends affecting our day-to-day operations. In addition, a guided tour of the container center in Hawaii is scheduled on April 16 as one of the activities of this conference. For your reference, a brief outline of conference activities is attached.

If you would like to participate, please let us know your flight and schedule in Hawaii with us by the end of this month.

We look forward to seeing you in Honolulu.

Sincerely,

Shinji Torii
Manager

案内	文例
会議の案内メール (2)	**251**
☞ 命令形を使わずに強く要請する	

出席することを前提とした案内メール。高圧的な印象を与えないようにという配慮から、命令形をできるだけ避けている。強制参加であると思わせないように、有意義な会議であることを強調して参加を求める。

「第7回南太平洋ディーラー会議」が7月24日から27日まで東京で開催されます。この会議は南太平洋地域のディーラー各位にとって絶好の意見交換の場になるものと思われます。
この会議の目的は次の通りです。
1. 弊社の南太平洋地域におけるマーケティングおよび販売方針を明らかにすること。
2. 「ケーススタディー」的な方法により実際的な販売戦略を討議すること。
3. 日本の弊社工場見学により製品知識を深めること。
4. 友好親善を図り、ファミリーとしての一体感を深めること。

弊社では皆さまにこの会議に出席していただくことがきわめて重要かつ不可欠と考えます。必ずご出席くださるようお願いいたします。添付の用紙をご返送いただき、ご参加を確認させてください。
東京の会議でお会いできることを心待ちにしております。

構成 いつ、どこで、何の会議が開かれるのかを伝えて❶招待する。次に❷会議の目的を具体的に述べ、❸参加を強く要請し申し込み方法を説明する。最後は❹前向きに結ぶ。

語句 ❶**招待** 会議の特徴を最初にアピールする。**We are pleased to inform you** formalな書き始め。**will be held in**（場所）**from**（日付）**to**（日付）会議の必要情報を盛り込む。**offer an excellent opportunity**「よい機会になる」**The conference ...** この文は、参加呼びかけのpush lineである。**an exchange of views among all**「すべての～による意見交換」全員出席を前提とするこのallに威力がある。

❷**会議の目的** 個条書きにわかりやすく整理して示す。**Explain ～ policy**「方針を説明する」**Discuss ～ strategies**「戦略を話し合う」**Deepen ～ knowledge**「知識を深める」

文例 251

Develop friendship and strengthen ～ feeling「友好を育み～の感情を深める」動詞を先頭にもってくることにより、内容がわかりやすくなるとともに意味が強調される。

❸**参加要請と申し込み方法**　命令形を用いずに命令している。**We consider your participation vital and indispensable**「出席は絶対不可欠であると考える」**strongly hope**「強く希望する」**Please return**「～を返送してください」もし出席できるなら…という部分を意図的に書かず、出席することを前提に話を進めて、出欠の選択の余地を残さないようにしている。**the attached form confirming your attendance**「添付の参加確認用紙」

❹**結び**　**seeing you at** 具体的な地名などを入れてアピールを強くする。

ポイント　個条書きのときは、各項目の書き方を統一する (parallelism) こと。このメールではすべて動詞で始まる形に統一している。

応用　参加要請の呼びかけ

この会議に参加する意義の大きさをどうかご理解ください。	You are strongly encouraged to recognize the importance of attending this conference.
私どもはすべての販売業者の参加を求めています。	We are requiring the participation of every distributor.

TEXT

From: Akio Terada [akio.terada@hiscompany.com]
To: Barry Wilson
Cc:
Subject: 7th South Pacific Distributor Conference

Dear Mr. Wilson:

We are pleased to inform you that the Seventh South Pacific Distributor Conference will be held in Tokyo from July 24 to 27. The conference will offer an excellent opportunity for an exchange of views among all distributors in the South Pacific area.

The objectives of the conference are to:

1. Explain our marketing and sales policy in the South Pacific area.
2. Discuss practical sales strategies through a "case study" approach.
3. Deepen your knowledge of our products through visits to our plants in Japan.
4. Develop friendships and strengthen the feeling that we are all members of the same group.

We consider your participation in this conference vital and indispensable and strongly hope you will attend. Please return the attached form confirming your attendance.

We are looking forward to seeing you at the conference in Tokyo.

Sincerely,

Akio Terada
General Manager

文例 252 出席

開所式に出席する

☞ お礼と期待の言葉を添えて招待を受諾する

出席者数によって相手側の準備の仕方が変わってくるので、招待への出欠の返事は、できるだけ早くすること。

12月21日のサービスセンター開所式へのご招待、ありがたくお受けいたします。この歴史的な瞬間に立ち会えることは、誠に光栄に存じます。
では、当日お目にかかれることを楽しみにしております。

構成 確認を兼ねる意味で招待の内容・日時をくりかえして❶**招待受諾の旨と先方への賛辞**を伝える。 次に楽しみにしているという❷**前向きな結び**で結ぶ。

語句 ❶**招待受諾の旨と先方への賛辞** am very pleased to「喜んで〜する」このほか、be happy to、be honored toなども使えるが、後出のbe an honor toのような語句との関係を考えて同じ語が重ならないようにする。kind invitation「ご招待」先方からの招待を指す決まり文句。ceremony of「〜式」be held on（日付）式の日を具体的に入れる。 時間を示したい場合ならfrom two to fourで2時から4時までとなる。It will be an honor to「光栄に存じます」各段落がI amで始まっているため、ここはI am honoredと始めないで変化をつける。

❷**前向きな結び** I am sincerely looking forward to seeing you 喜んで楽しみにしていることを伝える決まり文句。 受諾するなら喜んで出席するのが礼儀。

ポイント メールではなく郵送されてきた招待状に対する出欠席の返事は、指定がない限り、郵送で行う。 また、招待状の中に返信用封筒があればそれを使用すること。

応用 喜びの気持ちを伝える

この重要な場に出席できますことは、私にとって大変な喜びです。

It will give me a great deal of pleasure to be present on this important occasion.

長年の夢がかなえられるのをこの目で見ることができれば、非常に満ち足りた思いを抱くことでしょう。

It will give me great satisfaction to see this long-cherished dream realized.

TEXT

From: Toru Akane [toru.akane@hiscompany.com]
To: Alec Sankrit
Cc:
Subject: Opening ceremony of service center

Dear Mr. Sankrit:

I am very pleased to accept your kind invitation to the opening ceremony of your service center to be held on December 21. It will indeed be an honor to be part of this historic moment.

I am sincerely looking forward to seeing you there.

Sincerely,

Toru Akane
Director
Australasia Department

文例	出席
253	**友人宅のパーティーに出席する**

☞ 個人的な社交の集まりには、「喜んで出席し楽しみにしている」気持ちが大切

親しい内輪のパーティーの招待への返事。パーティーのハイライトに触れるのはもちろんのこと、会って親交を深めることも楽しみにしていると伝えること。ビジネスのメールではないので、確認のためのくりかえしは詳細まで行う必要はないが、ある程度具体性を持たせたほうがよい。

7月10日土曜日のディナー・カクテルパーティーにご招待をいただきまして、ありがとうございます。

妻ともども喜んで出席させていただきます。中国旅行のスライドはもちろんのこと、あなた方とご一緒できることを2人とも楽しみにしております。

ご招待くださいまして本当にありがとうございました。

構成 招待の内容・日付など、ある程度の情報をくりかえしながら、❶**招待へのお礼**を伝える。次に❷**喜んで出席する**ことを述べ、**楽しみにしている**ことを伝える。最後は、親しい友人として招いてくれたことに感謝し❸**再びお礼**で結ぶ。

語句 ❶**招待へのお礼** Thank you for the thoughtful invitation to 招待へのお礼を述べる決まり文句。

❷**出席の知らせ** 出席の返事を伝えてから、楽しみにしていることを具体的に示して2段構えにする。will be very happy to attend「喜んで出席する」looking forward to seeing パーティーのハイライトに触れて具体的な形で喜びを示す。ここでは中国で映したスライドを見ること。enjoying the evening with you スライドだけでなく、そのほかにもいろいろと楽しみにしている気持ちを伝える。

❸**再びお礼** Thank you again for including us. 短いがパンチのある文。

ポイント 日本人には親しい間柄でもファーストネームで呼び合う習慣がないので、親しい相手へのメールでも欧米人のように Dear Bob などと始めるのは照れくさい気がする。そこで Dear 〜にファーストネームのみを書くか、Mr. 〜とするかは、先方がメールに用いた通りにす

るのが無難である。

応用 パーティーのテーマに触れて、心待ちにしていることを伝える

ドイツ料理をいただいたり、あなた方と再びご一緒できることを楽しみにしております。	We look forward to enjoying the German dishes almost as much as we do to enjoying your company again.
私どもは満開のサルスベリを見たことがございませんので、あなた方との再会とこのお花見とを同時に実現してくださることを本当にうれしく思います。	Neither of us has seen a crepe myrtle in full bloom before and appreciate your combining this with the chance to enjoy each other's company again.

TEXT

From: Shigeru Aoyama [shigeru.aoyama@hiscompany.com]
To: Nancy Moreno
Cc:
Subject: Looking forward to dinner

Dear Ms. Moreno:

Thank you for the thoughtful invitation to dinner and cocktails on Saturday, July 10.

My wife and I will be very happy to attend. We are both looking forward to seeing the slides from your trip to China and to enjoying the evening with you.

Thank you again for including us.

With warmest regards,

Shigeru Aoyama

文例 254	欠席
	開所式に欠席する
	☞ 漠然とした理由で断れるのは地位の高い人だけ

地位の高い人が出す欠席通知。招待を断るときに、あいまいな理由で断るのは一般的に誠意のなさと受け取られるので、具体的になぜ行けないのか示して理解を求めるのが本筋。しかし、地位が高い人の場合は、重みのあるあいまいな理由で断っても失礼にはあたらない。

カイソンセンター開所式へのお招きをいただき、お礼申し上げます。

残念ながら、12月はすでに予定が入っており、この喜ばしい場に出席することができません。どうしても変更できない用件のため、東京を離れるわけにはいかないのです。どうか事情をご理解ください。

本当にお招きありがとうございました。今後ともお引き立ての程よろしくお願いいたします。

構成 具体的に招待の内容を記入して❶**招待へのお礼**を伝える。次に❷**欠席の旨**を伝え、理解を求める。最後は❸**再びお礼**と、「**今後ともよろしく**」で結ぶ。

語句 ❶**招待へのお礼** Thank you very much for 招待のお礼を述べる書き始め。kind invitation「ご招待」先方からの招待を指す決まり文句。
❷**欠席の旨** Unfortunately「残念ながら」断りを切り出すシグナル。my schedule will not allow me to「スケジュールにより〜できない」自分を主語にしないでスケジュールに断らせる。this congratulatory ceremony 式典の言い換え。cannot be rescheduled「変更がきかない」I certainly hope 理解を求める。
❸**再びお礼と今後の関係に触れる結び** Thank you again for メールを締めくくる決まり文句。continuing close relation「引き続きの盛んな取引関係」

ポイント urgent matters は、あいまいではあるが、重みのある語句。このほかに、urgent business、pressing need も使える。ただし、これらの語句は、会社の機密に関するような重要なひびきがあるので、地位の高い人しか使えない。

応用 A) 招待への感謝を変えて　B) 欠席の伝え方を変えて

A) 本社ビル起工式のお招きを賜り、厚くお礼申し上げます。

I very much appreciate your taking the trouble to invite me to the groundbreaking ceremony of your new head office building.

B) あいにく、外せない所用のため、このお祝いの席に参列することができません。

Unfortunately, the pressure of urgent business will not allow me to be present on this festive occasion.

TEXT

From: Gen Matsushita [gen.matsushita@hiscompany.com]
To: Nicky Sari
Cc:
Subject: Opening ceremony of Kaison center

Dear Ms. Sari:

Thank you very much for your kind invitation to the opening ceremony of the Kaison Center.

Unfortunately, my schedule in December will not allow me to attend this congratulatory ceremony. Urgent matters that cannot be rescheduled make it necessary for me to be in Tokyo at that time. I certainly hope you will understand.

Thank you again for the invitation. I look forward to continuing close relations between our two firms.

Sincerely,

Gen Matsushita
Managing Director

文例 255	欠席
	祝賀会に欠席する
	☞ 短い断りメールは誠意のない印象を与えてしまう

地位の高い人の出す欠席通知。文例254よりも、丁重な書き方になっている。このメールでも具体的な欠席理由の説明はないが、文章が長くなっていて先方への気をつかって断っていることがうかがえる。くどくどと理由を述べる必要はないが、短い断りメールでは誠意が感じられない。

10万台達成記念の祝賀会へお招きいただき、ありがとうございます。このすばらしいご成功に心よりお祝い申し上げます。このような短期間で10万台を記録なされたことは、私どもにとりましてもきわめて喜ばしく、また称賛の念を覚えるものです。
あいにく12月はすでに予定が入っており、この喜ばしい場に出席することができません。どうしても変更できない用件のため、東京を離れるわけにはいかないのです。なにとぞ事情をお察しくださるようお願いいたします。
お招きを賜りましたことに重ねてお礼申し上げます。今後一層のご発展をお祈りし、あわせて変わらぬお引き立てをお願いする次第です。

構成 具体的に招待の内容を記入して❶招待へのお礼と祝辞を述べる。次に❷欠席の旨を伝えて理解を求める。最後は❸再びお礼を述べて、「**今後ともよろしく**」で締めくくる。

語句 ❶**招待へのお礼** Thank you very much for 招待のお礼を述べる書き始め。Please accept my hearty congratulations「心よりお祝い申し上げます」have topped「達成した」
❷**欠席の旨** Unfortunately 断りを切り出す。my schedule ... will not Iを主語にしない。this happy affair パーティーの言い換え。Urgent matters あいまいだが重みのある句。I certainly hope 理解を求める。
❸**再びお礼と今後のことに触れて結ぶ** Once again 最後のまとめに入る語句。I am looking forward to 今後の期待を導く語句。a long future of「末長い〜」

ポイント *My* schedule will not allow *me* や、*Urgent matters* make it necessary for *me*

のように、自分を主語にしないで予定や用事に断らせるのが断りのコツ。

応用 A) 先方への賛辞を変えて　B) 欠席の伝え方を変えて

A) このような業績は容易なことではありません。

I know this achievement has not been easy.

B) この喜びをともに分かち合いたいと存じますが、あいにく当方の年末のスケジュールがきわめてつまっております。

Unfortunately, although I would like to share in enjoying this moment with you, the year-end schedule here is particularly tight.

TEXT

From: Yukiho Ito [yukiho.ito@hercompany.com]
To: Byron Khalaki
Cc:
Subject: Congratulations on your success

Dear Mr. Khalaki:

Thank you very much for your kind invitation to the party celebrating your 100,000th vehicle. Please accept my hearty congratulations on this remarkable success. We are all very pleased that you have topped the 100,000 mark so quickly—a truly admirable achievement.

Unfortunately, my schedule in December will not allow me to attend this happy affair. Urgent matters that cannot be rescheduled make it necessary for me to be in Tokyo at that time. I certainly hope you will understand the reasons preventing my attendance.

Once again, thank you for the invitation. I am looking forward to a long future of continuing success and close relations between our two firms.

Sincerely,

Yukiho Ito
Senior Managing Director

文例 欠席
256 結婚式に欠席する

☞ 先約を理由に断るのは最も当たり障りのない断り方

社長同士など、地位の高い人同士で交わされるメール。直接断りの言葉もないし、具体的な理由も明らかにしておらず、また、十分気を使って書いていることのうかがえる社交辞令的な断りのメールである。

4月26日に執り行われますご子息の結婚式へご招待にあずかり、誠にありがとうございます。さぞやお喜びのことと思います。また、職務のご多忙に加え、あれこれと段取りを整えるのにも大変お忙しくしていらっしゃることでしょう。
このお喜びの席にぜひとも出席させていただきたいのですが、前々からの約束がありましてかないません。ご子息とご新婦さまにどうぞ私のお祝いの気持ちをお伝えください。
ご招待いただいたことに重ねてお礼申し上げます。

[構成] 具体的に招待の内容を記入して❶招待へのお礼を述べ、先方の近況に対する思いやりを伝える。次に❷欠席の旨と結婚する人たちへのメッセージを伝える。最後は❸再びお礼で結ぶ。

[語句] ❶**招待へのお礼** I very much appreciate the honor of「〜の光栄にあずかり、誠にありがとうございます」I know how happy you must be.「さぞお喜びでしょう」慶事の際の決まり文句。be attending to「〜にかかりきりになる」on top of「〜の上に、〜に加えて」
❷**欠席の旨と結婚する人たちへのメッセージ** Although I would very much like to 断りへの布石となるフレーズ。残念な気持ちを示す。be part of this happy event「このめでたい席に出席する」しゃれた言い回しである。happy event は wedding ceremony の言い換え。long-standing commitments「前々からの約束」please convey my best wishes 結婚する人へお祝いを伝えてもらうときの決まり文句。
❸**再びお礼** Thank you again for honoring メール全体をまとめる。

[ポイント] 結婚する女性（および女性側の人）に congratulate や congratulations は使わない。

「相手をつかまえてめでたい」というニュアンスになるからである。best wishes to 〜や wish 〜 every happiness などを使うとよい。

応用 メッセージを変えて

ご子息と未来の令夫人にお受け取りいただきたく、弊社からのささやかなお祝いを別便にてお送り申し上げます。	I am sending a small gift on behalf of our company, which I would like your son and his bride to have.
今度オーストラリアへ行ったときには、初々しいご夫妻にお目にかかれる機会があることを期待しております。	I do hope to have a chance to meet the new couple the next time I am in Australia.

TEXT

From: Takeshi Fukuda [takeshi.fukuda@hiscompany.com]
To: Donna Johnson
Cc:
Subject: The happy event

Dear Ms. Johnson:

I very much appreciate the honor of being invited to the wedding ceremony and reception of your son on April 26. I know how happy you must be. I also know how busy you must be attending to the arrangements on top of your heavy business schedule.

Although I would very much like to be part of this happy event, long-standing commitments will not permit me to attend. However, please convey my best wishes to your son and his bride.

Thank you again for honoring me with an invitation.

Sincerely,

Takeshi Fukuda
President

文例 257	欠席
	晩餐会に欠席する
	☞ 招いてくれたという気持ちに感謝して人間関係をつなぐ

遠く離れている人からディナーの招待が届いた。先方も実際はあまり期待しているわけではなく、こちらのことを気にかけているという気持ちからの招待なので、その気持ちに感謝するような返事にする。したがって、欠席の理由を詳しく述べる必要はない。

メルボルン・スコットランド人協会における聖ゲオルギオスの日の晩餐会にお招きいただき、誠にありがとうございます。晩餐会に出席できれば大変光栄なことと存じます。

しかし、残念ながら、ご招待いただきました4月23日は都合がつきません。前々からの約束がすでに入っているのです。

ですが、5月には貴国へ参る予定になっておりますので、そのときにはぜひお目にかかりたいと思っております。

お気にかけていただきましたことに重ねてお礼申し上げます。

構成 具体的に招待の内容を記入して❶**招待へのお礼**を述べる。次に、❷**欠席の旨**を伝え、次回出張の折に会いたいという❸**明るい材料**を入れる。最後は❹**再びお礼**で結ぶ。

語句 ❶**招待へのお礼** sincerely appreciate「心より感謝します」Thank you forで始めるよりpersonalな感じがある。would indeed be an honor if I could「〜できればまさに光栄です」仮定法を使うことで断りを暗示している。

❷**欠席の旨** However断りへと導く。unfortunate「不都合な」already「すでに」long-standing commitment「前々からの約束」先約を理由に、あいまいに断る。

❸**明るい材料** On the other hand「一方、ところで」by the wayだとまったく別の話題を付け加えるニュアンスなので、この場合は不適当。get together with「会う」口語的で、seeより温かみのある言い方。

❹**再びお礼** Thank you again for remembering me.出席の可能性が少ないとわかっていてもわざわざ招待状をくれたことに感謝する。始めの段落でお礼を述べているからagainを忘れずに。

ポイント メールの文中に日付を入れるとき、どんな場合でも月名は省略しないで全部綴る。社交のメールの場合、年号はほとんどの場合自明なので不要。

応用 A) 招待へのお礼を変えて　B) 次回訪問時に会いたいという表現を変えて

A) ご結婚40周年を祝う礼拝ならびに記念パーティーにお招きいただき、誠にありがとうございます。

I sincerely appreciate your inviting me to the church service and reception celebrating your 40th wedding anniversary.

B) 12月の出張でお目にかかれるものと、楽しみにいたしております。

I am still looking forward to seeing you during my trip in December.

TEXT

From: Go Taruishi [go.taruishi@hiscompany.com]
To: Calvin Hillard
Cc:
Subject: St. George's Day Dinner

Dear Mr. Hillard:

I sincerely appreciate your invitation to the St. George's Day Dinner of the Melbourne Scots. It would indeed be an honor if I could attend.

However, the date, April 23, is an unfortunate one. I already have a long-standing commitment on that day.

On the other hand, I am presently scheduled to be in your country in May and hope to be able to get together with you then.

Thank you again for remembering me.

Sincerely,

Go Taruishi
General Manager
Australasia Department

文例 258	欠席
	再度の招待にもかかわらず会議に欠席する
	☞ 理由を具体的に示すと都合を合わせてくるので、その逆手をいく

どうしても出席したくない会議を断ったところ、会議日程を変更するからぜひ出席してほしいという再度の招待がきた。そこで再び欠席することを伝える。理由や日付を意図的にあいまいにして、これ以上の招待を牽制する。

半導体産業世界会議への私の出席に関してのお心遣い、誠にありがとうございます。また、ご迷惑をおかけして申し訳ございません。

以前より、当会議後に直接アメリカに渡る予定でおりましたが、その予定が重大な用件のためにくり上げられ、世界会議を欠席せざるをえないのです。誠に残念なことに予定が迫っているため、現時点ではどのようにも変更できかねる状態です。

弊社の代表として、私の代理人をなんとか立てたいとも考えました。しかし、それには問題になっておりますテーマについて十分に精通している者が必要かと思います。その資格のある者が見あたらないのが現状です。テーマの重大性を考慮した結果、不十分な経験しか持ちあわせていない者なら、むしろ参加を辞退したほうがよいかと存じます。

先日のご招待、ならびに私のために予定を変更してくださいましたことに、改めてお礼を申し上げます。なにとぞ事情をお察しくださいますようお願いいたします。

構成 ❶今までのいきさつに触れ、先方の心遣いに感謝を示す。次に❷再招待に対しても欠席する旨と❸代理の適任者もいない旨を伝える。最後は❹再びお礼で締めくくる。

語句 ❶**今までのいきさつ**　appreciate your concern「お心遣いに感謝します」予定変更を申し出てくれたことに対するお礼。express my regret「残念に思う」この regret は「後悔」ではなく「残念」な気持ちのこと。

❷**欠席の旨**　originally「もともと、当初は」due to「～のため」理由を導く。the pressing need for my presence「私がどうしてもしなくてはならない」漠然とした言い方。was moved up「くり上げられた」precludes「不可能にする」予定や状況を主語にして断っている点に注目。

❸**代理の適任者がいない**　would very much like to「ぜひ～したかったのだが」できな

いということを直接言わずに断る。**would have called for**「必要とするだろう」　前出のrequireのくりかえしを避ける。**sufficiently qualified**「十分資格のある」
❹**再びお礼**　Once againお礼を最後に切り出す決まり文句。**kind offer**予定変更を申し出てくれた2度目の招待のこと。**on my behalf**「私のために」**I do hope you will understand**理解を求める決まり文句。 doは強調。

ポイント　any inconvenienceとthe inconvenienceの差。 実際に迷惑をかけていると認識している場合はtheを用い、迷惑をかけるようなことがあれば、という気持ちならanyを用いる。

応用　結びを変えて

最後に、貴殿のご理解と、当方のスケジュールに合わせるべくご尽力いただいたことに、改めてお礼申し上げます。	In closing, I would again like to thank you for your understanding and for the great efforts you made to accommodate my schedule.
ご迷惑をおかけしたこと、心からお詫び申し上げます。	Please accept my sincerest apologies for the inconvenience this has caused you.

TEXT

From: Toshiaki Kogure [toshiaki.kogure@hiscompany.com]
To: Pam Hoermann
Cc:
Subject: Attendance at semi-conductor conference

Dear Ms. Hoermann:

I greatly appreciate your concern for my attendance at the World Semiconductor Industry Conference and would again like to express my regret for the inconvenience caused.

I had originally planned to proceed to the U.S. after the conference. However, due to the pressing need for my presence there, my schedule was moved up, forcing me to withdraw from the conference. Unfortunately, the urgency of the situation precludes any modification of this schedule at this date.

We would very much like to have sent someone in my place to represent our company. However, this would have called for someone sufficiently qualified to comment on the topic in question. At present, there is no one available with such qualifications. Thus, in view of the importance of the subject, we would prefer not to send anyone with insufficient experience.

Once again, I greatly appreciate both your original invitation and the kind offer to adjust the schedule on my behalf. I do hope you will understand the reasons preventing my attendance.

Sincerely,

Toshiaki Kogure
Director
Research and Development

欠席	文例
送別会欠席通知を受け取っての返事	**259**
☞ 気を悪くしていないということを伝える	

自分の帰国送別会に欠席するという連絡を受け取った。欠席者に対しては、がっかりこそすれ怒ってはいないという気持ちを伝える。また、代理人が出席する場合は、喜んで代理人を迎える旨を伝えること。帰国するのであるから、別れの挨拶も忘れない。

6月28日付のメールで来週のパーティーにご欠席と知り、とても残念に思いました。アメリカ滞在中、あなたとお付き合いできる機会に恵まれ、とても楽しく過させていただきました。またお会いできる日を楽しみにしています。
ホッジキス氏があなたの代理でご出席とのことは了解いたしておりますので、私のほうでも氏を探すようにいたします。ホッジキス氏へまだ伝言が間に合うのなら、どうか私に直接声をかけてくれるようお伝えください。
東京にお越しの節はぜひご連絡ください。

構成 ❶欠席を残念に思う気持ちを伝え、**滞在中の交際に感謝**する。次に❷代理の出席者を歓迎することを述べ、最後は、❸「**ぜひお立ち寄りください**」で結ぶ。

語句 ❶**欠席を残念に思う気持ちと、滞在中の交際に対する感謝** I was disappointed to learn「〜と聞いてとても残念です」I very much enjoyed having had the chance to「(お付き合いできる)機会に恵まれたことに深く感謝します」完了形はずっとという継続の気持ち。associate with「〜と交際する」seeing you again「またお会いすること」
❷**代理人を喜んで迎える旨** We have taken note of the fact that「〜と聞いています」in your place「あなたの代理として」be on the look-out for「〜の存在を心に留めておく」If it is not too late to get word to「〜へまだ伝言が間に合うなら」call on me personally「直接声をかけてくれる」
❸**結び** Please do not hesitate to call me ... 海外でお世話になった人に対してよく使う決まり文句。

ポイント associate withはそれほど深い付き合いを意味しない。これより親しいのはget

文例 259

to knowである。

応用 代理人への配慮を伝える

ホッジキス氏にくつろいでいただけるよう、精一杯のことをさせていただきます。	We will do everything we can to make him comfortable.
ホッジキス氏が目的の方々に会えるよう、我々も注意しておきます。	We will see to it that he gets to meet the right people.

TEXT

From: Makoto Yodogawa [makoto.yodogawa@hiscompany.com]
To: Curtis Gilbert
Cc:
Subject: Attendance at reception

Dear Mr. Gilbert:

I was disappointed to learn from your e-mail of June 28 that you will not be able to attend the reception next week. I very much enjoyed having had the chance to associate with you while here in the United States and look forward to seeing you again.

We have taken note of the fact that Mr. Hodgekiss will attend in your place and will certainly be on the look-out for him. If it is not too late to get word to him, I hope you will ask him to call on me personally.

Please do not hesitate to call me should you have an occasion to be in Tokyo.

Sincerely,

Makoto Yodogawa
General Manager

お祝い	文例
昇進祝い (1)——取引先の社長就任を祝う ☞ 就任前でも、ニュースを知ったらすぐに出す	**260**

仕事上の正式なお祝いメール。メールの組み立てとして、ニュースを知った喜びをまず伝え、それから改めてきちんとしたお祝いの言葉を伝える、というのが正式なお祝いのパターン。最後は、両者の関係が一層深まることを望む。地位の高い人ほど書く機会の多いメールである。

貴社代表取締役にご就任なされるとのこと、おめでとうございます。
心よりお祝いを申し上げます。貴殿のような力のある方がこの要職に就かれると聞き、誠に心強く思っています。
今後の一層のお付き合いをお願いいたします。

構成 まず❶昇進のニュースを知った喜びを伝える。次に、改めて❷お祝いの言葉を述べる。最後は両者の関係が深まることを望んで❸「**今後もよろしく**」と結ぶ。

語句 ❶**昇進のニュースを知った喜び** 何の地位への昇進か具体的に書く。I was delighted to hear of your promotion to「〜に昇進すると聞いてとてもうれしく思った」 CEO「代表取締役、最高経営責任者」=chief executive officer
❷**お祝い** 敬意を表して。I would like to extend my warmest congratulations to you.「心よりお祝い申し上げます」公式的なお祝いの決まり文句。extendは「(祝辞を)述べる」。硬い言葉で公式的な印象を与える。reassuring「心強い」someone of your ability「あなたのような能力のある方」assume「(任務などに)就く、引き受ける」key post「重要な地位、要職」
❸**「今後もよろしく」** an even closer association「一層親密なお付き合い」

ポイント 最後の段落のWe look forward to ...は、「今後の一層の親密な付き合いを期待する」というのが直訳。「期待する」といえば、すぐにexpectが思い浮かぶが、こちらのほうは「当然起こると予期する」という意味で、期待してあたりまえという気持ちが含まれる。ここでは、尊大な印象を与えてしまうので入れ換えは不可。

応用 敬意表現を変えて

このたびの選任は、まったく時宜にかなった、当を得たものと存じます。

We feel the appointment was timely and well deserved.

貴殿の輝かしい業績を考えれば、このたびの選任は何の驚きにもあたりません。

Your appointment came as no surprise to us in view of your brilliant record of achievements.

TEXT

From: Norio Hatakeyama [norio. hatakeyama@hiscompany.com]
To: Rachel Thomas
Cc:
Subject: Congratulations

Dear Ms. Thomas:

I was delighted to hear of your promotion to CEO of your company.

I would like to extend my warmest congratulations to you. It is reassuring to us that someone of your ability will assume this key post.

We look forward to an even closer association in the future.

Sincerely,

Norio Hatakeyama
Managing Director

お祝い

昇進祝い（2）——取引先の社長就任を祝う

文例 261

☞ ともに繁栄するためにお祝いメールを出す

文例260の昇進祝い（1）と同じく仕事上の正式なお祝いであるが、それよりやや言葉を尽くしたメール。また、会社としての立場をより打ち出した文面となっている。お祝いメールの要素としては、お祝いの言葉のほかに、相手への尊敬や称賛の言葉と、先方の今後の事業に対する前向きな言葉を必ず入れる。

代表取締役にご就任なさったとのこと、おめでとうございます。
貴殿の実力が正当に評価されたことを心からお祝い申し上げます。私どもリーディングテック［弊社］におきましても、貴社が貴殿の優れたリーダーシップを得て、引き続き発展を遂げられんことをお祈りいたしております。
今後とも一層お付き合いのほど、よろしくお願い申し上げます。

構成 まず❶昇進のニュースを知った喜びを伝える。次に、改めて❷お祝いの言葉を述べる。最後は両社の関係が深まることを望んで❸「今後もよろしく」と結ぶ。

語句 ❶**昇進のニュースを知った喜び** 何の地位に就いたかを必ず入れる。**I was delighted to hear of your promotion to**「～に昇進なさったと聞いてとてもうれしく思いました」delightedは強い喜びを表すが、中には女性的な言い方であるとして自分では使わないという人もいる。**chief executive officer**「代表取締役、最高経営責任者」

❷**お祝い** これまでの実績をほめ、今後の発展を祈る。**I would like to extend my warmest congratulations to you on**「～に対し心よりお祝い申し上げます」ごく改まった祝いの文句。**well-deserved recognition of**「～がきちんと評価されたこと」**We at**（自分の会社名）会社の皆を代表して述べている。**look forward to the continuing growth of**「～が引き続き発展することを期待する」**under your able and skillful leadership**「あなたの卓越したリーダーシップのもとで」

❸**「今後もよろしく」** お互いの関係が一層深まることを望む。**It is hoped that**「～することを祈っています」改まった言い方。**firms companies**の意。ビジネス界のにおいのする用語。

文例 261

ポイント chief executive officer（代表取締役）には通常 of the company をつける必要はない。しかし、ほかの会社でも役職をしているような人の場合はつける。manager や director には of ~ department や of ~ section を必ずつける。

応用 「昇進、就任」を「会議での選出」に変えて重々しさを添える

先日の株主総会で貴殿が取締役に選出されたとのこと、おめでとうございます。

I was pleased to learn of your election to the board of directors at your recent shareholders meeting.

1月6日の取締役会で貴殿が代表取締役社長に選出されたとの報に接し、喜びに堪えません。

It was indeed gratifying to receive the news that you were elected president and chief executive officer at your board of directors meeting held on January 6.

TEXT

From: Eitaro Toda [eitaro.toda@hiscompany.com]
To: Denny Hunter
Cc:
Subject: Congratulations

Dear Mr. Hunter:

I was delighted to hear of your promotion to chief executive officer.

I would like to extend my warmest congratulations to you on this well-deserved recognition of your ability. We at LEADINGTEC look forward to the continuing growth of your company under your able and skillful leadership.

It is hoped that your future activities will include an expanded relationship between our firms.

Sincerely,

Eitaro Toda
Sales Manager
Australasia

お祝い	文例
昇進祝い（3）——親しい友人の社長就任を祝う	**262**
☞ 共通の友人や趣味で喜びと仲間意識を盛り上げる	

ごく親しい友人へのユーモラスで気のきいたお祝いメール。共通の友人を持ち出して仲間意識を盛り上げ、喜びを倍にして伝える。また、ユーモラスに共通の趣味について触れ、親しみをわかせる。お祝いが遅れてしまった分を、誠意とユーモアのセンスでカバーしているメールである。

KEC社長に就任されたとのこと、おめでとうございます。いつか必ず大出世する人だと常々思っていました。遠藤氏同様、小生も心より喜んでいます。彼は貴君の出世をとても誇らしく思っているとのことです。
ぜひ、またお目にかかってマージャンのお手合わせをお願いしたいところですが、新しい任務になにかとお忙しいこととお察しします。とにかく、近いうちに連絡します。
直接会ってお祝いを伝えたいのですが、ずっと出張ばかりです。近いうちにお会いできればと思います。

構成 ❶昇進のニュースを知った喜び＝お祝いを親しみを込めて伝える。❷近いうちに会いたいことをユーモラスに伝える。❸お祝いが遅くなったことを詫びる。

語句 ❶**お祝い** 何の地位への昇進かを必ず入れ、親しみをこめて共通の友人ともども喜んでいることを伝える。**I was very, very pleased**「とてもうれしかった」**I always knew**「常々思っていた」運とか偶然ではなく、なるべくしてなったという気持ち。**become a great success**「大成功する、大出世する」**Please understand that** 以下の節を強調する言い方。that 節中の Mr. Endo は共通の友人である。
❷**「近いうちに会いたい」** **I would very much like to**「ぜひ～したい」**I will be getting in touch with you in the near future.**「近いうちに連絡します」get in touch with を進行形にしていることで「近いうちに」という言葉に現実味がこもる。
❸**遅くなったお詫び** 直接会ってお祝いを言おうと思っているうちに時が経ってしまったという弁明。**have been wanting to**「ずっと～したいと思っている」**personally**「直接、じかに会って」

文例 262

ポイント was very, very pleased のように強調のために very を重ねるのは、informal で親しい間柄のとき。本文中で、主語として we ではなく、I を多用しているのも親しさの表れ。

応用 共通の友人のバリエーション

奥さまやご家族の喜んでおられる様子が目に浮かぶようです。	Your wife and family must be the picture of happiness now.
加藤氏と鈴木氏からも、お祝いを伝えてくれと頼まれました。	Mr. Kato and Mr. Suzuki also asked me to pass on their best wishes.

TEXT

From: Yoshio Wada [yoshio.wada@hiscompany.com]
To: Dexter Singer
Cc:
Subject: Congratulations

Dear Mr. Singer:

I was very, very pleased to learn that you had been elected president of K.E.C. I always knew you would become a great success someday. Please understand that your promotion made me almost as happy as it made Mr. Endo. I hear he is very proud of your achievement.

I would very much like to meet you again and perhaps play mahjong, though I realize you are very busy with your new duties. I will be getting in touch with you in the near future.

I have been wanting to congratulate you personally, but I have been travelling extensively. I hope to see you soon.

Sincerely,

Yoshio Wada
Vice President

お祝い	文例
昇進祝い (4)——困難な状況の中で社長に就任した人を祝い励ます ☞ 不幸な事情は暗黙の了解にして話を進める	**263**

何らかの事情があり手放しで祝えないとき——会社が経営危機に直面したり社会的問題を起こしたとき、あるいはそのために前任者が不幸な辞め方をしたとき——のお祝いと励ましのメール。その不幸な事情については、具体的に触れずに暗黙の了解にしておくのが心配りというものである。

このような状況のときにお祝いを申し上げるべきではないのかもしれませんが、それでもやはり、貴殿が貴社を取りしきるべく選ばれたということをうかがい、心強く思っていることをお伝えしたいと存じます。
貴殿は今後の難局を十分乗り越えられる人物であると確信しております。弊社一同、ご成功をお祈りしております。

構成 事情を考えると手放しで祝えないが、それでも喜ばしいことだという❶心配りのあるお祝いを述べ、力強く❷励ます。

語句 ❶**心配りのあるお祝い** 事情を考慮して、控え目ながらも心をこめてお祝いの気持ちを伝える。**Even though**「～にもかかわらず、～だがそれでもなお」微妙な事柄を伝えたいとき、このように遠回しに入る。**circumstances do not permit me to**「事情が～することを許さない、～できる状況ではない」具体的に言わずにぼかす。**nevertheless**「それでもなお」カンマで囲んで強調している。**reassuring**「安心する、心強い」**lead the company**「会社を取りしきる」みんなを引っぱっていく力が感じられる言い方。
❷**励まし** **I am sure that**「～だと思います」I think thatやI feel thatより確信の気持ちが強い。**more than equal to**「十分立派に～できる力がある」**difficult task**「大変な仕事」

ポイント more than equal toは「～に対してそれを上回る力量があること」を指す。一方equal toのみでは、「～と同等の力量」ということで、それを上回る余裕が感じられない。同じことがenoughについても言える。more than enoughにはたっぷりした感じや余裕が含まれているのに対して、enoughのみでは「必要に足りるだけ」というニュアンスがあり、日

文例 263

本語の「十分」のもつニュアンスとは異なることに注意。

応用 励ましの言葉を変えて

| 困難な時局に立ち向かわれるにあたり、私どもでお役に立てることがあれば、どんなことでもお申し付けください。 | Please call on us if there is any way in which we can be of assistance to you at this difficult time. |

| 貴殿と社員の皆さまの手で、必ず今回の衝撃を克服なさるものと確信いたしております。 | I am sure that you and your people will be able to overcome the effects of this shock. |

TEXT

From: Kuniaki Sasaki [kuniaki.sasaki@hiscompany.com]
To: Eugene May
Cc:
Subject: Equal to the task

Dear Mr. May:

Even though your circumstances do not permit me to congratulate you at this time, I would, nevertheless, like to say it was reassuring to hear that you were chosen to lead the company.

I am sure that you are more than equal to the difficult task that lies before you. Everyone here wishes you the best.

Sincerely,

Kuniaki Sasaki
President

お祝い	文例 264

昇進祝い (5)——親しい取引相手の昇進を祝う
☞ ストレートに喜びを表す

担当者ベース（部課長同士）の間で交わされるお祝いメール。普段から仕事でかかわりが深いので、親しみと喜びにあふれたメールとなっている。お祝いメールでは、どのようにしてそのニュースを知ったかということをよく冒頭に持ってくるが、このメールはまずお祝いの言葉から入ってストレートに喜びを表している。

心から昇進おめでとう！
今日、貴社の営業担当取締役のゴッドフリーさんから知らせを聞いたばかりです。どんな分野の仕事においても発揮されてきたあなたの才能と常日頃の努力を考えると、このまれに見るスピーディーな出世も当然ですね。
今後も引き続き活躍されることを祈っています。

構成 何よりもまず❶**お祝いの言葉**から入る。次に、朗報をどのようにして知ったかという❷**情報源**について触れ、相手の**才能と努力**をたたえる。最後に❸**引き続いての活躍を祈る**。

語句 ❶**お祝い** Our heartiest congratulations on your promotion!「心より昇進おめでとう」heartiest の代わりに warmest もよく使う。文全体は主語も動詞もなく、くだけた調子で、喜びをストレートに表している。
❷**情報源に触れ、才能と努力をたたえる** gave us the news「〜から聞きました」informed us だと硬い言い方で、このメールの調子に合わない。just today just を入れることで「今日知らせを聞いてすぐ書いている」という喜びが伝わる。unusually rapid advancement「まれに見るスピーディーな出世」properly reflects「〜の当然の結果です」quality and diligence「才能と日頃の努力」has characterized「特色づけてきた」in every area「どんな分野でも」
❸**活躍を祈る** Best wishes for「〜をお祈りします」continued success「引き続いての活躍」continued を忘れないこと。

ポイント 感嘆符を使ったお祝いの文はくだけた調子で、普段から付き合いのある親しい間柄

で交わされる。 そうでない場合はPlease acceptを前につけ、感嘆符はピリオドにする。 さらに改まった公式の文ではI would like to extend my ... となる。

応用 情報源のバリエーション

帰国した鈴木さんから、あなたが昇進なされたことを聞きました。	Mr. Suzuki brought back the news of your being promoted to your new position when he returned to Japan.
あなたの昇進の報を、本日受け取りました。	We received notification of your new assignment today.

TEXT

From: Airi Morimoto [airi.morimoto@hercompany.com]
To: Edmund York
Cc:
Subject: Congratulations

Dear Mr. York:

Our heartiest congratulations on your promotion!

Mr. Godfrey, your director of sales, gave us the news just today. Your unusually rapid advancement properly reflects the quality and diligence that has characterized your work in every area.

Best wishes for your continued success.

Sincerely,

Airi Morimoto
Manager
Service Department

お祝い
大臣就任祝い

文例 265

☞ 知り合ったときのことに触れ、自分の存在をさりげなく主張する

総選挙後の組閣で商務大臣に任命された人へのお祝いメール。同時に、党の勝利に対するお祝いも忘れずに述べている。このように社会的に地位の高い人のところには多数のお祝いメールが届くと予測されるので、どこで会ったかなど具体的に書き、多くの中から自分を思い起こさせるような工夫をする。

総選挙後の組閣で貴殿が商務大臣に任命されたことを、たった今読ませていただきました。この慶事にあたり、心よりお祝いを申し述べさせていただきます。また、選挙における労働党勝利に対しましても、お祝い申し上げます。
ウェリントン滞在中に貴殿にお目にかかれる機会に恵まれましたのは、誠に光栄でありました。貴殿と党の今後のご成功を私個人としてお祈り申し上げております。
近いうちにまたお目にかかれますことを心待ちにしております。

構成 まず❶お祝いの言葉を述べる。次に、知り合いになったときのことに触れて❷つながりを思い出させ、今後の**活躍**を祈る。最後は「またお目にかかりたい」という❸社交的結び。

語句 ❶お祝い　何の地位に就いたかを具体的に入れる。喜びが重なったときは、もうひとつの方も具体的に。**I have just read of**「たった今〜のことを（読んで）知りました」justを入れて、知ってすぐに書いているという喜びの気持ちを表す。**your appointment as**「〜に任命されたこと」**I would like to extend my warmest congratulations to you on**「〜に対し心よりお祝い申し上げます」改まった公式的な祝いの文句。**this auspicious occasion**「この喜ばしい機会」auspiciousは「幸先のよい、好都合の」で、改まった言葉。
❷つながりを思い出させ、活躍を祈る　**an honor**「光栄」**have had the chance to**「〜する機会に恵まれた」honorともども、相手を立てて自分はへりくだった言い方である。**personally**「私個人として」温かみが出る。**every success**「すべてがうまくいくこと」everyをつけて成功を祈る気持ちを強めている。
❸社交的結び　**I look forward to seeing ...** 決まり文句。

文例 265

ポイント 相手が新たな役職に任命されたことを機に、相手とのビジネス上の関係を再確認するためのメール。 これは相手と今後ビジネスをやっていくうえで有用である。

応用 今後具体的なかかわりを持つ人、あるいは持ちそうな人へ出す場合

両国間の一層友好的な関係をめざして、ともに働けることを楽しみにいたしております。	I look forward to the pleasure of working with you in bettering relations between our nations.
貴殿の強力なリーダーシップにご協力できることを楽しみにいたしております。	We look forward to following your dynamic leadership.

TEXT

From: Kenji Oyamada [kenji.oyamada@hiscompany.com]
To: David Howard
Cc:
Subject: Congratulations on your appointment

Dear Mr. Howard:

I have just read of your appointment as Minister of Commerce after the general election. I would like to extend my warmest congratulations to you on this auspicious occasion as well as to your Labor Party on your victory in the election.

It was indeed an honor to have had the chance to make your acquaintance during my visit to Wellington. I personally wish you and your party every success in the years to come.

I look forward to seeing you again soon.

Respectfully,

Kenji Oyamada
Vice President

お祝い	文例
支店開業祝い	**266**
☞ お祝いメールでビジネスの種まきをする	

お祝いを述べるとともに、新しい市場に乗り出す相手のことを応援している、温かみの感じられる公式のお祝いメール。現在自社との取引がある場合はもちろん、取引がなくても「とびこみ」でこのようなお祝いメールを出してもよい。将来のビジネスのための「種まき」としてのsoft sellのメールでもある。

東京支店の開業を心よりお祝い申し上げます。私ども丸徳証券におきましては、貴社がかかる進出を遂げられました複雑な日本市場において、大きな成功を収められますことをお祈り申し上げております。
弊社で何かお役に立てることがございましたら、どうか私に直接ご連絡くださるようお願い申し上げます。

構成 ❶お祝いを述べ、❷助力の用意があることを伝える。

語句 ❶お祝い　何に対するお祝いかを必ず具体的に述べ、成功を祈る。**Please accept our warmest congratulations on**「〜に対して心よりお祝い申し上げます」**We at**（自分の会社名）会社の代表としての立場で述べており、皆も同じ気持ちだということを表す。**wish you every success in**「〜における成功を祈る」everyは強調。**involvement in our complex market**「日本の複雑な市場に進出すること」complexを挿入しているのは次段への布石。複雑だからわからないときや困ったときはお手伝いしますよ、という含みを持たせ、次段につないでいる。
❷助力の申し出　将来のビジネスへの「種まき」である。**Should there be any way** ここでのanyは「どんなことでも」のニュアンス。**be of assistance**「手伝う、力になる」**please do not hesitate to**「遠慮なく〜してください」**me personally**「直接私に」社長である私に直々に、ということ。現在付き合いのない会社に出す場合は、とくに意味のある言い方である。contact usではだれに話を持っていけばいいかわからない。

ポイント personally（直接）はメールを書く人の地位が高くなるほど意味を持つ。

文例 266

応用 (上)より積極的な結び　(下)便利になったことを伝える結び

お互いが協力できる分野を探すため、近いうち貴社におうかがいするつもりです。	We will be calling on you soon to explore areas of possible collaboration.
日本に支店を構えていただいて、私どもにとりましても取引が大変便利になりました。	Your presence here will greatly facilitate our dealings with you.

TEXT

From: Yasukuni Miura [yasukuni.miura@hiscompany.com]
To: Dwight Holzach
Cc:
Subject: Congratulations on Tokyo office

Dear Mr. Holzach:

Please accept our warmest congratulations on the establishment of your Tokyo office. We at Marutoku Securities wish you every success in this increased involvement in our complex market.

Should there be any way in which we can be of assistance, please do not hesitate to contact me personally.

Sincerely,

Yasukuni Miura
President

お祝い	文例
売上目標を達成した代理店へ	**267**
☞ 勢いのある言葉遣いで販売の志気を高める	

新しい代理店が早々に売上目標を達成したことを祝って、部課長レベルから代理店の店長あるいは販売部長宛てに出すメール。代理店など、販売を仕事としている所に出すメールは、販売の志気を高めるため、この例のように勢いのある言葉や前向きな感じのする言葉を選ぶのがコツ。

1万台売上達成、心よりお祝い申し上げます。このすばらしい業績に私どももうれしい限りで、将来に対しても自信がわいてきます。この成果こそ、何よりも貴市場における貴社の評判の高さを物語っているといえるでしょう。
引き続いてのご健闘をお祈り申し上げます。

構成 まず❶お祝いを述べる。何に対してか具体的に書き、当方の喜びの気持ちと相手への称賛の言葉を伝える。❷引き続いての健闘を祈る。

語句 ❶お祝い　Please accept our heartiest congratulations on「～に対し心よりのお祝いを申し上げます」ていねいな、お祝いの決まり文句。congratulationsにつける形容詞としてはwarmestでもよいが、heartiestのほうが生きがよく、喜びにあふれている感じ。achieving initial sales of「初めて売り上げが～に達する」units 製品の個数・台数を表す。impressive「見事な」ほめ言葉としてよく使われる。お祝いメールにはほめ言葉が不可欠である。gives us a great deal of satisfaction「大いに満足する、とても喜んでいる」fills us with confidence「自信があふれてきた」with regard to「～に関して」more than anything「何よりも」強調。demonstrates「示す」showよりも響きの強い語。standing「名声、評判」
❷引き続いての健闘を祈る　We are looking forward to your continuing success. 決まり文句として使える。continuingを忘れないこと。

ポイント unitは、車やコンピューター、電話機などの機器、あるいは家具など、比較的大きい製品、または複雑な製品を数える単位として使う。テレビやオーディオ機器などは慣習と

文例 267

してsetを使う。 もっと小さくて構造が簡単なものにはpieceを使う。

応用 (上)簡潔で威勢のいい結び　(下)協力的な結び

よい仕事をお続けください。　　　　　　　　Keep up the good work.

貴市場においてお互いに繁栄するため、お役に立つ所存です。　　　We look forward to playing a mutually rewarding role in your market.

TEXT

From: Katsuhiko Konno [katsuhiko.konno@hiscompany.com]
To: Sandra Redmond
Cc:
Subject: Congratulations your milestone

Dear Ms. Redmond:

Please accept our heartiest congratulations on your achieving initial sales of 10,000 units. This impressive achievement gives us a great deal of satisfaction and fills us with confidence with regard to the future. The result more than anything demonstrates your standing in your market.

We are looking forward to your continuing success.

Sincerely,

Katsuhiko Konno
Manager

お祝い	文例
売り上げ第1位の座を獲得した代理店へ	**268**
☞ 業績達成の意義をあげて今後の励みとする	

ライバル会社を抜いてその国で売り上げナンバーワンになった販売代理店への本社からのお祝いメール。意義をあげて心からの喜びを伝え、また、努力をたたえることで今後の仕事の励みとする。売り上げだけでなく、そのほかのいろいろな業績達成に対しても応用できる。

下半期の売り上げにおいてトップの座を勝ち取られたとのこと、おめでとうございます。BM社を抜いてポルトガル市場のナンバーワンとなることは、我々の積年の夢でありました。貴社の業績に心よりの拍手を送らせていただきます。この栄誉は、貴社の巧みでたゆまぬ努力のたまものです。
苦労して勝ち取られたこの地位を今後も守り抜かれますよう、心より願っております。

構成 まず❶ニュースを知った喜び＝お祝いを述べる。何についてか具体的に書き、その意義と称賛の言葉を伝える。❷引き続いての健闘を祈る。

語句 ❶お祝い　We are very pleased to learn that「～と聞いてとても喜んでいます」captured the No.1 position in sales「売り上げ第1位になった」captured（獲得した）で自分の手で努力してつかみ取ったというニュアンスを出す。It has been our long-cherished dream to「～は我が社が長年抱いてきた夢です」大きな意義があるというわけである。現在完了形に「ずっと」という気持ちがこめられている。the market leader「市場第1位」enthusiastically applaud your achievement「貴社の業績に対し熱烈な拍手を送る」applaudはcongratulateのバリエーションとして使われている。the fruit of「～のたまもの」coordinated「うまく考えられた、巧みな」tireless effort「たゆまぬ努力」
❷引き続いての健闘を祈る　It is our sincere hope that「～を心より願っています」maintain「持続する」hard-won position「苦労して勝ち得た地位」

ポイント「たゆまぬ努力」を訳すとき、incessantを使うのはよくない。incessantは「望ましくないことが絶え間なく」という意味合いだからである。

文例 268

応用 お祝いの内容を少し変えて

貴市場における今年度の売り上げにおいて再びトップになられたとうかがい、喜びに堪えません。どんなにかご精励なさったことと拝察いたします。

We were elated to learn that you were again No.1 in sales in your market in this fiscal year. We appreciate how much work went into this.

貴市場における今年度の売上げ第2位の地位を打ち立てられたとのこと、頼もしい限りです。これにより、ポルトガル市場でナンバーワンの地位を確立するという我々の積年の夢に、貴社は一歩近づいたことになります。

It was encouraging to learn that you were able to move up to the No.2 position in sales in your market for this fiscal year. This puts you one step closer to our long-cherished dream of becoming the market leader in Portugal.

TEXT

From: Hiroshi Osada [hiroshi.osada@hiscompany.com]
To: Serena Garcia
Cc:
Subject: No.1 in sales

Dear Ms. Garcia:

We are very pleased to learn that you captured the No. 1 position in sales in the second half of the fiscal year. It has been our long-cherished dream to overtake BM and to be the market leader in Portugal. We enthusiastically applaud your achievement. Your success is obviously the fruit of your coordinated and tireless sales effort.

It is our sincere hope that you will be able to maintain this hard-won position of market leader.

Sincerely,

Hiroshi Osada
Sales Director

お祝い

優勝したレーサーへ——メーカー宣伝部から

文例 269

☞ 快挙に対するお祝いはオーバーなくらいに

自動車会社の国際宣伝課長からラリーで優勝したレーサーへのメール。この優勝がレースの3冠王を3年連続して獲得する結果となったという誠におめでたい状況で、全社をあげて喜んでいる様子が文面から伝わる。語句の選び方は、いろいろな快挙に対するお祝いのメールに応用できる。

輝かしい第29回コンチネンタルラリーの優勝、おめでとうございます。

今朝、ショートメッセージ（SMS）であなたの優勝を知りました。この勝利で我がチームは3年連続してコンチネンタルの3冠王を獲得したとあって、課内はみな大喜びでした。

この栄誉を得られましたのも、あなたの卓越した技術によるということは申し上げるまでもありません。何万というラリーファンも、あなたの勝利にきっと心をゆさぶられたことでしょう。

最後にもう一度お祝いを申し上げるとともに、次回のレースにおけるご健闘をお祈り申し上げます。

構成 まっ先に❶お祝いの言葉を述べる。次に、知らせを受けたときの❷皆の喜びの様子を伝え、❸称賛の言葉をかける。最後に、再びお祝いの言葉を述べながら❹次回の健闘を祈る。

語句 ❶お祝い　何に対してか具体的に。Congratulations on「〜おめでとう」brilliant「輝かしい」普通の祝い事に使うと大げさでかえってそらぞらしく聞こえるが、大きなモータースポーツの大会での優勝ほどの快挙に使うにはふさわしい言葉。

❷皆の喜びの様子　learned of 〜 by text message「ショートメッセージで〜のことを知った」this morning「今朝」知ってすぐにメールを書いているということで、こちらの喜びの気持ちが伝わる。was elated「大喜びした」elated は happy や glad あるいは pleased よりずっと強い喜びを表す。captured「獲得した、つかみ取った」for the third successive year「3年連続して」

❸称賛の言葉　It goes without saying that 通常のビジネスメールでは禁句であるが、お

文例 269

祝いメールでは温かみが出る。**expertise**「高度な技術・能力」ability より高度な能力をいう。**carried the day**「成果・勝利を得た」**were inspired by**「〜に感動した」自分も触発されて奮い立つような感動を表す。

❹**次回の健闘を祈る**　wish you success「成功を祈る」

ポイント　we の多用はこの場合「全社をあげて（喜んでいる）」というニュアンス。

応用　喜びの様子のバリエーション

この偉業の知らせには弊社社長も大変喜んでおりまして、おめでとうとお伝えするようにとのことです。	Our president asked me to convey his personal congratulations upon hearing the news of this remarkable achievement.
あなたの勝利が私たちをどんなに力づけたかは計り知れないほどで、皆が誇らしさでいっぱいです。	Your success has encouraged us all tremendously and filled us with pride.

TEXT

From: Yutaka Hyodo [yutaka.hyodo@hiscompany.com]
To: Clive Kehta
Cc:
Subject: Congratulations

Dear Mr. Kehta:

Congratulations on your brilliant victory in the 29th Continental Rally.

We learned of your victory this morning by text message. Everyone in our section was elated to hear that you had won and that our team captured the Continental triple crown for the third successive year.

It goes without saying that it is your expertise that carried the day. We are sure that thousands of rally fans were inspired by your success.

We congratulate you again and wish you success in your next race.

Sincerely,

Yutaka Hyodo
Manager
International Advertising
Export Division

文例 270	お祝い
	称号を授与された人へ
	☞ お祝いの言葉を最後にもってきて重々しさを出す

Knight Bachelorの称号を授けられた人へのメールで、うやうやしくお祝いを述べている。この称号は爵位と勲章の中間的性格を持つもので、一代限りの爵位といったところ。したがって、このメールの構成や語句の選び方などは、勲章や功労賞、名誉職などを与えられた人へのお祝いに応用できる。

女王陛下の誕生日に、栄えあるナイト・バチェラーの称号を授与されたとの報をたった今読ませていただきました。
貴殿がオーストラリア経済の発展のみならず、オーストラリアと日本との関係にもご貢献なさってきたことを考えますと、今回の栄誉も当然のことと存じます。
心よりお祝いを申し上げます。今後とも、ご令室ともども充実した幸せな日々を送られますよう念じております。

構成 ❶ニュースを知ったことを伝え、相手の❷功績に対する称賛の言葉を述べる。最後に❸お祝いの言葉をうやうやしく述べる。

語句 ❶**ニュースを知ったこと** 何の称号でいつ授与されたか具体的に。**have just read of**「～のことをたった今読みました」justを入れることにより、読んですぐ書いていることを示し、喜びの気持ちを伝える。ニュースを知ったことを表す語句としてはほかにhear of (～のことを聞く)、learn of (～のことを知る)が使える。**being honored with**「～の栄誉を受ける」称号や勲章を受けたときの言い方。

❷**功績に対する称賛** conferment「(贈物や称号などの)授与」改まった響きの語。重々しさを添える。**is well deserved**「十分(授与されるに)値する、(授与されて)しかるべき」**when ～ are considered**「～を考慮すれば」**contributions to**「～に対する貢献」**... as well as ～**「～のみならず…もまた」

❸**お祝いの言葉** My congratulations and best wishes to you. お祝いの決まり文句。**these coming years**「今後」**Lady Dowling** 奥さんのこともさっそくLadyで呼んで敬意を表しているわけである。

ポイント 爵位を受けた人への呼びかけには必ずSirを用いる。女性の場合はLadyとなる。なお、呼びかけのSirやLadyは姓ではなく名（ファーストネーム）につける。

応用 勲章を授けられる人へ

7月1日に政府より叙勲されるとの報、たった今届きました。	The news that you will be decorated by your government on July 1 has just reached me.
7月10日に政府より功労章を受けられるとうかがい、喜びに堪えません。	I was overjoyed to learn that you will be receiving a medal of commendation from your government on July 10.

TEXT

From: Masamichi Horii [masamichi.horii@hiscompany.com]
To: John Hampton
Cc:
Subject: Congratulations

Dear Sir John:

I have just read of your being honored with the Knight Bachelor on the Queen's Birthday.

This conferment is well deserved when your contributions to relations between Australia and Japan, as well as to the development of your nation's economy, are considered.

My congratulations and best wishes to you. I hope these coming years will be full and happy ones for you and Lady Dowling.

Sincerely,

Masamichi Horii
President

文例 271 励まし

要職を辞任する人を励ます

☞ 退任者への励ましは後任者へのつなぎ

これは大臣の地位を降りる人への励ましのメールであるが、一般の会社の役職を降りる人にも応用できる。在任中の業績への称賛、受けた恩義への感謝、今後も頼りにしているという気持ちなど、努めて明るい話題を選び、辞任の事情などには、たとえ知っていても触れないこと。

このたび資源開発大臣の地位を退かれる旨、ごていねいにもお知らせいただきましてありがとうございました。知らせを受けまして、私ども一同、心より残念に思っております。
貴殿が西オーストラリアの産業の育成・開発に果たされました役割には、誠に大きなものがあります。さぞ皆さまに惜しまれることでしょう。
私どもと西オーストラリアの関係を深めるために注がれました貴殿のご尽力に対し、この機をお借りいたしましてお礼申し上げます。私どもの一番の恩人としていつまでも忘れることはありません。
また機会があればぜひお伺いしてご相談にあずかりたいと存じます。

構成 まず❶辞任の知らせを受けたことを残念な気持ちを込めて伝える。次に、在任中の❷業績をほめたたえ、自分の会社が受けた❸恩義に感謝する。最後は、❹「今後も頼りにしている」という気持ちを述べて励ます。

語句 ❶辞任の知らせを受けたこと　Thank you for the courtesy of informing me「ごていねいにもお知らせいただき、ありがとうございました」stepping down as「〜の地位を降りる」retire を使うより「自分の意思で」というニュアンスが出る。
❷業績への称賛　Your role in「〜に対して果たした役割」great indeed 最後に置かれた indeed（本当に、誠に）で実感が出る。We know ... missed. いなくなる人に対して述べる決まり文句。
❸恩義への感謝　Allow me to use this occasion to thank you for 公式なお礼の述べ方。We shall always remember you as「〜としていつまでも思い出すでしょう」benefactors「恩人」

❹**今後も頼りにしている気持ち**　when the occasion permits「機会があれば、そのうちまた」　あいまいな言い方。continue to「引き続き〜する」benefit from your able guidance「相談にのってもらう」

ポイント　willやwouldを使うところを、それぞれshallやshouldを使うと、社長レベルのメールにふさわしい公式な調子になる。

応用　結びの言葉を変えて

当然享受されるべき、長く幸せなご引退生活を心からお祈り申し上げます。	Please accept my sincerest wishes for many more years of happiness in your well-deserved retirement.
最後にもう一度、すばらしい業績の数々に飾られた輝かしいご経歴に称賛の辞を述べさせていただくとともに、今後のご活動におけるさらなるご成功をお祈り申し上げます。	In closing, I would again like to congratulate you on the splendid achievements which marked your brilliant career and wish you further success in any future endeavor.

TEXT

From: Chikara Kawai [chikara.kawai@hiscompany.com]
To: Garth Brown
Cc:
Subject: Thank you for your efforts

Dear Mr. Brown:

Thank you for the courtesy of informing me that you would be stepping down as Minister of Resources Development. The news was received with sincere regret here.

Your role in the growth and development of industry in Western Australia has been great indeed. We know your presence will be sorely missed.

Allow me to use this occasion to thank you for all you have done to deepen our relationship with Western Australia. We shall always remember you as one of our greatest benefactors.

I should very much like to visit you when the occasion permits and to continue to benefit from your able guidance.

Yours respectfully,

Chikara Kawai
President

励まし	文例
第一線から退く人を励ます ☞ 完全な引退でないことを喜ぶ	**272**

地位は高いが実際の権限はないポストに就いた人への励ましのメール。驚き惜しむ気持ちと同時に、まったく引退してしまうわけではないことへの安堵の気持ちも伝え、依然として頼みにしていることを知らせる。全体として明るく希望的な文面になるよう気を配ること。

貴殿ご自身のお名前で告示された7月30日付の新聞発表により、1月1日より副会長の地位に就かれると知り驚きました。
貴社内のみならず、オーストラリアの工業界、実業界で発揮されてきた貴殿の卓越した指導力には長年の間、常々感服いたしておりました。
ですから、経営の第一線からやや時期尚早に過ぎる引退をなさると知り、驚いたのです。
しかし、1月よりは副会長として役員会に留まられると知り、安心いたした次第です。
今日までのすばらしい業績を心よりお祝い申し上げるとともに、今後は新しいポストで末長く一層ご活躍なさいますようお祈り申し上げます。

構成 まず❶第一線引退の知らせを受けたことを驚きの気持ちをこめて伝える。次に相手の❷業績をほめたたえ、完全に引退してしまうわけではないので❸遺憾に思う中にも安堵の気持ちがあることを伝える。❹再び過去の業績をほめたたえ、今後の成功を祈る。

語句 ❶第一線引退の知らせを受けたこと　I was surprised to learn from 典型的な書き出し。under your name「ご自身の名前で」assume the post of「〜の地位に就く」be promoted（昇格）でも be demoted（降格）でもないので assume を使っている。
❷業績への称賛　Over the years「長年にわたり」have always been impressed by「〜に常々感心させられてきた」outstanding leadership「卓越した指導力」not only 〜 but also ... 幅広く活躍したことを表す。
❸遺憾の念と安堵の気持ち　It ... came as a surprise = I was surprised　retirement from day-to-day management「経営の第一線から退くこと」reassuring「安心させる、心強い」
❹再び過去の業績をほめたたえ、今後の成功を祈る　my heartiest congratulations

文例 272

「心よりのお祝い」the splendid achievements「すばらしい業績」best wishes for many more years of「～が今後もずっと続くことを望む」

ポイント 現在完了形の機能のひとつは時間的長さを強調すること。[例] have always been impressed「ずっと感心させられてきた」

応用 業績への称賛の言葉を変えて

長年懇意にさせていただきましたが、経営上の問題に対する貴殿の取り組み方と、貴殿の指導力を支えた気骨とは、私にとってよき模範でありました。

In the years I have known you, your approach to the problems of management and the strength of character that has sustained your style of leadership have served as a model to me.

長年のお付き合いの中で、私は貴殿の天才的な指導力が、貴社に、またオーストラリアにおける貴業界に、いかに大きく寄与してきたかを見てまいりました。

During the years we have been associated I have seen what your inspired leadership has done for your organization, as well as for your industry in Australia as a whole.

TEXT

From: Matsuhiro Nakahata [matsuhiro.nakahata@hiscompany.com]
To: Jack Collins
Cc:
Subject: Congratulations

Dear Mr. Collins:

I was surprised to learn from the press release under your name dated July 30 that you will assume the post of deputy chairman after January 1.

Over the years I have always been impressed by the outstanding leadership you have exercised not only in your organization but also in Australian industrial and business circles.

It therefore came as a surprise to hear of your rather early retirement from day-to-day management. However, it was reassuring to know that you would remain on the board of directors as deputy chairman after January.

Again, my heartiest congratulations on the splendid achievements in your career to date and best wishes for many more years of success at your new post.

Sincerely,

Matsuhiro Nakahata
Executive Vice President

文例 273	励まし
	大きな困難に直面した人を励ます
	☞ 差し出がましくならないよう控えめに

ある問題で会社が社会的非難を受け、その責任をとって潔く辞任した人への励ましのメール。状況が状況だから、遠慮がちながら誠意をもって励ます。このような場合の励ましの要素としては、恩義への感謝、潔さへの称賛、また皆も同じ気持ちであるということがあげられる。

> このような形でご連絡を差し上げることをお許しください。この数週間があなたにとってどんなに大変なものだったかはよくわかっております。それでもなお、長年にわたり親切で思いやりに満ちたお付き合いをしていただいたことに対する感謝の気持ちをどうしてもお伝えしたかったのです。
> 今回の危機に対処するにあたってのあなたの潔い決断に、私が心底感服いたしていることをお伝えいたします。それはあなたの最も偉大なる瞬間でありました。もちろん私と同じように考える人は少なくありません。

構成 まず今度の❶状況への同情を示し、**過去の恩義に感謝**することで依然として相手の味方であることを示す。次に、この難局に際しての相手の決断をほめ、皆も同じ気持ちだということを伝えて❷励ます。

語句 ❶状況への同情と過去の恩義への感謝　I hope you will forgive 遠慮がちな書き出しである。in this way「こういうふうに」readily understand　readilyで相手の困難な状況をよく理解していることを強調している。I, nevertheless, feel the urge to「それでもなお〜したい気持ちを抑えることはできない」カンマで句切るとその言葉が浮き彫りになって強調される。この場合、同時にIも強調される。kind and considerate「親切で思いやりに満ちた」over the years「長年にわたって」
❷励まし　sincerely admire「心から称賛する」courageous way「勇気ある決断、潔い決断」handled this crisis「この危機に対処した」your greatest moment「最も偉大なる瞬間」くどくどとほめたたえるより短い方が効果的。many people share my opinion「みんなも私と同じ考えである」立派だと思っているのは私だけではないということ。

ポイント 仕事関係の人に出すメールであっても、このような場合weでなくIを使うとpersonalな感じがでて思いやりが伝わる。

応用 書き出しの言葉を変えて

この数週間の間に持ち上がった問題の対処に大変お忙しいことと思います。

I know you are very busy dealing with the problems the past few weeks have brought to you.

この重大時に、励ましの言葉など必要ないことと思います。

I am sure you do not really need words of encouragement at this difficult juncture.

TEXT

From: Hiroaki Sone [hiroaki.sone@hiscompany.com]
To: Jake Sanders
Cc:
Subject: Courageous work

Dear Dr. Sanders:

I hope you will forgive my writing to you in this way since I can readily understand how difficult the past few weeks have been for you. I, nevertheless, feel the urge to voice my appreciation for the kind and considerate way in which you dealt with me over the years.

Let me say that I sincerely admire you for the courageous way in which you handled this crisis. It was your greatest moment. I know many people share my opinion.

Respectfully,

Hiroaki Sone
Managing Director

文例 274 励まし

病気のため帰国する人を励ます

☞ 将来に希望を抱かせる

残念な気持ちは示しても、暗い雰囲気の文面にならないよう気をつけること。そのためには、将来に希望を抱かせるような文を入れ、言葉も力強い響きを与えるものを選ぶ。病気については「早い全快を祈る」程度で済ませること。

健康上の理由でオーストラリアへ帰国なさらなければならないという悲しいお知らせのメールを、たった今読みました。
思いもかけず短いご駐在でしたが、貴殿にはいろいろとお世話になりました。同じくらい当方からもお返しできていればうれしいのですが。日本でのご経験と業績は、必ずやあなたの今後の人生で財産となることでしょう。
このたびのこと、ごていねいにもお知らせくださいましてありがとうございました。一日も早い全快をお祈り申し上げております。

構成 まず❶帰国の知らせを受けたことを残念な気持ちをこめて伝える。次に駐在中に❷世話になったお礼と将来への希望を述べる。最後に❸病気の早い回復を祈る。

語句 ❶**帰国の知らせを受けたこと** I have just read「〜を読んだばかりです」知らせを受けてすぐ書いているという含み。informing me of the sad fact that「〜という悲しい知らせを伝える」

❷**世話になったお礼と将来への希望** not nearly as long as we had wanted「希望していたよりずっと短い」もっと長く付き合いたかったことを示す。have gained ... from the association with「〜との付き合いから得た」I am confident 希望を持たせるため力強く言い切っている。be an asset to「〜にとってためになる」furthering your career「人生を進めていくこと」

❸**病気の回復を祈る** Thank you for the courtesy of informing us「ごていねいにもお知らせいただきありがとうございました」I wish you ... recovery. 病気見舞いの決まり文句。

ポイント inform me や inform us は謙遜した言い方。一方、inform you は、ごく改まった場合を除き相手を見下した言い方になるので、let you know などにすること。

応用 会社を辞めて帰国する人へ

健康上の理由から、ルーファス・タナカ製薬社を退社なさるとうかがい、心から残念に存じております。

I deeply regret learning that medical considerations are forcing you to retire from the management of Rufus-Tanaka Pharmaceuticals, Ltd.

健康上の理由から、ルーファス・タナカ社のポストを退かれるとうかがい、驚いております。

We were surprised to hear that you will have to be leaving your post at Rufus-Tanaka due to health considerations.

TEXT

From: Yo Terao [yo.terao@hiscompany.com]
To: Jay Strong
Cc:
Subject: Sad news

Dear Mr. Strong:

I have just read your e-mail informing me of the sad fact that you will have to return to Australia due to health reasons.

Although your stay with us was not nearly as long as we had wanted, I nevertheless hope that you have gained as much from the association with us as we feel we have from you. I am confident your experience and achievements here in Japan will be an asset to you in furthering your career.

Thank you for the courtesy of informing us with regard to your situation. I wish you a complete and speedy recovery.

Sincerely,

Yo Terao
Senior Managing Director

文例 275	励まし
	病気の人を見舞い励ます
	☞ 取引先の人などが入院中の場合はまずカードを送り、退院後にメールする

入院中の同僚や仕事上の付き合いのある人に見舞いの連絡をするときは、とくに配慮が必要である。相手は入院中の見舞いを負担に感じるかもしれないし、電話、メールや手紙による連絡も難しいことがある。そのような場合の無難なアプローチとして、相手のことを考えていることを知らせるために、まずその人にカードを送り、退院したあとに改めてメールを送るのがよい。

まず、メールを書くのが遅れましたことをお詫び申し上げます。お電話を差し上げようと何度か思いましたが、かえってわずらわすことになってはいけないと思い、遠慮しました。退院なさったとのことですので、このメールにてご回復をお祈り申し上げます。容体が重いことをお聞きしたときは本当に驚きました。早く復帰したいとどんなに思っていらっしゃるかはお察しいたしますが、ゆっくり静養して完全に病気を治してください。折にふれ、病態について知らせていただけたらとも思います。一日も早く完治されることを私ども皆でお祈り申し上げております。

構成 まず❶見舞いが遅れたことを詫びる。次に病状を気遣いながら❷早い回復を祈る。

語句 ❶**見舞いが遅れたお詫び** To begin with「まず始めに」通常業務では不要な文句だが、ここでは personal な雰囲気を出している。allow me to apologize for「〜をお詫び申し上げます」I had thought of calling you while you were in the hospital but「入院中何度か電話しようかと考えたが」

❷**早い回復を祈る** I hope this e-mail finds you well ... 見舞いのメールの決まり文句。well or at least recovering「回復したか、少なくとも快方に向かっているか」It was a real shock 驚きを表す。seriousness of your condition「病状の重さ」take your time and recover fully「ゆっくり静養して完全に病気を治してください」I know how eager you must be to「どんなにか〜したいことでしょう」let us know about your condition「病状について知らせてください」心配している気持ちを表す。from time to time「折にふれ」We are all praying for「皆で祈っています」pray は普通のメールに使うと大げさだが、

病気見舞いのメールにはよく使われる。**quick and complete recovery**「早い完治」

ポイント 個人的な友人や同僚なら入院中の相手にメールしてもよいが、取引先の人などにはまずカードを送り、退院後に改めてメールを送るほうがよい。

応用 見舞いが遅れたことに対するお詫びのバリエーション

ご連絡を差し上げるのが遅れましたことをお許しください。緊急の用でこの数週間はほとんど会社の外へ出ておりました。	Please forgive me for not writing sooner. Urgent business has kept me out of the office for most of the past few weeks.
ご連絡がこんなに遅れてしまったことをお許しください。入院の知らせに接しましたのは今週になってからのことだったのです。	I hope you will overlook the time it has taken me to write you this note. News of your hospitalization did not reach me until just this week.

TEXT

From: Kazuko Murayama [kazuko.murayama@hercompany.com]
To: Johan Ramirez
Cc:
Subject: Hope for fast recovery

Dear Mr. Ramirez:

To begin with, allow me to apologize for waiting so long to write. I had thought of calling you while you were in the hospital but did not want to disturb you. Now that you've returned home, I hope this e-mail finds you well or at least recovering.

It was a real shock to hear about the seriousness of your condition. Please take your time and recover fully, though I know how eager you must be to get back. We would appreciate it if you could let us know about your condition from time to time. We are all praying for your quick and complete recovery.

Sincerely,

Kazuko Murayama
Managing Director

お悔やみ	文例
取引先役員の訃報に接して ☞ 故人の存在意義をたたえる	**276**

取引先の地位の高い人が亡くなった場合に会社から会社へ出すメール。在職中のことでまだ働き盛りだったわけだから、早すぎる死を悼み、また、個人的にも組織の一員としても大切な人だったのに、という遺憾の意を伝える。残された家族への思いやりも忘れずに。

オマル・シャリフィット部長が突然、早すぎるご逝去をなされたという報を、大きな悲しみをもって受け取りました。会社を率いる有能な役員として、また個人的友人として、貴社と貴社の皆さまにとっていかに大切な方だったかと存じます。
心からお悔やみ申し上げます。ご家族の方々、仕事関係の方々にも私どもの深い哀悼の意をお伝えください。

構成 まず❶訃報を知った悲しみの気持ちを伝え、**故人の存在意義**をたたえる。次に❷慰めの言葉を述べ、家族や仕事仲間など**残された人への思いやりの気持ち**を伝える。

語句 ❶訃報を知った悲しみと故人の存在意義　It is with great sorrow that we have received the sad news「大きな悲しみをもってこの悲しい知らせを聞きました」It is ～ thatで強調した文。sudden and untimely passing「まだその年でないのに突然亡くなったこと」untimelyは「早すぎる」の意。passingはdeathの婉曲表現。how much he meant to「～にとってどんなに大切な方であったか」both as a fine leader and as a friend個人としても組織の一員としても大切な人だったことを表す。
❷慰めの言葉と残された人への思いやり　heartfelt condolences「心よりの慰め、悔やみ」convey our deepest sympathy to「～に我々の深い哀悼の気持ちをお伝えください」associates「同僚、仕事仲間」

ポイント 悔やみの気持ちをメールで伝えるのは一般的なことであるが、手紙（短めの）のほうがより誠意を示せる。

文例 276

応用 故人を惜しむ文のバリエーション

あれほどすばらしい能力と人柄を持った方に代わる人は、なかなか見つかるものではないでしょう。

We know how difficult it will be to replace a man of such exceptional ability and character.

あれほどリーダーとしての才覚に恵まれた方があとに残された穴は、なかなか埋められるものではないでしょう。

The void left by the loss of such a gifted leader will be very hard to fill.

TEXT

From: Yasuo Kasai [yasuo.kasai@hiscompany.com]
To: Jason Sampson
Cc:
Subject: Our deepest sympathies

Dear Mr. Sampson:

It is with great sorrow that we have received the sad news of the sudden and untimely passing of your director, Mr. Omar Sharifit. We know how much he meant to you and your organization both as a fine leader and as a friend.

Please accept our heartfelt condolences and convey our deepest sympathy to his family and associates.

Sincerely yours,

Yasuo Kasai
Chairman

お悔やみ	文例
家族を亡くした仕事関係の人へ	**277**
☞ 悲しみを乗り越えて早く通常に戻るよう祈る	

家族を亡くすのはいちばんつらい出来事であるから、心より哀悼の気持ちを伝える。故人が先方にとってどんなに大切な人であったかということへの思いやり、他の家族のメンバーへの思いやり、この悲しみを何とか乗り越えてほしいと祈る気持ちを伝えることになる。

> 最愛のお母さまの訃報に接した私どもの悲しみをどう言葉に表したらよいかわかりません。あなたにとってどんなに大切な方だったかはよく存じ上げております。どうか私どもの心よりの哀悼の気持ちをご家族の方々にもお伝えください。あなたがこのつらい悲しみを何とか乗り越えられますようお祈りいたしております。

構成 ❶訃報を知った悲しみ、❷故人の存在意義、❸家族への思いやり、❹励ましの言葉。以上がこのメールでは1段落にまとめられている。

語句 ❶**訃報を知った悲しみ** There are no words to adequately describe「〜をうまく伝えられる言葉が見つからない」悔やみの決まり文句と言える。**upon hearing of**「〜を聞いたときに」**the loss**「逝去」death や die という直接的表現は避ける。ほかに passing も使う。**your beloved mother**「最愛のお母さま」
❷**故人の存在意義** how much she meant to you「あなたにとってどんなに大切な方だったか」We know 以下は決まり文句。
❸**家族への思いやり** Please extend our profoundest sympathy to「〜に我々の心よりの哀悼の気持ちをお伝えください」
❹**励まし** We pray「お祈りしています」普通のメールで使うと大げさな響きを持つが、お悔やみメールにはふさわしい言い方。**somehow find the strength**「何とか力を出す」somehow に当方の祈りの強さが表れている。**endure this tragic burden**「この重い悲しみを乗り越える」

ポイント 弔文は、日本語ほどではないが決まり文句が多く使われる。あまり変わった表現は避けたほうが無難。ごく親しい人でない限り、文面もあまり長くないほうが好ましい。

応用 書き出しを変えて

このたびは最愛のご母堂が突然お亡くなりになったとうかがい、大変驚いております。

We were shocked to hear of the sudden passing of your dearest mother.

最愛のお嬢さまの時ならぬ訃報を今、お受け取りしたところです。

News has just reached us of the untimely passing of your beloved daughter.

TEXT

From: Masami Okada [masami.okada@hercompany.com]
To: Erik Denton
Cc:
Subject: My deepest sympathies

Dear Mr. Denton:

There are no words to adequately describe the sadness we felt upon hearing of the loss of your beloved mother. We know how much she meant to you. Please extend our profoundest sympathy to everyone in your family. We pray you can somehow find the strength to endure this tragic burden.

Sincerely yours,

Masami Okada
Senior Managing Director
Export Service Department

お悔やみ	文例
家族を亡くした友人へ ☞ 自分の体験を綴って慰め励ます	**278**

仕事上の付き合いというよりは、もう個人的とも言える親しい付き合いをしている人の家族の訃報に接して出すお悔やみメール。自分の同様の体験を語ることで慰め励ましている点、いつでも力になることを伝えている点、したがって全体として長めのメールとなっているところが特徴。

最愛の奥さまを亡くされたという悲しいお知らせをたった今知りました。あなたとご家族にとって、奥さまがどんなに大切な方であったことか。私のこの哀悼の気持ちをうまく伝えられる言葉が見つかりません。いくら慰めを言っても、思い出に代えることはできません。この悲しい出来事に接し、私自身が数年前に母を亡くしたときに経験したつらさと悲しみを思い起こします。しかし、時を経るにつれてこのつらさもどうやら薄らぎ、今は温かい思い出が残るのみです。あなたにも早く心の平穏が戻ることをお祈りいたします。
どうぞご家族の皆さまにも私の気持ちをお伝えください。今度のことで一層皆さまの結びつきが強まったことでしょうから。私で力になれることがあれば、遠慮なくおっしゃってください。

構成 まず❶訃報を知った悲しみとお悔やみの言葉を述べる。次に自分自身の体験を伝えることにより❷慰め励ます。最後に❸家族への思いやりと力になることを伝える。

語句 ❶訃報を知った悲しみとお悔やみの言葉　tragic「痛ましい、悲しい」loss「逝去」deathという直接的表現を避けた婉曲表現。passingでもよい。your beloved wife「最愛の奥さま」how much she meant to you「あなたにとってどんなに大切な方だったか」There are no words to properly express「〜をうまく伝えられる言葉が見つからない」sorrow and sympathy「悲しみとかわいそうに思う気持ち」
❷自分自身の体験で慰め励ます　tragedy「悲しい出来事」brings back to mind「思い起こさせる」rememberより繊細な響きを持つ言い方。pain and grief「つらさと悲しみ」the pain has faded「つらさが薄らいだ」the warm memories remain「温かい思い出が残る」I pray「お祈りしています」普通は大げさな響きがあるが、お悔やみメールにはふさ

文例 278

わしい言い方。**peace of mind**「心の平穏、落ち着き」

❸**家族への思いやりと力になること**　**leave you closer**「あなた方ご家族の結びつきが一層強くなる」**Do not hesitate to**「遠慮なく〜してください」**call on**「頼む、頼りにする」

ポイント 個人的な付き合いのある友人にお悔やみのメールを送るときは、できるだけ個人のメールアドレスから送ること。

応用 力になることを伝える文のバリエーション

少しでもお力になれることがあればと思い、近いうちにお宅にうかがうつもりでおります。	I will be calling on you in a little while to see if there is any way in which I can be of help.
済ませなければならない用事がきっとたくさんあることでしょう。私でお役に立てることがあればお知らせください。	Since there are obviously many things that you will have to work out, please let me know what I can do to make things easier.

TEXT

From: Takeshi Sonomura [takeshi.sonomura@hishome.com]
To: Bob Franklin
Cc:
Subject: My deepest sympathies

Dear Bob,

News of the tragic loss of your beloved wife has just reached me. I know how much she meant to you and your family. There are no words to properly express the sorrow and sympathy I feel for you now. I also know that words, though comforting, cannot replace the memory.

Your tragedy brings back to mind the pain and grief I experienced when I lost my mother a few years ago. Somehow, with time, the pain has faded and now only the warm memories remain. I pray peace of mind comes to you soon.

Please convey my feelings to your family since I know this will all leave you closer now. Do not hesitate to call on me if there is some way in which I can help.

With warmest personal regards,

Takeshi Sonomura

付録

INDEX──[和英] ビジネスEメール表現集 ……… 744
[和英] 役職名一覧 ………………………………… 796
[和英] 部署名一覧 ………………………………… 797

INDEX──[和英]ビジネスEメール表現集

◉本書の文例集の中から、英文メールを書く際に広く応用できると思われる表現・言い回しを和英の形であげました。ただし、文例中の表現とは少し異なる形にしてある場合もあります。
◉数字はメールの文例番号。

あ

挨拶
お別れの挨拶をする
make my farewells ………………………… 文例245

間
～の間いつでも
any time between ………………………… 文例042

アイデア
温めているアイデア
idea of what I had in my mind ………… 文例071

哀悼
哀悼の気持ち
sorrow and sympathy …………………… 文例278
深い哀悼の意をお伝えください
Please convey our deepest sympathy to
 …………………………………………… 文例276
Please extend our profoundest sympathy to
 …………………………………………… 文例277

あいにく▶残念

会う
～と会う
meet with ………………………………… 文例042
get together with ………………………… 文例221
～で会う
We met in ………………………………… 文例219
お会いできるのを楽しみにしています
I look forward to meeting you in person
 …………………………………………… 文例198
まもなくお目にかかれるのを楽しみにしています
I am looking forward to seeing you soon.
 …………………………………………… 文例212

赤字
赤字である
be running in the red …………………… 文例117
赤字になる
leave us in the red ……………………… 文例120

あがる
～として貴社名があがっております
list your firm as ………………………… 文例094

明らか
明らかに利点がある
There is obviously some merit ………… 文例124

悪影響
売り上げに悪影響を与える
depress sales …………………………… 文例118
市場に悪影響を及ぼす
bring disorder to the market …………… 文例121

悪材料
the negative factors …………………… 文例117

値する
十分(授与されるに)値する
be well deserved ………………………… 文例270

温かい
いつも温かくご指導いただき
all the advice and guidance you have always
 so generously provided …………… 文例223

悪化
今後さらに悪化すると考える
foresee further deterioration ………… 文例121

扱う
～を扱っている
It deals with ……………………………… 文例069
～を扱った
dealing with ……………………………… 文例096

宛て
～宛ての
addressed to …………………………… 文例052
～宛てに
to ～ attention ………………………… 文例170
それぞれ別に宛てられた
each made out to ……………………… 文例123

充てる
部屋代の一部に充てる
be applied to your account …………… 文例053

甘える
～に甘えたくない
hate to presume upon ………………… 文例233

あまり～でない
not really ………………………………… 文例231

あらゆる
あらゆる努力がなされた
every effort has been made ……………… 文例 055

ありがたい
〜していただけるとありがたい
We would appreciate your 〜 ing ……… 文例 039
〜 would be very much appreciated …… 文例 034
〜がなかったらもっとありがたかったのに
I would have appreciated ... even more if it had not been for …………………… 文例 149

ありがとう [▶感謝, 礼]
〜してくださりありがとうございます
I appreciate your kindness in ……………… 文例 005
〜をありがとうございました
I am writing to thank you for …………… 文例 001
〜をありがとうございます
I thank you for ……………………………… 文例 004
わざわざ〜してくださってありがとうございます
Thank you for taking the trouble to …… 文例 020
Thank you very much for taking the trouble to ………………………………………… 文例 240
とくに〜してくださってありがとうございます
It was especially nice of you to ………… 文例 011
〜する時間をとってくださりありがとうございます
Thank you for taking the time to ……… 文例 095
〜をありがとう（親しい間柄で）
Thanks again for ………………………… 文例 195
本当にありがとうございました
I am most grateful! ……………………… 文例 012
本当にありがとうございました（結びのお礼）
Again, thank you for …………………… 文例 006
いつもお世話になり、ありがとうございます
Thank you for the cordial treatment you always extend me ……………………… 文例 196
〜日付のメールをいただきありがとうございました
Thank you for your e-mail of ………… 文例 102
ごていねいにもお知らせいただきありがとうございました
Thank you for the courtesy of informing us ………………………………………… 文例 274
私のメールをお受け取りになった旨、ご連絡いただきありがとうございました
Thank you for your acknowledgment of my e-mail ……………………………… 文例 174
ご招待ありがとうございます
Thank you for the thoughtful invitation ………………………………………… 文例 253
〜へのお招きありがとうございます
Thank you for your invitation to ……… 文例 048
ご利用ありがとうございます

Thank you for giving us the opportunity to serve you ……………………………… 文例 075
引き合いをいただきありがとうございます
Thank you for your recent inquiry …… 文例 107
関心を寄せていただき、誠にありがとうございました
Your interest in 〜 is much appreciated ………………………………………… 文例 107
ご協力ありがとうございます
We appreciate your assistance in ……… 文例 179
ご心配いただきありがとうございます
Thank you for the concern you showed ………………………………………… 文例 018
お心遣いありがとうございます
I greatly appreciate your concern ……… 文例 258
お気にかけていただいてありがとうございました
Thank you for remembering me ……… 文例 257
激励のメールをどうもありがとうございました
Thank you very much for your encouraging e-mail ………………………………… 文例 020

ある
〜がありました
It was found ……………………………… 文例 150
あるのは〜のためのものだけです
exist only for …………………………… 文例 191
〜ならある
do have …………………………………… 文例 191

あるいは
XかあるいはY
either X or Y …………………………… 文例 050

安心
安心してください
rest assured …………………………… 文例 118
〜なのでご安心ください
This is to assure you that ……………… 文例 054

い

言う
今後も意見があれば言ってください
Please continue to comment on ……… 文例 141
繰り返し言う
reiterate ………………………………… 文例 161
極めて率直に言わせてもらえれば
Quite frankly …………………………… 文例 015
〜のことを述べる
refer to ………………………………… 文例 229
〜で申し上げた通り
as informed in ………………………… 文例 127
あなたも言っていたように
as you indicated ……………………… 文例 122

お会いしたときにお申し出くださった
you extended during our meeting …… 文例048
と言いますのも
This is because ……………………………… 文例094

以下
以下の〜
the following ……………………………… 文例108
以下の通り確認します
We confirm the following: …………… 文例177
以下の条項からなる
include the following items …………… 文例183

いかが
〜はいかがでしようか
Our suggestion is ……………………… 文例132

いかなる
いかなる形でも
in any way……………………………… 文例089

遺憾
遺憾である
regrettable ……………………………… 文例161
〜を遺憾に思います
I regret that …………………………… 文例245
ご迷惑について遺憾に存じます
We regret any inconvenience you may experience ………………………… 文例159
遺憾ながら考え直さざるを得ません
We will reluctantly have to reconsider … 文例180

行く
次回私が〜へ行きましたら
the next time I am in ………………… 文例003

意見
生の意見
firsthand views ………………………… 文例030
〜かどうかに関してのご意見
your advice on whether ……………… 文例080
意見交換
an exchange of views ………………… 文例251

以降
それ以降の
thereafter………………………………… 文例185
〜以降はいつでも
any time after ………………………… 文例055

意向・意思・意図
弊社の最終的な意向
our firm intention ……………………… 文例184
当時の私どもの意図
our intention at the time……………… 文例229
意思表明
clarification of our intention ………… 文例228
交渉再開のご意思がございますなら
if you are willing to resume negotiations
………………………………………… 文例097

以上
以上の品物に関して
of the above…………………………… 文例093
5（ユニット）以上の
five or more…………………………… 文例098

いずれ
given time……………………………… 文例138

以前
以前は
formerly………………………………… 文例244
ずっと以前の
way back ……………………………… 文例078
以前にも述べたように
as I mentioned ………………………… 文例174

忙しい
ご多忙中にもかかわらず
for taking the time…………………… 文例157
お忙しいことは承知しておりますが
though I know how busy you must be … 文例224
忙殺される
extremely busy 〜 ing………………… 文例009
（忙しくて）身動きできない
keep me tied up ……………………… 文例044

いただく
あなたからいただいた〜
〜 which you presented to me ………… 文例010
〜していただけないでしょうか
I wonder if it would be possible for you to
………………………………………… 文例024
We would like to ask you to………… 文例092

一律に
across the board ……………………… 文例117

一連
貴社の一連の製品についての情報
information on your product lines …… 文例082

いつか
いつかふさわしい折に
at some appropriate time…………… 文例017

一行
あなた方ご一行
your party ……………………………… 文例055

一式
package ……………………………… 文例109

一緒
一緒に仕事をする
collaborate …………………………… 文例076
ご一緒に仕事をさせていただいて
being able to work with you ………… 文例244

すばらしい方々とご一緒する
be in such a fine company ················ 文例 003
このような日にご一緒する
share this day with·················· 文例 017
一層
　一層お役に立てる
　better serve you ·························· 文例 187
一致
　一致しない
　inaccurate ··································· 文例 150
　そちらの記録と一致しない
　fail to reflect your record ·············· 文例 176
　（外国為替相場の）大変動と時期が一致した
　coincided with big fluctuations········· 文例 121
いっぱい
　～いっぱい適用される
　remain in effect through ················ 文例 137
一泊
　一泊の料金
　the daily rate ······························ 文例 053
一方
　一方、ところで
　on the other hand ························· 文例 257
　in the meantime··························· 文例 137
　一方だけで、単独に
　unilaterally ································· 文例 117
一方的
　一方的な
　arbitrary ···································· 文例 152
意図▶意向
以内
　～後…日以内に
　within ... days or ························· 文例 111
　全部で10日以内に
　in a total period of ten days maximum ··· 文例 029
祈る
　～のご多幸を祈っております
　We send our best wishes to ············· 文例 009
　ご多幸を祈っております
　Best wishes and warmest regards ······ 文例 002
　益々のご健康、ご発展並びにご多幸を祈ります
　Our best wishes for your health, wealth and
　　happiness································· 文例 009
　引き続き活躍されることを祈っております
　Best wishes for your continued success
　·· 文例 264
　～のご成功をお祈りします
　I wish you every success with ·········· 文例 235
　ご成功とお幸せをお祈りしております
　I wish you every personal success and
　　happiness································· 文例 017
　次回の健闘をお祈りしています
　We wish you success in your next race
　·· 文例 269
　引き続いてのご健闘をお祈り申し上げます
　We are looking forward to your continuing
　　success·································· 文例 267
　～することをお祈りいたしております
　It is hoped that ···························· 文例 261
　みんなでお祈り申し上げております
　We are all praying for ···················· 文例 275
今
　今の条件のままで
　under our present terms ················· 文例 124
　今の段階では
　as of the moment························· 文例 055
　今のところ
　at present··································· 文例 040
　今のところ～はない
　There is no ～ at present················ 文例 190
　今のところこれぐらいしか申し上げられません
　This is all I have for you right now ······· 文例 084
　今までのところ
　so far ·· 文例 080
　今まで通り～する
　be continued to ···························· 文例 138
イメージ
　～のイメージを損ねる
　hurt our image with······················· 文例 118
以来
　since then ·································· 文例 097
依頼
　依頼する
　ask for······································· 文例 200
　ご依頼に応じる
　comply with your request ················ 文例 232
　～という依頼
　request for·································· 文例 212
　～という依頼を本日受け取りました
　your request for ～ was received today
　·· 文例 189
　～してほしいという依頼に関して
　with regard to your request for ·········· 文例 169
　よく～を依頼される
　be often called upon to··················· 文例 216
　ご依頼の
　which you requested······················ 文例 186
　ご依頼の～をお送りします
　Attached are ～ that you requested ···· 文例 075
　ご依頼の通りに

747

as you requested ……………………… 文例 054
祝い [▶おめでとう]
　心よりのお祝い
　my heartiest congratulations …………… 文例 272
　お祝い申し上げます
　I would like to offer my best wishes …… 文例 042
　心よりお祝いを申し上げます
　My congratulations and best wishes to you
　　……………………………………………… 文例 270
　Please accept my hearty congratulations
　　……………………………………………… 文例 255
　I would like to extend my warmest
　　congratulations to you ………………… 文例 260
　〜に対して心よりお祝い申し上げます
　Please accept our warmest congratulations
　　on ………………………………………… 文例 266
　I would like to extend my warmest
　　congratulations to you on ……………… 文例 261
印象
　強く印象に残っている
　stand out in my mind …………………… 文例 168
印税
　〜から発生する
　royalties earned on ……………………… 文例 144
インボイス（請求）
　〜ドルのインボイス
　your invoice for $ 〜 …………………… 文例 087
　No. 〜のインボイスで
　under our invoice No. 〜 ……………… 文例 205
　訂正した（請求額〜の）インボイス
　a revised invoice for …………………… 文例 203

う

うかがう・聞く
　〜からうかがいました
　have heard from ………………………… 文例 043
　〜から貴社のことをうかがいました
　We were referred to your company by … 文例 080
　〜とうかがっております
　We have taken note of the fact that …… 文例 259
　〜から…と聞いている
　I understand from 〜 that ……………… 文例 027
　〜と聞いております
　I understand ……………………………… 文例 062
　その人のことは〜と聞いています
　who we understand is …………………… 文例 167
　〜を聞いてとてもうれしい
　I was very happy to learn ……………… 文例 037

受け入れる・受ける
　提案を受け入れる
　accept your proposal …………………… 文例 118
　調査の結果，要求を受け入れるわけにはいかない
　Our investigation does not support your claim
　　……………………………………………… 文例 155
　喜んで受諾します
　more than happy to accept …………… 文例 036
　受けられません
　be unable to accept ……………………… 文例 114
受け取る
　〜を受け取りました
　We took delivery of ……………………… 文例 151
　〜の注文品を…に受け取りました
　Our order 〜 was received on ………… 文例 150
　〜という依頼を本日受け取りました
　Your request for 〜 was received today
　　……………………………………………… 文例 189
　〜を受け取り次第
　upon receipt of …………………………… 文例 192
うたう
　貴社がうたっている性能レベルにははるかに及びません
　perform far below what you claim …… 文例 151
打ち合わせ
　briefing …………………………………… 文例 168
打ち切り
　この件は打ち切りと考える
　We consider this matter closed ……… 文例 089
打ち出す
　work out ………………………………… 文例 158
内訳
　breakdown ……………………………… 文例 205
　内訳は…
　This includes ... and ... ………………… 文例 143
うまく
　〜をうまく運ぶために
　to smooth the way for ………………… 文例 220
埋め合わせ
　〜の埋め合わせをする
　make up for ……………………………… 文例 178
裏付け
　（領収書などの）裏付け資料
　vouchers ………………………………… 文例 133
売り上げ
　売り上げが〜に達する
　achieve initial sales of ………………… 文例 267
　売り上げ第一位になる
　captured the No.1 position in sales …… 文例 268
　売り上げに悪影響を与える

reduce sales ……………………… 文例 118
売り出し
  重大な売り出し開始時期
  critical start-up period…………… 文例 133
うれしい
  〜できるのをいつもうれしく思っています
  It is always a pleasure to…………… 文例 211
  〜と知り誠にうれしく存じます
  It is indeed gratifying to know that …… 文例 021
  また、〜できてうれしく思いました
  It was also gratifying to ……………… 文例 071
  〜を聞いてうれしく思いました
  I was very happy to learn ……………… 文例 037
  I was glad to hear …………………… 文例 044
  お目にかかれてうれしく思いました
  It was good to have the chance to meet you
  ……………………………………… 文例 014
  It was a genuine pleasure to have the chance
    to meet you …………………………… 文例 025
  I thoroughly enjoyed the opportunity of
    meeting you ………………………… 文例 220
  〜に恵まれたことをうれしく思いました
  have the good fortune of ……………… 文例 061
売れる
  容易に売れる
  find a ready market ………………… 文例 133
  売れるかどうか評価する
  evaluate the marketability …………… 文例 083
  その商品が売れそうかどうか決める
  determine their marketability………… 文例 084
  次のようなところでよく売れると考えている
  We feel that potential markets are…… 文例 080

え

影響
  〜の影響を受ける
  be affected by ………………………… 文例 091
  〜の影響を考える
  evaluate the impact of ………………… 文例 127
営業
  私どもの営業内容
  our full line of ………………………… 文例 070
英語
  英語能力
  proficiency in English ………………… 文例 067
栄誉
  〜の栄誉を受ける
  be honored with ……………………… 文例 270

偉い
  偉い方々
  a distinguished group ………………… 文例 198
延期
  〜の間値上げを延期する
  delay the increase for………………… 文例 119
  1週間ほど延期する
  delay 〜 by a week or so……………… 文例 055
  さらに30日延期することを認める
  grant you an additional 30 days usance
  ……………………………………… 文例 137
円満
  速やかで円満な解決
  prompt and amicable arrangement…… 文例 179
  円満に解決する
  bring 〜 to an amicable end …………… 文例 080
遠慮
  遠慮なく〜してください
  Please do not hesitate to ……………… 文例 071
  do not hesitate to……………………… 文例 173
  invite you to
  遠慮なく申しつけてください
  Please do not hesitate to ask ………… 文例 226
  遠慮なくお申し越しください
  I hope you will not hesitate to call upon me
  ……………………………………… 文例 233

お

応じる
  応じられなくて残念です
  regret not being able to accommodate … 文例 127
  応じてもよい
  be willing to accept…………………… 文例 127
応募
  応募の状況
  the status of your application ………… 文例 170
  ご応募いただきましてありがとうございます
  Thank you for the time you spent in applying
    for employment with our company… 文例 237
多く
  〜の多くは
  A number of …………………………… 文例 216
大雑把
  大雑把すぎる
  be not detailed enough ……………… 文例 084
おおむね
  largely ………………………………… 文例 161
お返し
  お返しをする機会

the chance to reciprocate ················ 文例 010
おかげ
　結構なお手配のおかげで
　thanks to your fine arrangement ········ 文例 012
　おかげさまで
　We could never 〜 without your help ··· 文例 243
補う
　低下を補う
　absorb this drop ······························· 文例 117
送る
　〜を添付します
　Attached is ·· 文例 189
　Attached are ····································· 文例 186
　ご依頼の〜を添付します
　Attached are 〜 that you requested ···· 文例 075
　代わりに〜を添付します
　However, we have attached ················ 文例 190
　〜を喜んで添付いたします
　It is our pleasure to attach ················· 文例 208
　〜を受領次第お送りします
　will be sent immediately on receipt of ··· 文例 112
　航空便で送ります
　will be airmailed ······························· 文例 112
　〜を送ってください
　Please send us ·································· 文例 109
　〜へ転送してください
　Please forward it to ··························· 文例 170
　航空便で送ってください
　Please airmail us ······························ 文例 108
　彼にあなたへ〜を送るようにさせる
　have him send you ···························· 文例 059
　資料をお送りいただく
　furnish us with some written information
　··· 文例 014
　〜に送られます
　be being forwarded to ······················· 文例 206
遅れる
　〜が少々遅れたこと
　the minor delay in ···························· 文例 211
　〜が原因で遅れました
　caused the delay ······························ 文例 193
　メールが遅くなって申し訳ありません
　I regret the delay in writing ················ 文例 009
　大変遅ればせながら
　very, very belatedly ··························· 文例 002
押さえる
　ダメージを最低限に押さえる
　minimize the damage ························ 文例 118
収める
　〜以内に収める

keep within ·· 文例 222
押しつける
　shift ··· 文例 117
恐れ入りますが
　May I ask that you kindly ··················· 文例 052
おそらく
　おそらく〜ではないかと思います
　very possibly ····································· 文例 157
驚く
　驚いたことに
　to our astonishment ·························· 文例 125
　本当に驚きました
　It was a real shock ··························· 文例 275
同じ
　みんなも私と同じ考えである
　Many people share my opinion ············ 文例 273
おめでとう [▶祝い]
　〜おめでとう
　Congratulations on ···························· 文例 269
　心より昇進おめでとう
　Our heartiest congratulations on your
　　promotion! ····································· 文例 264
　〜にご就任なされるとのこと、おめでとうございます
　I was delighted to hear of your promotion to
　·· 文例 260
思いがけなく
　unexpectedly ····································· 文例 087
思い出す・思い起こす
　〜としていつもあなたを思い出すでしょう
　We shall always remember you as ······ 文例 271
　…を見ると〜を思い出すでしょう
　... will serve as a reminder of ············· 文例 010
　〜を思い出させる
　bring to mind again 〜 ······················ 文例 001
　〜を思い起こさせる
　bring back to mind 〜 ······················· 文例 278
　ぜひ思い起こしてください
　You are urged to recall ······················ 文例 227
思い出
　温かい思い出が残る
　The warm memories remain ················ 文例 278
思いとどまらせる
　dissuade ··· 文例 124
思う
　〜に違いないと思います
　I am confident that ··························· 文例 007
　〜でいらっしゃることと思います
　I hope this e-mail finds you ················ 文例 224
　やはり〜と思います
　We continue to feel that ···················· 文例 156

～と存じます（前向きな力強い表現）
　We trust ································· 文例 201
～を知りご心配のことと存じます
　I am sure that you are aware of and concerned
　　about ································· 文例 125
常々思っていました
　I always knew ·························· 文例 262
～と思われます
　It is felt ································ 文例 031
及ぼす
　市場に悪影響を及ぼす
　　bring disorder to the market ··········· 文例 121
折
　折にふれ
　　from time to time ···················· 文例 275
恩人
　benefactors ····························· 文例 271

か

海外
　海外へ進出する
　　expand overseas operations ············ 文例 056
会議
　会議により～がよくつかめました
　　The meeting gave us a better idea of ··· 文例 023
会計
　会計年度
　　fiscal 19-- ····························· 文例 208
　会計報告
　　an accounting ························· 文例 144
解決
　速やかで円満な解決
　　prompt and amicable arrangement ····· 文例 179
　円満に解決する
　　bring ～ to an amicable end ············ 文例 135
　解決する
　　straighten out ························ 文例 146
　ご満足のいく解決策
　　satisfactory countermeasures ·········· 文例 158
開催▶開く
会社・企業
　興味を示している会社の代表者たち
　　a representative group or interested parties
　　··· 文例 083
　立派な企業
　　reputable organizations ················ 文例 238
解釈
　我々の解釈によると
　　as we interpreted it ····················· 文例 026

概説
　general outline ·························· 文例 048
改善
　改善する
　　alleviate ······························· 文例 166
改定
　～を検討して改定してください
　　kindly study ～ and amend ············· 文例 125
開発
　取引の新しい分野や手段を開発する
　　find new areas and ways to do business
　　··· 文例 006
概要
　general presentation ···················· 文例 105
価格・値段
　ご希望の価格
　　the price you would ask ················ 文例 147
　最も低い価格と最も早い出荷日
　　best price and earliest delivery ········· 文例 090
　特別価格を示す
　　quote a special price ··················· 文例 124
　値段の変更はきかない
　　prices are firm ························ 文例 130
　たちうちできる（同程度の）価格
　　a comparable level ···················· 文例 124
　より競争力のある値段
　　more competitive price ················ 文例 131
　価格表
　　our price list ·························· 文例 190
　横浜よりの本船渡し価格
　　FOB Yokohama ······················· 文例 098
輝かしい
　brilliant ·································· 文例 269
かかる
　およそ～かかる
　　probably require ······················· 文例 136
かかわらず
　悪材料にもかかわらず
　　despite the negative factors ············ 文例 117
下記
　下記にあげるのは
　　Outlined below are ···················· 文例 028
　　Set out below are ····················· 文例 029
　　Appearing below is ···················· 文例 048
　下記の通り
　　as indicated below ····················· 文例 175
　詳細は下記の通り
　　The details are as follows: ············· 文例 178
　ご要望の情報は下記の通りです
　　The information you requested is as follows:

751

.... 文例 098
下記のような予定でお願いします
The schedule we would like to propose is
　　　shown below............................ 文例 047
書く
お礼申し上げたくメールを差し上げました
I am writing to thank you .... 文例 002
〜と書いてある段落
the paragraph reading 〜................. 文例 181
確実
確実に〜するために
to see that .... 文例 119
確信
〜だと確信しております
I am sure that .... 文例 263
We trust..................................... 文例 246
We are confident .... 文例 157
have every reason to believe .... 文例 068
拡大
一層拡大するでしょう
will further expand .... 文例 004
さらに拡大し多様化していく
enjoy further growth and diversification
.... 文例 004
確認
以下の通り確認します
We confirm the following: .... 文例 177
改めて確認いたします
This is again to confirm .... 文例 184
すでに〜も確認してあります
We have already confirmed............ 文例 096
再確認してください
Please reconfirm .... 文例 193
〜が受け入れられるかどうか確認の返事をください
confirm that 〜 could be accommodated
.... 文例 029
確認する（金の流れを）
have 〜 traced............................. 文例 214
確認の署名
your confirmation signature .... 文例 178
確保
利益を確保する
ensure profits.............................. 文例 119
これにより確保される
This would ensure........................ 文例 077
確約▶約束
（〜に）かけて
夏にかけて
going into the summer .... 文例 169

（〜と）かけ離れた
be far removed from .... 文例 085
重なる
この期間は国民の祝日と重なる
The period coincides with several national
　　　holidays................................. 文例 055
型
より高度な型
advanced version .... 文例 115
課題
取り扱う課題
subject to be covered................... 文例 028
形
別の形
other ways .... 文例 138
固める
地盤を固める
secure a foothold......................... 文例 117
活性化する
add resilience to .... 文例 242
勝手
勝手な
arbitrary .... 文例 152
勝手ながら〜させていただく
take the liberty of........................ 文例 087
活動
ほとんど活動していない
There is very little activity .... 文例 040
我々の活動範囲
our sphere of activity .... 文例 084
合併
吸収合併される
be absorbed .... 文例 095
活躍
引き続いてご活躍
continued success........................ 文例 264
ご活躍をお祈りします
I wish you every success .... 文例 241
活用
最大限に活用する
get maximum benefit .... 文例 187
悲しい・悲しみ
〜という悲しい知らせを伝える
informing me of the sad fact that .... 文例 274
辛さと悲しみ
pain and grief .... 文例 278
この辛い悲しみを乗り越える
endure this tragic burden.............. 文例 277
悲報を大きな悲しみをもって受け取りました
It is with great sorrow that we have received

the sad news……………………………… 文例 276

かなり
considerably ……………………………… 文例 118
substantially ……………………………… 文例 120
to a considerable extent ……………… 文例 121

可能性
〜の可能性
the possibility of ……………………… 文例 162
協力の可能性
potential link up ……………………… 文例 043
実現の可能性
feasibility ……………………………… 文例 014
代理店になる可能性
a possible distributorship …………… 文例 102
〜の可能性がある
There is a possibility ………………… 文例 027
〜の可能性について話し合う
pursue the possibility of …………… 文例 240
〜の可能性をおたずねの
inquiring into the possibility of …… 文例 103
可能性が強い
There is a good chance ……………… 文例 127
可能性がある
with some possibility ………………… 文例 045

上半期
the first half of ………………………… 文例 208

〜側の
on the part of ………………………… 文例 165

変わる
新版に変わりました
have been superseded by new editions
……………………………………………… 文例 193
お気持ちの変わることがありましたら
if you should have a change of heart … 文例 241

考える・考慮
〜を考えております
be now contemplating ………………… 文例 091
空席の候補として貴殿を考えております
consider you for openings …………… 文例 240
よく考える
reflect upon …………………………… 文例 123
予定を考え直す
reconsider your schedule …………… 文例 039
みんなも私と同じ考えである
Many people share my opinion ……… 文例 273
いろいろ考え合わせると〜のほうがよいかもしれない
It might be better all the way around if … 文例 129
〜を考慮すれば
when 〜 are considered ……………… 文例 270

〜を考慮に入れて
with 〜 in mind ………………………… 文例 080
上述の変化をご考慮の上
in view of the above mentioned changes
……………………………………………… 文例 097
〜の場合のみ考慮に入れられる
can be considered only if …………… 文例 230
〜の際に私のことを念頭に置く
consider me for ……………………… 文例 235

管轄
そちらの管轄の
in your territory ……………………… 文例 207

関係・関連
関係する人すべてに実りある
rewarding to all concerned ………… 文例 040
〜に忠実に関係を保つ
stay with ……………………………… 文例 153
〜関連にする
in connection with …………………… 文例 177
relevant ………………………………… 文例 094
relative to ……………………………… 文例 029
関連事項
pertinent matters …………………… 文例 061
〜その他の関連要素
〜 and other related factors ……… 文例 175

歓迎
歓迎する（名誉に思って）
feel honored ………………………… 文例 037
歓迎する
We will be looking forward to ……… 文例 035
大歓迎する
be most happy to welcome ………… 文例 031
訪問を歓迎します
We will be happy to have you visit …… 文例 038
〜の機会を歓迎する
We would welcome the opportunity …… 文例 076
大歓迎していただく
make us feel so welcome …………… 文例 008

感じ
大体の感じがつかめる
give you a rough idea ……………… 文例 071
give at least an idea of ……………… 文例 048
help you get a working knowledge …… 文例 070

関して
〜に関して
in respect to ………………………… 文例 024
この点に関して
in this regard ………………………… 文例 025
（〜に）関する
regarding ……………………………… 文例 104

～に関するお問い合わせ
your inquiry regarding ……………… 文例148
～に関する限り
as far as ～ are concerned ……………… 文例160
この件に関して
along this line ……………… 文例148
～の件に関して
with regard to ……………… 文例032
～に関してどうなっているのか
What is happening with regard to ……… 文例043

感謝 [▶ありがとう、礼]
感謝します
We do appreciate ……………… 文例113
Thank you ……………… 文例162
紹介を感謝します
I appreciate your introducing ……………… 文例022
ご協力に感謝いたします
Thank you for your assistance ……………… 文例192
お知らせに感謝します
Your information is appreciated ……………… 文例086
～について感謝に堪えません
I am very grateful for ……………… 文例245
感謝の気持ちを述べる
voice my appreciation ……………… 文例158
感じる
～としばしば感じておりました
have often had the feeling that ……………… 文例096

関心 [▶興味]
常に～に関心を持っている
be always open to ……………… 文例082
とくに関心がある
be of particular interest ……………… 文例082
～に(引き続き)関心がある
retain an interest in ……………… 文例241
お互いに関心のある分野
areas of common interest ……………… 文例082
関心があるのは主に～だが
While he is primarily concerned with ……… 文例029
関心を寄せていただき、ありがとうございます
Your interest in ～ is very much appreciated
……………… 文例107
grateful for expressing interest ……………… 文例104

感心
～に感心した
impressed me with ……………… 文例234
とても感心した
quite impressive ……………… 文例088
～に常々感心させられてきた
have always been impressed by ……… 文例272

完成
このたび完成しました
have recently been completed ……………… 文例206
完全
完全分解形態で
in C.K.D condition ……………… 文例184
簡単
簡単な
less elaborate ……………… 文例191
完治
一日も早く完治されること
quick and complete recovery ……………… 文例275
観点
～という観点から言って
from the standpoint of ……………… 文例141
from the perspective of ……………… 文例065
このような観点に立って
on that premise ……………… 文例140
関連▶関係

き

機会
この機会に
taking this opportunity ……………… 文例004
この喜ばしい機会
this auspicious occasion ……………… 文例265
機会があれば
when the occasion permits ……………… 文例271
機会があれば～したい
will take the opportunity to ……………… 文例029
～する機会に恵まれる
have the chance to ……………… 文例014
～する機会を提供する
afford you a chance to ……………… 文例030
お会いする機会を得る
have the chance to meet you ……………… 文例025
別の機会ができる
provide us with another opportunity ……… 文例228
～のすばらしい機会となる
provide an excellent chance for ……………… 文例031
お役に立てる機会をくださり感謝しております
Thank you for giving us this opportunity to
    better serve you ……………… 文例187
規格
規格の
standard ……………… 文例113
期間
その期間
at that time ……………… 文例055

機器
高価な機器
very expensive piece of equipment ····· 文例 151

聞く ▶うかがう

期限・期日
自動的に期限が切れる
automatically expire ·················· 文例 227
〜にある通りの期限以内に
within the limits stated in ············ 文例 138
期日通りに受け取っている
duly receive ························· 文例 165

記事
特集記事
feature article ······················· 文例 069

議事
正式な議事録
official minutes ····················· 文例 176

基礎
（語学の）基礎がしっかりしている
have a good structural foundation ····· 文例 066

期待
期待にそえない
not live up to your expectation ········ 文例 160
大変期待して
with keen anticipation ················ 文例 222

議題
議題の提案
proposed agenda ···················· 文例 033

来るべき
来るべき訪問
forthcoming visit ···················· 文例 032

きっと
certainly ···························· 文例 015
きっと〜だと思う
I'm sure ···························· 文例 221
きっと〜でしょう
I assure you that ···················· 文例 013

規定
当社の規定では〜にはお支払いできないことになっています
Our regulations do not permit payment against ····························· 文例 150

記入
すべて記入済の
completed ··························· 文例 199

希望
ご希望の価格
the prices you would ask ············· 文例 147
ご希望に沿う
be more in line with the desires ········ 文例 238

メールでの希望日の（日付）
the date you proposed in your e-mail of
···································· 文例 038
希望していたよりずっと短い
not nearly as long as we had wanted ··· 文例 274

義務
契約では〜が義務づけられています
Your contract calls for ················ 文例 144

気持ち
こういった気持ちから
This is the spirit in which ············ 文例 132
〜という気持ちにさせる
leave us with the feeling of ············ 文例 225
まだ〜の気持ちがある
still interested in ···················· 文例 239
お気持ちの変わることがありましたら
if you should have a change of heart ··· 文例 241
あなたの温かい気持ちを伝える
communicate your warm feelings ······· 文例 020

疑問
〜に関する疑問点に答えていただき
clarified my questions on ············· 文例 232

客
すばらしいお客さま
fine guests ·························· 文例 075

逆
私どもメールが与えたかもしれない印象とは逆に
contrary to the way our e-mail may have sounded ···························· 文例 129

急
急に
on short notice ······················ 文例 044
大幅な急成長
largest and fastest growing ··········· 文例 081

協議
真剣な協議
serious consultation ·················· 文例 161

恐縮
お忙しいところ誠に恐縮です
apologize for taking up so much of your valuable time ······················· 文例 220

業績
すばらしい業績
the splendid achievements ············ 文例 272
貴社の業績に心よりの拍手を送ります
enthusiastically applaud your achievement
···································· 文例 268

競争
競争の激しい
highly competitive ··················· 文例 131

より競争力のある値段
more competitive price······文例131
有力で十分競争力がある
strong and competitive······文例170

強調
いくつかの点を強調する
reinforce certain points······文例198

興味
こちらにとっても大変興味がある
keen interest to us as well······文例038
あなたにとって興味がある
be of interest to you······文例078
話を進めることに興味がある
We are interested in pursuing······文例083
引き続き興味を持っております
be still very interested in······文例097
〜に対して引き続き強い興味を持っている
retain a strong interest in······文例026
〜に興味があるとのことでした
You mentioned you were interested in······文例081
〜に興味をお持ちとのメール
your e-mail in which you mention an interest in
······文例082
もし興味がありましたら
should you be interested in······文例077
〜に興味を示す
voice an interest in······文例116
興味を引く
attract interest······文例222
〜の興味をひきおこす
command interest from······文例084
他の興味を追及する
pursue other interests······文例095

業務
貴社の業務体系
your present operational set-up······文例023

協力
ご理解とご協力
your cooperation and patience······文例166
いつものご協力
your usual support······文例028
〜のご協力により
〜 has been kind enough to······文例249
あなた方のご協力なくしては〜できない
Your cooperation is indispensable to······文例141
ご協力ありがとうございます
We appreciate your assistance in······文例179
ご協力をお願いする
ask for your cooperation······文例136

ご協力をよろしくお願いします
Anything you could do for him would be very much appreciated······文例056
あくまでも協力的なあなたのメール
extremely cooperative tone of your e-mail
······文例158
喜んで協力する
be happy to cooperate······文例137
協力を申し入れる
offer to assist······文例106
変わらぬ協力を寄せる
extend the same cooperation······文例245
協力を今後とも続ける
continue to cooperate······文例155
他の路線で協力することを追及する
explore other avenues of collaboration
······文例026
貴社との今後の協力関係
future cooperation with your company
······文例042

許可
〜の予算を許可する
approve a budget of······文例123

記録
こちらの記録によれば
according to our records······文例142
こちらの記録での
on our records······文例165
こちらの記録と照合する
check against our records······文例148

議論
くだらないことで議論する
quibble over······文例128
この件についてはこれ以上議論したくない
do not want to take this any further······文例128

金額
the amount······文例092

緊急対策
urgent countermeasures······文例161

銀行
銀行に提出した書類
the documents presented to the bank······文例178

吟味
吟味するために
for examination······文例092

く

食い違い
discrepancies······文例166

食い違っている点を訂正する
rectify the discrepancies ……………… 文例 203
空席
今後検討の必要が出てきたときのために
for possible future consideration ……… 文例 236
今後空席ができた場合には
for some future opening that might become available …………………………… 文例 237
空席の候補として貴殿を考えております
consider you for openings ……………… 文例 240
別のポジションに空席ができる
another position opening up …………… 文例 239
苦情
～についての苦情
your claim with regard to ……………… 文例 155
苦情のある客
a dissatisfied customer ………………… 文例 207
具体的
具体例
concrete examples ……………………… 文例 084
何らかの具体的対応
something concrete ……………………… 文例 168
早急の具体的返事
quick, concrete reply …………………… 文例 124
件（くだん）の
件の会社
company in question …………………… 文例 104
配る
パンフレットを配る
provide a pamphlet …………………… 文例 222
悔やみ
心からのお悔やみ
heartfelt condolence …………………… 文例 276
鞍がえ
ほかのメーカーに鞍がえする
choose to switch suppliers …………… 文例 118
繰り上げられる
be moved up …………………………… 文例 258
来る
お越しください
I hope you will be coming to ………… 文例 003
わざわざお越しいただいて
taking the trouble to come …………… 文例 241
苦労
苦労して勝ち得た地位
hard-won position ……………………… 文例 268
加えて
～に加えて
on top of ………………………………… 文例 256
in addition to …………………………… 文例 208

詳しい
もっと詳しく
in more detail …………………………… 文例 038
詳しい報告書
a detailed report ………………………… 文例 158
～についての詳しい報告
complete report on …………………… 文例 144
詳しくて偏りのない
deeper, more balanced ………………… 文例 046

け

経営
経営陣の交替
a change in the the administration …… 文例 042
計画
～を計画しています
We are now planning ………………… 文例 248
今のところは以下のように計画している
I now plan to …………………………… 文例 024
経験
経験を十分積んでいる
have a wealth of experience ………… 文例 244
傾向
ますます保護主義的な傾向を強めている
increasingly protectionist orientation … 文例 106
経済
経済的に安定している
financially stable ……………………… 文例 068
経済情勢、その他の条件
the economic environment and other circumstances ……………………… 文例 102
経費
かかった経費はすべて
any cost involved ……………………… 文例 216
景品
giveaway ………………………………… 文例 208
契約
contractual agreement ………………… 文例 138
契約書
contract ………………………………… 文例 209
契約の
contracted ……………………………… 文例 155
契約を整える
frame the agreement ………………… 文例 228
契約では～が義務づけられています
Your contract calls for ………………… 文例 144
経歴
すばらしい経歴の持ち主の方々
highly qualified people ………………… 文例 237

系列会社
affiliated corporations ……………… 文例 169

ゲタを預ける
～にゲタを預けた
The ball is in ～ 's court ……………… 文例 174

結果
the outcome ……………………………… 文例 207
結果を予測する
predict the outcome ………………… 文例 170
～の当然の結果です
properly reflect ……………………… 文例 264

結構
誠に結構な
indeed impressive …………………… 文例 105
結構なお手配のおかげで
thanks to your fine arrangement ……… 文例 012
どんな金額でもあなたの決めた額で結構だ
Whatever it is you decide is affordable
……………………………………………… 文例 128

決裁
～の決裁を通っている
be cleared with ……………………… 文例 152

決断
勇気ある決断
courageous way ……………………… 文例 273

決定
最終的に決定する
ultimately decide …………………… 文例 087
この決定に至った
This decision was reached ………… 文例 026
最終的に決定する前に
before any final decision could be made
……………………………………………… 文例 033
今回は別の方に決定いたしました
You were not the one selected this time
……………………………………………… 文例 237

結論
結論に達する
reach the conclusion ……………… 文例 088
以下のような結論に達する
lead us to the following conclusions: … 文例 161

件
この件に関して
in this regard ………………………… 文例 139
on this matter ……………………… 文例 029

懸案
懸案の
proposed ……………………………… 文例 228
懸案の組み立てプロジェクト
the proposed assembly project ……… 文例 181

見解
こちらの見解としては
in our opinion ………………………… 文例 140
次の点についての見解
views on the following ……………… 文例 038
～が私どもの見解であります
It is our opinion that ……………… 文例 068
ご見解に同感です
agree with your view ……………… 文例 104

現在・現時点
現在まで
to date ………………………………… 文例 144
現在までのところ
to date ………………………………… 文例 145
今日現在のところ
As of today …………………………… 文例 143
現時点では
at this date …………………………… 文例 045
at this time ………………………… 文例 170
as things stand now ……………… 文例 083
現段階では
at this stage ………………………… 文例 133

現実
新しい現実
new realities ………………………… 文例 134

現状
現状では
under our present circumstances …… 文例 135
現状を延長する
extend the status quo …………… 文例 135
現状維持でいく
continue with the status quo ……… 文例 134

限度
これが限度です
This is the maximum ……………… 文例 126

検討
徹底的な検討
thorough consideration …………… 文例 155
検討する
look into ……………………………… 文例 014
十分検討する
give every consideration ………… 文例 120
可能性を検討する
pursue the possibility …………… 文例 106
十分慎重に検討する
be carefully studied ……………… 文例 162
前向きに検討する
pursue the idea of ………………… 文例 101
～として検討の対象になる
be considered for …………………… 文例 239

検討の対象となっている
be being considered for ················· 文例 097
〜をよく検討した
have considered ···························· 文例 085
十分検討された
have been thoroughly studied ··········· 文例 228
〜をよく検討した結果に基づいて
based on careful study of ················ 文例 175
検討して返答すべく私のところへ回されてきた
passed to me for study and reply ······· 文例 088
今後の検討課題として保留する
hold 〜 for possible later consideration
 ··· 文例 085
検討の対象として考えさせていただきたい
keep you in mind ·························· 文例 237
再度ご検討いただきたく存じます
We ask you to reconsider ················· 文例 097
〜を検討して改定してください
kindly study 〜 and amend ·············· 文例 125
ご検討のため〜を送ります
Attached are 〜 for your evaluation ···· 文例 080
Attached for your evaluation is 〜 ······ 文例 077

健闘
次回のご健闘をお祈りしています
wish you success in your next race ····· 文例 269
引き続いてのご健闘をお祈り申し上げます
We are looking forward to your continuing
　success ······································ 文例 267

見当
どのように〜したらいいのか見当がつかない
I just can't see how ······················· 文例 233

賢明
prudence ···································· 文例 106

権利
法的権利の放棄
waiver of legal rights ····················· 文例 138
〜の権利を得たいと考えております
be interested in securing the 〜 rights ··· 文例 096

こ

好意
ご好意に報いる機会
the chance to reciprocate ················ 文例 017
ご好意に甘えさせていただく
allow me to take advantage of ·········· 文例 223
こういうふうに
in this way ·································· 文例 273
幸運
〜できて幸運に思います

I very much enjoyed having had the chance to
 ··· 文例 259
光栄
an honor ····································· 文例 265
光栄に存じます
It wiil be an honor to ····················· 文例 252
〜も光栄の至りです
It was also a great honor ················· 文例 008
〜できれば光栄です
would indeed be an honor if I could ···· 文例 257
〜していただいて光栄です
Thank you very much for honoring me with
 ··· 文例 235
〜を心から光栄に思う
deeply appreciate the honor of ·········· 文例 233
光栄にも講演のお招きにあずかる
honor me with an invitation to speak ··· 文例 198
効果的
〜を効果的に売る
effectively market ························· 文例 121
速やかで効果的な解決
a prompt and effective solution ········· 文例 161
交換
交換する
reciprocate ·································· 文例 188
Xの交換機種としてYを
replace X with Y ··························· 文例 091
航空
航空便で送ってください
Please airmail us ·························· 文例 108
合計
〜の合計額
the sum for ································· 文例 177
貢献
〜に対する貢献
contributions to ···························· 文例 270
測り知れない貢献
invaluable contributions ················· 文例 168
口座
貴口座に振り込む
pay to your account by bank remittance
 ··· 文例 148
公私
公私ともに
socially as well as professionally ········ 文例 062
厚情
ご支援ご厚情
support and courtesies ··················· 文例 243
向上する
upgrade ······································ 文例 120

更新
更新の時期が来ている
be up for renewal……………………… 文例 074

構成
〜により構成される
consist of………………………………… 文例 046

公正証書
notarized documentation……………… 文例 201

交替
経営陣の交替
a change in the administration ……… 文例 042

好転
かなり好転している
have improved significantly…………… 文例 102

口頭
口頭で約束したこと
the verbal arrangements……………… 文例 179

行動
〜に対して行動を起こす
act on…………………………………… 文例 174

後任
後任に
in my place …………………………… 文例 245
私の後任
my successor………………………… 文例 244
後任は〜です
My successor will be………………… 文例 243
〜の後任となる
replace…………………………………… 文例 246

項目
d) 項目の
under section d)……………………… 文例 181

考慮 ▶ 考える

超える
はるかに超える
far exceed……………………………… 文例 125

誤解
誤解なきようお願いします
Please correct………………………… 文例 180
誤解がおありになるようです
It appears there is a misunderstanding
………………………………………… 文例 180

語学力
〜の語学力
the linguistic aptitude of ……………… 文例 066

小切手
額面〜への小切手
a draft for ……………………………… 文例 211

顧客
〜以来の当銀行の顧客である
have been a client at our bank since … 文例 068

克服
すぐに克服できる
be able to quickly overcome ………… 文例 066

心から
心から称賛する
sincerely admire……………………… 文例 273
truly appreciate ……………………… 文例 088
心からのお祝い
my heartiest congratulations………… 文例 272
心からのお悔やみ
heartfelt condolence………………… 文例 276

心遣い
お心遣いありがとうございます
appreciate your concern……………… 文例 258
あなたのお心遣いは、大きな励ましとなりました
your thoughts really meant a great deal to me
………………………………………… 文例 018

心強い
reassuring …………………………… 文例 260

心のこもった
thoughtful……………………………… 文例 013
心のこもったお悔やみの言葉
your warm thoughts and expression of
condolence…………………………… 文例 019

試みる
いろいろ試みました（が無駄でした）
have tried unsuccessfully …………… 文例 151

コスト
追加のコスト
additional cost ………………………… 文例 120

応える
（希望に）応える
measure up to ………………………… 文例 072

ごたごた
どたん場のごたごた
the last minute problems …………… 文例 202

こちら側の
on this side …………………………… 文例 203

言葉
うまく伝えられる言葉が見つかりません
There are no words to properly express
………………………………………… 文例 278
どう言葉に表したらよいかわかりません
There are no words to adequately describe
………………………………………… 文例 277

この間に
in the interim ………………………… 文例 102

このたび
このたび完成しました

have recently been completed ……… 文例 206
好ましい
好ましい情勢
favorable climate …………………… 文例 106
顧問
顧問の立場で
in my advisory capacity ……………… 文例 065
今後
these coming years …………………… 文例 270
今後の数カ月
the months ahead …………………… 文例 074
今後の問い合わせ
further inquiries …………………… 文例 148
今後の進展
subsequent developments ………… 文例 014
貴社との今後の協力関係
future cooperation with your company
………………………………………… 文例 042
今後さらに悪化すると考える
foresee further deterioration ……… 文例 121
今後も〜してください
continue to …………………………… 文例 141

さ

サービス
サービス部門
service department ………………… 文例 206
サービスの向上をはかる
improve our services ……………… 文例 246
どのような部品交換サービスがあるか
What sort of replacement part service do you have? ………………………………… 文例 091
最愛の
your beloved ………………………… 文例 277
再開
話し合いを再開する
resume negotiations ………………… 文例 102
このお話を再開する
take up this matter again ………… 文例 105
交渉を再開のご意思がございますなら
if you are willing to resume negotiations
………………………………………… 文例 097
再開にあたって弊社が必要とする〜
〜 required to get started here ……… 文例 102
最高級の
top-of-the-line ……………………… 文例 191
最後に
in closing …………………………… 文例 161

幸先
幸先の良いスタートを切る
get off to a good start ……………… 文例 119
採算
採算がとれる
be recovered ………………………… 文例 119
最終決定
最終決定に達する
reach a final decision ……………… 文例 170
最終決定に達することができない
be unable to reach a final decision …… 文例 085
最新
最新の
most recent ………………………… 文例 199
最新式の
state-of-the-art …………………… 文例 133
在籍
〜に在籍する
be affiliated with …………………… 文例 063
最善
最善を尽くす
try my best ………………………… 文例 015
最大
〜の最大の利益
maximum benefit to ………………… 文例 222
最大限に活用する
get maximum benefit from ………… 文例 187
make the most of …………………… 文例 121
最低限
ダメージを最低限に押さえる
minimize the damage ……………… 文例 118
最適
〜に最適
be ideal for ………………………… 文例 073
〜してくだされば最適です
It would be best if ………………… 文例 083
才能
quality ……………………………… 文例 264
裁判
裁判沙汰になっている
be the subject of litigation ………… 文例 159
財務
財務資格報告書
financial background form ………… 文例 199
材料
さらに考えるべき材料
additional food for thought ………… 文例 069
幸い
〜していただければ幸いです
I would appreciate it if you could ……… 文例 049

We would appreciate your ～ ing ……… 文例 215
～ would be very much appreciated…・ 文例 061
It would be appreciated if you would… 文例 217
It would be optimal if……………………… 文例 034
I would be most happy if………………… 文例 244
I was hoping you would ………………… 文例 220
都合をつけて～してくだされば幸いです
We hope you will be able to arrange to
　………………………………………………… 文例 030
参加していただければ幸いです
I sincerely hope you can come to ……… 文例 073

サイン▶署名
探す
　search for ……………………………………… 文例 092
遡る
　～まで遡って
　retroactive to ………………………………… 文例 126
先払い▶前払い
先行き
　先行きをつかむ
　foresee the future direction of ………… 文例 106
作成
　現在，見積りを作成しております
　be presently preparing a quotation …… 文例 093
避ける
　～を避けるべく全力を尽します
　be fully committed to preventing ……… 文例 161
差し押え
　差し押えをする
　file a lien …………………………………… 文例 143
差し引く
　会計のときに請求書から差し引かれる
　be credited to your account at settlement
　………………………………………………… 文例 054
させる
　～させてください
　allow me to ………………………………… 文例 167
早急
　早急の対処
　prompt action ……………………………… 文例 165
　早急の返事
　an early reply ……………………………… 文例 028
　早急の具体的返事
　quick, concrete reply ……………………… 文例 124
　早急のお取り計らいをお願いいたします
　Your prompt action in this regard would be
　　very much appreciated ………………… 文例 148
察する
　～とお察しします
　It is not at all difficult to understand …… 文例 157

どんなに～したいことかとお察し申し上げます
I know how eager you must be to ……… 文例 275
事情をお察しください
I do hope you will understand …………… 文例 258
状況をお察しください
Please understand the situation ………… 文例 041

早速
　promptly……………………………………… 文例 014
　～に関し早々のお返事ありがとうございます
　Thank you for your quick reply concerning
　　……………………………………………… 文例 212

雑談
　～について雑談を交わす
　have a general chat about………………… 文例 043

さまざまな
　various ……………………………………… 文例 092
　重要だと思われるさまざまな事柄
　various matters which I consider of
　　importance ……………………………… 文例 042

さらに
　additionally ………………………………… 文例 188
　in addition ………………………………… 文例 193
　さらなるお手伝い
　further assistance………………………… 文例 186
　さらに～を添付します
　I have also attached ……………………… 文例 070
　さらに～したいと思います
　I would also like to ……………………… 文例 037
　今後さらに悪化すると考える
　foresee further deterioration …………… 文例 121
　さらに30日間延期することを認める
　grant you an additional 30 days……… 文例 137
　さらに～日のユーザンス
　an additional ～ days usance ………… 文例 136

参加
　～に参加していただければ幸いです
　I sincerely hope you can come to …… 文例 073
　他の参加者は～である
　Joining us will be ………………………… 文例 027

参考
　ご参考までに
　for your convenience……………………… 文例 214
　for your reference ………………………… 文例 093
　for your information and reference…… 文例 052
　今後の参考のために
　for future reference ……………………… 文例 086
　非常に参考になる
　extremely informative…………………… 文例 011
　参考になるのではないかと思って
　which I thought you might find interesting

.... 文例 069

暫定的
暫定的な予定表
a tentative timetable .... 文例 228
暫定的に予定する
have tentatively scheduled .... 文例 046

残念・あいにく
残念ながら
unfortunately .... 文例 113
あいにく
unfortunately, ... 文例 039
〜で残念ですが
I am sorry 〜 but .... 文例 231
我々としても残念である
We, too, regretted that .... 文例 159
誠に残念です
It is indeed unfortunate that .... 文例 228
It Is indeed disappointing that. .... 文例 134
誠に残念に思う
be disappointed by .... 文例 241
〜を知って残念に思います
We are sorry to learn .... 文例 156
I was disappointed to learn .... 文例 259
応じられなくて残念です
regret not being able to accommodate
.... 文例 127
〜にご満足いただけないのは残念ですが
though we regret your dissatisfaction with our
product .... 文例 155

し

CKD
CKD形態で
in C.K.D. condition .... 文例 184

仕入れ先
主要な仕入れ先
our main supplier .... 文例 057

支援・支持
支援していただく
encourage us with .... 文例 242
ご支援ご厚情
support and courtesies .... 文例 243
温かいご支援
your kind patronage .... 文例 004
親身のご支援と励まし
the close support and encouragement
.... 文例 015
測り知れないほどのご支援
the invaluable support .... 文例 019

引き続きのご支援をお願いします
hope that you will continue to favor us
.... 文例 005
〜の後ろ楯も必要
also require the backing of .... 文例 096
できるだけ（あなた方の立場を）支持したいという
気持ち
desire to be as supportive as possible
.... 文例 128

次回
次回〜の折に
the next time .... 文例 240

資格
十分資格のある
sufficiently qualified .... 文例 258
〜する資格がない
not qualified to .... 文例 234

しかし
However .... 文例 104
しかしながら…やはり
nevertheless .... 文例 156

しかるべき
しかるべき手を打つ
take the necessary steps .... 文例 045
しかるべき処置を取るように
for action .... 文例 167

時間
〜するための時間をさく
take the time to .... 文例 021
貴重な時間を割く
spare your valuable time .... 文例 005
割いていただいた時間
the time you spent with .... 文例 006
すでに費やされた時間の無駄
the time already lost .... 文例 151
時間が許す限り
if time permits .... 文例 048
as time permits .... 文例 048
〜の時間の関係で
to allow time for .... 文例 222
今しばらく時間はかかりますが
It may take a little while but .... 文例 158

時期
このような時期に
at this time .... 文例 136
この〜な時期に
during this period of .... 文例 121

至急
至急の説明
immediate explanation .... 文例 152

事業
事業全体を強化する
strengthen our entire operation ……… 文例 031

資金
資金が許す
our funds permit ……………………… 文例 229

仕事
このような仕事
some arrangement like this …………… 文例 238
〜という仕事上
In our role of ………………………… 文例 216
ご一緒に仕事をさせていただいて
being able to work with you …………… 文例 244
仕事関係の方々
associates ……………………………… 文例 276
仕事仲間
a business associate …………………… 文例 042

資産
資産報告
the financial statement ………………… 文例 200
純資産
net worth ……………………………… 文例 200

支障
若干支障があります
retain some difficulty ………………… 文例 066

市場
それぞれの市場
respective markets …………………… 文例 006
市場に悪影響を及ぼす
bring disorder to the market ………… 文例 121
最近市場に出たモデル
recently introduced model (s) ………… 文例 121
貴国の市場状況
your market situation ………………… 文例 175
市場性
marketability ………………………… 文例 095
市場性がある
marketable …………………………… 文例 096
市場第一位
the market leader ……………………… 文例 268

事情 [▶状況]
このような事情で
under the circumstances ……………… 文例 124
このような事情により
against this background ……………… 文例 123
やむを得ない事情により
due to unforeseen circumstances which may develop ………………………… 文例 052
酌量すべき事情
extenuating circumstances …………… 文例 140
何らかの事情で
if for any reason ……………………… 文例 104
事情をお察しください
I do hope you will understand ………… 文例 258

自信
自信がわいてきます
fill us with confidence ………………… 文例 267

事前に
in advance …………………………… 文例 035
事前に知る
know in advance ……………………… 文例 038

次第
〜次第で
depending on ………………………… 文例 136
そのような次第で
as such ………………………………… 文例 092
〜次第
as soon as …………………………… 文例 206
〜が決まり次第
as soon as 〜 is determined ………… 文例 022
〜が届き次第
upon receipt of ……………………… 文例 183
用意ができ次第
as it becomes available ……………… 文例 188

辞退
辞退せざるをえない
have no choice but to decline ………… 文例 230

事態
〜という事態になりました
it has been decided that ……………… 文例 245
このような事態に対処する
deal with this situation ……………… 文例 150

したがって
therefore ……………………………… 文例 178
Consequently ………………………… 文例 228
in view of this ………………………… 文例 119

質
仕事の質の高さ
the quality of the work ……………… 文例 234

しっかりした
reputable ……………………………… 文例 096
mature ………………………………… 文例 066

実際
実際に使える
functional …………………………… 文例 067

実施する
carry out ……………………………… 文例 151

実績
〜した実績を持っている
We have already ……………………… 文例 094

失敗談
horror story ... 文例069
質問
何かご質問があれば
if there are any further questions ... 文例175
実例
実例をあげて
with examples ... 文例048
指定
〜に指定されております
be specified under ... 文例099
指摘
ご指摘の通り
admittedly ... 文例120
as you pointed out ... 文例164
〜でご指摘の
you indicated in ... 文例213
ご指摘くださった二重請求
the duplicate billing problem you brought to our attention ... 文例164
指導
卓越した指導力
outstanding leadership ... 文例272
いつも温かくご指導いただき
all the advice and guidance you have always so generously provided ... 文例223
自動的に
routinely ... 文例188
辞任
（やむをえぬ事情で）辞任する
be forced to step down ... 文例168
支払い
支払い手続き
payment procedures ... 文例204
支払期日は〜
payment is due ... 文例111
〜月〜日が支払期日の
due in ... 文例148
支払期限をかなり過ぎている
the account is long overdue ... 文例204
支払いが前もって必要なら
if payment is required in advance ... 文例092
今日現在までの支払いが完了する
bring 〜 up to date ... 文例149
あなたの代わりに支払った
paid on your behalf ... 文例054
自負
〜と自負いたしております
We believe ourselves to be ... 文例094

絞る
〜を…に絞る
limit 〜 to 文例129
事務
事務的なミス
clerical oversight ... 文例203
指名
指名する
nominate ... 文例124
使命
使命を受けて〜を命じました
I, in turn, have ordered ... 文例158
〜するよう使命を受けました
have given me the responsibility of ... 文例158
締め切り
出版の締め切り日が近づいている
our publication deadline is near ... 文例217
修正
修正したインボイス
invoice which is modified ... 文例150
柔軟
柔軟な姿勢で
open and responsive ... 文例244
十分
十分な理解
full understanding ... 文例120
十分検討する
give every consideration ... 文例120
十分〜できる力がある
more than equal to ... 文例263
十分資格のある
sufficiently qualified ... 文例258
〜には十分ではないでしょうか
should be more than adequate for ... 文例132
重要
重要だと思われる様々な事柄
various matters which I consider of importance ... 文例042
熟慮
〜について熟慮する
reflect on ... 文例131
趣向
〜という趣向です
Our idea is to ... 文例248
趣旨
〜という趣旨の
to the effect that ... 文例129
趣旨はわかりますが
while we appreciate the spirit of ... 文例083

765

出荷
最も低い価格と最も早い出荷日
best price and earliest delivery………… 文例 090
出荷後〜日以内
within 〜 days of shipment …………… 文例 098

出世
まれに見るスピーディな出世
unusually rapid advancement ………… 文例 264

出席
喜んで出席させていただきます
will be very happy to attend …………… 文例 253

出張
a business trip ………………………… 文例 211

順調
これで順調に進みますように
I hope this will keep things rolling …… 文例 200

準備
準備期間
the lead time ………………………… 文例 232
必要な準備
necessary preparations ………………… 文例 035
〜の準備が整う
be ready for ……………………………… 文例 193
〜ように準備されている
They are prepared to…………………… 文例 072
事前準備を進める
proceed with preliminary matters …… 文例 048
準備期間を短縮するために
to shorten the lead time ……………… 文例 183
専門家派遣の準備を進めています
we are now preparing to dispatch specialists
    文例 028

上位
上位20%
in the top 20% ………………………… 文例 067

消化
10日以内に消化できる
can be covered in a total period of ten days
    maximum ……………………………… 文例 029

紹介
〜に紹介していただく
put us in touch with …………………… 文例 024
〜のことをご紹介ください
Please advise us about ………………… 文例 093
〜についてもご紹介します
It will also present …………………… 文例 073
〜に最初に紹介された
was first introduced to ………………… 文例 078

上記
上記の
above ……………………………………… 文例 246

状況・情勢 [▶事情]
状況をお察しください
Please understand the situation ……… 文例 041
〜で状況が変わる
alter the situation ……………………… 文例 211
よりよい状況
a more favorable situation …………… 文例 228
現在までの進捗状況
progress to date ……………………… 文例 174
〜という状況下で
given 〜 ………………………………… 文例 102
〜できる状況ではない
circumstances do not permit me to …… 文例 263
状況が許さない
our situation does not allow ………… 文例 229
〜という状況を考えると
considering that ……………………… 文例 141
新しい外国為替状況
the new foreign exchange situation …… 文例 101
情勢
climate …………………………………… 文例 097
好ましい情勢
favorable climate ……………………… 文例 106

条件
terms ……………………………………… 文例 124
これらの条件で
under these conditions ………………… 文例 193
今の条件のままで
under our present terms ……………… 文例 124
〜の前提条件
prerequisites for ……………………… 文例 183

照合
こちらの記録と照合する
check against our records …………… 文例 148
そちらの記録とご照合ください
check 〜 out against your records …… 文例 142
XとYを照合したところ
in checking X against Y ……………… 文例 150

条項
以下の条項からなる
include the following items ………… 文例 183

詳細
詳細は下記の通り
The details are as follows: …………… 文例 178
詳細がすべてわかり次第
as soon as I get the complete details … 文例 122
詳細は未定ですが
while the exact details are not yet fixed
    ………………………………………… 文例 024

〜に関してさらに詳細を知らせる
provide with further details on ……… 文例 076
称賛
心より称賛する
truly appreciate ……………………………… 文例 088
sincerely admire ……………………………… 文例 273
正直
全く正直なところ
in all honesty ………………………………… 文例 234
招待
ご招待ありがとうございます
Thank you for the thoughtful invitation
 ………………………………………………… 文例 253
I thank you for your kind invitation …… 文例 004
ご招待ありがたくお受けします
I am very pleased to accept your kind
 invitation ………………………………… 文例 252
正式にご招待します
This is to formally invite you to ………… 文例 247
承諾
承諾が得られるなら
pending your approval ……………………… 文例 046
あなたからのお求めを承諾いたします
your request for 〜 has been accepted
 ………………………………………………… 文例 141
承知
承知しております
I am aware …………………………………… 文例 158
〜ということは承知していますが
Though I realize …………………………… 文例 044
お忙しいことは承知しておりますが
Though I know how busy you must be
 ………………………………………………… 文例 224
承認
早期の承認
quick approval ……………………………… 文例 120
〜の承認を得ている
be cleared with ……………………………… 文例 152
譲歩
精一杯の譲歩
maximum concession ……………………… 文例 135
情報
必要な情報
relevant information ……………………… 文例 249
追加情報
additional information …………………… 文例 098
さらに詳しい情報
further information ………………………… 文例 063
さらに詳しい情報を知るために
for further details ………………………… 文例 046

〜についての興味深い情報
interesting information on ……………… 文例 022
最新情報を得る
update the information …………………… 文例 102
最新の情報を知らせる
keep you abreast of ……………………… 文例 167
keep you posted …………………………… 文例 171
keep you up to date ……………………… 文例 014
人に〜の情報を回す
keep ... informed of ……………………… 文例 135
〜についての情報が載っている
contain information on …………………… 文例 195
そちらからの情報を基にして
in line with your information …………… 文例 165
〜からの情報に基づいている
be based on information from ………… 文例 123
貴社の一連の製品についての情報
information on your product lines …… 文例 082
将来
将来的には〜を望んでいる
hope ultimately to ………………………… 文例 076
職場
同じ職場にいたことがある
had the pleasure of working with …… 文例 064
書式
この書式を使って知らせてください
Please use this report to advise us …… 文例 206
処置
さらに調査して適切な処置がとれるよう
for further study and appropriate action
 ………………………………………………… 文例 156
しかるべき処置を取るように
for action …………………………………… 文例 167
ご満足のいく形で〜を処置できなかった
have not handled 〜 to your satisfaction
 ………………………………………………… 文例 156
迅速な処置をお願いいたします
your early response would be very much
 appreciated …………………………… 文例 100
署名
署名する
sign …………………………………………… 文例 209
両方に連署し、1通を返送する
countersign both copies and return one
 ………………………………………………… 文例 176
確認の署名
your confirmation signature …………… 文例 178
しかるべく署名された
properly executed ………………………… 文例 183

767

所有
〜の所有である
belong to ……………………………… 文例 140

処理
迅速に処理する
expedite a solution ……………………… 文例 215
take prompt action ……………………… 文例 207
take immediate action ………………… 文例 168
早急に処理できるよう
for immediate action …………………… 文例 116
処理するために
to cope with ……………………………… 文例 072

助力
今までのご助力
what you have done …………………… 文例 005

書類
銀行に提出した書類
the documents presented to the bank … 文例 178

知らせ・報
知らせが届きました
word reached us ………………………… 文例 161
知らせがあるはずです
should be receiving ……………………… 文例 168
〜というお知らせまで
This is just to let you know that ……… 文例 171
〜という悲しい知らせを伝える
informing me of the sad fact that …… 文例 274
報に接して
upon hearing of ………………………… 文例 277
悲報を大きな悲しみをもって受け取りました
It is with great sorrow that we have received
　the sad news ………………………… 文例 276

知らせる
advise ……………………………………… 文例 178
最新の情報を知らせる
keep you abreast of …………………… 文例 167
keep you posted ………………………… 文例 171
何か変化があれば知らせる
keep you up to date …………………… 文例 014
進行状況を今後も知らせる
keep you informed of our progress … 文例 099
〜に関してさらに詳細を知らせる
provide with further details on ……… 文例 076
（結果を）知らせる
get back to ……………………………… 文例 207
〜から知らされた
were advised by ………………………… 文例 218
お知らせください
Please let us know ……………………… 文例 114
Please notify us ………………………… 文例 214

Please be sure to inform us …………… 文例 032
Please quote …………………………… 文例 090
〜についての考えをお知らせください
Please give us some idea of ………… 文例 038
would like to know your thoughts about
　……………………………………… 文例 079
〜なら、その旨お知らせください
Please inform us if ……………………… 文例 094
どちらかお知らせください
Please indicate whether … or … …… 文例 193
金額をお知らせください
Indicate the amount …………………… 文例 108
ご丁寧にお知らせいただきありがとうございました
Thank you for the courtesy of informing me
　……………………………………… 文例 271

調べる・調査
check out ………………………………… 文例 043
look into ………………………………… 文例 014
こちらの記録と照らし合わせて調べる
check against our records …………… 文例 163
徹底的に調査した
thoroughly investigated ……………… 文例 157
さらに調査して適切な処置がとれるよう
for further study and appropriate action
　……………………………………… 文例 156

退く
経営の第一線から退くこと
retirements from day-to-day management
　……………………………………… 文例 272

資料
material …………………………………… 文例 187
written material ………………………… 文例 011
written information …………………… 文例 014
〜についての資料
additional information ………………… 文例 170
宣伝用資料一式
press package …………………………… 文例 078
同様の資料を集めている
maintain a similar file ………………… 文例 188
資料として保存しておく
be kept on file …………………………… 文例 086

知る
国際的に知られている
internationally known ………………… 文例 062
先駆者として知られています
be known for his pioneering work …… 文例 061
こちらの知っている限りでは
to the best of our knowledge ………… 文例 087
ショートメッセージで〜のことを知った
learned of 〜 by tex message ………… 文例 269

たった今〜のことをショートメッセージで知りました
I have just read of ……………………… 文例 270
〜をよくご存じのことと思います
You are no doubt aware of ……………… 文例 133

新型の
new …………………………………………… 文例 133

進行状況
進行状況を今後もお知らせして参ります
keep you informed of our progress ……文例 099

審査
今後の審査の対象として保留する
hold for further consideration ………… 文例 170

進出
複雑な市場への進出
involvement in our complex market …… 文例 266
海外へ進出する
expand overseas operations …………… 文例 056

信じる
信じている
We know …………………………………… 文例 138
〜と信じるに足る理由
every reason to believe that …………… 文例 131

親切
ご親切な手配
thoughtful arrangement ………………… 文例 167
親切で思いやりに満ちた
kind and considerate …………………… 文例 273
ご親切にも
so thoughtful ……………………………… 文例 007
親切にも〜を手伝ってくれたこと
your kind assistance with ……………… 文例 012

迅速
迅速に処理する
take prompt action ……………………… 文例 207
expedite a solution ……………………… 文例 215
迅速な処置をお願いします
We would very much appreciate expeditious
 processing of ………………………… 文例 204
Your early response would be very much
 appreciated ………………………… 文例 100

進展
進展がほとんどない
little progress …………………………… 文例 078
進展があり次第
on any subsequent developments …… 文例 014

心配
しかし心配なのは
We do worry though ……………………… 文例 127
ご心配いただきありがとうございます
Thank you for the concern you showed
 ………………………………………… 文例 018
〜を知りご心配のことと存じます
I am sure that you are aware of and concerned
 about ……………………………… 文例 125
ご心配を完全に取り除けない
not put your mind at ease ……………… 文例 158

辛抱
引き続きもうしばらくの辛抱
continued patience ……………………… 文例 158

信用
財政面において信用のできる人物
a man of financial responsibility ……… 文例 068

す

推薦
推薦する
endorse …………………………………… 文例 221
〜として推薦する
recommend as a possible ……………… 文例 079
私どもの推薦文は〜にあります
Our recommendation is given ………… 文例 067

末長く
末長くお役に立つ
serve you for many years to come …… 文例 160

少なくとも
少なくとも同じくらいやる
do at least as well ……………………… 文例 131

進める
話を進める
proceed with discussions ……………… 文例 103
pursue the subject ……………………… 文例 105
テキストの改訂を進めています
We are preparing to revise our textbook
 ………………………………………… 文例 217
入学を円滑に進める
facilitate his smooth enrollment ……… 文例 066
人生を進めていく
further your career ……………………… 文例 274

勧める
We recommend you ……………………… 文例 162
〜することを強くお勧めします
You are strongly encouraged to ……… 文例 131

スタート
幸先の良いスタートを切る
get off to a good start ………………… 文例 119

すっかり
すっかり変える
totally change …………………………… 文例 228

ずっと
ずっと読んでまいりました
I have followed ················· 文例 096
すでに
already ························· 文例 257
すばらしい
とてもすばらしい
very impressive ·················· 文例 238
すばらしい昼食
the splendid lunch ··············· 文例 003
すばらしい業績
the splendid achievements ········ 文例 272
速やか
一層速やかな対応
smoother handling ··············· 文例 246
速やかに対処すべく
for immediate action ············· 文例 107
速やかで効果的な解決
a prompt and effective solution ····· 文例 161
する
～したい
We hope to ······················ 文例 110
ぜひ～したい
I would very much like to ········ 文例 262
できれば～したい
would like to be able to ·········· 文例 057
ずっと～したいと思っていた
had been wanting to ············· 文例 262
～しそうにない
it does not appear that ············ 文例 084
皆さまに～していただくために
to give you a chance to ··········· 文例 073
～するようにとのお招きありがとうございます
Thank you for your invitation to ····· 文例 048

せ

せい
～のせいである
be due to ························· 文例 160
成果
望み通りの成果
the desired results ··············· 文例 005
（学習の）成果を上げる
benefit from ····················· 文例 066
最大の成果を得る
derive maximum benefit ········· 文例 037
成果を得る
carry the day ····················· 文例 269
…に参加して～という成果を得た
participating in ... served to ～········ 文例 007
静観
静観の態度をとる
call for a wait-and-see posture ········· 文例 106
請求
～でご請求のあった
requested in ···················· 文例 188
～の利息を請求する
charge interest on ··············· 文例 143
請求書（接客業でよく使われる婉曲語）
statement ······················ 文例 214
～に対する請求書
a bill for ······················· 文例 209
～円の請求書
invoice for yen ～················ 文例 112
請求書を送る
send the charges to you for payment ··· 文例 226
重複請求
duplicate billing ················· 文例 164
請求額の適正さについて少々問題がある
there is some question as to the
  appropriateness of these charges ··· 文例 122
逝去
the loss ························· 文例 277
成功
大成功する
become a great success ·········· 文例 262
ご成功をお祈りいたします
wish you success ················ 文例 237
ご成功とお幸せをお祈りしております
I wish you every personal success and
  happiness ····················· 文例 017
～が見つかりますようご成功を祈ります
wish you every success in finding ····· 文例 072
製作
当社では～を製作しています
Our company produces ··········· 文例 080
生産
現在の生産能力
present production capacity ······· 文例 103
生産中止になっている
production has been discontinued ····· 文例 115
清算
清算できる
This can be settled ··············· 文例 054
正式
正式な議事録
official minutes ················· 文例 176
正式受注後
from receipt of firm order ········· 文例 098

～してくださるよう正式にお願い申し上げます
This is to formally invite you to ………… 文例047
～に正式にご招待します
This is to formally invite you to ………… 文例247
誠実な
conscientious …………………………… 文例065
製造元
認可の製造元
licensed manufacturer ………………… 文例093
性能
性能を高めること
facilitating the utility ………………… 文例155
貴社がうたっている性能レベルにははるかに及びません
perform far below what you claim …… 文例151
製品
～の類いの製品
line of ……………………………………… 文例078
全商品
entire product line ……………………… 文例105
政府高官
government dignitaries ………………… 文例043
責任
全面的に責任がある
fully responsible for …………………… 文例157
費用を払う責任がある
be liable for the expenses ……………… 文例143
積極的な
outgoing …………………………………… 文例066
設計
～用に設計されている
designed for ……………………………… 文例160
接触
接触する（連絡する）
contact …………………………………… 文例186
～と接触した
have been in contact with ……………… 文例171
説明
簡単な説明
brief interpretation …………………… 文例067
だいたいの説明
a general rundown ……………………… 文例083
もっと完全な説明
more complete explanation …………… 文例070
はっきり説明していない
were not made completely clear ……… 文例157
説明書きを添えて
with a cover letter ……………………… 文例170
設立
会社設立

the establishment of the firm ………… 文例068
ぜひ
ぜひ～したい
I would very much like to ……………… 文例220
definitely interested in ………………… 文例240
ぜひとも～していただきたい
We do hope ……………………………… 文例105
世話
～の世話をする
attending to ……………………………… 文例044
いろいろと世話をしてくれたこと
all the trouble …………………………… 文例011
行き届いたお世話
fine arrangements ……………………… 文例049
線
上記の線にそった
along the above lines …………………… 文例029
先駆者
先駆者として知られている
be known for his pioneering work …… 文例061
選考
選考はきわめて難しいものでありました
made the choice extremely difficult …… 文例237
先日
recently …………………………………… 文例221
選択
選択肢が～より他にないという扱いを受けた
were given no alternative other than…… 文例154
宣伝
宣伝用資料（一式）
press package …………………………… 文例078
宣伝用パンフレット
advertising brochures ………………… 文例188
宣伝補助費
advertising subsidy …………………… 文例133
全面的
全面的に
across the board ………………………… 文例117
全面的に責任がある
fully responsible for …………………… 文例157
専門
～を専門とする
specialize in ……………………………… 文例058
私どもの会社は～を専門に行っています
Our firm specializes in ………………… 文例096
私の専門分野外
out of my sphere of competence ……… 文例234
～の分野における貴社の専門知識
your expertise in ………………………… 文例082
専門家派遣の準備を進めています

771

We are now preparing to dispatch specialists
.... 文例028

全力
〜を避けるべく全力を尽くします
be fully committed to preventing 文例161

そ

そういうわけで
in line with this 文例225
増加
〜の増加をまかなうため
to absorb increased 文例121
早期
早期の承認
quick approval 文例120
送金
remittance 文例211
銀行送金で
by bank transfer 文例111
送金申込書
the transfer form 文例214
相殺
相殺する
offset 文例178
相談
相談する
consult with 文例057
〜を…と相談する
take 〜 up with 文例020
相談している
have talked to 文例040
相談にのってもらう
benefit from your able guidance 文例271
〜と十分相談の上
in full consultation with 文例227
相当
相当な〜を考えれば
given the very substantial 文例133
送付 ▶送る
〜を送付します
We would like you to provide 文例180
〜までに送付の準備が整う予定です
will be ready for shipment by 文例193
即座
即座に
immediately 文例161
損ねる
〜のイメージを損ねる
hurt our image with 文例118

そこら
一週間かそこら延期する
delay 〜 by a week or so 文例055
そちら
そちらの地域
in your general area 文例190
その間
in the interim 文例211
その気
どうしてもその気になれない
have grave reservations 文例234
それぞれ
それぞれの市場
respective markets 文例006
それぞれ2部ずつ
two copies each 文例191
それでも
それでもなお
nevertheless 文例263
〜だがそれでもやはり
even though 文例263
それまで
それまでの間
in the meantime 文例237
損益計算書
P/L statement 文例199
損害
すでに損害が出ています
This has already cost 文例151
損害を最低限に押さえる
minimize the damage 文例118
存じます ▶思う

た

第一
まず第一に〜しなければなりません
It would first have to 文例096
経営の第一線から退くこと
retirements from day-to-day management
.... 文例272
第1段階として
as the first step 文例102
対応
対応策
solution 文例050
一層速やかな対応
smoother handling 文例246
既成の対応策では処理できない
not something we have a ready answer for

.... 文例 158
滞在中
  during my stay in ················ 文例 007
対策
  緊急対策
  urgent countermeasures ············ 文例 161
対処
  早急の対処
  prompt action ···················· 文例 165
  速やかに対処すべく
  for immediate action ·············· 文例 107
  この危機に対処する
  handle this crisis ················· 文例 273
  この問題に対処する
  deal with this problem ············· 文例 136
  このような事態に対処する
  deal with this situation ············ 文例 150
退職
  退職しました
  no longer associated with ·········· 文例 052
体制
  この体制に満足しております
  very satisfied with this arrangement ···· 文例 105
大切
  〜にとってどんなに大切な方であったか
  how much he meant to ············ 文例 276
大体
  大体のこと
  a rough frame of reference ········· 文例 190
態度
  静観の態度
  a wait-and-see posture ············ 文例 106
代表取締役
  chief executive officer（CEO）········ 文例 260
代品
  代品を勧める
  offer an alternative ················ 文例 132
代理
  あなたの代理
  your representative ··············· 文例 042
  代理を務める
  be acting in that position ·········· 文例 245
  あなたの代理として
  in your place ···················· 文例 259
代理店
  〜の代理店になる
  represent in ····················· 文例 058
  代理店になる可能性
  a possible distributorship ·········· 文例 102
  代理店になることに興味があるなら

  If you are interested in representing us
  ······························· 文例 079
高い
  〜を高めたい
  hope to enhance ················· 文例 046
  高く評価されている
  highly regarded ·················· 文例 117
互いの
  互いのためになる
  mutually rewarding ··············· 文例 119
  お互いの利益となる
  mutually rewarding ··············· 文例 210
卓越した
  卓越した指導力
  your outstanding leadership ········ 文例 272
だけで
  〜するだけでよい
  would simply need to ············· 文例 139
助かる
  非常に助かる
  help a great deal ················· 文例 136
  大変助かりました
  This was most useful ············· 文例 009
  〜していただければ大変助かります
  I would be very grateful if ········· 文例 042
  〜していただければとても助かります
  It would facilitate things if ········ 文例 216
助け
  助けになる
  facilitate ························ 文例 180
  〜の助けとして
  in support of ···················· 文例 067
  助けを必要とする
  require your service ·············· 文例 089
携わる
  〜に携わっております
  be engaged in ··················· 文例 063
たずねる
  〜かどうかおたずねいたします
  would like to know ··············· 文例 239
  〜の可能性をお探りの
  inquiring into the possibility of ····· 文例 103
訪ねる
  直接訪ねる
  call on you personally ············· 文例 245
ただちに
  immediately ····················· 文例 161
  ただちに処理する
  take immediate action ············ 文例 168

たちうち
たちうちできる価格
a comparable level ············· 文例 124

立場
こちらの立場も
our position as well ············· 文例 119
弊社の立場としては
from the standpoint of our company ··· 文例 084
立場はよくわかります
do appreciate your position ········ 文例 132
～するためには最適の立場にある
be in the best position to ·········· 文例 156
～できる立場にはないのです
not in a position to ·············· 文例 103

楽しい・楽しむ
楽しく心に残る昼食
the delightful and memorable lunch ··· 文例 001
一段と楽しくなった
was very much enhanced by ······· 文例 008
～が聞けてとても楽しかった
I really enjoyed hearing about ······ 文例 195
十分楽しんだ
thoroughly enjoyed ·············· 文例 008

楽しみ
～することを楽しみにしている
I look forward to ～ ing ········· 文例 027, 211
お会いできるのを楽しみにしております
do look forward to meeting you again ··· 文例 231
お会いし、お話する機会を楽しみにしています
I would enjoy meeting and talking with you
 ································ 文例 025
私自身も楽しみにお待ちしております
I am personally looking forward to ····· 文例 047

たまたま
as it happens ··················· 文例 042

たまもの
～のたまもの
the fruit of ····················· 文例 268

ため
～にとってためになる
be an asset to ·················· 文例 274
互いのためになる
mutually rewarding ·············· 文例 119
～のためである（目的）
This is to help ·················· 文例 121
～のため（原因・理由）
due to ························· 文例 245
～のためである（原因・理由）
This is due to ·················· 文例 114
私のために

on my behalf ················· 文例 258

たゆまぬ
たゆまぬ努力
tireless effort ··················· 文例 268

足りる [▶十分]
～に事足りる
be enough to ··················· 文例 232

～だろう
It seems ······················· 文例 077

短縮
準備期間を短縮するために
to shorten the lead time ·········· 文例 183

担当
assignment ····················· 文例 246
～を直接担当しています
be directly involved with ·········· 文例 063
全担当者リスト
a complete list of people assigned to ··· 文例 246

段取り
この話し合いの段取りをつける
arrange this meeting ············· 文例 179

ち

地位
～の地位に就く
assume the post of ·············· 文例 272
～の地位を降りる
step down as ··················· 文例 271
あなたのような地位にある方
a person of your stature ·········· 文例 158
someone in your position ········· 文例 158

地域
そちらの地域
in your general area ············· 文例 190

チーム
特別チーム
special team ···················· 文例 161

遅延
遅延して
in arrears ······················ 文例 152

近いうちに
some time soon ················· 文例 011
at an early date ················· 文例 018
in the not too distant future ······· 文例 012

近く
in the near future ··············· 文例 240
shortly ························· 文例 212

力
力を注ぐ

focus more energy on ……………… 文例242
何とか力を出す
somehow find the strength ………… 文例277
チャンス
　もう一度チャンスを下さい
　give us another chance ……………… 文例160
　〜するチャンスもあります
　there will also be an opportunity to ……文例073
注意
　〜するように注意を払う
　see that ………………………………… 文例203
注目
　〜に注目してください
　please note …………………………… 文例140
注文
　正式注文
　firm order ……………………………… 文例111
　正式な注文を受ける
　receive your firm order ………………… 文例130
　注文用紙
　order blanks …………………………… 文例081
　注文します
　We are pleased to place our order …… 文例111
　ご注文ありがとうございます
　Thank you for your order ……………… 文例112
　〜の注文品を…日に受け取りました
　Our order 〜 was received on ………… 文例150
　〜を越える注文については
　on orders over ………………………… 文例081
調査▶調べる
調整
　日程を調整する
　adjust schedule ………………………… 文例044
　（在庫）調整をして通常レベルに戻る
　be adjusted to normal levels ………… 文例136
重複
　重複請求
　duplicate billing ……………………… 文例164
　支払いの重複
　duplicate payment …………………… 文例204
直後
　〜の直後
　so soon after ………………………… 文例119
直接
　直接訪ねる
　call on you personally ………………… 文例245
　直接連絡をする
　contact directly ……………………… 文例057
　見通しについてじかに話し合う
　discuss the prospects firsthand ……… 文例083

ちょっとした
　ちょっとした手違い
　minor complications ………………… 文例213

つ

追加
　追加資料
　additional information ……………… 文例170
　追加の提案
　proposed additions ………………… 文例033
　（それに伴う）追加のコスト
　additional cost ……………………… 文例120
ついて
　〜についての
　related to …………………………… 文例085
　とくに〜について
　with particular reference to ………… 文例076
　これについて
　along this line ……………………… 文例125
　〜についてのメール
　e-mail relating to …………………… 文例181
　〜についての売約書
　Sales Note covering ………………… 文例178
通
　〜を1通
　a copy of …………………………… 文例209
通じて
　〜を通じて
　through ……………………………… 文例213
通常
　通常の場合でしたら
　normally …………………………… 文例105
　under normal circumstances ……… 文例041
通知
　通知する
　inform ……………………………… 文例244
　通知いたします
　This is to formally announce ……… 文例246
通用する
　suitable for ………………………… 文例104
使う
　この書式を使って知らせてください
　Please use this report to advise us …文例206
つかむ
　先行きをつかむ
　foresee the future direction of ……… 文例106
付き合う
　associate with ……………………… 文例259
　仕事上の付き合いがある

775

deal with·················· 文例211
〜との付き合いから得た
have gained from the association with
·························· 文例274
一層親密なお付き合い
an even closer association·········· 文例260

つきましては
consequently················ 文例240
In line with this············· 文例222

そこで
in this connection············ 文例092
therefore················· 文例156

就く
新しい任務に就く
assume new duties············ 文例244

〜付
…日付で
as of ...················· 文例242
本日付で
effective today·············· 文例244
…日付で〜％の（値上げ）
by 〜% effective ...··········· 文例118
（〜に）付け加えて
further to················· 文例177

都合
ちょっと都合が悪い
pose some problem············ 文例039
お互いの都合のいい時に
at some mutually convenient time····· 文例071
ご都合がよろしければ
if it does not conflict with your schedule
·························· 文例037
紙面の都合で
due to space limitations········· 文例222
〜していただけたら都合がいい
It would be optimal if you could····· 文例026
都合をつけて〜してくださればば幸いです
we hope you will be able to arrange to
·························· 文例030

伝える
具体的なことをお伝えする
offer concrete information········ 文例064
すでにメールでお伝えした通り
while we have already advised you by e-mail
·························· 文例184
あなたの温かい気持ちを伝える
communicate your warm feelings····· 文例020
私どもの深い哀悼の意をお伝えください
Please convey our deepest sympathy to
·························· 文例276

Please extend our profoundest sympathy to
·························· 文例277

努める
〜のないように努める
do our best to see that 〜 not······ 文例164

務める
代理を務める
be acting in that position········· 文例245

常々
常々思っていました
I always knew·············· 文例262

つらさ
つらさと悲しみ
pain and grief··············· 文例278

て

手
手に入れることができる
be able to obtain············· 文例125
〜に対して手を打つ
take action on············ 文例174, 207
〜に対して早急に手を打つこと
your prompt attention to········· 文例143
できる限りの手を打った
every effort has been made······· 文例117
手を抜く
cut corners················ 文例233
〜から手を引くこと
withdrawal from·············· 文例159

である
〜である当社としては
We, being 〜··············· 文例124

提案
〜を提案する
come up with··············· 文例040
〜を提案いたします
May we suggest············· 文例041
提案することと思います
will probably suggest··········· 文例040
私どもは提案した
We have proposed············ 文例134
提案があれば何でも
any suggestions·············· 文例206
追加の提案
proposed additions············ 文例033
ご提案の日
the day you proposed··········· 文例044
提案を受け入れる
accept your proposal··········· 文例118

定価
　tag prices ································ 文例 125
低下
　低下を補う
　absorb this drop ······················ 文例 117
提供
　特別提供
　exceptional offer ······················ 文例 133
　提供できます
　We now offer ··························· 文例 115
　〜の機会を提供する
　afford you a chance to ············· 文例 030
提出
　〜までに提出する
　submit by ································ 文例 222
　提出をお願いします
　you are asked to provide ·········· 文例 222
　銀行に提出した書類
　the documents presented to the bank ··· 文例 178
訂正
　訂正した（請求額〜の）インボイス
　a revised invoice for ················· 文例 203
　食い違っている点を訂正する
　rectify the discrepancies ··········· 文例 203
丁重
　丁重なお返事をいただいた
　responded most courteously ····· 文例 076
手落ち
　こちらの手落ち
　our oversight ··························· 文例 201
　an oversight on our part ··········· 文例 163
　〜の手落ちのため
　due to an oversight on the part of ······ 文例 165
適応
　適応する
　adapt to ·································· 文例 066
適格
　適格な人
　someone qualified ···················· 文例 072
適切
　適切に
　properly ·································· 文例 096
　適切な部屋の手配
　suitable room arrangement ······ 文例 055
　さらに調査して適切な処置がとれるよう
　for further study and appropriate action
　 ··· 文例 156
できたら
　hopefully ································ 文例 029

〜できない
　it is not possible to ··················· 文例 162
〜できかねます
　not prepared to ························ 文例 155
〜がなければ不可能だったろう
　would not have been possible without
　 ··· 文例 016
適任者
　right person ···························· 文例 072
適用
　〜に適用される
　be available for ······················· 文例 208
　〜いっぱい適用される
　remain in effect through ··········· 文例 137
　〜には適用されません
　is not covered ·························· 文例 157
できる
　これにより〜できる
　This would permit us ··············· 文例 083
　できる限り
　the furthest we could go ··········· 文例 131
　できる限り〜するつもりです
　I will do my best to ··················· 文例 048
　できる限りの
　in any way we can ··················· 文例 155
　できる限りのことをする
　do our best to ·························· 文例 203
　do what we can ······················· 文例 036
　できる限り多方面から
　in every way we can ················ 文例 131
　できる限りの手を打った
　every effort has been made ······ 文例 117
　できるだけ早く
　at your earliest convenience ····· 文例 030
手数料
　handling fee ···························· 文例 081
テスト
　厳しくテストされている
　be carefully tested ··················· 文例 072
手違い
　手違いにより
　mistakenly ······························ 文例 178
　事務上の手違い
　clerical error ···························· 文例 164
　ちょっとした手違い
　minor complications ················ 文例 213
　再びこのような手違いが起こらぬよう努力します
　We will do our best to see that such errors do
　　not recur ······························· 文例 164

777

撤回
　撤回される
　　have been withdrawn ·················· 文例177
手続き
　支払い手続き
　　payment procedures ···················· 文例204
　～の手続きをとりました
　　We have taken steps to ················ 文例213
～では
　私ども～では
　　We at ～ ····································· 文例057
　　Here at ～ we ···························· 文例092
手配
　すばらしい手配
　　the fine arrangements ················· 文例225
　車の手配
　　transportation arrangements ········ 文例036
　ご親切な手配
　　thoughtful arrangement ··············· 文例167
　～を手配する
　　arrange for ································ 文例049
　しかるべき手配をする
　　make the necessary arrangements ····· 文例022
　喜んで手配する
　　happy to arrange ························ 文例079
　同様の手配をする
　　make similar arrangements ·········· 文例188
　～が…するよう手配した
　　arranged for ～ to ... ··················· 文例045
　～の手配をお願いします
　　We would appreciate your arranging ··· 文例051
点
　（上記の）点に関して
　　views on the following ················ 文例038
　以下の3点を明確にする
　　clarify the following three aspects ····· 文例178
転送
　転送する
　　forward ···································· 文例156
　転送させていただきました
　　have been forwarded to ··············· 文例107
添付
　添付書類
　　the attached sheet ······················ 文例193
　～を添付します
　　Attached is ·················· 文例025, 125, 217
　　Attached are ······················ 文例093, 196
　　We are attaching ························ 文例067
　～の一部を添付いたします
　　Attached is a copy from the page from
　　································· 文例192
　さらに～を添付します
　　Also attached are ······················· 文例199
　　I have also attached···················· 文例070
　～が入っていました
　　Included was ···························· 文例087
　添付の一覧表
　　the attached list ························ 文例046
電話
　お電話を差し上げようかと何度か思いましたが
　　I had thought of calling you several times but
　　································· 文例275

と

問い合わせ
　今後の問い合わせ
　　further inquiries ························ 文例148
　～に関するお問い合わせ
　　your inquiry regarding ················ 文例148
　～について…（日付）のお問い合わせ
　　your inquiry of ... regarding ·········· 文例098
　かなりの問い合わせがある
　　There is considerable interest ········ 文例077
　～に直接問い合わせる
　　contact you directly ···················· 文例218
同意
　同意の旨を伝える
　　indicate concurrence ··················· 文例176
同感
　まったく同感です
　　I fully agree ······························ 文例006
　ご見解に同感です
　　agree with your view ·················· 文例104
洞察
　鋭い洞察
　　keen insights ···························· 文例065
当時
　at that time ······························· 文例095
どうしても
　どうしても必要である
　　sorely need ······························ 文例223
当社・弊社
　当社でも
　　We also ··································· 文例188
　当社は～である
　　We are ···································· 文例081
　当社の田中が
　　our Mr. Tanaka ························· 文例032

当初
当初は
originally …… 文例 258
当初の計画
original plans …… 文例 228
当初の希望
initial desires …… 文例 228

同情
同情する
We do sympathize …… 文例 138

当然
〜の当然の結果です
properly reflect …… 文例 264

到着
到着時に
upon their arrival …… 文例 226

同調
それに同調する
go with that …… 文例 128

同程度
同程度の価格
a comparable level …… 文例 124

同伴
奥さまご同伴
be accompanied by your wife …… 文例 037

当分の間
for the foreseeable future …… 文例 229

当方
当方で
from this end …… 文例 222
当方としては
on our side …… 文例 036

当面
当面の問題
pertinent matters …… 文例 030
当面の予定として5月8日まで
until at least May 8 …… 文例 024

同様
同様の手配をする
make similar arrangements …… 文例 188
同様の資料を集めている
maintain a similar file …… 文例 188

同僚
親しい同僚
close business associate …… 文例 050
私の親友かつ同僚の
my close friend and colleague …… 文例 061

登録
我々の登録番号は
Our license number is …… 文例 192

通り
〜にある通り
as noted in …… 文例 047

時折
at times …… 文例 119

得（とく）
お互いにとって得になる
mutually beneficial …… 文例 242

得意先
大事な得意先
valued client …… 文例 058
おたくの大切なお得意様
your valued client …… 文例 167

独占
独占権
exclusive rights …… 文例 105
独占代理店
a sole distributor …… 文例 097

督促状
reminder …… 文例 149

特徴
feature(s) …… 文例 160

とくに
とくにこの
that particular …… 文例 132
とくに〜について
with particular reference to …… 文例 076

ところで
in the meantime …… 文例 137

としては
我々としては
for our part …… 文例 084

どちらかと言えば
どちらかと言えば〜だと思う
I feel that, if anything, 〜 …… 文例 200

届く
〜が届き次第
upon receipt of …… 文例 183
早くお届けできます
ensure quick delivery …… 文例 112
〜に添えて届ける
will be delivered along with …… 文例 226
届いていません
fail to receive …… 文例 146
届いたのは〜した後でした
received after …… 文例 238
実際に届けられたもの
the items actually delivered …… 文例 150
このメールがお手元に届く頃にはよくなっていらっしゃればと思います

I hope this e-mail finds you well ……… 文例275
整う
条件が整う
finalize things ……………………… 文例211
万端整う
complete things ……………………… 文例201
ともども
〜ともども用いられる
be used along with ………………… 文例221
ともない
〜にともない
based on …………………………… 文例053
ともに
〜とともに
at the same time …………………… 文例007
accompanied by …………………… 文例179
取り上げる
〜を取り上げてほしい
should throw light on ……………… 文例046
とり急ぎ
とり急ぎ用件のみにて失礼します
Pardon the brevity of this note ……… 文例200
採り入れる
語学教育に採り入れる
introduce 〜 for use in language education
………………………………………… 文例092
取りかかる
〜に取りかかるよう命ずる
order 〜 to start working on ……… 文例161
取りしきる
会社を取りしきる
lead the company …………………… 文例263
取り計らい
早急の取り計らいをお願いいたします
your quick action would be very much appreciated ……………………… 文例109
〜については何とぞよろしくお取り計らいをお願いします
Anything you can do for 〜 would be very much appreciated ……………… 文例060
取引
〜と取引する
do business with …………………… 文例130
長年順調な取引を続けている
in good standing …………………… 文例068
努力
日頃の努力
diligence …………………………… 文例264
あらゆる努力がなされた
Every effort has been made ………… 文例055

努力をしています
efforts are being made ……………… 文例166
最善の努力にもかかわらず
Despite the best effort ……………… 文例151
たゆみない努力の一環として
as part of our continuing effort ……… 文例028

な

ない
〜がない
There is no 〜 available …………… 文例189
〜しか方法がありません
I think there is nothing for us to do but
………………………………………… 文例174
〜がなければここまでやってこれなかった
could not have come this far without … 文例015
〜がなければ不可能だったろう
would not have been possible without
………………………………………… 文例016
内容
希望する内容
what I hope to cover ………………… 文例048
治す
ゆっくり静養して完全に病気を治してください
Please take your time and recover fully
………………………………………… 文例275
長年
長年の
for many years ……………………… 文例056
長年にわたり
for years …………………………… 文例062
over the years ……………………… 文例273
長年抱いてきた積極的熱意
positive long-term aspiration ……… 文例106
仲良く
とても仲良くやっていく
get on extremely well with ………… 文例064
亡くなる
まだまだこれからの人だった〜さんが突然亡くなったこと
sudden and untimely passing of ……… 文例276
捺印
正式な捺印がしてある
bear the official seal ………………… 文例199
〜など
such as ……………………………… 文例208
何よりも
more than anything ………………… 文例267
何よりもまず

as a matter of first priority ……………… 文例182
名前
　ご自身の名前で
　under your name …………………………… 文例272
　なるべく
　preferably ……………………………………… 文例030
難局
　difficult task ………………………………… 文例263
何でも
　提案があれば何でも
　any suggestions …………………………… 文例206
何度
　お電話を差し上げようかと何度か思いましたが
　I had thought of calling you several times but
　………………………………………………………… 文例275
何とか
　あるいは何とかできるかもしれない
　may be able to ……………………………… 文例041
　何とか会いたい
　get to see you ……………………………… 文例044
何らか
　何らかの形でお役に立ちますよう
　which we hope will prove of some use
　………………………………………………………… 文例189
　何らかの形でお役に立てる
　serve you in some capacity …………… 文例072

に

ニーズ
　我が社の現在のニーズに合わない
　not meet our present needs or requirements
　………………………………………………………… 文例088
　貴社独特のニーズ
　your particular corporate needs …… 文例023
二重支払い
　duplicate payment ………………………… 文例204
日
　…日から〜日まで
　from ... through 〜 ………………………… 文例054
　〜日の午後
　on the afternoon of ……………………… 文例044
日程
　日程を調整する
　adjust schedule …………………………… 文例044
入学申込み
　〜氏の入学申込み
　〜 's application for admission ……… 文例067
認可
　認可された

authorized …………………………………… 文例081
　認可製造社
　licensed manufacturer ………………… 文例093
　approved manufacturer ………………… 文例094
任務
　新しい任務に就く
　assume new duties ……………………… 文例244
任命
　〜に任命される
　be designated 〜 ………………………… 文例246
　〜に任命されたこと
　your appointment as …………………… 文例265

ね

値上がり
　increased prices ………………………… 文例125
　〜の間値上げを延期する
　delay the increase for ………………… 文例119
願い・願う
　お願いがある
　ask a favor ………………………………… 文例220
　特別に個人的なお願いがある
　make a special personal request …… 文例225
　ご協力をお願いする
　ask for your cooperation ……………… 文例136
　心から〜することを願う
　be anxious to ……………………………… 文例037
　心からお願いいたします
　I would personally like to …………… 文例158
　It is our sincere hope that …………… 文例268
　〜を重ねてお願いします
　would like to again ask for …………… 文例016
　〜を願うのみです
　I only hope ………………………………… 文例011
　〜をお願いします
　You are asked to ………………………… 文例222
　We request that …………………………… 文例136
　You are respectfully encouraged to …… 文例140
　I would hope that you will …………… 文例245
　ご協力をよろしくお願いします
　Anything you could do for him would be very
　　much appreciated ……………………… 文例056
　Thank you for your cooperation. ……… 文例209
　迅速な処置をお願いいたします
　Your early response would be very much
　　appreciated ……………………………… 文例100
　ご配慮をいただけるようお願いします
　Thank you in advance for your thoughtful
　　consideration …………………………… 文例123

〜できないでしょうか
I wonder if it might be possible ……… 文例 225
またひとつお願いがあって
with still another request ……………… 文例 223
お願いしたいテーマ
the title we would like to propose ……… 文例 046

値段▶価格
熱意
長年抱いてきた積極的熱意
positive long-term aspiration ………… 文例 106
値引き
まとまった量に対する〜％の値引き
a 〜% volume discount ………………… 文例 098
根回しをする
lay the groundwork …………………… 文例 182

の

納税証明書
certificate of tax payment …………… 文例 199
能力
あなたのような能力のある方
someone of your ability ……………… 文例 260
残す
〜を残している
have left us with ……………………… 文例 136
載せる
資料送付者名簿に載せる
put on our mailing list ………………… 文例 188
望み・望む
望みは同じです
share your desire ……………………… 文例 133
ぜひ〜と望んでおります
would very much like ………………… 文例 061
ぜひにと望んでおります
would very much value ……………… 文例 062
もし〜することをお望みであれば
if you should wish to ………………… 文例 027
それ以上何を望むことがあるのか
What more could you possibly want? … 文例 128
述べる▶言う
乗り切る
この荒波を乗り切る
ride out this storm …………………… 文例 137
この辛い悲しみを乗り越える
endure this tragic burden …………… 文例 277

は

場合
〜の場合のみ
only in the case of …………………… 文例 157
〜の実施がふさわしい場合がある
〜 has its place ……………………… 文例 149
買収
吸収合併された
was absorbed ………………………… 文例 095
売約書
〜についての売約書
Sales Note covering …………………… 文例 178
配慮
特別な配慮を認める
warrant special consideration ………… 文例 140
ばかばかしい
〜しなければならないとは少々ばかばかしい気がしている
We feel rather ridiculous having to …… 文例 128
ばかり
〜と話したばかり
I have just spoken with ……………… 文例 079
〜を読んだばかりです
I have just read ……………………… 文例 274
励まし
親身のご支援と励まし
the close support and encouragement
…………………………………………… 文例 015
あなたのお心遣いは、大きな励ましとなりました
Your thoughts really meant a great deal to me
…………………………………………… 文例 018
派遣
〜を派遣する
have 〜 visit ………………………… 文例 029
専門家派遣の準備を進めています
We are now preparing to dispatch specialists
…………………………………………… 文例 028
特別派遣団を送ること
the dispatch of a special mission……… 文例 161
〜からなる派遣団
delegation consisting of ……………… 文例 051
初めに
Let me begin by ……………………… 文例 158
走り書き
note …………………………………… 文例 200
はず
〜のはずです
It should ……………………………… 文例 190

働く
　〜の分野で働くこと
　working in ················· 文例 244
　あなたに働いてもらうこと
　your services ··············· 文例 169
はっきり
　はっきり説明されていない
　be not made completely clear ·········· 文例 157
　はっきり説明してください
　Please clarify ··············· 文例 181
　以下の〜を明確にしたい
　We would like to clarify the following ··· 文例 178
発展
　〜が引き続き発展することを期待しております
　look forward to the continuing growth of
　 ································· 文例 261
　益々のご健康、ご発展並びにご多幸を祈ります
　best wishes for your health, wealth and
　　happiness ······················ 文例 009
　我々の関係が発展していく
　continue the growth of our relationship
　 ································· 文例 006
話
　話は変わりますが
　aside from this ············· 文例 221
　話を進める
　proceed ···················· 文例 115
　proceed with discussions ······· 文例 103
　pursue the subject ············ 文例 105
　ほかの形で話を進めたい
　wish to pursue 〜 in a different way ···· 文例 113
　このお話を再開する
　take up this matter ············ 文例 105
　現在〜の話を進めている
　We are now moving ahead with ········ 文例 171
　ほかの話を探している
　look for other options ·········· 文例 078
　〜に話を持ってこられた
　have recently been approached by ···· 文例 124
話し合い・話し合う
　〜に関する話し合い
　conversation on ·············· 文例 071
　突っ込んだ話し合い
　in-depth discussions ·········· 文例 031
　話し合いをする
　engage in discussions ········· 文例 045
　そのような話し合いを持つ
　set up such a meeting ········· 文例 082
　〜に関して話し合いを再開する
　discuss the possibility of 〜 again ······· 文例 241

〜について話し合う
　talk over ··················· 文例 030
　〜の可能性について話し合う
　pursue the possibility of ·········· 文例 240
早く
　1日も早くお返事をいただければ
　A prompt reply would ·············· 文例 091
　できるだけ早く
　at your earliest convenience ········· 文例 209
早めに
　at an early date ················ 文例 224
払い戻し
　a reimbursement ··············· 文例 141
張りきっている
　enthusiastic ··················· 文例 224
範囲
　〜の範囲内で
　to the extent that ················ 文例 229
　保証の範囲外である
　be not covered by warranty ········· 文例 141
　広範囲の
　the broad spectrum of ············ 文例 024
反応
　〜の反応を見る
　get the reaction of ··············· 文例 084
販売
　〜を効果的に販売する
　effectively market ··············· 文例 121
　販売元
　outlet ························· 文例 093
　確実な販売ルート
　dependable sales channels ········ 文例 057
　販売契約書
　standard distribution contract ······· 文例 079
　販売促進活動
　sales promotional activities ········ 文例 208
パンフレット
　brochure ······················ 文例 186
　宣伝用パンフレット
　advertising brochures ············ 文例 188

ひ

控え
　こちらの控えとして
　for our records ················· 文例 176
引き合い
　引き合いをいただきありがとうございます
　Thank you for your recent inquiry ······· 文例 107

引き立て
お引き立て
patronage ······ 文例 160
今後ともお引き立てのほど
continuing close relations ······ 文例 254
continue to favor us ······ 文例 168

引き継ぐ
take over ······ 文例 168

引き続き
引き続き〜する
continue to ······ 文例 271
引き続き興味を持っております
be still very interested in ······ 文例 097
引き続きもうしばらくのご辛抱
continued patience ······ 文例 158
引き続いてのご活躍
continued success ······ 文例 264
〜が引き続き発展することを期待しております
look forward to the continuing growth of
······ 文例 261
引き続き〜していただくようお願いします
hope you will continue to ······ 文例 005

久しぶりに
after such a long time ······ 文例 003

必要
必要とする
call for ······ 文例 258
助けを必要とする
require your service ······ 文例 089
どうしても必要です
It is essential that ······ 文例 183
sorely need ······ 文例 223
また〜も必要となります
It would also require ······ 文例 096
下記のものを必要としております
which requires: ······ 文例 093
〜の力が必要かもしれない
You may require the service of ······ 文例 072
必要に応じて
if the need arises ······ 文例 024
必要な情報
relevant information ······ 文例 249

費用
かかった費用
any expenses involved ······ 文例 215
安い費用
lower rates ······ 文例 124
定期報告の費用
our subscription to your report ······ 文例 148
そちらの費用負担で

at your expense ······ 文例 151

評価
〜が正当に評価されたこと
well-deserved recognition of ······ 文例 261
売れるかどうか評価する
evaluate the marketability ······ 文例 083
高く評価されている
highly regarded ······ 文例 117

開く
晩餐会を開きます
will host a reception ······ 文例 249
昼食会を開いていただき感謝しています
Thank you so much for arranging the lunch
······ 文例 008
本日開催された〜で
at 〜, held today ······ 文例 243

品質
品質がよいという利点
qualitative advantage ······ 文例 120

ふ

部
〜を1部
a copy of ······ 文例 216
〜を見本として1部
a sample copy of ······ 文例 092
それぞれ2部ずつ
two copies each ······ 文例 191

含む
(内容に) 含む
cover ······ 文例 198
これには〜が含まれている
These include ······ 文例 080

ふさがる
ふさがっている
be filled ······ 文例 236

ふさわしい
いつかふさわしい折に
at some appropriate time ······ 文例 017
〜にふさわしい扱いをする
do 〜 justice ······ 文例 233
もしふさわしいものであれば
If feasible ······ 文例 092

不自由
ほとんど不自由しません
have little difficulty ······ 文例 066

不十分
不十分で
insufficient ······ 文例 161

不足
何点か不足品がありました
several items were missing ……………… 文例 150
不足料金を支払う
pay the shortage ………………………… 文例 213

負担
〜に多大な負担をかけている
put an extremely heavy burden on …… 文例 136
負担を背負う
absorb …………………………………… 文例 117
こちらの負担で
at our expense ………………………… 文例 161
私たちの負担である
being borne by us ……………………… 文例 128

普通
普通は
normally ………………………………… 文例 141
普通ならば
under normal circumstances ………… 文例 103
under normal conditions ……………… 文例 235

船便で
by sea …………………………………… 文例 193

不本意ながら
reluctantly ……………………………… 文例 118

不向き
〜に不向き
less than ideal for ……………………… 文例 160
〜にあまり向いていない
be not really suited to ………………… 文例 084

振り込む
貴口座に振り込む
pay to your account by bank remittance
…………………………………………… 文例 148

文書
文書扱いで（送金）
by mail transfer ………………………… 文例 213

分析
詳しい分析
extensive analysis …………………… 文例 161

分担する
share ……………………………………… 文例 117

分野
お互いに関心のある分野
areas of common concern …………… 文例 082
どんな分野でも
in every area …………………………… 文例 264
〜の分野で働くこと
working in ……………………………… 文例 244

へ

弊社 ▶当社
別
これとは別に
aside from this ………………………… 文例 050
これとは別に、ところで
meanwhile ……………………………… 文例 020

変化
かなり変化いたしました
much has changed …………………… 文例 097

便宜
便宜をはかる
facilitate ………………………………… 文例 034
便宜をはかること
(an) accommodation ………………… 文例 180
便宜をはかるために
to assist you …………………………… 文例 032

変更
変更を求めてきている
have requested that we change ……… 文例 124

返事・返答
早急の返事
quick reply ……………………………… 文例 131
〜に関する依頼へのお返事
response to our earlier request for …… 文例 100
早急の具体的返事
quick, concrete reply ………………… 文例 124
お返事をお待ちしております
We look forward to hearing from you … 文例 030
I would appreciate hearing from you soon
…………………………………………… 文例 037
できるだけ早いお返事をお願いします
Your response at your earliest convenience
 would be greatly appreciated ………… 文例 217
早くお返事いただければ
Your quick reply would ……………… 文例 181
A prompt reply would ………………… 文例 091
ご返答をいただきありがとうございました
Thank you for your response to ……… 文例 130
ご丁寧なお返事をいただいて
responded most courteously ………… 文例 076
ご返答いただいておりません
We have had no reply ………………… 文例 145
〜に対してお返事を書いています
This is in reference to ………………… 文例 191
〜にお返事を差し上げるよう当部署が任を受けました
〜 has been directed to our office for reply
…………………………………………… 文例 230

返送
両方に署名して1通を返送してください
Please sign both copies and return one to us ……………………………………… 文例 209

変動
(外国為替相場の) 大変動と時期が一致する
coincide with big fluctuations ………… 文例 121

返品する
return ……………………………………… 文例 151

ほ

放棄
法的権利の放棄
waiver of legal rights ………………… 文例 138

報告
〜に報告する
report it to ……………………………… 文例 162
喜んでご報告いたします
I am happy to report …………………… 文例 018
謹んでご報告いたします
I am now very happy to advise that …… 文例 053
〜に関して報告を受けておりません
have not had a report on ……………… 文例 144
〜についての詳しい報告
complete report on …………………… 文例 144
詳しい報告書
a detailed report ……………………… 文例 158

方針
我が社の方針
our policy ……………………………… 文例 238
方針により〜は許されない
Your policy does not permit ………… 文例 180
方針として
as a matter of policy ………………… 文例 230

方面
そちら方面に
in your area …………………………… 文例 056

ほか
〜のほかに
apart from ……………………………… 文例 073
〜ほかございません
have no alternative but to …………… 文例 155
ほかの形で話を進めたい
wish to pursue 〜 in a different way …… 文例 113

保管
保管させていただく
keep 〜 on file ………………………… 文例 236

保護主義
ますます保護主義的な傾向を強めている
increasingly protectionist orientation … 文例 106

募集
募集のポジション
position advertised …………………… 文例 236

保守整備
保守整備はたやすく受けられるか
How available is maintenance? ……… 文例 091
どの程度の保守整備を要するか
How much maintenance do they require?
……………………………………… 文例 091

補助
宣伝補助費
advertising subsidy …………………… 文例 133

保証
保証の範囲外である
be not covered by warranty ………… 文例 141
保証期間中
under warranty ………………………… 文例 140
保証条項に基づいて
in accordance with your guarantees … 文例 151
保証できません
unable to guarantee ………………… 文例 052

補足
補足説明する
supplement …………………………… 文例 071

ぼったくる
〜からぼったくる
gouge …………………………………… 文例 152

ほめる
ほめていらっしゃいました
spoke very highly ……………………… 文例 238

保留
〜を保留する
hold 〜 on a waiting list ……………… 文例 170
〜を保留にしておく
relegate 〜 to abeyance ……………… 文例 026
〜以降保留になっていた
have been suspended since ………… 文例 102
保留とさせていただいている
be kept on active file ………………… 文例 239
保留要因である
which be such an important factor in your consideration of ……………… 文例 097
保留になっている
be left in abeyance …………………… 文例 097

本(業界用語)
title …………………………………… 文例 092

本来
originally ……………………………… 文例 160

ま

まあまあ
reasonably ························· 文例071

前
だいぶ前から～している
have been ～ ing for some time ········· 文例078
前々からの約束
a long-standing commitment ·············· 文例045

前払い
前払い金
deposit ···························· 文例212
代金先払いでしたら
if payment is required in advance ······· 文例108
前金として1泊分の料金
one day's charges in advance ············ 文例054

前向き
前向きな
positive ··························· 文例119
前向きに検討する
pursue the idea of ····················· 文例101

まかなう
費用の増加をまかなう
absorb increased costs ················· 文例121

まず
まず～から述べさせていただきます
Let me begin by ······················· 文例071
Let us begin by ······················· 文例160
まず始めに
to begin with ························ 文例275

また
～のみならず…もまた
... as well as ～ ···················· 文例270

待つ
またのご連絡をお待ちしております
We look forward to hearing from you again
······························ 文例107
良いお返事をお待ちしております
We are looking forward to your favorable
reply ····························· 文例239
お越しをお待ちしております
We look forward to having you with us
······························ 文例052
～をお待ちになっている間
while you are awaiting ················· 文例072

まで
新しい所長が着任するまでの間
pending the arrival of the new manager
······························ 文例245

招く
光栄にも講演のお招きにあずかる
honor me with an invitation to speak ··· 文例198

回す
～が…に回されてきた
～ have been directed to ... ············· 文例167
～ have been passed on to ... ········ 文例116, 168
～を（しかるべき経路として）…に回した
～ have been routed to ················· 文例210
私がお答えするようにと～が回送されて参りました
～ have been forwarded to me for reply
······························ 文例104

満足
～で満足できる
find ～ satisfactory ····················· 文例075
十分満足できる
more than satisfactory ················· 文例063
～に大いに満足する
～ give us a great deal of satisfaction ··· 文例267
ご満足いただけるよう
to your satisfaction ··················· 文例157
ご満足のいく解決策
satisfactory countermeasures ············ 文例158
ご満足のいく形で～を処置できませんでした
have not handled ～ to your satisfaction
······························ 文例156
この体制に満足しております
be very satisfied with this arrangement
······························ 文例105
心から満足して人生を全うしました
completed his life with great satisfaction
······························ 文例019

み

見込み
～の見込みのなさ
lack of any prospect for ················ 文例151

ミス
事務的なミス
clerical oversight ···················· 文例203

未着
未着の部品があるため～が使えずにいます
Some of the deleted items render ～ useless
······························ 文例150

見積もり
～の見積もり
bid on ····························· 文例100
quotation on ························· 文例094
～を低目に見積もる

787

undervalue ·· 文例 200
現在〜の見積もりを作成しております
be presently preparing a quotation on···· 文例 093
〜についてのみ、見積もりを作成しています
We are now bidding only ···················· 文例 099
見積もりは〜してください
Your quotation should be ··················· 文例 093
見積もりをありがとうございました
Thank you for your quotation ············· 文例 111
未定
詳細は未定ですが
while the exact details are not yet fixed
··· 文例 024
見通し
prospects ··· 文例 228
見通しについてじかに話し合う
discuss the prospects firsthand ·········· 文例 083
見通しをすっかり変える
totally change the prospects················ 文例 228
認める
(事実であると) 認める
We acknowledge ································ 文例 166
〜を認めます
We agree that ····································· 文例 102
さらに〜日のユーザンスを認めていただく
grant us an additional 〜 days usance ···· 文例 136
〜が…に対して認められております
〜 is granted for ... ····························· 文例 098
あなたもきっと〜であると認めてくださると思います
I'm sure you will agree that ················· 文例 221
実り
〜がお互いにとって実り多いものになるように
in order to ensure that 〜 will be mutually
    rewarding ····································· 文例 038
未払い
outstanding balance ·························· 文例 163
〜という額の未払いがあります
have an outstanding balance of··········· 文例 142
見本
〜を見本として1部
a sample copy of ······························· 文例 092
見舞い
療養中にお見舞いを下さる
wish me well while I was convalescing
··· 文例 018
見る
〜をご覧ください
Please refer to ···································· 文例 046
〜をご覧くださるようお願いします
We would like to ask that you refer to ··· 文例 076

本日〜を拝見しました
We saw 〜 today································· 文例 072
〜を若干広く見ている
be viewing 〜 in a slightly broader way
··· 文例 129

む

迎える
彼を迎える
have him with us································ 文例 031
車で迎えに行く
pick you up ·· 文例 037
報いる
ご好意に報いる機会
the chance to reciprocate ··················· 文例 017
〜によって…が報われる
〜 makes ... worthwhile ······················ 文例 020
無視
〜は無視して…についてのみお支払いください
Please disregard 〜 and pay only ... ···· 文例 164
むしろ
(〜というよりは) むしろ
rather ··· 文例 228
難しい
〜のために選考はきわめて難しいものになりました
〜 made the choice extremely difficult
··· 文例 237
結び
結びとして
in closing ··· 文例 011
〜によって一層皆様の結びつきが強まる
〜 leaves you closer ··························· 文例 278
旨
〜が訪問する予定の旨の
informing us of 〜 's plans to visit ········ 文例 031
無理
〜なさるのも無理はないと存じます
We can hardly blame you for 〜 ing······· 文例 160
無料
free of charge···································· 文例 187
〜を無料で提供する
〜 is provided gratis ··························· 文例 193
〜を無料で送ります

め

目
目を通してください
Please review ····································· 文例 176

明細
breakdown ……………………………… 文例 205
命ずる
〜に取りかかるよう…に命ずる
order ... to start working on 〜 ……… 文例 161
名簿
資料送付者名簿に載せる
put on our mailing list ………………… 文例 188
迷惑
ご迷惑をおかけする
inconvenience you …………………… 文例 213
多大のご迷惑をおかけする
cause you so much trouble …………… 文例 161
ご迷惑をおかけして申し訳ありませんでした
We apologize for the inconvenience caused
………………………………………… 文例 203
メール
〜というメール
your e-mail in which ………………… 文例 105
メールをいただき喜んでおります
It was good to hear from you ………… 文例 231
今日メールを差し上げましたのは
I am writing today about ……………… 文例 057
We are writing today to ……………… 文例 136
私がメールを差し上げますのは
I am writing because …………………… 文例 065
〜のことでメールを差し上げます
This e-mail concerns …………………… 文例 064
〜に関してメールを差し上げます
This is in regard to …………………… 文例 066
このために再びメールを差し上げることになりました
This has prompted us to write again … 文例 076
メールが遅くなって申し訳ありません
I regret the delay in writing ………… 文例 009
〜日付のメールで述べられた苦情
your claim, outlined in your e-mail of … 文例 155
〜日付のメールに対して
in reference to your e-mail of ………… 文例 175
免除
免除される
be waived ……………………………… 文例 081
面接
a personal interview …………………… 文例 241
十分に面接されている
be given thorough interviews ………… 文例 072

も

もう一度
もう一度チャンスをください
Give us another chance ……………… 文例 160
申し入れる
〜と申し入れる
offer to ………………………………… 文例 105
協力を申し入れる
offer to assist ………………………… 文例 106
申し込み
candidacy ……………………………… 文例 097
申し込む
apply …………………………………… 文例 195
入学を申し込む
apply for enrollment ………………… 文例 066
申し出
〜という申し出
an offer for …………………………… 文例 124
申し訳
申し訳ありません
We apologize for ……………………… 文例 178
Sorry about …………………………… 文例 202
I would like to express my regret for … 文例 258
メールが遅くなって申し訳ない
I regret the delay in writing ………… 文例 009
ご迷惑をおかけして申し訳ありませんでした
We apologize for the inconvenience caused
………………………………………… 文例 203
目的
このメールの目的は
The intent of this e-mail is …………… 文例 095
この報告書の目的は
The purpose of this report is ………… 文例 206
もしよろしければ
with your permission ………………… 文例 059
持ち出す
その件を持ち出す
broach the matter …………………… 文例 083
目下
目下〜中であります
We are presently 〜 ing ……………… 文例 094
もっとも
〜とお感じになられたのも，もっともだと思います
It is certainly natural for you to feel …… 文例 157
もてなし
温かいもてなし
warm hospitality ……………………… 文例 009
基づく
〜からの情報に基づいている
be based on information from ……… 文例 123
〜をよく検討した結果に基づいて
based on careful study of …………… 文例 175
そちらからの情報を基にして

in line with your information ……… 文例 165
求める
弊社が求めているのは〜です
What we are after are …………………… 文例 238
物足りない
〜をいまひとつ物足りないと思う
be not completely satisfied with ……… 文例 084
〜はいまひとつ物足りなく思える
〜 leaves something to be desired …… 文例 084
問題
〜について弊社側では何ら問題はありません
〜 poses no problem on our side ……… 文例 130
請求額の適正さについて少々問題がある
There is some question as to the
　appropriateness of these charges … 文例 122
全く問題のない
entirely satisfactory ……………………… 文例 068
pose no problem ………………………… 文例 036
当面の問題
pertinent matters ………………………… 文例 030
問題なのは
Our problem is that ……………………… 文例 215
問題になるのは〜でしょう
The problem would be ………………… 文例 084

や

約束
前々からの約束
long-standing commitment ……………… 文例 257
先約
previous commitments ………………… 文例 235
口頭で約束したこと
the verbal arrangements ……………… 文例 179
確約
firm commitment ………………………… 文例 182
〜だと確約します
assure you that …………………………… 文例 170
仮約束ができる
reach a preliminary understanding …… 文例 104
曖昧な約束を実現できる
fulfill vague promises …………………… 文例 027
役立つ
helpful ……………………………………… 文例 121
be of assistance ………………………… 文例 071
serve to help you ………………………… 文例 187
〜に役立っている
helpful in ………………………………… 文例 022
お役に立てる
can be of service to you ……………… 文例 036

一層お役に立てる
better serve you ………………………… 文例 187
far better serve ………………………… 文例 231
直接お役に立てない
not be of any direct help ……………… 文例 084
末長くお役に立つ
serve you for many years to come …… 文例 160
〜するのに役立つはずです
should serve to ………………………… 文例 167
そちらの〜に役立つ
help to enhance your …………………… 文例 175
〜もまた役立つでしょう
It would also be helpful if ……………… 文例 038
何らかの形でお役に立てる
serve you in some capacity …………… 文例 072
何らかの形でお役に立ちますように
which we hope will prove of some use
　…………………………………………… 文例 189
お役に立てる機会をいただく
give us a chance to be of service ……… 文例 158
ほかにもお役に立てることがあれば
should there be some other way in which we
　could be of assistance ……………… 文例 205
役割
〜に対して果たされた役割
your role in ……………………………… 文例 271
安い
安い費用
lower rates ……………………………… 文例 124
安くする（婉曲に）
adjust ……………………………………… 文例 123
はるかに安いことがわかる
be shown to be far less ………………… 文例 125
やむをえない
beyond our control ……………………… 文例 229
やむをえない事情により
due to unforeseen circumstances which may
　develop ………………………………… 文例 052
やりくり
〜のやりくりがつかない
No 〜 can be worked out ……………… 文例 055
やる気
大変やる気がある
highly motivated ………………………… 文例 065

ゆ

有意義な
meaningful ……………………………… 文例 179

有益
～をより有益なものにする
make ～ more effective･････････････････････文例082

有効
～を有効に使う
use ～ effectively･････････････････････････文例208

優先権
first option･･････････････････････････････文例104

有能な
able･･････････････････････････････････････文例065

有力者
influential people･････････････････････････文例208

行き届いた
thorough････････････････････････････････文例211
行き届いたお世話
fine arrangements･･･････････････････････文例049

ゆっくり
ゆっくり静養して完全に病気を治してください
Please take your time and recover fully
･･文例275

夢
～することは我々の積年の夢でありました
It has been our long-cherished dream to
･･文例268

由来する
これは～に由来します
This stems from･･････････････････････････文例134

許す
～によって許されていません
～ does not permit it･･････････････････････文例041

よ

～用
1人用の（部屋）
for single occupancy････････････････････文例054

容易
容易に～する
have no trouble in････････････････････････文例066
～の是正が容易になる
facilitate correction of･･････････････････文例206

用意
～する用意が整っている
be ready to････････････････････････････文例045
いつでも～する用意がある
be ready to ～ at any time･････････････文例130
～する用意がない
be not prepared to･････････････････････文例026
用意ができ次第
as it becomes available･････････････････文例188

～を用意しておく
have ～ waiting･･････････････････････････文例225
用意周到な
thoughtful････････････････････････････文例211

要求
～に関する要求
your requirements regarding･･･････････文例130

用件
大事な用件
urgent business････････････････････････文例044

要職
key post･･････････････････････････････文例260

要請
～の要請に従い
as requested in･･････････････････････････文例162
そちらの要請
your urgent request･････････････････････文例120
要請書
the statement of claim･･･････････････････文例177

容態
容態が重いこと
seriousness of your condition････････････文例275
容態について知らせていただく
let us know about your condition･･････文例275

ような
～のような事柄
such things as･････････････････････････文例046

ように
～しますように
Hopefully･････････････････････････････文例202
これで順調に進みますように
I hope this will keep things rolling･･････文例200

要望
ご要望に沿う
satisfy your requirements･･･････････････文例232
ご希望に合わせて
to meet requirements on your side･･････文例033
ご要望の
you asked････････････････････････････文例192
ご要望になった
which you requested･･･････････････････文例205
～という貴社のご要望
your request to････････････････････････文例119

要約
a brief････････････････････････････････文例198

よく
よくわかります
We fully appreciate････････････････････文例133

予算
～の予算を許可する

approve a budget of ……………………… 文例 123
考えていた予算よりかなり多い
be considerably more than we had budgeted
……………………………………………… 文例 123
よって
そうすることによって
in so doing ……………………………… 文例 046
〜によって生じる
incurred by ……………………………… 文例 177
予定
〜の予定です
I plan to ………………………………… 文例 049
I am now planning to ………………… 文例 224
be scheduled to ……………………… 文例 056
〜する予定になっています
have been arranged to ……………… 文例 073
今のところ〜の予定です
My plan now is ………………………… 文例 027
My plans now are to ………………… 文例 223
暫定的に予定する
have tentatively scheduled ………… 文例 046
〜に行く予定です
will be in ………………………………… 文例 042
〜に滞在予定です
will be staying in ……………………… 文例 051
〜する予定はない
We have no plan to …………………… 文例 086
予定がつまっている
My schedule is quite tight …………… 文例 042
予定が入っていて〜できません
My schedule will not allow me to …… 文例 254
〜する予定がすでに入っている
have already committed oneself to … 文例 039
どうしても変更できない重要な予定
urgent matters that cannot be rescheduled
……………………………………………… 文例 255
予定を考え直す
reconsider your schedule …………… 文例 039
予定内容
points to be covered ………………… 文例 048
飛行予定は次の通りです
Their flight schedule is as follows: … 文例 051
この予定にそって
in line with this schedule …………… 文例 051
下記のような予定でお願いします
The schedule we would like to propose is as
shown below ………………………… 文例 047
予約
予約を確保する
secure reservations ………………… 文例 055

予約金
deposit ………………………………… 文例 212
（〜に）よる
いろいろ聞くところによると
from all reports ………………………… 文例 078
彼によれば
He tells me …………………………… 文例 079
喜び・喜ぶ
喜んで〜します
would be more than happy to ……… 文例 072
I will be glad to ………………………… 文例 063
I would be glad to …………………… 文例 071
I take great pleasure in ……………… 文例 073
We will be very happy to …………… 文例 226
We would be more than willing to …… 文例 216
It is my pleasure to …………………… 文例 052
It is indeed a pleasure for us to …… 文例 190
It gives me great pleasure to ……… 文例 030
喜んで出席します
will be very happy to attend ………… 文例 253
喜んで協力します
We will be happy to cooperate ……… 文例 137
喜んで送ります
We would be more than happy to provide
……………………………………………… 文例 160
喜んで話を進めるところですが
We would be more than happy to pursue
……………………………………………… 文例 105
I would have been more than happy to accept
……………………………………………… 文例 235
心より喜んでいます
I was very, very pleased …………… 文例 262
メールをいただき喜んでおります
It was good to hear from you ……… 文例 231
〜と聞いてとても喜んでいます
We are very pleased to learn that … 文例 268
〜をお知らせすることは我々の大きな喜びです
We take great pleasure in informing … 文例 242
〜を喜ぶでしょう
would be quite happy with ………… 文例 077
さぞお喜びでしょう
I know how happy ……………………… 文例 256
〜に大喜びです
be delighted with ……………………… 文例 008
〜と聞いて大喜びです
be elated to hear that ………………… 文例 269
思いがけない喜び
an unforeseen pleasure ……………… 文例 012
この喜ばしい機会
this auspicious occasion …………… 文例 265

よろしく
〜によろしくお伝えください
Regards to ······················· 文例 059
Give my regards to ················ 文例 169
We send our best wishes to ········· 文例 009
なにとぞよろしくお願いいたします
I would very much appreciate anything you can do ·························· 文例 220

ら

楽
〜してくだされば、決定が非常にしやすくなります
Our decision making would be much easier if ························· 文例 091
〜らしいもの
what looks like ····················· 文例 215

り

リーダーシップ
あなたの優れたリーダーシップを得て
under your skillful leadership ······· 文例 261

利益
共通の利益
our mutual benefit ················· 文例 004
〜の最大の利益
maximum benefit to ················ 文例 222
利益を得る
derive benefits ····················· 文例 242
利益を確保する
ensure profits ····················· 文例 119

理解・了解
ご理解とご協力
your cooperation and patience ······ 文例 166
十分な理解
full understanding ················· 文例 120
〜の正確な理解
a proper appreciation of ············ 文例 222
〜に対する理解を深める
promote a better understanding of ··· 文例 047
〜の…に対する理解を深める
give 〜 a better grasp of ... ········ 文例 046
相互理解を深める
deepen mutual understanding ······ 文例 031
そちらのご事情は了解いたしました
understand the situation which prompted it ························· 文例 241
あなたのご心配をよく理解できました
could very well understand your anxieties

······································· 文例 025
理解力が鋭い
perceptive ························ 文例 066
〜と理解している
We assume ························ 文例 026
〜をご理解ください
Please understand ················· 文例 089
I am sure you will appreciate ········ 文例 238
〜をご理解の上よろしくお願いします
Your kind understanding and cooperation with 〜 would be very much appreciated
······································· 文例 246

利息
〜の利息を請求する
charge interest on ················· 文例 143

立派な
ほかの立派な企業
other reputable organizations ······· 文例 238

利点
品質がよいという利点
qualitative advantage ·············· 文例 120
明らかに利点がある
There is obviously some merit ······· 文例 124

理由
まさにこの理由から
for this very reason ················ 文例 131

流動的
あまりにも流動的
too fluid ·························· 文例 106

利用
利用する
take advantage of ················· 文例 133
〜を最大限に利用する
make the most of ·················· 文例 121
〜を販売促進にご利用ください
use 〜 in your sales promotional activities
······································· 文例 208
〜するために有効にご利用ください
use them effectively in ············· 文例 208
ご利用ありがとうございます
Thank you for giving us the opportunity to serve you. ······················ 文例 075
またのご利用をお待ちします
We look forward to the pleasure of serving you again ························· 文例 075

料金
料金を〜まで下げること
Reduction of ... fees to ············· 文例 134
税・サービス料込みの料金
The rate, including tax and service charges

.... 文例 054
1泊の料金
the daily rate .... 文例 053
了承
〜を了承する
grant .... 文例 177
be in agreement with .... 文例 177
量割り
量割りとして〜%の値引き
a 〜% volume discount .... 文例 098
臨時雇い
訓練された臨時雇いの人
a trained temporary staff .... 文例 072

れ

礼 [▶ありがとう]
〜に対し心よりお礼を申し上げます
Please accept my sincere appreciation for
.... 文例 013
I would like to extend to you my sincere thanks .... 文例 019
I want to thank you most warmly for .... 文例 012
〜にもお礼申し上げます
We would also like to thank you for ..... 文例 009
〜に対してもお礼申し上げます
Thank you again for .... 文例 198
I would again like to thank you for ...... 文例 005
I wish to again convey my thanks for ... 文例 004
〜に対しますお礼申し上げます
Allow me to begin by thanking you for
.... 文例 023, 225
Let us begin by saying that we appreciate
.... 文例 160
〜と一緒にお礼を申し上げます
〜 joins me in thanking you .... 文例 008
お礼申し上げたくメールいたしました
I am writing to thank you .... 文例 002
個人的にお礼を述べさせていただきます
I wish to express my personal thanks ... 文例 021
それから、〜にお礼を伝えてください
And, also be sure to thank .... 文例 008
例の
これが電話でお話した例の〜です
This is the 〜 I talked to you about over the phone .... 文例 060
連絡
〜と直接連絡をとる
be directly in touch with .... 文例 169
〜の件に関してご連絡します

contact you with regard to .... 文例 034
〜と連絡をとってきた
have been in contact with .... 文例 122
秘書の方と連絡をとる
liaise with your secretary .... 文例 043
〜での連絡先は以下の通りです
今後も何らかのご連絡をいただきたいと存じます
I would like to ask that you maintain some type of contact with us .... 文例 241
Contact in 〜 can be made through: .... 文例 042
〜なら、ご連絡ください
Please contact us if .... 文例 113
至急ご連絡ください
Please contact us as soon as possible
.... 文例 239
〜をご連絡ください
Please confirm your 〜 with us .... 文例 250
近々のご連絡をお待ちしています
We hope to be hearing from you soon ... 文例 069
またのご連絡をお待ちしています
We look forward to hearing from you again
.... 文例 107
すぐに連絡が行くはず
You should be hearing from them shortly
.... 文例 116
直接連絡が行くはずです
They will be contacting you directly .... 文例 057

ろ

路線
ほかの形での将来的な協力の可能性を追及する
explore other avenues of possible future collaboration .... 文例 026

わ

わかる [▶理解]
すぐわかるように
to insure quick identification .... 文例 032
見ればすぐわかる
self-explanatory .... 文例 167
〜ことからもよくわかります
I know for a fact that .... 文例 064
どんなに難しいかよくわかります
I fully understand how difficult it would be
.... 文例 045
何ができるかわかりませんが
I am not sure what can be done .... 文例 173
〜ということをわかってください

Let me assure you that ························· 文例 233
〜がわかりました
We understand that ························· 文例 161
〜の重要性をよくわかっています
We fully realize the importance of ······· 文例 132
貴社の〜はよくわかります
Your 〜 is very understandable ··········· 文例 228
貴社の〜はこれで十分にわかりました
Your 〜 were duly noted here ············ 文例 103

別れ
お別れの挨拶をする
make my farewells ························· 文例 245

わく内
（契約の）枠内で
within the scope of ························ 文例 138

わざわざ
わざわざ〜する
take the time to ···························· 文例 015

私
私宛てに直接
send your reply directly to me ············ 文例 094
私自身も楽しみにお待ちしております
I am personally looking forward to ······ 文例 047
私ども〜社では…しています
Here at 〜 we ... ··························· 文例 092

わたり
長年にわたり
for years ···································· 文例 062
over the years ······························ 文例 273
ここ〜年にわたり
over the past 〜 years ····················· 文例 225

詫び
〜をお詫びします
I apologize for ······························ 文例 196
We apologize for ··························· 文例 178
Pardon 〜 ··································· 文例 200
Please allow me to apologize for ········ 文例 214
Please accept our apologies for ········· 文例 201
〜の質がよくないことをお詫びします
I apologize for the poor quality of ······ 文例 077

[和英] 役職名一覧

最高経営責任者	Chief Executive Officer (CEO)
最高執行責任者	Chief Operating Officer (COO)
最高財務責任者	Chief Financial Officer (CFO)
最高技術責任者	Chief Technical Officer (CTO)
	Chief Technology Officer (CTO)
名誉会長	Honorary Chairman
会長	Chairman
副会長	Vice Chairman
社長	President
代表取締役	Executive Managing Director / Chief Executive Officer
副社長	Vice President
専務取締役	Senior Managing Director
常務取締役	Managing Director[1]
取締役、重役	Director / Member of the Board
執行役員	Executive Officer / Operating Officer
経理担当役員	Comptroller / Controller
非常勤役員	Outside Director
顧問	Executive Advisor
相談役	Advisor
監査役	Auditor
非常勤監査役	Outside Auditor
社長付	Assistant to the President
秘書	Secretary[2]
支配人、本部長、事業部長	General Manager
支店長	Branch Manager
海外出張所長	Liaison Office Director
所長	Division Manager
副事業部長	Deputy General Manager
部長	Department Manager
副部長、次長	Deputy Department Manager
部長代理	Assistant Department Manager
室長、部付	Manager
課長	Section Manager
副課長	Deputy (Section) Manager
係長	Assistant (Section) Manager
主任	Supervisor
＊常務会	Executive Committee
＊取締役会	Board of Directors

注1) イギリスでは代表取締役社長を表す。
注2) アメリカでは取締役会付の秘書を指して、Corporate Secretary という呼び方をする場合がある。
参考)「代表」及び「補佐」は、それぞれ Executive、Acting を各役職名に付け加える。
　　[例] 代表副社長 ➡ Executive Vice President
　　　　（アメリカでは Vice President のみで、日本の「部課長」レベルを指すことが多いので、Executive を付けると誤解を避けることができる。）
　　　　課長補佐 ➡ Acting Section Manager
なお、以上の役職名では、日本の会社の標準的な職制と考えられるものをリストアップした。国や会社によって多少異なってくると思われるので、あくまでもひとつの標準的なモデルとして参考にしていただきたい。

[和英] 部署名一覧 (五十音順)

運輸	Transport
営業	Sales
海外営業	Overseas Sales
海外事業	Overseas Operations
企画	Planning
教育	Education / Training
業務	Operations
苦情処理	Customer Relations
警備	Security
経理	Accounting
研究開発	Research and Development
健康管理	Healthcare Administration
工場	Plant / Factory / Mill
厚生	Welfare
購買	Purchasing / Procurement
広報	Public Relations
サービス	Service
財務	Finance / Financial Affairs
出荷	Shipping
情報システム	Information Systems
人材開発	Human Resources Development
人事	Personnel
人事管理	Human Resources Management / Personnel Management
生産技術	Production Engineering / Production Technology
設計	Design
宣伝	Advertising
倉庫	Storage
総務	Administration / General Affairs
特許	Patent
秘書室	Secretariat
品質管理	Quality Assurance / Quality Control
部門	Parts
文書 (資料)	Documentation
法規	Legal
保全、保守	Maintenance
マーケティング	Marketing
輸出	Export
流通	Logistics
労務	Labor Relations

参考) 役職名と部署名を組み合わせて表記するときには、普通、次のように表す。
[例] 海外事業部長 ➡ General Manager
　　　　　　　　　Overseas Operation Division
　　　経理課長 ➡ Manager
　　　　　　　　Accounting Section
　　　人事部長 ➡ Manager
　　　　　　　　Personnel Department

編者紹介

クデイラ アンド・アソシエイト株式会社

1969年創業。日々刻々と変化する今日のビジネス環境を力強く生き抜き、さらなる成長を図る企業や個人に向け、グローバルコミュニケーションに関するソリューションを提供する。独自のカリキュラムによる企業内研修、学会発表やジャーナル投稿の英文校閲、翻訳・通訳など、英語関連のコンサルタントを主な業務とし、経験豊富な専属の外国人スタッフが提供するサービスは、各企業や研究機関、大学から高く評価されている。また、自らも外国人スタッフとバイリンガル日本人スタッフとの間で異文化コミュニケーションを実践し、そのシナジーを実現しているユニークな異文化集団である。

TEL: 03-3553-5935 FAX: 03-3553-5844
URL: http://www.kurdyla.com/

[電子書籍版付き]
最新ビジネス英文Eメール辞典

2017年2月1日 初版第1刷発行

編者	クデイラ アンド・アソシエイト株式会社
発行者	原 雅久
発行所	株式会社朝日出版社
	〒101-0065 東京都千代田区西神田3-3-5
	TEL: 03-3263-3321 FAX: 03-5226-9599
	郵便振替 00140-2-46008
	http://www.asahipress.com/
印刷・製本	凸版印刷株式会社
編集協力	岡本茂紀 [オフィスLEPS]
DTP	有限会社ファースト
デザイン	岡本健＋遠藤勇人 [岡本健＋]

©Kurdyla and Associates Co., LTD. and Asahi Press, 2017 All rights reserved.
ISBN978-4-255-00967-4 C0582 Printed in Japan

時代の最先端を伝えるCNNで最新の英語をキャッチ!

CNN ENGLISH EXPRESS

ちょっと手ごわい、でも効果絶大!

CNNライブ収録CD付き　毎月6日発売　定価1,240円(税込)

定期購読をお申し込みの方には
本誌1号分無料ほか、特典多数。
詳しくは下記ホームページへ。

英語が楽しく続けられる!

重大事件から日常のおもしろネタ、
スターや著名人のインタビューなど、
CNNの多彩なニュースを
生の音声とともにお届けします。
3段階ステップアップ方式で
初めて学習する方も安心。
どなたでも楽しく続けられて
実践的な英語力が身につきます。

資格試験の強い味方!

ニュース英語に慣れれば、TOEIC®テストや英検の
リスニング問題も楽に聞き取れるようになります。

CNN ENGLISH EXPRESS ホームページ

英語学習に役立つコンテンツが満載!

[本誌のホームページ] http://ee.asahipress.com/
[編集部のTwitter] http://twitter.com/asahipress_ee

朝日出版社　〒101-0065 東京都千代田区西神田 3-3-5　TEL 03-3263-3321